凝煉知識品味閱讀

2020年最新版

國會議事策略101

周萬來 著

五南圖書出版公司 印行

推薦序

國會是民主國家重要之憲政機關，肩負一個國家發展決策之重責。當代民主政治發展趨勢，已使得國會成爲民主政治最主要的象徵機關。而國會表現的良窳代表著這個國家實施民主政治之成效，是謂任重道遠。我國自政府行憲以來，立法院歷經第1屆資深立法委員全部退職、7次修憲、廢除國民大會，到實質成爲單一國會，受全體國民之付託恪遵憲法，執行鞏固國權、保障民權，增進人民福祉之任務。

立法院是由立法委員組成之國家最高立法機關，在五權分立憲政架構下，代表人民監督政府施政，必須爲國家社會建立一般性之法律框架，行政部門依循法律再展開行政作爲，所有公權力之賦予皆聚焦在立法院，通過立法院之審議取得政策之合法性、正當性。如此之屬性集合百餘人於一堂共同議事，必須藉助一個爲全體立法委員所能共同服膺之議事規範，乃如尚書．周官所言「議事以制，政乃不迷」。國會是不同民意之競技場，其議事運作規範是執政黨與在野黨在立法院從事問政之規則，是故國外學者習以實質憲法規範稱呼之，凸顯其在議會民主憲政體制之重要性。

立法功能及效率，繫於組織健全之結構及其作用之程序。立法院組織及運作在民國88年第3屆最後會期做了全面改造，配合憲法修正後之政治形勢變遷，政黨政治氛圍成形，參照西方先進民主國家國會議事之規制，配合調整修正立法院組織結構及議事規範，以立法院組織法、立法院各委員會組織法、立法院職權行使法、立法委員行爲法、立法院議事規則五大體系建構立法院運作之基礎。嗣隨著國內政治經濟情勢變動、國際潮流之效應，分別於第4屆、第5屆、第6屆、第7屆及第8屆，再修正部分條文，使立法之整備充分，樹立國會完善之議事體制。

民主社會重視程序之價值，而程序之優先性及程序之公平性亦成爲法治極重要之原則，在立法任務中落實尤顯珍貴。本書從議會會期、議案提出、議案討論、議案表決、議案協商、議案延緩及議會監督等，詳予敘述議案審議各階段、各環節產生之案例，並剖析探討其策略，供讀者瞭解不同政黨採取何種策略，運用何種議事技巧，達到政策推動之效果。其中對於協商場域的重現，可謂用心良苦。國會多元意見的呈現乃屬常態，政策論辯及爭議係政策合法化必經過程。實務上，黨團協商是民主發展過程政黨政治自然生成的議事現象，議事場域之非正式朝野協商自第2屆起即行之有年，嗣後於民國88年第3屆最後會期通過制定立法院職權行使法時，乃將黨團協商正式法制化，其目的即在透過制度規範，有效運用黨團協商以化解政黨歧見，加速議案討論及決策。惟自第4屆起民眾對黨團協商仍有諸多改進建議，立法院爲回應社會建議，亦針對黨團協商加以修法，例如第4屆爲了接軌委員會專業審查，乃明定各委員會於議案審查完畢後應議決是否交由黨團協商，以使議案在經委員會專業審查後，如委員會認其審畢議案爭議不大者，可不經黨團協商直接進入二讀會，並配合將第3屆制定之院會審議未經黨團協商之議案時，得由院會主席裁決交黨團協商之規定予以刪除，改爲院會審議委員會議決不須黨團協商之議案時，得由出席委員連署或附議交黨團協商，而該黨團協商則由委員會主席或推定之院會說明人所屬黨團負責召集，凡此均有意使黨團協商居於委員會專業審查的輔助角色，並使其召集由負責黨團爲之，以健全國會運作，期能回應人民期盼。

作者周萬來君現任考試院考試委員，之前公職生涯則在立法院從事議事工作，嫻熟國會議事法規，輔以聰記強識的個人特質，舉凡歷年之立法慣例亦是如數家珍，向來是各屆委員議事諮詢之重要智囊。當年周君即將離開立法院就任考試委員之時，特囑其須將過往國會工作之心法策略著書傳世，今其潛心蒐集鑽研議事資料，撰寫此本細心觀察、精密析論的大作，堪稱國會運作實務之經典，除有助於社會大眾及專業議事工作者瞭解議事運作三昧，更有利於議事場域的與時俱進，此書既成，爰樂爲之序。

王金平

推薦序

實踐民主的教戰守則

如果有機會翻閱立法院議事的歷史圖片，從未改選的萬年國會開始，在立法院秘書長席的右側，經常可見篤實勤懇的一位公務員身影，逐字逐句地在爲中華民國法律接生把關。卅年如一日，周委員萬來在那個位子上，唸著一字字的法條，正是他在我腦海中的不滅形象——他就是一部活生生的立法院史，在那麼關鍵樞紐的位子，見證著中華民國民主的成長。

個人近卅年的新聞職涯就是在立法院開始，自走進立法院議場那天起，就亦步亦趨地在追著周委員萬來，爲了採訪新聞也爲了學習，理解立法院的遊戲規則與政治實務。在那國會全面變革的時代，我們共同面對迎接時代的改變，也一點一滴參與見證立法院由荒唐走調，逐步朝向議事正軌前進，雖然國會民主運作如今仍未臻成熟，但議事攻防策略已漸發展爲專業，更是政黨履踐民主必備的政治專業與基本技能。

只有在國會學習「合議制」的精神，才能眞正明白何謂「服從多數，尊重少數」，實際理解國會議長不輕易動用警察權的意義。國會本來就是政治角力的戰場，自選舉結果產生那一刻起，各政黨多寡席次已定，但要讓多元意見呈現，不是「多數黨整碗端走」，靠的就是議事過程與策略，讓法案、議案得以產生運作，發揮立法院議事的政治效果，不管你喜不喜歡立法院，但自國會全面改選以來，這個戰場運作越來越重要，朝野都認爲國會需要改革，也正突顯了國會有效運作與內涵提昇，對台灣民主進程已是刻不容緩的工作。

要改革，喊的容易，但從實務著手要怎麼做呢？除了憲政位階的內閣制、總統制設計外，法律位階就是立法院議事的變革。朝野在論及立法院近年來的舉措失序，每每喜用「黑箱協商」一詞，簡化且扭曲了立法院協商制度運作，殊不知協商過程絕非一人一黨說了算，要推翻協商結論，也有諸多戰術戰技可爲，端視主事者如何運作，但國人通常無法理解立法也是門專業，了解議事攻防實務，許多政務大事其實就在執政黨團不能掌握議事實務，讓在野黨有機可乘，種下政務難推的禍根。

就以最關鍵的服貿協議爲例，本書中明白點出，未能如期完成立法的關鍵，不是立法院長王金平的有意拖延，而是執政黨黨鞭急於通過十二年國教相關法案，中了在野黨黨鞭的圈套，在黨團協商時同意「逐項審查，逐項表決，不得予以全案包裹表決，非經立法院實質審查通過，不得啓動生效條款」，完全限縮延宕服貿協議如期上路的空間，也造成這兩年政務嚴重受阻惡果，誤國之重，就在掌握議事策略之高下，國民黨至今仍未學到教訓，難怪會一敗再敗，實怨不得人。

由服貿協議個案中，可知議事實務之關鍵，國會攻防之緊要，絕不是憑選舉結果席次多寡就能定江山，政治環境、黨團紀律、議事規範運用，主事者政治謀略與能力，都能讓法案、議案在國會中扭轉乾坤，決定生死命運。本書「國會議事策略101」正是以多年立院議事實務爲例，以實際案例、引用規範、策略分析架構，清楚明白將歷年來重要議事策略的運作，清楚明白分類解析，讀起來看似容易，但周委員萬來所下功夫之深，對實務掌握之透徹，學理、實務兼備，當今中華民國議事權威，除周委員萬來外，實無第二人能爲。本書實在是立院攻防的教戰守則，關心政治的學者，實際從事政治的官員、議員，乃至於相關幕僚、公務員，都應人手一冊，善加體會玩味，自能讓法案推動事半功倍，而政治權力運作之妙，也盡在其中矣。

周委員萬來老說我是此書的催生者，做爲新聞記者，我更好奇的是，在這些攻防策略背後，還有許多不爲人知的政治考量與作爲，獨有周委員萬來知悉，就如同幾十年來在議場上，他經手國會主席那一張張紙片內容，都承載了多少國會秘辛與始末，如果能夠經周委員萬來之手，再爲國會歷史作見證，那眞是中華民國民主歷史的重要篇章，拜讀學習周委員萬來大作之餘，更期待周委員萬來持其千秋之筆的未來大作，謹以爲序。

游其昌

二版序

國會議員角色多元，代表不同的民意，行使憲法所賦予的職權；其立法行爲受其選區選民、行政機關、利益團體及所屬政黨的影響。爲期達成所欲的目標，在會議過程中，往往運用各種議事策略；惟運用時仍須符合全體成員所共同服膺的議事規範。倘不遵守議事規範，甚至曲解其原意，則將引發無謂的爭議與衝突，而破壞國會正常運作。

回顧第9屆立法院，在一致政府、執政黨黨團絕對多數席次之下，主席時因立法時程的迫切性，而有心或無意未照立法院職權行使法及議事規則相關規定行使職權，更且漠視程序正義爲法治極重要的原則，致迭受外界訾議爲「碾壓式立法」。第10屆立法委員已於本（109）年1月11日選出，雖仍爲一致政府的結構，然單一在野政黨的席次已逾開會的法定人數（立法委員總額的1/3），且司法院釋字第735號解釋後，不信任案的提出與處理，不再受立法院組織法第6條第1項所定臨時會以決議召集臨時會之特定事項的限制。同時，亦能聲請大法官釋憲（自民國111年1月4日起，依憲法訴訟法第49條規定，改爲立法委員現有總額1/4，即可聲請憲法法庭爲宣告違憲之判決）。因此，在議事策略應用上，在野政黨比上屆更有較大的運作空間。又該屆委員已於2月1日報到，並選出游錫堃擔任院長，其於就職演說時表示，未來立法院將在兼顧程序正義、立法品質與議事效率下，一切以民意爲依歸，爰期許本屆立法院得以實踐「服從多數、尊重少數」的民主眞諦。

本書得以適時改版，特別感謝五南圖書出版公司劉靜芬副總編輯及黃郁婷編輯協助，立法院同仁黃美菁、黃建福提供最新資料，考試院同仁劉秀英協助繕校，謹此一併致謝。由於個人學識有所不逮，錯誤失漏之處在所難免，尚祈先進學者不吝指正，俾使本書內容得以更爲充實。

周萬來　謹識

民國109年3月9日

自序

我國立法院自全面改選以來，歷經多次修憲，其職權不斷變更擴充，已成爲我國政治運作的核心。不論在象徵與實質意義上，立法院都已爲民主國家的單一國會，其重要性不言可喻。但長期以來，外界對國會改革的呼聲從未稍歇，中央政府體制和立法院職權，皆是當前修憲討論的議題。國會改革方向何在？社會大眾頗爲關注，惟學者探討主題，大多集中於有形的組織結構、職權規範，議事策略、政治協商等無形國會文化的健全發展，仍值得各界深思探究。

本人轉任考試委員以前，長期任職於立法院，實際參與議事工作，曾就實務經驗所得，於民國89年撰述「議案審議——立法院運作實況」一書，復於民國93年出版「立法院職權行使法逐條釋論」。前書將立法院審議各類議案之流程，做一全面闡述；後書則針對立法院職權行使法逐條予以釋論，俾能呈現各法條的立法要義。兩者並透過案例解析，以期累積議事成例，而爲往後運作遵循的典範。此二書雖從實質面及法制面，對立法院的組織結構及職權運作等面向，綜合完整的探討，但仍感熟稔規範運作，深諳議事策略，方能落實民主眞諦，以解決問題，觀諸過往案例，實屬屢見不鮮。

國會議事策略，即指國會成員在議事過程中，運用議事規範，達成目標的各種議事技巧。議案審議或是職權行使，若屬有形的法制規範，議事策略乃立基於前者的無形手段運用，兩者相輔相成，且活用議事策略，更可謂議事實務運作的靈魂。本人有幸因公走訪考察三十餘國國會，深感健全民主政治，有賴成熟的國會運作。除了制度設計外，良好議事策略與議事文化的深化，更屬健全國會生態發展的重要內涵。爰繼前二書之後，再根據多年實務心得，進一步從立法院成文規範與不成文例規，抽繹出各種議事策略，期能建構更周延的國會研究論述，以供參考。

本書得以完成，首先感謝立法院彭定民、張智爲、吳東欽、黃美菁、李彥緯、許孝慈等同仁，在撰寫過程中，協助蒐集許多具代表性，並值得回憶的相關案例與資料；同仁林瑞青及劉秀英協助繕校。又承蒙五南圖書出版公司副總編輯劉靜芬小姐協助，本書始得順利付梓。書成，復蒙立法院王金平院長賜序勉勵；稍早，聯合報游其昌兄一再提言，促成本書之撰寫發想，謹此一併致謝。

周萬來 謹識

目次 CONTENTS

圖目次

第1章 緒論

第一節 論題界定

民主政治乃民意政治，亦即會議政治。無論行政部門、議會機關或人民團體，類多透過會議，運用共同決策，以解決各種問題；而會議的運轉，則經由議案的提出、討論、議決等程序來呈現。上述議會機關更爲主要的合議體，包括其事務的處理，完全依多數成員的合議而定。我國依憲法所設五權分立與地方自治體制，包括立法院、直轄市、縣（市）議會、鄉（鎮、縣轄市）民代表會等議會機關；其中立法院爲國家的最高立法機關，經多次修憲以後，監察院改爲準司法機關，國民大會亦於民國94年6月10日予以廢除，立法院已實質爲單一國會，更成爲政策形成及合法化過程所關注的主要焦點。因此，本書乃以立法院作爲主要的探討範圍。

關於策略一詞，與戰略在英文用字上均爲Strategy，源自於希臘文的Strategia，早期運用在軍事作戰，而後應用於企業管理等其他領域。該名詞運用在軍事作戰上，稱之爲戰略，係指爲達到戰爭目的而運用戰鬥，是一種使用會戰的手段，以求得戰爭目的的藝術，戰略必須擬制戰爭計畫，爲整個軍事行動確定一個符合戰爭目的的目標，並擬制各個戰局的方案和部署各個戰鬥[1]。至於企業管理等其他領域，大多採行策略用語，其簡單涵義，仍可作爲克敵致勝的計謀，以達成目標的手段，就企業而言，策略主要指涉企業目標的決定與變更以指引企業思考與行動的一項計畫，係經由企業的一套主要計畫目標與政策，在企業願景的指引下，建立企業內部資源能力的優勢與掌握外在環境的機會，以達成企業願景的一項手段和方式[2]。因此，議事策略乃援用前述概念，

1 參閱楊南芳等譯（克勞塞維茨著）：《戰爭論（卷一）》，初版，台北：左岸文化事業有限公司，民國102年6月，249頁；施正鋒：〈戰略研究的過去與現在〉，台灣國際研究季刊，6卷，3期，民國99年8月，32頁。

2 參閱王德順：《企業管理》，初版，台北：五南圖書出版公司，民國94年1月，105頁；張逸民：《策略管理——分析架構與實例》，2版，台北：華泰文化事業有限公司，民國97年9月，3-6頁。

界定爲會議成員運用其議事技巧，而得以在會議過程中，達成其所欲的目標，而國會議事策略，即指國會成員在議事進行過程中，運用議事規範，作爲達成其目標的各種議事技巧。上述議事策略可能依其本意使議案順利完成立法程序，亦可能阻絕所欲反對的相關議案。

國會既爲合議制機關，其職權的行使類以會議方式爲之，我國立法院亦然。立法院職權的行使，大多以議案的方式呈現，議案的提出、討論與議決等程序，均須遵守議事規範。因此，國會職權運作與議事規範有相當的關連性。本書擬將國會制度與議事相關規範加以連結，就目前立法院成文規範與不成文例規，抽繹出可運用於議事場域中的101策略，論述其運作成敗。

合上所述，爰將本書命名爲「國會議事策略101」。

第二節　分析架構

本書採用制度研究途徑及案例分析（個案研究）方法，依現行相關議事規範析述策略運用主體所採行的議事技巧，以及該策略運用於實體個案後的成敗因素。

爲利於分析，擬就策略運用主體、議事規範、議場實景及影響成敗因素等建構如下圖：

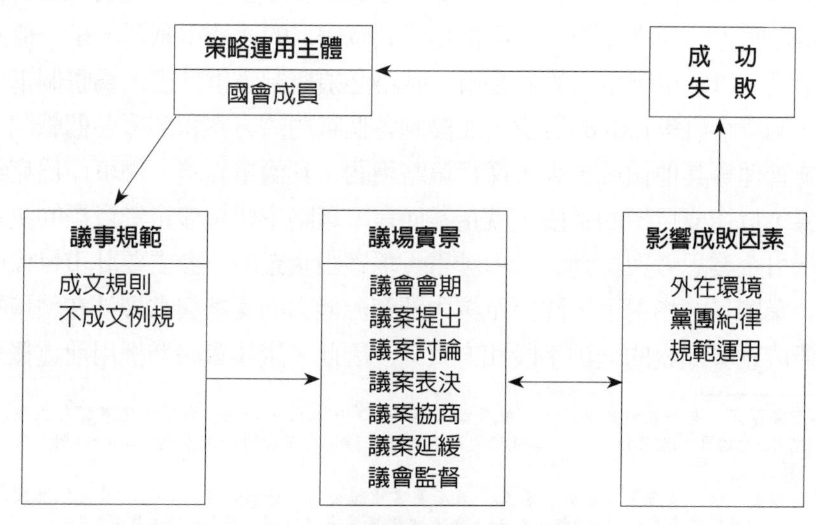

圖1　國會議事策略運用流程圖

茲依上述策略運用流程，探討（一）策略運用主體；（二）議事規範；（三）議場實景；及（四）影響成敗因素等四個面向。相關內容簡述如下：

一、策略運用主體

民主國家的國會（立法機關），無論採行兩院制或一院制，該國國會的主要成員，類爲國會議員。依我國憲法第62條的規定，立法院爲國家最高的立法機關，由人民選舉的立法委員組成，代表人民行使立法權。因此，我國立法機關的主要成員爲立法委員。另國會領導階層在立法過程中，往往扮演著關鍵性的地位，除協助立法草案依次進行審查，更可促使所屬黨團成員支持或反對立法。如係兩院制的國家，更須調和兩院歧見而成一致看法。同時，在重要性法案的規劃策略上，亦可與總統進行諮商。一般而言，國會的領導階層，包括議長、副議長、黨團領袖及黨鞭、委員會主席[3]。就我國現行相關規定，立法院的領導階層大抵相同，包括立法院院長、副院長、各黨團黨鞭及委員會召集委員。

前述國會議員及領導階層在議事進行過程中，得運用各種策略，以達成其目標。因此，本書所指涉策略運用主體，主要爲立法委員、院長（副院長）、各黨團黨鞭及委員會召集委員。至於國會專業幕僚雖因協助立法，而於議事運作過程時，對策略運用有所影響，但非本書所探討的策略運用主體。另因我國有權向立法院提出議案者，非僅立法委員，尙包括總統、行政院等政府部門，如總統可請求召開臨時會、政府部門在議案提出時，可運用主體轉換、分條提案、綜合立法、撤回重提、撤回結案及覆議否決等策略。但就整體議事運作而論，上述策略，仍需在國會場域進行處理。因此，在分析架構圖中，策略運用主體乃界定爲國會成員，併予敘明。

二、議事規範

立法機關爲了有效發揮其應有的功能，從議案之提出到最後之議決，必須藉助全體成員所共同服膺的議事規範；而議事規範的用語，首見司法院釋字第

3　參閱Walter J. Oleszek: Congressional Procedures and the Policy Process, 2nd ed., Washington, D.C.: Congressional Quarterly Inc., 1984, pp. 24-25；引自湯德宗譯：《國會程序與政策過程》，1版，台北：正中書局，民國81年3月，34頁；翁明安：〈我國立法院長角色中立化可能性之分析〉，立法院院聞，34卷，4期，民國95年4月，81-83頁。

342號解釋，依其解釋理由書所述，各國國會的議事規範，除成文規則外，尚包括各種不成文例規，就其權威性與拘束力而言，兩者並無差別[4]；惟適用時仍須遵守規範的優先次序。

依馬遜（Paul Mason）所作分類[5]，我國立法院議事規範，可區分爲（一）成文規範：(1)憲法，(2)實定法，(3)立法院議事內規；（二）不成文規範：(1)大法官解釋，(2)議事手冊，(3)會議規範，(4)議事先例。茲簡述其內涵如下：

（一）成文規範

1. 憲法

依凱爾生（Hans Kelsen）所倡「法律規範層級構造」（Hierarchy of Norms）的理論，法的體系，依序爲（一）基本規範；（二）一般規範；（三）個別規範。而憲法爲基本規範，係最高級的規範，爲一般規範與個別規範的效力泉源[6]。因此，憲法乃被稱爲國家的根本大法，效力最高，自爲立法院行使職權的主要根據。舉凡立法院的地位、組織、職權、成員的權利保障與限制，以及與其他機關之間的關係等等，均明定於憲法及其增修條文內。其中憲法第5章「行政」、第6章「立法」、第10章「中央與地方之權限」與憲法增修條文第1條至第7條及第12條，更爲立法院行使職權的重要規範。

2. 實定法

國會議事運作，往往涉及其他憲法機關或與人民間的外部關係。此非有法律依據，不得課予義務或賦予權利，以符法治政治原則。有關規範立法院議事運作的實定法中，較爲重要者，有立法院組織法、立法院各委員會組織法、立法院職權行使法、立法委員行爲法、公職人員利益衝突迴避法、遊說法、中央法規標準法、預算法、決算法及請願法等。

---

4 參閱朱志宏：《立法論》，初版，台北：三民書局，民國84年3月，155頁。

5 馬遜（Paul Mason）認爲程序規則的來源（Sources of Rules of Procedure），約有（一）憲法上的各種規制（constitutional rules）；（二）法律上的各種例規或憲章的各種規定（statutory rule or charter provisions）；（三）制定的規則（adopted rules）；（四）司法判例（judicial decisions）；（五）採用議學權威著作（adopted parliamentary authority）；（六）會議規範（parliamentary law）；及（七）習慣與慣例（customs and usages）7種。上述7種法源的使用優先次序，依上列順序定之；惟司法判例乃爲例外，視所被解釋的法規定之，如解釋憲法的判例，其次序應與憲法相等，當優先於法律而使用之。如遇上述法源彼此有所衝突，則應依其優先序列以定取捨。參閱羅志淵：《立法程序論》，2版，台北：正中書局，民國67年1月，8頁。

6 參閱段重民：《法學緒論》，修訂3版，台北：國立空中大學，民國94年8月，106及107頁。

3. 立法院議事內規

國會議事規則宜由國會自行訂定。惟其所呈態樣不一，有（一）全由國會以內規方式定之；（二）全由國會與行使行政權的君主「協力」以法律方式定之；（三）部分以內規、部分以法律方式定之三種方式[7]。我國現行體例，係採第三種方式。除上述立法院組織法、立法院各委員會組織法、立法院職權行使法及立法委員行爲法以法律定之者外，尚訂定立法院議事規則、中央政府總預算案審查程序、中央政府總決算審核報告案審查程序、立法院紀律委員會組織規程、立法院程序委員會組織規程、立法院經費稽核委員會組織規程、立法院修憲委員會組織規程、立法委員互選院長副院長辦法、立法委員互選院長副院長投票及開票辦法、立法院各委員會召集委員選舉辦法、無黨籍及少數黨團委員參加常設委員會抽籤辦法、黨團所屬委員參加常設委員會抽籤辦法、立法院點名表決辦法、立法院議場規則、立法院會議旁聽規則、立法院會議議事文書印製辦法及立法院會議錄影錄音管理規則等。其中立法院議事規則、中央政府總預算案審查程序、中央政府總決算審核報告案審查程序及立法院程序委員會組織規程常爲議事運作的主要規範。

（二）不成文規範

1. 大法官解釋

依憲法第78條：「司法院解釋憲法，並有統一解釋法律及命令之權。」及其增修條文第5條第4項：「司法院大法官，除依憲法第78條之規定外，並組成憲法法庭審理總統、副總統之彈劾及政黨違憲之解散事項。」的規定，我國解釋憲法及統一解釋法律及命令的機關爲司法院大法官會議。就理論上而言，憲法的解釋旨在維持憲法的最高性與固定性；實際上卻賦予憲法新的內容。又因其爲有權的解釋，就法律所表示的見解，對外可發生一定的效力，而爲立法院議事運作的規範[8]。

2. 議事手冊

民主先進國家的立法機關，時有採用立法程序手冊（A Manual of Legislative Procedure）作爲議事程序的準據，美國傑佛遜手冊（Jefferson's

7　許宗力：《法與國家權力》，增訂2版，台北：月旦出版社，民國82年4月，302及303頁。

8　依司法院釋字第185號解釋（民國73年1月27日），司法院所爲之解釋，有拘束全國各機關及人民的效力，各機關處理有關事項，應依解釋意旨爲之，違背解釋的判例，當然失其效力。參閱司法院大法官解釋彙編，司法院，初版，民國94年8月，97頁。

Manual）於1837年，經眾議院採用為正式規則的一部分，即為顯例[9]。國父所撰之「民權初步」，與上述手冊類似，亦可為議事機關處理議事的準據。遇有議事程序的爭議而法規未予規定者，自可援用而為議事規範之一。就實務以觀，如額數、兩面俱呈與同數的意涵、表決的復議、附屬動議的順序及權宜問題秩序問題常為立法院解決該項議事爭議的準則。

3. 會議規範

內政部為推行民權初步，乃於民國43年5月19日公布試行會議規範。嗣經試行11年後，為使該規範更臻於完備，遂根據各機關試行經驗及反映意見，並參酌歐美最新議事規則，予以修正，用以改進議事秩序，提高議事效率，以收「固結人心，糾合群力」的功效[10]，而於民國54年7月20日公布施行。立法院雖未如其他議會機關，於其議事內規中明定「本規則未規定者，依會議規範之規定」，但在處理議事時，法規所未規定者，亦常準用會議規範的規定，如動議的提出與處理順序、主席的任務與發言、付委案件的抽出、權宜問題與秩序問題的提出與處理等。

4. 議事先例

立法機關的議事運作，固應依據各種法規的相關規定；惟立法事宜層出不窮，無論法規如何詳盡規定，總有一定的限度。為因應上述情事，乃不得不求諸於先例（Precedents），以為議事運作的規範。立法院自行憲至今，在其議事運作過程中，確定了不少先例[11]，就實務以觀，立法院議事先例時為策略運用主體所採行議事技巧的主要規範。

三、議場實景

立法機關並非一年到頭都在開會，而設有會期制度，稱之為常會，另為特殊需要，得予常會外召開臨時會。依我國憲法第68條及第69條的規定，立法院會期有常會與臨時會，前者係每年2月至5月底及9月至12月底召開，必要時得予延長；後者則於休會期間，遇有總統或立法委員1/4以上的請求而召開。復按立法院各委員會組織法、立法院職權行使法、立法院程序委員會組織規程及

---

9 參閱Walter J. Oleszek, op.cit., p. 4；引自湯德宗譯：《國會程序與政策過程》，8及9頁。

10 會議規範，台北：中央文物供應社，民國85年2月，67頁。

11 參閱周萬來：《議案審議——立法院運作實況》，5版，台北：五南圖書出版公司，民國108年11月，67-97頁。

立法院議事規則等相關規定，在常會或臨時會期間，院會於每星期二、星期五舉行（必要時得增減會次），院會以外時間，則召開委員會會議。同時，會期中可召開黨團協商會議及公聽會。因此，國會成員大抵於會期中，在院會或委員會場域中行使憲法所賦予的職權[12]。

前已述及，會議的運轉，係經由議案的提出、討論、議決等程序來呈現。因此，議案提出、議案討論及議案表決等爲國會運作中的主要場景；而黨團協商業已法制化，其在立法院運作的過程中扮演重要的角色，議案協商自然而然爲議場實景。另任何一個議案，從提出、審議至公布的整個過程中，倘因某種情事的發生，致無法按正常的議事流程進行，均屬議案延緩，亦爲國會運作過程中常有的情景。

復就責任政治角度以觀，行政機關向立法機關（國會）負責乃屬民主常規。因此，現行法規賦予國會的各種控制權力，舉凡預算財政的審查、立法否決、調查聽證、授權立法、人事控制、行政法規的審查及內閣制所運用的質詢及不信任制度等，均屬議會的監督，而常爲國會運作過程中出現的景象[13]。

綜合上述，本書所探討的議場實景，包括議會會期、議案提出、議案討論、議案表決、議案協商、議案延緩及議會監督等面向。

四、影響成敗因素

影響策略運用的成敗，其因素固不只一端。就實務以觀，往往相互連結諸多因素，始能達到策略運用的成功，亦有可能因無法連結各種有利因素，而未能達成預期的目標。一般而言，國會成員的立法行爲深受外在環境、黨團紀律及本身場域中各種規範所影響。茲簡述如下：

(一) 外在環境

任何一個組織，大多受到外在環境的影響。國會成員多由該國人民選舉產生，往往須回應其選區選民的需求與支持，並與其發生互動關係，自然深受其影響。此外，國會成員角色多元，其立法行爲經常受立法機關以外的行政機

12 有關國會場域，論者劉省作先生在其所繪「國會運作地圖（魚骨圖）」，將其界定爲院會、委員會或聯席會、程序委員會、政黨協商、黨團及公聽會。參閱劉省作：《決勝廟堂——行政在國會合與戰的眞相》，初版，台北：揚智文化事業股份有限公司，民國94年1月，263頁。

13 參閱施能傑：《國會監督與政策執行——美國經驗之研究並兼論我國的發展》，初版，台北：台灣商務印書館，民國76年3月，38-40及45-50頁。

關、利益團體或所屬政黨的影響[14]。尤其在當前媒介環境下，傳播媒介已是政治新聞與意見塑造過程中訊息的主要來源，對國會議員本身與國會整體運作亦有相當影響[15]。

國會成員的立法行為既受主客觀環境的影響，則須審時度勢；申而言之，掌握時勢乃為策略運用成敗的主要關鍵。經檢視立法實例，國會成員的立法行為，主要是受外在環境的影響，並常與後述黨團紀律或規範運用相互連結，以決定其策略的成敗。在外在環境中，為回應其選區選民而影響其立法行為者，如民國101年4月27日院會處理暫停美國牛肉及其產製品進口相關議案，農業縣選出的執政黨委員因須承受選區選民的壓力，乃不顧其政黨要求而未出席或出席但拒絕表決；而受行政機關影響者，如民國90年1月4日立法院院會三讀通過的有線廣播電視法第19條、第51條及第63條等條文修正案，立即引發北高市政府的抗議，為兼顧各界權益與立法周延性而由立法委員提出復議加以補救。至於受利益團體影響者，軍事審判法第1條、第34條及第237條條文修正案，則為顯例；另受政黨影響者，則以民國84年2月23日立法院院會二讀通過農民健康保險條例第12條條文為顯例，該條因增訂第3項使65歲以上未請領其他老年生活津貼的農民被保險人得請領每個月3,000元的老農津貼，但行政院認為社會保險與社會福利性質不同，不宜訂定於該保險條例中，經透過黨政平台協調而由執政黨黨團提請暫緩審議策略，將該案予以保留擱置，並由行政院提出「老年農民福利金暫行條例草案」。此外，因受傳播媒體影響者，如民國78年12月29日立法院所通過政務官退職酬勞金給與條例增列第2條之1「立法委員、監察委員比照實施」，更因媒體報導立法委員自肥而引發外界反彈，致由原贊成委員提出復議補救策略而無法達成原修法目的。

（二）黨團紀律

國會黨團具有整合同黨籍國會議員意見及協調不同黨籍國會議員主張的功能，各黨團為處理上述職能，大抵設有黨鞭。一般而言，黨鞭的主要職能為(1)擔任政府與黨籍議員間的橋梁，將政府政策立場告知黨籍議員，亦把黨籍議員對立法政策的看法傳遞給政府；(2)凝聚同黨議員的共識與力量，俾在國會中

---

14 參閱曾濟群：《中外立法制度之比較》，初版，台北：中央文物供應社，民國77年6月，1及2頁。

15 參閱廖峰香、葉明德：《政治學》，初版，台北：國立空中大學，民國89年1月，271頁；彭懷恩：《政治傳播：理論與實踐》，初版，台北：風雲論壇有限公司，民國96年11月，193-195頁。

貫徹黨的政策立場[16]。其中凝聚同黨議員的共識與力量，則涉及黨團紀律問題。

所謂黨團紀律，意指國會各政黨成員在立法過程中黨內協和的程度，即國會黨團成員對其所屬政黨的政策凝聚力的高低，而最主要的測量方法，則視其投票行爲而定[17]。依立法院職權行使法及議事規則所定表決方法，有口頭表決、舉手表決、表決器表決、投票表決及點名表決，其中表決器表決、投票表決部分，可再區分爲記名及無記名兩種類別。因此，立法院黨團爲貫徹其黨紀或朝向對己有利的情勢發展，往往對其所屬成員在表決相關議案時加以動員並以記名方式行之。前述暫停美國牛肉及其產製品進口相關議案，農業縣選出的執政黨委員因受選區選民的壓力，而不顧其政黨要求，未予出席或出席但拒絕表決，若從黨團紀律角度以觀，顯見其政策凝聚力的不足。相對而言，在野黨團運用此記名方式的追龍現身術，促使多數黨黨團部分成員有所顧忌而未表決，其策略運用顯有成效。類似案例，有如民國101年12月28日院會處理親民黨黨團提請將「回復原住民族地區『鄉』之公法人地位，以避免侵害原住民族的政治權利，俾以符合國際原住民族權利規範、具體落實維護原住民族自治權利。」案列爲議程討論事項第1案時，原住民的執政黨委員亦因考量民意而多採贊成或棄權方式處理。此在在顯示該黨團的黨紀較爲鬆散。另從無記名方式的表決結果而言，其表決方式雖不如記名明確，但仍可略窺各黨團對其所屬政黨的政策凝聚力的高低，如102年12月13日民進黨黨團於院會提請變更議程，增列法院組織法刪除第63條之1條文案列爲討論事項第1案時，竟能通過是項變更議程動議而進行討論該法案，國民黨黨團爲恐表決時產生變數，乃於逐條討論後立即提出散會動議而解決特偵組可能遭致廢除的危機。另監察院第5屆監察委員同意權行使結果，在一致政府的情況下，卻有11位未獲同意爲監察委員，均可見該黨團成員的政策凝聚力顯有不足。

（三）規範運用

任何決策機關爲了運作順暢，莫不遵守其議事規範，而議事規範的內涵，包括成文規則與不成文例規。因此，立法機關在行使職權過程中，內部成員的

16 參閱朱志宏：前書，264頁。

17 參閱何思因：《美英日提名制度與黨紀》，初版，台北：理論與政策雜誌社，民國82年1月，29-31頁。

立法行為，必受上述議事規範所拘束。倘國會成員得以運用前述規範，並轉化成有效策略，自能掌控整個議事流程，而達成其所欲的目標。是項策略運用的成敗，除受前述黨紀或外在環境因素的影響外，大抵取決於國會成員對規範的嫻熟程度。

綜觀本書各項立法實例，均與議事規範有所關連，自受規範運用的影響，其中因規範的熟悉程度不足而在運用策略有所失漏，致造成後續的政經情勢不利發展者，如海峽兩岸服務貿易協議在民國102年6月25日黨團協商時，執政黨黨鞭因僅考量12年國教相關法案（高級中等教育法草案、專科學校法部分條文修正草案）是否能如期完成立法程序，而落入在野黨黨鞭當時要求「海峽兩岸服務貿易協議本文應經立法院逐條審查、逐條表決，服務貿易協議特定承諾表應逐項審查、逐項表決，不得予以全案包裹表決，非經立法院實質審查通過，不得啓動生效條款。」的圈套，致目前仍無法於立法院順利處理該項協議。此亦顯示在野黨黨鞭對規範運用較為嫻熟，而達成其所欲阻擋該協議的目標[18]。又如民國82年7月16日第2屆第1會期第50次院會討論「中央政府興建重大交通建設計畫第2期工程特別預算案」，在處理委員王建煊等所提「有關興建高速鐵路之預算，建議全數刪除，由民間興建。」的修正動議時，由於立法院不成文例規，在重付表決時，須以同一表決方式行之[19]。該修正動議於首次表決時，執政黨黨團並未採用記名表決方式處理，致使院會通過此修正動議，嗣經要求重付表決（由委員李友吉等32人提出），並改以記名方式，但不為王委員建煊、陳委員水扁、謝委員長廷所接受，仍依議事前例，以無記名方式進行表決，致無法翻案，而通過委員王建煊等所提的修正動議[20]。有關興建高速鐵路的重大交通建設，直至立法院通過獎勵民間參與交通建設條例並經總統公布施行後，始改以民間興建及營運。足見當時執政的國民黨黨團對規範運用的嫻熟程度不夠，致無法立即採用記名現身策略而喪失先機。

18 參閱蔣念祖：《立法其實很專業》，初版，台北：米樂文化國際有限公司，民國104年5月，44及45頁。

19 參閱周萬來：前書，78頁。

20 參閱立法院公報，82卷，49（上）期，民國82年7月24日，45-47頁。

第2章　議會會期

立法機關爲合議制的機關，有關職權的行使，類以會議行之；且立法機關並非一年到頭都在開會，而是限定在一定期間內活動，乃有會期制度。所謂會期是指立法機關具有活動能力的期間。現代許多國家之所以採會期制度的原因與主要功能，旨在使立法機關的議事，於時間限制下而促進效率化，以避免議案累積。此外，隨著現代國家機能的逐漸擴大，立法機關亦可依特殊需要而召開常會以外的臨時會或特別會，以免國家大事之因應決策因會期制而受影響[1]。依我國憲法第68條、第69條及立法院組織法第6條的相關規定，立法院會期有常會與臨時會之分。另停開院會期間，遇重大事項發生時，亦得請求恢復開會。茲依上述相關規定，共分四節論述議事策略。

第一節　延期加審

依憲法第68條之規定，立法院每年有兩個會期，必要時得予延長。立法院職權行使法第5條依此而予規定，立法院每次會期屆至，於必要時，得由院長或立法委員提議或行政院的請求，經院會議決予以延長會期。因此，行政院、立法院院長或立法委員均可提請院會延長會期。茲分述如下：

策略1　行政院提請延長會期

一、議場實景

立法院第1屆第88會期第29次院會
時間：80年12月24日（星期一）上午9時
地點：本院議場

1　許慶雄：《憲法入門》，初版，台北：月旦出版社，民國81年9月，257頁。

主席：劉副院長松藩
秘書長：胡濤

秘書長：出席委員64人，已足法定人數。

主席：現在開會，進行報告事項第7案及第8案。（報告事項第1案至第6案，均從略。）

七、行政院函，爲貴院第88會期集會期間即將屆滿，本院送請審議之法案尚多亟待完成立法程序，請將本會期集會期間酌予延長案。（程序委員會意見：擬請院會決定：(1)第88會期延長17天，自81年1月1日起至1月17日止。(2)「台灣地區與大陸地區人民關係條例草案」、「金門馬祖東沙南沙地區安全維護條例草案」、「公害糾紛處理法草案」、「政風機構人員設置管理條例草案」、「著作權法修正草案」、「就業服務法草案」、「強制工作處組織條例草案」、「保險法部分條文修正草案」、「中央通訊社設置條例草案」、「能源管理法部分條文修正草案」、「水土保持法草案」、「漁港法草案」及「空氣污染防制法修正草案」列爲本會期延會案[2]。）

八、考試院函，爲前送請審議之「公務人員退休法部分條文修正草案」及「公務人員撫卹法部分條文修正草案」，敬請惠予優先列入本（88）會期延會期議案審議案。（本案臨時提出報告）

主席：報告院會，報告事項第7案及臨時提出的報告事項第8案併案討論。現在請吳委員勇雄發言。

吳委員勇雄（9時29分）：主席、各位同仁。本席對於從明年1月1日到1月17日，爲了加速法案的審查，擬延長會期案不表反對。在延會期間，除了審查行政院及考試院的提案外，本席另提一案，希望在延會討論，這一案（即台北市證券投資人協會及台灣省證券投資人協會等所提成爲議案之請願案）在時間上極爲迫切，也是國內經濟亟需解決的問題。（以下發言旨在說明該案列爲延會案的理由，從略。[3]）

主席：請廖委員福本發言。

廖委員福本（9時36分）：主席、各位同仁。請主席維持旁聽席的秩序，以維護議場的莊嚴。本會期至12月31日結束，我們有很多民生法案，亟

2 行政院函請列爲延會法案中，除「海關進口稅則修正草案」外，其餘由程序委員會建請院會列爲延會法案。行政院函，參閱立法院公報，80卷，104期，民國80年12月28日，4頁。

3 吳委員對該案列爲延會案討論的理由，參閱前注公報，5頁。

待我們討論，故延長會期一案，本席表示支持。另國民大會組織法、立法院組織法亦須加以考慮。希望所列14個民生法案加上國民大會組織法、立法院組織法等修正案能順利通過。對第7案本席表示支持。（廖委員對國民大會組織法、立法院組織法列入延會案的說明，均從略。[4]）

主席：請陳委員水扁發言。

陳委員水扁（9時39分）：主席、各位同仁。有關第7案延會法案、延長會期的問題，值得各位委員同仁加以正視。要不要延會？延會的目的爲何？是大家要研究的問題。若要延會，則延會的目的爲審查一些有時效性、亟待審查的重要法案，這些法案必須在延會期間三讀通過。但延會僅17天，時間上顯然不夠。若延會的目的是要將行政院要求必須審完的所有法案，加上廖委員福本所提國民大會組織法、立法院組織法等修正案，再加上討論事項所列13案，總共將近30案，且17天內並非每天開院會，如此能審完嗎？本席認爲做這個決定完全無意義，只是宣示性的。又國民大會組織法修正案、立法院組織法修正案未列入延會案是否可以審查？依過去實例仍然可以審查。因此，有無列入延會案，事實上並不重要，一樣可以隨時提出審查。所以要確定的是：一、在延會期間，若無列入的法案，可否審查？若可審查，則列入幾項法案並不重要。二、延會的目的要審多少法案？若以審查多少法案爲準，則應無限延會，而非有限延會，這是很重要的一點。（陳委員水扁反對單獨修正立法院組織法第5條第2項的理由，從略。[5]）

主席：請張委員俊雄發言。

張委員俊雄（9時43分）：主席、各位同仁。第7案預備延會至17日，且所列法案蠻多的，但將公務人員退休法及公務人員撫卹法法案列爲延會法案，並不妥當。本席表示反對，應將此兩個法案剔除，請各位同仁支持。（張委員俊雄反對將公務人員退休法及公務人員撫卹法法案列爲延會法案的理由，從略。[6]）

主席：請王委員聰松發言。

王委員聰松（9時47分）：主席、各位同仁。本席認爲延會期間該多長，方才陳水扁委員講得很有道理，若延會案及相關法案都要通過，預訂17天沒有多大道理，且不切實際。另其中台灣地區與大陸地區人民關係條

4　廖委員對國民大會組織法、立法院組織法列入延會案的說明，參閱前注公報，6頁。

5　陳委員反對單獨修正立法院組織法第5條第2項的理由，參閱前注公報，6及7頁。

6　張委員反對將公務人員退休法及公務人員撫卹法法案列爲延會法案的理由，參閱前注公報，7頁。

例草案及就業服務法草案列爲延會期間討論不妥當，應予剔除，本席意見請各位參酌，謝謝。（王委員聰松反對台灣地區與大陸地區人民關係條例草案及就業服務法草案列爲延會期間討論的理由，從略。[7]）

主席：請彭委員百顯發言。

彭委員百顯（9時54分）：主席，各位同仁。對於報告事項第7案第1項及第2項的問題，本席不反對延會，因經過兩黨協商，我相信延會有其必要。但對於延會期間所列將討論的法案，本席表示個人意見。本席認爲有部分確需從長計議，即爭議性多的法案，應該從長計議。我們建議兩黨協商應該充分尊重，也應該予以貫徹。敬請各位同仁指教，謝謝。（彭委員百顯反對台灣地區與大陸地區人民關係條例草案、金門馬祖東沙南沙地區安全維護條例草案及政風機構人員設置管理條例草案列爲延會期間討論的理由，從略。[8]）

主席：請盧委員修一發言。

盧委員修一（9時58分）：主席，各位同仁，各位女士，各位先生。關於我們討論延會法案的問題，本席有幾點意見，提供大家指教。

一、剛才陳水扁委員已說得很清楚。我們要將會期延至1月17日，已成定局；問題是在延會期間，是否要優先完成延會法案。若從這個角度看，這就是實質問題的探討，到底列爲延會期間優先完成立法程序的延會法案的迫切性是否符合優先立法的要求？本席認爲延會法案，是一個製造出來的名詞，事實上沒有必要。所以，本席認爲既要延會，我們應視實際需要，經過兩黨協商之後才列入所要討論的法案，不能先由院會決定那些法案先列入延會法案，因列入之後，並不能約束其他未列入的法案將來插隊排入議程中。

二、本席擔任程序委員會委員，感慨非常多。在各個民主國家的國會中，程序委員會是最重要的一個委員會，也是政黨協商最重要的地方。在程序委員會中，反對黨的意見也受到相當的尊重。但是今天在立法院中，老實說程序委員會形同橡皮圖章。一天到晚，議程不斷地變動，今天把第1案調到第5案，第6案調第1案，明天又反過來，司空見慣。程序委員會的制度及權威沒有建立、兩黨協

7 王委員反對台灣地區與大陸地區人民關係條例草案及就業服務法草案列爲延會期間討論的理由，參閱前注公報，7及8頁。

8 彭委員反對台灣地區與大陸地區人民關係條例草案、金門馬祖東沙南沙地區安全維護條例草案及政風機構人員設置管理條例草案列爲延會期間討論的理由，參閱前注公報，8頁。

商的制度沒有建立，和執政黨缺乏與反對黨協商、溝通的誠意有密切的關係。所以，根本之道要從制度下手，要眞正建立程序委員會的權威，建立程序委員會是兩黨協商、安排議程的制度，以免往後舊事重演，一再反覆，浪費大家的時間和精力。

三、若是爲了於延會期間完成需優先立法法案之立法程序的需要，本席建議院會，在通過延會期間之後，同時應附帶作成決議。在延會期間只審查已在委員會審查通過，送達院會的法案，其他的均暫時擱置。因此，若院會作成決議的話，要附帶決議在延會期間所有委員會停開，我們全力加開院會，在院會上完成所謂的優先要完成立法程序的法案。以上三個意見請大家參考指教，謝謝。

主席：報告院會，現在報告事項第7案和臨時提出的第8案併案處理，要作一個決定。大家對延會期沒有多少意見，不過對審查的法案有意見。請問院會，對於程序委員會意見有無異議？（有）有異議。那兩案一併作如下決議：「第88會期延長17天，自81年1月1日起至1月17日止，其餘日期照第86會期例辦理；延會法案交程序委員會決定。」在此是大家經由政黨協商的方式來處理。請問院會有無異議？（無）無異議，通過。

二、相關規範

（一）憲法第 68 條

立法院會期，每年兩次，自行集會。第1次自2月至5月底，第2次自9月至12月底，必要時得延長之。

（二）立法院職權行使法第 5 條

立法院每次會期屆至，必要時，得由院長或立法委員提議或行政院之請求延長會期，經院會議決行之；立法委員之提議，並應有20人以上之連署或附議。

三、策略研析

民國83年11月10日第2屆第4會期第18次會議，經由朝野黨團協商提報院會決定該會期延長會期17天之前，類由行政院函請立法院酌予延長的成例[9]。因

9　參閱立法院公報，83卷，73期，民國83年11月16日，36及37頁。

此，民國88年1月12日制定立法院職權行使法時，秘書處特將此成例亦納入所擬條文，經由院會討論照秘書處研擬意見通過[10]。立法院每次會期屆至，行政院如認為有時效性的重要法案須延長會期加以審議必要時，自可依法函請立法院審議。

綜觀上述議事過程，出席委員對行政院基於迫切性法案亟待完成立法程序而請求延長會期並無意見；惟是否先行確定何者法案列為延會期間審議，則有所爭辯。民國58年6月3日第1屆第43會期第21次會議雖經院會通過延會期間以討論延會議案具有緊急性為原則[11]，但既係原則性規定，民國78年2月大量增額委員進入立法院後，因反映民意而時將未列入延會法案的法案於延會期間提請院會審議。因此，出席委員對於先行確定何者法案列為延會期間審議有所爭議，乃經協商改由程序委員決定延會法案；由程序委員會依其權責審定院會議程，提報院會討論，併此敘明[12]。

策略2　立法委員提請延長會期

一、議場實景

立法院第3屆第3會期第25次院會
時間：86年5月23日（星期五）上午10時
地點：本院議場
主席：劉院長松藩
秘書長：劉碧良

秘書長：出席委員55人，已足法定人數。
主席：現在開會，進行報告事項（略）。
主席：現在有一朝野協商結論，請宣讀。
　　　立法院朝野協商結論

10　參閱立法院公報，88卷，5（上）期，民國88年1月16日，92頁。
11　參閱第1屆立法院第43會期第21次會議議事錄，6頁。
12　依立法院組織法第7條及立法院議事規則第16條之規定，立法院設程序委員會，審定院會議事日程。因此，程序委員會對院會議程具有主導地位。倘某項法案不為該會成員所接受，在理論上並不能將法案打銷或否決，但在實質上無法排入院會議程（包括報告事項及討論事項）而遭阻絕，則其效果與否決並無不同。參閱沈中元、周萬來：《兩岸立法制度》，初版，台北：國立空中大學，民國100年8月，98及99頁。

時間：86年5月22日下午4時

地點：2樓接待室

決定事項：一、本會期是否延會至6月27日及下會期是否於9月23日開議由民進黨團提案，於明（23）日院會表決。

二、本（5）月29日（星期四）加開院會審議87年度中央政府總預算案，併同本月27日及30日之院會，視爲一次會議。

三、本月28日下午3時，朝野黨團負責人續就87年度中央政府總預算案進行協商，由劉院長主持。

主持人：劉松藩

協商代表：洪性榮　林光華　李進勇　蔡中涵　廖福本　李友吉　蔡明憲　周陽山　陳瓊讚

主席：本朝野協商作如下決定：5月29日（星期四）加開院會。5月27日（星期二）、5月29日（星期四）及5月30日（星期五）視爲一次會議，審議87年度中央政府總預算案。其餘各項列入紀錄。

請問院會，對此朝野協商結論有無異議？（無）無異議，通過。

現在有林委員光華等37人有一提案：本會期延長至6月27日，下會期自9月23日開議。（提案文，略。[13]）

主席：本案因朝野已有共識，同意在今天的院會由民進黨籍的委員提案，並同意在上午處理，否則一般的提案都是在下午處理。所以，請注意，現在是徵求各位同意早上處理這個提案，而不是同意於6月27日、9月23日分別休會、開會。

彭委員百顯：（於席位上）本席反對上午處理提案。

主席：請問院會，處理本提案有無異議？

李委員進勇：（於席位上）早上處理沒有異議。

主席：既然大家沒有異議，現在進行實質的處理。請問院會，對林委員等37人提案，本會期延長至6月27日，並建請下會期於9月23日開議，有無異議？（有）有異議。既然有異議，直接進行表決。現在按鈴7分鐘[14]。（按鈴）

主席：現在針對林委員光華等37人所提第3會期延長至6月27日進行表決。

13　關係文書參閱立法院公報，86卷，28期，民國86年5月28日，27頁。

14　依立法院議事成例，院會採用表決器進行表決時，在表決前須先按鈴7分鐘，但連續表決時，則不受此限制。參閱周萬來：《議案審議——立法院運作實況》，5版，台北：五南圖書出版公司，民國108年11月，78頁。

林委員光華等38人提議採記名表決。（連署名單，略。）

主席：贊成林委員光華等37人所提本會期延長至6月27日者，請按贊成，反對者，請按反對，棄權者請按棄權。計時1分鐘，現在進行記行表決。

（進行表決）

主席：報告表決結果：在場委員人數106人，贊成者51人，反對者54人，棄權者1人，少數，不通過。（表決結果名單，略。）

主席：周委員陽山要求重付表決，現在爲周委員陽山所提重付表決之動議徵求附議，附議者，請舉手。（進行附議）

主席：報告院會，附議者49人，重付表決案成立[15]。

主席：現在重付表決。贊成林委員光華等37人所提本會期延長至6月27日者，請按贊成，反對者，請按反對，棄權者請按棄權。計時1分鐘，現在進行記行表決。

（進行表決）

主席：報告表決結果：在場委員人數111人，贊成者53人，反對者58人，少數，不通過。（表決結果名單，略。）

主席：現在進行下會期開議日期的表決。

李委員進勇：（在台下）我們要求撤回此案。

主席：這是同一案，不能只處理一半。

李委員進勇：既然是同一案，便不可分開表決，而是延會與開議日期一起表決。現在分開表決，就是視爲二案。

主席：這是以一案來處理，分開表決，而不是分開處理。

李委員進勇：（在台下）這是兩案。

姚委員立明：（在台下）先休息，大家商量一下。

主席：5月31日休會已經確定了，至於9月23日的開議日期尚未決定，現在休息10分鐘，請各位黨鞭進行協商。（10時57分）

主席：現在繼續開會（11時12分）。下個會期開議日期經朝野協商後，定於86年9月9日（星期二）舉行第3屆第4會期第1次會議。

曹委員爾忠：（在席位上）這種作法不合程序。

主席：只要朝野協商同意，就可予以通過。現在作如下決定：「訂於86年9月9日（星期二）舉行第3屆第4會期第1次會議。」

---

15 民國88年1月12日修正議事規則前，依原規則第51條之規定，出席委員對表決結果提出疑問時，重付表決只須20人以上之連署或附議，主席應即重付表決。但以1次爲限。

二、相關規範

（一）憲法第68條

立法院會期，每年兩次，自行集會。第1次自2月至5月底，第2次自9月至12月底，必要時得延長之。

（二）立法院職權行使法

1. 第5條

立法院每次會期屆至，必要時，得由院長或立法委員提議或行政院之請求延長會期，經院會議決行之；立法委員之提議，並應有20人以上之連署或附議。

2. 第75條

符合立法院組織法第33條規定之黨團，除憲法另有規定外，得以黨團名義提案，不受本法有關連署或附議人數之限制。

三、策略研析

民國88年1月12日制定立法院職權行使法之前，有關立法委員提請延長會期相關事宜，明定於原立法院議事規則第7條，即立法院每次會期屆滿而議案尚未議畢，或有其他必要時，得由立法委員提議延長會期，並經30人以上連署或附議後，由院會議決是否延長。民國86年5月22日雖就第3屆第3會期是否延長會期加以協商，惟未達成延長會期共識，僅決定由民進黨的委員提案並同意次（23）日處理。因此，該日第3屆第3會期第25次院會乃依協商處理，經表決該會期不予延長。

依現行立法院職權行使法相關規定，倘立法委員（或黨團）認爲有延長會期必要時，自可採取此項策略，提議請求延長會期。經查立法院會期，除第3屆第2、3、5會期、第6屆第1、3、6會期、第8屆第5、8會期及第9屆第2、3、4、5、6、7、8會期（該屆前述各會期均改以召開臨時會進行審議特定議案）未予延長會期外，其餘均延長會期。此次會期所以未予延長，旨因國民大會集會修憲，爲避免立法院與國民大會在會議期間產生無謂爭議，立法院乃議決不予延長會期[16]。

16　第3屆國民大會於民國86年5月1日代表報到，5月5日正式開議，進行修憲工程，包括(1)總統行政立法的關係；(2)省級組織的精簡（即凍省）；(3)司法制度的改革；(4)教科文預算下限的取消；(5)國家機

策略3 立法院院長提請延長會期

一、議場實景

立法院第5屆第3會期第14次院會
時間：92年5月30日（星期五）上午10時
地點：本院議場
主席：王院長金平
秘書長：林錫山

秘書長：出席委員107人，已足法定人數。
主席：現在開會，進行報告事項（略）。
主席：現在有兩項朝野黨團協商結論，請宣讀。

（一）立法院朝野黨團協商結論
時間：92年5月28日下午4時
地點：2樓會客室（二）
決定事項：一、本院各黨團共同提案「立法院代表人民堅持支持政府參與WHO提案」（如附件）[17]，同意列入第14次院會討論事項第2案。
二、司法院組織法修正案、兩岸人民關係條例修正案、敬老福利生活津貼條例修正案、宗教團體法草案及離島建設條例修正案，於本會期延會期間儘速處理。
主持人：王金平　江丙坤
協商代表：蔡　豪　柯建銘　鍾紹和　曾永權　劉政鴻　程振隆　陳其邁

（二）立法院朝野黨團協商結論
時間：92年5月29日上午11時
地點：2樓會客室（二）
決定事項：一、有關本會期延會日期，依左列二案提付表決：
(1)本會期延長至92年6月17日並完成對全體大法官被提

關組織員額的彈性化等。此次憲改過程，政黨及政治權力高度介入，審查過程時有爭議與協商。修憲過程相關爭議與協商，參閱陳滄海：《憲政改革與政治權力》，第3章至第5章，2版，台北：五南圖書出版公司，民國91年11月，61-228頁。

17 各黨團共同提案內容，參閱立法院公報，92卷，33（一）期，民國92年6月11日，50及51頁。

名人行使同意權。並定於9月16日（星期二）舉行第5屆第4會期第1次會議。

(2)本會期延長至92年6月6日。6月5日加開院會並與6月6日視爲一次院會；大法官同意權之相關審查日程延至9月份舉行，並定於9月5日（星期五）舉行第5屆第4會期第1次會議。

二、嚴重急性呼吸道症候群防治及紓困暫行條例相關提案均逕付二讀併案討論。

主持人：王金平　江丙坤

協商代表：曾永權　陳進丁　鍾紹和　錢林慧君　劉政鴻　柯建銘
蔡　豪　李嘉進　陳其邁　林郁方　邱　毅　邱垂貞

主席：請問院會，對以上兩項朝野黨團協商結論有無異議？（無）無異議，通過。

92年5月28日及5月29日朝野黨團協商結論，經決定如下：「（一）本院各黨團共同提案『立法院代表人民堅持支持政府參與WHO提案』，同意列入第14次院會討論事項第2案，原第2案以下各案依序遞改。（二）司法院組織法修正案、兩岸人民關係條例修正案、敬老福利生活津貼條例修正案、宗教團體法草案及離島建設條例修正案，於本會期延會期間儘速處理。（三）嚴重急性呼吸道症候群防治及紓困暫行條例相關提案均逕付二讀併案討論。（四）有關本會期延會日期，依下列二案於下午4時30分提付表決：(1)本會期延長至92年6月17日並完成對全體大法官被提名人行使同意權。並定於9月16日（星期二）舉行第5屆第4會期第1次會議。(2)本會期延長至92年6月6日。6月5日加開院會並與6月6日視爲一次院會；大法官同意權之相關審查日程延至9月份舉行，並定於9月5日（星期五）舉行第5屆第4會期第1次會議。」

現已針對兩次朝野黨團協商結論作出院會決定，在此重新宣示，由於下午4時30分必須表決延會問題以及營業預算留待表決的部分，請各黨團通知所屬成員於下午4時30分準時到會。現在進行討論事項第1案。（以下從略）

主席：現在繼續開會（16時34分），進行早上院會所決定有關延會日期的表決，早上院會通過兩個議題，第1個議題是：「一、本會期延長至92年6月17日並完成對全體大法官被提名人行使同意權。並定於9月16日（星期二）舉行第5屆第4會期第1次會議。」換言之，如果本案通過，就延會至6月17日，而第4會期開議日爲9月16日。第2個議題是：「二、本會期延長至92年6月6日。6月5日加開院會並與6月6日視爲一次院會；大法官同意權之相關審查日程延至9月份舉行，並定於9月5日（星期五）舉行第5屆第4會期第1次會議。」不過，剛才經過朝野黨團協商的結果，大家同意在第2個議題的後面加一段文字：「於9月16日（星期二）前完成對全體大法官被提名人行使同意權。」換句話說，如果第1案被否決，通過第2案，9月5日就是下會期的開議日，至於處理什麼案子，大家再協商，但是今天院會要決定在9月16日前完成對全體大法官被提名人行使同意權的事項；也就是如果本會期院會只開到6月6日就結束，下會期的開議日定在9月5日，但9月16日前一定要完成對全體大法官被提名人行使同意權的議案。請問院會，對朝野協商所作議題上的更正，有無異議？（無）無異議，通過。

其次，於表決之前，本席再作一次說明，如果第1項經過表決通過，第2項就不再提出處理；如果第1項沒有通過，第2項也未通過，就由本席以主席的立場，要求朝野黨團再次進行協商，看如何處理。

現在進行表決，按鈴7分鐘。

（按鈴）

主席：現在開始表決，民進黨黨團要求採記名表決。

主席：現在進行表決事項第1案，贊成本會期延長至92年6月17日並完成對全體大法官被提名人行使同意權。並定於9月16日（星期二）舉行第5屆第4會期第1次會議者，請按贊成，反對者請按反對，棄權者請按棄權，計時1分鐘，進行記名表決。

（進行表決）

主席：報告表決結果，在場委員208人，贊成者101人，反對者107人，少數，不通過。（表決結果名單，略。）

主席：民進黨黨團要求重付表決[18]。

主席：現在進行重付表決，贊成照本案通過者，請按贊成，反對者請按反對，棄權者請按棄權，計時1分鐘，進行記名表決。

（進行表決）

主席：報告表決結果，在場委員208人，贊成者101人，反對者107人，少數，不通過。（表決結果名單，略。）

主席：現在進行表決事項第2案，贊成本會期延長至92年6月6日。6月5日加開院會並與6月6日視爲一次院會；大法官同意權之相關審查日程延至9月

18 依立法院議事規則第39條第1項之規定，出席委員對於表決結果提出異議時，經15人以上連署或附議，得要求重付表決。但以1次爲限。

份舉行，並定於9月5日（星期五）舉行第5屆第4會期第1次會議，於9月16日（星期二）前完成對全體大法官被提名人行使同意權者，請按贊成，反對者請按反對，棄權者請按棄權，計時1分鐘，進行記名表決。

（進行表決）

主席：報告表決結果，在場委員207人，贊成者106人，反對者101人，多數，通過。（表決結果名單，略。）

主席：民進黨黨團要求重付表決。

主席：現在進行重付表決，贊成照本案通過者，請按贊成，反對者請按反對，棄權者請按棄權，計時1分鐘，進行記名表決。

（進行表決）

主席：報告表決結果，在場委員208人，贊成本案者107人，反對者101人，多數，通過。院會決定依照第2項議題通過。（表決結果名單，略。）

二、相關規範

（一）憲法第68條

立法院會期，每年兩次，自行集會。第一次自2月至5月底，第二次自9月至12月底，必要時得延長之。

（二）立法院職權行使法

1. 第5條

立法院每次會期屆至，必要時，得由院長或立法委員提議或行政院之請求延長會期，經院會議決行之；立法委員之提議，並應有20人以上之連署或附議。

2. 第68條第1項

為協商議案或解決爭議事項，得由院長或各黨團向院長請求進行黨團協商。

三、策略研析

立法院院長如認為有必要延長會期時，依立法院相關規定（原規定於立法院議事規則第7條，民國88年1月12日制定立法院職權行使法時，改規定於該法第5條），得向院會提議延長會期。自民國81年1月16日第1屆第88會期第38次會議修正立法院組織法，增訂第27條之1，明定政黨得於立法院設置立法院黨團辦公室[19]，立法院議事及相關行政事務，往往透過黨團協商方式解決。因此，院長自可循黨團協商機制，研商是否須延長會期。就實務以觀，自民國83年11月10日第2屆第4會期第18次會議起，類由院長召集朝野黨團協商決定是否延長會期，並提報院會處理。

綜合上述，有關延長會期加審法案，依現行規定，可採(1)行政院提請延長會期，(2)立法委員（或黨團）提請延長會期，及(3)院長提請延長會期三種策略之一；惟立法院係一合議制機關，各項議案應經院會議決，非經多數立法委員同意，難以延長會期。因此，除有特殊政治考量，如行政院欲訴求民意，要求立法院延期加審重要性、迫切性法案，可採第1項策略之外，由立法院院長提議較能達成延長會期的目的。

第二節　臨會快炒

依我國憲法第69條之規定，如遇有總統咨請或立法委員1/4以上之請求，立法院得召開臨時會。另依立法院職權行使法第15條及第35條之規定，總統於立法院休會期間發布緊急命令提交立法院追認時，立法院應即召開臨時會；或總統於立法院解散後[20]發布緊急命令提交立法院追認時，立法院應於3日內召開臨時會；立法院休會期間，行政院移請覆議案，亦須於送達7日內舉行臨時會。關於臨時會如何召開，現行法規並無規定，依立法院議事成例，先行舉行全院委員談話會，決定臨時會召開相關事宜。至於臨時會討論事項的範圍，依立法院組織法第6條規定，以決議召集臨時會的特定事項爲限[21]。若非臨時會

19 該法規定：「立法院對於立法委員席次5席以上之政黨，應公平分別設置立法院黨團辦公室，其設置辦法，由立法院定之。」依此規定，各政黨可利用立法院的設置與資源（第2屆第4會期起，各黨團依黨團席次每席每月可領取1萬元黨團補助費），但並未正式賦予黨團在法律上的地位；直至民國88年1月12日通過國會改革五法時，始正式明定黨團的地位與賦予其立法院議事程序上權限，如黨團可以其名義提案、推派成員參加委員會及參與黨團協商等。有關院會決定黨團補助費部分，參閱立法院公報，83卷，58期，民國83年9月21日，63及64頁。

20 依憲法增修條文第4條第4項之規定，立法院經總統解散後，在新選出之立法委員就職前，視同休會。

21 民國39年3月18日公布之立法院組織法並未規定臨時會的召開，須以決議召集臨時會之特定事項爲限。因此，民國41年7月15日總統咨請召開第2次臨時會，除討論中華民國與日本國間和平條約外，尚處理行政院函請審議之政府會計年度改爲7月制並制定其適用範圍以及恢復設置新聞局方案。直至民國41年12月12日第1屆第10會期第21次會議修正立法院組織法時，於第14條明定立法院臨時會，以決議召開臨時會之特定事項爲限。民國88年1月12日第3屆6會期第14次會議修正立法院組織法，本條文改列於第6條第1項。

的特定事項，則不予處理。但依司法院釋字第735號解釋，不信任案之提出與處理，不受此限制[22]。

行憲以來（截至第9屆第8會期止），立法院共召開31次臨時會，其中第2次及第4次由總統咨請召開審議「中華民國與日本國間和平條約案」及審議「『存款保險條例第17條之1條文修正草案』、『營業稅法部分條文修正草案』、『金融重建基金設置及管理條例草案』、『金融控股公司法草案』、『保險法部分條文修正草案』、『票券金融管理法草案』6項金融改革法案」外，餘均由立法委員請求召開。因此，至今尚無因覆議案或追認緊急命令而召開的臨時會[23]。茲各舉總統、立法委員提請召開臨時會案例分述如下。

策略4　總統咨請召開

一、議場實景

(一) 立法院第 4 屆第 5 會期談話會

時間：中華民國90年6月22日（星期五）上午10時8分

地點：本院議場

主席：王院長金平

主席：報告各位委員，總統於6月19日咨請本院召開臨時會。本次談話會主要在研商召開臨時會的相關事宜，現在進行發言。

本次談話會，依照國民黨8人、民進黨5人、親民黨2人，新黨、無黨籍聯盟及超黨派問政聯盟各1人，每人發言3分鐘，並以交叉輪流的方式進行。

現在請各黨團提供指定發言名單。

---

22 立法院第8屆第1會期第1次臨時會時，委員柯建銘等41人對行政院陳冲院長提出不信任案，主席即以臨時會特定事項業已決定，所提不信任案與立法院組織法第6條第1項規定不符，而不予處理。嗣經委員柯建銘等46人認有牴觸憲法之疑義而聲請大法官解釋，大法官於民國105年2月4日作出解釋，立法院於臨時會中審議不信任案，非憲法所不許。立法院組織法第6條第1項規定：「立法院臨時會，依憲法第69條規定行之，並以決議召集臨時會之特定事項爲限。」與憲法規定意旨不符部分，應不再適用。如於立法院休會期間提出不信任案，立法院應即召開臨時會審議之。分別參閱立法院公報，101卷，50期，民國101年8月1日，1頁；司法院公報，58卷，3期，民國105年3月，80-157頁。

23 立法院第8屆第3會期及第4會期休會期間，行政院分別於民國102年6月11日、103年1月21日移請覆議立法院所通過的「會計法第99條之1修正條文」、「地政士法第51條之1修正條文」，但因立法院非以處理覆議案爲由召開臨時會，而依立法委員請求召開方式舉行，僅將覆議案併列爲臨時會議案處理。因此，不列爲因覆議案而召開的臨時會的事例。參閱立法院公報，102卷，46（三）期，民國102年7月1日，630及631頁；103卷，12期，民國103年2月10日，368-372頁。

廖委員福本：（在台下）主席，我不同意，花那麼長時間登記發言怎可取消掉？

賴委員士葆：（在台下）按照登記發言。

葉委員宜津：（在台下）要在現場登記，不可用協商的。

主席：爲有利於談話會之進行。因此，各黨團已有一默契，昨天事實上，亦已達成協商結論，所以請國民黨團內部處理一下，請儘早提出發言名單。

現在進行發言，第一位請廖委員福本發言。

廖委員福本：主席、各位同仁。在發言之前，本席要先誠懇地向主席及秘書長建議，既然要我們登記發言就應該讓我們照登記順序發言，如果要先協商再登記發言也可以，本席並不反對，但是等到我們登記完畢再說要取消，這是不可以的，憲法賦予立法委員行使職權的權利不能隨意加以剝奪。今天是召開臨時會前夕的談話會，本席提出幾點意見：(1)臨時會是非常莊嚴、有必要性的會議，從民國40年至今，共召開過3次臨時會，第1次是民國40年針對對日和約草案未將我國列入多邊簽約國家而提議召開；第2次是民國41年通過中日和約；第3次則是今年的核四復建案。另外，民國83年葉委員菊蘭曾經提議召開臨時會，但發現簽署人有代簽情事，致使簽署人數不足，未開成。(2)這次總統依照憲法第69條規定，咨請本院召開臨時會，本院也擬接受總統咨請，召開臨時會。(3)這次臨時會預定的日程是2天，屆時法案未審查完畢，是否要予以延長？本席建議，這次臨時會應開會至將6個法案審議完畢爲止，且應依照憲法增修條文第3條第2項第1款及立法院職權行使法第17條的規定，請行政院長率同財經部會首長至本院報告及備詢，同時也向我們具體說明這6個法案通過、實施之後的具體成效爲何，如此，才能顯示這6個法案的重要性。

主席：報告院會，有關臨時會兩天的議程若無法完成預定議程的問題，本席加以說明。如果院會同意，我們可以將此次會議定位爲第1次會，既有第1次會當然就可以有第2次會，臨時會如果2天未開完，可以繼續延會或者召開第2次臨時會，這都有預留空間。請蔡委員煌瑯發言。

蔡委員煌瑯：主席、各位同仁。本席認爲，年底的選舉不應是一個本土對非本土或扁、李體制對抗連、宋體制的選舉，更不應是一個統獨公投的選舉，而是一個提升經濟的政黨大對決的選舉。所有的政黨不應爲了意識型態，而於年底的選舉再啓政爭；更不應爲了政黨利益而刻意杯葛國家發展；我們也不應該爲了政黨的利益而彼此扯後腿，我想民眾亦不樂於見到此情景。眾所皆知，立法院充滿太多仇恨情緒、對立、八卦以及空轉；鑑此，本席認為，在年底的選舉，所有的政黨皆應以拚經濟作為競選主軸，哪一個政黨提出的經濟政策良多，民眾就會支持哪一個政黨；哪一個政黨的經濟改革講得多、做得好，民眾自然就會支持哪一個政黨。民眾很清楚地告訴我們「政策少一點，經濟多一些」、「鬥爭放一邊，經濟擺前邊」。我想這正是目前民眾對各政黨的訴求，為回應民眾的期待，本席在此誠懇地呼籲所有的在野政黨及所有的朋友們，皆能體認今天立法院為了金融六法而召開臨時會，就是朝野各黨派對經濟負責所跨出的第一步，希望金融六法能很快地、很單純地在臨時會通過，俾讓全國民眾感受到立法院所有政黨為了響應陳總統拚經濟的號召而跨出第一步的努力（以下發言，從略。）[24]。

主席：請賴委員士葆發言。

賴委員士葆：主席、各位同仁。關於臨時會之召開，本席認為，朝野應有「儘快召開臨時會」的共識，而所要討論的內容是金融六法等議題。然目前朝野各政黨間仍存有「是否要邀請行政院院長到院報告，並備質詢」的爭議。試想，今天為何司法院未要求召開臨時會？為何考試院未要求召開臨時會？他們也有至為急迫的法案亟待通過，未提出之原因在於，憲法對召開臨時會的規定非常嚴肅，非具有特殊強烈的理由，決不能隨意召開。然而，行政院今天所提出的理由是，主張把這些法案列為臨時會優先通過的法案。由此看來，本席認為，臨時會充其量祇不過是院會的延會而已。鑑此，本席認為，有必要邀請行政院張院長到院說明，把要求召開臨時會的理由說清楚、講明白（以下發言，從略。）[25]。

主席：請周委員錫瑋發言。

周委員錫瑋：主席、各位同仁。今天經濟衰退的問題，才是召開臨時會的理由，金融六法只是其中的一個事項。如果今天行政院張院長不能為解決經濟而提出來的政策到立法院說明，也不能說明解救經濟和金融六法的關係，則這個臨時會是不能召開的；也就是說這個臨時會如果只是為審議金融六法而召開，是不符合憲法的精神。有人認為請張院長來院報告和備詢是不符合憲法的精神。本席要向各位報告，這麼做絕對是符合憲法的精神。如果立法院要強做解釋，而認為張院長不必要

24　蔡委員發言，參閱立法院公報，90卷，43期，民國90年7月18日，444頁。

25　賴委員發言，參閱前注公報，444及445頁。

來做報告與備詢的話，這樣說得過去嗎？成理嗎？合法嗎？合憲嗎？如此，則行政院就不必對立法院負責！（以下發言，從略。）[26]

主席：請葉委員憲修發言。

葉委員憲修：主席、各位同仁。這一年來我們的政治紊亂、經濟蕭條，使得我們的天空已經變黑了！1年前，百姓的口袋中也許還有幾萬元，可是現在可能少了一半以上，這是本院每位委員要知道的，相信各位也都知道，尤其是政府，更應有所省思。如果朝野各政黨眞的有心要挽救台灣的經濟，那麼在野黨就要接受總統咨請本院召開臨時會以通過金融六法，至於執政黨，也應接受在野黨的提議，邀請行政院長列席本院報告並備詢。以憲法的規定而言，立法院並不是總統府的立法局，所以由總統咨請本院召開臨時會，並邀請行政院長列席報告並備詢，這是無庸置疑的，希望執政黨不要再爲在野黨的此項提議而在此反對（以下發言，從略。）[27]。

主席：請郭委員素春發言。

郭委員素春：主席、各位同仁。剛才葉委員表示我們的天空變黑了，人民的荷包縮水了，人民的心情痛苦了，日子難過了！我想這眞是一個最好的寫照。事實上，立法院爲了尊重總統的咨請而要召開臨時會的主要原因，就是在於搶救經濟，在目前大家一片哀聲歎氣當中，我們希望下半年能讓人民的日子好過一點。而我們選擇金融六法特定法案，希望在臨時會議當中予以通過，這不重要嗎？不急迫嗎？我們可以看看立法院職權行使法第17條第1項的規定：「行政院遇有重大事項發生，或施政方針變更時，行政院院長或有關部會首長應向立法院院會提出報告，並備質詢。」如果各位認爲這是重大施政方針的變更，而不是審查法案，那麼我們也可以看看第15條，該條規定總統於立法院休會期間發布緊急命令提交追認時，立法院應即召開臨時會。可見臨時會的召開是有憲法上的限制。（以下發言，從略。）因此，請行政院張院長趕快到立法院來備詢吧[28]！

主席：請林委員國華發言。

林委員國華：主席、各位同仁。今天召開臨時會，我希望大家有一個共識，就是臨時會的召開有其特定性與急迫性，倘若未具此條件，就無法召開臨時會。現在我們將臨時會的時間訂爲兩天，因爲經過我們的協調

---

26 周委員發言，參閱前注公報，445頁。

27 葉委員發言，參閱前注公報，445頁。

28 郭委員發言，參閱前注公報，446頁。

認爲需要兩天時間才能完成六法的審查，所以這兩天除了6法外，若要增加其他法案，時間一定不夠。雖然方才也有委員提及延會，但我認爲延會是不正常的現象，而臨時會必須具有特定性與急迫性的條件才能召開，所以待審的法案必須具備這樣的條件才能召開臨時會來審查。至於行政院長是否來院報告及備詢的問題，我必須要告訴大家，今天這6項法案業經一讀會通過，希望大家能尊重一讀會時各委員會所有參與人的尊嚴。當初我們授權委員會審查，委員會也邀請各部會主管列席備詢，這個問題已經獲得解決了。假如今天我們回頭來要求每次院會行政院長都要來院報告，請問，日後如何開會？所以我認爲，這是不合理的作法，此例絕不可開，否則將不利於院會的運作（以下發言，從略。）[29]。

主席：請劉委員文雄發言。

劉委員文雄：主席、各位同仁。立法院有史以來只召開過四次臨時會，其中有兩次是針對對外條約及關係而召開，另外兩次則是對內所召開的臨時會，而這兩次對內所召開的臨時會，全都在張內閣任內發生，在這種情況下，我們不禁要懷疑爲什麼要召開臨時會？如果只是爲了要修正金融六法的話，那麼我們就不得不擔心立法院與行政院之間的修法管道是不是不通暢？而我們也知道這種狀況是不存在的。既然如此，爲什麼一定要經過總統咨請召開臨時會呢？那是因爲社會大眾看到立法院在院會之中無法進行正常的議事，所以才會有這種情況。另外，我們也看到國內的經濟的確發生了問題，親民黨在接受政策中心、智庫及民眾心聲之後，我們勉強接受召開臨時會的提議，雖然這有一點不合法及違憲，但是我們願意爲了台灣這塊土地共同打拚。當在野政黨拿出這麼大的誠意時，請問，執政的張內閣誠意在哪裡？難道你連到立法院報告、備詢的誠意都沒有嗎？其次，本席必須在此說明：立法院休會的當天，在最後的時間內，我們突然看見金融六法送了進來。當在野政黨希望行政院說清楚的時候，我們又看到賴副院長及邱義仁秘書長提出了18項亟須通過的法案，他們還說這些法案必須及時通過，我們的經濟才有發展的機會，但是總統府卻又在一夕之間，將臨時會的審查法案變成金融六法。而此時我們又不小心看到中華開發公司修改內規，成立了所謂的金融控股公司，在這種情況下，相信社會大眾一定又會對立法院及新政府產生可能進行黑金掛鉤的嫌疑。本

29　林委員發言，參閱前注公報，446及447頁。

席認爲，行政院長應該到立法院來報告，說明18項法案爲什麼變成了6項法案的原因？（以下發言，從略。）本席希望各位同仁能夠支持在野政黨要求張院長赴立法院報告並備詢的提議，謝謝[30]。

主席：請李委員先仁發言。

李委員先仁：主席、各位同仁。今天是頗具關鍵性的日子，本席希望，大家不要爲了臨時會的召開存有太多的爭議，我們也希望張俊雄院長能夠愼重考慮是不是要到立法院來進行報告。我們知道，這是行憲以來，第一次發生總統針對特定法案咨請立法院召開臨時會的情況，當然，凡事都應該訴諸於法，但是有時行政院對於憲法及法律常常出現各自表述的狀況，在此，本席要向行政院動之以情、說之以理，希望張院長能夠體察時勢。記得上會期剛結束，有人提出召開臨時會的提議時，總統當時的反應是不願意咨請立法院召開臨時會，他希望能夠由立法委員自行請求召開臨時會，但是後來經過民意反映，陳水扁總統也能體察民意，改爲願意咨請立法院召開臨時會。所以，本席希望，張院長俊雄也能體察民意，若因是否要來立法院報告而造成許多衝突，其中的損失應好好考慮。臨時會的召開，不僅是國內非常注重，外商也急著要知道召開的結果，（以下發言，從略。）所以，本席希望行政院張院長能到立法院報告，方能解除這些疑慮。謝謝。[31]

主席：請王委員幸男發言。

王委員幸男：主席、各位同仁。此次要召開的臨時會是台灣憲法史上的第4次，此次是特別爲金融六法而召開，本席在此拜託國民黨、親民黨、新黨等在野黨，我們應將臨時會的焦點置於是否能使台灣的經濟較好，而不是請張院長來立法院報告和備詢。（以下發言，從略。）請大家支持此次召開的臨時會和以後要召開的經發會。謝謝[32]。

主席：請楊委員作洲發言。

楊委員作洲：主席、各位同仁。端午節即將來臨，首先在此向各位致意，祝各位一切平安、事事如意。其次，本席要向執政黨及執政團隊呼籲一件事，關於臨時會應否召開，如果就法而言，剛才已經有好幾位同仁提及，行憲這麼多年以來，甚少召開臨時會；而今天國民黨這個在野黨可以如此配合，所以才開成臨時會，本席認爲，已經很不錯了。大家都認爲經濟重要、民生重要，所以只要談到民生法案，國民黨無不

30 劉委員發言，參閱前注公報，447頁。

31 李委員發言，參閱前注公報，447及448頁。

32 王委員發言，參閱前注公報，448頁。

積極與政府合作，因此，今天能開成臨時會，已經是很成功了。本席在此要求執政黨及執政團隊拿出智慧，應想辦法與在野黨配合。（以下發言，從略。）[33]

主席：請林委員文郎發言。

林委員文郎：主席、各位同仁。剛才有多位同仁一直表示，臨時會應要求行政院長到本院來報告金融六法的重要性；本席認爲，這對各位偉大的政治家而言，是一種很大的諷刺。金融六法在委員會中都已經審查過了，且也經過政黨協商，對於其重要性，相信大家都很瞭解，難道還需要行政院長到本院來報告嗎？答案應該是「不需要」才對。相信大家對於台灣經濟惡化、失業率節節升高及社會問題日益嚴重，都非常關心，本席認爲，只要具有良知的政治家都應關心國人，並設法解決經濟危機，既然目前的當務之急是進行金融改革，我們就應儘速通過金融六法，俾利金融改革。一般而言，9月至10月是扭轉台灣經濟的關鍵時刻，但本院下會期直至9月18日才開議，時間上可能會銜接不上，實有加開臨時會的必要。（以下發言，從略。）希望各位偉大的政治家一定要支持臨時會的召開，早日通過金融六法，否則，本院同仁可能會成爲台灣2,300萬人民的罪人[34]。

主席：請洪委員讀發言。

洪委員讀：主席、各位同仁。各界之所以會對此次召開臨時會有所質疑，係因行政院事前未將所謂的金融六法列爲優先審議法案，6月6日進行政黨協商時，行政院所提出的14項優先法案，除保險法部分條文修正草案外，也不包括金融六法中的其他5法，在5月底會期屆滿之前，行政院更未提出延會要求，直至休會後，才突然冒出這6個非召開臨時會儘速通過不可的法案，在全國上下都對整個經濟發展寄予嚴重關切的情形下，在野黨團當然也願意配合，但對行政院的作法仍大感不解，行政院張院長實有到立法院詳細說明的義務，俾讓我們瞭解通過這些法案究竟能產生什麼效果，（以下發言，從略。）所以我們要求行政院院長到立法院來說明，理由非常正當，本席相信行政院院長也很樂意有這樣的機會，來對社會做個交代。此6項法案中有5項是國民黨提出來的，我們也感謝大家對這5項法案加以支持，謝謝[35]。

主席：請許委員添財發言。

33　楊委員發言，參閱前注公報，448及449頁。

34　林委員發言，參閱前注公報，449頁。

35　洪委員發言，參閱前注公報，449及450頁。

許委員添財：主席、各位同仁。金融改革、重整金融秩序、重建金融市場、提升我們的金融體質和國際競爭力，是全國朝野在經濟發展策略上共同的主張，我們國會有絕對的理由來順應我們人民的需要，因此，召開臨時會來加速通過在一讀會已經通過的金融改革重要法案，也有其必要意義。（以下發言，從略。）所以本席認爲，金融六法的通過在政治上並沒有任何爭議的價值和必要，事實上，也不必去爭議，但是既然在立法的程序上已經一讀通過，而且總統基於尊重立法院而向我們提出咨請，爲了順應人民的需要、順應市場的需要、順應長期經濟發展、金融改革的需要，我們大家應該加開臨時會，及早通過這6項法案，這將會是朝野雙贏、人民共同的勝利，因此，本席支持召開臨時會，儘快通過金融六法，謝謝[36]。

主席：請劉委員光華發言。

劉委員光華：主席、各位同仁。民主憲政最重要的精神就是程序正義，本席認爲，立法院如果根據陳水扁總統的咨文來召開臨時會，是違背民主憲政精神中的程序正義的，在此呼籲各位同仁懸崖勒馬，不要召開這樣的會議，因爲召開這樣的會議首先就會破壞了憲政體制的安定性。今天阿扁總統咨請本院召開臨時會，美其名是要解決經濟問題，但是各位都知道本院決定休會是在5月下旬，爲何在不到1個月的時間內經濟問題的緊迫性、重要性就突然產生了呢？可見這完全是政治上的權謀，他主要的目的是要凸顯總統制。各位可以看看行政院張院長上了一份簽呈給總統，然後總統就同意咨請，張院長的角色顯然已經悖離了憲法上最高行政首長的地位，而凸顯了他作爲總統幕僚長的地位，所以各位同仁如果決定以多數決來召開這樣的臨時會，那麼你們不僅毀壞了憲法規定的憲政體制，同時也污衊了立法院。因此，本席認爲臨時會的召開就代表了立法院的院恥！（以下發言，從略。）[37]

主席：請蕭委員金蘭發言。

蕭委員金蘭：主席、各位同仁。這次召開臨時會的目的，據說是激勵經濟景氣，希望對於金融的體質、秩序、制度作一大幅的改革，以提升競爭力，本席認爲，說得似乎非常有理，但是事實眞相到底如何令人懷疑（以下發言，從略。）。基此，本席希望能邀請行政院長到院說清楚、講明白，讓大家都能清清楚楚瞭解若屆時事情做不好，該由誰負責。（以下發言，從略。）總之，本席以爲，召開臨時會，若行政院

36 許委員發言，參閱前注公報，450頁。

37 劉委員發言，參閱前注公報，450及451頁。

無法說清楚、講明白，則有虧職守，立法院不能爲之背書。謝謝[38]！

主席：請江委員綺雯發言。

江委員綺雯：主席、各位同仁。本席建議閣揆應到立法院臨時會進行報告，並備質詢。所持的理由是：本席曾經擔任過國大代表，憲法增修條文第3條第2項第1款規定，行政院有向立法院提出施政方針及施政報告之責。這個規定，並不限於常會，也包括臨時會，現在行政院既然認爲金融六法是重要的法案，且具急迫性，加上總統咨請立法院召開臨時會，因此，對於這麼急迫且重要的法案，行政院長是有必要到立法院說明政策背景，同時接受委員的質詢。（以下發言，從略）除此之外，立法院組織法第6條規定，立法院臨時會，依憲法第69條規定行之，並以決議召集臨時會之特定事項爲限。此次臨時會的召開，就是爲了要審查金融六法，因此，行政院長理應向本院提出報告，同時，爲了能得到委員同仁的支持，行政院長親自到本院說明以爭取委員同仁的支持，也是非常有必要的。總之，本席認爲，行政院長不但應依法到立法院針對金融六法提出完整的報告及備詢，同時，爲了爭取立法院的支持，也顯示行政院的誠意，我們懇請行政院院長接受我們的要求，到立法院提出說明並且備詢，也希望各位同仁能支持這項建議。謝謝大家[39]。

主席：登記發言的委員均已發言完畢，依照朝野協商的結論，現作如下決定：「定於6月26日（星期二）及6月27日（星期三）舉行臨時會第1次會議，兩日併作爲1次會。」謝謝各位委員踴躍出席，並發表高見，現在散會。（11時10分）

（二）立法院第4屆第5會期第1次臨時會第1次會議

時間：中華民國90年6月26日（星期二）上午9時30分

地點：本院議場

主席：王院長金平

秘書長：林錫山

38　蕭委員發言，參閱前注公報，451及452頁。

39　江委員發言，參閱前注公報，452頁。

秘書長：出席委員94人，已足法定人數。

主席：現在開會，我們先休息，請各黨黨鞭到後面主席休息室進行協商。休息。

主席：現在繼續開會（9時53分）。進行報告事項第1案、第2案。

一、總統咨，請召開臨時會案[40]。

二、邀請行政院院長於6月26日下午列席報告召開臨時會審議「『存款保險條例第17條之1條文修正草案』、『營業稅法部分條文修正草案』、『金融重建基金設置及管理條例草案』、『金融控股公司法草案』、『保險法部分條文修正草案』、『票券金融管理法草案』」6項金融改革法案之急迫性及重要性事宜，並備質詢，提請決定案。

主席：關於是否邀請行政院院長於6月26日下午列席報告召開臨時會審議「『存款保險條例第17條之1條文修正草案』、『營業稅法部分條文修正草案』、『金融重建基金設置及管理條例草案』、『金融控股公司法草案』、『保險法部分條文修正草案』、『票券金融管理法草案』」6項金融改革法案之急迫性及重要性事宜，並備質詢。現在決定：「邀請行政院院長於今天下午列席報告6大法案之急迫性及重要性事宜，並備質詢。」請問院會，有無異議？（有）有異議。既有異議，進行表決。

現在按鈴7分鐘，並發表決卡。

（按鈴）

主席：民進黨黨團提議本案採記名表決。

40 總統咨

華總一義字第九〇〇〇一二二一六〇號

中華民國90年6月19日

據行政院90年6月18日台90規字第038790號呈稱：該院鑑於近來國內經濟受到全球經濟降溫之衝擊，其成長日益趨緩，對於國家整體產業之發展影響至鉅，爲刺激景氣提振經濟，促進金融體系之健全發展，以利營造企業資金運用之有利環境。從而穩定金融市場，避免危機發生，開放金融跨業經營，提升金融業之國際競爭力，健全票券商之監督及管理，放寬保險業業務經營限制，並強化其監督管理機制，乃當務之急，經通盤審慎考量後，特遴列出「存款保險條例第17條之1條文修正草案」、「營業稅法部分條文修正草案」、「金融重建基金設置及管理條例草案」、「金融控股公司法草案」、「保險法部分條文修正草案」、「票券金融管理法草案」6項具急迫性及重要性之金融改革法案，亟須儘速完成立法及修法程序，爰請咨請立法院於日內召開臨時會予以審議等情，茲依照憲法第69條之規定，咨請

貴院於日內召開臨時會，針對行政院來呈所提6項法案予以審議。

此咨

立法院

總　統　陳水扁

上述總統咨文，見前注公報，3頁。

主席：現在進行表決，對於邀請行政院院長於6月26日下午列席報告召開臨時會審議「『存款保險條例第17條之1條文修正草案』、『營業稅法部分條文修正草案』、『金融重建基金設置及管理條例草案』、『金融控股公司法草案』、『保險法部分條文修正草案』、『票券金融管理法草案』」6項金融改革法案之急迫性及重要性事宜，並備質詢。贊成者請按「贊成」，反對者請按「反對」，棄權者請按「棄權」，計時1分鐘，現在開始記名表決。

（進行表決）

主席：報告表決結果：在場委員142人，贊成者81人，反對者59人，棄權者2人。多數，通過。（表決結果名單，略。）

主席：林委員宏宗、馮委員定國、吳委員克清聲明方才表決係按「贊成」，戴委員振耀、張委員學舜係按「反對」，特此更正，列入紀錄。

現有民進黨黨團要求重付表決。

主席：現在進行重付表決。

贊成邀請行政院院長於6月26日下午列席報告召開臨時會審議「『存款保險條例第17條之1條文修正草案』、『營業稅法部分條文修正草案』、『金融重建基金設置及管理條例草案』、『金融控股公司法草案』、『保險法部分條文修正草案』、『票券金融管理法草案』」6項金融改革法案之急迫性及重要性事宜，並備質詢者請按「贊成」，反對者請按「反對」，棄權者請按「棄權」，計時1分鐘，現在開始記名表決。

（進行表決）

主席：報告表決結果：在場委員150人，贊成者85人，反對者63人，棄權者2人，多數，通過。（表決結果名單，略。）

主席：本案作如下決定：「邀請行政院院長於6月26日下午列席報告召開臨時會審議『存款保險條例第17條之1條文修正草案』、『營業稅法部分條文修正草案』、『金融重建基金設置及管理條例草案』、『金融控股公司法草案』、『保險法部分條文修正草案』、『票券金融管理法草案』6項金融改革法案之急迫性及重要性事宜，並備質詢。」

現在處理朝野協商結論。

立法院朝野黨團協商結論

時間：90年6月20日下午4時

地點：2樓接待室

決定事項：一、定於6月22日（星期五）上午10時舉行談話會後，立即舉行程序委員會編排臨時會議程。

二、定於6月26日（星期二）及6月27日（星期三）舉行臨時會第1次會議，兩日並作爲1次會。

三、是否邀請行政院院長列席院會說明乙節，定於6月21日（星期四）下午4時繼續協商。

四、9月18日開議後，每週四加開院會審議法案，並依第5會期第17次會議所列次序依序討論。

五、本院成立之海軍「光華二號」（即拉法葉採購案）調閱委員會，由國民黨黨團8人、民進黨黨團5人、親民黨黨團2人、新黨黨團1人、無黨籍聯盟1人、超黨派問政聯盟1人組成，並由副院長擔任召集人，工作人員由秘書長指派。名單請於6月26日上午9時前提出。

主持人：王金平　饒穎奇

協商代表：李顯榮　蔡煌瑯　張川田　葉憲修　李正宗　蔡　豪
洪玉欽　鄭龍水　周錫瑋　林豐喜　林春德　廖學廣

主席：90年6月20日朝野黨團協商結論，經決定如下：（一）9月18日開議後，每週四加開院會審議法案，並依第5會期第17次會議所列次序依序討論。（二）本院成立之海軍「光華二號」（即拉法葉採購案）調閱委員會，由國民黨黨團（委員高育仁、洪昭男、周正之、劉盛良、洪秀柱、蕭金蘭、丁守中、林益世）、民進黨黨團（委員鄭寶清、鍾金江、蔡明憲、張秀珍、林豐喜）、親民黨黨團（委員李慶華、秦慧珠）、新黨黨團（委員謝啓大）、無黨籍聯盟1人（委員蔡豪）、超黨派問政聯盟（委員廖學廣）組成，並由副院長擔任召集人，工作人員由秘書長指派。（三）其餘各項列入紀錄。

報告院會，現在休息。下午2時30分繼續開會，邀請行政院院長列席報告，並備質詢。休息（10時15分）。

主席：報告院會，現在繼續開會（14時36分），請張院長報告陳總統咨請本院召開臨時會，審議「存款保險條例」等6項法案之急迫性與重要性事宜。

行政院院長報告召開臨時會審議「『存款保險條例第17條之1條文修正草案』、『營業稅法部分條文修正草案』、『金融重建基金設置及管理條例草案』、『金融控股公司法草案』、『保險法部分條文修正草案』、『票券金融管理法草案』」6項金融改革法案之急迫性及重要性事宜，並備質詢。

主席：現在請行政院張院長報告。

張院長俊雄（14時37分）：主席、各位委員。今天，俊雄抱著誠敬、肅穆的心情，應邀到貴院報告。首先，要感謝各位委員對本人以及行政院團隊的指教與鞭策，特別是貴院在休會期間爲審議法案而召開臨時會，俊雄謹代表行政院所有的工作夥伴，感謝王院長以及各位委員先進的支持與辛勞。但是，我的心情其實非常複雜，因爲，無論依照憲法規定、有關法律規定或憲政先例，立法院召開本次臨時會時，俊雄都不宜向貴院提出報告或備詢。具體理由，扼要說明如下：

第一、依據我國憲法增修條文第3條第2項第1款規定，行政院院長只有在提出施政方針及施政報告時，才須到立法院報告、備詢，而本次臨時會是爲了審議金融六法，並非提出施政方針或施政報告，所以俊雄應該無庸到貴院報告、備詢。

第二、立法院組織法第6條第1項規定：「立法院臨時會，依憲法第69條規定行之，並以決議召集臨時會之特定事項爲限。」而依據總統咨文，本次臨時會的召開目的，在於審議「存款保險條例第17條之1條文修正草案」等6項金融改革法案，則貴院自應專注於該等法案的審議，不應要求俊雄報告及備詢。抑有進者，「議案審議」與「聽取報告與質詢」屬於不同程序，分別規定於立法院職權行使法第2章及第3章。本次總統咨請召開臨時會，既係爲了審議法案，則貴院自應依立法院職權行使法第2章「議案審議」的規定進行有關程序，尚無同法第3章「聽取報告與質詢」的適用餘地。

第三、以往貴院於一般會期審議法案時，行政院院長從未有在法案第二讀會或第三讀會時報告並備詢的先例。準此，本次臨時會進行6項金融改革法案的第二讀會及第三讀會程序，亦無破例要求俊雄報告並備詢的道理。事實上，基於何種事由而召開臨時會，在總統咨文中已有說明，無須再由俊雄提出報告。何況，立法院所以召開臨時會，一定是因爲有立法的急迫性，時間分秒都是寶貴，如果因本人的報告及備詢而延誤了審議程序，反而本末倒置，失去了召開臨時會的意義。

基於上述種種理由，俊雄原本不宜應邀前來貴院報告。今天俊雄所以不計毀譽前來報告，完全是爲了表示對貴院的尊重，並顧及朝野的和諧、政局的穩定，尤其當前經濟景氣低迷，失業率高漲，至盼朝野合作，共同完成金融六法的審議工程，爲我國經濟發展注入活力。不過，此際不得不強調的是，俊雄一向恪遵憲法、崇尚法治，這次到貴院報告，純屬特例，期盼各界瞭解俊雄的苦心，對俊雄的立場與態度不要有所誤解。

各位委員先進知道，行政院呈請總統依據憲法第69條規定咨請貴院召開臨時會，主要是考量近來國內受到全球經濟降溫的衝擊，成長日益趨緩，對於國家整體產業的發展也造成很大的影響。面對這樣嚴峻的經濟情勢，朝野攜手合作，共同開創經濟發展的光明前景，是這塊土地上每一個人民的願望。眾所周知，金融業與經濟發展的關係，就好像是血液與人體的關係，唯有健康的金融體制，才能供應產業成長與經濟發展所需要的養分。因此，爲振興國內經濟，我們不僅要避免金融體系發生危機，更必須改善體質，使它轉型爲健全、符合時代需要的金融體系。

金融改革是行政院盱衡台灣的時代需要，以及傾聽人民的聲音後，向國人提出的施政重點之一，俊雄2月20日在貴院本會期開議當天的施政報告，已經向各位委員先進報告過，新世紀的第一年，可以定位爲「金融改革年」，我們將全力推動金融改革，希望對國家的長遠發展作出貢獻。承蒙各位委員的支持，貴院通過了「金融機構合併法」，金融機構合併的案子正一一出爐，政府將持續鼓勵金融機構朝大型化、國際化發展，並協助所有的合併案發揮最大的整合績效。

俊雄願意藉這個機會再度強調，台灣的金融改革已到刻不容緩的地步！鑒於我國即將加入WTO，金融市場全面開放競爭的時代就要來臨，爲因應國際競爭，金融改革已成爲政府當前最迫切的要務。我們可以說，今年不推動金融改革，明年必定會後悔莫及！俊雄願以堅定的決心向各位委員先進及全國民眾承諾，政府一定會全力以赴、讓國內的金融環境脫胎換骨！

面對自由化與國際化浪潮的劇烈衝擊，國內部分金融機構的經營已經面臨困境，政府對此有充分的掌握。此時此刻，我們如果不賦予正常營運的金融機構更寬廣的經營空間、更大的彈性，那麼，即使是正常營運的金融機構也將無法因應環境的劇烈變動。因此，如何避免金融機構倒閉引發系統性危機，以及如何開發金融跨業經營，提升金融業的國際競爭力，均屬當務之急。此外，如何健全票券商的監督與管理，放寬保險業業務經營限制並強化監督管理機制，以使貨幣市場與保險市場健全發展，也是各界殷切的期待。有鑑於此，6月6日貴院休會後，行政院經過通盤審慎考量，遴列6項具有急迫性及重要性的金融改革法案，包括「存款保險條例第17條之1條文修正草案」、「營業稅法部分條文修正草案」、「金融重建基金設置及管理條例草案」、「金融控股公司法草案」、「保險法部分條文修正草案」及「票券金融管理法草案」，盼望　貴院能夠在這次臨時會中完成審議。（6項法案的重要性以及急迫性說明，從略。）[41]

各位委員先進，這次臨時會，是行憲50多年以來的第4次，同時也是貴院第1次爲審查財經法案而召開的臨時會，在憲政史上的意義相當重大。俊雄認爲，政治並不是一個競技場，應該要在裡面鬥個你死我活，以爲人民會爲勝利者喝采。其實不是這樣，今天人民將政治的權力託付給我們，只要我們有不當的鬥爭、造成人民利益的損失，那大家都是輸家。尤其現在經濟面臨困難的時刻，我們必須超越過去的窠臼，才不會讓人民變成政治鬥爭下的犧牲品。只要我們站在爲人民著想的前提下，那今天召開這個臨時會，我們就是夥伴，而非敵人，所以沒有誰贏誰輸，我們要爲人民創造贏面，並且嘗試建立彼此尊重、容納最好意見的優良政治傳統。瞭解我的人，就知道我講的這些話，眞的是出於一個簡單的動機，就是如何讓人民得到最大的成功。所以俊雄盼望貴我兩院一起爲國家的發展作出正確而關鍵的努力。

以上報告，敬請　各位委員指教！

主席：謝謝張院長的報告。進行質詢之前，先作如下決定：「各黨團質詢人數、時間及順序，除民進黨黨團放棄質詢外，分配如下：1.各黨團質詢人數爲：國民黨15人，親民黨5人，新黨3人，無黨籍聯盟2人，超黨派問政聯盟2人，其他委員1人。2.每位委員詢答時間爲5分鐘，質詢方式由委員自行決定，如採用聯合質詢，以不超過3人爲限。3.質詢順序依序爲未參加黨團委員、國民黨、親民黨、新黨、無黨籍聯盟、超黨派問政聯盟，並以交叉、輪流方式進行。」

現在請李委員先仁質詢，詢答時間5分鐘。（以下詢答部分，從略。[42]）

主席：報告院會，質詢委員均已詢答完畢，謝謝張院長、賴副院長及相關部會首長列席備詢。現在作下決定：1.將各委員發言紀錄及書面質詢函送行政院，請就未答復部分予以書面答復。2.已提出之書面質詢，尚未刊登公報者，一律補刊。

現在休息，6時整開始進行法案審議。休息（17時44分）。

41　6項法案的重要性以及急迫性說明，參閱前注公報，8-10頁。

42　行政院院長與立法委員詢答，參閱前注公報，10-43頁。

主席：現在繼續開會。進行討論事項。

（「存款保險條例第17條之1條文修正草案」、「營業稅法部分條文修正草案」、「金融重建基金設置及管理條例草案」、「金融控股公司法草案」、「保險法部分條文修正草案」、「票券金融管理法草案」6項金融改革法案，分別於臨時會完成立法程序；相關審議過程，從略。[43]）

主席：各位同仁。本院爲體認當前財經情勢，同意總統咨請召開臨時會創下審議法案的首例。惟查法案審議係屬常會事務，因行政院未事前擬具立法計畫，又疏於與本院各黨團溝通、協調，而於本院休會後，始以「存款保險條例第17條之1條文修正案」等法案亟待完成立法程序爲由，呈請總統咨請本院召開臨時會，或有待兩院共同努力之處。幸賴本院同仁共體時艱，不辭辛苦，踴躍出席會議，如期完成6項法案。在此金平感謝各位同仁辛苦努力。並祝大家休會期間諸事順利、萬事如意。謝謝。現在散會（18時55分）[44]。

二、相關規範

（一）憲法第69條

立法院遇有左列情事之一時，得開臨時會：

一、總統之咨請。

二、立法委員1/4以上之請求。

（二）立法院組織法第6條第1項

立法院臨時會，依憲法第69條規定行之，並以決議召集臨時會之特定事項爲限。

（三）立法院議事先例

立法院得先舉行全院委員談話會，決定臨時會召開相關事宜[45]。

（四）司法院釋字第735號解釋

中華民國憲法增修條文第3條第2項第3款規定：「行政院依左列規定，

43 臨時會所審議6項金融改革法案的立法過程，參閱前注公報，44-441頁。

44 參閱前注公報，441頁。

45 參閱周萬來：《議案審議——立法院運作實況》，89及90頁。

對立法院負責，……三、立法院得經全體立法委員1/3以上連署，對行政院院長提出不信任案。不信任案提出72小時後，應於48小時內以記名投票表決之。……」旨在規範不信任案應於上開規定之時限內，完成記名投票表決，避免懸宕影響政局安定，未限制不信任案須於立法院常會提出。憲法第69條規定：「立法院遇有左列情事之一時，得開臨時會：一、總統之咨請。二、立法委員1/4以上之請求。」僅規範立法院臨時會召開之程序，未限制臨時會得審議之事項。是立法院於臨時會中審議不信任案，非憲法所不許。立法院組織法第6條第1項規定：「立法院臨時會，依憲法第69條規定行之，並以決議召集臨時會之特定事項爲限。」與上開憲法規定意旨不符部分，應不再適用。如於立法院休會期間提出不信任案，立法院應即召開臨時會審議之。

依立法院組織法第6條第1項之規定，臨時會討論事項之範圍，以決議召集臨時會之特定事項爲限；惟不信任案制度係爲建立政黨黨紀，化解政治僵局，落實責任政治，並具穩定政治之正面作用。爲避免懸宕影響政局安定，盡速處理不信任案之憲法要求，立法院於臨時會審議不信任案，非憲法所不許。不信任案之提出與處理，爰不受前項規定之限制。

三、策略研析

前已述及，立法機關於常會以外召開臨時會，旨在避免國家大事之因應決策因會期制而受影響。我國憲法第69條雖明定總統之咨請或立法委員1/4以上之請求，立法院得召開臨時會。但依前述憲政原理，倘非處理急迫性及重要性事項，自宜避免召開會議。因此，總統運用是項策略，首須確認議案是否具有急迫性及重要性，更應審慎思辨是否符合正當性，以免遭受立法院反對而損及總統憲政地位[46]。倘無前述情事，宜由立法委員依憲法第69條第2款之規定，請求召開臨時會。

46　立法院於民國92年5月30日第5屆第3會期第14次會議決定司法院大法官同意權之相關審查日程延至9月份舉行，引發總統「嚴肅考慮」咨請立法院召開臨時會；惟該項決議除依立法院議事規則第42條及第43條之規定提出復議外，即告確定。總統依憲法第69條之規定，固得咨請召開臨時會；惟依立法院組織法第6條第1項之規定，臨時會之召開以決議召集臨時會的「特定事項」爲限。因此，倘總統咨請立法院召開臨時會之目的爲提前行使大法官同意權，由於此一「特定事項」行使日期業經立法院院會議決確定，該咨文因與立法院決議不符，將引發爭議。論者亦主張總統不能擴張爲重啓議案程序，乃至變更國會決定的權力；嗣經總統公開聲明，決定不咨請立法院召開臨時會。參閱〈總統不宜強令立院變更大法官同意權議事程序〉，聯合報社論，民國92年6月2日，2版；蘇永欽：〈否決國會決議？還好總統動口未動手〉，聯合報，民國92年6月4日，15版。

策略5　立法委員請求召開

一、議場實景

（一）立法院第 5 屆第 1 會期談話會

時間：中華民國91年7月15日（星期一）上午10時2分

地點：本院議場

主席：王院長金平

秘書長：林錫山

主席：現在開會，進行全院委員談話會。由於登記發言委員人數眾多，故每人發言時間爲2分鐘，請各位同仁簡短發言，便於上午11時得以召開臨時會。現在請穆委員閩珠發言。

穆委員閩珠（10時3分）：主席、各位同仁。今天的會議也就是立法院即將舉行3天的臨時會，可說是國內的一件大事。自從陳水扁總統上台以來，4年的任期才經過兩年半，今天就已是第3次召開臨時會。本席認爲，無論是任何一位總統，倘若對國會及國會的議事運作不夠尊重與瞭解，卻以臨時會作爲解決問題的方式與手段，無異是開憲政惡例。其次，近來我們的政壇讓全國民眾以爲立法院才是執政的地方，這是錯誤的。其實眞正執政的民進黨所應落實的政策議題、經費預算的執行、業務的推動及所有民生相關業務的解決，其權責都是在行政院而不是立法院。然而近來由於媒體的報導，使得立法院熱鬧滾滾，而掩蓋了行政院應有的聲音，讓大家以爲立法院是執政政壇的重點。其實行政院才是國家建設、造福人民最重要的關鍵，如果行政院不提政策、不推動業務或不解決問題，請問立法院要負什麼責任？所以立法院各位同仁從現在開始，應該好好正視國家的行政及執政權責，使其回歸正軌，而行政院也應提出政策、發揮功能及擔負應有的職責，不要讓大家以爲國會就是代表所有的行政，卻讓眞正的行政空轉，甚至推卸責任或採另外的方式，這樣就是國家的不幸！因此，本席希望今天能有圓滿的推動，以協助行政院補其不足。

主席：請龐委員建國發言。

龐委員建國（10時5分）：主席、各位同仁。任何有利於國計民生及人民權益的事項，相信立法院全體同仁都願意配合行政院，甚至敦促行政院來進行。所以今天才有針對基隆河整治特別預算案，進行臨時會的審議，我相信親民黨同仁都會積極參與。不過平心而論，行政院函送此案到立法院，無論就時機或預算內容的編製而言，我們必須要說，其專業的考量實在不足，但是政治鬥爭的動機卻非常明顯。倘若朝野間都是以這樣的方式來互動，亦即行政院與立法院之間無法以和諧、互信的方式來推動國家大政，那麼無論是建立朝野間的互信、議事順利進行及國家社會的安定，恐怕都是奢談。因此，我必須再度重申，親民黨同仁會積極參與此案的審議，同時我也相信我們會讓此案在合理的狀況下審議通過。但是，本席要在此建議執政黨、建議行政院，日後這種動作少來！讓我們眞正從朝野和諧的立場出發，才能在立法院中建立一個和諧、順利的議事程序，也才能眞正爲國家、社會謀求安定，讓我們的社會更進步。請大家一起來努力，共同來打拚！

主席：報告院會，現在登記發言的委員已有25人，因爲11時將正式召開臨時會，因此現在截止發言登記。請關委員沃暖發言。

關委員沃暖（10時8分）：主席、各位同仁。本席要藉此機會，針對上個會期最後一天，行政院才將基隆河流域整治特別條例送到立法院，提出嚴正抗議。抗議行政院直到會期最後一天才將此案送來，讓我們沒有機會審議，很明顯是要打壓台北市馬英九市長，因爲林全主計長一再提及，過去蕭前院長就已做了規定，好像是將台北市分開。然而事實上，基隆河流域整治特別條例是優於普通法及行政命令，而且是因爲我們想要一起進行整頓才有此特別法，因此怎可用過去的法規或過去的普通法，來剝奪整個基隆河流域的整治條例？所以，本席覺得民進黨是硬拗，專門欺負馬英九這個實實在在貢獻台灣、建設台北市的好人。請問有哪個政治人物比馬英九清廉、有能力？李應元怎能和馬英九比呢？馬英九無論是經驗、學歷，或是對台北市的貢獻，都是大家有目共睹的。本席希望大家心平氣和，眞正搞好台灣的經濟，而不是一天到晚搞政治，搞國安聯盟。經發會的重點要落實，人民才有救，若搞來搞去都在搞政治，那麼，國家還有建設嗎？謝謝大家！

主席：請李委員鴻鈞發言。

李委員鴻鈞（10時10分）：主席、各位同仁。我們都知道治水是百年大計，是全國百姓共同期待的，但我們看到此次有關基隆河的整治，政治的口水多於專業的治水。今天早上的政黨協商，民進黨總召並沒有參與，我們看到了行政院強硬、鴨霸的作風，在野黨眞的希望我們能站在全民福祉和專業的立場上，共同整治基隆河，讓基隆河沿岸的百姓有安居的環境。但是，我們看到整個治水內容，不但沒有專業，而且全都以政治爲考量。基隆河的整治，不是分區的整治，而是整條河的整治，若疏忽某部分整治而導致整條河氾濫，這個責任由誰來負？我們瞭解這個臨時會的必要性，但各位也知道，水利署年度決標餘額還有56億元，而91年度基隆河整治只編列33億元，請問這個臨時會有召開的必要嗎？由此，我們可以瞭解眞的是政治多於專業，也多於百姓的福祉。本席希望行政院多考慮百姓的需要。謝謝！

主席：請周委員錫瑋發言。

周委員錫瑋（10時13分）：主席、各位同仁。本席在此沉痛地懇求行政院高抬貴手，台北縣的縣民和基隆市的市民希望將來不會有淹水之苦，但是，我們同時也要讓台北市市民將來也不會有淹水之苦，這才是中央政府於情該做之事。本席希望中央政府不要像過去用政治拚倒經濟，將來還要用政治拚倒專業。一條河流的整治，不可能只治基隆市、台北縣，而不治台北市。而就法的角度而言，中央政府更應該遵守國家的憲法，河川流域的整治，應由中央政府做一致的規劃，中央政府也必須同等的對待這些縣市，既然基隆河流域包括台北市、台北縣和基隆市，那麼，就請中央於憲法的精神中，將所有的預算對3個縣市一視同仁。基隆河流域的整治法令規定整條河整治預算可以排除公共債務的上限，基隆河整治所需經費可能超過1,000億元，基於憲法及基隆河整治的特別法，中央政府應對所有地方政府、所有流域的整治經費概括承受，一視同仁，不可有差別待遇。於情、於理、於法，請中央政府不要再爲了區區19億元搞成政治擊倒專業。拜託中央政府，求求中央政府，可憐一下所有受淹水之苦的國民！謝謝！

主席：請劉委員政鴻發言。

劉委員政鴻（10時15分）：主席、各位同仁。今天我們要討論基隆河的整治，行政院早就知道6月21日立法院就要休會，但竟然在休會前一個禮拜才將此案送來，然後對外說立法院在杯葛，不審查基隆河預算，也因此才有今天的臨時會。行政院爲何老是拿這種帽子扣我們，老是破壞立法院的形象？其次，基隆河整治條例第4條清楚地規定台北市在整治範圍內，這是去年10月31日總統公布的法令，現在怎麼能漏掉台北市呢？台北縣和基隆市的支流可以整治，爲何台北市不能整治？難道是因爲基隆市和台北縣是民進黨執政，而台北市不是民進黨執政？當初阿扁競選總統時，台北市也有很多民進黨的支持者，爲什麼你們要傷害台北市民？再者，既然要我們審查這筆預算，但爲何台北縣42億元的工程卻已發包，請問沒有錢可以發包嗎？我們是橡皮圖章或是被玩弄了？立法院算什麼？預算還沒有通過，竟然可以發包，可以動工？大家都希望國家能安定，那麼，行政院就必須整體考量，河川必須整條整治，怎能跳過台北市？總經費300多億元，台北市的部分只有19.8億元，爲何要漏掉台北市？難道一定要挑起政治鬥爭才滿意嗎？本席希望所有同仁愼思，預算可以通過，但台北市的部分也應該給。謝謝！

主席：請沈委員智慧發言。

沈委員智慧（10時18分）：主席、各位同仁。我們是要什麼樣的執政者？是一個大愛的執政者或是侷限於一黨之私的執政者？是守法的執政者或是法律我家開、我家解釋的執政者？去年立法院好不容易通過基隆河整治特別條例，中華民國有史以來爲了一條河流制定了優於普通法的特別法；兩百多個基隆河流域人民在水患下平白犧牲了，所以我們定了基隆河整治條例。條文雖然只有8條，但規定得很清楚，流域包含台北市、基隆市及台北縣，中央主管機關是經濟部水利署，而且還特別排除公債法的舉債上限，這無非是爲了好好整治，因爲人命關天。爲政者，想的是老百姓的人命，有什麼會比老百姓的人命更重要呢？但我們現在看到的是，爲政者只想到權力、政治，只想打壓異己，人命若只能處於權勢的傲慢、權勢的驕傲之下，老百姓還有什麼未來可言？基此，我們主張行政院應將相關預算編進去，若對法律有疑義，則本席主張聲請釋憲。

主席：請陳委員劍松發言。

陳委員劍松（10時20分）：主席、各位同仁。中華民國的治水之所以缺乏具體成效，在於我們始終無法針對整個河流的流域進行整體的規劃與治理；去年通過的基隆河流域整治特別條例，是針對整個基隆河流域進行全盤討論與治理的條例，立意非常良善，非常可惜的是，行政院並未針對整個流域作一整體的治理，甚至援引其他法令將基隆河切割爲台北市、台北縣及基隆市河段，事實上，水流經河道並不會管它是流經那個轄區的，所以，河水的治理一定要通盤檢討；令人深感沉痛的是，行政院本於政治考量，硬是區分哪個河道是台北市管理的，哪個河道是台北縣管理的，造成政府雖然準備花300多億元加以整治，但預期成效不大的情形，有鑑於此，本席擬提醒行政院，河流的治理關係百姓的生命、財產安全，一定要本於專業考量提出相關計畫，不要有政治力介入，並依法補助台北市所要求的整治經費，進而透過基隆河流域整治方案，通盤檢討台灣所有的河流，使全國百姓得免於水患的威脅。

主席：請劉委員文雄發言。

劉委員文雄（10時22分）：主席、各位同仁。今日會議固與基隆河流域整治特別條例有關，但今天之所以召開臨時會，第一個原因是行政院耽擱在前所造成的，第二個原因則是部分委員將居住於基隆河流域的汐止居民帶到立法院來，並對他們有所承諾，最後不得不順著這個民意召開臨時會。眾所周知，台北縣、基隆市的立委同仁都承受很大的壓力，但是台北市的民眾也是中華民國的國民，如果台北市的民眾也集合起來，我相信所有台北市的委員——包括國民黨、民進黨及親民黨——也都有壓力，因此，行政院除了要重視汐止市、基隆市之外，也要重視台北市。過去台北市完成截彎取直與200年洪水頻率之後，就把洪患區擠壓到汐止及基隆五堵地區，如果此次行政院把預算放在汐止與基隆市，等這些水利設施完成之後，將來洪水氾濫地區可能會漫延到台北市，去年台北市之所以會被納莉颱風肆虐，就是因爲每秒的水量超過5,400萬立方公尺，因此，如果今天我們讓洪患地區由過去的汐止轉移到台北市，台北市一定會淹水，今天行政院若執意把補助台北市的預算刪除，將來台北市一定會變成基隆河流域最重要的氾濫地區。

主席：請秦委員慧珠發言。（不在場）秦委員不在場。請陳委員志彬發言。

陳委員志彬（10時25分）：主席、各位同仁。目前全省有很多河流深受土石流之害，如南投縣及濁水溪等，但政府並不重視，因爲政府並沒有爲這些區域編列特別預算，既然政府有心整治基隆河，本席擬提出幾點淺見與大家共同研究。第一點，就一般情形而言，中央對直轄市的補助，是根據財政收支劃分法及地方制度法辦理，但有關基隆河的整治則須依據基隆河流域整治特別條例辦理，基隆河流域整治特別條例屬於特別法，其位階高於法規及命令，詎料行政院竟捨特別法不用，執意根據位階較低的法令來整治基隆河，顯有削足適履之嫌。其次，基隆河的整治是整套的，若捨棄台北市，這個整治一定會出問題，將來若眞的因此而發生問題，應該由誰負責呢？本席認爲，政府若要整治，就應該整條河流從頭到尾一起整治，若不補助台北市也沒有關係，但應將整條河流共需多少整治經費，台北市部分又需多少錢，予以明列出來，若只整治流經台北縣、基隆市的流域，而獨獨漏掉台北市，恐怕也無法達到整治的目的，因此，中間一定不能跳過，必須全盤整治。如果行政院執意不補助台北市，恐怕連民進黨的台北市議員都不知道要如何講話才好，縱或如此也沒有關係，只要行政院能自負後果即可。令人遺憾的是，行政院不但不敢這麼做，還柿子挑軟的吃，並在預算未通過之前先行發包，對此，我們一定要在本案通過之前追究責任，請大家共同來把關。

主席：請羅委員明才發言。

羅委員明才（10時27分）：主席、各位同仁。全國民眾都非常關心治水問題，特別是台北縣縣民，這幾年來，從象神、納莉颱風，到以前國民黨執政時的琳恩、賀伯颱風，基隆河兩岸的台北縣、基隆市居民飽受水患之苦，他們對河流的治理已期待五十多年，但政府始終無法讓他們免於生命、財產安全的恐懼。這次準備以臨時會的方式推動基隆河的整治，個人以爲，基隆河的整治應該不分黨派，有人認爲這次討論的預算若沒有納入台北市的19.8億元，可能會影響民進黨提名人李應元先生未來參選台北市市長之路，把很多政治紛爭糾結在一塊兒的作法，並不是台北縣縣民及基隆河兩岸居民所期盼的，希望我們能讓政治歸政治，有關河流的整治則回歸專業，委由水利署所屬專業人員進行整體性的考量，俾讓50年來沒有辦法做好的基隆河整治工作塵埃落定。手心是肉，手背也是肉，淹水的時候是不分黨派的，希望所有委員能不分黨派、不分你我，共同體恤、可憐基隆河兩岸居民淹水的痛苦，早日促成基隆河流域整治特別預算通過。

主席：請江委員綺雯發言。（不在場）江委員不在場。請李委員明憲發言。

李委員明憲（10時30分）；主席、各位同仁。剛才羅明才委員說得沒有錯，50年無法整治完成的基隆河，在現在要整治的時候，大家不要意見太多，應該要讓行政院好好加以整治，可是爲什麼現在大家卻有那麼多聲音、那麼多藉口呢？像剛才沈智慧委員說她內心非常沉痛，因爲執政黨違法，去年本院通過基隆河流域整治特別條例是違法的，她要聲請釋憲。本席眞是不解，沈智慧委員又不是新科立委，去年通過特別條例時，她的意見特別多，國、親兩黨人也並沒有比較少，照理說一定會照他們的意見來通過，可是爲什麼當特別預算提出時、當行政院要整治基隆河時，她又找一些有的沒有的理由來反對、杯葛？我眞懷疑她的使命何在？去年特別條例通過時，她是不是在睡覺？不然爲什麼她現在不承認本院通過的法律，在此大放馬後炮，睜眼說瞎話，一再杯葛？這就是國會的亂源！本席呼籲國親兩黨，此刻應爲基隆河沿岸居民的生命財產安全著想，大家共同來支持此一特別預算，好好的來整治50年來無法整治完成的基隆河，謝謝大家！

主席：請陳委員建銘發言。（不在場）陳委員不在場。請謝委員明源發言。

謝委員明源（10時32分）：主席、各位同仁。大家都知道，基隆河台北市轄段防洪頻率已達到200年，可是台北縣、基隆市的防洪頻率才達到10年而已，所以此次特別預算編列了316億元並不包括台北市要求的19.8億元，依往例和法令台北市的經費要自籌取得。本席認爲中央政府整治基隆河絕對沒有故意遺漏台北市，資深立委應該瞭解，郝柏村時代整治基隆河，台北市的經費全部是由台北市政府自行編列特別預算支應，此次中央提出的特別預算未編列台北市的經費完全是依照往例和相關法令辦理。何況台北市已經相當有錢了，大家都知道台北市政府一年的預算高達1,000多億元，這幾年來還編列幾10億元翻修人行道，並不是沒錢，爲什麼現在這19.8億元就不能自行編列呢？所以本席認爲行政院優先編列台北縣、基隆市的防洪經費是應該的，台北市的部分則可暫緩，是非應該要分明，謝謝。

主席：請曾委員永權發言。

曾委員永權（10時34分）：主席、各位同仁。本院今天召開臨時會，爲了維護基隆市和台北縣市居民生命財產的安全，我們全力支持整治基隆河的特別預算。以往基隆河的整治經費是依照補助辦法編列，去年本院通過了特別條例，將補助提升至法律的位階，因此才有今天行政院送來的特別預算。立法院有立法權，通過特別條例，行政院依法編列特別預算屬行政權，兩院要相互尊重，特別條例第3條、第4條明定中央主管機關爲經濟部，且整個基隆河流域包括基隆市和台北縣市所有的區段和流域，爲何特別預算卻獨漏台北市的19.8億元呢？顯然此一特別預算是違法編列的，但是今天我們爲了顧全整個流域的整治進度，還是支持召開臨時會來審查特別預算。今天台北市選出的各黨派立法委員包括國民黨、親民黨的委員我們都看到了，但是就是沒有看到民進黨台北市選出的立法委員，發言支持將台北市政府要求的19.8億元納入316億元特別預算中，令我們深感遺憾。從今天開始有3天的臨時會，我們希望行政院能夠依法編列預算，316億元的特別預算我們會支持，但是我們質疑行政院爲何不願保障260萬台北市民的生命財產安全呢？是否有其他的政治企圖呢？所以我們希望透過臨時會公開辯論，好好的來請教行政院游院長，因爲游院長說台北市可以自行編列特別預算、可以發行公債，可是特別條例第3條卻明定中央主管機關爲經濟部，如果台北市自行編列特別預算就是違法。因此，我們支持召開臨時會審查特別預算，但是事情要說清楚、講明白，爲什麼台北市要求的19.8億元行政院不願支持？

主席：請李委員慶華發言。

李委員慶華（10時37分）：主席、各位同仁。剛才本席進入議場之前見到了汐止社區聯誼會的會長和代表，他們交給我這張海報，希望我在立法院代他們表達心聲，我覺得這張海報的內容非常貼切，所以把它貼在這裡讓大家知道。他們的第一個訴求就是，因為基隆河整治不力，土地過度開發，導致汐止年年淹水，所以將來他們不排除要求國家賠償。第二個就是，汐止淹水之後，政府只補助地上物的部分，可是汐止有很多集合式社區大樓的發電器材都在地下，價值都是幾百萬元，一淹水就整個泡湯，所以希望政府的補助能夠包括地下的部分。第三個訴求本席覺得非常進步也是應該做的，就是洪水保險，本席也查過事實上外國早已建立這樣的制度，但是要進行洪水保險的精密評估時，必須由政府公布所謂的「洪氾管制區」，而我國到底能否公布洪氾管制區呢？公布之後哪些地方能夠開發？會不會涉及建商的問題、金權政治的問題呢？不過，本席認為我們仍然應該要推動洪水保險制度。最後，此次召開臨時會，本席和所有親民黨的同仁全力支持特別預算過關，也希望政府能夠發揮大禹治水的精神，把基隆河整治好。汐止的居民說他們是三等國民，各位如果到汐止去看一看，聽聽居民的心聲，你也會同情他們的，謝謝各位。

主席：請趙委員永清發言。

趙委員永清（10時40分）：主席、各位同仁。今天召開臨時會審查基隆河整治特別預算，本席相信沒有人會反對這筆預算，但爭議所在，是在台北市要求的19.8億元應不應以特別方式尋求補救。對此，本席認為大家應務實、就事論事地探討這19億多元是否具有急迫性與必要性，而不要泛政治化、泛黨派化，將之與「打馬」「擁馬」連結在一起。本席以為，長久以來，朝野在立法院問政最為民眾所詬病的，就是凡事太過政治化、黨派化，動不動就要黨派對決，這是非常不妥的。今天問題探討的重點，應是擺在這19.8億元中，有哪些是應該執行？哪些是可以暫緩的？例如磺港溪的整治，有許多人認為會嚴重破壞生態，一旦加以整治，可能未蒙其利，先受其害；又如中山橋的拆除，是否有其必要性及效益，也都值得大家再作探討，因此，希望大家能務實地探討這些問題。另外，談到公平性問題，在此，本席要特別為台北縣民講幾句話：長久以來，台北縣民眾認為與台北市只是一水之隔，卻有著天壤之別的待遇。台北市有錢一年花好幾10億的經費重舖紅磚人行道，台北縣則根本沒有所謂人行道！台北市有錢興建6,000多萬的電動陸橋，而台北縣連陸橋都沒有！所以，要談公平，又要從何講起？在此，希望大家能平實地以良心就事論事！謝謝！

主席：請蔡委員煌瑯發言。

蔡委員煌瑯（10時42分）：主席、各位同仁。基隆河支流的整治，包括磺港溪下游整治與中山橋的拆除整建，第一期工程款爲19.8億元，而馬英九要求的並不只是這19.8億元，還有第二、三期總共100多億元的支流整治預算，如果台北市的基隆河可以，請問各位，濁水溪可不可以？高屏溪可不可以？台北市是首善之區，資源得天獨厚，台北市可以興建一座電動陸橋，一水之隔的台北縣連要興建一條產業道路都沒有經費，如果今天所有支流整治經費統統要由中央負擔，那麼，每一年土石流成災，要造成30多人死亡的濁水溪，其支流東埔蚋溪、陳有蘭溪、清水溪等是否也應加以整治？本席等一下就要提出濁水溪整治條例特別預算條款，請泛藍軍的親民黨、國民黨能支持本席，要求中央整治濁水溪。台北市可以，下港人也可以；基隆河可以，濁水溪也可以；基隆河的支流可以，高屏溪的支流也可以。如果大家都提出河流支流整治條例，把所有權責都拋給中央，像台北市政府的馬英九市長一樣，有權無責，整治又不用出錢，可以嗎？地方政府對河流支流有其一定權責，怎麼可以把責任統統推給中央？所以，本席以爲，馬英九不能欺負我們下港人，本席等一下就提出整治濁水溪的相關條例，台北市人可以，南部人也可以。

主席：請林委員重謨發言。

林委員重謨（10時44分）：主席、各位同仁。今天召開臨時會的目的，是爲瞭解決基隆河整治問題，但還是有很多人依循慣例，爲了政治鬥爭，而不分是非黑白的在此胡亂發言，在此，本席提出幾點意見予以反駁。第一、有人表示此次基隆河的整治獨獨忽略了台北市，但本席以爲，會說出這種話的人，根本是沒知識、沒水準，又不住在台灣，實在可憐！如果我們在瑞芳員山子分洪道將河水分到基隆去，不是就能減輕台北市的負擔嗎？這不是爲台北市設想嗎？第二、有人說中央故意不給台北市經費，但是，今年6月份台北市工務局陳威仁局長表示，與台北縣和基隆市相較，台北市要求的預算是非急迫性整治經費。本席是台北市選出的立法委員，也非常關心台北市的水災問題，但請大家先去查清楚去年在納莉颱風中罹難的27人是怎麼死的？是台北市管理不善的原因造成？還是基隆河整治問題造成？請各位委員查清楚！第三、本席瞭解目前馬英九是唯一可以和陳水扁抗衡的人，坦白說，國、親共主也只剩下馬英九一人，但希望你們不要像對小孩一樣地寵馬英九，否則，一旦被寵壞了，又要如何治國呢？

主席：請卓委員榮泰發言。

卓委員榮泰（10時47分）：主席、各位同仁。台北市是一個驕傲的城市，台北市民也是一個值得驕傲的市民，台北市和台北市民可以驕傲，甚至可以自傲，但是絕對不能傲慢！台北市在馬市長主政的這3年多來，200多萬的台北市民快要和其他縣市的民眾為敵了！從一件又一件和中央對立的事件中，馬英九市長帶領台北市民和全國其他地區民眾為敵，這是在割裂人民的感情，也凸顯台北市的自傲，馬市長把很多政策向人民誇張，對中央傲慢，誇張自己的受害，傲慢自己的無理，身為台北市民，本席深感兩難。長久以來，馬英九市長有嚴重被迫害妄想症，身為台北市民，我們也有相當無奈的政治對立恐懼症；從統籌分配款的對立，從台北市里長延選的一意孤行，到今天刻意誇張台北市在基隆河整治案中的受害程度，讓本席覺得，馬英九市長不應該成為割裂台灣民眾感情的罪人。316億元基隆河整治預算，拜託各位同仁一定要讓其通過，拜託國、親兩黨一定要支持，不要再讓台北市民承受這種不必要的沉重負擔，我們不願意做全國的罪人。至於台北市最急迫需要的部分，也希望能透過大家的智慧，替台北市預算先後順序編列不良的失策，加以善後，替台北市擦擦屁股！謝謝！

主席：請周委員雅淑發言。

周委員雅淑（10時49分）主席、各位同仁。我們都知道，台北地區的防洪計畫早在民國59年就已擬定，而台北市因為經費充裕，多年前就投資400多億元，完成200年的防洪頻率，反觀當時由台灣省政府所轄之台灣省區基隆河沿岸，包括瑞芳、基隆市和汐止市，則一直到民國87年才核定投資122億元，預計4年完成10年洪水頻率；換言之，台北市多年前即已完成200年的防洪頻率，而台灣省轄區則一直到今年才完成區區10年洪水頻率。行政院一直到今年4月，才通過基隆河台灣省段的整體治理計畫，預計分初期、後期，投資700多億元，完成兩百年的防洪頻率，所以我們現在可以說，台灣省和台北市的基隆河沿岸確實是「一國兩制」：台北市早已達到200年的防洪頻率，台灣省還停留在遠遠落後的10年洪水頻率。因此我們今天誠懇地期望朝野立委共同高抬貴手，救救台灣省段的基隆河沿岸居民，包括瑞芳、基隆和汐止，甚至台北市，都可能因為這次的特別預算編列而同步受惠。大家不要以為這次只是在保護台灣省，試想：中游、上游如果能得到保護，使下游出水口通暢的話，難道台北市民不會同步受惠嗎？各位政治菁英，大家想一想：316億元的特別預算，和台北市所提出的16億元，到底孰輕、孰重？孰緩、孰急？請大家共同運用我們的睿智，確保台灣省段基隆河沿岸居民的安全，同時也讓台北市的居民同步受惠，這樣才是政治上的雙贏。謝謝。

主席：請侯委員水盛發言。（不在場）侯委員不在場。請李委員永萍發言。

李委員永萍（10時53分）：主席、各位同仁。今天我們在這裡發言，並不是只有講給自己聽。全國民眾都在看，什麼人講的是實在話，什麼人講的是良心話，什麼人在隨便亂拗，大家都清清楚楚。如果親民黨、國民黨，在野的泛藍陣營委員想要杯葛這筆預算，不顧人民死活的話，我們今天還坐在這裡做什麼！很多委員從國外千里迢迢趕回來參加這個臨時會，又是在做什麼！今天我們來到這裡，就是要向各位表達：我們瞭解水患的重要性，所以即使這樣的臨時會可能會對憲政慣例產生不良範例，我們仍然認爲要趕快開會、趕快通過這項預算。但是我們所爭議和主張的是，民進黨政府不要政治操作過了頭，不要不斷地把台北市和全台灣的福祉離間而分開。有關台北市提出的整治預算，本席要特別懇求台北市選出的民進黨委員聽清楚：這些預算是整個中央政府的水利署編列的，而不是台北市主動編列的，是水利署當時所編列的360億元預算中被經建會刪除的，換句話說，是行政院不顧台北市民的福祉，要強硬地把這部分的預算從原先的整個配套方案中割除，今天親民黨和國民黨的委員不過是希望中央懸崖勒馬，將這筆預算放回去，因爲台北市的基隆河整治關係到全國拚經濟的決心。謝謝。

主席：登記談話會發言的委員都已發言完畢，現作如下決定：「7月15日至7月17日召開臨時會，7月15日及7月17日並做爲一次會議。」由於預定上午11時要召開臨時會，爲了讓臨時會順利召開，現在請各位同仁到議場前面的簽到處簽到，同時並登記質詢。現在散會[47]。

（二）立法院第5屆第1會期第1次臨時會第1次會議

時間：中華民國91年7月15日（星期一）上午11時16分

地點：本院議場

主席：王院長金平

秘書長：林錫山

---

47 參閱立法院公報，91卷，55期，民國91年8月7日，143-151頁。

秘書長：出席委員82人，已足法定人數。

主席：現在開會，請問院會，對本次會議依照議事日程草案順序處理，有無異議？（無）無異議，通過。現在就依照議事日程草案順序來處理，請一併宣讀報告事項第1案及第2案。

一、本院委員賴勁麟等85人，針對攸關數百萬人民生命財產安全的「基隆河整治特別預算案」，在立法院第5屆第1會期結束前，尚未能排入議程通過，由於颱風季節將至，基隆河沿岸居民深感恐懼，爲加速基隆河整治工作，保障基隆河沿岸居民之基本權益，特依據憲法第69條之規定，要求立法院於休會期間召開臨時會，儘速通過「基隆河整治特別預算案」，讓基隆河整治工作儘早完成。是否有當，請公決案。

二、行政院函請審議「中央政府基隆河整體治理計畫（前期計畫）特別預算」案。

（以上2案擬請院會依朝野黨團協商結論，定於7月15日（星期一）舉行會議，邀請行政院院長、主計長、財政部部長、經濟部部長列席報告中央政府基隆河整體治理計畫特別預算案編製經過，並備質詢。）

主席：報告院會，報告事項第1案及第2案作如下決議：「定於7月15日（星期一）舉行會議，邀請行政院院長、主計長、財政部部長、經濟部部長列席報告中央政府基隆河整體治理計畫特別預算案編製經過，並備質詢。」（報告事項第3案，略。）

主席：報告院會，現在休息5分鐘，休息後隨即請游院長等報告並備詢。（11時18分）[48]

主席：現在繼續開會。進行行政院院長、主計長、財政部部長、經濟部部長列席報告中央政府基隆河整體治理計畫特別預算案編製經過，並備質詢。

主席：現在請行政院游院長報告中央政府基隆河整體治理計畫特別預算案編製經過。

游院長錫堃（11時25分）：主席、各位委員。今天承蒙　貴院邀請報告基隆河整體治理計畫（前期計畫）特別預算案的編製情形，深感榮幸。（以下報告內容，從略。[49]）以上報告，敬請　指教，並祝各位健康愉快。謝謝！

48　參閱前注公報，3頁。

49　游院長報告內容，參閱前注公報，4及5頁。

主席：請行政院主計處林主計長報告。

林主計長全（11時30分）：主席、各位委員。基隆河整體治理計畫（前期計畫）特別預算案的編製重點，本院游院長已有所說明，現在謹再就特別預算案編製經過及其內容概要，分別提出詳細報告（以下報告內容，從略。[50]）以上特別預算案係配合政府當前施政重點所編成，敬請各位委員先進支持指教，惠予審議通過，俾利基隆河整治工作順利推動。謝謝！

主席：請財政部李部長報告。

李部長庸三（11時33分）：主席、各位委員。剛才游院長與林主計長已就「基隆河整體治理計畫（前期計畫）特別預算案」所表徵之政府治理工程重點及籌編經過詳加說明，現在謹就該特別預算案財源編列情形，加以補充報告。（以下報告內容，從略。[51]）以上報告，敬請支持與指教。謝謝！

主席：請經濟部林部長報告。

林部長義夫（11時35分）：主席、各位委員。大院爲了「基隆河整體治理計畫（前期計畫）特別預算案」特別加開臨時會審查，顯見 大院相當關心與重視有關基隆河流域排水防洪功能之整治，以解決基隆河沿岸水患問題，並進而提升當地居民生活品質，對此之用心，謹先在此向各位委員表達十二萬分之敬意與謝意，本人有此機會列席報告，亦深感榮幸，現謹就本特別預算案，摘要予以報告（以下報告內容，從略。[52]）。基隆河整體治理計畫（前期計畫）特別預算案本部主管部分之編列內容，係配合防洪硬體工程之施作，並搭配洪水預報及淹水預警應變系統建置等軟體措施等方式，使基隆河沿岸得以達到200年洪水頻率之保護，降低地區洪災風險，在社會經濟等多重因素考量下，敬請各位委員女士先生多多支持、指教。謝謝！

主席：在進行詢答前，先作下列兩點宣告：一、每位委員詢答時間爲15分鐘，如採聯合質詢，最多以3人爲限。二、輪到質詢的委員如不在場，以放棄質詢論；如有書面，逕送行政院以書面答復。現在請秦委員慧珠質詢。（以下詢答部分，從略[53]。）

主席：登記質詢委員均已詢答完畢，現在作如下決定：一、交付預算及決算

---

50 林主計長報告內容，參閱前注公報，5-8頁。

51 李部長報告內容，參閱前注公報，8頁。

52 林部長報告內容，參閱前注公報，8-10頁。

53 詢答內容，參閱前注公報，11-108頁。

委員會會同有關委員會（經濟及能源、財政、內政及民族、交通四委員會）審查，並於7月16日審查完竣，提報院會。二、將各委員發言紀錄及書面質詢函送行政院，請就未答復部分予以書面答復。三、已提出之書面質詢，尚未登載公報者，一律補刊。現在休息，7月17日上午9時繼續開會。謝謝大家。（23時51分）

主席：現在繼續開會（7月17日上午9時）。進行討論事項第1案。

一、本院預算及決算委員會會同有關委員會報告審查行政院函請審議「中央政府基隆河整體治理計畫（前期計畫）特別預算」案。

主席：本案經提本院第5屆第1會期第1次臨時會報告決定：交預算及決算委員會會同有關委員會審查。茲接報告，爰於本次會議提出討論。由於本案仍在進行朝野協商，現在休息（9時2分）。

主席：現在繼續開會（9時32分）。進行討論事項第1案「中央政府基隆河整體治理計畫（前期計畫）特別預算」案。宣讀審查報告（略）[54]。

主席：審查報告已宣讀完畢，請張召集委員學舜補充說明。

張委員學舜（9時33分）：主席、各位同仁。謹向院會就中央政府基隆河整體治理計畫（前期計畫）特別預算案作如下口頭補充說明（略）[55]。

主席：召集委員已經補充說明完畢，請問院會，對本案依照議事成例，先進行二讀，依次逐款宣讀並暫行保留，俟協商之後再予處理，有無異議？（無）無異議，通過。現在進行二讀，宣讀（一）歲出機關別部分，第1款內政部主管部分。

第1項　營建署及所屬原列44億6,460萬元（分年預算數為：91年度2億2,590萬元，92年度11億7,010萬元，93年度20億370萬元，94年度10億6,490萬元）。

主席：第1款內政部主管部分暫行保留。宣讀第2款財政部主管部分。

第1項　國庫署原列574萬3,000元（分年預算數為：91年度66萬元，92年度219萬5,000元，93年度205萬2,000元，94年度83萬6,000元）。

主席：第2款財政部主管部分暫行保留。宣讀第3款經濟部主管部分。

第1項　水利署及所屬原列249億988萬7,000元（分年預算數為：91年度31億800萬元，92年度104億4,740萬元，93年度83億4,188萬7,000元，94年度30億1,260萬元）。

主席：第3款經濟部主管部分暫行保留。宣讀第4款交通部主管部分。

54　審查報告，參閱前注公報，109-115頁。

55　召集委員補充說明，參閱前注公報，115及116頁。

第1項　交通部原列19億1,890萬元（分年預算數爲：91年度3,510萬元，92年度5億8,230萬元，93年度9億4,310萬元，94年度3億5,840萬元）。

主席：第4款交通部主管部分暫行保留。宣讀第5款農業委員會主管部分。

第1項　農業委員會原列3億1,660萬元（分年預算數爲：91年度590萬元，92年度1億2,540萬元，93年度1億2,520萬元，94年度6,010萬元）。

主席：第5款農業委員會主管部分暫行保留。宣讀（二）歲出政事別部分。

歲出政事別依歲出機關別審查結果予以調整。

主席：歲出政事別部分暫行保留。宣讀（三）融資財源調度部分。

本特別預算案，歲出部分原編列316億1,573萬元，歲入需融資調度財源原列316億1,573萬元（分年預算數爲：91年度33億7,556萬元，92年度123億2,739萬5,000元，93年度114億1,573萬9,000元，94年度44億9,683萬6,000元），依「基隆河流域整治特別條例」規定，全數以發行公債予以彌平。應依歲出機關別審查結果予以調整。

主席：融資財源調度部分暫行保留。現在休息，俟協商之後再行處理。（9時44分）

主席：現在繼續開會（11時11分），請宣讀朝野協商結論。

「中央政府基隆河整體治理計畫（前期計畫）特別預算案」朝野協商結論

時間：91年7月17日（星期三）上午9時

地點：議場二樓

主持人：王院長金平

協商結論：

一、通過決議5項：

(1)爲了確保基隆河整治工程品質及避免舉債建設工程經費浪費，整治工程之規劃、設計、發包應依政府採購法辦理公開發包，且應採價格標爲原則。

(2)因基隆河流域整治之特別預算而發行之公債各年度發行金額，應依工程進度逐次發行。

(3)公債實際發行總額，不得超過本次前期計畫特別預算全部經費之決算數。

(4)現行基隆河200年防洪頻率爲民國58年計算基礎爲每秒4,200立方公尺，去年納莉颱風已創下每秒5,400立方公尺，顯然此項防洪頻率已不符合現狀，行政院應於立法院下會期開議後1個月內，向立法院提出修正值，以達到加速改善基隆河防洪排水功能，澈底解決基隆河流域嚴重積水問題，確保基隆河流域665萬人民生命財產安全。

(5)依據水利署民國91年6月28日，經水河字第09116009260號之說明二為基隆河整體治理計畫「前期治理部分」執行前置作業積極推動之必要，要求包括台北市政府、台北縣政府、基隆市政府、行政院農委會、行政院農委會水土保持局、交通部、交通部鐵路局、內政部、經濟部水利署水規所、經濟部水利第十河川局及經濟部水利署會計室、土地管理組、工程事務組、河川海岸組，按行政院91年5月13日核定函經建會審議及結論第5項，須於91年7月31日前提送初步規劃設計之必要圖說及概算至行政院工程會辦理工程專案審議及總工程經費核算，本署業於91年5月28日函請預為準備（諒達）。茲為前置作業積極推動之必要，謹檢送行政院主計處彙辦之特別預算經費表列資料，請遵照工程會頒訂之公共建設工程經費估算編列手冊內容就該特別預算額度提起詳細之工作內容、時程安排（預定開始及完工時間）、預算支用計畫（含91年用地取得難易度之說明）及初步規劃設計之必要圖說等資料送水利署核辦。由前述之公文即顯見基隆河整體治理計畫特別預算內容僅為概算數，為加速基隆河整治之迫切需求，同意全數通過本次基隆河整治特別預算，但為立法院落實監督基隆河流域整體治理計畫之執行，確保人民生命財產之安全，行政院應於立法院下會期開議後1個月內向本院提出詳實之基隆河整體治理計畫（前期計畫）內容及辦理情形之報告。有關基隆河流域整治特別預算之基隆河員山子分洪工程發包之誤差情形，併同提出報告。

二、審查會委員提案4項均不予處理。

三、針對下列提案可提修正案外，其他不接受任何提案：

(1)依照「基隆河流域整治特別條例」之立法原旨，基隆河流域包括台北市、台北縣及基隆市之整體規劃，設計及整治經費應依法由中央政府列入特別預算內辦理。

四、12時進行表決。

五、發言順序及人數：未參加黨團1人、國民黨5人、親民黨5人、台灣團結聯盟2人、民進黨3人，每人發言時間5分鐘。

主持人：王金平

協商代表：柯建銘　羅志明　沈智慧　曾永權

主席：朝野協商結論已經宣讀完畢，請問院會，有無異議？（無）無異議，通過[56]。（以下各黨團所推派代表的發言內容及以表決通過1項決議爲：「針對台北市政府所提內溝溪整治經費部分，請行政院審酌其必要性及合理性，並視本特別預算經費實際剩餘情形，予以必要之補助。」部分，從略[57]。）

二、相關規範

（同前策略）

三、策略研析

依憲法第69條之規定，如有立法委員1/4以上之請求，得開臨時會。因此，立法委員得採是項策略，於休會期間，請求召開臨時會，快速通過所欲期的相關議案。

前已述及，立法院截至第9屆第8會期止，共召開31次臨時會，而由委員提請召開者計29次；其中21次更爲近10多年來所召開。經查此31次臨時會中，除了民國90年1月15日司法院大法官作成釋字第520號解釋後，明示行政院針對停建核四案應向立法院補行報告程序，爲儘速解決爭議，立法院乃於同年1月30日及31日第4屆第4會期休會期間召開第3次臨時會；民國98年8月26日及27日舉行第7屆第3會期召開第11次臨時會，處理莫拉克颱風災後重建特別條例草案相關議案；民國99年年7月8日至14日及8月17日至30日第7屆第5會期休會期間分別召開第13次及第14次臨時會，審議「海峽兩岸經濟合作架構協議及海峽兩岸智慧財產權保護合作協議」等議案；民國106年6月14日至7月5日、7月13日至21日及8月18日至31日第9屆第3會期休會期間分別召開第24次、第25次及第26次臨時會，審議「前瞻基礎建設特別條例」及「中央政府前瞻基礎建設計畫第1期特別預算案（106年度至107年度）」等議案外，類爲審議常會未能審畢的法案，而法案審議又屬常會經常性事務，似有違憲法第69條臨時會的制度設計

---

56 參閱前注公報，117-119頁。

57 參閱前注公報，119-138頁。

初旨而造成議事的不穩定性。因此，爲確保國會會期制度，並維護臨時會的莊嚴性，立法委員運用本項策略，理宜審愼爲之[58]。

第三節　停會打烊

立法院每會期開議後，依立法院議事規則第20條之規定，於每週星期二、星期五舉行院會，但必要時得經院會決議，加開或停開院會。因此，立法委員如有必要，得提議停開院會。另依立法院議事成例，立法委員亦得經院會決議，併同停開院會及委員會，或停開院會改開委員會[59]。茲舉實例加以說明。

策略6　停開院會及委員會

一、議場實景

（一）立法院第 3 屆第 1 會期第 2 次院會

時間：中華民國85年3月1日（星期五）上午10時
地點：本院議場
主席：劉院長松藩
秘書長：謝生富

秘書長：出席委員86人，已足法定人數。
主席：現在開會，進行報告事項，宣讀上次會議議事錄。
（報告事項及處理朝野黨團協商結論，均從略。）
主席：現在繼續開會（10時44分），對於2月5日朝野協商，請問院會有無異議？（有）有異議。2月5日朝野協商不作處理。

58　參閱周萬來：《立法院職權行使法逐條釋論》，3版，台北：五南圖書出版公司，民國108年12月，336頁。

59　依該議事規則第20條規定，經院會決議，即停開當天院會；惟就實務以觀，另以變通方式，提前將該次院會提前散會，而改開委員會，如爲瞭解立法委員彭紹瑾於日前被砍殺乙事及相關部門處理情況，特於民國85年5月21日第3屆第1會期第14次會議，由委員曾永權等24人提議當（21）日下午2時30分改開內政及邊政、司法兩委員會聯席會議，邀請內政部部長及法務部部長率同相關人員列席報告並備詢，經院會表決通過，該次會議中午提前散會，下午改開委員會會議，即爲顯例。參閱第3屆第1會期第14次會議，議事錄，72及73頁。

主席：現在處理下一案，請宣讀。

本院委員饒穎奇等32人，爲第9任總統、副總統選舉，擬建議自即日（3月1日）起至3月25日止，停開院會及各委員會，敬請　公決。

提案人：饒穎奇

連署人：廖福本　曹爾忠　林志嘉　劉盛良　林源山　徐成焜
潘維剛　劉國昭　蔡壁煌　林耀興　鍾利德　施台生
陳傑儒　李鳴皋　黃清林　林炳坤　李必賢　吳惠祖
丁守中　李文郎　高揚昇　莊金生　黃秀孟　張光錦
洪玉欽　全文盛　章仁香　蕭金蘭　劉光華　洪冬桂
靳曾珍麗

主席：請問院會，對饒委員穎奇等32人提案有無異議？（有）有異議，現在進行表決。（翁委員金珠、顏委員錦福、張委員俊宏等有異議）

現有張委員俊宏等51人提議採記名表決。

主席：現在進行表決。贊成饒委員穎奇等所提自即日起至3月25日止停開院會及委員會者，請按「贊成」，反對者按「反對」，棄權者按「棄權」，計時1分鐘，現行進行記名表決。

（進行表決）

主席：報告表決結果：在場委員138人，贊成者71人，反對者63人，棄權者4人，多數，通過。

沈委員富雄：（在席位上）本席提議重付表決。

主席：沈委員富雄提議重付表決。現在爲沈委員之提議徵求附議。附議者，請舉手。

（進行附議）

主席：附議重付表決者61人，成立。現在重付表決。

（進行表決）

主席：報告表決結果：在場委員137人，贊成者71人，反對者62人，棄權者4人，多數，通過。

主席：現作如下決定：自即日起至3月25日止停開院會及委員會。3月26日第3次會議，邀請行政院院長報告施政方針並備質詢[60]。現在散會（10時58分）。

60　參閱立法院公報，85卷，11期，民國85年3月6日，23-26頁。

（二）立法院第3屆第4會期第6次院會

時間：中華民國86年10月2日（星期四）上午10時

地點：本院議場

主席：劉院長松藩

秘書長：劉碧良

秘書長：出席委員59人，已足法定人數。

主席：現在開會，進行報告事項。

主席：現在有一朝野協商結論提出，請宣讀。

時間：86年10月1日下午5時

地點：二樓接待室

決定事項：一、配合今（86）年11月29日縣市長選舉投票，本院自11月15日至同月28日停開委員會及院會。

二、下列尚待院會議決之法案，交由各黨團分別主持協商事宜。

主席：報告院會，根據86年10月1日下午5時朝野協商作如下決定：「一、自11月15日至11月28日停開院會及委員會。二、其餘各項列入紀錄。」[61]

（三）立法院第4屆第6會期第1次院會

時間：中華民國90年9月20日（星期四）上午10時6分

地點：本院議場

主席：王院長金平

秘書長：林錫山

秘書長：出席委員83人，已足法定人數。

主席：現在開會，進行報告事項（略）。

主席：現在宣讀朝野黨團協商結論。（朝野黨團協商結論共5件，第1、2、4、5件，從略。）

參、立法院朝野黨團協商結論

61　參閱立法院公報，86卷，37期，民國86年10月8日，20及21頁。

時間：90年8月20日上午10時40分
地點：二樓接待室
決定事項：一、同意權行使（審計長）日程：
(1)9月18日列案交全院委員會審查。
(2)9月19日舉行全院委員會進行審查。
(3)9月25日上午院會以無記名投票表決。
二、總預算案審議日
(1)11月1日停會前，於9月18日至10月底前院會完成總預算案編製經過報告及詢答。
(2)聯席會議之審查於12月2日復會後再行處理。
三、90年度921震災災後重建特別預算案（第2期）俟行政院送達後，優先處理。
四、本院相關內規於10月底前完成修正。各黨團修正版本，請儘速於9月10日前提出，由法制局彙整，提報朝野協商處理。
五、11月1日起至12月2日止停開院會及委員會。
主持人：王金平　饒穎奇
協商代表：林豐喜　洪玉欽　張川田　陳鴻基　陳景峻　謝章捷
營志宏　鄭龍水　黃明和　周錫瑋

主席：報告院會，朝野黨團協商結論共有5件，經決定如下：
一、11月1日起至12月2日止停開院會及委員會。
二、9月20日（星期四）及9月21日（星期五）視爲一次會，進行施政報告質詢，自9月25日（星期二）起至10月31日止，每週二、週四及週五視爲1次會，每週二及週五進行質詢，每週四處理法案，國是論壇及臨時提案依往例處理。（每週二上午9時至10時爲國是論壇時間，每週五下午1時50分至2時30分處理臨時提案。）
三、9月20日行政院院長施政報告後，進行政黨質詢。各黨團質詢順序及人數如下：（一）9月20日：新黨（2人），無黨籍聯盟（2人），親民黨（2人），國民黨（2人）。（二）9月21日：無黨籍聯盟（1人），親民黨（5人），國民黨（5人），新黨（2人）。（三）第3天以後質詢會議依此原則輪流交叉進行。
四、定於10月2日邀請行政院院長、主計長、財政部部長列席報告91年度中央政府總預算案及921震災災後重建第2期特別預算案編製經過及施政計畫並答復質詢。91年度中央政府總預算案部分於10月12

日完成詢答後，交付全院各委員會聯席會議審查，聯席會議之審查，於12月2日復會後再行處理[62]。

五、本會期程序委員會，由國民黨黨團推派19人，民進黨黨團推派11人，親民黨黨團推派3人，新黨黨團推派2人，無黨籍聯盟推派1人組成。

六、本會期經費稽核委員會，由國民黨黨團推派8人，民進黨黨團推派4人，親民黨黨團推派1人，新黨黨團推派1人，無黨籍聯盟推派1人組成。

七、參加WTO相關法案及落實經發會共識應增修之法案，請相關委員會儘速審查，審查完竣者請各黨團儘速協商。必要時得逕付二讀。

八、9月27日下午4時於本院第九會議室舉行本院與行政院針對我國加入WTO之溝通會議，請各黨團通知參加該會議所屬成員準時參加。

九、本院相關內規於10月底前完成修正，各黨團所提內規修正案，由法制局彙整後，請院長儘速召集協商。

十、民進黨黨籍委員，放棄政黨質詢，所餘政黨質詢時間改為法案審議。（政黨質詢名單，逕送本院議事處。）

十一、其餘各項列入紀錄。[63]

二、相關規範

(一) 立法院議事規則第 20 條

本院會議於每星期二、星期五開會，必要時經院會議決，得增減會次。（第1項）

本院會議超過1日者，經黨團協商之同意，得合併若干日為一次會議。（第2項）

(二) 立法院議事先例

立法委員為參加選舉或助選活動，得經院會決議，停開院會及委員會[64]。

62 民國96年12月7日修正中央政府總預算案審查程序後，總預算案不再交由全院各委員會聯席會議，而逕由各委員會審查。

63 參閱立法院公報，90卷，44（一）期，民國90年9月29日，223-226頁。

64 參閱周萬來：《議案審議——立法院運作實況》，93及94頁。

三、策略研析

前已述及，立法委員如有必要，得提議停開院會。就上述所舉實例，得知立法委員為參加選舉或助選活動，得經院會決議，予以停開院會及委員會，並已成為議事成例。因此，立法委員在開議後，如有必要，可採是項策略，經院會決議，併同停開院會及委員會。

策略7　停開院會改開委員會

一、議場實景

（一）立法院第3屆第2會期第16次院會

時間：中華民國85年11月8日（星期五）上午10時
地點：本院議場
主席：劉院長松藩
代秘書長：羅成典

代秘書長：出席委員62人，已足法定人數。
主席：現在開會，進行報告事項（略）。
主席：現在有一朝野協商結論。
　　立法院朝野協商結論
　　時間：85年11月8日上午9時
　　地點：議場主席休息室
　　決定事項：為配合審查86年度國營事業單位預算，原排定每週四加開之院會，自本（11）月14日停開，俟前項預算案完成審議後，再行恢復。
　　協商代表：曾永權　施台生　沈富雄　朱高正
主席：請問院會，對以上朝野協商結論有無異議？（無）無異議，通過。自11月14日起，每週四加開之院會停開，俟86年度國營事業單位預算案完成審議後再行恢復加開[65]。

65 參閱立法院公報，85卷，58（上）期，民國85年11月16日，36頁。

二、相關規範

（同前策略）

三、策略研析

立法院爲使委員會得有較爲充裕的時間，加速審查相關提案，自可採是項策略，經院會議決停開院會，而改開委員會。本案例的特別所在，乃先經決議加開院會，嗣再決議停開，俟86年度國營事業單位預算案完成審議後，再行恢復加開，併予敘明。另爲使委員會得以緊急處理重要議案，亦可將院會提前散會，改開委員會；如於民國85年5月21日第3屆第1會期第14次會議，爲邀請內政部部長及法務部部長報告該院委員彭紹瑾於日前被歹徒砍殺乙案，特由委員曾永權等24人提案變更議程，當日下午2時30分改開內政及邊政、司法兩委員會聯席會議，邀請上述部長率同相關人員列席報告並備詢，經決議：「一、本次會議變更議程，中午提前散會，下午改開委員會會議；二、本日（21日）下午2時30分，由本院內政及邊政、司法兩委員會舉行聯席會議，邀請內政部部長、法務部部長率同有關人員列席報告彭委員紹瑾被人砍傷乙事及因應之道，並備質詢。」，即爲顯例[66]。

第四節　復會開張

前已述及，依立法院議事成例，立法委員在會期中參加選舉或助選活動，得經院會決議，予以停開院會及委員會。但在停會期間，可否召開臨時會？立法院曾爲此而有所爭議。緣於民國85年3月1日第3屆第1會期第2次會議，因第9任總統副總統選舉，而經院會決議：「自即日起至25日止停開院會及委員會；3月26日第3次會議，邀請行政院院長報告施政方針並備質詢。」；在停會期間，由於中共在臨近我台灣本島之海域進行軍事演習，試射地對地導彈，引起國內外嚴重關切。委員郁慕明及張俊宏分別提案要求召開臨時會，秘書處遍查現行法規，並無明文規定，亦無前例，乃以「臨時會之舉行，應於休會期間爲之，會議未便召開」及「停會期間尙無舉行會議之相關規定」爲由函復未便處

66 參閱立法院公報，85卷，26期，民國85年5月25日，34-37頁。

理，以致引發爭議。按停會期間並不等於休會期間，依憲法第69條規定，自無召開會議的可能。惟衡酌憲政原理，倘停會期間遇有重要急迫情事而需立法院行使職權時，重行開會的機制設計有其必要性。爲改進上述缺失，立法院於民國88年1月12日第3屆第6會期第14次會議修正立法院組織法時，於第6條第2項明定：「停開院會期間，遇重大事項發生時，經立法委員1/4以上之請求，得恢復開會。」[67]

策略8　恢復開會

一、議場實景

立法院第4屆第6會期第7次院會

時間：90年11月16日（星期五）上午9時10分

地點：本院議場

主席：王院長金平

秘書長：林錫山

秘書長：出席委員79人，已足法定人數。

主席：現在開會，請問院會，對本次會議依照議程草案所列順序進行，有無異議？（無）無異議，予以確認，按草案所列順序進行。進行報告事項第2案（第1案，略。）。

二、行政院函請審議我國申請加入世界貿易組織（WTO）條約草案案。

主席：本案依本（第6）會期第6次院會決定，逕送院會處理。報告事項第2案作如下決定：「依朝野協商結論處理。」請宣讀朝野黨團協商結論。

立法院朝野黨團協商結論

時間：90年11月15日下午2時30分

地點：二樓會客室

決定事項：一、我國申請加入世界貿易組織（WTO）條約草案，逕付二讀，並於各黨團推派代表發言後，隨即處理。

二、各黨團依國民黨（4人）、民進黨（2人）、親民黨（2人）、新黨（2人）、無黨籍聯盟（1人）交叉發言，

67 參閱周萬來：《立法院職權行使法逐條釋論》，53頁。

每位委員發言5分鐘。

三、本次會議不處理臨時提案。

主持人：王金平

協商代表：林豐喜　蔡煌瑯　營志宏 李正宗　周錫瑋

主席：朝野協商結論已宣讀完畢，請問院會，對以上朝野協商結論，有無異議？（無）無異議，通過。

現在針對朝野協商結論作如下決定：「一、我國申請加入世界貿易組織（WTO）條約草案，逕付二讀，並於各黨團推派代表發言後，隨即處理。二、各黨團依國民黨4人、民進黨2人、親民黨2人、新黨2人、無黨籍聯盟1人交叉發言，每位委員發言5分鐘。三、本次會議不處理臨時提案。」[68]

現在進行討論事項第1案。

一、行政院函請審議我國申請加入世界貿易組織（WTO）條約草案案。

主席：依剛才朝野協商結論所作決定，本案逕付二讀。現在宣讀行政院來函。

受文者：立法院

主旨：函送我國申請加入世界貿易組織（WTO）條約草案，請　查照惠予優先審議。

說明：

一、經濟部函以：

（一）我國係於79年1月1日向關稅暨貿易總協定（GATT）秘書處依GATT第33條提出入會申請，並於84年12月1日因WTO取代GATT，而改依WTO設立協定第12條申請加入WTO；同時依據同一條文之規定，我方須與WTO相關會員國舉行多邊與雙邊諮商，確定入會條件。其中多邊諮商部分，我方在歷次工作小組會議中已就我如何修改我經貿體制以符合WTO規範所作之承諾，分別納入入會議定書及工作小組報告等入會文件中。至於雙邊諮商部分，我須將有關貨品關稅減讓與服務業市場開放議題所達成之雙邊協議，彙整製作成爲關稅減讓表與服務業特定承諾表，並做爲入會議定書之附件。上述入會相關文件並已分別於本（90）年9月18日及11月11日獲得我入

68 參閱立法院公報，90卷，57期，民國90年11月24日，3頁。

會工作小組及WTO部長會議採認通過。

（二）依據WTO入會程序之規定，入會國完成國內批准程序後，須致函WTO秘書處確認接受入會議定書，俟該函送達秘書處30日後，即可成爲WTO會員。爰依憲法規定將我國加入WTO相關文件作成條約草案，送請 貴院審議。而該條約草案內容之主體係我入會議定書，該議定書之附件包含工作小組報告、WTO協定、關稅減讓表、服務業特定承諾表及特別匯兌協定等文件，茲分述如次：

(1)工作小組報告：該報告載述之我入會承諾主要有：以符合WTO規範之方式進行價格管制、取消進口限制措施、確保國營事業貿易之透明化、進行菸酒改制、按服務成本收取商港服務費、取消汽車進口之地區限制、簡化進口簽審程序、改進關稅估價制度、採取符合補貼協定之工業政策、確保我經貿法規之透明化、依據WTO協定規定履行通知義務，以及建立符合WTO規範之原產地規定、裝運前檢驗、反傾銷暨平衡稅、防衛措施制度、食品衛生檢驗暨動植物檢疫措施及智慧財產權制度。

(2)WTO協定：係指WTO設立協定及所屬之各項附屬協定，分爲貨品貿易協定、服務貿易總協定、與貿易有關之智慧財產權協定、爭端解決規則與程序釋義瞭解書、貿易政策檢討機制、複邊貿易協定等6類。除複邊貿易協定外，其他各項協定均係「多邊貿易協定」，對WTO會員均具有國際法之約束力；而複邊貿易協定則屬於選擇性的協定，原則上不強迫所有會員接受，只對接受之會員具有約束力。依據我入會議定書之規定，我國承諾於入會時加入之複邊貿易協定包括政府採購協定，以及民用航空器交易協定。在政府採購協定方面，我已與相關會員完成諮商，並提出政府採購清單，惟因目前各國仍在核驗中，因此，擬俟我入會後並完成政府採購協定之加入程序後，再另案報請 貴院審議。至於民用航空器貿易協定方面，因毋須先經雙邊談判，僅須向民用航空器貿易委員會表示我方同意簽署該協定即可，因此，謹請 貴院在審議我入會條約草案之同時，授權我行政部門於我入會時簽署該項協定。

(3)關稅減讓表：列載我國農、工貨品關稅減讓承諾與得採漸進開放之項目，包括「最惠國關稅表」、「優惠關稅表」、「非關稅減讓表」及「農業產品補貼限制承諾表」4個子表。

(4)服務業特定承諾表：記載我國服務貿易的市場開放、國民待遇、額外承諾等事項，包括「服務業特定承諾表」及「服務業最惠國待遇豁免表」2個子表。

(5)特別匯兌協定：由於我國並非國際貨幣基金（IMF）之會員，依據GATT 1994第15條第6項之規定，我國應與WTO簽署特別匯兌協定。其目的在於規範我國匯兌及貿易措施，須符合GATT及國際貨幣基金協定有關國際收支之相關規定。

二、經提90年11月14日本院第2760次會議決議：「通過，送請立法院審議。」

三、檢送我國入會議定書、工作小組報告、WTO協定、關稅減讓表、服務業特定承諾表、特別匯兌協定等入會文件各3份。

院 長 張 俊 雄

我國加入世界貿易組織條約案總說明（略）[69]。

主席：報告院會，入會議定書已經宣讀完畢，請問院會，有無異議？（無）無異議，通過。

主席：報告院會，行政院來函已宣讀完畢，現在進行廣泛討論。依照朝野協商的決定，由國民黨推派4人、民進黨2人、親民黨2人、新黨2人、無黨籍聯盟1人交叉發言，每位委員發言5分鐘。首先請陳委員清寶發言。（各委員的發言內容，均從略。[70]）

主席：報告院會，廣泛討論已發言完畢，現在進行逐條討論。依條約案處理成例，現在宣讀入會議定書。（議定書，略。[71]）

主席：報告院會，入會議定書已宣讀完畢，請問院會，有無異議？（無）無異議，通過。本案作如下決議：「一、我國申請加入世界貿易組織（WTO）條約草案照案通過。二、同意授權行政院於我國入會時簽署民用航空器貿易協定。」請問院會，有無異議？（無）無異議，通過。報告院會，今天議程所列議案業已處理完畢，謝謝各位在激烈選戰時刻，能堅守崗位出席院會。自即日起至12月2日止停開院會及委員

69 我國加入世界貿易組織條約案總說明，參閱前注公報，5-15頁。

70 各委員發言紀錄，參閱前注公報，15-22頁。

71 議定書內容，參閱前注公報，23-27頁。

會。最後，祝福各位委員同仁身體健康，並預祝大家競選連任成功。今日會議至此結束，現在散會。（10時28分）

二、相關規範

（一）立法院組織法第6條第2項

停開院會期間，遇重大事項發生時，經立法委員1/4以上之請求，得恢復開會。

（二）立法院議事先例

立法院議決條約案時，二讀會毋庸逐條討論（註：在民國104年7月1日條約締結法制定前，立法院議決條約案時，僅有批准權，不得加以修正。）[72]。

三、策略分析

立法院於停開院會期間，遇有重要急迫情事而需立法院行使職權時，立法委員自可採行是項策略，重行開會，以因應緊急狀況。至於前述停開院會期間，尚包括該會期報到日起至開議日前之期間，俾免遇有重要急迫情事而立法院無法行使憲法所賦予的職權[73]。

72 參閱周萬來：《議案審議——立法院運作實況》，74-76頁。
73 參閱周萬來：《立法院職權行使法逐條釋論》，54頁。

第3章 議案提出

提案爲議案立法的第一步驟，有關議案之提出，有其一定的要件與程序。亦即立法機關之提案，須受一定的限制。論者認爲我國立法院的提案，須受下列四項之限制：（一）法權上之限制；（二）格式上之限制；（三）程序上之限制；（四）時間上之限制[1]。次依憲法第39條、第43條、第55條、第57條、第63條、第104條、第105條、第174條、憲法增修條文第1條至第7條及第12條等相關規定，立法院所處理之議案，包括憲法修正案、領土變更案、法律案、預（決）算案、戒（解）嚴案、大赦案、宣戰案、媾和案、條約案、行使同意權案、覆議案、不信任案、彈劾案、罷免案、補選案、緊急命令追認案及其他重要決議案；其中法律案由政府機關（行政院、考試院、司法院、監察院）及立法委員（含黨團）[2]提出，緊急命令追認案、行使同意權案、補選副總統案及請求召開臨時會由總統提出，決算審核報告案由審計部提出，憲法修正案、領土變更案、對行政院院長提出不信任案、對總統副總統提出彈劾案及罷免案、解除戒嚴案及其他議案由立法委員提出，其餘預算案、戒（解）嚴案、大赦案、宣戰案、媾和案、條約案、覆議案及重要決議案則由行政院提出。另依立法院職權行使法相關規定，除立法委員對行政院院長所提不信任案因涉及

1 所謂法權上之限制，即提案人不能提出越權的法案，我國憲法第10章對於中央與地方之權限，已作詳密之劃分。因此，中央立法事項以憲法第107條及第108條暨其他有關條文所定者爲限，立法院所能討論之法案即以這些事項爲範圍。又依我國憲法第59條及第70條亦作同樣限制。而格式上之限制，依立法院議事規則第7條之規定，議案之提出，以書面行之，如係法律案，應附具條文及立法理由，即屬格式上的限制。有關程序上之限制，依立法院職權行使法第8條第2項規定，政府機關之議案與立法委員所提法律案，在提報院會之前，必先送程序委員會。至於時間上之限制，依立法院議事規則第9條之規定，臨時提案應於當次會議上午10時前以書面提出；同規則第10條之規定，經否決之議案，除復議外，不得再行提出。參閱羅志淵：《立法程序論》，2版，台北：正中書局，民國67年1月，391-396頁。

2 依憲法第87條規定及司法院釋字第175號（民國71年5月25日）及第3號（民國41年5月21日）解釋，考試院、司法院及監察院僅得就其所掌事項提出法律案；而依憲法第58條第2項、立法院職權行使法第8條第1項及立法院議事規則第8條之規定，行政院及立法委員（含黨團）提出法律案，並無範圍之限制。參閱周萬來：《議案審議——立法院運作實況》，5版，台北：五南圖書出版有限公司，民國108年11月，133-143頁。

「冷卻期」[3]而逕於院會報告事項進行前提出院會處理外，其餘議案需先送程序委員會審定後提出院會處理。本章依提案策略分主體轉換、分案攻頂、綜合立法、逕付二讀、不予審議、併案審查、聯席審查、撤回重提及瑕疵補正九節加以論述。

第一節　主體轉換

前已述及，行政院、考試院、司法院、監察院及立法委員（含黨團）均可向立法院提出法律案。為使快速立法或規避責任，自可採行主體轉換的策略，由其他提案主體代為提案。茲分就快速立法及規避責任各舉實例加以說明。

策略9　快速立法

一、議場實景

立法院第6屆第2會期法制、司法兩委員會第1次聯席會議
時間：中華民國94年10月17日（星期一）上午9時5分
地點：本院群賢樓402會議室
主席：林委員岱樺

主席：出席委員已足法定人數，現在開會。進行討論事項：審查委員高思博等35人擬具「法院組織法第12條及第66條條文修正草案」案。

主席：今天上午的會議是審查委員高思博等35人擬具「法院組織法第12條及第66條條文修正草案」案。首先請司法院范秘書長報告。

范秘書長光群：主席、各位委員、各位女士、先生。關於今日　大院審查高委員思博等提案之「法院組織法第12條、第66條修正草案」，謹提出以下報告：

為推動民事訴訟集中審理制度，促使當事人於訴訟前之階段提出所有訴訟事證資料，使第一審成為事實審中心，又我國刑事訴訟制度從職

3　依我國憲法增修條文第3條第2項第3款之規定，立法院在48小時內完成記名投票表決之前，有72小時的期間，以留待委員再予深思，此為「冷卻期」。而依法國憲法第49條之規定，國民議會對政府提出不信任案，必須至少1/10以上議員之連署，且在提出48小時之後，始得舉行表決；亦即經過48小時的「冷卻期」，始得表決。足見我國冷卻期間較長，意氣之爭可望冷卻。參閱張景舜譯：〈法蘭西共和國憲法〉，國會月刊，40卷，4期，民國101年4月，67及68頁。

權進行主義改爲「改良式的當事人進行主義」後，實施審判集中審理制，有關審判程序的進行，以當事人間之攻擊防禦爲主軸，法院並不立於絕對主導的地位，在審判期日所行之訊問及交互詰問程序，亟須資深、經驗的法官始足膺任。故鼓勵資深、經驗豐富之法官留任第一審，以堅實第一審事實審之審判陣容，避免一審法官因職等只能晉敘至簡任第11職等，每於累積豐厚審判經驗，最能發揮正確認定事實之際，即紛紛請調二審，致使一審沒有足夠資深、經驗豐富的法官擔任審判，以發揮定紛止爭之功能，裁判品質之提升不免事倍功半。爰參酌法院組織法第15條第2項規定，並依現行司法人員人事條例第10條、公務人員任用法、考績法等相關規定，估算初任法官、檢察官取得實任法官及具簡任第12職等資格之年資，使地方法院實任法官繼續服務10年以上者，亦得晉敘至簡任第12職等至第14職等，以平衡一、二審法官之職務列等，澈底解決法官因職等限制不願留任一審法官之問題，期提高事實審裁判之精確度、妥適性，使訴訟當事人能迅速獲得公平、正義之判決。爲此，司法院感謝高委員思博等之提案，同時懇請各位委員給予支持，儘速完成本修正案之審議。

主席：請法務部朱次長報告。

朱次長楠：主席、各位委員。在報告之前，先向各位委員說明，部長因爲在澎湖公差，故由本人代表列席報告並備質詢。以下爲法務部關於「法院組織法第12條及第66條修正草案」報告。

壹、前言

今天　貴委員會召開聯席會議，審查委員高思博、吳志揚等35人擬具「法院組織法第12條及第66條修正草案」（委員提案第6408號），本部奉邀前來列席報告並備詢問，深感榮幸，謹針對相關法院組織法修正草案之內容提出口頭報告如後。

貳、說明

一、本次委員提案係爲鼓勵資深、經驗豐富之法官、檢察官配合留任一審，以堅實第一審事實之審判內容，避免一審法官、檢察官因職等只能晉敘至簡任第11職等，每於累積豐厚審判、檢察經驗時，即請調至二審，爰參酌法院組織法、司法人員人事條例、公務人員任用法、考績法等相關規定，估算初任法官、檢察官取得實任法官、檢察官及具簡任第12職等資格之年資，使一審實任法官、檢察官繼續服務10年以上者，亦得晉敘至簡任12職等至第14職等，以平衡一、二審法官、檢察官之職務列等，解決法官、檢察官因職等限制不願留任一審之問題。

二、本次委員提案修正條文內容，將有助於堅實事實審制度之建立，且基於金字塔型之訴訟制度而言，確需有豐厚經驗之法官、檢察官繼續留任一審，以使裁判品質更爲精緻化，本部對此提案深表贊同。惟爲求更爲週全，避免以年資、考績爲升等之惟一考量，尚無法確實擇優汰劣，本部建議可再建立一審查機制，由司法院及本部另定之，經審查合格後始得晉敘，具體建議文字如附件，並請各委員支持。謝謝。

主席：請提案委員高委員思博說明提案旨趣。

高委員思博：主席、各位列席官員、各位同仁。今天很榮幸針對本席與吳志揚委員共同提案的法院組織法進行提案說明。現在我簡要向大家說明此次修正案的主要立法意旨，至於條文部分，便不再贅述。

基本上大家都注意到一個事實，就是法院法官的功能不同於一般行政機關，最明顯的事實在於，一般行政機關通常隨著職位及行政層級的高低，其決策權力亦隨之有大小之分。但是以法院來講，很難說第一審或第三審誰輕誰重，很多時候第一審恰巧在案件剛發生時，證據資料蒐集的最爲齊全，法官也最容易有一個正確的判決，所以很難說第一審負擔的決策責任與第三審統一法律見解的功能孰重孰輕，因而第一審的法官與檢察官經常擔負社會關心案件的第一審第一線必須及時處理的角色，也因爲這樣，目前的訴訟制度在民事及刑事部分，都改成需要有堅強的第一審事實審。至於民事部分第二審則改爲續審制，刑事部分第二審目前的改革也是要朝事後審的方向來處理，所以第一審的證據資料都會作爲第二審判決的基礎，很多在第一審已經確定的事實，都不能再予變動。因此第一審的法官與檢察官，占有非常重要、不下於第二、三審法官的地位，但第一審法官與檢察官在職等上受到限制，直接的後果是第一審法官想要升到14職等，就必須到第二審升職，而且可能有很多法官過完水後，想要回到第一審來擔任事實審的工作時，礙於升遷管道的堵塞而不可得。所以目前職等的設計，使得我們的訴訟制度無法建立所謂堅強的第一審。

第二個原因是對於目前職等的狀況，將來司法院有規劃在第一審設立專業法院，例如少年家事法院或法庭、智慧財產權專庭等等，需要很多學有專才的法官留在第一審，但他們若要升到14職等以上，同樣必須到第二審，使得第一審的人才嚴重缺乏。

第三個問題，未來四年內會有337名法官因爲目前法院組織法規定之職等的限制，無法升至簡任第12職等，這些法官只好繼續塞在第一審，無法晉級，但是他們卻想晉級，形成審判的阻力。本席之所以提案修正法院組織法第12條與第66條，以目前司法院與法務部在法條內規定，法官有資格可以晉級者，並不是自然地晉級，而是必須通過內部審查。審查辦法按照目前的法條規定，係由司法院以命令定之。這個審查辦法目前司法院已經草擬出來了，我覺得這個審查辦法相當重要，立法院對於這種辦法通常「予以備查」，本席建議，將來程序委員會對於這個審查辦法應該改爲付委「審查」，這樣一方面解決司法院與法務部的困難；另一方面，對於人事審查辦法開出一個我們認爲不適宜的洞。關於法條部分，請各位自行參閱，謹此報告。

主席：現在進行詢答，每位委員發言時間爲10分鐘，不再延長，不在場委員以棄權論。上午10時30分截止發言登記。請高委員思博發言。（不發言）高委員不發言。請伍委員錦霖發言。

伍委員錦霖：主席、各位列席官員、各位同仁。本席原則上支持本案，但是對於法官是否要升到14職等？有斟酌的必要。請教吳次長，法官與檢察官的職務雖然是特殊的，但是職務列等依現行規範有一定的標準。我們也認同剛才秘書長與次長的報告，只是從整體平衡性與職務列等的實務考量，若將原來的第11職等一下子調升至第14職等，會讓其他相關機關的公務人員職務列等產生不平衡。銓敘部的基本立場爲何？

主席：請銓敘部吳次長說明。

吳次長聰成：主席、各位委員。這個案子在部裡有做詳慎地研究，我們曾與司法院、法務部做充分地討論，他們特別提到，因爲業務上的需要，也就是高思博委員提及的特殊狀況。在部裡經過研究之後，我們尊重審查會的決議。

伍委員錦霖：職務列等本來就有一個盲點，而且已經很早做規定了，或許針對特殊專長就沒話說，譬如，要制定法律必須擁有特殊的專長，職務列等就列得很高是應該的。不過，有些總務與人事工作，像總統府與鄉公所的人事工作有何不同？本席過去在省政府服務很長的一段時間，瞭解省政府有些單位規模龐大，譬如鐵路局與公賣局的員工編制達幾萬人，但是人事主任與總務主任均列八職等。你看這兩個單位有多少車輛、物力要規劃、維護，鐵路局總務主任的工作量可以說是總統府總務工作的10至20倍以上，結果職務列等一位是14職等，一位是8職等，這就是制度上的一個盲點。

我們理解法官的業務有特殊需要，未來若一審法官與檢察官都列文官的最高14職等，而其他機關譬如調查局長或警政署長，調查局長列13職等；警政署長也只列13職等。那麼機關間的對等與協調、溝通關係會受影響嗎？

吳次長聰成：警政署署長的列等，目前考試院通過的草案是調列爲13至14職等；調查局……。

伍委員錦霖：只有一位警政署署長列13至14職等。

吳次長聰成：是的。

伍委員錦霖：以臺北市調查處處長來説，他的權責很重，卻只列12職等。還有縣市調查站人員，同樣是司法人員，有的列9職等，有的列10職等。同時，14職等在部裡只有一位常務次長。本席並不是反對，我覺得要斟酌實務情況，有無必要將一審檢察官和法官統統列爲14職等？職等之間有無彈性？假設將來一審檢察官和法官統統暫列爲14職等，以法官的工作性質完全一樣，加上一般長期的認知，一審、二審與三審法官的區分代表不同的意義，譬如，最高法院法官在一般社會的認知與價值觀裡，最高法院的法官比高等法院與地方法院的法官要受到更高尊重。高委員的提案很好，原則上我同意，但是到底要不要列14職等，大家再斟酌。

吳次長聰成：謝謝委員指教。

主席：請吳委員志揚發言。（不在場）吳委員不在場。請劉委員盛良發言（略）。

主席：請吳委員秉叡發言。

吳委員秉叡：主席、各位列席官員、各位同仁。請問范秘書長，法院組織法所指的法院有幾個意義？是指硬體結構、臺北地方法院，還是審判的法官？

主席：請司法院范秘書長説明。

范秘書長光群：主席、各位委員。法院組織法所定義的法院包括組織法上的法院與訴訟法上的法院。

吳委員秉叡：針對你們今天送來的法官職等修正草案，本席反對法官列職等的概念，因爲審判獨立，地方法院與最高法院的判決一樣，都屬於中央機關所做的決定。吳次長可能對法院的制度不太瞭解，不瞭解地方法院的法官執行審判是做中央機關的工作。像本席過去在臺中地方法院擔任法官時，我曾經單獨聲請大法官會議解釋法律與法令。一般人以爲地方法院是屬於地方的，與最高法院是不同的政府層級，這是誤解對不對？

范秘書長光群：對，這一點我非常敬佩吳委員。吳委員剛剛提到，不贊成法官列職等，這也是司法院一貫地看法，因此，在法官法上已經取消官職等的設計[4]。

吳委員秉叡：本草案內規定，「地方法院實任法官繼續服務10年以上者」，秘書長知道要在地方法院擔任實任法官至少要多少年？

范秘書長光群：剛才我有報告過，就是要候補五年，試署1年，至少6年……。

吳委員秉叡：再加上2次送審。

范秘書長光群：對，候補要升到試署需送審合格，試署要升到實任也要送審合格，所以要擔任實任法官至少要16年。

吳委員秉叡：其實不止，本席算給你聽，一般公務人員考上高考講習1個月後就分發了；而考取司法官特考之後，須受訓1年半，從受訓開始換算成公務人員的年資等於2年。那麼要擔任實任法官，至少必須先通過司法官特考，接受講習1年半，加上候補與試署，至少耗費8年以上的時間。再計算擔任實任法官後連續服務10年，換言之，要達成草案所規定的資格，至少在司法界已經工作18年。

范秘書長光群：的確一般都認爲，地方法院是地方的，最高法院、高等法院和地方法院好像是傳統的中央與地方行政機關。其實，司法體系是不一樣的，誠如委員所指教的，每一位法官所行使的職權都是憲法規定的司法權。

吳委員秉叡：不同層級的法院是審級分配的問題，所以法官沒有分大小。唯一不同的是，與憲法規定的大法官不同。換句話說，其他法官若不兼任司法行政，只做司法審判來看，法官是沒有大小之分的。要不然，當事人到法院之後要選擇實任的14職等法官做判決，不要選擇8職等的候補法官，可以這樣嗎？難道實任法官與候補法官的判決效力不一樣嗎？14職等法官的判決比較有效，8職等的候補法官的判決比較無效嗎？

范秘書長光群：法院組織法正式修訂是在未通過法官法變更官職等設計以前的解決措施。

吳委員秉叡：眞正問題點在於「濫好人」，請問去年法官考甲等的比例有多少？

范秘書長光群：去年法官考甲等的比例有9成，也就是90%。

吳委員秉叡：照辦案績效來考核，只有9成法官考績甲等嗎？請問林處長，沒

4　法官法業經總統於民國100年7月6日公布，並自公布後1年施行。依該法第71條第1項之規定，法官不列官等、職等。

有參與司法審判的不算，去年法官考甲等的比例爲何？

主席：請司法院人事處林處長說明。

林處長雅鋒：主席、各位委員。所有的法官總額，考甲等的人數不能超過9成。

吳委員秉叡：即使法官辦案成績超過甲等的標準，也不能考列甲等嗎？

林處長雅鋒：每一個法院先給9成的標準，若有餘額再拿給全國法官總量控制在9成以內，這是五院秘書長的決議。

吳委員秉叡：所以辦司法行政職的人比較好，因爲考績都是甲等，而辦理司法審判職的反而要來分配10%乙等的比例，是嗎？

林處長雅鋒：沒有，都算在一起。

吳委員秉叡：或者從事司法行政職者打考績時比較占便宜？

林處長雅鋒：都要看對司法的貢獻而定。

吳委員秉叡：有幾位庭長考績列乙等？

林處長雅鋒：目前有幾個法院不是全部庭長的考績都列甲等，確實有列乙等的例子，大約不下5個法院。

吳委員秉叡：本席也反對法官實施考績制度，因爲司法行政職的庭長考績若乙等，意指庭長的司法行政辦得不好，還是他的司法審判辦得不好？實在很難區分。所以釜底抽薪之道就是以法官法來解決這個問題。若法官90%以上考績都甲等，每2年晉升一個職等，除了要升任簡任這一關等比較久以外，以後就可以一直升上去，所以幾乎所有的法官都可以升到14職等。

范秘書長光群：關於這點，我們同意幾位委員的指教，亦即並不是說完全依照年資來升，我們贊成還是要設立審查機制，如果有不良表現，當然不能升，必須有優良表現且通過審查，才可以升。

吳委員秉叡：今天這個條文的修正，相信是司法院和法務部拜託國親兩黨委員來提案的，本席希望你們不要在想要的法條通過之後，就把法院組織法和法官法擺著而不送來，我們很多人都在期待司法改革三法趕快送來，你們不會這樣做吧？

范秘書長光群：在此我要鄭重地向委員清楚說明，絕對不會！目前我們正積極推動法官法，已和民間版本完成逐條討論，在討論過程中，法務部、全國律師公會和司改會都有派代表參加，最後一道程序就是和行政院人事行政局、考試院就相關事項進行協商，俟協商完成就會送相關的院會銜，然後向大院提出。

吳委員秉叡：本席聽說考試院是一塊鐵板，如果他不會銜，你們要不要送來？

范秘書長光群：我們會充分和考試院溝通。

吳委員秉叡：如果溝通不良，這個案子就不審了嗎？上個會期你曾在司法委員會向我們保證在今年底前要把司改三法送來，如果考試院是一塊鐵板，那本席認爲不如循今天的方式，由本院委員提案，不一定要考試院會銜！

范秘書長光群：不會！

吳委員秉叡：這麼重要的法案，希望他們不要一直抱持著本位主義來看待，你們必須向他們解釋整個背景，讓他們清楚！

范秘書長光群：我們一定會加強與相關的院和部會溝通，我相信應該可以克服認知上的不同。

吳委員秉叡：對於今天這個修正案，包括台聯的郭委員林勇和我們民進黨委員，都認爲應與人爲善，共同支持，可是你們提案時，也要讓我們有參與的機會，這樣才會更圓滿！

范秘書長光群：是的，我們會注意。謝謝。

主席：請郭委員林勇發言。（郭委員林勇、陳委員明眞、曹委員爾忠、呂委員學樟、尤委員清的發言內容，均予略述。）

主席：現在休息。休息後繼續開會

主席：現在繼續開會。現在開始逐條討論，進行第12條。高委員思博等提案條文：

第12條　地方法院置法官，薦任第8職等至第9職等或簡任第10職等至第11職等；試署法官，薦任第7職等至第9職等；候補法官，薦任第6職等至第8職等。

實任法官繼續服務10年以上者，得晉敘至簡任第12職等至第14職等。

司法院因應地方法院業務需要，得調候補法官至地方法院辦事，承法官之命，辦理訴訟案件程序及實體之審查、法律問題之分析、資料之蒐集、裁判書之草擬等事務。

地方法院於必要時得置法官助理，依聘用人員聘用條例聘用各種專業人員充任之；承法官之命，辦理訴訟案件程序之審查、法律問題之分析、資料之蒐集等事務。

候補法官調地方法院辦事期間，計入其候補法官年資。

具律師執業資格者經聘用充任法官助理期間，計入其律師執業年資。

法官助理之遴聘、訓練、業務、管理及考核等相關事項，由司法院定之。

主席：針對第12條，現有一委員協商共識條文。

第12條　地方法院置法官，薦任第8職等至第9職等或簡任第10職等至第11職等；法官試署期間，薦任第7職等至第9職等；法官候補期間，薦任第6職等至第8職等。

實任法官繼續服務10年以上經審查合格者，得晉敘至簡任第12職等至第13職等；繼續服務15年以上經審查合格者，得晉敘至簡任第13職等至第14職等。

前項審查辦法，由司法院以命令定之。

司法院因應地方法院業務需要，得調候補法官至地方法院辦事，承法官之命，辦理訴訟案件程序及實體之審查、法律問題之分析、資料之蒐集、裁判書之草擬等事務。

地方法院於必要時得置法官助理，依聘用人員聘用條例聘用各種專業人員充任之；承法官之命，辦理訴訟案件程序之審查、法律問題之分析、資料之蒐集等事務。

候補法官調地方法院辦事期間，計入其候補法官年資。

具律師執業資格者經聘用充任法官助理期間，計入其律師執業年資。

法官助理之遴聘、訓練、業務、管理及考核等相關事項，由司法院定之。

主席：請問各位，對於委員協商共識條文有無異議？（無）無異議，通過。進行第66條（略）。

主席：現在休息5分鐘。休息後繼續開會。

主席：現在繼續開會。方才通過的第12條，現在作一修正，把第1項的「法官試署期間」修正爲「試署法官」；「法官候補期間」修正爲「候補法官」；第2項增列「繼續服務15年以上經審查合格者，得晉敘至簡任第12職等至第14職等。」；「前項審查辦法由司法院以命令定之」修正爲「前項審查辦法由司法院定之。」，請問各位，有無異議？（無）無異議，修正通過[5]。

5　該法條除第2項中「經審查合格者」前增列「成績優良」四字外，並增訂第3項：「前項簡任第14職等法官員額，不得逾地方法院實任法官總額1/3」，原第3項依序修正第4項，文字爲：「第2項晉敘法官之資格、審查委員會之組成、審查程序及限制不得申請晉敘情形等事項之審查辦法，由司法院定之。」；其餘各項均照原修正條文。

（第66條部分，略述。）

主席：現在散會。謝謝各位。（11時17分）[6]

二、相關規範

（一）憲法第 58 條第 2 項

行政院院長、各部會首長，須將應行提出於立法院之法律案、預算案、戒嚴案、大赦案、宣戰案、媾和案、條約案及其他重要事項，或涉及各部會共同關係之事項，提出於行政院會議議決之。

（二）憲法第 87 條

考試院關於所掌事項，得向立法院提出法律案。

（三）司法院釋字第 3 號解釋

監察院就其所掌事項，得向立法院提出法律案。

（四）司法院釋字第 175 號解釋

司法院就其所掌有關司法機關之組織及司法權行使之事項，得向立法院提出法律案。

（五）立法院職權行使法第 8 條第 2 項

政府機關提出之議案或立法委員提出之法律案，應先送程序委員會，提報院會朗讀標題後，即應交付有關委員會審查。但有出席委員提議，20人以上連署或附議，經表決通過，得逕付二讀。

（六）立法院職權行使法第 75 條

符合立法院組織法第33條規定之黨團，除憲法另有規定外，得以黨團名義提案，不受本法有關連署或附議人數之限制。

（七）立法院議事規則第 8 條第 1 項

立法委員提出之法律案，應有15人以上之連署；其他提案，除另有規定外，應有10人以上之連署。

6　參閱立法院公報，94卷，56期，民國94年11月3日，251-266頁。

（八）立法院議事規則第 59 條

符合立法院組織法第33條規定之黨團，除法律另有規定外，得以黨團名義提案，不受本規則有關連署或附議人數之限制。

（九）立法院議事先例

各委員會僅負責議案之審查，並無法案提案權；非經院會交付審查議案所作的決議，不得向院會提出[7]。

三、策略研析

前述法院組織法相關提案，經民國95年1月13日立法院於第6屆第2會期第19次會議通過，並由總統於民國95年2月3日公布。該提案原應由司法院本其職掌向立法院提案，始符落實立法政策的原理；惟該院爲求快速立法，乃運用主體轉換策略[8]，透過立法委員高思博等提案，除達成迅速立法的目標外，並可規避考試院反對。

策略10　規避責任

一、議場實景

立法院第5屆第2會期財政、經濟及能源兩委員會第1次聯席會議
時間：中華民國91年12月19日（星期四）上午9時6分
地點：本院第一會議室
出席委員：36人
列席委員：64人
列席人員：財政部部長林全
　　　　　金融局局長曾國烈
　　　　　中央存款保險公司總經理陳戰勝
　　　　　中央銀行副總裁徐義雄
　　　　　經濟部常務次長施顏祥
　　　　　商業司司長劉坤堂

7　參閱周萬來：《議案審議——立法院運作實況》，85及86頁。

8　司法院對法院組織法的修正，除了本案外，亦於民國94年4月透過立法委員劉文雄及林岱樺等34人修正相關法條，將地方法院書記官的職等由第8職等提高爲第9職等，並於同年5月20日第6屆第1會期第13次會議修正通過。參閱何明國：〈法院組織法照三頓修〉，聯合報，民國94年11月16日，A11版。

行政院農業委員會副主委黃欽榮
行政院經濟建設委員會副處長陳寶瑞
法務部參事陳時提

主席：李委員嘉進

主席：出席委員已足法定人數，現在開會。進行報告事項。

報告事項：本院議事處函送下列法案：

一、91年10月30日函，爲請本會會同經濟及能源委員會審查本院臺灣團結聯盟黨團擬具「農業金融法草案」案，經第5屆第2會期第6次院會決定：「交財政、經濟及能源兩委員會審查。」

二、91年11月6日函，爲請本會會同經濟及能源委員會審查本院國民黨黨團擬具「農業金融法草案」、「農會法部分條文修正草案」及「漁會法部分條文修正草案」案，經第5屆第2會期第7次院會決定：「交財政、經濟及能源兩委員會，與相關提案併案審查。」

三、91年12月5日函，爲請本會會同經濟及能源委員會審查本院親民黨黨團擬具「農業金融法草案」案，經第5屆第2會期第12次院會決定：「交財政、經濟及能源兩委員會，與相關提案併案審查。」

四、91年12月16日函，爲請本會會同經濟及能源委員會審查本院民進黨黨團擬具「農業金融法草案」案，經第5屆第2會期第13次院會決定：「交財政、經濟及能源兩委員會，與相關提案併案審查。」

主席：進行討論事項。併案審查院會交付：一、臺灣團結聯盟黨團、國民黨黨團、親民黨黨團及民進黨黨團分別擬具之「農業金融法草案」案，二、國民黨黨團擬具「農會法部分條文修正草案」、「漁會法部分條文修正草案」案。

主席：本次會議開始時，已有委員登記程序發言與會議詢問。首先請楊委員瓊瓔程序發言，發言時間2分鐘，必要時得延長1分鐘。

楊委員瓊瓔：主席、各位同仁。財政部長與農委會主委均甫於12月2日就任，今天所排定的議程，有四種不同的版本，本席請教所有的列席官員，你們到底代表哪一個版本，論點又如何？由於行政院已經要求財政部與農委會，答應於本會期儘速研擬草案送行政院，再送立法院審議。但是，截至目前爲止，我們沒有看到行政院提出的版本。因此，今天審議的結論是否算數。據報載披露，行政院將委託民進黨黨團提出法案；請問，中華民國到目前爲止，到底還有沒有行政院？竟然要由黨團提出法律案，而沒有行政院的提案？本席要問，行政院的提案什麼時候可以送到立法院？否則，農民要怎麼辦？如果行政院一再以這種推、拖、拉的方式，因應農民在11月23日走上街頭所獲得的5大共識與農經會議的結論，讓農民眞有茫茫然之感。還有，今天所有列席的官員，請教你們是否有空間與立場，代表行政院來此備詢並討論法案？請主席處理。

主席：楊委員已經提出具體建議案，俟委員程序發言完畢後，再一併處理。接下來請廖委員風德發言。（廖委員風德發言內容，略。）

主席：請曾蔡委員美佐發言。

曾蔡委員美佐：主席、各位同仁。農業金融法草案，應由行政院主導，並送版本來審議，但是，現在我們看到的都是立法委員的版本。如此看來，是行政院沒有負起責任，請主席立即裁決，這項版本是否具有法律效力、能否照顧農民？

主席：請尊重委員發言，曾蔡委員的發言時間再增加30秒。

曾蔡委員美佐：事關全國農民權益，而今行政院竟沒有送版本，還說什麼要照顧農民？因此，本席反對今天審查本案，如果本案進行審查，行政院就完全沒有責任，將責任推給立法院，對本院與農民都不公平！本席強烈反對今天早上進行審查，希望行政院立刻補送版本至立法院，並希望委員加班開會審議，於1個月以內將行政院的版本審議完畢。請主席立刻做裁決，不要拖到最後。

主席：再多聽幾位委員的意見，再進行處理。

曾蔡委員美佐：主席要立刻處理！處理以後，再讓委員繼續發言。這表示行政院沒有責任，難道沒有行政院存在？

主席：行政院版本一直沒有送來，有幾位委員程序發言與會議詢問，建議俟行政院版本送來之後，再進行審議。

曾蔡委員美佐：如果要加班開會審議，本席也願意奉陪。

主席：目前有13位委員登記程序發言與會議詢問，俟委員發言完畢之後，再進行統一處理。另外，也有委員提議，請經建會主委林信義先生前來列席。所以，本席已經請工作人員聯絡。

曾蔡委員美佐：今天的會議就不要召開，也不要請經建會主委前來，下次會議再邀請他。

主席：請發言完畢後，再進行處理。

曾蔡委員美佐：首先，行政院沒有送版本，希望財政委員會不要審議農業金融法。其次，農委會主委如果未列席，今天也不能審議本案。最後，下次會議要邀請經建會主委前來指導。由於農業金融法事關整體農業。所以，應由經濟委員會主審。

主席：立法院只要是由委員會負責這項工作就可以了，並不一定要限定哪一個委員會，只要是院會交付處理，且是依照行政院院會的決議，我們等所有委員都發言完畢再一併處理。但有三項原則，第一、沒有行政院版本不處理，第二、農委會主委不來不處理，第三、經建會林信義主委不來也不處理。請陳委員杰發言。

陳委員杰：主席、各位同仁。今天要審查農業金融法草案，本席在此向行政院提出嚴重抗議。本席曾經參加全國農業金融會議，當初的召集人就是經建會主委林信義先生，但今天要審查法案，他竟然沒有出席，本席利用這個機會向非常不負責任的行政院提出相當嚴重的抗議。其次，政府一定要負責，今天要審查農業金融法草案，居然只有民進黨版及國民黨版，而未見大有爲阿扁政府的行政院提出任何版本，這讓全國農民感到非常遺憾。因此，本席再次向行政院提出嚴重抗議。希望新任的財政部林部長注意聽，委員現在認眞地發言及提出一些程序問題，你要注意聆聽，不要置之不理，這樣是藐視立法院，希望林部長自己要改正。藉此機會，本席希望全國同胞都要正視這個問題，全國農民的權益，不論是立法院、行政院或其他相關部會，大家都應該重視。本席建議今天不要審查農業金融法草案，而改成談話會。不論大家有任何意見，都可以不分黨派提出來，行政院注意聆聽並將所有委員的意見記下來，也希望財政部正視所有委員對農業金融法草案的看法。謝謝。

許委員登宮：（在席位上）台聯也有提出版本。

主席：本席現在補充說明，農業金融法草案一共有四個版本。請黃委員健庭發言。（黃委員健庭發言內容，略。）

（在台下多位委員所作發言，均從略。）

主席：各位委員，農業金融法草案的問題非常多，除了版本和出席官員層級的問題，各方面也有太多意見，本席認爲，等16位委員都程序發言完畢再來處理，好不好？今天天氣雖然有些變化，大家的情緒還是要稍安勿躁。現在請何委員智輝發言。

何委員智輝：主席、各位同仁。農業金融會議是由行政院副院長主持，當時對於農民的5個結論及6大主張都完全接受，也就是行政院要儘速提出農業金融法草案，但今天行政院並未提出行政院版，這就是失信於民，對全國農民說了謊，以行政院副院長兼經建會主委的身分所做的結論，自己竟然都未遵守。在今天這幾個版本中，行政院的立場究竟依據哪一個版本？是否是民進黨版本？請行政院說清楚。

主席：何委員，請先暫停。林部長，請你聽一下委員的意見。

何委員智輝：到底行政院要以哪一個黨團的版本爲主？依據什麼立場做政策辯護？要不然行政院今天就只能聽委員的意見，而不能有任何答復。本席剛才看了農委會的報告，其中居然表示，今天是聽取各位委員的指教以做爲相關政策的參考。今天的會議是要修法，行政院竟然表示要聽取委員的意見當作參考，這種政黨根本就是不負責任的政黨。農委會是主管機關，不但沒有提出自己的版本，還表示要將委員的意見當作參考，你們到底將今天這個會議當成什麼？再者，本席希望黨政多少要有點分際，12月8日下午2點，農委會邀集農會代表在民進黨中央黨部討論民進黨版的農業金融法草案，後來因爲選舉關係而暫停會議，本席認爲，既然行政院要協商法案，就應該在行政院的相關單位進行，既然農委會有那麼多會議室，爲什麼要指定在民進黨中央黨部進行協商呢？這是否表示民進黨版就是行政院版？這是一定要釐清的。謝謝。

主席：針對委員提及有關民進黨版與行政院版的問題，等一下再請行政部門說明。請林委員重謨發言。

（以下多位委員類多就該法案主審委員會究屬經濟及能源或財政委員會提出意見，從略。）

主席：請廖委員風德發言。

廖委員風德：主席、各位同仁。方才本席在經濟委員會質詢農委會主委，關於民進黨黨團表示他們的版本可代表政府的版本，是否屬實？結果主委不敢答復。如果民進黨團的版本眞的足以代表，那麼行政院可以馬上按照民進黨團的版本打字，明天就可送到立法院。由此可見，民進黨團的版本並不能代表行政院的版本。目前四政黨的版本都以農業委員會作爲主管機關，但是不能算數，行政院的版本如果是以財政部爲主管機關，法案就由財政委員會主審；如果是以農委會爲主管機關，法案就由經濟及能源委員會審查。立法院的規矩不能破壞，正如孔子所說：「爾愛其羊，我愛其禮！」

主席：程序發言完畢，今天會議不再作任何的程序發言及會議詢問。基於農業金融影響國內民生至鉅，影響人民權利太大，所以本席決定農業金融法的審議不待行政院版本送至立法院，之前各黨團送來的四個版本由財政委員會審議。

李委員俊毅：（在席位上）本席反對。

主席：現在休息協商。休息。

主席：我們現在繼續開會。本席將剛才的決議再簡單複誦一遍：基於農業金融法影響民眾權益至鉅，對農漁民生計影響太大，所以農業金融法必須立即審議，不待行政院的版本。既然今天財政委員會已經將本案排入議程，所以本案繼續在財政委員會審議，請問各位，有無異議？

唐委員碧娥：（在席位上）本席有意見。

主席：既然有委員表示異議，且提出異議的人數已足法定人數，我們即將進行表決。另邱委員垂貞等針對本案所提之提案，內容如下：

農業金融立法，朝野共識主管機關爲農業委員會，應由本院經濟委員會主審，本席（等）要求本案退回院會，重新交付經濟與財政聯席會審查，請公決。

提案人：邱垂貞　林德福　周錫瑋　廖風德　李俊毅　柯淑敏　曾蔡美佐

主席：現在最重要的前提是我們既然接受人民的付託，就應該趕快處理農業金融法，但是我們先要把內規和技術性的問題搞清楚，所以待會進行表決時，如果各位同仁對剛才的提案表示贊成通過的話，本聯席會就將本案退回院會，由院會重新決定是否由經濟或財政委員會處理，如果表示反對的話，本會今天就繼續審議農業金融法。

楊委員瓊瓔：（在席位上）今天的會議不就是財政和經濟兩委員會的聯席會議？這樣做根本就在浪費時間。

主席：現在會場次序太亂，我們休息5分鐘。休息。

主席：現在繼續開會。我們進行邱委員垂貞等提案的處理。由於在場委員是否爲聯席會議的成員，我們並不清楚，所以表決將採取點名表決的方式進行，而依照議事規則規定，必須有12位以上同仁贊成方可採行點名表決。現在本席爲點名表決徵求大家的附議。

（進行附議）

主席：附議採取點名表決者超過12位，我們採取點名表決。在表決前，本席要先宣告一件事：如果稍後表決結果是繼續審議，當然沒有問題。如果表決結果是本案退回院會重新付委，那麼我們基於負責的立場還是要繼續進行詢答。

邱委員太三：（在台下）案子都退回了，怎麼進行詢答？

主席：那我們就改成座談會好了。

林委員忠正：（在席位上）退回就沒有案子了。

主席：本席做任何處理，大家都有意見。現在請大家就座，本席再重新說一次，稍後表決結果若是決定將本案退回院會重新付委，我們就改成座談會。現在以出席爲準，我們進行點名表決。

贊成邱委員垂貞等所提提案「農業金融立法朝野共識主管機關爲農業委員會，應由本院經濟及能源委員會主審」，邱委員垂貞等委員要求本案退回院會重新付委者，請說「贊成」，反對者請說「反對」，棄權者請說「棄權」。現在開始進行點名表決。

（表決過程，略。）

報告表決結果：贊成者多數，通過。國民黨黨團、親民黨黨團、台聯黨團、民進黨黨團擬具之農業金融法草案4案及國民黨黨團擬具之農會法、漁會法部分條文修正草案均退回院會，重新付委。基於對農、漁民的照顧，我們不浪費時間，今天繼續開會，但改爲座談會。

邱委員太三：（在台下）要先讓官員回去。

主席：請大家就座，我們還有一件臨時提案要處理。方才有許多同仁建議，行政院官員可以不必列席座談會，但本席要向各位同仁報告，今天本席具名邀請行政院官員參與座談會，如果行政院官員不重視立法院舉行的座談會，他們可以離開。

周委員錫瑋：（在台下）主席不能這樣講。

王委員拓：（在台下）這樣講沒有道理，不能這樣子！

主席：請政府官員全部留下來，稍後我們再處理這個問題。現在我們先處理許委員登宮等所提臨時提案。

臨時提案：希望經濟、財政委員會於本會期審查通過「農業金融法草案」。

提案人：許登宮　鄭美蘭　江昭儀　陳志彬　林忠正　陳茂男　王雪峰　楊瓊瓔

主席：請問各位，對本項臨時提案有無異議？（無）無異議，通過。現在是11時40分，我們開座談會。

林委員重謨：（在台下）反對！我們是委員會，不是主席制，不是什麼事情都由主席一個人決定！

主席：本席不希望動用第二次警察權。現在正在開會中，請不要擾亂會場秩序。

林委員重謨：（在台下）怎麼可以動用警察權？

周委員錫瑋：（在台下）本席提議散會！

主席：現在休息10分鐘。休息。

主席：現在繼續開會。現有提案，其內容如下：

請行政院於1週內（12月26日）將「農業金融法」版本送立法院併案審議。

提案人：曾蔡美佐　李嘉進　鄭美蘭　楊瓊瓔　陳志彬

主席：請問各位，對本項提案有無異議？

林委員文郎：（在台下）反對！

主席：俟本案處理完畢後再散會。請問各位，對本項提案有無異議？（有）有異議，現在休息。

主席：現在繼續開會。本案稍作修正，內容如下：請行政院儘速將「農業金融法」版本送立法院併案審議。

提案人：曾蔡美佐　李嘉進　鄭美蘭　楊瓊瓔　陳志彬

主席：請問各位，有無異議？（無）無異議，修正通過。今天的會議改爲座談會……。

林委員文郎：（在台下）反對！

陳委員志彬：（在台下）散會！

主席：好的，今天不舉行座談會，本次會議至此結束，散會（12時）[9]。

二、相關規範

（同前策略）

三、策略研析

本案由院會交付委員會併案審查，除應由經濟及能源或財政委員會主審有所爭議外，行政院爲何不提出本案版本，函請立法院審議，亦爲主要的爭議焦點。由於法律常爲政策的具體化，農業金融問題既經行政院召集全國農業金融會議，並經決議儘速提出農業金融法草案。農業金融問題已成該院政策，基於責任政治，理宜將該法案儘速送請立法院審議，以完成政策合法化。但該院審酌當時政經情勢，有意規避責任，乃採主體轉換策略，改請執政黨的民進黨黨團代爲提出農業金融法草案，以達其責任規避的目標；惟不爲立法院財政、經濟及能源兩委員會所接受，而於審查會決議請行政院將農業金融法草案版本送

9　參閱立法院公報，92卷，5（四）期，民國92年1月15日，93-110頁。

立法院併案審議[10]。

綜合上述，主體轉換的策略，固可快速立法，更可規避責任。然在有權核准機關未能接受之下，是項策略可能無法成功而宣告失敗；但在一致政府之下，則較能達成所欲的目標，如民國108年12月31日所通過的「反滲透法」即爲顯例[11]。

第二節　分案攻頂

依上述立法院職權行使法第8條與立法院議事規則第7條及第8條之相關規定，立法委員提出法律案，應有15人以上之連署；並附具條文及立法理由，該提案即可送程序委員會排列議程。提案委員對現行同一法律中部分條文有所修正時，就提案時程與作業經濟而言，理宜併同一案提出；惟爲顧及法案審查時，因其中某一條文有所爭議而遭延宕，自可採取本項策略，按法條之不同性質而分案提出，以達完成立法之目的。茲舉例加以說明。

策略11　分條提案

一、議場實景

立法院第6屆第2會期第17次院會

時間：94年12月30日（星期五）上午10時39分

地點：本院議場

主席：鍾副院長榮吉

10　各黨團提案經提立法院第5屆第2會期第16次會議，改交經濟及能源、財政、法制三委員會審查，並決定俟行政院提案函請該院審議時併同審查；行政院乃於民國92年1月8日將該案函請立法院審議，經提立法院第5屆第3會期第1次會議報告後決定交付併案審查。嗣經委員會審查後提報該院同會期第1次臨時會第1次會議（民國92年7月10日）討論通過，並咨請總統而由總統於同月23日公布。

11　學者有以行政首長與國會的多數席次所屬政黨作爲分類標準，將政府型態區分爲「一致政府」與「分立政府」。所謂一致政府意指在政府體制中，行政與立法部門皆由同一政黨所控制；而分立政府則指在政府體制中，行政與立法部門分屬不同政黨控制。就政府的運作而言，一致政府的架構下，執政黨因可擔任行政與立法部門間的橋梁，具有政策協調、意見折衝等多項功能。該案由執政黨的民進黨黨團提案，並在總統限期要求下，經由第9屆第8會期第12次會議決定逕付二讀，並於同會期第15次會議完成立法程序。參閱吳重禮、陳慧玟譯（David R. Mayhew著）：《分立政府：1946～1990年期間之政黨控制、立法與調查》，初版，台北：五南圖書出版公司，民國90年9月，2頁；立法院公報，第108卷，106期，民國109年1月14日，21-76頁。

秘書長：林錫山

秘書長：出席委員110人，已足法定人數。

主席：現在開會，進行報告事項第7案。（第1案至第6案，均從略。）

七、本院委員王塗發等51人擬具「環境影響評估法部分條文修正草案」，請審議案。（程序委員會意見：擬請院會將本案交衛生環境及社會福利委員會審查。）

主席：請問院會，對本案照程序委員會意見處理，有無異議？（無）無異議，照程序委員會意見辦理。

八、本院委員王塗發等50人擬具「環境影響評估法第18條條文修正草案」，請審議案。（程序委員會意見：擬請院會將本案交衛生環境及社會福利委員會審查。）

主席：請問院會，對本案照程序委員會意見處理，有無異議？（無）無異議，照程序委員會意見辦理。

九、本院委員王塗發等56人擬具「環境影響評估法第23條條文修正草案」，請審議案。（程序委員會意見：擬請院會將本案交衛生環境及社會福利委員會審查。）

主席：請問院會，對本案照程序委員會意見處理，有無異議？（無）無異議，照程序委員會意見辦理。[12]

二、相關規範

（一）立法院職權行使法

1. 第8條第2項

政府機關提出之議案或立法委員提出之法律案，應先送程序委員會，提報院會朗讀標題後，即應交付有關委員會審查。但有出席委員提議，20人以上連署或附議，經表決通過，得逕付二讀。

2. 第12條第2項

法律案交付審查後，性質相同者，得爲併案審查。

---

12 參閱立法院公報，95卷，2期，民國95年1月10日，1及2頁。

（二）立法院議事規則

1. 第7條

議案之提出，以書面行之，如係法律案，應附具條文及立法理由。

2. 第8條第1項

立法委員提出之法律案，應有15人以上之連署；其他提案，除另有規定外，應有10人以上之連署。

三、策略研析

經查委員王塗發等對環境影響評估法雖經3次修正，但認為仍有不足，乃在經濟發展與環境永續考量並兼顧程序正義及社會參與的精神下，分別提出「環境影響評估法第5條及增訂第5條之1條文修正草案」、「環境影響評估法第18條條文修正草案」及「環境影響評估法第23條條文修正草案」3案，上述提案各以：(1)針對避免國家或人民遭受緊急危難之特殊情形，修正第5條，將生存權之保障列入環評制度例外之特殊考量；增訂第5條之1，將環境影響評估範圍提升法律位階，並為兼顧京都議定書之精神，將溫室氣體排放納入環境影響評估範圍。(2)修正第18條，援引行政程序法關於聽證程序之相關規定。(3)為使人民及公益團體皆得依行政訴訟法第9條提起公民訴訟條款，修正第23條，援引公民訴訟制度；另針對危害環境情節重大且不服停工處分而續行開發者，明定處負責人刑事責任及加重罰金。

此項策略運作的成敗，端視法條相互間是否有無關連性。由於立法院職權行使法第12條第2項規定法律案交付審查後，審查委員會認為性質相同者，得為併案審查[13]。因此，提案主體分案提出法案後，仍應注意審查會復將法案併案處理而無法達到分案攻頂的目標。

第三節　綜合立法

我國傳統的立法方式，係採單一立法案，由各提案主體逐案送請立法院審議的立法方式；而綜合立法則為特別的立法方式，是指立法機關在審議法案

13 參閱周萬來：《立法院職權行使法逐條釋論》，3版，台北：五南圖書出版公司，民國108年12月，133頁。

時，爲了整體達到一個立法目的，將原本散布在各個法律內的有關規定，加以放在一個法律內一次地加以修改或增訂之謂。所謂「綜合立法」乃官方的用語，而「包裹立法」則爲國人一般習用的用語。論者認爲綜合立法方式具有（一）程序經濟功能；（二）避免立法時差；（三）有利於相關法規之調整；及（四）兼顧政策宣示與法律體系完整等實益[14]。行政院函送「中華民國加入世界貿易組織修正部分相關法律綜合法草案」之總說明中，亦提出採行此方式具有（一）政策性：將同一政策目標相關之法律一併送請審議，較能彰顯政策目標；（二）全面性：將所有相關法律同時進行審議，審議者得一窺全貌，較能作全局性的考量；（三）同步性：同步檢討各相關法律，避免發生遺漏或前後矛盾之現象；（四）經濟性：將各法律修正案納爲單一法案審議，可在不變更立法程序原則下節省立法時間[15]。

綜合立法在立法技術上，約有下列三種模式：1.甲型：一個法律草案爲主體（底法），而後加上一些其他現行法律之修正條文。2.乙型：與上述型態類似，法案有一個底法，但在條文中並未修改其他法律的規定，而是指明那些法律的條文可以使用到本法所規範的案件，或將那些法律的某些條文修正適用到本法的適用範疇。3.丙型：把數個要修或要訂、要廢的法律，在同一政策之下，置於一個法案內作整合的處理[16]。因此，提案主體基於達到程序經濟等功能，可採上述綜合立法的三種模式。茲各舉實例加以說明。

策略12　一個法律草案為主體（底法），而後加上一些其他現行法律之修正條文

一、議場實景

（一）證人保護綜合立法草案部分

(1)報告事項——立法院第3屆第3會期第4次院會

時間：86年3月7日（星期五）上午10時

地點：本院議場

主席：王副院長金平

14 蘇永欽：《憲法與社會》，台北：自刊本，民國77年11月，464頁。

15 參閱立法院第3屆第1會期第16次會議，議案關係文書，報3頁。

16 參閱《我國採用「綜合立法」可行性之研究》，台北：行政院研究發展考核委員會，民國86年11月，5、6及15頁。

秘書長：劉碧良

秘書長：出席委員55人，已足法定人數。

主席：現在開會，進行報告事項第9案。（第1案至第8案，均從略。）

九、本院委員傅崑成等32人擬具「證人保護綜合立法」草案，請審議案。（程序委員會意見：擬請院會將本案交司法委員會審查。）

主席：請問院會，對本案照程序委員會意見處理，有無異議？（無）無異議，本案交司法委員會審查[17]。——本案嗣於同屆第4會期第14次會議決定改交司法、內政及邊政兩委員會，與行政院函請審議的「證人保護法草案」併案審查[18]。

(2)討論事項——第4屆第2會期第17次會議（民國89年1月14日）

八、（一）本院司法、內政及邊政兩委員會報告併案審查本院委員傅崑成等32人擬具「證人保護綜合立法草案」及行政院函請審議之「證人保護法草案」案。（二）本院委員邱太三等36人擬具「證人保護法草案」，請審議案。（以上兩案依朝野黨團協商結論，併案討論。）

主席：請宣讀審查報告（略）。

主席：依朝野協商結論，僅處理證人保護法草案，並按協商結論條次依序討論。委員傅崑成等所提法院組織法、刑事訴訟法、刑法等部分條文修正案均不予處理。

現在宣讀法案名稱及第1條。（二讀、三讀討論過程，均從略。）

主席：三讀條文已宣讀完畢，對本案有無文字修正？（無）無文字修正意見，本案現在作如下決議：「證人保護法草案修正通過。」請問院會有無異議？（無）無異議，通過[19]。

（二）檢肅流氓條例第11條及第25條條文修正草案等29案配合刑法修正的法案部分

(1)報告事項——立法院第6屆第2會期第19次院會

17 參閱立法院公報，86卷，6（上）期，民國86年3月12日，3及4頁。
18 參閱立法院公報，86卷，45（上）期，民國86年11月5日，10頁。
19 參閱立法院公報，89卷，9（一）期，民國89年1月29日，365-433頁。

時間：95年1月11日（星期三）上午10時3分
地點：本院議場
主席：王院長金平　鍾副院長榮吉
秘書長：林錫山

秘書長：出席委員75人，已足法定人數。
主席：現在開會，進行報告事項第32案。（第1案至第31案，均從略。）
三十二、行政院函請審議檢肅流氓條例第11條及第25條條文修正草案等29案配合刑法修正的法案。（程序委員會意見：擬請院會將（一）「檢肅流氓條例第11條及第25條條文修正草案」、「公職人員選舉罷免法第14條及第113條條文修正草案」、「公民投票法第7條、第42條及第64條條文修正草案」、「總統副總統選舉罷免法部分條文修正草案」及「香港澳門關係條例第47條及第62條條文修正草案」交內政及民族、司法兩委員會審查；（二）「兒童及少年性交易防制條例部分條文修正草案」、「藥事法第82條、第83條及第106條條文修正草案」、「空氣污染防制法第59條及第86條條文修正草案」、「廢棄物清理法第46條及第77條條文修正草案」及「就業服務法第64條及第83條條文修正草案」交衛生環境及社會福利、司法兩委員會審查；（三）「妨害兵役治罪條例第23條及第25條條文修正草案」交國防、司法兩委員會審查；（四）「保安處分執行法第46條及第47條條文修正草案」、「證人保護法第2條、第14條及第23條條文修正草案」、「貪污治罪條例第2條、第8條及第20條條文修正草案」、「戒治處分執行條例第22條及第33條條文修正草案」、「懲治走私條例部分條文修正草案」、「洗錢防制法第3條、第9條及第15條條文修正草案」、「竊盜犯贓物犯保安處分條例第3條及第8條條文修正草案」及「通訊保障及監察法第5條及第34條條文修正草案」交司法委員會審查；（五）「著作權法部分條文修正草案」、「農業金融法第41條及第61條條文修正草案」及「野生動物保育法第40條、第41條及第57條條文修正草案」交經濟及能源、司法兩委員會審查；（六）「銀行法第125條之4及第140條條文修正草案」、「信用合作社法第38條之4及第51條條文修正草案」、

「金融控股公司法第57條之2及第69條條文修正草案」、「票券金融管理法第58條之2及第74條條文修正草案」、「信託業法第48條之3及第63條條文修正草案」、「保險法第168條之3及第178條條文修正草案」及「證券交易法第171條及第183條條文修正草案」交財政、司法兩委員會審查。

主席：民進黨黨團提議本案逕付二讀，請問院會，有無異議？（無）無異議，通過。作如下決議：「本案由民進黨黨團負責召集協商。」[20]

(2)討論事項——第6屆第3會期第12次會議（民國95年5月5日）

十、行政院函請審議「檢肅流氓條例第11條及第25條條文修正草案」等29案配合刑法修正之法案。

主席：本案經提本院第6屆第2會期第19次會議報告決定：逕付二讀，並由民進黨黨團負責召集協商。爰於本次會議提出討論。
本案業經黨團協商完畢，現在宣讀協商結論。
立法院朝野黨團協商結論
法案名稱：檢肅流氓條例等29案修正案（配合刑法修正之法案）
時間：95年3月17日（星期五）下午2時30分
地點：本院紅樓301會議室
協商結論：
檢肅流氓條例等29案修正案（配合刑法修正之法案）除證券交易法第183條修正爲：「本法施行日期，除中華民國89年7月19日修正公布之第54條、第95條及第128條自90年1月15日施行，中華民國94年12月20日修正之第14條之2至第14條之5、第126條之3自96年1月1日施行，中華民國○年○月○日修正之條文自95年7月1日施行外，自公布日施行。」外，其餘條文均照行政院函請審議之修正條文通過。
協商主持人：尤　清
協商代表：尤　清　郭林勇　呂學樟　高思博　曾永權　沈智慧
柯淑敏　葉宜津　柯建銘　潘維剛　陳景峻　藍美津
顏清標　黃適卓　楊宗哲　廖本煙　林炳坤

主席：請問院會，對上述朝野協商結論有無異議？（無）無異議，通過。本案逐條討論時逕依協商結論處理。

20 參閱立法院公報，95卷，5期，民國95年1月20日，1-7頁。

現在進行檢肅流氓條例第11條、第25條修正草案。

宣讀第11條。

檢肅流氓條例第11條及第25條修正草案（二讀）

第11條　被移送裁定之人經法官訊問後，認有下列情形之一，非予留置，顯難進行審理或執行者，得簽發留置票予以留置：

一、有事實足認爲有反覆繼續實施第2條各款所定之流氓行爲之虞者。

二、逃亡或有事實足認爲有逃亡之虞者。

三、有事實足認爲有湮滅、僞造、變造證據或勾串其他正犯、共犯或證人之虞者。

四、有事實足認爲被移送裁定之人對檢舉人、被害人、證人、鑑定人、辦理本案之公務員或其配偶、直系血親、三親等內旁系血親、二親等內姻親、家長、家屬之身體或財產實施危害或妨害作證行爲之虞者。

前項留置期間不得逾1月。但有繼續留置之必要者，得於期間未滿前，經法院依前項之規定訊問後延長之，延長期間不得逾1月，並以1次爲限。

留置之期間，每審級分別計算之。

留置之期間，應折抵感訓處分執行之期間。

留置票應記載事項，準用刑事訴訟法第102條第2項至第4項之規定。

依第1項、第11條之2規定留置之被移送裁定之人，經法院依第13條第3項第1款規定裁定不付感訓處分確定者，或已受感訓處分之執行後，聲請重新審理，經法院更爲裁定不付感訓處分確定者，其留置或感訓處分之執行，得準用冤獄賠償法之規定請求賠償。

主席：第11條照行政院草案條文通過。

宣讀第25條。

第25條　本條例施行日期，由行政院會同司法院以命令定之。

本條例修正條文，除中華民國95年5月5日修正之條文，中華民國95年7月1日施行外，自公布日施行。

主席：第25條照行政院草案條文通過。

本案已全部經過二讀，現在繼續進行三讀，請問院會，有無異議？（無）無異議，本案現在繼續進行三讀。宣讀修正檢肅流氓條例第11條及第25條條文。（經過二讀內容，略。）

主席：三讀條文已宣讀完畢，請問院會，對本案有無文字修正？（無）無文字修正意見。

本案決議：「檢肅流氓條例第11條及第25條條文修正通過。」請問院會，有無異議？（無）無異議，通過。

現在進行公職人員選舉罷免法第14條、第113條修正草案。（本案及其他27案配合刑法修正相關法案討論部分，均從略。）

報告院會，今天討論事項的處理到此爲止，5月9日下星期二上午9時繼續開會。現在休息。休息（17時9分）[21]。

二、相關規範

（一）立法院職權行使法

1. 第8條第2項

政府機關提出之議案或立法委員提出之法律案，應先送程序委員會，提報院會朗讀標題後，即應交付有關委員會審查。但有出席委員提議，20人以上連署或附議，經表決通過，得逕付二讀。

2. 第75條

符合立法院組織法第33條規定之黨團，除憲法另有規定外，得以黨團名義提案，不受本法有關連署或附議人數之限制。

（二）立法院議事規則

1. 第8條第1項

立法委員提出之法律案，應有15人以上之連署；其他提案，除另有規定外，應有10人以上之連署。

2. 第59條

符合立法院組織法第33條規定之黨團，除法律另有規定外，得以黨團名義提案，不受本規則有關連署或附議人數之限制。

三、策略研析

前述傅崑成等32人所提的「證人保護綜合立法草案」，係典型的甲案模

---

21 參閱立法院公報，95卷，25期，民國95年5月19日，133-203頁。

式，而行政院爲配合刑法的修正，特於該法第4章章名「共犯」修正爲「正犯與共犯」後，始將須修正「檢肅流氓條例」等29種法案相關條文函請立法院審議，亦屬此種模式。爲爭取時效，避免立法時差，均可採逕付二讀的策略。行政院於民國94年12月30日函請立法院審議「檢肅流氓條例第11條及第25條條文修正草案」等29案配合刑法修正的法案，即於文中建請於一讀後交由法制局確認並逕付二、三讀，以爭取時效；經立法院第6屆第2會期第19次會議決定逕付二讀，並由民進黨黨團負責召集協商；嗣經黨團協商後提報民國95年5月5日同屆第3會期第12次會議通過，咨請總統於同年5月30日公布，並於7月1日施行，即爲成功的顯例[22]。

策略13　法案有一個底法，但在條文中並未修改其他法律的規定，而是指明那些法律的條文可以使用到本法所規範的案件，或將那些法律的某些條文修正適用到本法的適用範疇

一、議場實景

（一）報告事項——立法院第 1 屆第 71 會期第 28 次院會

時間：72年6月7日（星期二）上午9時

地點：本院議場

主席：倪院長文亞

秘書長：蕭先蔭

秘書長：出席委員126人，已足法定人數。

主席：會議開始，進行報告事項第3案。（第1案及第2案，均從略。）

　　三、考試院函送「人事管理條例」第3條及第5條條文修正草案，請惠於貴院本會期延長會期審議案。（程序委員會意見：擬請院會將本案列爲本會期延會案，交法制委員會審查。）

主席：（於報告事項宣讀後）請問院會，對第2案至第4案程序委員會意見處理，有無異議？（無）無異議，照程序委員會意見辦理[23]。

22　參閱立法院第6屆第3會期第12次會議議案關係文書，討105-190頁；立法院公報，95卷，25期，民國95年5月19日，133-203頁。

23　參閱立法院公報，72卷，46期，民國72年6月8日，2-7頁。

(二)討論事項——立法院第1屆第71會期第37次院會(民國72年7月8日)

主席:現在進行討論事項第2案

二、本院法制委員會併案審查考試院函請審議「人事管理條例第3條及第5條條文修正草案」及考試院函請併案審議「人事管理條例第2條條文修正草案」案。

主席:本案:(1)「人事管理條例第3條及第5條條文修正草案」經提本院第1屆第71會期第28次會議報告決定:交法制委員會審查;「人事管理條例第2條條文修正草案」經提本院第1屆第71會期第30次會議報告決定:交法制委員會,與「人事管理條例第3條及第5條條文修正草案」併案審查。茲接報告,爰於本次會議提出討論。現在宣讀審查報告(略)。

主席:審查報告宣讀完畢,現在請周召集委員書府補充說明(略)。

主席:召集委員說明完畢,現在進行廣泛討論(略)。

主席:請問院會,本案進行逐條討論,有無異議?(無)無異議,進行逐條討論。

主席:宣讀第2條。

第二條 總統府、五院、各部、會、處、局、署,各省(市)政府,設人事處或人事室。

主席:請問院會,對第2條有無異議?(無)無異議,通過。

主席:宣讀第3條。

第三條 總統府所屬各機關;各部、會、處、局、署所屬各機關;各省(市)政府廳、處、局;各縣(市)政府;各鄉(鎮、市、區)公所等,設人事室或置人事管理員。

主席:請問院會,對第3條有無異議?(無)無異議,通過。

主席:宣讀第5條。

第五條 人事處置處長,職位列第10至第12職等;人事室置主任,其職位之列等分爲第8、第9職等或第10、第11職等;人事管理員,職位列第5至第7職等。

前項人事室主任列等標準,由考試院會同行政院訂之。

未實施職位分類之機關,比照第1項規定辦理。本條例修正施行前,各機關組織法規所定人事人員之職稱、職等,與本條例規定不符者,悉依本條之規定辦理。

主席:請問院會,對本條有無異議?請鄭委員余鎮發言。(鄭委員及其他委員發言,均針對第1項主任列等問題,非就第3項採用綜合立法事宜討論，發言內容從略。[24]）

主席：第5條除將第1項中「第8、第9」修正爲「第5至第9」外，其餘文字均照審查案。請問院會有無異議？（無）無異議，第5條修正通過。

本案全部經過二讀，下次會議進行三讀[25]。

（三）討論事項——立法院第1屆第71會期第38次院會（民國72年7月12日）

主席：現在進行討論事項第1案

一、本院法制委員會併案審查考試院函請審議「人事管理條例第3條及第5條條文修正草案」及考試院函請併案審議「人事管理條例第2條條文修正草案」案。

主席：本案經提上次會議討論決議：俟下次會議進行三讀。爰於本次會議提出三讀。

現在進行三讀（略）。

主席：請問院會有無文字修正？請吳委員延環發言。

吳委員延環（10時1分）：主席、各位同仁。本席對本案有一個文字的修正，即第5條第2項中「由考試院會同行政院訂之」之「訂」字應改爲「定」字。

主席：吳委員對本案有一個文字的修正，即第5條第2項中「由考試院會同行政院訂之」之「訂」字修正爲「定」字。請問院會有無異議？（無）無異議，照改。請問院會有無其他文字修正？（無）無其他文字修正。

本案決議：「人事管理條例第2條、第3條及第5條條文修正通過。」請問院會有無異議？（無）無異議，通過[26]。

二、相關規範

（同前策略）

三、策略研析

考試院提出本修正案，旨因民國70年12月28日制定公布「主計機構人員設

---

24 各委員發言內容，參閱立法院公報，72卷，55期，民國72年7月9日，34-39頁。

25 參閱前注公報，39頁。

26 參閱立法院公報，72卷，56期，民國72年7月13日，6及7頁。

置管理條例」[27]後，部分主計人員的職等提高，同級機關人事人員的職等亦宜提高，以求平衡[28]。其中第5條第3項的規定，即運用本策略，以達程序經濟等功能。惟未併同修正相關法案條文，易使立法適用者造成疏忽。倘立法整備充實及可克服立法時差，實宜採用策略12爲當。

策略14　把數個要修或要訂、要廢的法律，在同一政策之下，置於一個法案內作整合的處理

一、議場實景

(一) 報告事項——立法院第 3 屆第 1 會期第 16 次院會

時間：85年5月28日（星期二）上午10時

地點：本院議場

主席：劉院長松藩　王副院長金平

秘書長：謝生富

秘書長：出席委員94人，已足法定人數。

主席：現在開會，進行報告事項第2案。（第1案，略。）

二、行政院函請審議「中華民國加入世界貿易組織修正部分相關法律綜合法草案」案。（程序委員會意見：擬請院會將本案交經濟、財政、交通、內政及邊政、外交及僑政、司法六委員會審查。）

主席：請問院會，對本案照程序委員會意見處理，有無異議？（有）有異議，退回程序委員會重新提出[29]。

(二) 報告事項——立法院第 3 屆第 2 會期第 26 次院會

時間：85年12月17日（星期二）上午10時

地點：本院議場

主席：王副院長金平

代秘書長：羅成典

---

27 該條例第28條第1項：「本條例修正施行前各機關組織法規所定主計機構之名稱及主辦人員之職稱、職等，與第4條及第5條之規定不符者，悉依第4條及第5條之規定辦理。」之規定，亦爲此類型的綜合立法模式。

28 參閱注24公報，29頁。

29 參閱立法院公報，85卷，28期，民國85年6月1日，3頁。

代秘書長：出席委員60人，已足法定人數。
主席：現在開會，進行報告事項第2案及第3案。（第1案，略。）
　　二、行政院函請審議「中華民國加入世界貿易組織修正部分相關法律綜合法草案」案。（程序委員會意見：擬請院會將本案交經濟、財政、交通、內政及邊政、外交及僑政、司法六委員會審查。）
　　三、行政院函，爲配合貴院立法作業程序，本院前送請之「中華民國加入世界貿易組織修正部分相關法律綜合法草案」，有予拆開以個別法案送請貴院審議之必要，請惠予同意撤回；至拆開後之個別法案，將另分別函請審議，請查照案。
　（程序委員會意見：以上兩案擬請院會併案決定，同意其撤回。）
主席：請問院會，對第2、3案照程序委員會意見處理，有無異議？（無）無異議，照程序委員會意見辦理[30]。
　（註：上述拆開後的貿易法、商品檢驗法、商標法、專利法、公司法、貨物稅條例、營業稅法、關稅法、證券交易法、會計師法、商港法、公路法、律師法、建築師法、駐華外國機構及其人員特權暨豁免條例、藥事法、食品衛生管理法、出版法、中央銀行法及銀行法等20項個別法案，列入本次會議報告事項第4案至第23案，並經院會決定交付相關委員會審查[31]。）

二、相關規範

（同前策略）

三、策略研析

行政院爲因應我國加入世界貿易組織需要，並爭取立法時效，即採此種模式，擬具「中華民國加入世界貿易組織修正部分相關法律綜合法草案」，除總則、附則外，共修正貿易法、商品檢驗法、商標法、專利法、公司法、貨物稅條例、營業稅法、關稅法、證券交易法、會計師法、商港法、公路法、律師法、建築師法、駐華外國機構及其人員特權暨豁免條例、藥事法、食品衛生管理法、出版法、中央銀行法及銀行法等20項法律，各列一章。並於民國85年5月17日函請立法院審議，以便達到前述功能。但未爲立法院接受，乃於同年

30　參閱立法院公報，85卷，68期，民國85年12月21日，3頁。
31　同前注公報，3-5頁。

12月10日以「配合貴院多數委員建請將該綜合法草案拆開審議之需要」為由，函請立法院同意撤回該草案，經提報第3屆第2會期第26次會議，決定：同意撤回。

就我國立法實務而言，法律採行此種包裹立法方式究屬新制；非如前二種綜合立法模式為立法院所接受。此乃在無法律明確規範下，因涉及對立法權行使的可能限制，即立法委員無法就全部法案審查，僅能割裂觀察其中一條或數條條文，且未能突破法案通過後，如何將修正後的新條文轉化於舊法中。此涉及立法院審查法案方式及法案通過後如何整理等問題，而未為立法院所接受。上述情事，仍有待行政與立法兩部門加以協商，以建立共識，並須建構政府公報制度的相關法制[32]。

第四節　逕付二讀

由於議案之內容，多具有專門性與技術性，且現代立法機關的構成分子呈多元化，如議案皆由院會審議，非但眾口囂囂，亦難獲定論。故各國立法機關處理議案，大都先經委員會審查，而後提出院會審議。至於不經審查而逕由院會審議者則屬例外。依立法院職權行使法第8條第2項：「政府機關提出之議案或立法委員提出之法律案，應先送程序委員會，提報院會朗讀標題後，即應交付有關委員會審查。但有出席委員提議，20人以上連署或附議，經表決通過，得逕付二讀。」之規定，如有出席委員提議，20人以上連署或附議，經表決通過，得將議案逕付院會二讀。因此，議案可逕付二讀而不交付委員會審查，惟此策略的運用，相對剝奪委員會的審查功能，有違委員會的專業化及功能化，理宜審慎運用，併予說明。

策略15　二讀並逕付協商

一、議場實景

立法院第7屆第8會期第7次院會

32 參閱郭介恆：〈美式包裹立法？——以美國貿易綜合立法為例〉，收錄於《包裹立法——行政院95年度法制研討會》，台北：行政院研究發展考核委員會，民國95年11月，22及23頁。

時間：100年10月28日（星期五）上午10時2分
地點：本院議場
主席：曾副院長永權
副秘書長：余騰芳

副秘書長：出席委員39人，已足法定人數。
主席：現在進行報告事項第10案。（第1案至第9案，均從略。）
十、本院國民黨黨團擬具「國民年金法第13條條文修正草案」，請審議案。（程序委員會意見：擬請院會將本案交社會福利及衛生環境委員會審查。）
主席：本案有國民黨黨團提議逕付二讀，並由國民黨黨團負責召集協商，請問院會，有無異議？（無）無異議。
本案作如下決定：「報告事項第10案逕付二讀，並由國民黨黨團負責召集協商。」[33]

二、相關規範

（一）立法院職權行使法第8條第2項

政府機關提出之議案或立法委員提出之法律案，應先送程序委員會，提報院會朗讀標題後，即應交付有關委員會審查。但有出席委員提議，20人以上連署或附議，經表決通過，得逕付二讀。

（二）立法院議事先例

逕付二讀之議案（包括從委員會抽回院會討論），須交付黨團協商；並由提案委員所屬黨團或提案黨團負責召集協商[34]。

三、策略研析

立法委員為避免議案遭委員會擱置而不予審查，可依立法院職權行使法第8條第2項的規定，對於該議案採用逕付二讀的方式，使議案毋庸經由委員會審查，免遭委員會擱置。另依立法院議事成例，該議案仍須交付黨團協商。

33　參閱立法院公報，100卷，66期，民國100年11月8日，1及2頁。
34　參閱周萬來：《議案審議──立法院運作實況》，69及70頁。

策略16　二讀列入討論事項處理

一、議場實景

（一）立法院第8屆第3會期第11次院會

時間：102年5月3日（星期五）上午11時12分

地點：本院議場

主席：王院長金平　洪副院長秀柱

秘書長：林錫山

副秘書長：周萬來

秘書長：出席委員88人，已足法定人數。

主席：現在開會，因程序委員會未審定本次會議議事日程，依例由議事處編製草案提報院會。依本屆第1、2會期歷次會議經朝野黨團協商處理之議事成例，同意民進黨黨團、台灣團結聯盟黨團、親民黨黨團及國民黨黨團分別對本次會議議事日程草案提出異議。現在分別進行處理，先處理報告事項增列部分（民進黨黨團、台灣團結聯盟黨團部分，略。）。

繼續處理國民黨黨團增列部分。

主席：處理國民黨黨團增列部分。

現在處理國民黨黨團提案：本院國民黨黨團針對本次院會提議增列報告事項93案（如附件），順序授權議事處依序排列，其餘所列議程草案均照原議事處編製草案通過，是否有當？敬請公決。

主席：現在進行表決，贊成者請按「贊成」，反對者請按「反對」，棄權者請按「棄權」，計時1分鐘，現在進行記名表決。

（進行表決）

主席：報告表決結果：出席委員108人，贊成者67人，反對者41人，棄權者0人，贊成者多數，本案通過。

主席：作如下決定：「本次會議議事日程國民黨黨團提議增列報告事項部分照案通過。」

繼續處理討論事項增列部分（略）。

主席：現在進行報告事項（原編列第1案至第105案，均從略。）。

現在進行剛才通過之國民黨黨團提議增列的報告事項第12案（第1案至第11案及第13案至第93案，均從略。）。

十二、行政院函請審議「漁業法增訂第69條之1條文草案」案。（議事處意見：擬請院會將本案交經濟委員會審查。）

主席：國民黨黨團提議本案逕付二讀，並由國民黨黨團負責召集協商。請問院會，有無異議？（無）無異議，本案逕付二讀，並由國民黨黨團負責召集協商。[35]

主席：現在處理朝野黨團協商結論。（協商結論內容，略。）

主席：請問院會，對以上朝野黨團協商結論有無異議？（無）無異議，通過。

102年5月3日朝野黨團協商結論經決定如下：一、各黨團同意行政院函請審議「漁業法增訂第69條之1條文草案」，院會處理時，逕付二讀，列爲討論事項第1案（原定討論事項依序遞延），並照修正條文通過。

現在進行討論事項第1案。

一、行政院函請審議「漁業法增訂第69條之1條文草案」案。（提案內容，略。）

主席：本案第3會期第11次會議決定逕付二讀，交黨團進行協商，並由國民黨黨團負責召集協商。現已協商完成，宣讀協商結論。

立法院朝野黨團協商結論

時間：102年5月3日（星期五）上午10時

地點：議場主席辦公室

協商議題：行政院函請審議「漁業法增訂第69條之1條文草案」案。

協商結論：

一、各黨團同意院會討論行政院函請審議「漁業法增訂第69條之1條文草案」時，依修正條文通過；完成立法程序後，不再提出復議。

二、第69條之1條文修正爲：「中華民國與鄰近國家就重疊專屬經濟海域簽訂漁業協定（議），該國家之漁船及漁業從業人員在協定（議）海域內作業，依該協定（議）規定辦理。前項協定（議）規定，由中央主管機關公告，並刊登政府公報。」

主持人：王金平　洪秀柱

協商代表：潘孟安　林世嘉　李桐豪　林德福　邱議瑩　林鴻池
賴士葆　許忠信　柯建銘　黃文玲

主席：請問院會，對以上協商結論有無異議？（無）無異議，本案逐條討論時，逕依協商結論處理。現在進行逐條討論，宣讀第69條之1協商條文

35　參閱立法院公報，102卷，26期，民國102年5月10日，1-35頁。

（內容如上述協商文字）。

主席：第69條之1照協商條文通過。
本案已全部經過二讀，現在繼續進行三讀，請問院會，有無異議？（無）無異議，現在繼續進行三讀。宣讀文字（略）。

主席：三讀條文已宣讀完畢，請問院會，對本案有無文字修正？（無）無文字修正意見。本案決議：「漁業法增訂第69條之1條文修正通過。」請問院會，有無異議？（無）無異議，通過。[36]

（二）立法院第7屆第8會期第11次院會

時間：100年11月25日（星期五）上午10時6分

地點：本院議場

主席：王院長金平　洪副院長秀柱

秘書長：林錫山

副秘書長：周萬來

秘書長：出席委員40人，已足法定人數。

主席：現在開會，進行報告事項第5案。（第1案至第4案，均從略。）
五、本院國民黨黨團擬具「國民年金法增訂第54條之1條文草案」，請審議案。（程序委員會意見：擬請院會將本案交社會福利及衛生環境委員會審查。）

主席：國民黨黨團提議本案逕付二讀，由國民黨黨團負責召集協商，並改列爲本次會議討論事項第2案，請問院會，有無異議？（無）無異議，通過。報告事項第5案逕付二讀，由國民黨黨團負責召集協商，並改列爲本次會議討論事項第2案[37]。

主席：現在進行討論事項第2案。（第1案，略。）
二、本院國民黨黨團，爲加強照顧領取本法各項給付之弱勢民眾基本生活及避免其受到物價上漲之不利影響，明定自中華民國101年1月1日起，老年年金給付加計金額、老年基本保證年金、第42條第2項與第4項及第53條所定金額，調整爲新臺幣3,500元；身心障礙年金給付基本保障及身心障礙基本保證年金之金額，調整爲新臺幣

36 同前注公報，61-63頁。

37 參閱立法院公報，100卷，81期，民國100年12月5日，1及2頁。

4,700元，並增訂本法各項給付其後應隨消費者物價指數予以定期調整之機制，以使領取本法各項給付之民眾，其基本生活能持續獲得合理且妥善之照顧。爰擬具「國民年金法第54條之1條文修正草案」，是否有當？敬請　公決。

主席：國民黨黨團所提「國民年金法增訂第54條之1條文草案」案，經第8會期第11次會議決定逕付二讀，由國民黨黨團負責召集協商，因尚待協商，作以下決議：「協商後再行處理。」[38]

二、相關規範

（同前策略）

三、策略研析

本策略與前一策略相同，均在避免議案遭委員會擱置而不予審查，而依立法院職權行使法第8條第2項的規定，對於該議案採用逕付二讀的方式，使議案毋庸經由委員會審查，免遭委員會擱置。另爲爭取時效，更可併同提議列入同一議程討論事項，俾以立即協商，而能優先處理。但此策略的成敗，端賴各黨團是否有共識。前述第1例有關台日雙方於民國102年4月10日簽署漁業協議，並在協議簽署後30日內完成雙方相關法律措施，乃因中日漁業協議歷經17次協商始得達成，實爲各方所期待。因此，各黨團均有立即完成修法的共識，而使此策略得以成功。至於第2例「國民年金法增訂第54條之1條文草案」，則因各黨團尚未達到立即完成修法的共識，致無法於當次會議完成立法程序。

第五節　不予審議

依憲法及立法院相關規範，立法委員提出的議案，包括法律案、憲法所賦予的相關提案（含憲法修正案、領土變更案、對行政院院長提出不信任案、對總統副總統提出彈劾案及罷免案、解除戒嚴案）及其他議案；其中其他議案，在立法院院會處理時，係依立法院職權行使法第8條第3項之規定，經大體討論

---

38 參閱前注公報，43及44頁。

後，議決交付審查或逕付二讀，或不予審議。至於交付委員會審查的議案，於審查時亦可能議決不予審議，並依立法院議事規則第14條第3項提報院會處理。另依立法院職權行使法第67條第1項之規定，請願文書經有關委員會審查結果成爲議案者，因比照委員一般提案的處理程序，由程序委員會列入討論事項，經大體討論後，議決交付審查或逕付二讀，或不予審議。

會議成員固有權提案，惟多數成員認爲該提案不能發生效果，或認爲該提案可能引發爭端，或認爲有其他不予討論的理由，或大會時間業已全部支配而無法討論次要問題等各種情事，均可主張對該提案議決不予審議[39]。茲依上述院會所處理一般議案、委員會審查法案及人民請願案各舉案例加以敘明。

策略17　院會處理一般議案

一、議場實景

立法院第8屆第3會期第10次院會
時間：102年4月26日（星期五）上午11時
地點：本院議場
主席：王院長金平　洪副院長秀柱
秘書長：林錫山
副秘書長：周萬來

秘書長：出席委員97人，已足法定人數。
主席：現在開會，進行報告事項（略）。
主席：現在處理朝野黨團協商結論（略）。
主席：現在進行討論事項。在進行討論事項之前，先處理各黨團所提變更議程之動議。（各黨團所提變更議程的動議過程，從略。）[40]
主席：現在繼續開會。進行討論事項第1案。
一、本院委員李慶華等33人擬具公投提案主文爲：「你是否同意核四廠停止興建不得運轉？」，請公決案。（提案內容，略。）[41]
主席：依公民投票法第16條第1項規定，立法院對於第2條第2項第3款之事項，

39 參閱郭登敖：《近代議事學》，自刊本，民國72年，145頁。
40 參閱立法院公報，102卷，23期，民國102年5月3日，1-80頁。
41 同前注公報，80-82頁。

認有進行公民投票之必要者，得附具主文、理由書，經立法院院會通過後，交由中央選舉委員會辦理公民投票。依照立法院職權行使法第8條第3項之規定，本案經提案人說明提案旨趣、大體討論後，即議決交付審查或逕付二讀或不予審議。

現在請提案人李委員慶華說明提案旨趣，發言時間10分鐘（略）。

主席：本案現在進行大體討論。報告院會，經各黨團同意，本案由黨團代表依15：24：3：3人次發言：國民黨團15人、民進黨團24人、台灣團結聯盟黨團3人、親民黨團3人，每人發言時間爲4分鐘。

現在請民進黨黨團代表潘委員孟安發言。（各委員發言內容，均從略。）[42]

主席：各黨團代表均發言完畢，現有民進黨黨團、親民黨黨團、國民黨黨團分別提案，依序進行處理。

主席：請問院會，對民進黨黨團提議本案不予審議（提案內容略述）有無異議？（有）有異議。既有異議，交付表決。

現在進行表決。贊成民進黨黨團提議者請按「贊成」，反對者請按「反對」，棄權者請按「棄權」，計時1分鐘，現在進行記名表決。

（進行表決）

主席：報告表決結果：出席委員106人，贊成者45人，反對者61人，棄權者0人。贊成者少數，本案不通過。

主席：民進黨黨團針對方才表決結果要求重付表決。

主席：現在進行表決。贊成民進黨黨團提議者請按「贊成」，反對者請按「反對」，棄權者請按「棄權」，計時1分鐘，現在進行記名表決。

（進行表決）

主席：報告表決結果：出席委員105人，贊成者44人，反對者61人，棄權者0人。贊成者少數，本案不通過。

主席：現在處理親民黨黨團提案（提案內容略述）。親民黨黨團提案要求交付審查，請問院會，有無異議？（有）有異議。既有異議，交付表決。

主席：現在進行表決。贊成親民黨黨團提議者請按「贊成」，反對者請按「反對」，棄權者請按「棄權」，計時1分鐘，現在進行記名表決。

（進行表決）

主席：報告表決結果：出席委員106人，贊成者45人，反對者61人，棄權者0

---

42 同前注公報，83-113頁。

人。贊成者少數，本案不通過。

主席：親民黨黨團針對方才表決結果要求重付表決。

主席：現在進行表決。贊成親民黨黨團提議者請按「贊成」，反對者請按「反對」，棄權者請按「棄權」，計時1分鐘，現在進行記名表決。

（進行表決）

主席：報告表決結果：出席委員106人，贊成者45人，反對者61人，棄權者0人。贊成者少數，本案不通過。

主席：現在處理國民黨黨團提案（提案內容略述）。國民黨黨團提議本案逕付二讀，請問院會，有無異議？（有）有異議。既有異議，交付表決。

現在進行表決。贊成國民黨黨團提議者請按「贊成」，反對者請按「反對」，棄權者請按「棄權」，計時1分鐘，現在進行記名表決。

（進行表決）

主席：報告表決結果：出席委員105人，贊成者60人，反對者45人，棄權者0人。贊成者多數，本案照國民黨黨團提案通過。

主席：本案交付黨團協商，現在休息。（17時26分）[43]

二、相關規範

（一）公民投票法第16條第1項

立法院對於第2條第2項第3款之事項，認有進行公民投票之必要者，得附具主文、理由書，經立法院院會通過後，交由中央選舉委員會辦理公民投票。

（二）立法院職權行使法第8條第3項

立法委員提出之其他議案，於朗讀標題後，得由提案人說明其旨趣，經大體討論，議決交付審查或逕付二讀，或不予審議。

三、策略研析

本案在處理時，由於係少數黨提議不予審議，因無法尋求在場委員的支持，而未通過。最後，依照多數黨黨團所提逕付二讀通過，並交付協商。可知主張對該提案議決不予審議的前提，須有在場多數成員的支持，始得成功。

43　同前注公報，113-117頁。

策略18　委員會審查法案

一、議場實景

(一) 立法院第 8 屆第 2 會期司法及法制、教育及文化委員會第 2 次聯席會議

時間：101年12月6日（星期四）上午9時6分、下午2時32分

地點：本院紅樓302會議室

主席：廖委員正井

主席：出席委員已足法定人數，開會。

進行報告事項（略）。

主席：現在進行討論事項

一、繼續併案審查行政院函請審議「科技部組織法草案」、委員吳宜臻等21人擬具「科技部組織法草案」及委員葉宜津等22人擬具「科技部組織法草案」案。

二、繼續審查行政院函請審議「科技部核能安全署組織法草案」案。

三、繼續併案審查行政院函請審議「科技部北部科學工業園區管理局組織法草案」及委員吳宜臻等32人擬具「科技部北部科學工業園區管理局組織法草案」案。

四、繼續併案審查行政院函請審議「科技部中部科學工業園區管理局組織法草案」及委員吳宜臻等32人擬具「科技部中部科學工業園區管理局組織法草案」案。

五、繼續併案審查行政院函請審議「科技部南部科學工業園區管理局組織法草案」及委員吳宜臻等32人擬具「科技部南部科學工業園區管理局組織法草案」案。

六、繼續審查行政院函請審議「國家災害防救科技中心設置條例草案」案。

七、審查委員吳宜臻等21人擬具「科技部智慧財產局組織法草案」案。

八、審查委員葉宜津等23人擬具「科技部氣象局組織法草案」案。

主席：本日議程是繼續進行審查，但由於吳委員宜臻及葉委員宜津分別另有提案，現在進行提案說明。

首先請提案人吳委員宜臻說明提案旨趣。

（為便於說明，以下僅就「科技部智慧財產局組織法草案」相關部分

加以敘明。)

吳委員宜臻：針對科技部整個定位中關於科技研發的部分，上次我在質詢時曾經問過國科會，對於研發部分的上、中、下游，尤其中游部分如何跟經濟部技術處、智慧財產局這些研發成果去整併，是否有必要再把國科會這方面的業務留在科技部，還是說，就把經濟部技術處或是智慧財產局關於研發的部分整併過來。所以，本席在科技部組織法有關研發方面，有提到這部分，而涉及部會整併方面，是把經濟部的技術處、智慧財產局併入科技部。

吳委員宜臻：現在回過來審查科技部組織法，是不是可以從第2條開始。

主席：名稱還沒有通過。

吳委員宜臻：是不是先處理本席針對第2條的提案。

主席：就是智慧財產權政策的規劃、訂定及評估。

吳委員宜臻：對，第2條第6款有關智慧財產權政策的規劃、訂定及評估，本席同意智慧財產權確實不是只有專利而已，還包括商標及營業秘密等部分。因此與科技部的業務沒有重疊之處，我同意第6款的部分不予增列。

主席：吳委員宜臻同意第2條中，將智慧財產的部分刪除。

吳委員宜臻：本席等人提案版本第5條第1款，乃是將智慧財產局的業務併入科技部，第2條已將該項職掌刪除，第5條第1款智慧財產局的部分也未並存在科技部之下。所以，本席同意第1款不予增列。

主席：第7案及第8案，吳委員宜臻等所提科技部智慧財產局組織法草案，因為吳委員已不堅持，本案就不予審議；至於葉委員宜津等所提科技部氣象局組織法草案，則一併送院會朝野協商。[44]

(二) 立法院第8屆第4會期第3次院會

時間：102年9月27日(星期五)上午10時17分

地點：本院議場

主席：王院長金平

秘書長：林錫山

副秘書長：周萬來

---

44 參閱立法院公報，101卷，84期，民國101年12月28日，395、399-472頁。

秘書長：出席委員99人，已足法定人數。

主席：現在開會，因程序委員會未審定本次會議議事日程，依例由議事處編製草案提報院會。依本會期歷次會議經朝野黨團協商處理之議事成例，同意民進黨黨團及台灣團結聯盟黨團分別對本次會議議事日程草案提出異議，國民黨黨團則提議照議事日程草案通過，現在分別進行處理。（處理經過，略。）

主席：現在作如下決議：本次會議議事日程照草案處理。

現在進行報告事項第163案。（第1案至第162案，均從略。）

一六三、本院司法及法制、教育及文化兩委員會報告審查委員吳宜臻等21人擬具「科技部智慧財產局組織法草案」，業經審查決議：「不予審議」，請查照案。

（報告事項第164案至第203案，略。）

主席：報告事項第71案至第203案均予備查。[45]

二、相關規範

立法院議事規則第14條第3項

經委員會審查報請院會不予審議之議案，應列入報告事項。但有出席委員提議，15人以上連署或附議，經表決通過，應交付程序委員會改列討論事項。

三、策略研析

本案併同科技部組織法相關法案於司法及法制、教育及文化兩委員會審查，因提案人同意不將智慧財產權政策的規劃、訂定及評估納入科技部的職掌，自無再制定科技部智慧財產局組織法的必要，而議決：「不予審議」。該報告經提報院會後，亦無委員有所異議而予備查。可知國會成員認爲議案有不予討論的情事，即可提議不予審議。另前節業已敘及逕付二讀的議案，依立法院議事成例，須交付黨團協商，在協商時如認爲毋庸討論的情事，亦可協商不予審議，提報院會處理。第8屆第4會期第18次會議併同討論「原住民族委員會組織法草案」、「原住民族委員會文化發展研究所組織法草案」及「原住民族委員會文化發展局組織法草案」時，經協商提報院會將「原住民族委員會文化

45　參閱立法院公報，102卷，49期，民國102年10月9日，1、10及35-38頁；審查報告見立法院第8屆第4會期第3次會議，議案關係文書（院總第1021號委員提案第13734號之1），報849頁。

發展研究所組織法草案」及「原住民族委員會文化發展局組織法草案」兩案議決不予審議，即爲顯例[46]。

策略19 人民請願案

一、議場實景

立法院第1屆第50會期第15次院會
時間：61年11月21日（星期二）上午9時
地點：本院議場
主席：倪院長文亞
秘書長：袁雍

秘書長：出席委員157人，已足法定人數。
主席：會議開始，進行報告事項（略）。
主席：進行討論事項第1案。

一、本院法制委員會報告程德受請願書爲請制定政府機關處理人民申請案件期限條例一案經審查結果應成爲議案。

本案經提上次會議決議：俟下次會議提付表決。爰於本次會議提出表決。

現在會場委員尚不足法定表決人數，俟10時30分再進行表決。

主席：現在在場委員160人，已足表決人數。現在將前列1、2、3、4各案分別提出表決。（第2案至第4案內容，均從略。）

關於第1案，即「本院法制委員會報告程德受請願書爲請制定政府機關處理人民申請案件期限條例一案經審查結果應成爲議案」一案。前經郭委員登敖、成委員蓬一、黃委員強、魏委員佩蘭4人提議本案不予審議。現在先徵求附議。

附議郭委員登敖等提議本案不予審議者，請舉手。

主席：附議不予審議的委員有28位，提議成立。現在本案提付表決，贊成本案不予審議者，請舉手。

主席：報告表決結果，在場委員160人，表決贊成人數125人，多數，通過。

決議：「本案不予審議。」請問有無異議？（無）無異議，通過。[47]

---

46 參閱立法院公報，103卷，8（四）期，民國103年1月23日，256-266頁。
47 參閱立法院公報，61卷，92期，民國61年11月22日，2及22頁。

二、相關規範

（一）原立法院議事規則（民國 88 年 1 月 12 日第 3 屆第 6 會期第 14 次會議修正前條文）

1. 第13條

人民請願文書，經審查結果得成爲議案；成爲議案後，其處理程序，適用本規則關於委員提案之規定。

2. 第29條第3項

立法委員提出之議案於朗讀後，提案人得說明其旨趣，經大體討論，應即議決交付審查或逕付二讀或不予審議。

（二）立法院職權行使法第 67 條第 1 項

請願文書經審查結果成爲議案者，由程序委員會列入討論事項，經大體討論後，議決交付審查或逕付二讀或不予審議。

三、策略研析

人民爲表達其意見或維護其權益，得向政府有關機關陳述其心願，乃民主政治的正常現象。因此，我國於憲法及請願法明定賦予人民有請願的權利。立法院既爲立法權行使之機關，人民對於現行法律或審議中法案，認爲有損國家政策、公共利害或其權益，自可向立法院提出請願。另爲保障人民請願的權利，特於立法院職權行使法第13條規定人民請願不適用「屆期不繼續審議議案原則」，即立法院處理人民請願文書，不因屆期而影響其審查[48]。依人民請願對立法的功能而論，自民國82年第2屆全面改選後，因另有多元的反映管道，原所產生催生作用、提供重要參考資料、促進法制革新及力求法律的公平合理等功能[49]，就立法實務以觀，則有相對減低的現象[50]。

請願文書經有關委員會審查結果成爲議案者，因比照委員一般提案的處理程序，由程序委員會列入討論事項，經大體討論後，議決交付審查或逕付二讀或不予審議[51]。因此，本案處理程序雖依原議事規則相關規定，但與現行法規

48 參閱周萬來：《立法院職權行使法逐條釋論》，285頁。

49 參閱吳萬得：《立法院人民請願案之研究》，初版，台北：經世書局，民國74年5月，290-304頁。

50 自民國82年第2屆立法委員全面改選後，人民請願案成爲議案者，第2屆6件，第3屆3件，第4屆至第7屆均0件，第8屆至今僅1件，共10件。參閱《立法統計年報》，立法院主計處編印，民國103年7月，162-169頁；民國108年6月，96及97頁。

51 參閱周萬來：《立法院職權行使法逐條釋論》，292頁。

範相同，國會成員如認為該請願案可能引發爭端，或認為有其他不予討論的理由，自可於成為議案後，議決不予審議而不再交付委員會實質審查[52]。

第六節 併案審查

依立法院議事規則第15條第1項之規定，本院會議審議政府提案與委員提案，性質相同者得合併討論。復依立法院職權行使法第12條第2項之規定，法律案交付審查後，性質相同者，得為併案審查。合上所述，議案提報院會時，性質相同者，可由院會交付併案審查；亦可在委員會審查時，將其併案審查，以求法案周延性。茲就上述兩種策略分別加以論述。

策略20 院會交付併案審查

一、議場實景

(一) 立法院第6屆第1會期第3次院會

時間：94年3月11日（星期五）上午10時5分、3月15日（星期二）上午9時7分
地點：本院議場
主席：王院長金平 鍾副院長榮吉
副秘書長：羅成典

副秘書長：出席委員86人，已足法定人數。
主席：現在開會，進行報告事項第12案（第1案至第11案，均從略。）。
十二、本院國民黨黨團擬具「國家通訊傳播委員會組織法草案」，請審議案。（程序委員會意見：擬請院會將本案交法制、科技及資訊、教育及文化、交通四委員會審查。）
主席：國民黨黨團提議本案逕付二讀，請問院會，有無異議？（有）有異議。請問院會，對本案照程序委員會意見辦理，有無異議？（無）無異議，本案交法制、科技及資訊、教育及文化、交通四委員會審查。

---

52 本案於成為議案後，相當法律案的一讀程序，取得委員提案的地位，而依原議事規則第29條第3項的規定處理。在院會處理時，有委員認為人民逕行起草法案，實有超越其權限，且本案涉及憲政基本問題，如交付審查，委員會在程序上也無法處理。參閱立法院公報，61卷，36期，民國61年5月6日，18頁。

十三、本院親民黨黨團擬具「國家通訊傳播委員會組織法草案」，請審議案。（程序委員會意見：擬請院會將本案交法制、科技及資訊、教育及文化、交通四委員會審查。）

主席：親民黨黨團提議本案逕付二讀，請問院會，有無異議？（有）有異議。請問院會，對本案照程序委員會意見辦理，有無異議？（無）無異議，本案交法制、科技及資訊、教育及文化、交通四委員會審查。[53]

（二）立法院第6屆第1會期第6次院會

時間：94年4月1日（星期五）上午10時2分

地點：本院議場

主席：王院長金平　鍾副院長榮吉

副秘書長：羅成典

副秘書長：出席委員85人，已足法定人數。

主席：現在開會，進行報告事項第66案（第1案至第65案，均從略。）。

六十六、行政院函請審議「通訊傳播委員會組織法草案」案。（程序委員會意見：擬請院會將本案交法制、科技及資訊、教育及文化、交通四委員會審查。）

主席：國民黨黨團提議將本案交法制、科技及資訊、教育及文化、交通四委員會併案審查。請問院會，有無異議？（無）無異議，本案交法制、科技及資訊、教育及文化、交通四委員會併案審查。[54]

（註：該案後續處理經過，請參閱第6章第3節策略69部分。）

二、相關規範

（一）立法院程序委員會組織規程第5條

本院各委員會審查議案，由程序委員會依下列規定分配，提報院會決定：一、內政委員會：審查內政、選舉、蒙藏、大陸、原住民族、客家、海岸巡防政策及有關內政部、中央選舉委員會、蒙藏委員會、行政院大陸委員會、行政院原住民族委員會、行政院客家委員會、行政院海岸巡防署掌理事項之議案。

53 參閱立法院公報，94卷，11期，民國94年3月21日，1及2頁。

54 參閱立法院公報，94卷，17期，民國94年4月15日，1及9頁。

二、外交及國防委員會：審查外交、僑務、國防、退除役官兵輔導政策與宣戰案、媾和案、條約案、戒嚴案及有關外交部、僑務委員會、國防部、行政院國軍退除役官兵輔導委員會掌理事項之議案。三、經濟委員會：審查經濟、農業、經濟建設、公平交易、能源、科技政策及有關經濟部、行政院農業委員會、行政院經濟建設委員會、行政院公平交易委員會掌理事項之議案。四、財政委員會：審理財政、金融政策、預算、決算、主計、審計及有關財政部、中央銀行、行政院金融監督管理委員會、行政院主計處掌理事項之議案。五、教育及文化委員會：審查教育、文化政策及有關教育部、行政院文化建設委員會、國立故宮博物院、行政院新聞局、行政院青年輔導委員會、行政院體育委員會、中央研究院、行政院國家科學委員會、行政院原子能委員會掌理事項之議案。六、交通委員會：審查交通、公共工程、通訊傳播政策及有關交通部、行政院公共工程委員會、國家通訊傳播委員會掌理事項之議案。七、司法及法制委員會：審查民事、刑事、行政訴訟、懲戒、大赦、機關組織、研考與有關法務部、行政院研究發展考核委員會、行政院人事行政局掌理事項及其他不屬於各委員會審查之議案；國營事業機構組織之議案應視其性質由有關委員會主持。八、社會福利及衛生環境委員會：審查衛生、環境、社會福利、勞工、消費者保護政策及有關行政院衛生署、行政院環境保護署、內政部社會司及兒童局、行政院勞工委員會、行政院消費者保護委員會掌理事項之議案。

前項議案審查之分配，其性質與其他委員會有關聯者，配由主持審查之委員會與有關委員會會同審查之。

(二) 立法院職權行使法第 8 條第 2 項

政府機關提出之議案或立法委員提出之法律案，應先送程序委員會，提報院會朗讀標題後，即應交付有關委員會審查。但有出席委員提議，20人以上連署或附議，經表決通過，得逕付二讀。

(三) 立法院議事規則第 15 條

本院會議審議政府提案與委員提案，性質相同者，得合併討論。（第1項）

前項議案之排列，由程序委員會定之。（第2項）

（四）立法院議事規則第 23 條第 2 項

報告事項內程序委員會所擬處理辦法，如有出席委員提議，8人以上連署或附議，得提出異議，不經討論，逕付表決。如在場委員不足表決法定人數時，交程序委員會重新提出。

三、策略研析

關於議案審議，性質相同的政府提案與委員提案，可按前述第四節逕付二讀併案討論的策略外，亦可依此策略，併案交付委員會審查後再提報院會討論。倘程序委員會未作併案處理，或院會不接受程序委員會的意見，或院會處理是項議案時未作併案決定，則須改依委員會逕行併案審查（策略21）的策略運用，始能達成併案審查的目的。

策略21　委員會逕行併案審查

一、議場實景

（一）立法院第 7 屆第 5 會期第 10 次院會

時間：99年4月23日（星期五）上午10時3分
地點：本院議場
主席：曾副院長永權
秘書長：林錫山

秘書長：出席委員38人，已足法定人數。
主席：現在開會，進行報告事項第24案。（第1案至第23案，均從略。）
二十四、本院委員黃偉哲等22人擬具「自來水法第12條之2條文修正草案」，請審議案。（程序委員會意見：擬請院會將本案交經濟委員會審查。）
主席：請問院會，對本案照程序委員會意見處理，有無異議？（無）無異議，照程序委員會意見辦理。
二十五、本院委員陳淑慧等22人擬具「自來水法第12條之2條文修正草案」，請審議案。（程序委員會意見：擬請院會將本案交經濟委員會審查。）
主席：請問院會，對本案照程序委員會意見處理，有無異議？（無）無異議，照程序委員會意見辦理。

二十六、本院委員鍾紹和等25人擬具「自來水法第12條之2條文修正草案」，請審議案。（程序委員會意見：擬請院會將本案交經濟委員會審查。）

主席：請問院會，對本案照程序委員會意見處理，有無異議？（無）無異議，照程序委員會意見辦理[55]。

（二）立法院第7屆第5會期經濟委員會第11次全體委員會會議

時間：99年5月10日（星期一）上午9時7分

地點：本院紅樓101會議室

主席：鍾委員紹和

主席：出席委員已足法定人數。現在開會，進行報告事項（略）。

主席：現在進行討論事項。（第1項，略。）

主席：現在繼續開會，進行討論事項第2案至第4案。（該次會議爲5月10日、5月12日及5月13日，討論本案時爲5月12日上午9時7分起）

二、審查本院委員鍾紹和等25人擬具「自來水法第12條之2條文修正草案」。

三、審查本院委員黃偉哲等22人擬具「自來水法第12條之2條文修正草案」。

四、審查本院委員陳淑慧等22人擬具「自來水法第12條之2條文修正草案」。

主席：請黃委員偉哲說明提案旨趣。（以下提案說明及詢答，均從略。）

主席：現在進行逐條討論。（討論過程，略。）

主席：本條照協商結論通過，有無異議？（無）無異議，通過。

自來水法第12條之2條文修正草案併案審查案審查完竣，提報院會討論；本案不需經黨團協商；院會討論本案時，由鍾召集委員紹和補充說明。現在休息。（休息）[56]

55 參閱立法院公報，99卷，29期，民國99年5月3日，1-4頁。

56 參閱立法院公報，99卷，39期，民國99年5月31日，211及262-288頁。

（三）立法院第 7 屆第 5 會期第 14 次院會

時間：99年5月21日（星期五）上午10時18分

地點：本院議場

主席：曾副院長永權

副秘書長：周萬來

副秘書長：出席委員55人，已足法定人數。

主席：現在開會，進行報告事項（略）。

主席：現在進行討論事項。（第1案至第6案，均從略，討論本案時爲5月25日）

七、本院經濟委員會報告併案審查委員鍾紹和等25人擬具「自來水法第12條之2條文修正草案」、委員黃偉哲等22人擬具「自來水法第12條之2條文修正草案」與委員陳淑慧等22人擬具「自來水法第12條之2條文修正草案」案。

主席：本案經提本院第7屆第5會期第10次會議報告決定：交經濟委員會審查。茲接報告，爰於本次會議提出討論。

現在宣讀審查報告（略）。

主席：審查報告已宣讀完畢，請鍾召集委員紹和補充說明。鍾委員不在場。

本案經審查會決議：「不需交由黨團協商。」請問院會，有無異議？（無）無異議，本案進行逐條討論時，逕依審查會意見處理。

現在進行逐條討論。宣讀第12條之2（略）。

主席：第12條之2條文照審查條文通過。

本案已全部經過二讀，現在繼續進行三讀，請問院會，有無異議？（無）無異議，現在繼續進行三讀，宣讀經過二讀的條文（略）。

主席：三讀條文已宣讀完畢，請問院會，對本案有無文字修正？（無）無文字修正意見。

本案決議：「自來水法第12條之2條文修正通過。」請問院會，有無異議？（無）無異議，通過。[57]

二、相關規範

立法院職權行使法第 12 條第 2 項

57 參閱前注，55-69頁。

法律案交付審查後，性質相同者，得為併案審查。

三、策略研析

前一策略係由院會交付併案審查；而本策略為委員會審查議案時，將其併案審查，以求法案周延性及提高議事效率[58]。但依立法院各委員會組織法第4條之1及第5條第2項規定，召集委員對各該委員會的議程設定上，實有相當大的權力。倘召集委員不將其併案審查，此項策略便無法成就。

第七節　聯席審查

依立法院程序委員會組織規程第5條、立法院各委員會組織法第13條、立法院議事規則第23條、立法院職權行使法第28條之2、中央政府總預算案審查程序第8條及中央政府總決算審核報告案審查程序第2條之規定，議案得經程序委員會排定提報院會或逕由院會處理時，決定交付聯席審查，亦可由委員會報請院會改交聯席審查。另預算案中追加（減）預算案及特別預算案，得逕交財政委員會會同有關委員會審查[59]；總決算審核報告案交付審查後，由財政委員會按機關別會同有關委員會聯席審查。茲分別加以說明。

策略22　院會交付聯席審查

一、議場實景

（一）立法院第8屆第2會期第6次院會

時間：101年10月26日（星期五）上午10時
地點：本院議場
主席：王院長金平　洪副院長秀柱
秘書長：林錫山

58 參閱周萬來：《立法院職權行使法逐條釋論》，133頁。

59 依民國96年12月7日修正之中央政府總預算案審查程序第3條第2項：「總預算案提報院會前，應由財政委員會研擬年度總預算案審查日程，並依前項規定研擬年度總預算案審查分配表併同總預算案提報院會後，交付財政委員會依分配表及日程將預算書分送各委員會審查。」之規定，由財政委員會研擬年度總預算案審查日程及審查分配表提報院會後，依分配表及日程將預算書分送各委員會審查。因此，現行總預算案已無聯席審查的過程。

副秘書長：周萬來

秘書長：出席委員46人，已足法定人數。
主席：現在開會，進行報告事項第78案。（報告事項第1案至第77案，均從略。）
七十八、本院台灣團結聯盟黨團擬具「政黨法草案」，請審議案。
（程序委員會意見：擬請院會將本案交內政、司法及法制兩委員會審查。）
主席：台灣團結聯盟黨團提議本案交內政、司法及法制兩委員會與相關提案併案審查，請問院會，有無異議？（無）無異議，本案交內政、司法及法制兩委員會與相關提案併案審查。[60]

（二）立法院第8屆第3會期第4次院會

時間：102年3月15日（星期五）上午10時
地點：本院議場
主席：王院長金平　洪副院長秀柱
秘書長：林錫山
副秘書長：周萬來

秘書長：出席委員56人，已足法定人數。
主席：現在開會，進行報告事項第25案。（報告事項第1案至第24案，均從略。）
二十五、本院委員盧秀燕等25人擬具「奶粉管理法草案」，請審議案。
（程序委員會意見：擬請院會將本案交經濟委員會審查。）
主席：國民黨黨團提議本案改爲交經濟、財政、社會福利及衛生環境三委員會審查，請問院會，有無異議？（無）無異議，本案改交經濟、財政、社會福利及衛生環境三委員會審查。[61]

60 參閱立法院公報，101卷，63期，民國101年11月6日，1及10頁。
61 參閱立法院公報，102卷，8期，民國102年3月25日，1及4頁。

二、相關規範

（同策略20）

三、策略研析

依立法院程序委員會組織規程第5條之規定，程序委員會在審定院會議程時，如認為該法案有聯席的必要，則分配相關委員會聯席審查，提報院會決定。另院會對於程序委員會所擬處理辦法，出席委員亦可依該院議事規則第23條第2項的規定提出異議，建請改為相關委員會聯席審查。因此，院會在處理議案時，對於議案有聯席審查必要時，均可依上述策略，交付相關委員會聯席審查。

策略23　委員會報請聯席審查

一、議場實景

（一）立法院第6屆第2會期第18次院會

時間：95年1月6日（星期五）上午10時1分、1月10日（星期二）上午9時1分
地點：本院議場
主席：鍾副院長榮吉
副秘書長：羅成典

副秘書長：出席委員90人，已足法定人數。
主席：現在開會，進行報告事項第13案。（第1案至第12案，均從略。）
　　十三、本院委員黃淑英等51人擬具「人工協助生殖法草案」，請審議案。（程序委員會意見：擬請院會將本案交衛生環境及社會福利委員會審查。）
主席：請問院會，對本案照程序委員會意見處理，有無異議？（無）
　　無異議，照程序委員會意見處理[62]。

（二）立法院第6屆第3會期第11次院會

時間：95年4月28日（星期五）上午10時32分

62 參閱立法院公報，95卷，4期，民國95年1月17日，1及2頁。

地點：本院議場
主席：王院長金平　鍾副院長榮吉
副秘書長：余騰芳

副秘書長：出席委員94人，已足法定人數。
主席：現在開會，進行報告事項第52案。（第1案至第51案，均從略。）
五十二、本院衛生環境及社會福利委員會函，爲有關院會交付該會審查委員黃淑英等51人擬具「人工協助生殖法草案」一案，請改交衛生環境及社會福利、司法兩委員會審查，請查照案。（程序委員會意見：擬請院會將委員黃淑英等51人擬具「人工協助生殖法草案」改交衛生環境及社會福利、司法兩委員會審查。）
主席：請問院會，對本案照程序委員會意見處理，有無異議？（無）無異議，照程序委員會意見處理[63]。

二、相關規範

立法院各委員會組織法第13條

各委員會所議事項，有與其他委員會相關聯者，除由院會決定交付聯席審查者外，得由召集委員報請院會決定與其他有關委員會開聯席會議。

三、策略研析

各委員會審查議案時，如所議事項，有與其他委員會相關聯者，除前述由院會逕行決定交付聯席審查者外，亦可由原交付審查會報請院會決定與其他有關委員會開聯席會議。本案即採此策略[64]，由衛生環境及社會福利委員會函請院會，改由衛生環境及社會福利、司法兩委員會聯席審查。

63 參閱立法院公報，95卷，53期，民國95年5月12日，1-8頁。
64 依該委員會函說明，即按立法院各委員會組織法第13條規定辦理。參閱立法院第6屆第3會期第11次會議議案關係文書（院總第1586號，委員提案第6726號之1），報273頁。

策略24 預算案聯席審查

一、議場實景

(一) 立法院第 7 屆第 1 會期第 14 次院會

時間：97年6月6日（星期五）上午10時5分

地點：本院議場

主席：王院長金平 曾副院長永權

秘書長：林錫山

副秘書長：余騰芳

秘書長：出席委員65人，已足法定人數。

主席：現在開會，進行報告事項第46案。（第1案至第45案，均從略。）

四十六、行政院函請審議「97年度中央政府總預算追加（減）預算案」及「97年度中央政府擴大公共建設投資計劃特別預算案修正案」案。（程序委員會意見：擬請院會定於97年6月6日（星期五）舉行本院會議，邀請行政院院長、主計長、財政部部長列席報告「97年度中央政府總預算追加（減）預算案」及「97年度中央政府擴大公共建設投資計劃特別預算案修正案」編製經過，並備質詢，詢答完畢後即送財政委員會會同有關委員會審查。）

主席：請問院會，對本案照程序委員會意見處理，有無異議？（無）無異議，照程序委員會意見處理。

主席：現在繼續開會。（同次會上午10時58分），進行行政院院長、主計長、財政部部長列席報告「97年度中央政府總預算追加（減）預算案」及「97年度中央政府擴大公共建設投資計劃特別預算案修正案」編製經過，並備質詢。

（行政院劉院長等報告及詢答經過，從略。）

主席：現在繼續開會。（同次會下午9時57分）報告院會，經朝野協商[65]，行政院函送「97年度中央政府總預算追加（減）預算案」及「97年度中央

[65] 97年5月22日朝野協商，對「97年度中央政府總預算追加（減）預算案」及「97年度中央政府擴大公共建設投資計劃特別預算案修正案」部分，決定須於6月2日（星期一）中午前送達本院提報6月3日（星期二）程序委員會，並定於6月6日報告編製經過並備詢，詢答後即送財政委員會會同有關委員會審查。當日質詢人數由國民黨黨團推派12人、民進黨黨團推派5人及無黨團結聯盟推派2人進行，質詢順序授權議事處處理。參閱立法院公報，97卷，31期，民國97年6月4日，36及37頁。

政府擴大公共建設投資計劃特別預算案修正案」交財政委員會會同有關委員會審查。[66]

（二）立法院第 7 屆第 2 會期第 13 次院會

時間：97年12月12日（星期五）上午10時
地點：本院議場
主席：王院長金平　曾副院長永權
副秘書長：周萬來

副秘書長：出席委員53人，已足法定人數。
主席：現在開會，進行報告事項第35案。（第1案至第34案，均從略。）
三十五、行政院函請審議「中央政府振興經濟消費券發放特別預算案」案。（程序委員會意見：擬請院會將本案依朝野協商結論[67]，定於12月16日（星期二）邀請行政院院長、主計長、財政部部長及行政院經濟建設委員會主任委員列席報告「中央政府振興經濟消費券發放特別預算案」編製經過，並備質詢。）
主席：請問院會，對本案照程序委員會意見處理，有無異議？（無）無異議，照程序委員會意見處理。
主席：現在繼續開會。（97年12月16日同次會上午9時19分）
主席：現在進行「中央政府振興經濟消費券發放特別預算案」編製經過報告，並備質詢。現在請行政院劉院長報告。
（行政院劉院長等報告及詢答經過，從略。）
主席：報告院會，有關「中央政府振興經濟消費券發放特別預算案」編製經過報告之詢答已經結束，謝謝劉院長及相關部會首長列席備詢。作如下決定：（一）中央政府振興經濟消費券發放特別預算案交財政委員會會同有關委員會審查。（二）將各委員發言紀錄及書面質詢函送行政院，請就未答復部分予以書面答復。（三）已提出之書面質詢，尚

66 參閱立法院公報，97卷，36期，民國97年6月18日，1、8及34-94頁。
67 97年12月9日朝野協商結論決定如下：定於12月16日（星期二）邀請行政院院長、主計長、財政部部長及行政院經濟建設委員會主任委員列席報告「中央政府振興經濟消費券發放特別預算案」編製經過，並備質詢。質詢人數依政黨比例由國民黨黨團10人、民進黨黨團8人及無黨團結聯盟2人推派代表進行，質詢順序授權議事處依例辦理。上述全部詢答完畢後，本案即交財政委員會會同有關委員會審查，各黨黨團同意不提出復議。參閱立法院公報，97卷，71期，民國97年12月18日，298及299頁。

未登載公報者，一律補刊。現在休息。[68]

二、相關規範

(一) 預算法

1. 第79條

各機關因左列情形之一，得請求提出追加歲出預算：

一、依法律增加業務或事業致增加經費時。

二、依法律增設新機關時。

三、所辦事業因重大事故經費超過法定預算時。

四、依有關法律應補列追加預算者。

2. 第83條

有左列情事之一時，行政院得於年度總預算外，提出特別預算：

一、國防緊急設施或戰爭。

二、國家經濟重大變故。

三、重大災變。

四、不定期或數年1次之重大政事。

(二) 立法院職權行使法第 28 條之 2

追加預算案及特別預算案，其審查程序與總預算案同。但必要時，經院會聽取編製經過報告並質詢後，逕交財政委員會會同有關委員會審查，並提報院會處理。

前項審查會議由財政委員會召集委員擔任主席。

(三) 中央政府總預算案審查程序第 8 條第 1 項

追加預算案及特別預算案，其審查程序與總預算案同，但必要時經院會聽取編製經過報告並質詢後，得逕交財政委員會會同有關委員會審查並提報院會。

三、策略研析

依中央政府總預算案審查程序相關規定，現行總預算案已無聯席審查的過

68 參閱立法院公報，97卷，73期，民國97年12月25日，1、6及423-474頁。

程，僅依立法院職權行使法第28條之2及該審查程序第8條之規定，追加（減）預算案及特別預算案，必要時經院會聽取編製經過報告，予以質詢後，逕交財政委員會會同有關委員會審查；其中特別預算案的提出，除按預算法第83條外，亦可採行上述中央政府振興經濟消費券發放特別預算案策略，依特別法規定提出。[69]

策略25　決算案聯席審查

一、議場實景

（一）立法院第7屆第8會期第1次院會

時間：100年9月16日（星期五）上午10時1分
地點：本院議場
主席：王院長金平　曾副院長永權
秘書長：林錫山
副秘書長：周萬來

秘書長：出席委員55人，已足法定人數。
主席：現在開會，進行報告事項第43案。（第1案至第42案，均從略。）
四十三、審計部函請審議「中華民國99年度中央政府總決算審核報告（含附屬單位決算及綜計表）、中央政府振興經濟擴大公共建設特別決算審核報告（中華民國99年度）、中央政府易淹水地區水患治理計畫第2期特別決算審核報告（中華民國97年度至99年度）」案。（程序委員會意見：擬請院會定於9月27日（星期二）下午邀請審計長列席報告並備諮詢。）
主席：請問院會，對本案照程序委員會意見處理，有無異議？（無）無異議，照程序委員會意見處理。[70]

（二）立法院第7屆第8會期第2次院會

時間：100年9月23日（星期五）上午10時22分
地點：本院議場

69 參閱周萬來：《議案審議──立法院運作實況》，111及112頁。
70 參閱立法院公報，100卷，53期，民國100年9月26日，1及6頁。

主席：王院長金平　曾副院長永權
秘書長：林錫山
副秘書長：周萬來

秘書長：出席委員40人，已足法定人數。
主席：現在開會，進行報告事項（略）。
主席：現在繼續開會。（同次會9月27日下午2時30分），進行審計部列席報告「中華民國99年度中央政府總決算審核報告、中央政府振興經濟擴大公共建設特別決算審核報告（中華民國99年度）暨中央政府易淹水地區水患治理計畫第2期特別決算審核報告（中華民國97年度至99年度）」等案審核報告，並備諮詢。
現在請審計長報告。（審計長報告及詢答經過，從略。）
主席：報告院會，中華民國99年度中央政府總決算審核報告及其他特別決算審核報告之諮詢，已詢答完畢。謝謝林審計長列席報告答詢。作如下決定：（一）「中華民國99年度中央政府總決算審核報告（含附屬單位決算及綜計表）」、「中央政府振興經濟擴大公共建設特別決算審核報告（中華民國99年度）」、「中央政府易淹水地區水患治理計畫第2期特別決算審核報告（中華民國97年度至99年度）」等案交財政委員會會同有關委員會審查。（二）將各委員發言紀錄及書面質詢函送行政院，請就未答復部分予以書面答復。（三）已提出之書面質詢，尚未登載公報者，一律補刊。現在散會。（下午4時14分）[71]

二、相關規範

（一）決算法

1. 第27條第2項

立法院審議時，審計長應答覆質詢，並提供資料；對原編造決算之機關，於必要時，亦得通知其列席備詢，或提供資料。

2. 第28條第1項

立法院應於審核報告送達後1年內完成其審議，如未完成，視同審議通過。

71 參閱立法院公報，100卷，54期，民國100年10月5日，237-264頁。

（二）審計法第 34 條第 3 項

立法院、監察院或兩院中之各委員會，審議前項報告，如有諮詢或需要有關審核之資料，審計長應答復或提供之。

（三）中央政府總決算審核報告案審查程序

1. 第2條

總決算審核報告案函送本院後，定期由審計長列席院會報告審核經過並備諮詢。

2. 第3條

總決算審核報告案交付審查後，由財政委員會按機關別，會同有關委員會聯席審查，並由財政委員會召集委員擔任主席。

前項聯席審查會議，得邀請審計長列席說明並備諮詢及提供各項有關資料。

三、策略研析

依中央政府總決算審核報告案審查程序相關規定，總決算審核報告案函送立法院後，經交付審查後，由財政委員會按機關別，會同有關委員會聯席審查。惟長期以來，因程序委員會先將總預算案編列院會議程交付審查後，始將決算審核報告案提報院會處理，致多數委員認爲審議決算審核報告案並無效用而使立法院審議決算審核報告案成爲形式主義化[72]。就實務以觀，立法院審議91年度至99年度中央政府總決算審核報告案，除99年度外，餘均依決算法第28條的規定，於該決算審核報告案送達後1年內因未完成其審議，而視同審議通過。

第八節　撤回重提

議案經提案主體提出後，若因爾後情勢變遷而認爲有撤回的必要時，多數國家於其國會內規中規定得予撤回。我國立法院亦同，於立法院相關內規中明定議案得予撤回。就實務以觀，提案主體大抵因另提新案、須重行研議或檢討

72　參閱周萬來：《議案審議——立法院運作實況》，281及288頁。

或修正、或另提案廢止該法等原因而將提案撤回等情事[73]。其中須重行研議或檢討或修正而撤回原提案，即為撤回重提的模式；而其餘撤回模式，則可歸類為撤回結案的策略（容於第7章第4節再予論述）。茲僅就撤回重提部分加以說明。

策略26　撤回重提

一、議場實景

立法院第6屆第2會期第1次院會
時間：94年9月13日（星期二）上午10時18分
地點：本院議場
主席：王院長金平　鍾副院長榮吉
秘書長：林錫山
副秘書長：羅成典

秘書長：出席委員130人，已足法定人數。

主席：現在開會，進行報告事項第67案及第68案。（第1案至第66案，均從略。）

六十七、行政院函請「重大軍事採購條例草案」案。

六十八、行政院函請同意撤回前送請審議之「重大軍事採購條例草案」案。

（程序委員會意見：以上二案擬請院會併案決定，同意行政院撤回前送請審議之「重大軍事採購條例草案」。）

主席：第67案及第68案兩案併案作以下決定：以上兩案同意行政院撤回前送請審議之「重大軍事採購條例草案」[74]。

二、相關規範

（一）立法院職權行使法第12條第1項

議案於完成二讀前，原提案者得經院會同意後撤回原案。

73　參閱周萬來：《議案審議——立法院運作實況》，151-153頁。
74　參閱立法院公報，94卷，44（一）期，民國94年9月26日，21頁。

（二）會議規範第 43 條

提案在未經主席宣付討論前，得由提案人徵求附署人同意撤回之。

提案經主席宣付討論後，原提案人如欲撤回，除須徵得附署人同意外，並須由主席徵詢全體無異議後行之。

提案經修正者，不得撤回。

三、策略研析

行政院為因應日趨嚴重的敵情威脅而積極增強飛彈能力及制海戰力，預定將「愛國者3型飛彈」等3項重大軍事採購案所需經費，分15年編列特別預算逐年籌獲，於民國94年3月16日向立法院提出「重大軍事採購條例草案」；嗣於同年8月24日以「為周全考量及兼顧當前政策，建議依立法院職權行使法第12條第1項之規定，撤回重新研擬」為由來函撤回[75]。因此，本案即屬於須重行研議而撤回的案例。提案主體若為重行研議、或重行檢討或修正而將原送議案撤回，便可運用此策略。

第九節　瑕疵補正

法案經立法院完成立法程序，並咨請總統公布。嗣後如有（一）基於政策或事實之需要，有增減內容的必要；（二）因有關法規之修正或廢止而應配合修正；（三）規定之主管機關或執行機關已裁併或變更；（四）同一事項規定於二以上之法規，無分別存在的必要等情形之一時，自可提出修正案。惟若因立法過程所發生內容瑕疵，就實務以觀，亦多循修正案方式處理。如民國88年6月22日第4屆第1會期第16次會議二讀後繼續進行三讀所通過的「海商法修正案」，其中第76條第1項遺漏「所得主張之抗辯及責任限制之規定，對運送人」等文字，上述文字的疏漏，致使該條文的適用對象、權力及責任均有不同；為補救此疏漏，乃由委員徐少萍等57人提出「海商法第76條條文修正案」，並經立法院於民國89年1月13日同屆第2會期第16次會議予以修正通過，即為顯例[76]。但立法院成員對該法案的立法程序有所爭議或無法依修正案方

75 提案及撤回函，分見立法院第6屆第2會期第1次會議，議案關係文書，政409-411及413頁。

76 提案內容參閱立法院第4屆第2會期第15次會議，議案關係文書，245-247頁。

式處理者，則按司法院釋字第342號解釋意旨[77]，透過補正程序，謀求解決。

策略27　補正瑕疵

一、議場實景

（一）報告事項——立法院第7屆第4會期第12次院會

時間：98年12月4日（星期五）上午10時46分

地點：本院議場

主席：曾副院長永權

秘書長：林錫山

秘書長：出席委員36人，已足法定人數。

主席：現在開會，進行報告事項第19案。（第1案至第18案，均從略。）

十九、行政院函，爲有關前經本院審議通過之「公民與政治權利國際公約」及「經濟社會文化權利國際公約」中、英文約本，請惠予補正案。（程序委員會意見：擬請院會將本案交外交及國防委員會審查。）

主席：本案有國民黨黨團建議逕付二讀，請問院會，有無異議？（無）無異議，本案逕付二讀，改列爲本次會議討論事項第3案，並由王院長召集協商[78]。

---

77 民國82年12月30日全案表決通過「國家安全會議組織法草案」、「國家安全局組織法草案」及「行政院人事行政局組織條例草案」，立法院在野黨團不承認已完成立法程序，而分由委員謝啓大等58人及林濁水等56人聲請司法院解釋。經司法院於民國83年4月8日議決釋字第342號解釋。該號解釋略謂：「——法律案經立法院移送總統公布者，曾否踐行其議事應遵循之程序，除明顯牴觸憲法者外，乃其內部事項，屬於議會依自律原則應自行認定之範圍，並非釋憲機關審查之對象。——關於依憲法增修條文第9條授權設置之國家安全會議、國家安全局及行政院人事行政局之組織法律，立法院於中華民國82年12月30日移送總統公布施行，其通過各該法律之議事錄，雖未經確定，但尚不涉及憲法關於法律成立之基本規定。除此之外，其曾否經議決通過，因尚有爭議，非經調查，無從確認。依前開意旨，仍應由立法院自行認定，並於相當期間內議決補救之。若議決之結果與已公布之法律有異時，仍應更依憲法第72條之規定，移送總統公布施行。」。因此，該號解釋後，在野黨委員認爲國家安全會議組織法等3法案之立法程序有瑕疵，應依解釋意旨由立法院議決補救之，並於審議84年度中央政府總預算案時，對國家安全會議部分作此附帶決議：「84年度增列5位諮詢委員，在國家安全會議立法程序未補正前，不得動支預算。」。嗣經朝野協商，同意就程序予以補正，並由委員廖福本等於民國84年1月17日第2屆第4會期第39次會議提案議決補救「國家安全會議組織法」等3法；院會討論該提案時，按朝野協商結論，於各政黨所推派代表發言後，即就國家安全會議組織法進行處理。二讀時，逐條宣讀逐條表決，均照現行條文表決通過；並於二讀後隨即繼續進行三讀，亦照現行條文通過，而完成補正程序。上述經過，參閱古登美、沈中元、周萬來編著：《立法理論與實務》，修訂4版，台北：國立空中大學，民國94年1月，509-514頁。

78 參閱立法院公報，98卷，73期，民國98年12月14日，3頁。

主席：現在繼續開會（12月8日上午11時35分），先行處理本院民進黨黨團提議變更議程，將討論事項第3案「行政院函，爲有關前經本院審議通過之『公民與政治權利國際公約』及『經濟社會文化權利國際公約』中、英文約本，請惠予補正案。」改列爲本次會議討論事項第1案[79]。

主席：請問院會，對民進黨黨團所提變更議程案有無異議？（無）無異議，通過。本案就改列爲討論事項第1案。

（二）討論事項（98年12月8日上午）

一、行政院函，爲有關前經本院審議通過之「公民與政治權利國際公約」及「經濟社會文化權利國際公約」中、英文約本，請惠予補正案。

主席：本案經第12次會議決定：逕付二讀，並列爲本次會議討論事項。現在請宣讀行政院來函內容[80]。

主席：現在請宣讀協商結論。

立法院朝野黨團協商結論

時間：98年12月7日下午4時

地點：二樓會客室（二）

決定事項：一、有關本（第12）次會議討論事項第3案，行政院函請同

---

79 民進黨黨團變更議程提案，參閱前注公報，35頁。

80 行政院函

受文者：立法院

發文日期：中華民國98年11月23日

發文字號：院臺外字第0980074219號

速別：最速件

密等及解密條件或保密期限：

附件：如文

主旨：有關前經貴院審議通過之「公民與政治權利國際公約」及「經濟社會文化權利國際公約」中、英文約本，請惠予補正。

說明：

一、依外交部98年11月17日外條一字第09824095100號函辦理。

二、外交部函以，貴院第7屆第3會期第6次會議通過之「公民與政治權利國際公約」及「經濟社會文化權利國際公約」，經該部核對後發現，該版本因翻譯等因素，與聯合國出版之中、英文約本略有出入，鑒於兩人權公約係國際公約，宜以聯合國版本爲準，爰請核轉貴院惠予補正。

三、檢附與聯合國版本一致之「公民與政治權利國際公約」及「經濟社會文化權利國際公約」中、英文約本各1份。

正本：立法院

副本：外交部

院　長　吳　　敦　　義

意補正「公民與政治權利國際公約」及「經濟社會文化權利國際公約」中、英文約本乙案，院會討論時，同意依行政院來函予以補正，各黨團並同意不提出復議。

主持人：王金平

協商代表：蔡同榮　呂學樟　王幸男　葉宜津　康世儒　林鴻池
林益世　顏清標

主席：請問院會，對以上協商結論有無異議？（無）無異議，通過。本案逕依協商結論處理。

現作如下決議：「『公民與政治權利國際公約』及『經濟社會文化權利國際公約』予以補正。」請問院會，有無異議？（無）無異議，通過。現在休息（11時38分）。

二、相關規範

（一）憲法第63條

立法院有議決法律案、預算案、戒嚴案、大赦案、宣戰案、媾和案、條約案及國家其他重要事項之權。

（二）中央法規標準法第20條第1項

法規有左列情形之一者，修正之：

一、基於政策或事實之需要，有增減內容之必要者。

二、因有關法規之修正或廢止而應配合修正者。

三、規定之主管機關或執行機關已裁併或變更者。

四、同一事項規定於二以上之法規，無分別存在之必要者。

（三）立法院議事先例

立法院議決條約案時，二讀會毋庸逐條討論（註：在民國104年7月1日條約締結法制定前，立法院議決條約案時，僅有批准權，不得加以修正。）[81]。

81 參閱周萬來：《議案審議——立法院運作實況》，74-76頁。

三、策略研析

依立法院處理條約案的議事先例，不得加以修正。前述「公民與政治權利國際公約」及「經濟社會文化權利國際公約」既由立法院於第7屆第3會期第6次會議通過在案，雖經外交部事後核對發現其中、英文約本，與聯合國約本略有出入，自無法以修正案方式改正。因此，爲解決是項困境，乃援用司法院釋字第342號解釋意旨，依補正程序加以補救。另運用是項補正瑕疵策略之成敗的主要關鍵，則在於立法院成員是否同意。因此，在瑕疵補正時，須先尋求共識，減低阻力。

第4章 議案討論

提案固爲處理議案的第一步驟，但議決則爲主要過程，包括委員會審查與院會審議兩個階段[1]。由於議案的內容，多具有專門性與技術性，且現代立法機關的構成分子亦呈多元化，如議案皆由院會審議，非但眾口囂囂，實難獲定論。故各國立法機關處理議案，大都先經委員會審查，而後提出院會審議。至於不經審查而逕由院會審議者則屬例外。我國立法院處理議案，與各國相同。依前述立法院職權行使法第8條規定或相關議事成例，除逕付二讀或從委員會抽出逕付二讀者外，必先經有關委員會審查後再提報院會審議（有關審議議案程序圖及流程圖，參閱圖2、圖3）。有關議案表決及協商部分，另分別於第五章及第六章再予論述。本章專就討論的相關策略加以探討。

---

1 議案之處理，在委員會稱「審查」，院會稱「審議」；兩者就其內容、對象雖大致相同，但仍有差異。在委員會就議案及其他案件聽取說明主旨、質疑、討論、表決等整個程序，叫做「審查」；在就議案及其他案件、委員長作報告，必要時聽取議案等的主旨說明、質疑、討論、表決等一切行爲的程序，則稱爲「審議」。參閱許劍英：《立法審查理論與實務》，4版，台北：五南圖書出版公司，民國95年11月，3及4頁。

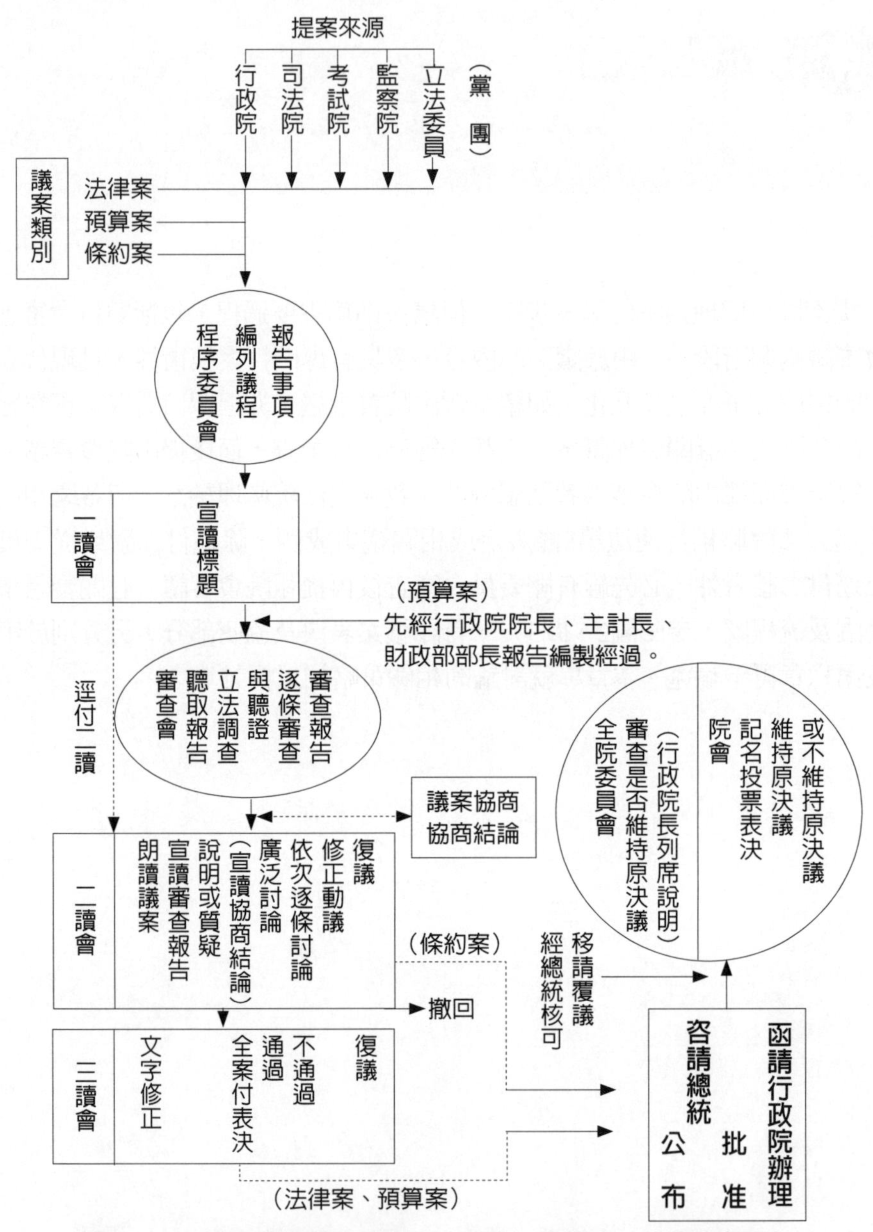

圖2　立法院審議議案程序圖（法律案、預算案、條約案部分）

備註：一、依立法院職權行使法第14條之規定，立法委員所提憲法修正案，準用法律案之審議程序。

二、依立法院職權行使法第72條之規定，黨團協商結論經院會宣讀通過後，或依異議議決結果，出席委員不得再提出異議；逐條宣讀時，均不得反對。

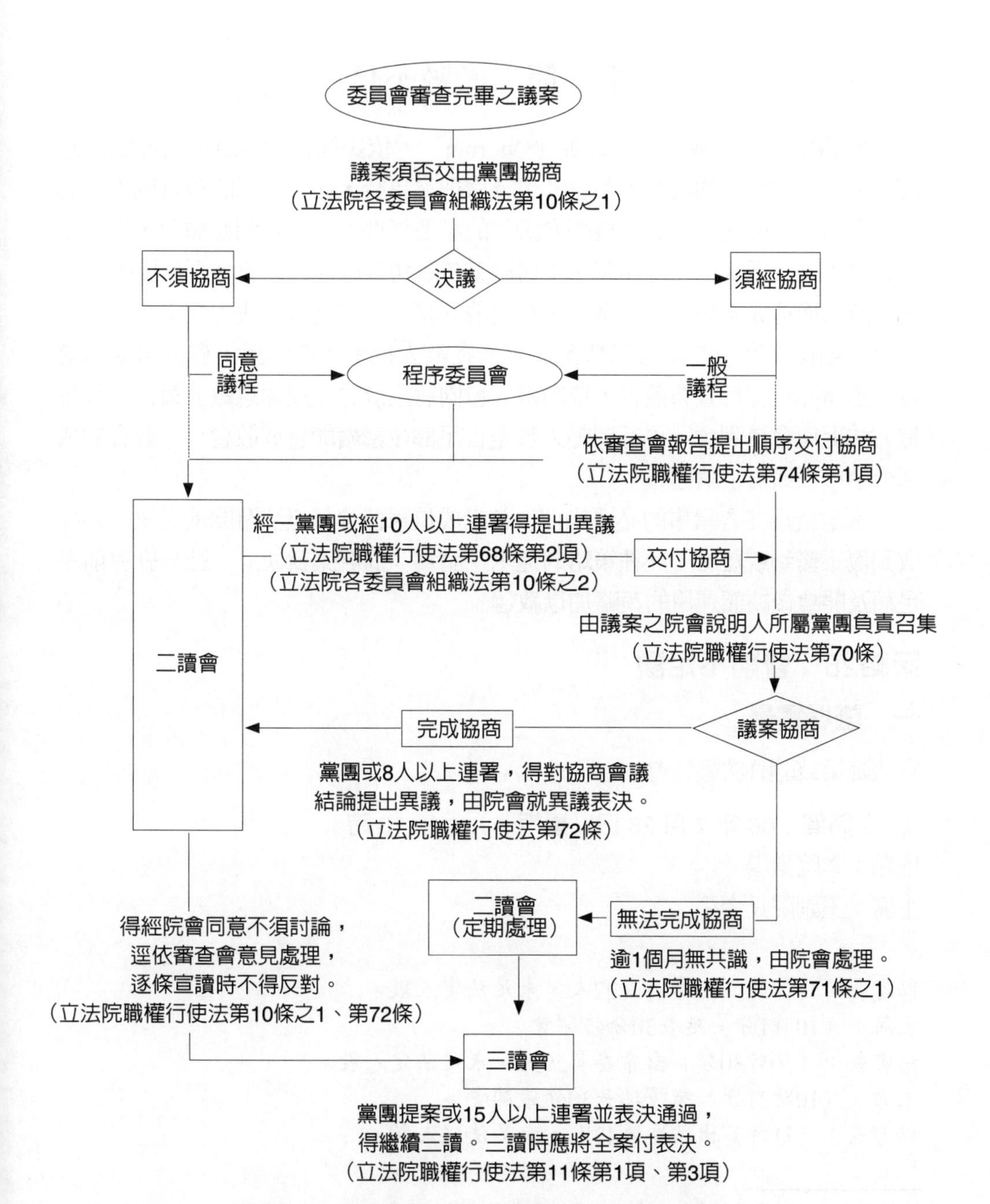

圖3　完成委員會審查之議案列入院會流程圖

第一節　額數不足

所謂額數，通稱爲法定人數（Quorum），依民權初步第21節所界定的意涵，係爲會議辦事的必需人數，即會議處理議事時，必須在場的會員或委員的至少人數[2]。因此，額數乃爲開會議事的必要條件，如不足開會額數，得宣布延長之；延長兩次仍不足額時，主席應宣告延會或改開談話會。至於開會後因會員離席而造成未足法定人數時，在討論的議案不得進行表決；而是否須宣布散會，則由主席視當時會場情況而定。在無人提出散會動議，會議可繼續進行；主席亦可逕行宣布散會，或徵求大會同意後散會，或休息數分鐘後，以各種方法促使會員到會，再行清點人數是否足額後繼續開會或散會[3]（散會動議部分容於下節再予論述）。

額數既爲開會議事的必要條件，會議成員爲使會議無法召開或表決，乃採取到場不簽到或離席，此種策略的運用，謂爲「逼開天窗術」。茲分就會前不足額及開會後缺額運用的策略加以敘述。

策略28　會前不足額

一、議場實景

立法院第3屆第1次臨時會

（一）時間：86 年 7 月 28 日（星期一）上午 10 時

地點：本院議場

主席：王副院長金平

秘書長：（10時）出席委員22人，未足法定人數。
主席：（10時1分）延長30分鐘開會。
秘書長：（10時30分）出席委員29人，未足法定人數。
主席：（10時31分）繼續延長30分鐘開會。
秘書長：（11時）出席委員42人，未足法定人數。

2　參閱孫文：《民權初步》，台北：中央文物供應社，民國78年5月，12頁；Henry M. Robert, Parliamentary Practice: An Introduction to Parliamentary Law, New York: Appleton-Century-Crofts Inc., 1949, p. 122。

3　參閱王堡麗：《議事民主的理論與實際》，台北：大航家出版社，民國87年11月，53頁。

主席：（11時1分）由於出席人數僅42人，仍不足法定人數，本席宣告延會。

（二）時間：86年8月1日（星期五）上午10時

地點：本院議場

主席：劉院長松藩

秘書長：（10時）出席委員6人，未足法定人數。

主席：（10時1分）延長30分鐘開會。

主席：（10時30分）再延長30分鐘開會。

秘書長：（11時）出席委員18人，未足法定人數。

主席：（11時1分）出席委員18人，仍未足法定人數，延至8月5日（星期二）上午10時再舉行院會。

（三）時間：86年8月5日（星期二）上午10時

地點：本院議場

主席：劉院長松藩

副秘書長：（10時）出席委員3人，未足法定人數。

主席：（10時1分）延長30分鐘開會。

副秘書長：（10時30分）出席委員7人，未足法定人數。

主席：（10時30分）再延長30分鐘開會。

副秘書長：（11時）出席委員9人，未足法定人數。

主席：（11時1分）出席委員9人，仍未足法定人數，延至8月8日（星期五）上午10時繼續舉行院會。

（四）時間：86年8月8日（星期五）上午10時

地點：本院議場

主席：劉院長松藩

副秘書長：（10時）出席委員3人，未足法定人數。

主席：（10時1分）延長30分鐘開會。

副秘書長：（10時30分）出席委員8人，未足法定人數。
主席：（10時30分）再延長30分鐘開會。
副秘書長：（11時）出席委員10人，未足法定人數。
主席：（11時1分）出席委員10人，仍未足法定人數，延至8月11日（星期一）上午10時再舉行院會。

（五）時間：86年8月11日（星期一）上午10時

地點：本院議場
主席：劉院長松藩　王副院長金平

副秘書長：（10時）出席委員6人，未足法定人數。
主席：（10時1分）延長30分鐘開會。
副秘書長：（10時30分）出席委員11人，未足法定人數。
主席：（10時30分）再延長30分鐘開會。
副秘書長：（11時1分）出席委員15人，未足法定人數。
主席：（11時2分）出席委員15人，仍不足法定人數，本次會議無法舉行。依憲法增修條文第3條第2項第2款規定，本次臨時會結束，8月12日零時起，行政院移請覆議「漢翔航空工業股份有限公司設置條例第9條修正條文」案無法議決，原決議失效[4]。

二、相關規範

（一）憲法增修條文第3條第2項第2款

行政院對於立法院決議之法律案、預算案、條約案，如認爲有窒礙難行時，得經總統之核可，於該決議案送達行政院10日內，移請立法院覆議。立法院對於行政院移請覆議案，應於送達15日內作成決議。如爲休會期間，立法院應於7日內自行集會，並於開議15日內作成決議。覆議案逾期未議決者，原決議失效。覆議時，如經全體立法委員1/2以上決議維持原案，行政院院長應即接受該決議。

4 參閱立法院公報，86卷，32期，民國86年8月11日，3245及3246頁。

(二) 立法院職權行使法第 4 條第 1 項

立法院會議，須有立法委員總額1/3出席，始得開會。

(三) 立法院各委員會組織法第 6 條

各委員會會議須有各該委員會委員1/3出席，方得開會。

(四) 立法院議事規則第 22 條

本院會議開會時間爲上午9時至下午6時。但舉行質詢時，延長至排定委員質詢結束爲止。（第1項）

已屆上午10時，不足法定人數，主席得延長之，延長兩次，仍不足法定人數時，主席即宣告延會。（第4項）

(五) 會議規範第 4 條第 2 項

開會時間已至，不足開會額數者，得宣布延長之，延長兩次仍不足額時，主席應即宣告延會，或改開談話會。

三、策略研析

立法院於民國86年5月23日第3屆第3會期第25次會議通過「漢翔航空工業股份有限公司設置條例」第9條修正條文，將「由經濟部會同國防部依相關法規辦理現有人員之安置或遣退」修正爲「現有人員之安置或遣退，由國防部會同經濟部準用公營事業移轉民營條例第8條之規定辦理。」，並咨請總統公布及函復行政院查照；惟行政院認爲該修正案確有窒礙難行之處，經呈請總統核可，而於民國86年6月12日移請立法院覆議[5]。

依憲法增修條文第3條第2項第2款之規定，立法院對於行政院移請覆議案，如爲休會期間，立法院應於7日內自行集會，並於開議15日內作成決議。覆議案逾期未議決者，原決議失效。因此，爲使原作決議無效，即可採用不出席致額數不足而無法開會的「逼開天窗術」。依前所述，立法院於同年7月28日召開第3屆第1次臨時會，當日因出席人數不足，再於8月1日、5日、8日及11日多次召集會議，均因出席人數不足致無法舉行，由主席依法宣告行政院移請

5　該覆議案移請立法院時，適值立法院休會而暫未處理。嗣因國民大會於民國86年7月18日通過增修條文，其中第3條對於覆議權之行使另作不同規定。該覆議案是否依原憲法規定或照增修條文的處理，立即引起多方關注。嗣經立法院依「程序從新原則」，按增修條文規定處理。參閱周萬來：《立法院職權行使法逐條釋論》，3版，台北：五南圖書出版公司，民國108年12月，219-221頁。

覆議「漢翔航空工業股份有限公司設置條例第9條修正條文」案無法議決而使原決議失效。即採用此策略成功的顯例。

策略29　開會後缺額

一、議場實景

立法院第6屆第5會期財政委員會第26次全體委員會議
時間：中華民國96年6月7日（星期四）上午9時15分
地點：本院群賢樓101會議室
主席：江委員昭儀

主席：出席委員已足法定人數，現在開會。進行報告事項（略）。
主席：現在進行討論事項。繼續併案審查行政院函請審議「會計師法修正草案」、本院委員余政道等42人擬具「會計師法第4條條文修正草案」案及本院委員柯淑敏等36人擬具「會計師法修正草案」案。（本案已進行逐條討論）
主席：本案已進行逐條討論，現在繼續以協商的方式進行逐條討論。
（協商中）
費委員鴻泰：我先請金管會的張副主委說清楚，你們公私不分，把金管會當民進黨的財產，把你們的網站連結到民進黨的網站，你們還不處理，你們不處理，這個案子我就不會讓你審。主席，我現在要求清點人數，你必須處理。
主席：現在清點人數。
（清點人數）
費委員鴻泰：就只剩下2人。
主席：那我們就再休息。
費委員鴻泰：你不能再宣告休息了，現在已不足法定人數了。
主席：那麼現在散會。散會（9時21分）。[6]

6　參閱立法院公報，96卷，55期，民國96年7月5日，39頁。

二、相關規範

（一）立法院各委員會組織法第 6 條

各委員會會議須有各該委員會委員1/3出席，方得開會。

（二）立法院議事規則

1. 第22條

本院會議開會時間爲上午9時至下午6時。但舉行質詢時，延長至排定委員質詢結束爲止。（第1項）

已屆上午10時，不足法定人數，主席得延長之，延長兩次，仍不足法定人數時，主席即宣告延會。（第4項）

2. 第41條

院會進行中，出席委員對於在場人數提出疑問，經清點不足法定人數時，不得進行表決。

（三）會議規範第 7 條

會議進行中，經主席或出席人提出額數問題時，主席應立即按鈴，或以其他方法，催促暫時離席之人，回至議席，並清點在場人數，如不足額，主席應宣布散會或改開談話會，但無人提出額數問題時，會議仍照常進行。在談話會中，如已足開會額數時，應繼續進行會議。

三、策略研析

前已述及，開會後因會員離席而造成未足法定人數時，在討論的議案不得進行表決；而是否須宣布散會，則由主席視當時會場情況而定。在無人提出散會動議，會議可繼續進行；主席亦可逕行宣布散會，或徵求大會同意後散會，或休息數分鐘後，以各種方法促使會員到會，再行清點人數是否足額後繼續開會或散會。依立法院議事規則相關規定，僅於第41條明定對開會後因會議成員離席而造成未足法定人數時，不得進行表決；惟就立法實務以觀，可由主席逕行宣布散會或休息，或徵求大會同意後散會。本案在進行討論時，因出席人運用「逼開天窗術」，堅持未足法定人數並請主席不能再宣告休息，乃由主席宣告散會，而終了該次會議。

第二節　散會終了

國會成員對於在場討論的議案興趣索然，不願再繼續開會；或因反對某種問題在場討論；或因某種問題在場討論產生爭論，均得提出散會動議[7]。有關散會動議的性質，如在無其他議案在場提出者，則爲特權的獨立動議；倘有其他議案在場提出者，則爲最高級的附屬動議[8]。無論其爲附屬或獨立，均當立即表決，不得討論[9]。但經否決後，如議事情況改變後，可予以重提[10]。因此，國會成員可於會議尚未處理相關議案前或議案進行討論中提議散會，以期終了該次會議。此策略稱之爲「曲終人散術」。茲分就尚未處理相關議案及議案進行討論中加以說明。

策略30　尚未處理相關議案

一、議場實景

立法院第6屆第2會期第16次院會

時間：94年12月23日（星期五）上午10時48分

地點：本院議場

主席：王院長金平

秘書長：林錫山

秘書長：出席委員145人，已足法定人數。

主席：現在開會，進行報告事項第1案。

　　一、宣讀本院第6屆第2會期第15次會議議事錄（略）。

7　參閱楊振萬：《天聲文存議政叢談》，初版，台北：幼獅文化事業股份有限公司，民國88年，316頁。

8　所謂附屬動議，依會議規範第30條及第36條之規定，係指一動議附屬於他動議，而以改變其內容或處理方式爲目的者，其處理順序依次爲散會動議、擱置動議、停止討論動議、延期討論動議、付委動議、修正動議、無期延期動議。前述附屬動議，優先於主動議處理，而附屬動議之處理先後順序，依次爲散會動議、擱置動議、停止討論動議、延期討論動議、付委動議、修正動議、無期延期動議。另依會議規範第86條之規定，權宜問題之處理順序最爲優先，秩序問題次於權宜問題，而先於其他各種動議。附屬動議優先於主動議處理。另順序較低之動議待決時，得提出順序較高的動議；順序較高之動議待決時，不得提出順序較低的動議。

9　參閱王冠青：《民權初步與現代議學》，台北：中央文物供應社，民國73年9月，70頁。

10　依會議規範第83條之規定，權宜問題、散會動議、休息動議、擱置動議、抽出動議、停止討論動議、延期討論動議、付委動議、收回動議及預定議程動議等10種動議經否決後，於議事情況改變後可予以重提。

主席：報告院會，議事錄已經宣讀完畢，沒有任何書面資料表示異議，因此議事錄確定。

現有國民黨黨團及親民黨黨團提出一項動議。

動議：由於程序委員會所通過之議程，不合議事程序，是違法，本次院會建請散會。

中國國民黨立法院黨團　曾永權　潘維剛

親民黨立法院黨團　黃義交

主席：請問院會，對以上動議，有無異議？（有）有異議。

散會動議不經討論，逕付表決。現在按鈴7分鐘。

（按鈴中）

主席：國民黨黨團及親民黨黨團提議本案採記名表決方式。

主席：現在進行表決。贊成國民黨黨團及親民黨黨團所提散會動議者請按「贊成」，反對者請按「反對」，棄權者請按「棄權」，計時1分鐘，現在進行表決。

（進行表決）

主席：報告表決結果：在場委員213人，贊成者113人，反對者100人，棄權者0人，贊成者多數，通過。（表決結果名單，略。）

主席：現有民進黨黨團提議重付表決。

主席：現在進行重付表決。贊成國民黨黨團及親民黨黨團所提散會動議者請按「贊成」，反對者請按「反對」，棄權者請按「棄權」，計時1分鐘，現在進行表決。

（進行表決）

主席：報告重付表決結果：在場委員213人，贊成者113人，反對者100人，棄權者0人，贊成者多數，通過。（表決結果名單，略。）

主席：本案作如下決議：贊成國民黨黨團及親民黨黨團所提散會動議者多數，本次會議到此結束，現在散會。（11時8分）[11]

二、相關規範

(一) 立法院議事規則第 26 條

議事日程所列之議案議畢，或散會時間已屆，主席即宣告散會。（第1項）

11　參閱立法院公報，94卷，79期，民國94年12月30日，1-4頁。

會議進行中，出席委員得提出散會之動議，經15人以上連署或附議，不經討論，由主席逕付表決。（第2項）

（二）會議規範第 37 條

議案進行中，得提出散會動議，如得可決，應即宣布散會。散會時，未了之議案，應於下次會中繼續討論。

三、策略分析

本案係國民黨黨團及親民黨黨團因對程序委員會所通過的議程，認為不合議事程序而係屬違法，乃運用此策略提出散會動議。經查該議程所列報告事項中部分議案，為前述黨團所反對[12]；在第6屆第2會期第15次會議議事錄處理後，即提出散會動議的策略，經立付表決通過後，而終了該次會議。惟在場人數如未足法定人數，則無法達成此策略目標[13]。

策略31　議案進行討論中

一、議場實景

立法院第8屆第4會期第14次院會
時間：102年12月13日（星期五）上午10時20分
地點：本院議場
主席：王院長金平
秘書長：林錫山
副秘書長：周萬來

秘書長：出席委員69人，已足法定人數。
主席：現在開會，進行報告事項（略）。

---

12 由於程序委員會在審定本次會議的議程時，民進黨黨籍召集委員以突襲方式，不顧出席委員要求程序發言，逕以表決方式處理報告事項與討論事項全部照列；且該次議程內容，包括監察院人事同意權、政黨不當取得財產處理條例草案及行政法人法草案等列入報告事項，陳總統赴立法院國情報告案及黨產追查調閱委員會排入討論事項。參閱自由時報，民國94年12月21日，A1版。

13 依立法院職權行使法第4條及第6條之規定，立法院會議，須有立法委員總額1/3出席，始得開會；立法院會議的決議，除法令另有規定外，以出席委員過半數之同意行之；可否同數時，取決於主席。就立法院第7屆而論，當屆立法委員113人，民進黨黨團27人，未足總額1/3（須38人出席人數）；其他黨團倘未配合出席，即使該黨團全體動員，亦無法達成散會動議之目的。

主席：報告院會，在進行討論事項之前，先處理民進黨黨團所提變更議程之動議。（本院民進黨黨團針對第8屆第4會期第14次會議擬請變更議程增列討論事項「併案審查委員李俊俋、吳秉睿及台聯黨團分別擬具之『法院組織法刪除第63條之1條文草案』」，並請列爲討論事項第1案。是否有當，請公決案。提案人 民進進步黨立法院黨團 柯建銘 高志鵬 吳秉睿）

主席：請問院會，對民進黨黨團所提動議內容有無異議？（有）既有異議，交付表決。（表決過程，略。）

主席：報告表決結果：在場委員103人，贊成者51人，反對者47人，棄權者5人，贊成者多數，本案通過。作如下決議：民進黨黨團所提變更議程動議通過。

現在進行討論事項第1案。

本院司法及法制委員會報告併案審查委員李俊俋等22人、委員吳秉睿等21人及台聯黨團分別擬具『法院組織法刪除第63條之1條文草案』案。

主席：宣讀審查報告。（以下廣泛討論、逐條討論，均從略。）

主席：逐條討論已經發言完畢，現在國民黨黨團提出散會動議。

主席：散會動議在任何時間都可以提出。現在就國民黨黨團所提散會動議進行表決，贊成國民黨黨團所提散會動議者請按「贊成」，反對者請按「反對」，棄權者請按「棄權」，計時1分鐘，現在進行記名表決。

（進行表決）

主席：報告表決結果：在場委員102人，贊成者52人，反對者46人，棄權者4人，贊成者多數，通過。（表決結果名單，略。）

主席：民進黨黨團提議重付表決。

主席：現在進行重付表決。贊成國民黨黨團所提散會動議者請按「贊成」，反對者請按「反對」，棄權者請按「棄權」，計時1分鐘，現在進行記名表決。

（進行表決）

主席：報告重付表決結果：在場委員105人，贊成者57人，反對者45人，棄權者3人，贊成者多數，通過。（表決結果名單，略。）

主席：報告院會，討論事項第1案決議：「本案另定期處理。」現在散會（12時8分）[14]。

---

14 參閱立法院公報，102卷，80期，民國102年12月20日，1、48、49及74-76頁。

二、相關規範

（同前策略）

三、策略研析

民進黨黨團提議變更議程，將「法院組織法刪除第63條之1條文案」改列爲本次會議討論事項第1案，因採不記名表決方式，而得以通過。在進行該案廣泛討論及逐條討論時，均由各黨團推派代表發言；於逐條討論發言後，國民黨黨團立即提出散會動議，以57票多數通過，而終了該次會議。該黨團何以提出散會動議，旨因其部分成員支持刪除法院組織法第63條之1條文，將特偵組廢除。爲恐逐條討論後進行表決時產生變數，乃運用是項策略，將該次會議提早結束。

第三節　變更先議

議事日程爲會議進行的指針，非有特殊事故，宜按排定次序依序進行，而不得輕易變更。但有時因會場情勢改變，所排定的議程不適合當前需要，或某種議案具有緊急性而需提前審議，或某種議案已失時效且無甚大價值而可將其暫時移列在後，而優先處理有時間性的議案[15]。因此，若有前述情事，主席或會議成員均可提出變更議程，提前討論具有緊急性的議案，以符時效。依立法院議事規則第17條之規定，立法院變更議事日程，有(1)未列入議程而予補列於議事日程，(2)已列入而順序在後，須提前討論的變更議事日程等兩種情形。就實務而言，主席或出席委員欲將未列入議程而予補列的議案提報院會處理，僅限於報告事項後討論事項前。至於已列入議程而順序在後者，則無此限制，但該提議須於無其他議案討論時始可提出。另因部分委員或黨團在處理變更議程的提案時，因無法變更其所提議案，乃於處理變更議程動議中，再接續提出多項變更議程提案，以致延宕原定議程。因此，民國86年11月11日第3屆第4會期第18次會議決定：「委員於討論事項前所提變更議程議案，須於處理前提出，在處理中提出者不予處理。」，嗣後會議即依此議事成例，立法委員於討論事

15 參閱楊振萬：前書，326頁。

項前所提變更議程的提案，須在處理前提出，處理中提出者不予處理[16]。茲分就未列入議程及已列入議程議案變更而先行審議情形加以論述。

策略32　未列入議程議案（一）

一、議場實景

立法院第7屆第3會期第6次院會

時間：98年3月27日（星期五）上午10時2分

地點：本院議場

主席：王院長金平　曾副院長永權

秘書長：林錫山

秘書長：出席委員50人，已足法定人數。

主席：現在開會，進行報告事項（略）。

主席：現在繼續開會（3月31日上午9時6分）。先行處理民進黨黨團所提變更議程動議。（本院民進黨黨團提請院會將民進黨黨團擬具之「就業保險法部分條文修正草案」由委員會抽出逕付二讀並列入討論事項第6案，與相關提案併案協商。是否有當，請公決案。提案人：民主進步黨立法院黨團　柯建銘）

主席：請問院會，對民進黨黨團所提變更議程案有無異議？（無）無異議，通過。民進黨黨團擬具之「就業保險法部分條文修正草案」由委員會抽出，逕付二讀，並列入本次會議討論事項第6案，與相關提案併案協商。[17]

主席：現在進行討論事項第5、6案。（第1案至第4案，均從略。）

五、本院衛生環境及勞工委員會報告併案審查行政院函請審議「就業保險法部分條文修正草案」、委員楊麗環等31人擬具「就業保險法第11條條文修正草案」、委員江義雄等30人擬具「就業保險法部分條文修正草案」、委員林建榮等18人擬具「就業保險法部分條文修正草案」、委員余政道等27人擬具「就業保險法第5條條文修正草案」及委員陳杰等27人擬具「就業保險法部分條文修正草

16 參閱周萬來：《議案審議——立法院運作實況》，5版，台北：五南圖書出版公司，民國108年11月，67及68頁。

17 參閱立法院公報，98卷，14期，民國98年4月27日，1-86頁。

案」案。

六、本院民進黨黨團擬具「就業保險法部分條文修正草案」案。

主席：第5案經提本院第7屆第2會期第17次會議討論決議：協商後再行處理。爰於本次會議繼續討論。

第6案經本次會議變更議程決定改列爲討論事項第6案，與第5案併案審查。

另吳委員志揚等31人及國民黨黨團、民進黨黨團分別擬具之提案，經第6次會議決定，逕付二讀，與相關提案併案協商。現在已完成協商，請宣讀朝野黨團協商結論（略）。

主席：請問院會，對以上朝野黨團協商結論有無異議？（無）無異議，通過。本案逐條討論時逕依協商結論處理。

現在進行逐條討論。宣讀第5條協商條文（本條及其他條文處理內容，均從略。）

主席；本案經過二讀，現在繼續進行三讀。請問院會，有無異議？（無）無異議，現在繼續進行三讀（略）。

主席：三讀條文已宣讀完畢，請問院會，對本案有無文字修正？（無）無文字修正意見。本案決議：「就業保險法增訂第19條之1及第19條之2條文；並將第5條、第10條至第13條、第16條、第25條、第28條、第29條、第33條、第34條、第38條及第41條條文修正通過。」請問院會，有無異議？（無）無異議，通過。[18]

二、相關規範

（一）立法院議事規則第17條

遇應先處理事項未列入議事日程，或已列入而順序在後者，主席或出席委員得提議變更議事日程；出席委員之提議，並應經15人以上之連署或附議。

前項提議，不經討論，逕付表決。

（二）立法院議事先例

1. 立法委員於討論事項前所提變更議程之提案，須在處理前提出，處理中提出者不予處理。
2. 出席委員提議變更議程所列議案順序時，在表決確定前，議案之討

18 參閱前注公報，387-397頁。

論，仍照議事日程所列順序依次進行。

3. 付委議案抽回院會討論，限於抽回動議當次院會報告事項後討論事項前提出，且須全案抽回。如係併案審查，亦須全部抽回。

三、策略研析

前已述及，國會成員如認爲該議案具有其緊急性，即可運用變更先議策略，提前討論。本案（民進黨黨團提案）尚在委員會審查中，爲求與已列入院會的相關議案併同處理，乃將其抽回院會（中止委員會審查策略，容於第10節抽出見日再予敘明。），並變更議程，而得以併案協商。嗣經協商，各黨團同意變更議程，改列爲討論事項第6案，如期完成三讀。

策略33　未列入議程議案（二）

一、議場實景

立法院第8屆第2會期第17次院會

時間：102年1月11日（星期五）上午11時9分

地點：本院議場

主席：王院長金平　洪副院長秀柱

秘書長：林錫山

副秘書長：周萬來

副秘書長：出席委員77人，已足法定人數。

主席：現在開會，因程序委員會未審定本次會議議事日程，依本屆第1會期歷次會議經朝野黨團協商處理之議事成例，同意民進黨黨團、台灣團結聯盟黨團、親民黨黨團及國民黨黨團分別對本次會議議事日程草案提出異議。現在分別進行處理。

先處理報告事項增列部分（略）。[19]

主席：繼續處理討論事項增列部分（略）。[20]

主席：現在進行報告事項（第1案，略）。

主席：繼續報告。

19　參閱立法院公報，102卷，5期，民國102年1月24日，1-5頁。

20　參閱前注公報，5-32頁。

二、本院民進黨黨團擬具「離島建設條例第13條條文修正草案」，請審議案。（議事處意見：擬請院會將本案依102年1月4日朝野黨團協商結論，逕付二讀[21]。）

主席：請問院會，照議事處意見處理，有無異議？（無）無異議，照議事處意見處理。（以下報告事項，均從略。）

主席：現在進行討論事項第1案。

一、本院民進黨黨團擬具「離島建設條例第13條條文修正草案」，請審議案。

主席：本案經第2會期第17次會議決定：逕付二讀。本案經黨團協商已獲致共識，現在宣讀協商結論。

立法院朝野黨團協商結論

時間：102年1月4日（星期五）上午10時

地點：議場主席辦公室

協商法案：離島建設條例第13條條文修正草案

協商結論：一、照民進黨黨團提案條文通過。

主持人：王金平　洪秀柱

協商代表：柯建銘　潘孟安　許忠信　蔡其昌　黃文玲　吳育昇
林鴻池　李桐豪　賴士葆

主席：請問院會，對以上朝野黨團協商結論有無異議？（無）無異議，通過。本案進行逐條討論時，逕依協商結論處理。

現在進行逐條討論。宣讀第13條協商條文。

離島建設條例第13條條文修正草案（二讀）

第13條　爲維護離島居民之生命安全及身體健康，行政院應編列預算，補助在離島開業之醫療機構、護理機構、長期照顧機構及其他醫事機構與該離島地區所缺乏之專科醫師，並訂定特別獎勵及輔導辦法。

65歲以上離島地區居民全民健康保險保險對象應自付之保險費，由中央政府編列預算支應。

對於應由離島緊急送往臺灣本島就醫之急、重症病人暨陪同之醫護人員，其往返交通費用，由中央目的事業主管機關補助之。

對於有接受長期照顧服務必要之身心障礙者及老人，中央目

21 參閱立法院公報，102卷，4期，民國102年1月23日，29及30頁。

的事業主管機關應編列經費補助。

爲維護離島老人尊嚴與健康，中央目的事業主管機關應提供老人每2年1次比照公務人員健康檢查項目之體檢，其與老人福利法由直轄市、縣（市）主管機關當年提供之老人健康檢查之差額，由中央目的事業主管機關編列預算補助。

主席：依協商，第13條照民進黨黨團提案條文通過。

本案已全部經過二讀，請問院會，對現在繼續進行三讀，有無異議？（無）無異議，現在繼續進行三讀。宣讀（經過二讀條文，略。）。

主席：三讀條文已宣讀完畢，請問院會，對本案有無文字修正？（無）無文字修正意見。

本案決議：「離島建設條例第13條條文修正通過。」請問院會，有無異議？（無）無異議，通過。

二、相關規範

（同前策略）

三、策略研析

依立法院議事規則第16條之規定，院會議事日程須經程序委員會審定。惟自第8屆以來，程序委員會常未審定院會議事日程，而依議事成例就草案處理，本案先經朝野黨團協商同意列案逕付二讀，並爲該次會議討論事項第1案，進行審議。此類似前面所提變更先議的策略，提前討論；但此項策略的成敗，則同前項策略，取決於各黨團是否有其共識。

策略34　已列入議程議案

一、議場實景

立法院第7屆第8會期第8次院會

時間：100年11月4日（星期五）上午10時4分

地點：本院議場

主席：王院長金平　曾副院長永權

副秘書長：周萬來

副秘書長：出席委員39人，已足法定人數。

主席：現在開會，進行報告事項（略）。

主席：現在繼續開會。在進行討論事項前，先處理無黨團結聯盟黨團及國民黨黨團所提變更議程案，現在處理第1案（略）、第2案（略）。

現在處理第3案。

三、本院國民黨黨團，針對本（第8）次會議建議變更議程，原列討論事項第18案：「行政院函請審議『社會秩序維護法部分條文修正草案』、委員鄭麗文等19人擬具『社會秩序維護法刪除第80條條文草案』及委員黃淑英等34人擬具『社會秩序維護法第80條條文修正草案』」，改列爲討論事項第4案，其餘討論事項，依序排列，是否有當？請公決案。

主席：請問院會，對本案有無異議？（無）無異議，通過。本案作如下決定：「本次會議討論事項第18案改列爲第4案，其餘討論事項依序排列。」[22]

現在進行討論事項第1案、第2案及第3案（均從略）。

主席：現在繼續開會（11時42分），進行討論事項第4案。

討論事項第4案：

（一）行政院函請審議「社會秩序維護法部分條文修正草案」案。

（二）本院委員鄭麗文等19人擬具「社會秩序維護法刪除第80條條文草案」，請審議案。

（三）本院委員黃淑英等34人擬具「社會秩序維護法第80條條文修正草案」，請審議案。

（以上三案經提本院第7屆第8會期第3次會議併案決定：由內政委員會抽出逕付二讀，並由國民黨黨團、民進黨黨團及無黨團結聯盟黨團共同負責召集協商。爰於本次會議提出討論。）

主席：行政院函請審議「社會秩序維護法部分條文修正草案」等案經提本院第7屆第8會期第3次會議決定：由內政委員會抽出，交黨團進行協商，因協商已逾1個月，無法達成共識，依立法院職權行使法第71條之1規定，由院會定期處理。爰於本次會議提出討論。

報告院會，本案經各黨團同意：由各黨團推派一人發言後，即進行表決處理。現在開始發言，首先請民進黨的黃委員淑英發言，發言時間3分鐘。

22 參閱立法院公報，100卷，79期，民國100年11月16日，29及30頁。

黃委員淑英：（11時43分）主席、各位同仁。兩年前，大法官會議釋憲宣告社維法第80條「罰娼不罰嫖」違憲，2011年後開始失效。這兩年內，我們沒有看到行政院適時提出修正法案，一直到9月16日行政院才提出「性交易專區」的版本，立法院無法獲得充分的討論與溝通，而且一直到11月3日才來與民進黨溝通協商，本席在此予以譴責。

本席的提案是民間團體所提出的版本，這中間經過許多全國性的座談，並集合多年的實務經驗，提出我們認爲最可行的模式，即「罰嫖不罰娼」的版本。在此一版本中，它有一定的核心價值，第一，性交易是存在的，但它不是一個工作。性交易稱爲性工作，對女人而言是太沉重了。第二，女人的身體不能被物化，更不能被視爲商品地來議價、定價而營利。第三，性交易的行爲會助長對女性的暴力及歧視，更助長人口販運的問題。因此，它更不能被當成一種發展經濟的手段。基於以上的核心價值，我們提出了「罰嫖不罰娼」的概念與版本，內政部長說我的版本不符合釋憲文中的平等原則，我要告訴內政部長：你錯了！在釋憲的說明中，它講的是實質的平等，因爲娼是弱勢的。所以，我們不予處罰，但是，對於嫖的部分，因爲他的需求引發許多的社會成本，例如人口販運、性病的傳染、對女人的暴力等等。所以，我們認爲嫖者應該爲這些社會成本付出代價與承擔。因此，我們擬訂了「罰嫖不罰娼」的概念，也希望因此營造一個艱困的人口販運市場，讓這些人不能生存。在法條之中也提到，對於一些情有可憫的嫖客，我們也不予處罰。過去在國際上，像瑞典也成功地以「罰嫖不罰娼」的政策縮減了性產業，荷蘭的紅燈區因招到許多質疑而漸漸式微。也因此，挪威政府在2009年1月讓「罰嫖不罰娼」政策正式上路，英國政府也朝這個方向在修法。因此，我們希望委員同仁們能夠確立社會的核心價值來維護人性的尊嚴，支持本席的版本，謝謝。

主席：請潘委員維剛發言。

潘委員維剛：（11時47分）主席、各位同仁。我們知道大法官在98年11月6日釋字第666號解釋中針對社會秩序維護法中的「罰娼不罰嫖」宣告違憲，所以，必須要在兩年內即今年11月6日之前完成修法，否則就會發生法律空窗期。我們基本上認爲既然「罰娼不罰嫖」違憲，那是不是娼嫖都要罰或娼嫖都不罰？在這段時間內，國民黨黨團廣納了所有婦女團體、各方意見，也包含民進黨的意見，今天上午我們也做了長時間的協商，有一些共同的意見及版本，並做了一些修正。其實這是一個社會大眾的議題，並不是意識型態的議題，但民進黨最後仍堅持要表決，我們也覺得有點小小的遺憾。但大家把聲音、意見表達出來，也讓社會大眾有更進一步的瞭解。當然，現在依照內政部的規劃，除了特區之外，娼嫖都罰，但在特區之內，就是娼嫖都不罰。我們一方面回應了大法官會議第666號的解釋，再一方面我們也是依照了適度開放、有效管理、維護人權、打擊犯罪四項基本原則來修法。其中也參酌了「公民與政治權利國際公約」第26條之平等原則及禁止歧視之意旨，由此可見，我們對於媒合性的交易加重了處罰。換言之，這部分提高罰則爲1萬元以上、5萬元以下，我們希望沒有性剝削，這一點大家的意見是一致的，所以對於媒合的性交易，我們要加重時間及金錢的處罰，如果情節重大者，得加重羈留至5日。在社會秩序維護法中，最高是3日，我們針對情節重大者，得加重至5日。

另外，第91條之1對於其健康、轉業輔導都做了特別的關切及建議，以使他們能有新的就業，至少這對社會也做了最好的回應，亦能落實人權公約及社會的期待。

主席：各黨團代表均已發言完畢。現在進行逐條討論。

第47條刪除，請問院會，有無異議？（無）無異議，通過。

主席：第53條照行政院提案條文（「拘留，應在拘留所內執行之。」）通過，請問院會，有無異議？（無）無異議，通過。

主席：第80條部分，民進黨黨團及國民黨黨團分別提出修正動議。（宣讀後進行表決）

主席：現在進行表決，先按鈴7分鐘。

（按鈴）

主席：報告院會，先表決民進黨黨團所提修正動議條文（「與賣淫者爲性交易者，罰新臺幣3萬元以下罰鍰。但其情節可憫恕者，應予減輕或免除其處罰。（第1項）；意圖營利，以引誘、容留、媒介、協助或以其他方法媒合，使人爲性交易者，罰新臺幣5萬元以上50萬元以下罰鍰。1年內曾違反3次以上經裁處確定者，加重處罰1倍。（第2項）；公開刊登、播送或散布性交易訊息者，罰新臺幣5千元以上5萬元以下罰鍰。（第3項）；有第1項情形者，並應接受性別平等相關議題講習，其課程、時數及其他應遵行事項之辦法，由中央主管機關定之。（第4項）；第1項至第3項之罰鍰，應提撥一定比例專款專用於促進弱勢婦女就業，其辦法由主管機關會同勞委會、財政部定之。（第5項）」）。贊成照民進黨黨團所提修正動議條文通過者，請按「贊成」，反對者請按「反對」，棄權者請按「棄權」，計時1分鐘，現在進行記名表決。

（記名表決）

主席：報告表決結果：出席委員42人，贊成者2人，反對者40人，棄權者0人，贊成者少數，本案不通過。（表決結果名單，略。）

主席：盧委員秀燕聲明方才表決係按「反對」，特此更正，列入紀錄。

主席：現在表決國民黨所提修正動議條文（「有下列各款行爲之一者，處新臺幣3萬元以下罰鍰：一、從事性交易。但符合第91條之1第1項至第3項之自治條例規定者，不適用之。二、在公共場所或公眾得出入之場所，意圖與人性交易而拉客。」）。贊成照國民黨黨團所提修正動議條文通過者請按「贊成」，反對者請按「反對」，棄權者請按「棄權」，計時1分鐘，現在進行記名表決。

（記名表決）

主席：報告表決結果，出席委員43人，贊成者41人，反對者2人，棄權者0人，贊成者多數，第80條照國民黨黨團修正動議條文通過。（表決結果名單，略。）

主席：宣讀第81條，照國民黨黨團修正動議條文（「有下列各款行爲之一者，處3日以下拘留，併處新臺幣1萬元以上5萬元以下罰鍰；其情節重大者，得加重拘留至5日：一、媒合性交易。但媒合符合前條第1款但書規定之性交易者，不適用之。二、在公共場所或公眾得出入之場所，意圖媒合性交易而拉客。」）通過。

主席：宣讀第91條之1，照國民黨黨團修正動議條文（「直轄市、縣（市）政府得因地制宜，制定自治條例，規劃得從事性交易之區域及其管理。（第1項）；前項自治條例，應包含下列各款規定：一、該區域於都市計畫地區，限於商業區範圍內。二、該區域於非都市土地，限於以供遊憩爲主之遊憩用地範圍內。但不包括兒童或青少年遊憩場。三、前2款之區域，應與學校、幼稚園、寺廟、教會（堂）等建築物保持適當之距離。四、性交易場所應辦理登記及申請執照，未領有執照，不得經營性交易。五、曾犯刑法第231條、第231條之1、第233條、第240條、第241條、第296條之1、兒童及少年性交易防制條例第23條至第27條或人口販運防制法之罪，經判決有罪者，不得擔任性交易場所之負責人。六、性交易場所之負責人犯前款所定之罪，經判決有罪者，撤銷或廢止性交易場所執照。七、性交易服務者，應辦理登記及申請證照，並定期接受健康檢查。性交易場所負責人，亦應負責督促其場所內之性交易服務者定期接受健康檢查。八、性交易服務者犯刑法第285條或人類免疫缺乏病毒傳染防治及感染者權益保障條例第21條之罪者，撤銷或廢止其證照。九、性交易服務者經健康檢查發現有前款所定之疾病者，吊扣其證照，依法通知其接受治療，並於治療痊癒後發還證照。十、不得有意圖性交易或媒合性交易，於公共場所或公眾得出入之場所廣告之行爲。（第2項）；本法中華民國100年11月4日修正之條文施行前，已依直轄市、縣（市）政府制定之自治條例管理之性交易場所，於修正施行後，得於原地址依原自治條例之規定繼續經營。（第3項）；依前2項規定經營性交易場所者，不適用刑法第231條之規定。（第4項）；直轄市、縣（市）政府應依第80條、本條第1項及第2項性交易服務者之申請，提供輔導轉業或推介參加職業訓練。（第5項）」）通過。

主席：宣讀第93條，照行政院提案條文（「違反本法案件處理辦法，由行政院會同司法院定之。（第1項）；拘留所設置管理辦法、沒入物品處分規則，由行政院定之。（第2項）」）通過。

本案已全部經過二讀，現在繼續進行三讀，請問院會，有無異議？（無）無異議，現在繼續進行三讀。

主席：報告院會，三讀條文已宣讀完畢，請問院會，對本案有無文字修正？（無）無文字修正意見。

本案決議：「社會秩序維護法增訂第91條之1條文；刪除第47條條文；並將第53條、第80條、第81條及第93條條文修正通過。」請問院會，有無異議？（無）無異議，通過[23]。

二、相關規範

（同前策略）

三、策略研析

依司法院於民國98年11月6日所作釋字第666號解釋，社會秩序維護法第80條第1項第1款將於民國100年11月6日失效[24]。行政院函請審議「社會秩序維護法部分條文修正草案」等3案列入立法院第7屆第8會期第8次會議議程討論事項第18案，但經查該次院會爲100年11月4日及8日，倘無法於11月4日完成立法程

23 討論內容參閱前注公報，33-43頁。

24 該號解釋文：「社會秩序維護法第80條第1項第1款就意圖得利與人姦、宿者，處3日以下拘留或新臺幣3萬元以下罰鍰之規定，與憲法第7條之平等原則有違，應自本解釋公布之日起至遲於2年屆滿時，失其效力。」，參閱總統府公報，6898號，民國98年12月23日，10頁。

序，恐將發生法律空窗期。因此，該議案具有其緊急性，實有運用變更先議策略，提前討論的必要。嗣經協商，各黨團同意變更議程，改列為討論事項第4案，如期完成三讀，並即咨請總統公布，以符時效[25]。

第四節　延時續議

會議散會時間已屆，而議事未畢，會議成員如認為該議案有繼續審議的必要，得請求延長時間續議。但立法院議事規則對於臨時提案明定處理時間（舉行質詢的會議，則明定延長至排定委員質詢結束為止，本節不予贅述。），乃就處理臨時提案及不處理臨時提案的會議，各舉實例加以敘明。

策略35　處理臨時提案會議

一、議場實景

立法院第7屆第3會期第6次院會

時間：98年3月27日（星期五）上午10時2分

地點：本院議場

主席：王院長金平　曾副院長永權

秘書長：林錫山

秘書長：出席委員50人，已足法定人數。

主席：現在開會，進行報告事項（略）。

主席：現在繼續開會（3月31日上午9時6分）。先行處理民進黨黨團所提變更議程動議（略）。

主席：現在進行討論事項（第1案至第23案，均從略。）。

主席：現在繼續開會（17時4分）。由於討論事項尚有2案，可否用很簡短的時間把這2案處理完，再來處理臨時提案。請問各位，有無異議？（無）無異議。

現在進行討論事項第24案。

二十四、行政院函請審議「公民與政治權利國際公約」及「經濟社會

25　參閱注22公報，44頁。

文化權利國際公約」案。（原列討論事項第23案）

主席：本案經提本院第7屆第2會期第15次會議決定：依協商結論，逕付二讀，並由國民黨黨團負責召集協商。爰於本次會議提出討論。（行政院函，略。）

本案已完成協商，現在宣讀協商結論。

立法院朝野協商結論

協商時間：98年3月31日中午12時

協商地點：紅樓301會議室

協商結論：一、「公民與政治權利國際公約」及「經濟社會文化權利國際公約」依照行政院版本通過。

主持人：王金平

協商代表：周守訓　楊瓊瓔　林益世　林炳坤　柯建銘（代）

主席：請問院會，對上述朝野協商結論有無異議？（無）無異議，通過，本案逕依協商結論處理。

本案作如下決議：「公民與政治權利國際公約」及「經濟社會文化權利國際公約」均照案通過。[26]

繼續進行討論事項第25案。

二十五、行政院函請審議「公民與政治權利國際公約及經濟社會文化權利國際公約施行法草案」案。（原列討論事項第24案）

主席：本案經提本院第7屆第2會期第15次會議決定：依協商結論，逕付二讀，並由國民黨黨團負責召集協商。爰於本次會議提出討論。（行政院函，略。）

本案已完成協商，現在宣讀協商結論。

立法院朝野協商結論

協商時間：98年3月31日中午12時

協商地點：紅樓301會議室

協商結論：公民與政治權利國際公約及經濟社會文化權利國際公約施行法草案，除第1條及第9條依協商結論通過外，其餘依行政院版本通過。（第1條及第9條協商條文，均從略。）

主持人：王金平

協商代表：周守訓　楊瓊瓔　林益世　林炳坤　柯建銘（代）

主席：請問院會，對上述朝野協商結論有無異議？（無）無異議，通過，本

26 同注17公報，1、463-527頁。

案逕依協商結論處理。

現在進行逐條討論。宣讀第1條協商條文。（第1條至第9條討論經過，略。）

主席：本案已全部經過二讀，現在繼續進行三讀，請問院會，有無異議？（無）無異議，現在繼續進行三讀，宣讀條文（略）。

主席：三讀條文已宣讀完畢，請問院會，對本案有無文字修正？（無）無文字修正意見。本案決議：「公民與政治權利國際公約及經濟社會文化權利國際公約施行法草案修正通過。」請問院會有無異議？（無）無異議，通過。[27]

二、相關規範

立法院議事規則

1. 第9條第1項

出席委員提出臨時提案，以亟待解決事項爲限，應於當次會議上午10時前，以書面提出，並應有10人以上之連署。每人每次院會臨時提案以1案爲限，於下午5時至6時處理之，提案人之說明，每案以1分鐘爲限。

2. 第22條第1項

本院會議開會時間爲上午9時至下午6時。但舉行質詢時，延長至排定委員質詢結束爲止。

3. 第27條

散會時間已屆而議事未畢，主席得徵詢出席委員同意，酌定延長時間。

三、策略研析

依立法院議事規則相關規定，立法院院會除舉行質詢時，延長至排定委員質詢結束爲止外，如須處理臨時提案，則於下午5時一到，即改進行臨時提案的處理。倘有急迫性的法案須當日院會完成立法程序，則可採此延時續議的策略，經徵求與會成員同意，繼續討論該法案。「公民與政治權利國際公約」、「經濟社會文化權利國際公約」及「公民與政治權利國際公約及經濟社會文化權利國際公約施行法草案」等議案，在政策上因有早日完成立法程序的必要，且業已協商完竣，乃運用是項策略，而得以即時完成。

---

27 同前注公報，518-527頁。

策略36 不處理臨時提案會議

一、議場實景

（一）立法院第7屆第4會期第17次院會

時間：99年1月7日（星期四）上午10時
地點：本院議場
主席：王院長金平　曾副院長永權
秘書長：林錫山
副秘書長：周萬來

秘書長：出席委員40人，已足法定人數。
主席：現在開會，進行報告事項（略）。
主席：現在進行討論事項第1案（第1案至第19案，均從略。）[28]。
主席：現在繼續開會（1月11日21時42分），先行處理朝野黨團協商結論。請宣讀今日的協商結論。
立法院朝野黨團協商結論
時間：99年1月11日下午5時
地點：2樓會客室（二）
決定事項：一、99年度中央總預算案及地方制度法部分條文修正草案與政府組織再造等4法，於1月12日（星期二）前完成三讀立法程序，其中行政院組織法修正草案及地方制度法部分條文修正草案遇有爭議以表決方式處理，有協商結論之法案於延會期間處理完畢，必要時延長開會至晚上12時止。
二、本（第4）會期不舉行臨時會。
三、產業創新條例草案列爲下（第5）會期第一優先處理法案及證券交易法部分條文修正案列爲優先處理法案。遇有爭議以表決方式處理，於新會期開議後，即由王院長邀集協商。
主持人：王金平　曾永權
協商代表：呂學樟　王幸男　柯建銘　康世儒　蔡同榮　林鴻池　林益世　葉宜津

28 參閱立法院公報，99卷，5（一）期，民國99年1月18日，1及75頁。

主席：請問院會，對上述協商結論有無異議？（無）無異議，通過。
因爲總預算案之協商結論正趕印中，等印妥後再繼續開會。另外，總預算一共有37個表決案，表決時間定爲明天上午11時。現在休息。

主席：現在繼讀開會（11日22時23分），進行討論事項第20案。（以下各案的討論經過，均從略。）

主席（摘述）：報告院會，本會期自98年9月18日開議至今，共通過111件議案，除通過99年度中央總預算案外，並完成「行政院組織法」等多項政府組織再造相關法案及文化創意產業發展法等等民生法案，對國家政經制度發展均有深遠影響，在此謝謝大家的辛苦與努力。散會（1月13日0時28分）。[29]

（二）立法院第8屆第4會期第1次臨時會第1次院會

時間：103年1月28日（星期二）上午9時30分
地點：本院議場
主席：王院長金平　洪副院長秀柱
秘書長：林錫山
副秘書長：周萬來

主席：現在繼續開會。進行覆議案之處理事項。（略）

主席：現在繼續開會（11時20分）。進行討論事項第1案。
一、本院社會福利及衛生環境委員會報告併案審查行政院函請審議、委員王育敏等28人、委員管碧玲等21人、委員丁守中等25人、委員鄭汝芬等19人、委員趙天麟等19人、民進黨黨團、委員陳節如等20人、委員尤美女等23人、委員王育敏等29人、委員田秋堇等21人、委員李慶華等23人、委員徐欣瑩等35人、委員陳亭妃等19人、委員徐欣瑩等37人、委員田秋堇等19人擬具「食品衛生管理法部分條文修正草案」、委員江惠貞等21人、林淑芬等20人擬具「食品衛生管理法第17條條文修正草案」、委員鄭汝芬等34人擬具「食品衛生管理法第3條及第31條條文修正草案」、委員劉建國等19人擬具「食品衛生管理法第34條條文修正草案」、委員王惠美等27人、委員蔡正元等51人擬具「食品衛生管理法第11條、第31條及第33條條文修

29　同前注公報，99卷，5（二）期，1及513頁。

正草案」、委員李桐豪等27人擬具「食品衛生管理法第45條及第47條條文修正草案」、委員葉津鈴等18人、委員羅淑蕾等22人擬具「食品衛生管理法增訂第46條之1條文草案」、委員蔣乃辛等20人擬具「食品衛生管理法第21條條文修正草案」、委員蔣乃辛等26人擬具「食品衛生管理法第22條條文修正草案」、委員黃昭順等23人擬具「食品衛生管理法第44條、第49條及第52條之1條文修正草案」、委員賴士葆等25人、委員許添財等21人、委員黃志雄等17人擬具「食品衛生管理法第49條條文修正草案」、委員趙天麟等19人、委員陳亭妃等17人、委員吳宜臻等18人擬具「食品衛生管理法增訂第56條之1條文草案」、委員羅淑蕾等21人、委員江惠貞等22人、委員葉津鈴等16人、委員蔣乃辛等17人、委員吳育仁等20人擬具「食品衛生管理法第43條條文修正草案」、委員羅淑蕾等24人擬具「食品衛生管理法第44條及第49條條文修正草案」、委員劉建國等23人擬具「食品衛生管理法第43條之1及第49條條文修正草案」、委員江惠貞等23人、委員陳根德等23人擬具「食品衛生管理法第44條、第45條及第49條條文修正草案」、委員蔣乃辛等19人擬具「食品衛生管理法第44條及第44條之1條文修正草案」、委員馬文君等20人擬具「食品衛生管理法第45條及第49條條文修正草案」、委員鄭汝芬等18人擬具「食品衛生管理法第38條條文修正草案」、委員蔣乃辛等25人擬具「食品衛生管理法第9條之1條文修正草案」、委員蔣乃辛等20人擬具「食品衛生管理法第44條、第49條及第49條之1條文修正草案」、委員吳育昇等20人擬具「食品衛生管理法第44條、第49條及第56條條文修正草案」、委員李桐豪等27人擬具「食品衛生管理法第6條條文修正草案」等50案。

主席：審查報告已宣讀完畢，請趙召集委員天麟補充說明。（不說明）召集委員無補充說明。

本案經審查會決議：「須交黨團協商」，因尚待協商，作如下決議：「協商後提出本次會議處理」。[30]

主席：現在進行討論事項第2案（略）。

主席：現在進行討論事項第3案（略）。

主席：現在繼續開會（17時54分），回頭處理討論事項第1案。本案經第4會期第1次臨時會第1次會議決議：協商後提出本次會議處理。現已完成協

30 參閱立法院公報，103卷，12期，民國103年2月10日，8-280頁。

商，宣讀協商結論（略）。

主席：請問院會，對以上朝野協商結論有無異議？（無）無異議，通過。本案進行逐條討論時，逕依協商結論處理。

主席：報告院會，會議時間延長至本案處理完畢後散會。現在進行逐條討論。（逐條討論及繼續進行三讀等經過，均從略。）

主席（摘述）：報告院會，本次臨時會議案均已處理完畢，現在散會（19時11分）。[31]

二、相關規範

（同前策略）

三、策略研析

前已述及，立法院院會除舉行質詢時延長至排定委員質詢結束爲止外，如須處理臨時提案，則於下午5時一到，即改進行臨時提案的處理。若經協商該次會議不處理臨時提案時，則按立法院議事規則第22條第1項的規定，於下午6時散會。惟爲處理急迫性的法案，亦可經由黨團協商或主席提請於下午6時散會時間屆至後予以延長。上述兩案例，即採此延時續議的策略，經黨團協商或主席提出延長時間，繼續討論各項法案。

第五節　保留擱置

擱置動議，係指會員對於議案認爲不適宜即時討論與表決，而又不願予以打銷時，即可提出擱置動議。一般將是項動議通稱爲「保留」或「緩議」；擱置動議需要附議，不經討論，逕付表決；如經通過，應將其所指的本題及有關的附屬動議，一併予以擱置[32]。

擱置動議與抽出動議，係爲相對應的動議。議案被擱置以後，如經提議抽出，可重付討論與表決；倘無人提議抽出，可能面臨無期擱置，等同於無期延

31　參閱前注公報，287-310頁。

32　參閱王冠青：前書，36-40頁。

期動議，遭到打銷的命運[33]。

立法院並無明文規範擱置動議與抽出動議相關程序，對於議案經院會付委審查，而審查委員會擱置不予繼續審議，亦未予規定（有關中止委員會審查及屆期失效相關策略，容於本章第10節及第7章第5節再予分別論述）。就立法實務以觀，大抵由出席委員提出緩議的動議加以處理。茲依院會與委員會保留再議分別敘明。

策略37　院會保留再議

一、議場實景

（一）立法院第 2 屆第 5 會期第 2 次院會

時間：84年2月23日（星期四）上午10時

地點：本院議場

主席：劉院長松藩

秘書長：謝生富

秘書長：出席委員83人，已足法定人數。

主席：現在開會，進行報告事項（略）。

主席：現在進行討論事項第3案（第1案及第2案，均從略。）。

三、本院委員廖福本等18人擬具「農民健康保險條例部分條文修正草案」，並請逕付二讀，請公決案。

主席：本案經提本院第2屆第4會期第36次會議討論決議：第12條及第13條下次會議處理。爰於本次會議提出處理。

因上次院會決議，農保條例及勞保條例併案處理，而農民健康保險條例第12條有3項修正動議，依朝野協商，先由提案人發言3分鐘後，即留待表決。（勞保條例處理部分，從略。[34]）

主席：現在請提案人李源泉委員發言。（提案委員及修正動議委員的發言內容，均從略。）——以下僅就農民健康保險條例第12條第3項修正動議部分加以敘明。

33 依會議規範第41條規定，無期延期動議如得可決，議案視同打銷。該項動議的提出，旨在會員認爲議案不合時宜無討論價值，或討論時將引起糾紛或重大不良結果，而無期延期動議的處理原則，則需要附議，可以討論，並不可重提。參閱前注。

34 參閱立法院公報，84卷，9期，民國84年3月1日，52-61頁。

主席：現在處理戴委員振耀等38人所提增訂第3項的修正動議。請宣讀。

委員戴振耀等38人對第12條增訂第3項文字如下：在國民年金尚未實施前，65歲以上未請領其他老年生活津貼之農民被保險人得請領每個月3,000元的老農津貼，費用由農保主管機關編列預算支出。

主席：請問院會，對戴委員振耀等所提增訂第12條第3項的修正動議。戴委員堅持處理。

主席：現在按鈴。

（按鈴）

主席：贊成戴委員振耀等38人提議增訂第12條第3項者請按「贊成」，反對者請按「反對」，棄權者請按「棄權」，計時1分鐘，現在進行表決。

（進行表決）

主席：報告表決結果：出席委員119人，贊成者58人，反對者53人，棄權者8人，未過半數。重新表決。

（按鈴）

主席：贊成戴委員振耀等38人提議增訂第12條第3項者請按「贊成」，反對者請按「反對」，棄權者請按「棄權」，計時1分鐘，現在進行重新表決。

（進行表決）

主席：報告表決結果：出席委員117人，贊成者67人，反對者50人，多數，通過[35]。

（二）立法院第2屆第5會期第6次院會

時間：84年3月9日（星期四）上午10時3分

地點：本院議場

主席：劉院長松藩　王副院長金平

秘書長：謝生富

秘書長：出席委員93人，已足法定人數。

主席：現在開會，進行報告事項（略）。

主席：現在繼續開會（上午11時16分）。現有陳委員傑儒等52人提出暫緩審議農民健康保險條例部分條文修正草案之動議。

35　參閱前注公報，61-64頁。

動議：本院委員陳傑儒等52人，基於立法、行政部門照顧農民福利之共識，行政院連院長戰於3月8日記者會宣佈，將於3月底前提出「農民老年福利金暫行條例草案」，並於6月底前提出「農民年金法草案」送請本院審議，爰建議將「農民健康保險條例部分條文修正草案」乙案暫緩審議，俟行政院案送達後併同審議。是否有當？提請公決案。

主席：李委員慶雄等提案進行記名表決。

主席：現在進行記名表決。贊成陳委員傑儒等52人所提變更議程動議，暫緩審議農民健康保險條例部分條文修正草案者，請按「贊成」，反對者請按「反對」，棄權者請按「棄權」，計時1分鐘，現在進行表決。

（進行表決）

主席：報告院會表決結果：出席委員115人，贊成者64人，反對者51人，棄權者0人，變更議程動議通過。

李委員慶雄：本席要求重付表決。

主席：李委員慶雄要求重付表決，現在爲李委員徵求附議。附議者，請舉手。

主席：附議者40人，成立。現在重付表決，採記名表決方式。

贊成陳委員傑儒等52人所提變更議程動議，暫緩審議農民健康保險條例部分條文修正草案者，請按「贊成」，反對者請按「反對」，棄權者請按「棄權」，計時1分鐘，現在進行表決。

（進行表決）

主席：報告院會表決結果：出席委員122人，贊成者68人，反對者54人，棄權者0人，變更議程動議通過。

主席：現作如下決議：「廖委員福本等18人所提農民健康保險條例部分條文修正草案，俟行政院提出農民老年福利金暫行條例草案及農民年金法草案送達本院後併同審議。」[36]

二、相關規範

會議規範第38條

擱置動議如經通過，應將其所指之本題及有關之附屬動議，一併擱置之。擱置之議案，得於本會期中動議抽出之。

---

36 參閱立法院公報，84卷，13期，民國84年3月15日，34-36頁。

抽出動議之提出，得於無其他動議或事件在場時行之。

抽出動議通過後，應由原案擱置時所在之秩序，繼續進行。

三、策略研析

本案因院會處理農民健康保險條例部分條文修正草案時，通過戴委員振耀等所提增訂第12條第3項的修正動議，65歲以上未請領其他老年生活津貼之農民被保險人得請領每個月3,000元的老農津貼。但行政院認爲社會保險與社會福利性質不同，不宜訂定於該保險條例中，而由執政黨黨團提請暫緩審議，並改協調由行政院提出「老年農民福利金暫行條例草案」，並將該案予以保留擱置[37]。

策略38　委員會保留擱置

一、議場實景

立法院第5屆第3會期法制、教育及文化兩委員會第1次聯席會議

時間：中華民國92年3月31日（星期一）上午9時40分、下午2時30分

地點：本院第3會議室

主席：湯委員金全

主席：出席委員已足法定人數，現在開會。進行討論事項。

審查行政院函請審議「中正文化中心設置條例草案」案。

主席：現在請教育部范次長報告（略）。

主席：繼續請銓敘部顏次長報告（略）。

主席：現在進行詢答，每位委員發言時間爲12分鐘，不再延長，並於10時30分截止登記。（委員針對本案的發言，僅摘述其支持或反對繼續審查的內容。）

首先，請林委員濁水發言。

林委員濁水（摘述）：社會上質疑在行政法人基準法尚未通過之前，即要通過兩廳院以行政法人的方式設置的合法性，但基於本法具有相當的緊

---

37 參閱行政院農業委員會主任委員孫明賢在立法院內政及邊政等委員會聯席會議對行政院所提「老年農民福利金暫行條例草案」（名稱後經修正爲老年農民福利津貼暫行條例）審查會中補充說明。參閱立法院公報，84卷，30期，民國84年5月20日，41頁。

迫性，請各位委員支持。[38]

主席：請呂委員學樟發言。

呂委員學樟（摘述）：本席支持中正文化中心儘速法人化，但行政法人基準法尚未審查，即審查中正文化中心組織條例，就程序而言，似乎是母法未過，而子法先行。如果法制委員會通過本法，在立法技術上是有所違背。[39]

主席：請吳委員東昇發言。

吳委員東昇（摘述）：我贊成行政自由化，有獨立的人事權、預算權，可使行政機關的行政效力大幅提高。因此，請各位支持這項條例，讓政府的行政效率大幅提升。[40]

主席：請黃委員昭順發言。

黃委員昭順（摘述）：在母法未通過時，即進行子法的審查，外界對此產生相當的疑慮。因此，本席具體建議，在大體討論完畢後，暫不審查本條例，等行政法人基準法送來本院審查完畢以後再審中正文化中心設置條例。[41]

主席（黃委員昭順代）：請湯委員金全發言。

湯委員金全（摘述）：審查本案的最主要原因，是中正文化中心成立（民國76年）這麼久，仍是一個黑機關。對我們推行法制化並非好現象。因此，還是希望此案能儘早法制化。[42]

主席：請洪委員秀柱發言。

洪委員秀柱（摘述）：本席對本案並無既定立場。但在行政法人建置原則及設置條例中，該法人的設置程序及董事會設立中提到應制定行政法人設置基準或通則性法律，作爲行政法人的規範依據。因此，這個法案未送來前，即要審查本設置條例，實有違背此原則而比較不能接受。[43]

主席：請楊委員麗環發言。

楊委員麗環（摘述）：本席認爲應先確定行政法人母法的定義，以免產生疑義。因此，行政法人基準法完成立法後，再處理中正文化中心的問題。[44]

---

38 林委員濁水的發言內容，參閱立法院公報，92卷，20（上）期，民國92年4月26日，227-229頁。

39 呂委員學樟的發言內容，參閱前注公報，229-231頁。

40 吳委員東昇的發言內容，參閱前注公報，233-235頁。

41 黃委員昭順的發言內容，參閱前注公報，235-237頁。

42 湯委員金全的發言內容，參閱前注公報，237-239頁。

43 洪委員秀柱的發言內容，參閱前注公報，240-242頁。

44 楊委員麗環的發言內容，參閱前注公報，244-247頁。

主席：請關委員沃暖發言。

關委員沃暖（摘述）：現在中正文化中心設置條例的母法行政法人設置基準法尚未送本院審議，爲避免母法、子法相關條文互相衝突，影響立法品質。本席建議等行政法人設置基準法通過後，再將中正文化中心設置條例提出審查。[45]

主席：請黃委員德福發言。

黃委員德福（摘述）：目前對行政法人的概念與功能尚不清楚，本席認爲不應於此情況下，貿然處理中正文化中心的問題。法制委員會似應先行舉辦公聽會後，再處理本法案。[46]

主席：請黃委員敏惠發言。

黃委員敏惠（摘述）：行政法人設置基準法若沒有通過，即貿然處理中正文化中心行政法人化是非常危險。本席認爲在行政院通過行政法人設置基準法後，再一併討論比較適當。因此，行政院應該趕快將基本法送來，讓我們在審議中正文化中心設置條例時有所依據。[47]

主席：報告聯席會，詢答結束，是否繼續進行大體討論。

黃委員德福（在席位上）：請主席處理提案。

主席：現在休息，進行協商。（休息）

主席：現在繼續開會，報告聯席會，現有一臨時提案。

提案：因「中正文化中心設置條例草案」之母法「行政法人設置基準法」，行政院尚未送立法院審議，爲免發生子法與母法部分條文相衝突影響立法品質情況，建請就「行政法人設置基準法」舉行公聽會並完成立法程序後再審議。是否有當？敬請公決。

提案人：李嘉進

連署人：洪秀柱　黃敏惠　關沃暖　黃昭順　蔡中涵　郭添財
呂學樟　劉政鴻　黃德福

主席：請問院會，對本案有無異議？（無）無異議，通過。本案作如下決議：「本案報告及詢答結束，另定期舉行會議繼續審查。」[48]

---

45 關委員沃暖的發言內容，參閱前注公報，247-249頁。

46 黃委員德福的發言內容，參閱前注公報，249-250頁。

47 黃委員敏惠的發言內容，參閱前注公報，251-253頁。

48 參閱前注公報，253頁。

二、相關規範

（同前規範）

三、策略研析

本案因母法「行政法人設置基準法」，行政院尚未送立法院審議，多數委員對於本案認為不適宜即時討論與表決，乃運用是項策略，提議將其緩議而予擱置（pigeonhole）。除非委員向院會提出中止委員會審查（或稱解除委員會責任）的動議，使被擱置的法案由委員會抽回院會逕行處理，否則該法案將因屆期不繼續審議原則，而面臨國會周期的結束而死亡。

第六節　輪番發言

討論係會議成員對當前議題貢獻己見，其發言權應受相當的保障；在討論必須與議題有關、一時不議二事等原則[49]外，討論自由亦為討論的重要原則之一。但各種會議為使寶貴時間得作公平地分配，除少數議會允許會議成員作「冗長演說」（Filibuster）[50]外，往往對發言的時間與次數加以限制。因此，國會少數黨團如欲阻撓議案的處理，則往往要求所屬成員登記發言，運用此「輪番上陣術」的策略，以期達到拖延議事的目的。茲舉「產業創新條例草案」制定過程，說明是項策略的運用。

策略39　輪番上陣

一、議場實景

（一）立法院第7屆第5會期第6次院會

時間：99年3月26日（星期五）上午10時5分

---

49 依會議規範第45條規定，有關動議之討論，應依優先次序，逐一進行，在同一時間，不得討論二動議，稱之為一時不議二事原則；而肯南定律（Cannon Rule），則以正面語態表示，為一時議一事原則（One time, One business）。兩者實為異詞同義。

50 美國參議院內少數者為了阻撓法案或修正案逕付表決所採行的拖延戰術，透過不間斷的演說，以迫使多數者讓步的手段，而作為有力談判的工具。參閱Richard A. Arenberg and Robert b. Dove: Defending the Filibuster, Indiana Univ. Press, 2012, pp. 19-22；Walter J. Oleszek: Congressional Procedures and the Policy Process, 2nd ed., Washington, D. C.: Congressional Quarterly Inc., 1984, pp. 185-187，引自湯德宗譯：《國會程序與政策過程》，初版，台北：正中書局，民國81年3月，257-259頁。

地點：本院議場
主席：王院長金平
秘書長：林錫山

秘書長：出席委員38人，已足法定人數。
主席：現在開會，進行報告事項（略）。
主席：現在繼續開會（3月30日上午9時4分），在進行討論事項之前，先處理變更議程案（略）。
主席：報告院會，現在休息，進行協商（9時4分）。
主席：現在繼續開會（10時16分），進行討論事項第1案。
一、(1)本院經濟委員會報告審查行政院函請審議「產業創新條例草案」案。
(2)本院委員潘孟安等18人擬具「產業創新升級條例草案」，請審議案。
主席：以上二案經提本院第7屆第4會期第16次會議討論決議：協商後再行處理。爰於本次會議繼續討論。
主席：現在進行廣泛討論。請柯委員建銘發言，發言時間爲3分鐘。
柯委員建銘：（10時17分）主席、各位同仁。今天我們在這裡討論產創條例，事實上，對於這個條例的重要性，民進黨比國民黨更在意，我們希望在這個條例通過以後，能夠讓台灣產業有一個公平競爭的環境，以促進產業的發展。我們今天在這個地方要譴責國民黨，因爲從昨天到今天早上，還有我們剛才一直在院長室進行朝野協商，國民黨完全不談，也就是說，國民黨要複製過去審查地制法時的那種國會多數暴力，要強行通過所有的法案。這代表立法院從此以後就走上一個新的開始，可是這個新的開始是一種惡劣的開始，就是朝野從此不協商，對於這樣的後果，國民黨要自行負責。本席在此要代表民主進步黨提出嚴重的抗議，因爲我們今天早上是很有誠意的要跟國民黨談。（以下所述產創條例中營所稅降低到17.5%等主張的內容，均從略。）
主席：請陳委員亭妃發言。也請各位委員回到自己的座位上。
柯委員建銘：（在台下）院長，這樣子沒辦法處理啦！
主席：請陳委員亭妃發言。
柯委員建銘：（在台下）我們要求國民黨出來協商！爲什麼不敢出來協商呢？難道要靠你們的國會多數暴力嗎？

陳委員亭妃：（在台下）要求協商！

蘇委員震清：（在台下）要求國民黨協商！

陳委員亭妃：（在台下）要求協商！

柯委員建銘：（在台下）你們要複製地制法嗎？請金溥聰出來講、請馬英九出來講啦！

陳委員亭妃：（在台下）傳統產業也需要照顧啊！進行協商！

主席：請大家回到座位上，讓陳委員亭妃發言。

蔡委員同榮：（在台下）我們不回去啦！大家都來這邊站。

主席：請陳委員亭妃發言。陳委員，妳應該趁這個時間發言嘛！

陳委員亭妃：（在台下）我們要求傳統產業也要一併納入，不能圖利大財團，犧牲中小企業，要求協商！

林委員鴻池：（在台下）中國國民黨黨團願意協商。

主席：他想要表達願意協商的態度，看看陳委員亭妃願不願意將時間讓給他，因爲調換次序就可以了。

林委員鴻池：（在台下）讓我講兩句話。

陳委員亭妃：（在台下）直接協商嘛！

主席：現在國民黨希望有機會在麥克風前表達他們願意協商的態度，看看陳委員亭妃願不願意將時間讓給他們。

陳委員亭妃：（在台下）廣泛討論結束後，他們就要使用多數、強壓的方式進行表決了！

林委員鴻池：（在台下）讓我講1分鐘嘛！

陳委員亭妃：（在台下）如果要協商，根本不需要進入廣泛討論嘛！

林委員鴻池：（在台下）主席，給我們2分鐘，然後再進行協商。

主席：現在是廣泛討論的時間，必須依照登記次序進行發言，除非現在擁有發言權利的陳委員亭妃願意將時間讓出來，和你對調次序，這樣你才有機會上台發言。

陳委員亭妃：（在台下）主席，既然國民黨黨團說要協商，你就宣布休息協商嘛！

林委員鴻池：（在台下）先讓我講2分鐘，表達一下黨團的看法。

主席：無論你要講什麼話，還是要透過廣泛討論的程序來進行，可是你登記的次序在比較後面，現在是屬於陳委員亭妃的發言時間，只要你徵得她的同意，對調發言順序後，就可以上台發言了。

陳委員亭妃：（在台下）先幹部協商啦！

林委員鴻池：（在台下）國民黨黨團部分我可以做決定，我們一定協商，民進黨誣衊我們不願意協商，其實不是，中國國民黨要協商！但請先給我2分鐘的時間發言。

主席：你先徵得她的同意，她同意後你就可以上台發言。

林委員鴻池：（在台下）我們願意協商，但是先讓我們講兩句話嘛！2分鐘就夠了嘛！

李委員俊毅：（在台下）既然國民黨願意協商，請院長趕快宣布現在休息協商。

林委員鴻池：（在台下）給我1分鐘好不好？

主席：這不是1分鐘、2分鐘的問題，而是誰有權利上台發言的問題啦！陳委員，本席正式請問你，你願不願意把發言時間讓給林委員鴻池？

陳委員亭妃：（在台下）他們如果要協商的話，我們的總召就在這裡，他不必發言就可以直接協商。

林委員鴻池：（在台下）我們願意協商，只要給我1分鐘。

主席：我再次徵詢陳委員，你願不願意和林委員鴻池對調發言順序？

陳委員亭妃：（在台下）休息協商！

主席：現在休息（10時34分）。

主席：現在繼續開會（17時1分）。討論事項第1案作如下決定：「繼續進行廣泛討論。」[51]

（二）立法院第7屆第5會期第7次院會

時間：99年4月2日（星期五）上午10時

地點：本院議場

主席：王院長金平　曾副院長永權

秘書長：林錫山

副秘書長：周萬來

秘書長：出席委員47人，已足法定人數。

主席：現在開會，進行報告事項（略）。

主席：現在進行討論事項第1案。

一、(1)本院經濟委員會報告審查行政院函請審議「產業創新條例草案」案。

51 參閱立法院公報，99卷，18（一）期，民國99年4月7日，1及107-109頁。

(2)本院委員潘孟安等18人擬具「產業創新升級條例草案」，請審議案。

主席：以上二案經提本院第7屆第5會期第6次會議併案討論決議：繼續進行廣泛討論。爰於本次會議繼續進行廣泛討論。

本案現在繼續進行廣泛討論。

請陳委員亭妃發言，發言時間爲3分鐘。（11時2分）

（以下共有陳委員亭妃等19位委員發言，相關發言內容，均從略。）

主席：報告院會，廣泛討論發言已經完畢，4月6日（星期二）上午9時繼續開會，進行逐條審查。現在休息（14時46分）。[52]

二、相關規範

（一）立法院議事規則

1. 第29條

出席委員請求發言，應親自向主席台議事處簽名登記，並依登記順序發言，如經雙方同意者，得互調發言順序。（第1項）

登記發言之委員，經主席唱名3次仍不在場者，視爲棄權。（第2項）

主席得於討論適當時間，宣告截止發言之登記。（第3項）

2. 第30條

委員發言之時間，由主席於發言前宣告之。（第1項）

超過前項時間者，主席得中止其發言。（第2項）

3. 第31條

除下列情形外，每1委員就同1議題之發言，以1次爲限：

一、說明提案之要旨。

二、說明審查報告之要旨。

三、質疑或答辯。

4. 第57條第2項

各種委員會會議得不適用本規則第31條之規定。

52 參閱立法院公報，99卷，20期，民國99年4月12日，1及50-61頁。

（二）會議規範

1. 第24條

出席人發言，須先以左列方式之一，請求發言地位。經主席認可後，始得發言。

(1)舉手並稱呼主席請求發言。

(2)以書面請求，遞交主席，並註明姓名或議席號數。

主席對前項各款之請求，應點首示意，或稱呼會員，准其立即發言，或紀錄各請求人之姓名席次，依次准其發言。

左列事項無需討得發言地位，並得間斷他人發言：

(1)權宜問題。

(2)秩序問題。

(3)會議詢問。

(4)申訴動議。

2. 第28條

發言應簡單扼要，同一議案，每人發言以不超過兩次，每次以不超過5分鐘爲宜。但所有出席人均已輪流講畢，或另有規定者不受此限。提案之說明、質疑之應答、事實資料之補充、工作或重要事項之報告，經主席許可者，不受前項之限制。

出席人如需延長或增加發言次數，應請求主席許可爲之。必要時，主席應徵詢會眾有無異議，如有異議，應付表決。

三、策略研析

少數黨無論是運用「冗長演說」或「輪番上陣術」的策略，其主要目的旨在於阻撓議事的順利進行。因此，除非成功地動議「停止討論」（容於下節論述）而結束討論外，只能透過非正式的協商妥協。民進黨黨團爲取得協商的空間，乃於進行廣泛討論時，運用「輪番上陣術」的策略，要求所屬成員登記發言，終得多數黨的同意，而得以進行黨團協商[53]。

53　參閱國民黨政策會執行長林委員鴻池於廣泛討論時的發言內容，前注公報，60頁。

第七節 停止速決

停止討論（Cloture），係對在場討論的議案進行中予以動議結束討論即行提付表決；其作用在防止冗長纏綿的討論，使議案得在適當的時機提付表決[54]。因此，是項「速戰速決術」乃爲前節所述「輪番上陣術」相對應的策略。

停止討論的可決數額，各國議會或團體有不同的規定，對於此策略的運用成敗具有相當的影響。美國參議院議事規則第22條規定須有16位參議員連署，3/5（即60位議員）同意，停止討論始成立[55]，而會議規範第59條則規定須得參加表決的2/3以上贊同者，方得可決。至於立法院，則依該院職權行使法第6條的規定，以出席委員過半數的同意，即可停止討論。就上述以觀，立法院運用「停止討論」的策略而結束討論，則相對地容易。爲便於說明，仍依上節「產業創新條例草案」案例加以敘明。

策略40 速戰速決

一、議場實景

立法院第7屆第5會期第9次院會
時間：99年4月16日（星期五）上午10時
地點：本院議場
主席：曾副院長永權
秘書長：林錫山

秘書長：出席委員55人，已足法定人數。
主席：現在開會，進行報告事項（略）。
主席：現在繼續開會（10時16分），進行討論事項第1案。
一、(1)本院經濟委員會報告審查行政院函請審議「產業創新條例草案」案。

54 參閱李明恭編著：《會議規範之說明及運用》，初版，台北：正中書局，民國83年3月，59頁。
55 美國參議院爲防禦冗長的演說，乃於1917年起採行停止討論的策略，參閱Richard A. Arenberg and Robert b. Dove, op.cit., pp. 22-27；Martin B. Gold: Senate Procedure and Practice, Maryland: Rowman & Littlefield Inc., 2004, pp. 45-48。

(2)本院委員潘孟安等18人擬具「產業創新升級條例草案」，請審議案。

主席：以上二案經提本院第7屆第5會期第7次會議併案廣泛討論未畢，爰於本次會議繼續討論。現已完成協商，請宣讀協商結論。

行政院函請審議「產業創新條例草案」案及本院委員潘孟安等18擬具「產業創新升級條例草案」案協商結論

協商時間：中華民國99年4月6日（星期二）上午9時30分至11時5分
中華民國99年4月7日（星期三）下午3時15分至5時2分
中華民國99年4月9日（星期五）上午10時10分至11時5分
中華民國99年4月13日（星期二）下午2時30分至3時50分
中華民國99年4月14日（星期三）下午3時30分至4時25分

協商地點：本院議場3樓會議室、本院2樓院長宴客廳

協商結論：一、同意依行政院所提建議條文爲討論之版本（如附件——略），各黨團均得對其提出修正動議（請於4月16日上午前提出）；審查會及潘委員孟安等18人提案均列入紀錄，刊登公報，不再處理。

二、院會處理本案時，無異議條文均不發言；須表決條文，除第10條、第11條條文，依議事程序處理外，餘由各黨團推派代表2人發言，發言後即進行表決。

三、行政院所提建議條文如因各黨團所提修正動議致須配合處理者，暫行保留，俟修正動議表決結果後，再行處理。

四、4月16日（星期五）院會通過本案及促進產業升級條例廢止案後，始行休息。

五、民進黨黨團所提增訂第11條之2條文表決後，如未通過，改列附帶決議。

六、通過附帶決議1項：本條例公布施行後，企業在3年內如有違反保護勞工或環境之相關法律情節重大，或未遵守身心障礙者權益保障法相關規定之情事，不得申請本條例之獎勵、補助或優惠措施。

協商主持人：王金平

協商代表：蔡同榮　陳瑩　李俊毅　林鴻池　林益世（代）
顏清標（代）　林炳坤（代）

主席：請問院會，對以上協商結論有無異議？（無）無異議，通過。本案進

行逐條討論時，逕依協商結論處理。[56]

現在進行逐條討論，宣讀行政院所提建議條文。（法案名稱及條文內，除第10條、第11條因依議事程序處理而有停止討論情事外，餘均按協商由各黨團推派代表2人發言後即進行表決，本節不再論述，另第11條處理過程，與第10條相同，亦不予贅述。）

主席：現在處理行政院所提建議條文第10條及民進黨黨團所提修正動議條文第10條。

行政院所提建議條文：

第10條　爲促進產業創新，公司得在投資於研究發展支出金額15%限度內，抵減當年度應納營利事業所得稅額，並以不超過該公司當年度應納營利事業所得稅額30%爲限。

前項投資抵減之適用範圍、申請期限、申請程序、核定機關、施行期限、抵減率及其他相關事項之辦法，由中央主管機關會同財政部定之。

民進黨黨團所提修正動議條文：

第10條　（刪除）

主席：現在請賴委員清德發言。

賴委員清德（摘述）：民進黨主張促產條例落日，把省下來的稅負減免用來調降營業所得稅，從25%降到17.5%，這是經過規劃和計算的，也是稅負聯盟討論出來的結果。今天馬英九竟然爲了選舉，把營業所得稅從反對的狀況下一下子調降到17%。馬英九執政才一年多，舉債就已一兆多元，國際信評機構已經將台灣的財政狀況由正向轉爲負向，結果政府還這樣亂搞！所以民主進步黨黨團主張，爲了稅負的公平性，應該要將第10條刪除。

主席：請彭委員紹瑾發言。

彭委員紹瑾（摘述）：產業創新條例的立法過於倉促，沒有經過充分的大體討論和逐條討論，本席非常遺憾。無論是租稅或發展，產業創新條例應該對中小企業加以扶植與資助，所以產業創新條例第10條規定，投資於研究發展支出金額15%限度內，抵減營所稅，我們認爲這個條文應該予以刪除，因爲這是爲了租稅公平、平均正義，這個觀念非常重要。其實當時國民黨也沒有說要讓中小企業降低營所稅，但是最後卻忽然間朝令夕改、朝政夕改、忽南忽北，馬上就說要降成17%，要搶在

56 參閱立法院公報，99卷，26（一）期，民國99年4月27日，1及34-90頁。

民進黨的前面，這種作法非常不負責任，這就表示他們這個政策的品質非常草率，在此情形下，我們認爲不太妥當。

主席：請葉委員宜津發言。

葉委員宜津（摘述）：這個產業創新條例在民進黨的努力之下，讓全國的產業都可以基於稅賦公平的原則，並兼顧國庫的收入，就是這部分調整到17.5%，國民黨甚至加碼到17%。基本上，降爲17.5%，這樣的損失是國庫可以負荷的，若降爲17%，其實我個人也可以接受，因爲只差了80億，但是再加上這種企圖掌控企業、拿國庫的損失當手段來掌控企業的作法，我們是沒有辦法接受的，尤其是受薪階級無法接受的，我們沒有辦法接受以國庫的損失做爲行政部門掌控企業的工具。

主席：請翁委員金珠發言。

翁委員金珠（摘述）：民主進步黨提出的17.5%就是根據相關資料而提出的，希望國民黨不要那麼不專業，隨隨便便的提出17%，然後研發投資抵減的208億還繼續留著，這樣怎麼對得起我們的社會和中小企業？

主席：請涂委員醒哲發言。

涂委員醒哲（摘述）：爲了簡政輕稅，我們認爲應該降低到17.5%，讓所有企業好好進行研發，好好成長。在輕稅簡政的情況下，從20%降到17.5%的金額差不多就是400億，產創條例圖利大財團的剛好差不多也是400億，但我們的作法卻能讓所有企業都得利，這是非常合乎邏輯的作法。本席不知道國民黨竟然一方面要圖利大財團，另一方面也要降到17%，兩者相加總共800多億，這樣不是頭腦有問題嗎？我們認爲應該不要大財團，而是好好照顧所有產業，增加他們的生存空間，讓他們能夠鬆一口氣，這才是產創條例應該要修正的重點。

主席：請陳委員亭妃發言。

陳委員亭妃（摘述）：財政部長在政黨協商時一再堅持不能降到20%以下，但在馬英九喊出17%時，財政部長又改變方向。本席不知道這是因爲他看到民進黨的堅持與監督，而讓那麼多民意站在民進黨這邊，所以不得不改口爲17%？如果是這樣，就表示產創從頭到尾根本沒有經過好好研擬，根本就只是財政部長一味的想法。既然如此，我們又爲什麼要通過一個獨厚大財團，且違反公平租稅精神的產創條例？

主席：柯委員建銘發言。

柯委員建銘（摘述）：今天審查產業創新條例，國民黨提出17%的稅率，民進黨強調的不是相差0.5%，而是國家政策應該怎麼走的問題。我們不是不贊成研發，研發是每個產業生存的基本要素，事實上，現在民間產業的所有研發能量已經超過工研院及國家的研究單位。我們不希望看到國家假研發之名，行補助財團之實，這只是國民黨一味討好的政策，而這個政策是國民無法接受的。

主席：請陳委員節如發言。

陳委員節如（摘述）：馬總統在4月11日突然跳到第一線將產創硬是改成17加1加1版本，改變了行政院原有的產創立場，馬總統的一席話，硬是讓國庫再增加547億稅損。因此，今天產創的立法，就是「債留子孫」、「圖利財團」、「債借光、錢花光」。

主席：請簡委員肇棟發言。

簡委員肇棟（摘述）：民主進步黨提出調降營業稅率至17.5%是經過仔細的計算，而百年老店的中國國民黨居然跟著加碼。就第10條而言，明明獎參條例和促產條例慷人民之慨的例子已經太多了，如今又要在新的產創條例中，加入這種圖利財團的法條。所以我們認爲，第10條是應該刪除的法條。

主席：請黃委員淑英發言。

黃委員淑英（摘述）：有關企業研發發展的租稅優惠，不但圖利財團產業更是劫貧濟富的條款。所以今天支持這個條款的通過，就是支持政府劫貧濟富。

主席：請李委員俊毅發言。

李委員俊毅（摘述）：民進黨爲什麼主張刪除第10條條文，其理由爲(1)我們已經朝野協商同意全面降低營業所得稅，營業所得稅從20%降至17.5%，或者是調降爲17%，這都是考慮到企業在本身獲利之後，能夠投入更多的資金以提升產業競爭力，既然朝野都已經同意全面降低營業所得稅，就不應該再留有專門爲大財團所設計的投資抵減項目。(2)國家1年要花100億元以上來補貼這些大企業，這對於國家的稅損及整體企業發展公平環境的破壞，我們不忍看到最後中小企業淪爲犧牲品，所以我們要取消投資抵減的制度，希望能夠回歸一個稅制公平、企業發展的環境。

主席：請黃委員仁杼發言。

黃委員仁杼（摘述）：在與國民黨協商產業創新條例的過程中，原本民進黨主張營業所得稅調降至17.5%，最後我們同意與國民黨版本一樣降至17%，最主要是因爲民進黨一向都主張單一稅率、輕稅簡政。若依照國民黨第10條的版本，在研發創新也能夠抵減營業所得稅的情況之下，就不是要做單一稅率的部分，因此我們還是反對國民黨所提出第10條的版本，我們非常希望建立一個公平的稅制。

主席：請王委員幸男發言。

王委員幸男（摘述）：我們強烈主張立法院審查產業創新條例是將營業所得稅從20%降至17.5%或17%，雖然其中的差距不大，但是，國民黨不可以再開個後門讓大企業的營業所得稅從30%的額度中能夠獲得補助。因此，本席拜託國民黨立委，我相信你們贊成民進黨的主張，稍後我們投票表決時，請你們支持我們的版本。

主席：請賴委員坤成發言。

賴委員坤成（摘述）：民進黨認爲產業創新條例第10條已經將營業所得稅調降至17.5%，或者是國民黨建議將營業所得稅調降至17%。所以我們建議刪除第10條條文。

主席：請陳委員瑩發言。

陳委員瑩（摘述）：產創條例第10條是圖利特定事業的條文，由於行政程序的繁複，而研發生產認定困難，因此，有關研發及人才培訓，通常也只有大企業才受惠。爲了避免造成既有政府成立財團法人的美意效能不彰，也避免政府繼續實行補貼特定企業的優惠。所以本條文應該要刪除。

主席：請黃委員偉哲發言。

黃委員偉哲（摘述）：民進黨黨團主張第10條應該刪除，原因是第10條有爲財團量身訂做的嫌疑。第一、針對研究發展創新這部分，是絕大多數都是大財團才能夠享受投資抵減的優惠。對中小企業及傳統產業發展的幫助實在非常有限。第二、對於研究發展支出金額，我們現在看到的數字是15%的限度內可以作爲投資抵減，並以不超過該公司當年度應納營利事業所得稅額30%爲限。事實上，行政院院版原先的投資抵減數字是35%，後來莫名其妙地變成20%，現在又莫名其妙地變成15%，而適用所得稅抵繳的額度，原先是50%，現在又莫名其妙降爲30%，其間並沒有經過朝野協商進行充分的討論。

主席：請林委員淑芬發言。

林委員淑芬（摘述）：這次的產創條例在促產落日的時候提出這樣的法律，除了是馬英九總統所謂的降稅救經濟、救失業的愚民說法之外，事實上會造成我國財政上更大的災難。爲了大財團的研發抵減，營所稅降爲17%，這叫做救經濟，這種說法除了愚民之外，我們看不出來還有什麼樣的說法。所以我們拜託政府要爲世代正義與子孫負責。

主席：請羅委員淑蕾發言。

羅委員淑蕾（摘述）：民進黨一再說第10條是圖利財團，怎麼會圖利財團呢？這是眞正一體適用，無論是大、中、小企業只要有研發，都會提供一些租稅的優惠，對政府的施政來說，政府當然要照顧中小企業；但也要照顧大企業。本席希望世界任何一個先進國家對於企業的研發，是100%的支持與贊成。

主席：請蔡委員同榮發言。

蔡委員同榮（摘述）：國民黨本來主張4項租稅優惠，也就是人才培育、研發、物流中心、營運中心這4項；現在跟民進黨協商的結果，我們堅持不可以圖利財團，應該要公平的讓大家負擔稅收，建議營業稅從20%降到17.5%，國民黨最後接受民進黨這種建議；但是，卻說要降到17%，這有如菜市場在喊價，民進黨建議降到17.5%，國民黨就說要降到17%，所以國民黨是個不負責任的政黨。現在國民黨說租稅的優惠，從4項減到成1項研發，研發很重要；但是，研發只是大企業、大財團用得到而已，中小企業都用不到，讓中小企業是看得到吃不到，所以國民黨這種政策是圖利大財團。

主席：請曹委員爾忠發言。

曹委員爾忠（摘述）：本席擬針對產業創新條例第10條提出看法。現在國民黨重新執政，爲了讓臺灣重新出發，爲了創造第二波經濟奇蹟，我們才推動產創條例，如果沒有研發，還算產業創新嗎？產業創新、產業升級都需要研發，所以我們希望在產創條例中給各行各業中的大中小企業租稅優惠，這個產創條例絕對沒有大小之分，也沒有產業別之分，只要大家願意投入研發，我們都支持。

主席：請費委員鴻泰發言。

費委員鴻泰（摘述）：今天討論產業創新條例第10條，不管是大中小企業，統統可以適用第10條，希望所有大中小企業都具備國際競爭力。又只有讓研究發展落實，大中小企業的實力才會增強，國力才會強，國民平均所得才會增加。

主席：請楊委員瓊瓔發言。

楊委員瓊瓔（摘述）：我們希望台灣從OEM走向全世界，這個OEM務必要提升，我們不只要做組裝，更要有研發、創新的能力，這樣台灣才能走向全世界，台灣的產業才能發揚光大。期盼、拜託民進黨朋友支持，因爲在這15%當中，我們更限制了所有企業的營利事業所得稅不得超過30%的界限，所以我們希望民進黨的朋友支持國民黨的第10條版本，把餅做大。

主席：請趙委員麗雲發言。

趙委員麗雲（摘述）：有關產創條例第10條，國民黨團的提案，主要是針對促進產業創新的費用以研發支出15%爲度，也以該公司當年不超過年度的營利所得稅30%爲度，來做一種抵減。對各個國家來講，莫不是利用所有的手段來招商引資，尤其是對有發展潛力的產業，如果能夠把它留住在台灣，尤其最重要的研發部門，以各種手段把它留在台灣，讓台灣人來做、讓台灣人來分享、讓台灣的新生代有機會參與這種研發的過程，可說是意義非凡。因此，本席在此懇請朝野立委全力支持這個研發經費的抵減制度，支持本條文。

主席：請林委員鴻池發言。

林委員鴻池：主席、各位同仁。本案第10條已經經過24位委員充分發言，所以，本席在此提議第10條停止討論，逕付表決。

動議：建議本條停止討論逕付表決。是否有當？敬請公決。

提案人：中國國民黨立法院黨團　林鴻池

主席：針對第10條，林委員鴻池代表國民黨黨團提出停止討論、逕付表決的動議，請問院會，有無異議？（有）既有異議，現在進行表決。

贊成國民黨黨團提議第10條停止討論、逕付表決者請按「贊成」，反對者請按「反對」，棄權者請按「棄權」，計時1分鐘，現在進行記名表決。

（進行表決）

主席：報告表決結果：在場委員94人，贊成者61人，反對者33人，贊成者多數，通過。（表決結果名單，略。）

主席：第10條現在停止討論，逕付表決。

民進黨黨團針對第10條提出修正動議，建議將第10條刪除。

依照表決順序，先就民進黨黨團所提修正動議進行表決。贊成第10條刪除者請按「贊成」，反對者請按「反對」，棄權者請按「棄權」，計時1分鐘，現在進行記名表決。

（進行表決）

主席：報告表決結果：在場委員97人，贊成者33人，反對者64人，贊成者少數，不通過。（表決結果名單，略。）

李委員俊毅：（在席位上）本席提議重付表決。

主席：民進黨黨團提議重付表決。

民主進步黨立法院黨團，依本院議事規則第39條，提案要求本案重付表決。

主席：現在針對民進黨團所提修正動議進行重付表決。贊成第10條刪除者請按「贊成」，反對者請按「反對」，棄權者請按「棄權」，計時1分鐘，現在進行記名表決。

（進行表決）

主席：報告表決結果：在場委員95人，贊成者33人，反對者62人，少數，不通過。民進黨黨團所提修正動議條文第10條不通過。（表決結果名單，略。）

主席：孔委員文吉聲明方才表決係按「反對」，特此更正，列入紀錄。

現在進行表決。贊成行政院所提建議條文第10條者請按「贊成」，反對者請按「反對」，棄權者請按「棄權」，計時1分鐘，現在進行記名表決。

（進行表決）

主席：報告表決結果：在場委員96人，贊成者60人，反對者36人，多數，通過。本條照行政院所提建議條文通過。（表決結果名單，略。）[57]

二、相關規範

（一）立法院議事規則第 33 條

主席對於議案之討論，認爲已達可付表決之程度時，經徵得出席委員同意後，得宣告停止討論。（第1項）

出席委員亦得提出停止討論之動議，經15人以上連署或附議，不經討論，由主席逕付表決。（第2項）

（二）會議規範

1. 第39條

議案討論中，得提出停止討論動議，如得可決，議案應立付表決。

2. 第59條

左列各款，須分別達到其特定額數，方爲可決：

(1)須得參加表決之3/4以上之贊同者：

甲、關於變更團體宗旨或目的之表決。

乙、關於團體解散之表決。

57 參閱前注公報，126-140頁。

(2)須得參加表決之2/3以上之贊同者：

甲、關於修改團體組織或議事規則之表決。

乙、關於罷免會員之表決。

丙、關於處分團體財產之表決。

丁、關於已通過議事程序變更之表決。

戊、暫時停止實施議事規則一部之動議之表決。

己、停止討論動議之表決。

三、策略研析

本案因係經協商後處理，有關第10條討論時，爲尊重少數黨委員的發言，乃於24位委員充分發言後，始運用是項策略，提議停止討論，逕付表決。惟就實務以觀，多數黨爲掌控議案時程，往往立即運用此「速戰速決」策略，動議結束討論，並提付表決，立法院第7屆第4會期第1次臨時會第1次會議討論「地方制度法部分條文修正案」即爲顯例[58]。

第八節 修正變異

修正動議係就主動議的文字加以改變之意，爲會議中最常使用的一種附屬動議；此乃在討論議案時，如有一部贊成，一部反對，即可提出修正動議，以保其贊成部分，革去不滿部分，而稱之爲「門面整修術」。

修正動議的提出，須與本題有關；其方式有民權初步方式（會議規範第50條）及聯合國使用方式（會議規範第51條）。在各種會議，得用任何一種行之，但同一次會議中，以採用同一種方式爲限。就立法院議事規則相關規定，係採用聯合國方式；其於院會二讀會廣泛討論後或三讀會中提出之，並須經10人以上之連署或附議，而於委員會時，則於逐條審查（Mark up）提出之，並須經2人以上之連署或附議。另依立法院職權行使法所定黨團協商機制（有關黨團協商相關部分，容於第6章再予論述），亦可於協商時提出修正意見。茲分依委員會、黨團協商及院會提出修正策略而改變原案內容加以敘明。

58 參閱立法院公報，99卷，8期，民國99年1月27日，1-37頁。

策略41　委員會修正

一、議場實景

立法院第8屆第4會期司法及法制委員會第26次全體委員會議
時間：中華民國102年12月23日（星期一）上午9時至下午4時21分
地點：本院紅樓302會議室
主席：呂委員學樟

主席：出席委員已足法定人數，現在開會。進行報告事項（略）。
主席：現在進行討論事項。
一、併案審查（一）考試院函請審議「公務人員考試法修正草案」、（二）委員邱議瑩等27人擬具「公務人員考試法第5條條文修正草案」、（三）委員王惠美等24人擬具「公務人員考試法第12條條文修正草案」、（四）本院台灣團結聯盟黨團擬具「公務人員考試法第12條條文修正草案」及（五）委員蔣乃辛等21人擬具「公務人員考試法第2條及第8條條文修正草案」案。
主席：請問各位，上次會議議事錄有無錯誤？（無）無錯誤，確定。
現在進行修法說明。首先請提案人邱委員議瑩說明提案旨趣（邱委員不在場）。
請提案人王委員惠美說明提案旨趣（王委員不在場）。
請提案人蔣委員乃辛說明提案旨趣（蔣委員不在場）。
請台灣團結聯盟黨團代表說明提案旨趣（台灣團結聯盟黨團代表不在場）。
請考選部董部長說明修正要旨（略）。
主席：請問其他單位有無補充說明？（無）無補充說明。
現在開始進行詢答，每位委員詢答時間爲8分鐘，得延長2分鐘；上午10時30分截止登記。（登記發言委員發言內容，均從略。）
主席：所有登記發言的在場委員均已發言完畢，詢答結束。委員質詢時要求提供相關資料或以書面答復者，請相關機關儘速送交本委員會並分送各委員。現在休息。
主席：現在繼續開會，如果各位沒有異議，我們省略大體討論直接進行逐條審查，現在宣讀提案條文修正動議，附帶決議及提案。（以下僅就第24條修正部分加以敘明）

主席：現在進行第24條，請陳委員鎮湘發言。

陳委員鎮湘：早上在質詢時，我已經講過了，現在我再簡單講一下。那就是現在募兵制推動的情況很不樂觀，所以政府各部門應該妥善配合，這是第1點。第2點，就第24條而言，並無法滿足未來募兵制的需求。原因何在？其一，當初所定上校以上軍官外職停役轉任考試在今天而言已不符時宜，畢竟今天的軍士官都具備條件，如果因不具備條件而加以放寬，以後再追溯是非常困難的事。其次，限制轉任者僅能到7個單位任職是不合理的。現在軍中人才很多都與社會接軌，舉例來說，幾個氣象將軍都出自空軍聯隊，所以很多事情軍人都有能力，如果給予種種限制，反倒什麼地方都不能去，這也是不合理的。既然要修，那就必須一步到位，所以本席建議第24條第2項修正為「自中華民國103年開始，特種考試退除役軍人轉任公務人員考試及國軍現役軍士官轉任公務人員考試及格者，於服務6年內，不得轉調原分發任用機關及其所屬機關以外之機關任職。」其餘文字，本席無異議。（考試院提案：「自中華民國88年至102年，特種考試退除役軍人轉任公務人員考試，其及格人員以分發國防部、行政院國軍退除役官兵輔導委員會、行政院海岸巡防署及其所屬機關（構）任用為限，及格人員於服務6年內，不得轉調原分發任用機關及其所屬機關以外之機關任職；上校以上軍官外職停役轉任公務人員檢覈及格及國軍上校以上軍官轉任公務人員考試及格者，僅得轉任國家安全會議、國家安全局、國防部、行政院國軍退除役官兵輔導委員會、行政院海岸巡防署及其所屬機關（構）、中央及直轄市政府役政、軍訓單位。（第1項）；自中華民國103年起，特種考試退除役軍人轉任公務人員考試，其及格人員以分發國防部、國軍退除役官兵輔導委員會、海洋委員會及其所屬機關（構）任用為限，及格人員於服務6年內，不得轉調原分發任用機關及其所屬機關以外之機關任職；上校以上軍官外職停役轉任公務人員檢覈及格及國軍上校以上軍官轉任公務人員考試及格者，僅得轉任國家安全會議、國家安全局、國防部、國軍退除役官兵輔導委員會、海洋委員會及其所屬機關（構）、中央及直轄市政府役政、軍訓單位。（第2項）；後備軍人參加公務人員高等暨普通考試、特種考試退除役軍人轉任公務人員考試之加分優待，以獲頒國光、青天白日、寶鼎、忠勇、雲麾、大同勳章1座以上，或因作戰或因公負傷依法離營者為限。（第3項）」）

主席：請董部長說明。

董部長保城：關於這點，必須審愼考量，內部方面也必須再做溝通。尤其把上校以上軍官直接改爲軍士官這點，我們必須與人事行政總處……。

陳委員鎭湘：我已經問過人事行政總處了，我認爲如果觀念不改，很多工作都將無法推動。既然立法院要修法，那麼只要合理，該修改的，相關單位就必須配合，包括行政院在內。尤其行政院人事行政總處沒有理由對這件事有異議，畢竟不增加出處，又何來來源呢？

主席：銓敘部及人事行政總處派人過來一下，陳委員提的第2項是新的修正建議，與早上不同。以前只有上校以上可以，這是有階級問題的，我認爲這樣不好，現在一則爲了因應募兵制之故修法，一則國軍部隊經過精實案與精粹案後，想升到上校是很不容易的。以前我們有50萬大軍，現在剩不到20萬，如再不做調整，就是矇著眼睛在修法，這樣是對不起全國民眾的。所謂的募兵，當然是軍士官都有，所以修法是合理的。此次修法自有其重要意義存在，法隨時轉，修法也是有必要的。以前限制在上校以上，但那時候上校不多，還可以轉業，問題是，爲何以前軍階是上校以上者可以享特殊待遇，而現在的一般軍士官就沒有呢？再說，退伍的，不會是上校以上，因爲上校以上退伍需達一定年限。歷經精實案、精粹案，國軍部隊的質已經變了，服役年限亦不相同，以前我當兵要當3年，現在只要1年，時代已經不一樣了！所以這是必須調整的。

董部長保城：是否調整？如何調整？是否一步到位到軍士官？如果士官就可以參加轉任考試，那麼國防部一天到晚都會有人在考試！如果眞要將軍士官納入，就必須有限制，且有配套，故而必須審愼，我不希望變成考試院……。

陳委員鎭湘：退伍前1年才行，這是有標準規定的。

董部長保城：不管是退伍前1年或不是退伍前1年……。

陳委員鎭湘：不是你所講的天天都在考試，那是不可能的！

董部長保城：但是考試都在星期六、日考，我的意思是說，可否給我們時間研究？這問題畢竟涉及人事行政總處與銓敘部，所以請給我們一點時間，讓我們好好研究一下？我相信委員講的沒錯，只是今天這樣修改眞的可行嗎？我認爲還是必須審愼研究，擬定完整的配套措施。

吳委員宜臻：目前透過轉任公務員特考分發到這幾個機關的人數，1年大概有多少人？（在場人員：以上校轉任考試來說，101年的職缺有16個。）

吳委員宜臻：換算成一般考試的報考率與錄取率是多少？（在場人員：錄取率相當高，因爲報名人數很少，大概在33至57之間。）

吳委員宜臻：那眞的很高了！

董部長保城：這是因爲母數少的關係，加上名額也並不是很高。我認爲主席講的雖然有道理，不過相關部會還是得坐下來好好研究。首先，是不是所有人都會來考？其次，軍士官需具備何種表現才能報考轉任考試，享受這項優惠？萬一有人在軍中混不下去，卻因爲在軍隊轉一下就可以考轉任考，那麼還要讓他去享受這項優惠嗎？我認爲軍士官如果表現得不好，根本就不應該參加這項考試。爰此，幾個部會需坐下來好好考慮，看位階到底要放寬到哪裡？必須具備何種條件？

尤委員美女：請銓敘部表示一下意見。

主席：請銓敘部表示意見。

蕭科長麗容：有關國軍上校以上者參加轉任考試一事上，我們有後備軍人轉任公職考試比敘條例，該條例第5條之1提到，國軍上校以上者參加該考試可取得簡任10職等資格。該項考試的舉辦，是爲了把國軍上校以上的檢核考試法制化，故訂定第5條之1，僅規範國軍上校以上的人可以轉任，而該項轉任屬現職人員轉任，換句話說，就是快要退役了，無須經過訓練，可以直接退役轉任。所有軍人都可以應國家考試，只是本項考試的對象必須具備上校以上資格。如果現在放寬現役士軍官也可以參加考試，那麼就會變成很多人都可以參加這項特種考試。

陳委員鎭湘：你們的觀念有問題。首先就是違憲！憲法規定得那麼清楚，基本國策也提到，退伍軍人對國家有貢獻，故退休後應於就學、就養、就醫上予以保障，請問現在保障到哪裡了？其次，當年這些規定是在徵兵制的情況下訂定的，而募兵制則只有軍官，問題是，士兵都募兵來的，爲何募兵而來的士官兵就無法參加轉任考試？如此，這項限制不就是違憲？國家重大制度已經有了改變，請相關部會以及考試院各位先進，你們也要跟著改啊，否則沒人肯來當兵啦！

董部長保城：我們是眞的要改，但是不是現在馬上就這樣做？請給我們時間，讓大家好好坐下來研究出一套配套措施，請委員相信我們……。

主席：本條併同考試院版本及第22條……。

董部長保城：否則請維持原條文。

主席：有關第24條，包括修正動議及考試院版本，併案送朝野協商，因爲這需要時間去處理。

尤委員美女：他們要轉任可以去參加公務人員考試，而且最後一項還有所謂的加分，也許你們認爲加分有受限於什麼什麼，但是不能用一個國防部自己舉辦的特種考試就……。

陳委員鎮湘：那個加分很難的，有幾個人拿過勳章？我是有拿過勳章沒有錯，但是連中將都很難拿到勳章。

尤委員美女：對，我的意思是要嘛就去修改整個加分的方式，而不是用特殊的考試就要進入文官體系，……。

陳委員鎮湘：現在士官的程度與以前的士官不一樣了，今天士官已經有人在攻讀博士了！

尤委員美女：沒有錯，那就去參加一般的公務人員考試啊，不要用特種考試，特種考試等於是開個後門，我們不否認軍士官要轉任公務員，但應該依照國家一般文官考試的方式……。

陳委員鎮湘：尤委員，如果像你說的這麼簡單，我們的招生就沒有困難了，我要說的是，現在的士官兵中，戰鬥官科人員的專長在退休後是用不到的，如沒有給他們適度的保障，沒有人要來幹這個最重要、最需要的職業。

尤委員美女：那就應該依照原來的條文，讓他們轉到與之相關的部分，例如國家安全局、國防部等等，而不是跑到文官體系來，原本的武官只要經過特種考試就能進入文官體系，會紊亂整個文官體系，而且也會衝擊到一般正科考試的人，你看他們的錄取率與公務人員考試的錄取率……。

陳委員鎮湘：原本我們曾經建議過，各軍官學校畢業的學生在畢業後就給他們一個資格考，讓他們同時具備這些資格，他們在軍中發展20年之後，並且具備了這些資格，就可以去轉任其他職務，否則這些軍官沒有辦法專注於他的專業，一天到晚就在準備考試，哪還有時間搞戰備、搞訓練？大家應該好好思考一下這個問題，我已經退休這麼多年了，我並不是爲自己爭取什麼，而是爲了國家安全考量，就因爲有這少數人在部隊做這些事情，我們才能獲得安全，如果這些人都不能夠擔任戰備任務，你認爲國家還有安全嗎？

吳委員宜臻：我們一直想要建立國家文官制度，這一點需要我們小心地維護，之前從王作榮部長開始就一直朝向專業文官體系的方向在進行，現在爲了因應募兵制，眞的是茲事體大，到底有多少人、該進來多少人，我覺得這確實會有問題，應該給考選部一些規劃的時間，否則確實會產生一些疑慮，但是本席也要請考選部考量因應募兵制而要去做銜接能銜接得起來嗎？哪些類科能銜接的起來、將來的考試制度要不要調整、是不是需要考試等等，這些都要重新思考清楚，這樣對於募兵制才眞的有誘因，哪些科目、哪些專業部分可以省略，哪些科目要補行學分、補考等，這些都要好好去思考。

主席：這個部分已經討論了很久，問題也滿多的，因爲這是臨時提出來的議題，考選部一定要會銓敘部、人事總處、行政院，院際之間也需要協商，我們要求考選部要配合募兵制的施行去研擬，至於研擬需要多久時間，我認爲我們最起碼要通過個附帶決議，把這件事情處理好。

陳委員鎭湘：我同意主席的說法，但我要說的是，這個問題並不是今天才提出來的，考試院開會時，相關單位提出了3次都被否決，拿出的版本就是這個版本，我今天生氣是因爲這個原因，你說跨部會、跨院際的東西開過會沒有？開過了，而且是我親自主持的，但是相關單位根本就不重視這件事情，你們認爲募兵制的問題只屬於外交及國防委員會嗎？這是需要整個國家的機器一起動起來的，但是你們一味地排斥與阻擋，如果募兵制產生問題，國家的安全你們沒有責任嗎？

董部長保城：我們會面對這個問題，也會進行檢討，委員爲國家安全的心意，我們眞的很感動，請給我們一點時間，因爲這是非常重大的事情。

陳委員鎭湘：好，但我希望相關部會能瞭解這不是爲了我們個人，而是爲了整體國家的安全！

董部長保城：對，是爲了台灣的安全。

吳委員宜臻：他們之前覺得這是國防部的問題，現在他們要整體去進行調整，回去開會檢討一下！

主席（摘述）：現在處理第24條的附帶決議，因爲提出的時間很倉促，所以，還來不及印發給各位同仁，現在我就把文字唸給大家聽：「附帶決議：有關現役軍士官及退除役軍人轉任公務人員考試，其及格人員之轉調限制，及後備軍人轉任公職考試比敘條例，請考選部會同相關機關，針對國軍募兵制之推動及行政院組織改造等因素，研擬相關配套機制與修法於3個月內送立法院審議。」

尤委員美女：第24條的條文如何處理？

主席：第24條就照考試院提案條文通過。

尤委員美女：如果第24條是照考試院的版本通過，我建議在海洋委員會裡面要增加海巡署，因爲將來海洋委員會裡面並不限於海巡署這個單位而已。

董部長保城：因爲海洋委員會的組織目前還未通過，所以，建議維持現行條文。

主席：關於海洋委員會，目前大概只有行政院組織法修正草案中才有這個組織，也就是說，海洋委員會目前還未正式成立。

董部長保城：所以，我們也不要跑得太快，這個條文還是維持現行條文。

主席：第24條就維持現行條文，條次也不做變更。

主席：第24條附帶決議的文字修正為：「有關現役軍士官及退役軍人轉任公務人員考試，其及格人員之分發任用及轉調限制及後備軍人轉任公職考試比敘條例，請考選部會同相關機關，針對國軍募兵制之推動，及行政院組織改造等因素，研擬相關配套機制與修法於3個月內送立法院審議。」

主席（摘述）：現在針對考試院函請審議「公務人員考試法修正草案」案，經過方才協商獲致以下結論：

一、草案名稱及第1條等條文（第24條以外）依協商結論（略述）。

二、第24條修正為現行第23條條文內容（「自中華民國88年起，特種考試退除役軍人轉任公務人員考試，其及格人員以分發國防部、行政院國軍退除役官兵輔導委員會、行政院海岸巡防署及其所屬機關（構）任用為限，及格人員於服務6年內，不得轉調原分發任用機關及其所屬機關以外之機關任職；上校以上軍官外職停役轉任公務人員檢覈及格及國軍上校以上軍官轉任公務人員考試及格者，僅得轉任國家安全會議、國家安全局、國防部、行政院國軍退除役官兵輔導委員會、行政院海岸巡防署及其所屬機關（構）、中央及直轄市政府役政、軍訓單位。（第1項）；後備軍人參加公務人員高等暨普通考試、特種考試退除役軍人轉任公務人員考試之加分優待，以獲頒國光、青天白日、寶鼎、忠勇、雲麾、大同勳章乙座以上，或因作戰或因公負傷依法離營者為限。（第2項）」）；並通過附帶決議一項，內容如下：「有關現役軍士官及退役軍人轉任公務人員考試，其及格人員之分發任用及轉調限制及後備軍人轉任公職考試比敘條例，請考選部會同相關機關，針對國軍募兵制之推動，及行政院組織改造等因素，研擬相關配套機制與修法於三個月內送立法院審議。」

主席：針對以上協商結論，請問各位，有無異議？（無）無異議，通過。

主席：報告委員會，本案審查完竣，擬具審查報告提請院會公決，本案不須交由黨團協商，院會討論時，由呂召集委員做補充說明。

本次會議到此結束，現在散會（16時21分）。[59]

---

59 參閱立法院公報，103卷，6（一）期，民國103年1月16日，1、8及67-76頁。

二、相關規範

（一）立法院職權行使法第 10 條之 1

第二讀會討論各委員會議決不須黨團協商之議案，得經院會同意，不須討論，逕依審查意見處理。

（二）立法院議事規則

1. 第11條第1項

修正動議，於原案二讀會廣泛討論後或三讀會中提出之，並須經10人以上之連署或附議，始得成立。

2. 第57條第1項

各種委員會會議關於連署或附議人數，應依本規則所定人數1/5比例行之。

三、策略分析

本案於委員會審查時，原經陳委員提議修正第2項，嗣經協商而照現行法第23條條文通過；復提報院會討論時，照審查會意見通過[60]。因此，立法院審議各種法案，審查會委員如欲改變內容，得於委員會審查時，運用修正變異策略，提出修正動議予以整修；倘該意見提報院會而未經修正時，則照其內容通過。

策略42　黨團協商修正

一、議場實景

立法院第8屆第4會期第18次院會

時間：103年1月14日（星期二）上午9時1分

地點：本院議場

主席：王院長金平　洪副院長秀杜

副秘書長：周萬來

主席（王院長金平）：現在繼續開會，處理討論事項第2案（略）。

60 參閱立法院公報，103卷，5（一）期，民國103年1月13日，342-389頁。

（本次會議爲103年1月9日、10日及14日，除審議「流域綜合治理特別條例草案」部分外，其餘報告事項及討論事項處理過程，均從略。）

主席：現在繼續開會（14日20時55分），進行討論事項第51案。

五十一、本院經濟、內政、財政三委員會報告審查行政院函請審議「流域綜合治理特別條例草案」。（本案經提本院第8屆第4會期第11次會議報告決定：交經濟、內政、財政三委員會審查。茲接報告，爰於本次會議提出討論。）

主席：請宣讀審查報告（略）。

主席：審查報告已宣讀完畢，請楊召集委員瓊瓔補充說明。（不說明）召集委員不說明。本案經審查會決議：「須交由黨團協商。」現已完成協商，請宣讀協商結論。

立法院朝野黨團協商結論

法案名稱：行政院函請審議「流域綜合治理特別條例草案」

協商時間：一、103年1月2日（星期四）下午13時14分至13時52分
二、103年1月8日（星期三）中午12時31分至13時16分
三、103年1月13日（星期一）下午15時47分至16時

協商地點：本院紅樓101會議室、院長會客室

協商結論：

一、第5條條文：

1.第1項所需經費上限修正爲「新臺幣660億元」。

2.第2項引用公共債務法部分，將「公共債務法第4條第5項」等字修正爲「公共債務法第5條第7項」。

3.增列第3項：「第1項特別預算中，爲落實流域整體治理及綜合治水原則，其中辦理河川及區域排水經費上限爲新台幣420億元、辦理雨水下水道經費上限爲新台幣90億元、辦理農田排水、水產養殖排水、上游坡地水土保持及治山防洪經費上限爲新台幣150億元。」

4.其餘照行政院提案通過。

二、第16條條文，照行政院提案通過。

三、其餘條文，均照審查會通過條文通過。

四、通過附帶決議1案（略）。

主持人：王金平

協商代表：林鴻池　陳明文　楊瓊瓔　林德福　柯建銘　黃昭順
陳超明　許忠信　高志鵬　王廷升　黃文玲　吳秉叡

翁重鈞　林岱樺　鄭汝芬　張嘉郡　劉建國

主席：請問院會，對上述朝野協商結論有無異議？（無）無異議，通過。本案進行逐條討論時，逕依協商結論處理。

現在進行逐條討論。宣讀法案名稱及條文。（僅就第5條加以敘明）

主席：宣讀第5條協商條文。

第5條　中央政府依本條例支應改善適用範圍內流域綜合治理計畫所需經費上限爲新臺幣660億元，以特別預算方式編列，得分期辦理預算籌編及審議。

前項所需經費來源，得以舉借債務或出售政府所持有事業股份方式辦理，不受公共債務法第5條第7項有關每年度舉債額度規定之限制；其預算編製不受財政收支劃分法第30條、第37條補助地方事項及經費負擔規定之限制；其經費使用得在各該機關原列預算範圍內調整支應，不受預算法第62條及第63條規定之限制。

第1項特別預算中，爲落實流域整體治理及綜合治水原則，其中辦理河川及區域排水經費上限爲新台幣420億元、辦理雨水下水道經費上限爲新台幣90億元、辦理農田排水、水產養殖排水、上游坡地水土保持及治山防洪經費上限爲新台幣150億元。

主席：第5條照協商條文通過。[61]

二、相關規範

立法院職權行使法

1. 第72條

黨團協商結論於院會宣讀後，如有出席委員提議，8人以上之連署或附議，得對其全部或一部提出異議，並由院會就異議部分表決。（第1項）

黨團協商結論經院會宣讀通過，或依前項異議議決結果，出席委員不得再提出異議；逐條宣讀時，亦不得反對。（第2項）

2. 第73條

經協商之議案於廣泛討論時，除經黨團要求依政黨比例派員發言外，其他委員不得請求發言。（第1項）

61　參閱立法院公報，103卷，8（三）期，民國103年1月23日，1頁，8（六）期，362、374-377頁。

經協商留待院會表決之條文，得依政黨比例派員發言後，逕行處理。（第2項）

前2項議案在逐條討論時，出席委員不得請求發言。（第3項）

三、策略分析

本案於委員會審查時，除保留第5條及第16條送院會處理外，其餘條文均予審查完畢；且決定須交由黨團協商[62]。該案在朝野黨團協商時，上述第5條加以修正，第16條照行政院提案通過。因此，法案在委員會未經修正，仍可運用黨團協商修正的策略，於黨團協商時提出修正而加以改變內容。

策略43　院會整修

一、議場實景

立法院第8屆第1會期第1次臨時會第1次院會
時間：101年7月25日（星期三）上午10時48分
地點：本院議場
主席：王院長金平
秘書長：林錫山（上午9時10分至11時28分）
副秘書長：周萬來（下午2時30分至6時5分）

秘書長：出席委員57人，已足法定人數。

主席：現在開會，在進行今天的議程之前，現有柯委員建銘等41人對行政院陳冲院長提出不信任案，這是本院第2次也是本屆第1次處理不信任案，因本次臨時會特定事項業已決定，現請各黨團負責人到議場主席辦公室進行協商。現在休息。

主席：現在繼續開會（11時28分），柯委員建銘等41人對行政院院長提出之不信任案，因與立法院組織法第6條第1項「立法院臨時會，依憲法第69條規定行之，並以決議召集臨時會之特定事項為限。」規定不符，無法於本次臨時會處理（嗣經司法院釋字第735號解釋，不信任案之提出與處理，不受該條項限制，參閱第2章第2節注22）。現在休息，下午2時30分繼續開會。休息（上午11時28分）。

62 同前注8（六）期公報，362-374頁。

主席：現在繼續開會（14時30分）。針對今天的議程，現有民進黨黨團提出變更議程案。

民進黨黨團提案：

針對第8屆第1會期第1次臨時會第1次會議議事日程，擬請將原列討論事項第5案「食品衛生管理法第11條、第17條之1及第31條條文修正草案等21案」案，改列爲討論事項第1案。是否有當？敬請公決。

提案人：民主進步黨立法院黨團　柯建銘

主席：請問院會，對民進黨所提變更議程案，有無異議？（無）無異議。現作如下決定：「討論事項第5案改列爲第1案。」

現在進行討論事項第1案。

一、本院社會福利及衛生環境委員會報告併案審查行政院函請審議「食品衛生管理法第11條、第17條之1及第31條條文修正草案」、委員黃昭順等27人擬具「食品衛生管理法部分條文修正草案」、親民黨黨團擬具「食品衛生管理法第11條條文修正草案」、委員吳秉叡等33人擬具「食品衛生管理法第11條條文修正草案」、委員鄭汝芬等25人擬具「食品衛生管理法第11條及第31條條文修正草案」、委員潘孟安等20人擬具「食品衛生管理法第11條條文修正草案」、委員管碧玲等29人擬具「食品衛生管理法第11條條文修正草案」、民進黨黨團擬具「食品衛生管理法第11條及第31條條文修正草案」、委員林世嘉等21人擬具「食品衛生管理法第11條條文修正草案」、委員楊麗環等28人擬具「食品衛生管理法第11條及第31條條文修正草案」、委員陳歐珀等18人擬具「食品衛生管理法第17條及第17條之1條文修正草案」、委員陳亭妃等23人擬具「食品衛生管理法第11條及第27條條文修正草案」、委員劉建國等23人擬具「食品衛生管理法部分條文修正草案」、委員邱志偉等20人擬具「食品衛生管理法增訂第19條之1及第32條之1條文草案」、委員姚文智等26人擬具「食品衛生管理法第24條及第29條條文修正草案」、委員羅淑蕾等31人擬具「食品衛生管理法第11條及第31條條文修正草案」、委員尤美女等16人擬具「食品衛生管理法部分條文修正草案」、委員田秋堇等17人擬具「食品衛生管理法第11條條文修正草案」、委員蔡錦隆等29人擬具「食品衛生管理法第17條之1條文修正草案」、委員陳其邁等20人擬具「食品衛生管理法第29條條文修正草案」及委員江惠貞等25人擬具「食品衛生管理法第17條條文修正草案」等21案。（本案經提本院第8屆第1會期第13次會議討論決議：協商後再行處理。爰於本次會議繼續討論。）

主席：本案經第1會期第13次會議討論決議：協商後再行處理。因協商已逾1個月，無法達成共識，依立法院職權行使法第71條之1規定，由院會定期處理，爰於本次會議提出處理。現在經各黨團同意，由各黨團各推派1人進行發言，發言後即進行表決處理。現在開始發言，每位委員發言3分鐘。首先，請民進黨推派代表發言。（推派委員發言內容，從略。）

主席：報告院會，各黨團代表均已發言完畢。

現在進行逐條處理，宣讀第11條條文。

國民黨黨團修正動議條文：

第11條　食品或食品添加物有下列情形之一者，不得製造、加工、調配、包裝、運送、貯存、販賣、輸入、輸出，作爲贈品或公開陳列：

一、變質或腐敗。

二、未成熟而有害人體健康。

三、有毒或含有害人體健康之物質或異物。

四、染有病原菌。

五、殘留農藥或動物用藥含量超過安全容許量。

六、受原子塵或放射能污染，其含量超過安全容許量。

七、攙僞或假冒。

八、逾有效日期。

九、從未於國內供作飲食且未經證明爲無害人體健康。

前項殘留農藥或動物用藥安全容許量及食品中原子塵或放射能污染安全容許量之標準，由中央主管機關會商相關機關定之。

第1項有害人體健康之物質，包括雖非疫區而近10年內有發生牛海綿狀腦病或新型庫賈氏症病例之國家或地區牛隻之骨頭、腦、眼睛、脊髓、絞肉、內臟及其他相關產製品。

國內外之肉品及其他相關產製品，除依中央主管機關根據國人膳食習慣爲風險評估所訂定安全容許標準者外，不得檢出乙型受體素。

國內外如發生因食用安全容許殘留乙型受體素肉品導致中毒案例時，應立即停止含乙型受體素之肉品進口；國內經確認有因食用致中毒之個案，政府應負照護責任，並協助向廠商請求損害賠償。

民進黨黨團及親民黨黨團修正動議條文、審查會審查條文（略）。

主席：報告院會，現在開始進行表決。先表決國民黨黨團修正動議條文，如果沒有通過，就再表決民進黨黨團及親民黨黨團共同提出之修正動議條文，如果再不通過，就表決審查會通過條文。現在發放表決卡，同時按鈴7分鐘。

（按鈴）

主席：現在進行表決。（國民黨黨團提案：建議本案採記名表決處理。）

主席：贊成照國民黨黨團修正動議條文通過者請按「贊成」，反對者請按「反對」，棄權者請按「棄權」，計時1分鐘，現在進行記名表決。

（進行表決）

主席：報告表決結果：出席委員109人，贊成者63人，反對者46人，棄權者0人，贊成者多數，本案通過。第11條照國民黨黨團修正動議條文通過。[63]（以下各條文的處理，均從略。）

二、相關規範

（一）立法院議事規則

1. 第11條

修正動議，於原案二讀會廣泛討論後或三讀會中提出之，並須經10人以上之連署或附議，始得成立。（第1項）

修正動議應連同原案未提出修正部分，先付討論。（第2項）

修正動議之修正動議，其處理程序，比照前2項之規定。（第3項）

對同一事項有兩個以上修正動議時，應俟提出完畢並成立後，就其與原案旨趣距離較遠者，依次提付討論；其無距離遠近者，依其提出之先後。（第4項）

2. 第12條

修正動議在未經議決前，原動議人徵得連署或附議人之同意，得撤回之。

（二）會議規範

1. 第49條

修正案之提出及處理，可分爲甲乙二式。各種會議，得採用任何一種行

63　參閱立法院公報，101卷，50期，民國101年8月1日，1-7頁。

之。但同一次會議中，以採用同一種方式爲限。

2. 第50條

修正案提出及處理之甲式，依左列各款規定行之：

(1) 修正之方法：

甲、加入字句。

乙、刪除字句。

丙、刪除並加入字句。

修正案得與本題相衝突，但必須與本題有關，方得提出。（例如：「通過擁護節約運動」一本題，得動議將「擁護」二字修正爲「反對」二字是。）

凡加入或刪除一「不」字之修正案，而有否決本題之效果者，不得提出。（例如：「響應提倡食用糙米」一本題，不得動議修正在「響應」之上，加入一「不」字是。）

(2)修正之範圍

修正案得對本題一部分字句，或不限於一部分字句，予以增刪補充提出之。（例如：「設一圖書閱覽室供會員之用」一本題，得動議在「圖書」二字之下，加入「雜誌」二字，或同時將「會員」二字刪除，而加入「員工及其家屬」六字是。）

(3)第一修正案及第二修正案之提出

本題進行討論中，正反兩方意見未決前，對本題提出之修正，稱第一修正案。第一修正案進行討論中，正反兩方意見未決前，針對第一修正案部分提出之修正，稱第二修正案，或修正案之修正案。

(4)同級修正案之提出

一修正案未決前，不得提出另一同級之修正案。

第一修正案表決後，方得另提其他第一修正案。第二修正案表決後，方得另提其他第二修正案。

(5)先事聲明

凡欲提修正案，而不在前款所定之秩序者，得將所欲提之案，先事聲明，以供出席人於表決時，爲贊成與否之考慮與抉擇。

前項經先事聲明之案，至合於秩序時，有優先提出之地位。

(6)修正案之討論

第一修正案提出後，本題之討論即暫行中止，應將該第一修正案優先提付討論，如有第二修正案提出，第一修正案之討論即暫行中止，應將該第二修正案優先提付討論，如無第二修正案提出，即將第一修正案提付表決。

(7)修正案之處理

有修正案之動議，其處理依左列順序：

甲、第二修正案。

乙、第一修正案。

丙、本題。

第二修正案經討論後，即提出表決，如經可決，即納入第一修正案，而變爲修正後之第一修正案。

對前項修正後之第一修正案，如尚有修正意見提出，即爲其他第二修正案，如又經可決，即納入該項修正後之第一修正案，而變爲再度修正後之第一修正案。

對前項再度修正後之第一修正案，得再提其他第二修正案，其處理如前，直至再無其他第二修正案提出時，即將最後修正之第一修正案，提付表決。前項表決結果，如又經可決，即納入本題，而變爲修正後之本題。

對前項修正後之本題，如尚有修正意見提出，即爲其他第一修正案，如又經可決，即納入該項修正後之本題，而變爲再度修正後之本題。

對前項再度修正後之本題，得再提其他第一修正案，其處理如前，直至再無其他第一修正案提出時，即將最後修正之本題，提付表決。

第二修正案如經否決，並無其他第二修正案提出時，即將第一修正案提付表決，第一修正案如經否決，並無其他第一修正案提出時，即將本題提付表決。

(8)替代案

凡提出修正案以全部代替原案而仍與原案主旨有關者，稱替代案。（例如：「設立幼稚園一所，以供本會會員子女之用」之案，得提替代案爲「交由會長調查設幼稚園需費若干，並研議款項之來源」是。）

(9)替代案之提出

替代案得於本題進行討論中，或於第一或第二修正案在場時提出之。

對於替代案得提修正案，其處理適用修正案處理之方式。

(10)替代案之處理

替代案提出後，應予以優先處理。

替代案如獲通過，倘係於本題進行討論中提出者，本題即被打銷；倘係於第一或第二修正案在場時提出者，本題及第一或第二修正案均被打銷；替代案如被否決，仍回復至其提出時，原案所在之秩序，繼續進行。

3. 第51條

修正案提出及處理之乙式依左列各款之規定行之：

(1)修正案之提出

對於本題之一部分數部分或全部得提出多數修正案。較繁複之修正案，必要時應以書面方式繕成完整之提案提出之。

(2)委員會之整理

對同一本題之修正案，複雜繁多時，得由大會決議交特設委員會，綜合整理爲各種性質互異、界限分明之案，送還大會，討論表決。

(3)修正案之討論及表決

修正案之討論，與本題同時行之，其表決應先於本題行之。

對本題有兩個以上之修正案提出時，其討論之秩序，依提出之先後行之；其表決之次序，應就其與本題旨趣距離最遠者，最先付表決，次遠者次付表決，依此類推，直至所有修正案盡付表決爲止。

多數修正案之一，如獲通過，勢須否決另一修正案者，該另一修正案不再付表決。

(4)本題之表決

一項或數項修正案，如獲通過，應再將修正後之本題提付表決。

修正案均被否決時，應將本題提付表決。

(5)分部表決

修正案之各部分，得分別付表決。

修正案經分部表決後，應將通過之各部分，納入原案，提付表決。

修正案之各部分，均經否決者，該修正案視爲整個被否決。

(6)修正案之乙式，其修正之方法與範圍與甲式同。

4. 第52條

修正動議，得由原動議人自動接納，經接納後之修正動議成爲原動議之一部分，應併入原動議中，提付討論及表決，毋須分別處理，出席人有反對接納者，仍應提付討論及表決。

三、策略研析

由於本案無法達成共識，由院會定期處理；院會提出處理時，各黨團均提出修正動議，嗣經討論後，經表決按國民黨黨團所提修正動議通過。因此，各黨團或委員（須經10人以上之連署或附議）對於法案內容欲加以改變，自可依此策略在院會處理是項法案時，提出修正動議。

第九節　聽證求全

依我國憲法第67條第2項及立法院各委員會組織法第8條之規定，我國並未明定立法院各委員會得舉行公聽會。惟因上述條文明定各委員會開會時，得邀請有關人員列席，就所詢事項說明事實或發表意見。因此，在民國88年制定立法院職權行使法時，特定專章明定各委員會爲審查院會交付的議案，得舉行公聽會[64]。本節所探討的範圍，爲全院委員會處理人事同意權及常設委員會審議法案等舉行的公聽會（修憲委員會審議憲法修正案亦可舉行公聽會，參閱本章第16節策略57）；至於調查性或監督性聽證，則容於第8章議會監督再予敘明。

就實務以觀，立法院依憲法行使人事同意權，包括大法官、考試委員及監察委員，均舉行公聽會，聽取學者專家等社會各界意見，俾供行使同意權的參考；而各常設委員會審查重要法案時，亦常舉行公聽會，以聽取學者專家及利害關係人意見。茲分別加以敘明。

---

64 論者認爲「公聽會」是指國家機關爲了蒐集或獲得最新相關意見或資訊，邀請政府官員、社會團體、專家學者、與議案有關的利害關係人或有關議員到會陳述意見，爲議案諮詢或起草和制定法律案提供依據和參考的一種制度。至於「聽證會」則指立法機關委員會或其他行政機關於制定法律、調查行政違失或監督行政時，依法律規定在作出決定前，給予利害關係人提供發表意見、提出證據，並對特定事實進行質證、辯駁的程序。因此，兩者區別在於聽證會爲正式程序且富司法色彩，得舉行辯論、交互詰問，並基於紀錄作出決定。而公聽會則爲非正式，僅廣泛聽取專家學者及利害關係人意見之程序，不一定如聽證會有正式辯論及要求提出證據。一般在立法性或諮詢性會議中使用。參閱羅傳賢：《立法學實用辭典》，3版，台北：五南圖書出版公司，民國103年9月，349頁。

策略44 全院委員會

一、議場實景

立法院第8屆第5會期第1次臨時會第1次全院委員會行使考試院院長副院長及考試委員同意權公聽會

時間：103年6月16日（星期一）上午9時1分至11時33分

地點：本院群賢樓9樓大禮堂

主席：王院長金平

主席（摘述）：現在開會。今天舉行考試院第12屆院長、副院長及19位考試委員被提名人同意權公聽會，係依據本院第5會期第1次臨時會第1次會議決定辦理。本院爲愼重行使人事同意權，自92年起即開始以舉行公聽會方式，廣徵各方意見，經由各黨團推薦，邀請學者專家提供寶貴意見。[65]

首先請羅承宗教授發言，發言時間10分鐘。

羅承宗教授（摘述）：首先，我想引用黃錦堂老師在2012年的時候，在這個場合，在這個公聽會所講的一句話，我覺得這句話講得很好。他說「考試委員這是一個學術的桂冠，他們都有爲國掄才的神聖任務。」如果我們肯認今天考委同意權行使的神聖性，我想在這裡提出第一個問題，是國會同意權行使欠缺莊嚴與嚴謹，應修正立法院職權行使法第29條及第30條條文，使相關程序更爲嚴謹。其次，我要回歸本文，根據我所採取歸納法的概念，發現考試委員被提名人有群組化的現象。何謂「群組化」？我將針對群組化分爲兩部分進行討論：第一，我發現考試委員有留學國群組化的現象，在21位考試委員被提名人中，具有外國學位的學者中，10位留美，留德與留英學者各僅1位。由此可見，考試委員被提名人留美集中率高達83%，考試委員被提名人呈現留美群組化的現象。第二，我發現考試委員被提名人有政大群組化的現象，因爲考試院正、副院長被提名人的背景相似，他們都是同質性很高的政大人，除此之外，另外有4位考試委員被提名人亦爲政大人，合計比例達29%，如此作法是否妥當？第三，我們可以舉出幾個具體問題詢問考試委員被提名人，看看他們有何看法？第一、眾所周知，關中院

[65] 民國92年9月5日就翁岳生先生等15人行使大法官同意權時，首次舉行公聽會，邀請學者專家列席提供寶貴意見。公聽會進行經過，參閱立法院公報，92卷，38（下）期，92年9月24日，151-240頁。

長於任內推動很多公務員改革的體制，他講了很多，而他做了沒有？但好像他沒有做到。因此，本人請貴院委員直接詢問考試委員被提名人，尤其是連任考試委員者，請他們分析關中院長提出公務員改革政策失敗的原因？二、我們在談論不適任法官及檢察官改革的問題，這點也可以詢問考試委員被提名人。三、我很認眞的找出2012年考試院自己做了一份報告，裡面談到我們現在的年金問題，是公務員年金還不錯，然而民間的年金很差，但這是因爲機關不同的組成所致，所以考試院的報告裡面，是希望去推動跨院的年金一體化機構，這是考試院自己說要做的，結果到底做了沒有？如果有做，請問進度爲何？四、行政中立法的問題，我們知道每一次在選舉的時候，政府常常用政令宣導的名義，來行公帑輔選之實，我認爲考試院要爲這個法規負很大的責任，因爲考試院常常辦一些公務員行政中立的座談，但是每每辦完這些座談以後，好像就沒有人理它了，我認爲考試委員對這個部分應該要有一些意見才對。五、趙麗雲委員在兩年前說目前國考有個狀況，叫做「中產階級化、高學歷化的傾向」，更簡單來說，會去考國考而且眞的上榜的人，反而不是社會弱勢的，而是有一定以上經濟基礎的，請問他在任內做了什麼事情，來減緩國考出題的階級化問題？

主席：謝謝羅教授的發言。接著請謝政諭教授發言，發言時間爲10分鐘。

謝政諭教授（摘述）：我認爲考試委員的功能的確值得再進一步的強化。社會對它有許多期待，人數的問題是不是可以再檢討？任期的長短，可不可以再檢討？總統的任期四年，現在大法官也分爲兩類型了，所以是不是讓每屆總統也都有考試委員的提名權？我認爲這是涉及到未來修法的問題，我在此首先提出。第二個部分，與其期望未來人數怎麼樣變動，不如強化考試委員的功能，從這個角度上來著手，也就是說各個類別的人選，是不是已經兼顧到了？另外，全球化進步是一個方向，剛才羅教授也提到此點，當然，一方面也不要忘了台灣本土在未來的競爭中需要什麼人才，亦即國際化、本土化要雙軌進行，考試委員必須要有對本土的關愛及國際前瞻的角度。考試院雖是委員制，但是我一直覺得機關首長——院長、副院長是很重要的靈魂人物，院長及副院長被提名人提出很多對於未來的構想，這些構想有沒有更細緻的步驟？在6年任內要怎麼做？6年任內碰到問題時要怎麼做調整？如果沒做到，他要負起什麼責任？考試院可不可能每年提出成果，而這個成果要能對社會大眾有所交代？我想這部分有待大院做進一步的監督。另外，未來有關考試院、行政院及立法院三院間的跨院協調合作似乎還存有諸多尚待改善的空間，關於這部分，我們希望考試院也好，立法院也好，行政院也好，都能針對問題所在加以檢討。

主席：請吳威志教授發言。

吳威志教授（摘述）：就考試委員同意權相關的法制問題提出一些看法。這次提名有一個特色，就是女性委員占了非常大的比例，這跟國家推動性別平等有絕對相關，而且高度重視性別人權問題，這是值得肯定的第一點。第二，我也看到留任的考試委員有過半數，顯示許多考試委員的績效受到肯定，也代表許多考試政策會繼續延續下去。第三，我看到這些考試委員大部分是來自學術界，很多都必須借重國家培養人才的學術搖籃，所以未來能使得產官學更加相互合作。另外，我也肯定我們這種考試權在國家獨立的制度，應該繼續延續下去，對於國家未來的文官教育、文官取用，是非常好的制度。不過，我們也看到了幾個問題，第一個是關於提名或同意權的行使程序部分，我們在很多權責方面，尤其是提名權責，往往是一個實體的法制，要如何規範成程序的法制？所以我建議未來立法院是否能考量擬定一個「提名與同意權行使法」。另外，在整體運作方面，我還要提出一個法制問題，有鑑於中央與地方的差距及南部與北部公務人員的差距，我一直認爲未來在國家公務人員這方面，把它融合起來，做一個「公務人員輪調法」的立法，關於這種輪調方法，未來考試院應該與行政院多多配合立法。針對個別候選人在自述中對於相關法制所提出的意見，尤其比較重要的是院長與副院長的部分，我也提供幾個看法。首先，在院長部分，他特別提到未來對於退撫及考績要做一個改變，這是一個高度的肯定，我們有一個期待：考績法能先考核公務機關再考核公務人員。另外，我們國家有很多重大的國家建設計畫，如果相關公務人員能達到國家重大建設計畫目標，理論上應該予以特別考核，如果他沒有辦法達到約束性的目標，也應該加以淘汰才對，所以我們應該在考試權部分增加國家重大建設考核項目。院長提到國際人權兩公約的相關法令，個人非常佩服，但是立法院已於民國98年訂定兩公約施行法，兩公約施行法雖然只有短短的9條，但是對政府的施政非常重要，個人認爲考試權絕對不是只保障公務人員的權利而已，也要保障一般人民參與考試等相關權利，所以這個部分有必要經由施行法來檢討考試院是否符合國際兩公約的規定，如果不符合，應該儘快修改相關法規。另外，高永光副院長在自述裡面特別提到一個非常重要的法——公務人員基準法，公務人員基準法對公務人員的認定，非常重要。此外，有幾位委員特別提到法制的問題，詹中原考試委員特別提到將歐盟、韓國、印尼的高階文官管理制度引進台灣，個人認爲高階文官在責任政治下有必要加強更多的溝通能力，至於公私人才交流方面，個人認爲考試院可以把新加坡的可攜式年資引進台灣，俾注入更多產官學人才爲政府服務、爲國家付出。黃錦堂考試委員在自述中提到法制的意見，他特別提到行政法上的報備義務，如何強化報備義務的法制，規定發生相關的情況如何報備，並暫停其決策權力，這是我國公務倫理、廉政規範及公務員服務法中應加強的部分。最後，我也認爲考試委員對於公務人員表現優良的部分也應大力表揚才對，並且在考試權以外，應針對公務人員加以考訓，更重要的是要讓他們瞭解公務人員對社會脈動的付出。當然我也非常佩服謝代表剛才所說的，應該要在考試院組織法中規定考試院就每年推動的成果提出成果報告。

主席：請黃適卓教授發言。

黃適卓教授（摘述）：考試委員的工作是什麼？其實憲法規定得很清楚，第一、必須要能獨立於黨派之外，超出黨派獨立行使職權。這個工作是最重要的，因爲他要作爲全國公務人員的表率，更要推動官僚行政革新，以及建立現代化的文官體制，這是一個最關鍵的議題，也就是我們國家把考試院獨立出來於行政院之外最重要的因素。所以，我們在討論考委資格時，應瞭解考試院組織法有提到五項考委的資格，除了許多專業之外，必須要聲譽卓著，什麼是聲譽卓著？在我們認爲就是考委必須對公平正義、行政中立有所堅持，而且不能有任何參與或涉及官商勾結的疑雲，這樣才足以作爲公務人員的表率。關於憲法明定的行政中立，也就是超越黨派獨立行使職權，在上屆考委的任期內，國內發生了一些非常重大的行政中立甚至司法獨立的問題，是黃世銘檢察總長就偵辦案件的洩密案，他甚至違法向長官報告，這件事情已經牽扯到司法獨立及行政中立的問題，對於這樣嚴重的問題，我還沒有看到考委提出任何應有的質疑。行政中立的另一個關鍵就是常常會有官官相護的問題，即官員之間往往相互包庇，就像最近葉世文的案例，他本身已經遭到政風、檢調單位的檢舉、但我們爲何沒有看到江院長對葉世文這樣有問題的一個公職人員做出應有的課責？他不但沒有加以課責，還讓葉世文提前退休，可以領到退休金，進而危害到公共工程，產生弊端，才發生了八德合宜住宅案。第11屆考試委員對此事有任何的批評或質疑。我個人認爲，立法院在審查這些考試委員被提名人時，這才是關於憲法職權上最重要的一個議題。在法制上，我認爲考試院應該要重新思考未來行政中立法及考績法的修正，依照考績法，所有的組成成員都是機關內部，只是有票選及長官指派之別，但我個人認爲，未來所有公務人員的考績應該要有人民的參與，即對於行政機關公務人員的考績，公民應該要有參與權，讓人民來替公務員打分數。另外，我們再來看現在依法行政的困境及行政黑箱，依法行政困境造成很多人民的悲哀，像八德合宜住宅案就是行政黑箱最重要的一個典型案例，整個過程是企圖利用一個合法的行政手段來掩護官商勾結，請問這樣子的一個行政黑箱跟所謂的依法行政是人民要的嗎？綜上，我們看到很多的問題，包括行政中立、官官相護、依法行政的困境與行政黑箱，以及許多貪污舞弊的問題，我們要求立法院應該要針對問題審視這些考委到底適不適任、過去他所擔任過職務期間內的言行到底有沒有針對這方面來進行改革，以及很多相關的人權部分在這個問題上面是不是會更加地嚴峻。

主席：謝謝黃適卓教授的發言。接著請陳清秀教授發言。

陳清秀教授（摘述）：根據憲法考試院的職掌，是有關公務人員的考試選才、銓敘以及相關的一些保障事宜。統括來講，考試委員的職掌應該是進行整個公務人力資源的管理，實際上在行政院底下也有行政院人事總處，所以考試院跟行政院人事行政總處是共同來分享、職掌整個公務人力資源的管理，因爲分屬兩個機構，職掌上經常會發生權責、權力的衝突，難以解決，常常需要透過兩院的協商才有辦法化解爭議。因此，未來考試院的院長、副院長乃至於考試委員都應該要比較有這樣的一個胸襟、氣魄，能夠通情達理、願意跟行政院互相協商、合作，共同把人力資源管理的工作做好。當然未來也許我們可以考慮合併，人事行政的部分就回歸到行政院的人事行政權，考試院只剩下一個考試權，主管考試就夠了。人力資源管理方面，是考試院非常重要的一個核心任務。那我們就要看看這一屆提名的考試委員很少是人力資源管理方面的專家，如何能建構有效率、有品質的人力資源管理呢？因此我們期盼考試委員被提名人未來應加強人力資源管理方面之專業知識及素養。考試院有項很重要的職能，就是取才、延攬人才。關於我們目前延攬人才的管道，非常封閉狹隘，跟不上時代潮流，所以我們一定要注意這方面的問題。其次是要如何培養人才，若延攬人才的管道封閉，就必須提升現有人力品質。學習韓國所採取的兩個策略，一是每年選派公務員至國外進修2年，第二是在各部會設置研究機構、智庫。至於，整體文官制度的改革及相關的銓敘方面，相對而言是保守及落後的，可以選取人員出國考察，提升他們的國際觀及競爭力。

主席：謝謝陳清秀教授的發言。請余小云教授發言。

余小云教授（摘述）：謝謝立法院邀請我來參與這場公聽會，僅就考試院的考試委員提出一些個人的看法。第一、考試委員的6年任期是不是長了一點，是否考慮縮短爲4年，也就是與總統及立法委員的任期同步？我希望對此能做一考量。第二、希望對於考試委員的專長，也就是在各類別的人選上都能夠兼顧，我認爲在兼顧各類別專長的人選上尚稱有合理性。第三、我希望以後能夠具體規範自傳內容，尤其是必須強化對考試行政見解的論述。儘管我們對考試委員的資格並沒有要求一定要具備考銓相關專長，但是可以在自傳裡面抒發對我國考銓、考選制度、公務人員考績或高階文官訓練制度等等的看法和意見？讓我們能夠瞭解候選人對這方面的見解，做爲我們聽證的參考。

主席：謝謝余小云教授的發言。各黨團所推薦的學者專家均已發言完畢，現在休息10分鐘，休息之後進行審查小組委員的詢問。休息。

主席：現在繼續開會。繼續進行審查小組委員的詢問。（以下委員發言，僅就詢問部分，加以摘述。）請尤委員美女發言，發言時間爲10分鐘。

尤委員美女（摘述）：考試院院長、副院長、考試委員同意權的行使，是非常重要的，有關國會職權的行使，應該要莊嚴、慎重，也應該要有一定的品質與效能，因而提到所謂的聽證，這部分是我們必須慎重思考的。再者，剛剛也有很多學者提到考試委員人數及任期相關問題。事實上，考試委員的人數及任期，並未明文規定在憲法裡，因此，本黨在這次考試委員同意權行使之前，就提出憲政體制的討論訴求，考試院到底有無存在必要，的確值得深思。針對考試院功能，考試院和行政院人事行政總處職權重疊，權責不清楚，造成考試院應該行使的職權，和人事行政總處應該行使的職權，相互重疊、不清。很多的考試委員把考試委員的任務當成是兼職而非正職，他們兼職的情況以及出席院會等狀況，都不是很理想，考試院還有存在的必要嗎？因此，在這次的審查當中，我們希望大家不分黨派，都要守住立委行使同意權的神聖任務，要好好的就考試委員一職進行審查。方才有人提到有些被提名人的自傳中完全沒有提到考銓制度，既然要來擔任考試委員，就要對整個國家的文官體制、國家掄才、考銓制度等予以熱心的投入，來做一個改革，甚至提出前瞻性的看法，因此，對於考試委員的審查，本席希望大家能夠予以嚴格的審查。另外，方才專家學者也有提到考試院是行政中立法的主管機關，但是在選舉期間，政府假借政令宣導之名，而為某一黨行公帑輔選之實，已公然違反行政中立法的規定，然行政中立法沒有規範政務官的部分，所以一些政務官就以為自己不是行政中立法適用的對象，就假借政令宣導之名、行公帑輔選之實，當一個考試委員對自己的職責為何都沒有認清楚的時候，我們要如何期待這樣的考試院能夠發揮應有的功能？其實剛才也有委員提到考試院是否有必要存在，考試院與人事行政總處的職權一直在重疊，他們的權責應該如何區別？另外一個非常重要的問題，剛才專家學者也有提到，就是外部監督的力量。今天考試委員職司這麼高的位子，如果都不能認識清楚自己的位子，我想人民的監督力量是必要的。所以我們希望全民共同審議這次的考試委員被提名人，也能夠提供各種訊息給立法院的審查小組。

主席：請呂委員學樟發言。

呂委員學樟（摘述）：這次是由本席擔任國民黨黨團考監委員被提名人審查作業小組的召集人，依照以往的慣例，本黨黨團成員會聆聽各位寶貴的意見，再綜合整理委員的意見、參酌審查報告書，以作為將來行使同意權時之參考。針對外界一再質疑這次的考監委被提名名單充斥著酬庸的意味，本席將會與黨團審查小組成員依據專業學識、經驗能力、品德操守、社會評價、政治評價、國家認同、健康狀況進行評分。我們絕對會嚴審，以負責任的態度做評比，在行使同意權的時候不負社會的重託。我們都知道，公務人員是國家政策推動的實際執行者。在人力資源管理裡面，所謂的human capital就是指優質的人才是組織、國家最重要的資產。公務人員是國家政策推動的實際執行者。當然，我們要選出最優質的人才出來。如何打造一個具有競爭力的優質文官體制，是第12屆的考試委員應該要注意，而且是最重要的一個課題。另外，我們黨團為了因應審查會，將針對被提名人的品格操守領域、憲政實務領域、法制考銓專業領域以及院長與副院長的領導統御領域等等，提供相關題庫，作為審查的參考，讓大家在審查過程中可以進行詢答。首先我要提到吳威志教授所提出的意見非常好，因為我國現在是有四種方式所產生的公務人員，應當要加以整合，公務人員基準法的definition到底是什麼？應該重新做一個定義及界定，讓它能夠整合在一起。其次是公務人員的考試與專技人員的考試，事實上也必須跟國際接軌，我覺得這是非常重要的一個觀念。另外，有關高階文官是否應該加強其溝通能力方面，雖然現在人事行政總處確實是在固定的時間會推派人員受訓，除了送至國外念碩、博士以外，也包括短期的研究，這樣的好處是最起碼分屬各部會12職等以上的公務人員，他們是同一期的學長學弟、同一期的同儕，並透過這樣的機制，改善目前政府單位在橫向聯繫方面非常欠缺的情況。現在考試院也積極推動國家文官學院的功能發揮，不過，到目前爲止，都只是限縮在高階文官的在職訓練，本席認爲這方面有待加強。綜觀這次的被提名人，均屬一時之選，不論是經驗、品德、操守以及專業，都可謂是足堪重任。不過，令人遺憾的是，針對人力資源管理的專業部分，確實比較欠缺，令人感到比較遺憾的部分。另外，針對最近考試院推動文官制度和興革的方案，我們要求著重在廉政。因此，本席認爲廉能價值若要有效形塑，必須從心來實踐並內化，而非單靠短短幾小時的例行課程就可以達成。

主席：請陳委員碧涵發言。

陳委員碧涵（摘述）：關於考試委員的提名和審查作業，必須以最嚴謹的方式來進行，方能符合社會期待。民眾最爲關注的就是考試委員必須才德兼具，在才能上，他必須在自己的領域專業上具有一定的高度，尤其他現在所面臨的更重要的角色與功能是爲國掄才，就是在全球化的發展脈動上，必須具有眼界。考試現在是一個全球人才移動的時代，而我們國家發展與未來需求到底在哪裡？又應該有哪些屬於未來性的人才呢？這些面向均必須適當地反應出來，而非仍因循於過去的幾個考試類別。另外，考試委員在專業領域的分布上，剛剛有專家學者及委員均提到考試委員人數過多的問題。我認爲這問題不宜從人數累計來思考，我們所應該思考的是，國家到底需要選取何種類別的人才？而這些類別的人才都必須有其相對應的專業考試委員來設計相關的考試制度。我們常常提到考試院對考績或退撫等的改革立場，我認爲這很值得肯定，但在針對公務人員考核的同時，也必須對公務機關進行評比。尤其機關內部自發性的自評，會比外部的監督制度來得重要。針對公務人員素質的提升，尤其是在職能方面，我認爲必須有系統、有計畫地設計。在培訓內容上，除了專業的專業成長之外，更重要的是人文的關懷。另外，除了公務人員的選拔外，還有一部分是專技人才的選拔，在專技人才的選拔上，考試制度一定要多元化，尤其是專技人才的部分，我希望在其特殊性與專業性上眞的要去結合專業證照，而且我期待它能夠變成國家的法制化。現在立法院要進行考試委員的資格審查，基於這樣的責任與使命，我們絕對會嚴格的審查、高度的期待。

主席：請李委員俊俋發言。

李委員俊俋（摘述）：我要藉由今天舉辦公聽會的機會，就教在座學者專家幾個問題。第一，有關考試院的職權，考試院獨立出來是孫文的概念，目的是避免行政機關濫用私人，請問各位專家學者，當初設立考試院的目的在現今的社會還存在嗎？第二，本席認爲人事行政局組織法、考試院組織法與憲法規定重疊的部分一大堆，我們有沒有必要疊床架屋到這種情形？未來有沒有整併的可能？第三，有關第11屆考試委員的表現，考試院既然是憲政機關，就應該依憲法賦予的職責儘速去做，但是我們發現第11屆委員對於年金制度及考銓制度只處理了年金制度改革的部分，其他的部分完全沒有提及。最後，其實對於考試院的存在與否，大家討論的非常多，現在考試院的組織中，考試委員一共是19人，但是憲法對於考試院的規定與對監察院、司法院的規定不同，考試委員的人數並沒有規範於憲法中，而是透過組織法來規定，憲法只規定「考試委員若干人」，並沒有規定考試委員共有幾人，在這樣的情形下，考試委員有沒有相對減少的空間？有關考試院的職權，其實只能進行考試的部分，銓敘部則是負責所有任免、撫卹、陞遷等，有沒有可能設立一個文官學院，將公務人員的保障、訓練、人事任免制度等交由文官學院這個獨立機關來處理，而不是將其獨立出來成爲一個考試院。從報章媒體的報導來看，這一屆委員的兼差情形非常嚴重，上次我的調查是19位委員中有17位有兼職，沒有兼職的只有2位，這樣符合考試院原本設立的目的嗎？我想請各位學者針對以下幾點發表看法：第一，考試院跟行政院人事行政總處的職權區分如何變革？第二，考試委員的人數是否過多？第三，目前考試院的職權究竟還剩下哪些功能？有無必要獨立設置一個考試院並提名考試委員？第四，針對第12屆考試委員的提名人選，嚴格看來21位被提名人中有7位是國民黨智庫的成員，考試委員變成國民黨智庫的退輔會，變成馬英九政府相關退職政務官員的去處，這樣的考試院，我們如何期待它的品質？關於以上幾點，就教於各位學者專家。我認爲舉辦公聽會最重要的目的，就是透過學者專家提出建議，有助於我們在審查的過程中能夠嚴格地審查。

主席：請王委員育敏發言。

王委員育敏（摘述）：剛剛有專家學者提到，這些考試委員被提名人的自傳上應該針對考試行政或考銓制度等相關議題提出自己更深入的觀點，這一點本席也非常贊成。針對這一次的被提名人，我們對於考試委員資格的要求，一個是聲譽卓著，這也是我們未來作個別審查的重點，當然其個人品性操守等方面一定是沒有問題才可以過關。再就專業貢獻而言，考試委員的專業性是要被信服的，他們來自各專業領域也是無庸置疑的。我覺得考試委員的多元性非常重要，剛才也有專家學者提到，希望未來能夠有多一點醫療、科技方面背景專才的考試委員。所以，我個人主張讓考試委員的專業背景多元化、多樣化。此外，這次所提出的人選也兼顧到兩性平權，這一屆考試委員裡面有5名是女性，下一屆則增加到8名，女性考試委員增加了3個名額，站在兼顧兩性平權的觀點，增加女性考試委員的比例是非常重要的。綜觀以上幾點，作爲審查小組的成員，本席整體看下來，對於此次考試委員的提名，不論在專業背景方面，或是兼顧兩性平權議題，在在都有達到基本的要求。我個人覺得如何去延攬優秀的人才，讓公部門的人才和私部門的人才有一定的接軌和交流機制。像剛才有人提出可攜式的年資，我個人認爲非常有創意，本席認爲，站在一位考試院院長的高度，應該要去思考這樣的問題，就是讓公部門和私部門的人才互相交流，這樣整個文官體制會更加靈活，可以把優秀的人才都吸納進來，所以這是非常重要的制度。剛才有學者專家提出一個意見，就是我們專技人員的考試要如何跟國際接軌，我們整個考試院的功能不是只有在公務人員方面，在專技人員方面也是很重要的。如果考試院和考試委員更加用心，將來在專技人員的證照制度方面，多去吸取目前國際上最重視並正在發展的重要證照和專才培養之經驗，就我們國內專技人員的證照和國際的證照進行接軌，這樣台灣就可以培養出一流的公務人才和一流的專技人才，將來考試院就可以在台灣的發展上面扮演一個非常重要的角色。

主席：請鄭委員天財發言。

鄭委員天財（摘述）：考試院提送至本院的公務人員基準法，公務人員基準法到底要稱爲「公務人員」還是「公務員」？這牽涉到他是不是廣義的公務員，這樣的法律草案送至本院也受到很大的質疑。方才本席所提都會涉及考試院相關法律的研擬以及相關子法的訂定，雖然方才所提有部分涉及不確定的法律概念，若這個不確定的法律概念不去做非常好的處理，讓公務人員的權益受到很大的影響。所以相關定義、審查基準的明確化等，都是要在考試院的相關法規命令予以界定，這部分涉及、影響公務人員的權益非常大，甚至會剝奪公務人員在憲法上關於工作權的保障，因此我要請教專家學者，未來要如何修訂相關法律、如何讓更多學法律的人來擔任考試委員？考試院相關的法律對於公務人員的資格條件要予以規範，而這裡提到的公務人員不只是我剛剛所講的那些，還涉及剛才很多審查委員及專家學者所提到的部分，最主要的還是如何提升國家的競爭力，讓相關的公務人員因考試而為國家所進用、任用，從考試的方式到他們當公務人員後如何提升其專業、經驗，考試院都能做很好的規劃，在法規及制度面的訂定，都會涉及整個國家及人民，對國家來說，就是國家的競爭力，對人民來說就是權益的保障，因為大部分公務人員會直接面對人民，對於人民權益的維護，對於人民權益的賦予，都是非常非常的重要。所以考試院考試委員資格條件合理分配應從專長來看，這部分要如何處理，在在涉及考試院整個制度，因為這不只是憲法問題，更涉及相關法律的研擬、法規命令的擬訂及相關審查的規範，會涉及整個制度面的問題。

主席：謝謝鄭委員天財的詢問。審查小組的委員詢問均已發言完畢，現在進行最後一個程序，請專家學者針對剛才審查委員的詢問提出綜合答復，答復時間預定是20分鐘，請各位專家學者彈性運用，並掌握時間。首先請羅承宗教授發言。

羅承宗教授（摘述）：針對剛才各位委員所提出的問題，我歸納為三個層次，第一個層次是憲政體制的問題，第二個層次是法律的問題，第三個層次是同意權行使的問題，也就是我們今天坐在這裡談的問題。第一個層次的問題，我們認為憲法第88條應該修，既然要叫做考試院，就管考試就好，人事行政的部分就回到行政院去，是比較好的。第二個層次是法律的問題，我們應該去制定一個行使同意權的專法，因為現在整個流程有不足的地方，所以這個專法是有需要的。第三個層次是關於本次人員組成到底是怎麼樣的問題。台灣有個很重要的因素，那就是原住民，所有被提名人當中到底有多少很懂得原住民的問題，我並不知道，如果不去強調這一點，我覺得所謂的多元性可能就少了一點。雖然剛剛有委員提到性別多元性，但我覺得那只是浮面的，與其看性別多元性，考試委員的多元性應該從很多面向來看，而不是單純從性別來看。

主席：請謝政諭教授發言。

謝政諭教授（摘述）：學術界普遍認為銓敘部和人事總處功能重疊太大，重疊性大就是人力的浪費。我想這都需要考試院好好檢查全國的文官體系。立法院特別將院長、副院長及考試委員區隔開來審查，是不是可以給院長、副院長比較多的期許，在他們任內，他們希望把考試院帶到什麼方向？能不能提出未來6年更弘遠的計畫，或者未來1年、2年，近程、中程，直到遠程（6年）的計畫？雖然到8月底之前人事案已經通過，但在那之前提出未來的領導方向，或者在8月底之前將更細緻的東西再送到立法院，也就是說，送到全國民意機關做進一步檢視？我個人認爲，考試院除了考選重點之外，訓練是很重要的，剛才提到的國家文官訓練，其實是已經有了，保訓會主委兼文官學院的部分就繼續強化。現在說文官學院要注意中階的管理能力，以及高階的領導能力、最高階的政策能力，難道就只有這幾個字嗎？要不要再進一步更細緻的說明何謂管理能力？管理能力又要怎麼訓練？怎麼樣培養所有公務人員的素養？剛剛好幾位委員都提到人文方面的素養很重要。我們現在很多公務人員的官威很大，可是服務的精神不夠？因此，加強這些公務人員服務的素養，我想都是考試院可以著力的地方。總之，19位考試委員如何好好分工，每年改進考試院的所有重大事情，不要像部分的考試委員忙於自己的教科書有沒有被運用，如何爲國掄才才是考試委員的重任。

主席：謝謝謝政諭教授的發言。接下來請吳威志教授發言。

吳威志教授（摘述）：我首先從公務人員基準法能否解決公務人員的問題來談，我認爲有總則的統一是非常重要的，然後在分則特別法，其次是公務人員言論發言的審查基準，其實它是自由權跟特別權利關係的兩難，未來也可以製作這方面的法律規範。另外，我也非常認同法律的考試委員僅有3名是不夠的，但是更涉及我國未來法律教育與法律進修的增加，才是最爲重要的，我認爲多元化是必然的現象，如何增加這樣的進修是非常重要的，將來我們如何修改考試院的組織法，以增加專技人員的考試委員，這部分是可以再做增加的。我非常贊成每年應該要有相關的報告。此外對於考試委員的人數是否應該減少的問題，以目前來說的話，人數顯然是適當的。我個人認爲，考試委員經歷過政府或經歷過學術，比如剛才所說有7位是學術智庫，有7位是在政府任職，我認爲需要非常多的經驗，畢竟考試院的權利是獨立的行政權，有更多的政府經驗其實是非常好的。我也非常認同考試專技人才，不應該僅限於考試而已，相關的實習甚至儲備，比如他的生涯規劃，從小律師到大律師到檢察官到法官、大法官等等，如何做相關的設計是未來考試院非常重要的關鍵。我個人認爲目前考試權跟行政權的混淆，未來勢必要解決，未來怎麼讓考試權獨立化，甚至我認爲行政院人事行政總處把部分權利歸併到考試院，讓考試院能眞正發揮它的職權，是未來憲政上可以考量的方向。

主席：請黃適卓教授發言。

黃適卓教授（摘述）：考試委員的職權是什麼？這應從憲法增修條文第6條開始看，考試委員的職權，第一個就是考試，其他還有銓敘、保障、撫卹、退休、任免、考績、級俸、升遷、褒獎之法制事項。因此他分成兩大部分，一是考試用人，另一個是法制，在銓敘的過程如何升遷，考績怎麼打或是怎麼任免，這是兩個完全不一樣，卻是最重要的兩大主軸，由這個角度來看，各位委員的許多問題，應該就可以得到解答，一、關於人數的問題，是否需要人多才能達成更多的專業？我們不需要加諸考試委員做更多的專業來管制他，因爲眞正需要專業的是考選部，不是考試院。另考試院的重點，除考試之外，應該就是所謂法制的問題了，所以眞正整個重點在考試法制以及銓敘、保障、撫卹、退休、任免、考績、升遷、褒獎之法制問題，所以方才鄭委員說法律人才要不要多一點？基本上，我同意一半，這並非法律不對，而是要法制人才。另外就是我們一再強調的，我們選擇的人一定要依照憲法，獨立行使職權，這才是考試委員最重要的基石，另外我還想談的重要議題是，我們的組織結構該怎麼改變的問題。考試權有必要放在考試院裡嗎？就像我剛才已經提過的，其實考試院目前所職掌的功能，尤其是考委的功能並不是很能彰顯，所以根本就不需要把考試權放在考試院，而應將考試權放在行政權裡，而監察權放在立法權裡，以三權分立的方式運作就夠了。最後，回到法制的層面來看，我認爲現在的考委是無法中立甚至也無法發揮作用的，其關鍵就在他的提名制度與審查制度上。大家可以想想看，以本次考委的人事權爲例，考試委員是由執政黨的主席，也就是由現在的總統提名，將名單送到立法院後，如果最後執政黨用黨紀要求通過，請問這些考委要聽誰的？他們有辦法中立嗎？

主席：謝謝黃教授的回應，也謝謝各位專家學者的綜合答復。今天公聽會到此結束，感謝各位專家學者以及審查小組的委員所發表的高見，各位在本次公聽會針對考試院第12屆院長、副院長以及19位考試委員被提名人的資格審查上所發表的精闢見解，將在本院所有委員事後進行審查及行使同意權的投票上有很大的助益，本次公聽會的發言會列入公報，而該紀錄也將依相關的規定分送給全體委員參考並作爲重要的歷史見證。再次謝謝大家今天的出席及發言，現在散會（11時33分）。[66]

二、相關規範

立法院職權行使法

1. 第54條

各委員會為審查院會交付之議案，得依憲法第67條第2項之規定舉行公聽會。如涉及外交、國防或其他依法令應秘密事項者，以秘密會議行之。

2. 第55條

公聽會須經各委員會輪值之召集委員同意，或經各委員會全體委員1/3以上之連署或附議，並經議決，方得舉行。

3. 第56條

公聽會以各委員會召集委員為主席，並得邀請政府人員及社會上有關係人員出席表達意見。（第1項）

前項出席人員，應依正反意見之相當比例邀請，並以不超過15人為原則；其人選由各委員會決定之。（第2項）

應邀出席人員非有正當理由，不得拒絕出席。（第3項）

4. 第57條

舉行公聽會之委員會，應於開會日5日前，將開會通知、議程等相關資料，以書面送達出席人員，並請其提供口頭或書面意見。（第1項）

同一議案舉行多次公聽會時，得由公聽會主席於會中宣告下次舉行日期，不受5日之限制，但仍應發出書面通知。（第2項）

立法院對應邀出席人員，得酌發出席費。（第3項）

5. 第58條

委員會應於公聽會終結後10日內，依出席者所提供之正、反意見提出公聽會報告，送交本院全體委員及出席者。

6. 第59條

公聽會報告作為審查該特定議案之參考。

66 參閱立法院公報，103卷，48期，民國103年7月1日，207-230頁。

三、策略分析

全院委員會審查人事同意權時，往往先舉行公聽會，邀請學者專家提供寶貴意見。本案於公聽會所提考試委員人數、任期、公務人員制度改革（包括年金、考績）、行政中立及跨院協調合作等意見，均爲委員在審查時所詢問的重點。[67]因此，國會成員在行使人事同意權時，如認爲有必要廣徵意見，自可運用舉行公聽會的策略，以對被提名人的資格及適任等相關條件加以瞭解，而達到愼重行使同意權。

策略45　常設委員會

一、議場實景

立法院第8屆第5會期社會福利及衛生環境委員會舉行「藥師法第11條條文修正草案」公聽會

時間：中華民國103年5月22日（星期四）9時4分至13時34分

地點：本院群賢樓9樓大禮堂

主席：劉委員建國

主席（略述）：現在開會。今天在立法院社會福利及衛生環境委員會，特別舉辦藥師法第11條條文修正草案的公聽會。因爲目前各方的意見不一，因此召開本次的公聽會，徵求各界的意見。今天召開藥師法第11條條文修正草案的公聽會，乃係起因於藥師法第11條規定釋憲案。我相信各位都很清楚，劉泓志醫師還有楊岫涓藥師等人，各登錄一處藥局執行業務，後申請支援他處藥局，然均因藥師法第11條規定藥師執業以一處爲限而遭否准，經提起行政訴訟又遭判敗訴確定，乃分別主張藥師法第11條規定及相同意旨之衛福部函令違憲，並聲請釋憲。大法官於個案受理後合併審理，並在102年7月31日作成釋字第711號解釋，宣告上開規定違反比例原則及工作權保障而違憲，應於屆1年時失效，相關函釋亦不符合法律保留原則，應不再援用。所以衛福部在103年3月31日提出建議修正條文並增列但書規定，針對執業登記於醫療機構或藥局之藥師，於從事公共衛生服務或藥事照護服務，需要於執業場所以外之處所執行藥品調劑、管理或藥事照護服務工作時，得合法於他處執業，

67 參閱前注公報，231-416頁。

並送請立法院審議。由於藥師法第11條涉及醫藥管理制度、醫事人力分配以及民眾用藥安全等重大公益，相關醫事團體及本院蘇清泉委員、徐少萍委員、趙天麟委員、江惠貞委員及田秋堇委員等分別提出各版本之藥師法第11條修正草案，且均有所依據，所以本次公聽會特別邀請各醫事團體及專家學者與會，希望能討論以下幾個面向，也就是剛才省略的題綱，我現在再予以補充說明，第一，大法官釋字第711號解釋文對於「藥師法第11條之見解」以及合乎解釋文的修法方向；第二，病人用藥權益及藥師勞動權之保障；第三，現行各類醫事人員報備支援制度之實況，是否開放藥師報備支援等。現在請釋憲聲請人劉泓志醫師發言。

劉泓志醫師（摘述）：針對第一個問題，我們認為參考主文以外，更要詳細看協同意見書，才會知道全貌。因此，我們認為從羅大法官的協同意見書就可以很清楚看出，一定要開放診所及藥局等機構的藥師可以報備支援方為合憲。另衛生福利部跟藥師公會所稱只有公益跟緊急才可以開放支援的解讀，我們認為這是違憲的解釋。如果醫院、診所或藥局的藥師不能報備支援的法律不幸被通過，我們的救濟方式為何？

主席：陽明大學衛生福利研究所黃文鴻教授發言。

黃文鴻教授（摘述）：現在所爭論的重點，大家注意到它其實是在於，第一個是「不違反該條立法目的之情形下」，另外一個是「有重大公益或緊急情況」，有這兩個情形，後面才講到「設必要合理」之限制。我看今天對於「重大公益或緊急情況」應該沒有太大的爭論，爭論的重點在於就立法目的部分什麼是「必要合理之例外」的限制。限制藥師執業處所以一處為限的規定，在公共利益雖仍有其意義（確保民眾接受藥師專業服務的利益），但在個人權利方面（限制執業處所以一處為限），影響藥師報備支援其他醫事服務機構以及未來長期照護提供藥事照護的權利，應有重新檢視之必要。這個限制應該要隨著時空做適當的調整，不過，在調整的時候，第一個，需要考量適當之配套管理措施。至於以往允許藥師在不同地方執業管理，藥品販賣業者方面，以今日的實況來看已經不存在，藥師法規定必須親自駐店管理，並沒有支援其他執業處所之空間。從行政院修正的條文裡可以看到，第1、2、4、5款大部分都是基於公益或重大緊急情況，只有「藥事照護」的情形在行政院或衛福部認為是合理的例外規定。我認為我們要修改第11條的時候需要考量的是：（一）藥師提供藥事專業服務以親自為之基本要件，其執業地點之限制與彈性，應有適當的配套管理辦法。（二）醫療機構、專業團體、專業人員的倫理與自律，是社會對專業信任的基礎。（三）專業的自律加上政府主管機關的依法行政，才能提供民眾健康福祉的保障。

主席：請藥師公會全聯會李蜀平理事長發言。

李蜀平理事長（摘述）：大法官的釋憲解釋得非常清楚，它明確地針就緊急狀況跟重大公益，這方面我們要有條件的去報備支援。我希望今天不要將大法官釋憲過於廣義解釋，也希望今天這場公聽會最後所創造的結果，都能以民眾用藥安全爲基礎。

主席：請台北大學法學院鄭逸哲教授發言。

鄭逸哲教授（摘述）：對於醫界、藥界乃至衛生福利部而言，其實有一項最簡單的解決方法，只要依行政院版條文裡的醫療機構、藥局執業者，經事先核准，就得於執業處所之外執行業務。很多人強調大法官會議提到一定要符合公益、緊急的狀況下，要有必要加以限制，這個限制應該要由衛生福利部擔起必要之監督責任。

主席：請中華民國醫師公會全聯會陳夢熊常務理事發言。

陳夢熊常務理事（摘述）：大法官釋字第711號解釋，個人看法爲大法官釋憲已講得很清楚，藥師不違反前揭立法目的之情形下，就不該設限。大法官釋憲文絕對不是要大院做列舉的規定，而是要一個廣泛的規定，大法官釋憲的重點在於原則是自由的，在具體情形之下，例外才加以限制，這是立法的基本原則。關於病人用藥的權益跟藥師的勞動權益，醫藥合作、醫藥分業下，一旦病人離開基層醫療院所附近互相配合的藥局之外，恐怕就拿不到藥了。接著談到藥師勞動權益這部分，各位試想藥師會不會生病？藥師會不會請假？請問當藥師請假時，病人到哪裡拿藥？釋出處方箋一定拿得到藥嗎？不一定拿得到藥。我想這一點值得大院所有立法委員在未來修法時作爲參考。本人呼籲比照現行其他14個醫事人員法，讓藥師能夠全面支援報備。

主席：請嘉南藥理大學藥學系王四切教授發言。

王四切教授（摘述）：我們認爲藥師的業務有其獨特性、專業性，在這種情況下，如果可以報備支援，我們想要問的是，我們的工作時間長達8個小時，假如藥師要到A、B、C處支援，這樣民眾的用藥安全能否獲得保障？

主席：請張婦產科診所張嘉訓院長發言。

張嘉訓院長（摘述）：針對藥師法第11條的修法，不能只看釋憲文的後半段，而是應該要看前面所寫，即「未就藥師於不違反該條立法目的之情形下」。現在大院的版本很多是沒有涵蓋基層院所的藥師和社區藥局的藥師相互支援，我不太瞭解的是，開放醫療機構的藥師和藥局的藥師彼此支援會違反這條的立法目的嗎？原因何在？再者，其他各類的醫事人員總共有14類，目前只有藥師和牙體技術師沒有支援，爲什麼其他的醫事專業人員都可以支援？支援的概念絕對不能被誤導，支援絕對是自願的，絕非所謂的派遣。我們相信衛福部一定有很好的管控能力。反對支援的另外一個觀點是認爲藥師報備支援會影響民眾的用藥安全，這對藥師的專業是最大的歧視和侮辱，藥師的工作理應不會因爲到另外一個調劑處所就違反他的專業品質。所以，我覺得支援基本上是非常好的事情。診所的藥師大概占了台灣藥師的25%，今天提出修法的藥師是社區的藥師，結果院版所擬定出的法條居然是沒有涵蓋這些提出修法人的權益，我非常贊同田委員所提的版本，機構間的支援只要報准都可以同意。

主席：請台灣大學醫學院毒理學研究所康照洲教授發言。

康照洲教授（摘述）：我覺得除了考量個人權益和職業權益的問題之外，最重要的還是要考量到病人的用藥安全。專業藥師有其專業性和獨特性，在這樣的情況之下，藥品管理是非常重要的事情。他除了人的專業之外，他還要管理產品，產品和場所的管理是有其專業、獨特性和限制性。支援不是一個常態，如果不是常態，到底有沒有規範？如果立法之時並沒有賦予行政單位相關的管理措施和管理辦法，這種空白支票的立法是不太恰當的。在立法方面，應該要從人和專業性，以及行政單位的管理層面，做整體的配套措施之後，才能顧及到病人的權益，再加上行政單位的管理，我想這是比較好的方向。

主席：請中華民國醫師公會全聯會施肇榮理事發言。

施肇榮理事（摘述）：今天我們在這裡談論711釋憲文的原因是因爲藥師不得支援被宣告違憲，起因是基層單人藥局的女藥師生病、請假，礙於法律不得請其他藥師短暫的協助調劑工作所引起的，相同的情形，也時常發生在單一藥師的診所。藥政單位、藥師公會雖然說了許多反對支援的理由，可惜的是，他們根本不明瞭支援的目的，以及基層病人的需求。基於法律的前瞻性、安定性、醫療特殊性，以及「病人藥方便，藥師要支援」的考量，懇請立法委員修法補足「醫藥分業」以來，醫師、藥師合作上密不可分的疏漏——藥師法第11條的藥師支援。

主席：請台灣大學藥學系林慧玲教授發言。

林慧玲教授（摘述）：今天有很多問題在於醫藥沒有分業，眞正的醫藥分業是擁有開方權利的人不能擁有藥局，美國規定診所不能擁有藥局，但是醫院是可以的，我們則是每個診所都要有藥師，如果說眞的要有藥師，應該要有足夠人員能cover到請假時數，醫院部分也是如此。就像黃文鴻老師及康照洲局長所說的，最重要的是眞的要親自爲之，就像我們到別人的廚房不會煮菜一樣的，不應該臨時調一個人過來，這是我們會很擔心的問題。

主席：請成泰診所陳啓明院長發言。

陳啓明院長（摘述）：關於這次的修法，我們認爲比較合理的規定是「藥師經登記領照執業者，其執業處所應以一處爲限，但機構間之支援或經事先報准者，不在此限。」民眾用藥的安全便利應該列爲首要考量，藥師臨時請假或離職時，必須由其他藥師支援，這一點是非常重要的。藥師的業務性質與其他醫事人員不同在於其藥商身分（藥品採購、保存、管理和販賣），這是負責藥師的職責，而不是支援藥師的職責，支援藥師不可能去管理這個部分。方才有人提到藥品放置的問題，其實衛生主管機關每年都會定期和不定期稽查，所以也不能亂放，更不能有過期的藥品，這些都有嚴格的監控，而且藥師都有接受專業訓練，怎麼會有找不到藥的情況。全面開放藥師支援之後，用藥安全有所疑慮也是誤解。支援是自願自發、自主處理，派遣是被動強制、他人主管，二者完全不同，不可能混淆弄錯，受雇者有任何不平或不滿都有衛生主管機關、公會、勞工局、法院與民代等可以處理，不可能因爲開放支援而促成派遣，這是不可能的。

主席：請台灣醫病和諧推廣協會組長、媽媽寶寶雜誌社鄧懿貞社長發言。

鄧懿貞社長（摘述）：任何醫療系統的最終目的是照顧病人，病人是任何一個法和任何一個消費行爲系統中最重要、最應該被照顧到的，所以我們應該很認眞的思考病人情感被傷害的問題。今天我以病人的身分建議各位先進也站在病人的角度思考，修法時應該將全人健康、全人照護及病人的權益考量進去，如果整個醫療系統完全疏忽病人這一塊，相信這不會是一個非常理想的法。其次，各位先進及專業人士都講到可以到社區藥局拿藥，但社區藥局的藥品種類不見得齊全，社區藥局大部分的藥品只適合慢性處方箋，這種情況對一個媽媽而言是非常不方便的，所以我在此懇求各位先進，修法的時候請眞正的考量病人眞正的需求、眞正的權益。

主席：請中華民國基層醫療協會吳梅壽常務理事發言。

吳梅壽常務理事（摘述）：我請求讓藥師回歸到醫藥本一家的大家庭，我做此呼籲的理由是：第一、所有其他12類醫事團體的法律，如醫師法等，對醫事人員執業處所都有限定範圍且加以規定。但同時就醫事人員執業處所皆有支援報備之例外規範。「醫藥本一家」，藥師亦屬於醫事團體，豈可自己獨立其外？第二、如果藥師法第11條這種有但書的支援是必要的話，那顯然現今之其他12類醫事團體之支援制度爲不合理。第三、遵照主席指示，我不否定其他委員的努力，但我必須認同田秋堇立委的版本是完全保障國民健康權、保障醫療品質及維護民眾就醫便利性的全民福利版。第四、如果藥師法第11條最後修成名不正、言不順的法條，將如論語子路第13篇所言，民將無所措手足。最後我再次呼籲，請讓藥師法第11條回歸到醫藥本一家的其他12類醫事團體的支援制度內吧！

主席（楊委員曜代）：請西太平洋藥事論壇譚延輝教授發言。

譚延輝教授（摘述）：剛才有人提及12個醫療團體都有報備支援制度，爲什麼只有藥師沒有？我必須說這是因爲他們沒有藥品利潤重新分配的議題。我們再從另一個角度來說「調劑」這兩個字，很多醫療界的朋友認爲所謂的調劑就是拿著處方箋數藥片、包裝交給病人就好了，我必須說這是絕對錯誤的觀念，幾個國家的藥師團體一致認爲，現在藥師的角色必須是協助病人的用藥安全。在報備支援方面，我個人認爲從國際趨勢看來，醫、藥是絕對的合作關係，但這個合作關係不是建構在藥品的利潤或藥品的調劑上，而是基於保護病人用藥安全的立場，在這個基礎上醫、藥是絕對合作的，我們看到很多藥物治療問題所以和醫師討論，希望解決問題以保護民眾的用藥安全，這是藥師眞正的專業服務，我們很希望和醫師一起合作共同照顧病人的用藥安全。

主席（劉委員建國）：推薦的代表都已發言完畢，現在請楊委員曜發言。

楊委員曜（摘述）：藥師法第11條的立法目的在強調專業性與親自性，我們也綜合觀察了所有醫事人員的相關規定，發現這些相關規定都規定執業只限於一個處所，很明顯的可以看出這並不是規定醫事人員只能在某個處所而是希望人、地合一，也就是不能只掛牌而沒有專業人士在場親自調劑或醫療，假如據此延伸規定，應該可以從寬做例外的規範。另外，從立法技術來檢討院版的修正案，事實上只要與立法目的不相違背就可以被允許爲例外情況，但如對例外情況又以列舉方式規定，那麼難免掛一漏萬，很容易造成日後不斷修法的後果。再從立法體例的一致性來看，允許所有醫事人員相互支援，所有醫事人員都有其專業性又可以被允許支援，主要是因爲人到任何地方都不會損害其專業性。所以，我從法律面和實務面提出我的看法，我非常支持田秋堇委員的修法版本，也希望衛福部從善如流。

主席：請黃委員昭順發言。

黃委員昭順（摘述）：我是立法院中唯一藥師出身的立法委員。雖然剛才我在經濟委員會開會，但我一直持續地觀看電視關注今天的公聽會。今天的公聽會結果還是南轅北轍，不會有任何交集，所有問題還是無法解決。我希望主席能夠發揮功能，我們也願意扮演協調的角色，希望主席能以協商的方式進行，這樣可能可以在比較短的時間內解決問題。

主席（摘述）：謝謝黃委員的建議與提醒，這眞的是很務實的做法，我今天特別召開這個公聽會就是希望能達到黃委員的這種期待，這個公聽會召開之後或許會讓大家更加冷靜的思考藥師法第11條應該怎麼修法，同時也希望公部門能有具體的回應以取得共識，這是我們最期待的。請田委員秋堇發言。

田委員秋堇（摘述）：大法官釋憲對於報備支援、重大公益與緊急情況都有提及，但由於但書的範圍不是很明確，所以在修憲時應該儘量符合大法官從寬解釋，尤其是站在人民的立場從寬解釋，由於大法官提出的但書範圍不明確，所以無法確認修法時沒有納入報備支援制是否違憲，如沒有納入的話最後可能會演變成再一次的聲請釋憲要求就但書的範圍給予明確規範，因此這種風險需要整體考量，修法之後萬一再度被解釋爲違憲就要再重新來過，我認爲不要如此。我希望能藉由公聽會討論出一個共識。至於我們提出的所有疑問，希望等一下林奏延次長能予以回應。

主席：請徐委員少萍發言。

徐委員少萍（摘述）：目前大家對於行政院版並不是完全的反對，只不過醫師公會又加進了一些東西，但我們總是要考量加進來的東西是否合理，如醫師可以支援爲什麼藥師不能支援的問題。立法院審查法案經常需要朝野協商，希望你們雙方也能共同討論。

主席：請衛福部醫事司王副司長發言。

王副司長宗曦（摘述）：有關藥師法第11條大法官釋憲的解釋文，是基於藥師法第11條沒有就藥師在不違反該法立法目的的情況下，或者在有重大公益或緊急情況需要時，設必要合理的例外規定，所以我們要看當初的立法目的。藥師法的立法目的，我們會看的，一個是醫療法，另一個是藥事法。藥事法其實就是要規範藥師以及藥商的管理；至於醫療法的立法目的，第一條就開宗明義揭示「為促進醫療事業之健全發展，合理分布醫療資源，提高醫療品質」，但最重要的是後面兩段文字，就是「保障病人權益」以及「增進國民健康」，所以，基本上，我們會按照大法官釋憲文來推動這次藥師法的修法。這次透過修改藥師法第11條，希望能夠符合大法官第711號釋憲文的意旨，同時兼顧公共利益以及個人權益，未來在藥師的管理上，本部會加強各項配套措施，包含現行對於其他醫事人員的管理，透過報備支援時數、人數比例規定，還有放在醫事即時資訊管理系統的規定，以及健保調劑量的限制等，希望透過多元措施，保障民眾的用藥安全以及藥師的勞動權益。

主席：我們剛才本來說要休息10分鐘，但是總共有24位登記發言，還要聽公部門回應，委員也會陸續來發言，時間會比較急迫，所以只休息5分鐘。現在休息。

主席：現在繼續開會。請黃昭文診所張裕昇藥師發言。

張裕昇藥師（摘述）：我是診所的基層藥師。我只是很簡單地以基層診所藥師的身分發言。大約在2年前，我的心導管裝過支架，當時義大醫院診斷我是不穩定型心絞痛，勸我一定要立刻就醫，在這樣的情形下，我跟我們診所醫師討論，醫師同意。可是診所怎麼辦？不能報備支援啊！為了遵守法律、遵守規定，就是不能報備支援。但是，醫生聘僱藥師，哪有可能三天兩頭就因為藥師住院而休診？另外，大家剛才不斷質疑，藥師在A地執業，到了B地，可能沒有辦法熟悉所有環境，但我簡單舉個例子，你們有沒有看過電影《總舖師》？把兩位總舖師調到台北，難道他們就不會煮菜了嗎？

主席：請臺灣家庭醫學會社區醫療發展趙堅顧問發言。

趙堅顧問（摘述）：開放藥師支援，可以減輕國家日後對無法自謀生計的國民承擔生存照護的責任，也不違反勞基法，因為他是自願性的。

主席：請醫改會朱顯光研發組長發言。

朱顯光研發組長（摘述）：剛才王副司長已講得很清楚，大法官釋憲文等也提到了，就是要藥師親身親為、親自執業，但在我們過去的調查中，其實有很多沒有做到這個部分。如果開放報備支援，支援藥師從哪裡來？為什麼診所藥師連基本的請假都不能請？雇主是不是只願意請一位藥師、還有剝奪請假權等很多問題？被派去支援的藥師，到底從哪裡來？會不會也是被強迫去支援，其實自己也已經在血汗單位、已經過勞？對病安到底有什麼影響？我認為這是大家要認真思考的。

主席：請台灣醫師兼藥師醫療協會謝坤川理事發言。

謝坤川理事（摘述）：談到醫藥分業，其實法律有明文規定，只要有交付處方、親自調劑、病人有選擇權，就是醫藥分業。報備支援其實才是防止租牌的不二良藥。因爲藥師不能報備支援，導致第二位藥師一天只能工作3小時，薪水只能領一半，難道你們是要剝奪第二位藥師的工作權，等於只讓他領一半的薪水？如果是你，你願意嗎？第711號釋憲案根據的是憲法第15條和第23條，而修法不能違背母法憲法，憲法第23條明明規定，工作權不能以法律限制之，爲什麼4種修法版本全都在限制？如果修法結果還是違法，那實在是浪費立法資源。

主席：請桃園縣藥師公會柯陽明藥師發言。

柯陽明藥師（摘述）：我是基層藥師，向各位報告多數藥師因爲藥師法第11條的限制，違法執業生存，而且必須違法，才能生存。有多少人違法？有多少診所藥師、社區藥局藥師違法？我們今天的爭執點應該在於診所藥師或藥局藥師可否報備支援。立法的目的是要人民依法行爲，如果立的法擺明了將來受規範的這群人還是必須多數違法才能執業，那麼立這樣的法有什麼意義？

主席：請台南市醫師公會張金石理事發言。

張金石理事（摘述）：剛才主婦聯盟代表提到，她身爲主婦，當孩子生病，到基層醫院就診，讓她最放心的是什麼，這種情形，大家爲人父母，應該都很瞭解，我是小兒科醫師，我工作那麼久，我非常支持醫藥分業，醫藥分業可以說跟落實轉診制度一樣，相當理想化，可是以目前台灣的環境和現況，是不是眞的做得到？只有從事某些特殊活動才能支援的話，那就像剛才有人所講的，是不是將來還要一再修法，來滿足其他需求？其他各師既然都能報備、相互支援，爲什麼唯獨藥師例外？不過，我是基層醫師，我希望以社區民眾、人民的利益爲考量，大家都考慮公共利益吧！

主席：請彰化縣醫師公會連哲震常務理事發言。

連哲震常務理事（摘述）：藥師法修法，跟我們有什麼關係？沒有關係啊！限制藥師的工作權，跟我們有什麼關係？老實說，對我們的影響其實不是那麼大，但是對於我們看診的病人有沒有影響？那就有很多影響了，剛才多位前輩也都講過很多現況，包括藥師不能報備支援，萬一基層診所的藥師請假，該怎麼處理？根據現行規定不能支援。如果其他醫院藥師請假，我們診所的合法藥師原本可以前往支援，卻限於法令不能支援，這個問題，我覺得大家可以參酌。另外，藥師公會基於藥師的獨特性，認爲不能報備支援，其實，醫師也是有獨特性的，但連醫師也可以報備支援，爲什麼藥師不能報備支援？

主席：請中華民國基層醫療協會劉家正理事長發言。

劉家正理事長（摘述）：我從事基層醫療工作將近40年，每天跟我的醫療同伴，包括藥師、護理師，還有醫界行政人員，一同面對病人、解決困難。有一天，我的藥師打著點滴上班、配藥，我請他回家休養，但他說不可以，因爲沒有藥師，處方就必須釋出，可是事出突然，那麼簡單就能釋出處方嗎？假如能夠報備支援，這個問題就可以適時而解。反觀其他14種醫事團體都有這種報備支援制度，在這樣的制度下，有完善的管理，支援人員的時間、地點、時數都有限制，如果藥師也可以這樣，民眾的用藥安全將得以保障。

主席：請台北市醫師公會張孟源理事發言。

張孟源理事（摘述）：據我所知，在離島，例如澎湖，部分地區因爲醫療不足，就有醫師去支援，甚至醫學中心也可以支援基層診所，基層診所也可以到醫院報備支援，讓基層病人能獲得更好的照顧，所以我相信所有醫事人員的報備支援應該是一個原則。在14種醫事團體中，不管醫師、護理師、檢驗師、物理治療師等所有醫事人員全部都可以報備支援，我相信報備支援是一個原則。醫藥本是一家人，我希望大家能互相合作，站在病人的立場，讓病人獲得更好的醫藥照顧，希望台灣社會更爲美好，醫藥更和諧。

主席：請中華民國藥師公會全國聯合會李蜀平理事長第2次發言。

李蜀平理事長（摘述）：我要向大家報告，今天所有在座人員，只有一個目的，那就是要尊重國家的體制，國家已經訂好體制之後卻又要去推翻，如果醫師都要當大哥，不去疼惜其他醫事人員，我想未來將會非常遺憾。希望大家能各盡其職，發揮專業，創造出一個像健保一樣值得驕傲的醫藥合作，不要再有所謂的報備支援。

主席：繼續請釋憲聲請人楊岫涓藥師發言。

楊岫涓藥師（摘述）：我聲請釋憲是要爭取如果有事或生病，可以被支援。如果藥師可以報備支援，那麼星期日休息的藥師就可以來幫我的藥局調劑，但是因爲藥師法第11條的關係，而無法報備支援。方才理事長提到單軌制，其實有些藥師希望受聘診所，所以單軌制並不符合現況，而且違憲。

主席：繼續請中華民國醫師公會全國聯合會蔣世中副秘書長發言。

蔣世中副秘書長（摘述）：今天聽到藥師界前輩的發言，本人聽到有些人擔心藥師若到各地區支援，將會影響其專業性，事實上，醫藥本一家，大家不用擔心，你們要對自己有信心。醫生、護理人員及檢驗師等赴各地支援，在進行支援之前，他們會先瞭解支援地及病人的實際情況，才會執行相關手術。所以，本人認爲藥界的前輩們不用擔心。其次，藥界擔心會被支配，其實藥界要用專業以捍衛自己的工作，而不是被支配，今天各位所提到的情況及問題，包括所謂支援報備的問題，其實都屬於管理的問題，基本上衛福部12個司已經建立完善的支援報備制度。再者，本人要呼籲所有的委員，今天要站在全民的立場，請能夠比照其他師別行業，全面開放藥師相關支援。

主席：請臺北市藥師公會余萬能理事長發言。

余萬能理事長（摘述）：我是藥師、我學公共衛生與法律、我來自藥政處，我再次強調，一條法律解決不了這些的問題，如果藥師法第11條如何修正通過，其他各條文都可能造成接續的問題，所以大家強調醫藥本是一家，我們如何在現階段針對所有的問題共同努力、合作，才是解決問題的辦法。本人謹針對大法官會議第711號解釋，重大公益的列舉是一個可行的方向。我們所擔心的問題是，幾十年來政府無法解決的問題，一夕之間也解決不了。其次，林慧玲老師提到，醫院裡面的藥師以人名去替代，在健保及醫院評鑑裡面以稀釋的方式，其實對有些病患並沒有調劑，卻依照把人頭納入其中。既然大法官會議有作出這樣的解釋，臺北市藥師公會認爲，在所有的版本之中，田秋堇委員的版本比較屬於全面開放的，但全面開放是有一個問題的，藥師尚有其他的業務。事實上，藥師的業務可分爲醫療與非醫療兩項，如果依照田秋堇委員的版本，藥師可以跨業支援，那麼請問一般科的醫師會不會支援麻醉師？如果無法支援，這就稱之爲跨業；但如果藥師全面開放跨業支援，這顯然會出問題。單軌制部分，其實要談的是基層，在醫院裡面，依照醫療法規定，當然要設藥局，但診所部分則是得設藥局，所以，單軌制才是我們需要的。總之，希望能在合作的前提下共同來解決這個問題。

主席：請蔡美秀藥師發言。

蔡美秀藥師（摘述）：我也是釋字711號釋憲聲請人，聲請人獨資開設台南市泰安藥局，性質爲社區藥局，我和我兒子都是藥師，登記兩張執照，一起爲民眾服務。我們想眞正落實醫藥分業，結果並不理想。我認爲開放藥廠與醫院、診所及藥局藥師可以支援他處工作及被支援方符合民意，也才能保障藥師勞動權益及病人用藥權益。

主席：請中華民國醫師公會全國聯合會李志宏副秘書長發言。

李志宏副秘書長（摘述）：首先，我從大法官釋字的解釋來談，中華民國憲法第23條規定：「以上各條列舉之自由權利，除爲防止妨礙他人自由、避免緊急危難、維持社會秩序，或增進公共利益所必要者外，不得以法律限制之。」有這些情況才能用法律限制，但我們現在提的公益與緊急狀況反而是說可以開放的情況，這是非常奇怪的，換言之，應該是在這個情況下才能用法律限制，但我們現在的版本裡面是在公益及緊急狀況下才開放。如果這樣修法的話，恐仍有違憲之虞。其次，關於立法目的及租牌問題，藥師法第11條之立法目的係爲推行藥師專任的政策及防止租借牌照的不法情事。藥師法第15條中藥師有8種不同業務，其中第1款是藥品販賣或管理，如果要防止租借牌照，請把該款的「或管理」刪掉，那就沒有租牌的問題。因爲現在市面上的藥房就是管理，藥局才是由藥師親自執業。可見現在主管機關的取締出現漏洞，此乃執行力的問題而非法律的問題。最後，我要提黃茂榮大法官在協同意見書中所提之「原則自由，在具體情形，例外加以限制」。所以，本人的結論是要給衛福部有裁量權去決定何時開放支援。

主席：我們早上宣布的開會時間是從9點至12點半，現在已經是12時27分，後面還有10幾位登記發言的先進，我們就讓登記發言者都發言完畢，可能也有幾位委員會再發言，接下來還要請機關代表作回應，時間可能會延後到下午1點半之後，請問各位，有無異議？（無）無異議。請大順法律事務所黃品欽律師發言。

黃品欽律師（摘述）：從釋字第711號的解釋意旨來看，大法官承認在符合立法目的、重大公益及緊急情況三種情況下可以做例外規定。從確保醫藥管理制度來看，因爲醫事人員實際上已經有一個事先報准的制度存在，而且行之有年，實際上可以直接套用在藥事人員身上。我在此要提醒大家，報准並非報備，因爲報備是說了就可以去做，而報准則需要行政主管機關核准。行政主管機關核准的部分必須核准其支援時數、支援場所是否合理等等，衛福部其實可以用行政管理的手段針對這部分進行審核、把關與控管。另外，可妥善運用分配整體醫療人力資源及維護人民用藥安全。藥師法第11條實際上並不會動搖醫藥分業，醫藥體系雖然是分開的，但站在病人和基層藥師的立場，他們實際上是互相緊密地結合。

主席（田委員秋堇代）：請桃園縣醫師公會黃永輝理事長發言。

黃永輝理事長（摘述）：這些年來，非常困擾我們基層醫師的一個大問題是，我們所聘請的藥師之請假問題，如果我們有合格藥師來支援我們的話，對病人的用藥安全及醫療照護都比較有保障。大法官釋憲希望對藥師法第11條修正案能夠朝向醫事醫療機構之間能夠得到適當的報備支援，目前這個報備支援系統內，14個醫師團體都可以報備支援，我們衛福部也有很好的報備登記制度，對於報備的時間、地點都有適當的規範，並不是隨便報備。基此，希望我們醫療醫事機構之間，藥師可以透過這個制度得到適當的報備來支援。

主席：請鄭委員汝芬發言。

鄭委員汝芬（摘述）：修正藥師法第11條，增加合理的例外規定外，讓這些藥師在不違背藥師法第11條立法目的前提或因爲重大公益、緊急狀況之需求下，讓藥師可以不受到藥師在同一處所執業之限制。因此，藥師法第11條要如何修正方能比較完善我們的醫藥管理制度、妥善分配醫療人力資源，達到人民用藥安全的立法目的是非常重要的。而且，藥師法也能夠依法去支援公共衛生服務或緊急支援藥事照顧，需要大家集思廣益，希望大家在一個合理又合於大法官解釋的原則下，讓藥師法第11條儘速修正，以符合大法官所解釋的意旨。

主席：請中華民國藥師公會全國聯合會黃畹葵主任委員發言。

黃畹葵主任委員（摘述）：很多藥師不願意在診所工作，除了核心價值、專業知識無法保障外，另外一個原因，就是診所不願意聘請兩位藥師，那麼晚上就沒有藥師，只能請護理人員發藥，可是發藥的責任是在誰身上？當然是掛名在這個診所執業的藥師身上。另外一個觀點就是報備支援。其他醫療人員雖有報備支援制度，但他們其實一直很羨慕我們藥界沒有報備支援，爲什麼？因爲現在很多醫療院所都財團化，所以他們通常是被強迫去報備支援的，可是時數是不是眞的16小時？總之，我要回歸一個最重要的原則，就是專業倫理和自律，當政府的稽查能力還沒到位的時候，請不要再講開放藥界的報備支援制度，除非各位在報備支援上，都能聽到其他醫療專業人員是非常支持的論調。

主席：請台灣大學法律學系陳威達先生發言。

陳威達先生（摘述）：首先，從微觀角度觀察，當初立法者對於藥師法第11條的規定，是作爲藥師中間專業義務以及藥師專任責任的體現，如果爲了維護整個法律體系間的和諧度，及整個規範體系的完整，我們必須再更宏觀的觀察藥師法和藥事法體系之間的連結。又藥師法第11條規定和其他醫療從業人員之間的不同，在於其他人員可以報備支援，而藥師就不可以？由下一位報告者向大家報告。最後，請主席及各位委員在考慮藥師法第11條的修正時，可能要同時思考藥師法與其他體系之間，也就是藥師法和藥事法針對藥師專任責任這件事情，在整個規範體系上的重要性。

主席：請台灣大學法律學系黃昱維先生發言。

黃昱維先生（摘述）：剛剛前一位報告的同學提到有14種醫療從業人員，其中12種可以支援報備，而藥師卻不行。其實我們在探討支援報備制度，應該注意到的第一件事情是，各種醫事人員專任責任的強度到底是什麼？因爲專任責任強度才是影響是否可以支援報備的問題所在。就以剛剛施醫師提到的14種條文來看，我們看到這樣的條文時，就有一個很嚴重的問題出現，那就是這14種類型醫事人員的條文被提出來時，大家都只聚焦在支援報備的條文本身，而沒有去看整個規範體系爲什麼可以支援報備？大體上，這14類人員可以分成3種體系，他們的專任責任是督導責任而已，而不是親自主持。再者，他們還可以搭配一個規定，就是因故不能執行業務時，可以代理。由此可以看出來，藥師法和藥事法規範體系針對專任責任的要求，跟其他醫療相關人員的法律是有差別的。最後我要提到的一點是，其實藥師和其他醫療從業人員有很大不同點是，藥師是同時受藥師法和藥事法規範，因爲大部分的醫事人員，除了藥師以外，最重要的是專業服務的提供，可是藥師除了專業服務提供外，還加上藥品的交付，藥品的交付如果綁在這裡，就會出現一個很重要的問題，那就是剛剛前一位報告者提到的，就是中間專業義務的問題。因此，他才會被要求一定要綁在一個對幾千幾百種藥品熟悉的環境中，親自執行藥師業務，這才是重點。所以，在這麼高度的專任責任情況下，如果去開放一個沒有這種條件的支援報備制度，其實是跟本身法所規範的體系有所衝突的。

主席：請高雄市醫師公會郭俊宏常務理事發言。

郭俊宏常務理事（摘述）：我的看法是，既然所有醫療專業人員都統一標準，可以報備支援，爲什麼藥師獨獨被排除在外？這對藥師實在是一種不尊重，我們只要報備支援，就可以到別的地方開刀，出問題當然是我們負責，藥師支援醫療機構，出問題當然也是他要負責，所以，我覺得應該讓報備支援合法化。

主席：請診所藥師委員會王副任主任委員發言。

王副任主任委員（摘述）：基本上，我有兩點意見表達，第一，我們診所從開業到現在，一直都是兩位藥師，那就沒有所謂支援報備問題，一位藥師休假，另一位藥師馬上就可以補上。第二，剛剛那個律師其實講得滿清楚的，因爲醫師要互相支援，只要一個聽診器就可以到處跑，但是藥師因為執業的關係，如果有人發明可以把一個藥局帶著走，到另外的地方支援，那我其實是滿支持這個報備系統。我覺得立法原則應該是維護民眾權益，而不是讓民眾權益受害，這是很重要的。

主席：現在進行第二輪發言。請台灣大學藥學系林慧玲教授發言。

林慧玲教授（摘述）：我憂心的是醫院藥師的部分，醫院藥師事實上是整個藥學體系最重要的教育資源，可是我看到的卻是醫院藥師人力太緊的問題。因為醫院的工作量實在太大了，大到藥師通常兩年受訓時間完畢就走人，因為他沒有辦法在這種錢少、事多，又要值各種班的環境下工作。現在同時還有一個問題存在，這部分我剛才也講過，但可能不是講得很清楚。現在健保局有一個規定，如果人力沒有達到C標評鑑標準，就會減少藥事服務費，可是他們算人頭的方法，是只要有人來，儘管一個禮拜只來一個小時，也算一個人頭，在這種情況下，如果有更多報備支援，那就更可以互相支援，屆時人力就更加緊縮，在這種惡性循環下，藥師可能會走光。我們以為，再怎麼樣，也要保住醫院這個部分，所以，你們在計算人力時，本來就要算足夠人力，如果有24小時的班，那就應該要有24小時的人力，而不是要一個人抱病為之。另外，我也建議立法委員可以好好詢問健保局，剛剛也有一位藥師講得很清楚，相關處方箋、病歷，跟健保的申報或是病人的用藥都不一樣，這點，你們可以去跟健保局問清楚。

主席（劉委員建國）：請花蓮縣醫師公會黃啓嘉理事長發言。

黃啓嘉理事長（摘述）：我們醫師關心的是醫療品質，藥師法第11條影響的是民眾的用藥安全，而民眾的用藥安全和醫療品質息息相關，所以站在我們醫師的立場是應該要關心的。這正是今天我們醫師公會全聯會跑到這裡來關心這個法的主要理由。據我所知，藥界對於支援不支援這件事情的意見其實是有點分歧的，這從釋憲過程中很多藥師提出的意見就可以得知。醫界本身對能不能支援的部分，是基於關心民眾用藥安全和治療品質問題，我想，對民眾用藥的安全性、合法性及調劑的方便性來講，藥師支援所產生的利益應該是大於不支援的好處，也就是說，能夠支援可以讓民眾的調劑更安全、方便性更高、合法性更完備，如果不讓他們支援，所產生的弊病會更多。我覺得如果在立法時做這些限制的話，其實違背了很多民眾的權益，這是不太合適的。

主席：謝謝黃理事長。請釋憲聲請人劉泓志醫師做第二輪發言。

劉泓志醫師（摘述）：開放支援才能解決租牌問題，我們不希望一直用栽贓的方式說開放支援就會造成租牌。林口長庚醫院的醫師報備以後去嘉義長庚醫院解決當地醫療不足、醫師不足的問題，難道他們報備去嘉義以後就全部都找密醫來看病、開刀嗎？並不是。所以我們希望衛生福利部和健保署調查一下，過去藥師公會的理監事和理事長去開會的時候，他們自己開的藥局是不是有在申報健保費用？他們是不是去找非藥師來調劑？如果他們眞的是用關門的方式來讓它合法的話，那對病人也是不方便的，所以請大家正視這個問題，看我們的藥師公會是不是帶頭在違法。

主席：請台灣醫師兼藥師醫療協會謝坤川理事做第二輪發言。

謝坤川理事（摘述）：剛才好幾位的發言內容令我發現，原來他們完全不曉得報備支援的內涵，今天來討論報備支援，竟然不曉得什麼叫做報備支援，包括他們的理事長在內。我們一再強調，所有的法律都要站在民眾的角度，醫師在醫院如果因爲生病或出國進修，就是請一個代診醫師，爲什麼藥師會有這麼多問題呢？上次大法官釋憲大會就有講，全世界60年前就已經取消這種專業人員只能在一個地方上班的規定，我相信今天來這裡的有很多人連大法官的解釋都沒有仔細看，所以連人家講的那些基本大原則都完全置之不理，如果修的法最後又違憲，那眞的是嚴重浪費立法資源。

主席：請成泰診所陳啓明院長做第二輪發言。

陳啓明院長（摘述）：剛剛有人提到去支援的藥師會搞不清楚去支援地方的藥品，其實現在已經規定藥局內的藥品必須照原包裝放置，所以不可能弄錯。而且藥品在藥局裡面都必須按照分類放置，衛生局每年都會就此進行督導，並逐一檢查是否有過期藥。有關大醫院藥師支援的問題，如果大醫院的藥師是在工時裡面，譬如一天工作8小時，他在8小時之內抽出幾小時出去支援，那沒話講，因爲那是他的工作；如果超出他的工時，老闆或院長還要叫他去支援的話，這就違法了。

主席：請中華民國藥師公會全國聯合會黃畹葖主任委員做第二輪發言。

黃畹葖主任委員（摘述）：今天藥界不願意開放報備支援有一個很大的原因是，我們藥師在這個國家還不是眞正的藥師，而醫師則得擁有藥局、得掌控調劑。回歸最後一個我今天想要提的，我們醫療人員都有一個核心價值，就是要讓病人的疾病痊癒或促進他的健康。今天我們藥界一直想強調的是，幾乎有一半以上的藥師在中華民國這個國家還沒有眞正扮演藥師的角色並盡到自己的義務。

主席：請中華民國藥師公會全國聯合會曾中龍秘書長做第二輪發言。

曾中龍秘書長（摘述）：這次醫界一直說要開放報備支援是基於三項理由，

第一是民眾取藥方便，第二是民眾對調劑處所的選擇權，第三是保障藥師的工作權。但我對尊重民眾取藥方便的說法存疑，我從來沒有覺得自己對調劑處所的選擇權有被尊重過，而對於保障藥師的工作權，我眞的很想就教各位，今天大家提到很多藥師吊著點滴工作，很悲情，可是我很想問，怎麼都沒有聽到醫師吊著點滴在看診？當醫師的可以休息，藥師沒辦法休息就必須去拚命。

主席：請中華民國醫師公會全國聯合會陳夢熊常務理事做第二輪發言。

陳夢熊常務理事（摘述）：5月1日由於相關版本還沒有全部出來，當天在立法院就藥師法進行整體詢答的時候，法務部的林秀蓮專員（嗣經主席提出更正爲參事）就有提到，這次的法案如果是照衛福部的版本修的話，就是最低門檻的修法。但我疑惑的是，我們的修法爲何修的不是最高而是最低的門檻？有關藥界對專業部分的質疑，我們從來沒有質疑過藥界的專業知識。我們經過training、訓練與繼續教育而成爲qualified的藥劑師，到了另一個場所後，難道就無法具備藥師專業的知識與能力了嗎？最後，希望今天由劉召委所主持的會議，能讓未來的醫藥雙方不要再有攻訐的舉止，而應將民眾的權益放在第一位，也讓整體醫療的品質達到最高的境界。

主席：請衛福部林次長發言。

林次長奏延（摘述）：首先我要先回應田秋堇委員垂詢的內容，藥師法第20條之1，已有負責藥師的概念，而且依規定如果藥師只能在一處執業的話，就要登記執業的場所；如果有3家診所的話，至少就要聘僱3位藥師。因此剛才提到租牌猖獗的部分，其機會就不是那麼高了。其次，行政院院版是依照大法官釋字第711號的精神，也就是爲顧及民眾用藥安全以及公共衛生的最大利益來修正的。如果主席劉召委同意的話，我們也會在顧及全民用藥安全、尊重醫藥分業、尊重藥事調劑權以及保障藥事勞動權的前提下，遵照委員的意見來辦理。

主席（摘述）：你只回應這些嗎？所以就是我來喬就對了。我剛剛有跟大家報告過，這次的修法也是要靠大家的智慧。我認爲醫藥之間應該是合作而非對立的，如果醫藥對立的話，就會對台灣全國病人的用藥安全造成很大的損害。我會邀請徐少萍召委、田秋堇委員，以及可以代表醫界的蘇清泉委員、代表藥界的黃昭順委員，醫藥兩個團體再推法界代表過來，另外我還要請林次長以及王副司長，當然勞動部劉司長也要來。如果今天晚上不能成行的話，可能就排明天，如果明天也不行的話，就排在禮拜一，就看你們要選哪一天，還是你們想選禮拜二？

林次長奏延：因爲禮拜一召委要主持會議，所以可能不行。

主席：那就排禮拜二。各位要今天就解決嗎？今天沒辦法的話，就排禮拜二……。

田委員秋堇：（在席位上）禮拜二是針對法條嗎？

主席：是的，我們就是針對法條的部分來討論一下。不要緊，你們再考慮一下，是不是這樣就好了？希望大家能朝理性而智慧的方向去協調，然後我們再來處理。請田委員秋堇發言。

田委員秋堇（摘述）：我希望大家能坐下來討論和協商，在進行逐條討論之前有種協商方式是非常好的，也就是每個人今天來參加公聽會，大家都聽到彼此的說法後，我們就坐下來好好地參考，對於現在已經發生的情況，去思考要如何阻止或導正它以防繼續惡化；同時也對於我們擔心未來會發生的問題，看要如何找到配套，或是看要如何在文字上把它寫清楚，讓我們所擔心的問題不會發生。本席建議最慢下禮拜二大家就來協商。如果下禮拜三徐少萍委員就安排這項法案的逐條審查，那麼最慢下禮拜二我們就得來協商。也許下禮拜二下午我們可以針對每個版本逐字逐條來討論，如果大家能夠獲致基礎共識的話，那麼下禮拜三的修法就會比較順利，就算保留也不會變成大家相互謾罵的撕裂式保留，如此一來，進入朝野協商的時候，也比較容易想出一個雖然不滿意，但是各方都還可以接受的版本。

主席：田委員建議在下禮拜二進行協商。在此要向各位報告，就像黃委員所說的，希望大家在激情之後能夠沉澱下來，如果各位晚上有空的話，我還是可以等各位，也就是今天晚餐的時間，屆時林參事如果有空的話，也可以一併前來，針對藥師法第11條做出最好的修正，修出一個讓大家都能接受的版本，希望第11條條文最慢能夠在下禮拜二完成協商，提出大家都有共識的版本。今天上午的公聽會到此結束，各位代表的發言全部都會列入紀錄並刊登公報，現在散會（13時34分）。[68]

二、相關規範

（同前策略）

68 參閱立法院公報，103卷，42期，民國103年6月6日，453-491頁。

三、策略分析

國會為制訂合理可行的法律，一方面能符合民意，有益於公眾，固然要聽取利害關係人或有關團體的意見；另一方面，為期有效可行，也要聽取專家學者或有關人士的意見。[69]本案藥師法第11條修正案，由於涉及醫藥管理制度、醫事人力分配以及民眾用藥安全等重大公益，相關醫事團體及本院蘇清泉委員、徐少萍委員、趙天麟委員、江惠貞委員及田秋堇委員等分別提出相關修正草案版本，且均有所依據，乃有必要舉行公聽會。社會福利及衛生環境委員會召集委員特邀請各醫事團體及專家學者與會，除發現事實、政治溝通及緩和社會緊張情緒的作用外，更希望凝聚共識，以達周延立法。[70]因此，委員會召集委員如認為有必要廣徵意見，自可運用舉行公聽會的策略。

第十節　抽出見日

議案先經委員會審查，而後提報院會討論，係屬各國立法機關處理議案的原則，更審愼議事，嚴守程序正義的作業常態。然因某種考量，委員會有時將議案擱置（pigeonhole），而不予審查。為使受阻於委員會的議案得以「起死回生」，乃有「中止委員會審查」（或稱「解除委員會責任」）（Discharge a Committee）的機制，以防止委員會從中掣肘[71]。

所謂中止委員會審查，係指議案交付審查後，院會本不得對該議案加以討論。不過，如有會議成員提出「中止委員會審查」之動議，經多數贊成通過後，始可將該議案抽回院會討論[72]。對於中止委員會審查之動議的提出與處

69 參閱張劍寒：〈民主國家之法規聽證制度〉，台北，憲政思潮，23期，民國62年7月，1頁。

70 學者羅傳賢認為聽證在立法程序中具有(1)發現事實；(2)正當程序；(3)政治溝通；(4)教育公民；(5)緩和社會緊張情緒；及(6)衡量政治態度等作用。參閱羅傳賢：《立法程序與技術》，6版，台北：五南圖書出版公司，民國101年7月，577及578頁。

71 被擱置在委員會的法案，如未動議抽回院會逕行處理，將因屆期不繼續審議原則，面臨國會周期的結束而死亡。在美國參議院，必須委員會將議案擱置相當時日後，始能提出此一動議，且此動議的成立，必須獲得出席全體議員的同意；而在眾議院，必須於委員會收到議案30日後，而不提出報告，始能提出此一動議，又此一動議的提出，必須經全體議員過半數（即218人）之簽署，才能提出。足見委員會的擱置權具有相當的威力。參閱曾濟群：《中外立法制度之比較》，初版，台北：中央文物供應社，民國77年6月，263頁。

72 Henry M. Robert, Parliamentary Practice: An Introduction to Parliamentary Law, New York: Appleton-Century-Crofts Inc., 1949, p. 79；另有論者將「中止委員會審查」譯為「取消委托」，參閱袁天鵬等譯：《羅伯特議事規則》（第10版），第1版，上海：格致出版社，民國97年4月，219-222頁。

理，立法院並無法規加以明定；直至民國81年7月17日第1屆第89會期第46次會議討論「國民大會代表報酬及費用支給條例草案」時，由於該案係逕付二讀，但已有委員謝長廷等16人所提相關法案在委員會審查中。爲解決上述法案如何處理的爭議，乃有委員廖福本等21人依會議規範第77條的規定，將謝長廷委員等提案從法制、內政、財政、預算四委員會抽出，逕付二讀，與行政院提案併案討論。嗣後時有委員依此前例，從委員會抽出付委的法案，直接由院會進行審議而成爲議事慣例[73]；惟爲使議事穩定，復經院會確立付委議案抽回院會討論時，限於抽回動議當次院會報告事項後討論事項前提出，且須全案抽回。如係併案審查，亦須全部抽回的議事成例[74]。茲爲便於說明是項「重見天日術」的運用策略，特舉「中正文化中心設置條例」爲例（本案經委員會審查時予以保留擱置，相關經過，請參閱本章第五節——策略38）加以論述。

策略46　中止委員會審查

一、議場實景

立法院第5屆第4會期第12次院會

時間：92年11月26日（星期三）上午10時56分、11月27日（星期四）上午9時2分

地點：本院議場

主席：王院長金平　江副院長丙坤

秘書長：林錫山

副秘書長：羅成典

副秘書長：出席委員84人，已足法定人數。

主席：現在開會，進行報告事項（略）。

主席：報告事項均已處理完畢，在進入討論事項之前，仍有朝野協商案待院會確認，現在進行朝野協商。休息（10時11分）。

73　參閱周萬來：《議案審議——立法院運作實況》，67頁。

74　付委議案抽回院會討論時，限於抽回動議當次院會報告事項後討論事項前提出已成爲議事成例，惟第8屆第3會期第2次臨時會第1次會議業已審議至討論事項第2案後，嗣因洪仲丘案所引發軍事審判法、國家安全法及刑事訴訟法等修法的迫切性，而經黨團協商同意將國家安全法及刑事訴訟法等法案由委員會抽出列入討論事項進行審議，此乃爲特例。參閱立法院公報，102卷，47期，民國102年8月15日，7及8頁。

主席：現在繼續開會，請宣讀朝野黨團協商結論。

立法院朝野黨團協商結論

時間：92年11月26日上午10時

地點：議場主席辦公室

決定事項：一、討論事項同意變更議程，先行處理海關進口稅則修正案，再處理公民投票法草案，於27日上午9時進行「公民投票法草案」之廣泛討論。下午4時起進行表決不再發言。各黨團修正版本於下午2時前送議事處處理，4時表決時，以行政院版本爲基礎，按修正案內容距離遠近，依序表決。

二、12月4日（星期四）加開院會討論法案。

三、行政院農業委員會農業金融及農民服務局組織條例草案及農委會組織法修正案，請民進黨、國民黨黨團召集協商。

四、「中正文化中心設置條例草案」，由法制、教育及文化委員會抽出，逕付二讀，並由國民黨、民進黨黨團召集協商。

五、公民投票法草案廣泛討論，每位委員發言10分鐘，國民黨委員7人，民進黨委員10人，親民黨委員5人，台聯黨團委員1人，無黨聯盟委員1人。輪流交叉方式進行。

六、92年度中央政府總預算第2次追加預算案本次會議暫緩處理。

主持人：王金平

協商代表：廖風德　曾永權　程振隆　陳建銘　柯建銘　周錫瑋　呂新民

主席：請問院會，對以上朝野黨團協商結論有無異議？（無）無異議，通過。[75]

二、相關規範

(一) 會議規範第 77 條

委員會對付委案件延不處理時，得經大會出席人之提議並獲參加表決之多

75　參閱立法院公報，92卷，54（上）期，民國92年12月6日，3及7頁。

數通過，將該案抽出，另行組織委員會審查或由大會逕行處理之。

（二）立法院議事先例

付委議案抽回院會討論，限於抽回動議當次院會報告事項後討論事項前提出，且須全案抽回。如係併案審查，亦須全部抽回。

三、策略研析

本案在法制、教育及文化兩委員會聯席審查（民國92年3月31日）時，該法案係遭擱置；如不運用「重見天日術」的策略，將其抽出處理，即可能面臨國會周期的結束而死亡的命運。因此，經透過黨團協商，將該案從法制、教育及文化委員會抽回院會討論（決定事項第4項），並於該屆順利地完成立法程序。[76]

第十一節　重付審查

院會交付委員會審查的議案，委員會於審查後須向院會提出審查報告。院會討論該案時，認爲有必要須再進一步研議，可將原案全部或一部退回原委員會，或另行指定委員再組織委員會重行審查[77]。依我國現行法制，立法院院會於第二讀會討論議案時，得予廣泛討論後，經出席委員提議，15人以上連署或附議，表決通過後重付審查；或於逐條討論，有一部分已經通過，其餘仍在進行中時，如對本案立法之原旨有異議，經出席委員提議，25人以上連署或附議，表決通過後將全案重付審查。茲分述其不同的策略運用。

策略47　廣泛討論後重付審查

一、議場實景

立法院第1屆第86會期第2次院會

時間：79年9月26日（星期三）上午9時

地點：本院議場

76　「國立中正文化中心設置條例草案」於立法院第5屆第4會期第19次會議（民國93年1月9日）完成三讀，審查經過，參閱立法院公報，93卷，6（一）期，民國93年1月31日，164-179頁。

77　參閱李明恭編著：前書，108及109頁。

主席：劉副院長松藩
秘書長：胡濤

秘書長：出席委員86人，已足法定人數。
主席：會議開始，進行報告事項（略）。
主席：報告院會，下午進行討論事項。現在休息，下午3時繼續開會。
主席：繼續開會，進行討論事項。

一、本院教育、法制兩委員會報告併案審查委員林時機等33人所提「大學法部分條文修正草案」及行政院函請審議「大學法修正案」案。

主席：本案(1)委員林時機等33人所提「大學法部分條文修正草案」經提本院第82會期第34次會議討論決議：交教育、法制兩委員會審查。(2)行政院函請審議「大學法修正案」經提本院第82會期第35次會議報告決定：交教育、法制兩委員會與委員林時機等33人所提「大學法部分條文修正草案」併案審查。茲接併案審查報告，爰於本次會議提出討論。
現在宣讀審查報告（略）。
主席：審查報告宣讀完畢。現在請張召集委員希哲補充說明（略）。
主席：召集委員已補充說明完畢，現在進行廣泛討論。陳委員哲男、蔡委員壁煌對全案保留發言權。現在請陳委員哲男發言。
陳委員哲男（摘述）：由於新當選委員在前數次審查時並未能參與，部分委員認為近年來政治、經濟、社會、教育等方面環境均有變化，前已審查通過條文未必切合時宜，希望由院會決議將本案交教育、法制兩委員會重付審查。
主席：請蔡委員壁煌發言。
蔡委員壁煌（摘述）：全案條文30條中19條並非新當選委員所審查通過，而新當選委員所參與通過的11條條文，在立法精神上無法一致，甚且有衝突、矛盾之處。屆時由院會二讀，審議爭議頗大，不如再重新審議。本席特提案，將本案重付委員會審查，並請停止討論。
（蔡委員壁煌等58人提案：為委員林時機等33人所提「大學法部分條文修正草案」暨併案審查行政院函請審議「大學法修正案」案，因原草案立法原旨，於時空急遽變遷後的今日，已未能達成原預期之規範功能與適切性，為求立法之周全，爰請院會決議，將全案重付審查，請公決案。）

主席：朱委員高正等12人亦提出相同之臨時提案。（提案內容：大學法修正案雖已提院會二讀，唯爭議仍多，特建議院會依議事規則第33條之規定，交教育、法制兩委員會重付審查。）
現在將兩案併案處理。請問院會，對本案交教育、法制兩委員會重付審查，有無異議？

陳委員水扁（摘述）：本席支持，但處理程序似與法條有出入，依議事規則第33條規定，須於二讀會進行逐條討論時，才可重付審查，但方才本案只經過召集委員報告審查經過，尚未進入逐條討論，怎可重付審查。

主席：報告院會，方才本席的處理，是依據議事規則第30條第3項（現移列爲立法院職權行使法第9條第3項）的規定辦理，是完全合乎程序。請問院會，將本案全案重付審查，有無異議？（無）無異議，本案重付教育、法制兩委員會審查。[78]

二、相關規範

（一）立法院職權行使法

1. 第9條第3項

第二讀會，得就審查意見或原案要旨，先作廣泛討論。廣泛討論後，如有出席委員提議，15人以上連署或附議，經表決通過，得重付審查或撤銷之。

2. 第75條

符合立法院組織法第33條規定之黨團，除憲法另有規定外，得以黨團名義提案，不受本法有關連署或附議人數之限制。

（二）會議規範第 75 條

大會對委員會之報告，得予採納修正或不予採納，並得將原案全部或一部交原委員會，或另行指定委員組織委員會重行審查。

三、策略研析

本案在教育、法制兩委員會併案審查時，由於部分新當選委員因前數次審查未能參與，並認爲近年來政治、經濟、社會、教育等方面環境均有變化，前已審查通過條文未必切合，乃於提報院會討論時，運用是項策略，將該案重付

78　參閱立法院公報，79卷，78期，民國79年9月29日，3及36-88頁。

教育、法制兩委員會審查。因此，院會交付委員會審查的議案，如國會成員認為有再議的必要，可於提報院會討論時，提議重付審查。

策略48　逐條討論時全案重付審查

一、議場實景

(一) 立法院第7屆第6會期第10次院會

時間：99年12月7日（星期二）下午4時40分

主席：王院長金平　曾副院長永權

主席：現在繼續開會，進行討論事項第2案。

二、(1)本院社會福利及衛生環境委員會報告併案審查行政院函請審議及委員黃淑英等29人擬具「全民健康保險法修正草案」案。

(2)本院委員陳瑩等17人擬具「全民健康保險法部分條文修正草案」，請審議案。

（以上二案經提本院第7屆第5會期第2次臨時會第1次會議決定：由王院長召集協商。爰於本次會議繼續討論。）

主席：本案協商已逾1個月，無法達成共識，現在進行處理。

現在進行廣泛討論。兩黨黨團均同意在廣泛討論時不派人發言。現在進行逐條討論。宣讀第1章章名及第1條（略）。

主席：針對第1章章名及第1條條文，有委員登記發言。首先請林委員益世發言。

林委員益世：（16時42分）主席、各位同仁。關於本條，在委員會審查及協商時，均已經過充分的討論，因此，本席建議，本條是否停止討論，逕付表決？

主席：請問院會，本案就停止討論，逕付表決，請問院會，有無異議？（無）無異議。現在就逕付表決。

現在按鈴7分鐘並發表決卡。

（按鈴中）

主席：報告院會，針對第1條，另有民進黨黨團及國民黨黨團分別提出修正動議。

(1)民進黨黨團所提修正動議：

第1條　為增進全體國民健康，辦理全民健康保險（以下稱本保險），以公平性、普及性、可及性、可負擔性及完整性之原則提供醫療服務，特制定本法。

本保險爲強制性之社會保險，於被保險人在保險有效期間，發生疾病、傷害、生育事故時，依本法規定給與保險給付。

(2)國民黨黨團所提修正動議：

第1條　爲增進全體國民健康，辦理全民健康保險（以下稱本保險），以提供醫療服務，特制定本法。

本保險爲強制性之社會保險，於被保險人在保險有效期間，發生疾病、傷害、生育事故時，依本法規定給與保險給付。

主席：現在進行表決。

民進黨黨團提案：民主進步黨立法院黨團，依據本院議事規則第35條，提案要求本案記名表決。（提案人：民主進步黨立法院黨團　潘孟安　葉宜津）

主席：民進黨黨團所提修正動議條文是根據黃委員淑英等所提之版本。贊成民進黨黨團所提修正動議條文者請按「贊成」，反對者請按「反對」，棄權者請按「棄權」，計時1分鐘，現在進行記名表決。

（進行表決）

主席：報告表決結果：出席委員77人，贊成者27人，反對者50人，棄權者0人，贊成者少數，不通過。本案不通過。

主席：現在繼續表決國民黨黨團所提修正動議條文，國民黨黨團所提修正動議條文是根據行政院提案條文提出的。

贊成國民黨黨團所提修正動議條文者請按「贊成」，反對者請按「反對」，棄權者請按「棄權」，計時1分鐘，現在進行記名表決。

（進行表決）

主席：報告表決結果：出席委員76人，贊成者50人，反對者25人，棄權者1人，贊成者多數，通過。第1條就依國民黨黨團所提修正動議通過[79]。

（二）立法院第7屆第6會期第14次院會

時間：100年1月4日（星期二）上午10時3分

主席：王院長金平　曾副院長永權

秘書長：林錫山

79　參閱立法院公報，99卷，77期，民國99年12月14日，45-47頁。

主席：現在繼續開會，進行討論事項第3案（略）。
進行討論事項第4案。
四、(1)本院社會福利及衛生環境委員會報告併案審查行政院函請審議及委員黃淑英等29人擬具「全民健康保險法修正草案」案。
(2)本院委員陳瑩等17人擬具「全民健康保險法部分條文修正草案」，請審議案。
（以上二案經提本院第7屆第6會期第13次會議併案討論決議：第2條以下條文另定期處理。爰於本次會議繼續討論。）

主席：現在繼續進行逐條討論，民進黨黨團提議全案重付審查。
民進黨黨團提案：本院民進黨針對第7屆第6會期第13次會議討論事項第2案「全民健康保險法修正草案、全民健康保險法部分條文修正草案」案，依據立法院職權行使法第10條規定，提請將全案重付審查。是否有當？敬請公決。（提案人　民主進步黨立法院黨團　柯建銘　管碧玲　潘孟安）

主席：現在按鈴7分鐘。
（按鈴中）

主席：現在進行表決。
國民黨黨團提案：建議本案採記名表決處理。是否有當？敬請公決。（提案人：中國國民黨立法院黨團　林滄敏）
民進黨黨團提案：民主進步黨立法院黨團，依據本院議事規則第35條，提案要求本案記名表決。（提案人：民主進步黨立法院黨團　管碧玲）

主席：現在開始進行表決。贊成民進黨黨團所提將全案重付審查者請按「贊成」，反對者請按「反對」，棄權者請按「棄權」，計時1分鐘，現在進行記名表決。
（進行表決）

主席：報告表決結果：出席委員92人，贊成者30人，反對者62人，棄權者0人，贊成者少數，不通過。本案不通過。[80]

---

80 參閱立法院公報，100卷，4期，民國100年1月12日，49及50頁。

二、相關規範

(一) 立法院職權行使法

1. 第10條

法律案在第二讀會逐條討論，有一部分已經通過，其餘仍在進行中時，如對本案立法之原旨有異議，由出席委員提議，25人以上連署或附議，經表決通過，得將全案重付審查。但以1次為限。

2. 第75條

符合立法院組織法第33條規定之黨團，除憲法另有規定外，得以黨團名義提案，不受本法有關連署或附議人數之限制。

三、策略研析

依立法院職權行使法第10條的規定，法律案在第二讀會逐條討論時，部分業已通過，出席委員對該法案的立法原旨仍有異議，則可採行此種補救措施，提議將全案重付審查，但須經25人以上之連署或附議，並表決通過，始可將全案重付審查。由於是項策略的成功，須在場多數成員的支持。因此，自民國88年1月12日制定立法院職權行使法至今，雖有黨團提議全案重付審查的議案，因未經院會通過，尚無議案全案重付審查的案例。至於修法前全案重付審查的議案，則有公用氣體燃料事業法草案重付經濟、司法兩委員會審查的實例；其成功的主因，乃在場多位委員咸認該法案攸關公共安全、亦為能源有關的重要法案，當初所提法案內容與現今實務間均有落差，如消費者權益之保障及管線配置等，實難以繼續審議，而得以全案交付審查[81]。

第十二節　撤銷結案

撤銷，與取銷類似[82]，均為打銷之意。任何議案在經委員會審查提報院會或逕付二讀，於廣泛討論後，如欲打銷該案，即可運用撤銷策略，終結此議

81 參閱周萬來：《立法院職權行使法逐條釋論》，113及114頁。

82 取銷動議，係將已表決通過之議案予以取銷，不復再議，該動議需要附議，可以討論；而可決數額與被取銷的本題相同，並不能重提。另該動議與復議動議同將已表決的議案重行提出、重行討論及重行表決；惟取銷動議通過後即予打銷原決議案，不復再議，而復議動議通過後，可再討論另作決議，即所作決議，可能與原決議相同，亦有可能與原決議不同。參閱楊振萬：前書，322及323頁。

案。依立法院職權行使法第9條第3項的規定，第二讀會討論議案時，得予廣泛討論後，經出席委員提議，15人以上連署或附議，表決通過後重付審查或撤銷（重付審查已予前節予以論述）。茲僅就撤銷策略部分加以敘明。

策略49　打銷終結

一、議場實景

立法院第3屆第3會期第23次院會
時間：86年5月16日（星期五）上午10時
主席：王副院長金平
秘書長：劉碧良

秘書長：出席委員58人，已足法定人數。
主席：現在開會，進行報告事項（略）。
（以下朝野協商結論及變更議程動議的處理，亦從略。）
主席：現在繼續開會，進行討論事項。（第1案至第4案，均從略。）
主席：現在進行討論事項第5案。
五、本院法制委員會報告審查本院委員李應元等16人擬具「中華民國總統府組織法第1條條文修正草案」案。
主席：本案經提本院第3屆第2會期第9次會議報告決定：交法制委員會審查。茲接報告，爰於本次會議提出討論。請宣讀審查報告（略）。
主席：審查報告已宣讀完畢，現在請召集委員黃天福補充說明。
黃委員天福（摘述）：本案經委員充分討論後，修正爲：「總統、副總統依憲法行使職權，設總統府。（第1項）；總統、副總統除法律另有規定外，不得兼任他項公職。（第2項）」換言之，連副總統戰不得兼任行政院院長。依憲法設計，每一職位皆應有適當人才擔任。雖然副總統爲總統「備胎」，惟若兼任行政院長，將留下惡例，不僅可兼任行政院長，甚至考試院長、司法院長。而從法理來論，總統、副總統是不得兼任他職。在當初討論時，有委員提及此問題牽涉憲法層次，但目前憲法並無明文規定，且正在進行修憲的相關條文亦未明確規定。因此，委員會於本法修正時加以明文規範，實爲立法委員的職權。
主席：召集委員補充說明完畢，現在進行廣泛討論。請李委員慶華發言（略）。

主席：請李委員應元發言。

李委員應元（摘述）：本席相信行政院長兼副總統，與立法院的互動是不相容的。雖有同仁認為本案應放在憲政層次處理，然憲政運作如要順利進行，除了這部憲法外，尚須有一些位階較高的準憲法。所以，才提出「中華民國總統府組織法第1條條文修正草案」，要求總統、副總統除法律另有規定外，不得兼任他項公職。本席在此呼籲各位同仁支持法制委員會所通過的此一法案。

主席：請楊委員吉雄發言。

楊委員吉雄（摘述）：關於副總統能否兼任行政院長，事關重大，應於憲法中加以規範。而且憲法並未排除總統、副總統兼任他項公職，在憲法沒有規範的情況下，即應依照憲政慣例執行。就憲政史以觀，陳誠副總統曾兼任行政院長，頗有政績。因此，本席認為由副總統兼任行政院長，並無不妥。本席建議依照議事規則第30條（現改列為立法院職權行使法第9條）及第44條（現已修正為第33條）的規定停止討論，逕付表決，並撤銷本提案。

（楊委員吉雄等32人針對討論事項第5案所提停止討論，逕付表決，並撤銷本提案的提案內容，從略。）

主席：楊委員吉雄等32人提議本案停止討論，逕付表決。請問院會有無異議？（有）有異議，進行表決。贊成楊委員吉雄等所提本案停止討論，逕付表決者請按「贊成」，反對者請按「反對」，棄權者請按「棄權」，計時1分鐘，現在進行記名表決。

（進行表決）

主席：報告表決結果：出席委員152人，贊成者79人，反對者73人，多數，通過。本案停止討論，逕付表決。（表決結果名單，略。）

主席：楊委員吉雄等32人提議本案予以撤銷。贊成者請按「贊成」，反對者請按「反對」，棄權者請按「棄權」，計時1分鐘，現在進行記名表決。

（進行表決）

主席：報告表決結果：出席委員152人，贊成者79人，反對者73人，多數，通過。（表決結果名單，略。）

主席：本案作如下決議：「本案予以撤銷。」

今天早上的討論事項都已處理完畢，現在休息，下午3時繼續開會。（12時52分）[83]

---

83 參閱立法院公報，86卷，26（上）期，民國86年5月21日，3及61-68頁。

二、相關規範

(一)立法院職權行使法

1. 第9條第3項

第二讀會，得就審查意見或原案要旨，先作廣泛討論。廣泛討論後，如有出席委員提議，15人以上連署或附議，經表決通過，得重付審查或撤銷之。

2. 第75條

符合立法院組織法第33條規定之黨團，除憲法另有規定外，得以黨團名義提案，不受本法有關連署或附議人數之限制。

(二)會議規範第 41 條

議案進行中，得提出無期延期動議，如得可決，議案視同打銷[84]。

三、策略研析

行政院連戰院長當選副總統後，仍兼任院長職務，致引發副總統可否兼任行政院院長的憲政爭議[85]。部分委員認爲副總統不宜兼任行政院院長，須透過修法加以規範，除本案修正中華民國總統府組織法第1條條文外，尚有鄭委員朝明等26人提案修正行政院組織法第7條條文[86]，惟多數委員主張副總統是否兼任行政院院長，應於憲法中予以規範。因此，爲了打銷相關修法提案，乃

84 就立法技術而言，視同爲擬制性法條。擬制性法條係由立法者基於公益上需要，將類似性質但非同一法律事實者，擇其中主要事項加以界定，而將其他事項透過擬制方式賦予同一法律效果的法條。因此，無期延期動議如得可決，該議案便被打銷，不復再議。參閱羅傳賢：《立法程序與技術》，168-172頁。

85 立法委員張俊宏等54人於民國85年6月11日第3屆第1會期第20次會議提案：「咨請總統李登輝儘速重新提名行政院院長，並咨請立法院同意」，經院會決議咨請總統處理後，因各界對於上述決議產生疑義，乃分由立法委員郝龍斌等82人、張俊雄等57人、馮定國等62人及饒穎奇等80人聲請大法官解釋，經大法官於同年12月31日以釋字第419號加以解釋。該解釋文爲：「一、副總統得否兼任行政院院長憲法並無明文規定，副總統與行政院院長二者職務亦非顯不相容。惟此項兼任如遇總統缺位或不能視事時，將影響憲法所規定繼任或代行職權之設計，與憲法設置副總統及行政院院長職位分由不同之人擔任之本旨未盡相符。引發本件解釋之事實，應依上開解釋意旨爲適當之處理。二、行政院院長於新任總統就職時提出總辭，係基於尊重國家元首所爲之禮貌性辭職，並非其憲法上之義務。對於行政院院長非憲法上義務之辭職應如何處理，乃總統之裁量權限，爲學理上所稱統治行爲之一種，非本院應作合憲性審查之事項。三、依憲法之規定，向立法院負責者爲行政院，立法院除憲法所規定之事項外，並無決議要求總統爲一定行爲或不爲一定行爲之權限。故立法院於中華民國85年6月11日所爲『咨請總統儘速重新提名行政院院長，並咨請立法院同意』之決議，逾越憲法所定立法院之職權，僅屬建議性質，對總統並無憲法上之拘束力。」，爲免無謂爭議，李總統改派蕭萬長於民國86年9月1日就任行政院院長。上述提案處理經過，參閱周萬來：《議案審議——立法院運作實況》，275及276頁。

86 鄭委員朝明等26人提案修正行政院組織法第7條條文的處理經過，參閱注83公報，52-61頁。

運用撤銷策略，於第二讀會廣泛討論後，提議撤銷而終結相關議案[87]。至於此策略的成敗，則取決於在場多數委員是否同意終結是項議題的爭議。

第十三節　復議補救

復議是議會機關因情勢變遷或有新資料發現而欲廢棄原決議，重行討論，再行表決的作爲。由於復議之作用，已有推翻以前決議案的可能。因此，復議動議的提出，須予以相當限制。我國立法院議事規則第42條及第43條即依此原則，明定復議動議之提出，必具備(1)動議人確係原案議決時之出席委員，且未曾發言反對原決議案者；(2)必具有與原決議案不同之理由；(3)20人以上之連署或附議；(4)必在原案表決後下次院會散會前提出等四種條件，始得成立。復議動議成立後，依立法院議事規則第43條後段之規定，由主席徵得出席委員同意後，決定討論的時間[88]。另在此併同提出說明，立法院議事規則第43條雖明定於原案表決後下次院會散會前即可提出復議動議，惟就議事成例以觀，每會期最後一次會議通過的法律案，因採會議規範第79條規定，對已著手執行的決議案，不得提出復議。因此，立法委員若未於咨請公布前提出復議動議，該咨文送出後即不得提出復議[89]。

復議既爲議會機關因情勢變遷或有新資料發現而欲廢棄原決議的行爲，亦即採取此種議事補救措施而產生「起死回生」的功效（另爲阻撓議案，使業經決議得以暫停執行，亦可運用本策略，容於第7章第3節復議阻撓時再予論述。）[90]。茲就（一）情勢變遷；（二）新資料發現兩種情況分舉實例說明。

87　前述兩案均經院會決議予以撤銷，參閱前注公報，61及68頁。

88　參閱周萬來：《議案審議——立法院運作實況》，186-191頁。

89　就立法實務以觀，僅有第1屆第85會期第47次院會通過的「勞動基準法第84條條文」及第4屆第4會期第28次院會通過的「有線廣播電視法部分條文」，在未咨請總統公布前，分別由立法委員李宗仁等89人及國民黨黨團、親民黨黨團提出復議而未咨請總統公布外，其他法案皆於法條整理後即咨請總統公布。參閱立法院公報，79卷，77期，民國79年9月26日，226-234頁；90卷，28（上）期，民國90年5月26日，84-86頁。

90　參閱周萬來：《議案審議——立法院運作實況》，214頁。

策略50　情勢變遷的補救

一、議場實景

（一）立法院第 4 屆第 5 會期第 1 次院會

時間：90年2月20日（星期二）上午10時5分、2月23日（星期五）上午9時

地點：本院議場

主席：王院長金平　饒副院長穎奇

秘書長：林錫山

副秘書長：羅成典

秘書長：出席委員84人，已足法定人數。

主席：現在開會，進行報告事項（略）。

主席：本院國民黨黨團、親民黨黨團分別對有線廣播電視法第19條、第51條及第63條條文提出復議案。

(1)本院國民黨黨團，針對90年1月4日院會通過（三讀）之有線廣播電視法第19條、第51條及第63條條文修正案，由於事關廣大消費者權益，社會各界極為重視，本案仍有重新討論之必要。爰依本院議事規則相關規定，提請復議。是否有當，敬請公決。提案人：中國國民黨立法院黨團　洪玉欽　鄭永金　李顯榮

(2)本院親民黨黨團，針對90年1月4日院會三讀通過之有線廣播電視法第19條、第51條及第63條條文修正案，引起社會各界極大爭議，為求兼顧各界權益與立法周延性，爰依本院議事規則第42條之規定，提請復議。是否有當，敬請公決。（提案說明，略。）提案人：親民黨立法院黨團　黃義交　沈智慧

主席：以上二案均作如下決定：「本案另定期處理。」請問院會，有無異議？（無）無異議，通過。[91]

（二）立法院第 4 屆第 5 會期第 14 次院會

時間：90年5月18日（星期五）上午10時3分、5月22日（星期二）上午9時5分

地點：本院議場

主席：王院長金平　饒副院長穎奇

91　參閱立法院公報，90卷，7（一）期，民國90年2月28日，3及134頁。

秘書長：林錫山
副秘書長：羅成典

秘書長：出席委員83人，已足法定人數。
主席：現在開會，進行報告事項（略）。
主席：現在進行討論事項。（第1案至第3案，均從略。）
主席：現在繼續進行討論事項第4案。

四、(1)本院國民黨黨團，針對90年1月4日院會通過（三讀）之有線廣播電視法第19條、第51條及第63條條文修正案，由於事關廣大消費者權益，社會各界極為重視，本案仍有重新討論之必要。爰依本院議事規則相關規定，提請復議。是否有當，敬請公決。

(2)本院親民黨黨團，針對90年1月4日院會三讀通過之有線廣播電視法第19條、第51條及第63條條文修正案，引起社會各界極大爭議，為求兼顧各界權益與立法周延性，爰依本院議事規則第42條之規定，提請復議。是否有當，敬請公決。

主席：前述二案經本院第4屆第5會期第1次會議決議：另定期處理。爰於本次會議提出處理。
主席：本案已協商完畢，且復議案已通過。現在宣讀朝野協商結論。

朝野黨團協商結論
名稱：有線廣播電視法第19條、第51條及第63條條文修正案
協商時間：90年5月14日（星期一）中午12時
協商地點：立法院議場3樓會議室
協商結論：一、條文修正如下：第19條、第51條及第63條（修正條文，略。）
二、為配合第19條之修正，各黨派應共同提案修正第25條及第53條條文，以茲因應。

主席人：曹啓鴻
協商代表：洪玉欽　穆閩珠　林志嘉　張世良　謝言信　朱惠良　鄭永金　柯建銘　李慶安　謝啓大　李顯榮　翁金珠　蔡　豪　鄭金玲　黃義交

主席：請問院會，對上述朝野協商結論，有無異議？（無）無異議，通過。

本案就依朝野協商結論處理。（以下二讀、三讀過程，均從略。）[92]

二、相關規範

(一) 立法院議事規則

1. 第42條

決議案復議之提出，應具備下列各款：

(1)證明動議人確爲原案議決時之出席委員，而未曾發言反對原決議案者；如原案議決時，係依表決器或投票記名表決或點名表決，並應證明爲贊成原決議案者。

(2)具有與原決議案不同之理由。

(3)20人以上之連署或附議。

2. 第43條

復議動議，應於原案表決後下次院會散會前提出之。但討論之時間，由主席徵得出席委員同意後決定之。

3. 第44條

對於法律案、預算案部分或全案之復議，得於二讀或三讀後，依前兩條之規定行之。

4. 第45條

復議動議經表決後，不得再爲復議之動議。

(二) 會議規範

1. 第78條

議案經表決通過或否決後，如因情勢變遷或有新資料發現而認爲原決議案確有重加研討之必要時，得依第79條之規定提請復議。

2. 第79條

決議案之復議，應具備左列條件：

(1)原決議案尚未著手執行者。

(2)具有與原決議案不同之理由者。

(3)須提出於同次會或同一會期之下次會，提出於同次會，須有他事相

92 參閱立法院公報，90卷，28（上）期，民國90年5月26日，1及84-86頁。

間，提出於下次會，須證明提出人係屬於原決議案之得勝方面者，如不能證明，應得議決該案之會次出席人1/10以上之附議，並列入再下次會議議事日程。

前款附議人數，如另有規定者，從其規定。

3. 第80條

復議動議之討論，僅須對原決議案有無復議之必要發言，其正反兩方之發言，各不得超過兩人。

4. 第81條

復議動議經否決後，對同一決議案，不得再為復議之動議。

（三）立法院議事先例

1. 復議案之範圍，包括報告事項的決定案件，即議程報告事項處理後，出席委員得提出復議動議。
2. 復議動議之提案人與連署人的資格一致，原案議決時之缺席委員及反對原決議案委員均不得連署復議案。
3. 法律案或預算案經過二讀後，如有立法委員對於部分提出復議，應俟該復議動議討論得有結果後，再行三讀，不受立法院職權行使法第11條（原立法院議事規則第34條）規定的限制；經過三讀後，如有立法委員提出復議，在未討論議決前，亦不得咨請總統公布。
4. 復議動議之討論時間，由主席徵得出席委員同意後決定之。但施政質詢之各次院會，除經黨團協商同意立即處理外，均另定期處理。

三、策略研析

就議事成例以觀，每會期最後1次會議通過的法律案，因援引會議規範第79條規定，對已著手執行的決議案，不得提出復議。因此，國會成員如欲加以補救，則必在咨請公布前提出復議動議，若該咨文送出後即不得提出復議。本法案於民國90年1月4日第4屆第4會期第28次會議修正通過後，立即引發北高市政府的抗議，並質疑立法院審議該案的過程；嗣經多方研議，乃捨行政院提出覆議途徑，而依是項策略，改由立法委員提出復議加以補救，經復議通過而修正相關條文。[93]

93 參閱聯合報，民國90年1月6日，3版；民國90年1月8日，6版；民國90年1月11日，2版。中央日報，民

策略51　新資料發現的補救

一、議場實景

（一）立法院第8屆第1會期第1次臨時會第1次院會

(1)時間：101年7月25日（星期三）上午10時48分
地點：本院議場
主席：王院長金平
秘書長：林錫山（上午9時10分至11時28分）

秘書長：出席委員57人，已足法定人數。
主席：現在開會。（7月25日及26日處理各項議案，均予從略；至於討論「食品衛生管理法第11條修正條文部分，請參閱本章第8節策略43——院會整修。）

(2)時間：101年7月26日（星期四）下午5時32分

主席：報告院會，議程所列議案處理完竣，現在繼續處理復議案。本院委員林鴻池、徐耀昌等36人，針對本次會議三讀通過之食品衛生管理法第11條條文提出復議，請公決案，現在進行處理。
本院委員林鴻池、徐耀昌等36人，針對第8屆第1會期第1次臨時會議第1次會議三讀通過「食品衛生管理法第11條條文」之決議提出復議，並建議修正條文如附件（同以下修正條文）。敬請公決。
主席：請問院會，對於委員林鴻池、徐耀昌等36人提出的復議案有無異議？（無）無異議，照案通過。
繼續處理食品衛生管理法第11條條文，重新進行二讀。宣讀委員林鴻池、徐耀昌等36人所提食品衛生管理法第11條修正條文。
第11條　食品或食品添加物有下列情形之一者，不得製造、加工、調配、包裝、運送、貯存、販賣、輸入、輸出，作爲贈品或公開陳列：
一、變質或腐敗。
二、未成熟而有害人體健康。

國90年1月10日，4版。中國時報，民國90年1月11日，4版。

三、有毒或含有害人體健康之物質或異物。
四、染有病原菌。
五、殘留農藥或動物用藥含量超過安全容許量。
六、受原子塵或放射能污染，其含量超過安全容許量。
七、攙僞或假冒。
八、逾有效日期。
九、從未於國內供作飲食且未經證明爲無害人體健康。
前項殘留農藥或動物用藥安全容許量及食品中原子塵或放射能污染安全容許量之標準，由中央主管機關會商相關機關定之。
第1項有害人體健康之物質，包括雖非疫區而近10年內有發生牛海綿狀腦病或新型庫賈氏症病例之國家或地區牛隻之頭骨、腦、眼睛、脊髓、絞肉、內臟及其他相關產製品。
國內外之肉品及其他相關產製品，除依中央主管機關根據國人膳食習慣爲風險評估所訂定安全容許標準者外，不得檢出乙型受體素。
國內外如發生因食用安全容許殘留乙型受體素肉品導致中毒案例時，應立即停止含乙型受體素之肉品進口；國內經確認有因食用致中毒之個案，政府應負照護責任，並協助向廠商請求損害賠償。

主席：請問院會，對第11條照委員林鴻池、徐耀昌等36人所提修正條文通過，有無異議？（無）無異議，通過。
本案已全部經過二讀，現在繼續進行三讀，請問院會，有無異議？（無）無異議，現在繼續進行三讀。宣讀經過二讀的第11條條文（略）。

主席：三讀條文已宣讀完畢，請問院會，對本案有無文字修正？（無）無文字修正意見。
本案決議：「食品衛生管理法第11條條文修正通過。」請問院會，有無異議？（無）無異議，通過。[94]

（二）立法院第6屆第2會期第12次院會

時間：94年11月25日（星期五）上午10時52分

94　參閱注63公報，460-463頁。

地點：本院議場
主席：王院長金平　鍾副院長榮吉
秘書長：林錫山
副秘書長：羅成典

秘書長：出席委員80人，已足法定人數。
主席：現在開會，進行報告事項（略）；施政質詢（略）。
主席：繼續處理本院國民黨黨團針對第11次院會討論事項第5案「法醫師法草案」院會所作二讀決議提請復議，敬請公決。
主席：現在作如下決定：「另定期處理」。散會（17時55分）。[95]

（三）立法院第6屆第2會期第13次院會

時間：94年12月6日（星期二）上午10時19分
地點：本院議場
主席：王院長金平
秘書長：林錫山

秘書長：出席委員75人，已足法定人數。
主席：現在開會，進行報告事項（略）。
主席：現在進行討論事項。（第1案至第3案，均從略。）
進行討論事項第4案。
四、本院司法、衛生環境及社會福利兩委員會報告審查行政院函請審議「法醫師法草案」案。
主席：本案經提第6屆第2會期第11次會議討論決議：另定期進行三讀。嗣經國民黨黨團於第12次會議提出復議。現在處理所提復議案。
主席：本案已經二讀通過，在未進行三讀之前，國民黨團提出復議。復議是復議二讀通過的條文。如果院會同意復議，復議之後再進行協商相關條文。請問院會，對國民黨團所提之復議案有無異議？（無）無異議，通過，復議案成立。現在討論國民黨團針對第13條所提之修正動議，宣讀第13條修正條文。

95 參閱立法院公報，94卷，73期，民國94年12月9日，1及224頁。

第13條　法醫師之執業項目如下：

一、人身法醫鑑定。

二、創傷法醫鑑定。

專科法醫師之執業項目如下：

一、性侵害法醫鑑定。

二、兒童虐待法醫鑑定。

三、懷孕、流產之法醫鑑定。

四、牙科法醫鑑定。

五、精神法醫鑑定。

六、親子血緣法醫鑑定。

七、其他經主管機關指定之法醫鑑定業務。

主席：請問院會，對國民黨團所提之修正條文有無異議？（無）無異議，修正通過。本案已全部經過二讀，下午2時30分繼續開會進行三讀，現在休息（11時59分）[96]。（下午處理三讀部分，略。）

二、相關規範

（同前策略）

三、策略研析

本次修正食品衛生管理法，旨在解除美牛瘦肉精（乙型受體素）禁令，即動物用藥在安全容許量範圍內，允許其進口。但事後發現三讀通過的條文，乃因國民黨黨團所提修正動議時，將現行法第11條第3項中「頭骨」誤植爲「骨頭」，致美國帶骨牛肉將因而遭到禁止進口[97]。類此情事，亦發生在民國99年5月18日第7屆第5會期第13次會議修正公平交易法第21條條文時，審查會對該條第4項並未修正而照修正草案通過，但條文對照表有所誤植，致院會三讀通過條文有所錯誤[98]。爲補救上述情事，均透過復議策略而得以「起死

96 參閱立法院公報，94卷，75期，民國94年12月16日，1及41頁。

97 參閱〈修法烏龍——美帶骨牛肉險遭封殺〉，中國時報，民國101年7月27日，A4版。

98 提案委員趙麗雲等25人此次修法，旨在阻遏薦證（代言）不實廣告者亦須負連帶損害賠償責任，乃於第4項末增訂：「廣告薦證者明知或可得而知其所從事之薦證有引人錯誤之虞，而仍爲薦證者，與廣告主負連帶損害賠償責任。」，審查報告誤植爲「廣告薦證者與廣告主故意共同爲虛僞不實或引人錯誤之表示或表徵者，與廣告主負連帶損害賠償責任。」，嗣經國民黨黨團於當次會議提出復議而予以補救。參閱立法院公報，99卷，36期，民國99年5月24日，101-106、274及275頁。

回生」。另法醫師法草案二讀後，因法醫師的執業權限與現行醫師體系恐有混淆，國民黨團爲求補救，乃於二讀後立即提出復議而得以修正[99]。此均爲復議補救的策略運用顯例。

第十四節　附款加碼

議案交付委員會審查或黨團協商時，爲了尊重與會成員的意見，及易於完成審議，往往同意加列附帶決議。另依預算法第52條第1項的規定，更可增列通案決議或主決議，於符合正當連結、依法定程序完成及未違反法律或法令規定下，該通案決議或主決議有其法定效力而對行政機關產生拘束力[100]。上述附款加碼的策略，實有助於議案如期完成立法程序。茲分依法律案、預算案及條約案部分加以論述。

策略52　法律案

一、議場實景

立法院第7屆第7會期第17次院會

時間：100年6月10日（星期五）上午10時3分

地點：本院議場

主席：王院長金平　曾副院長永權

秘書長：林錫山

副秘書長：周萬來

---

99 原二讀通過的第13條條文爲：「法醫師之執業項目如下：一、人身法醫鑑定。二、創傷法醫鑑定。三、性侵害法醫鑑定。四、兒童虐待法醫鑑定。五、懷孕、流產之法醫鑑定。六、牙科法醫鑑定。七、精神法醫鑑定。八、親子血緣法醫鑑定。九、其他經主管機關指定之法醫鑑定業務。（第1項）；前項專科法醫師之執業項目，由主管機關會同中央衛生主管機關定之。（第2項）」，參閱立法院公報，94卷，70期，民國94年12月1日，203頁。

100 依預算法第52條第1項之規定，法定預算附加條件或期限者，從其規定。但該條件或期限爲法律所不許者，不在此限。因此，論者乃認爲此通案決議或主決議的法律性質爲預算案主要決議的附款，即附條件或附期限的附款決議，應附著於預算案中，其內容並應與預算決議之目的有一定合理的關連性，不能單獨存在。參閱羅傳賢：〈立法院單純決議效力之分析〉，收錄於《國會與立法技術》，初版，台北：五南圖書出版公司，民國93年11月，298頁；莊振輝：《預算法逐條釋論及案例解析（下冊）》，初版，自刊本，民國100年3月，789-793頁。

秘書長：出席委員39人，已足法定人數。

主席：現在開會，進行報告事項（略）[101]。

主席：現在進行討論事項（第1案至第90案，均從略。）。

主席：現在繼續開會（6月14日18時39分），處理討論事項第91案「法官法草案」，本案業已完成協商，宣讀協商結論。（協商結論及二讀、三讀經過，均從略。）

主席：本案決議：「法官法草案修正通過。」請問院會，有無異議？（無）無異議，通過。

現在處理協商結論所列之附帶決議。

附帶決議：

一、有鑒於現行法官及檢察官之進用，以修畢法律系課程參加考試爲主，錄取人員大多過於年輕、缺乏社會歷練與欠缺同理心，常遭受社會批評爲「娃娃法官」與「恐龍法官」，爲改善此一情形，法官及檢察官之進用考試應研擬採二階段進行，凡具備司法官考試應考資格者，得參加由考選部舉辦第一階段考試，及格者始得依其志願參加由考試院與司法院或考試院與法務部分別組成的遴選委員會進入第二階段遴選，第一階段考試及格證明有效期間爲5年，第二階段應考資格之學歷條件、論文著作、發明與應具有3年以上工作經驗等條件，遴選組織、遴選方式、程序及其他應遵行事項之辦法，由考試院與司法院、考試院與法務部分別研擬之，而未通過第二階段遴選之應考人得於通過第一階段考試後第4年起取得身心健全證明者，得申請免試取得律師考試及格證書等，相關制度之變革，建議於本法通過後3年，考試院應會同司法院及行政院共同研擬法官與檢察官之進用採二階段考試之可行性與相關配套措施，並至立法院進行專案報告。

二、自法官法施行屆滿10年起，依第5條第1項第1款考試進用法官佔當年度需用法官總人數之比例，應降至20%以下。

三、自法官法施行後1年內，司法院應就參審制、陪審制及觀審制之優劣，至立法院進行專案報告。

主席：請問院會，對以上附帶決議有無異議？（無）無異議，通過。[102]

101 參閱立法院公報，100卷，49期，民國100年6月22日，1頁。

102 參閱前注公報，2163-2229頁。

二、策略研析

立法院通過法律案或其他議案時另加附帶決議，雖僅具政治效果或建議作用，似無法的拘束力；惟其實際效果，則全視行政院對立法院的尊重或該決議的可行性而定[103]。本案通過後所作附帶決議第1項「分階段」進行考試，乃促使考試院提請立法院審議「公務人員考試法修正案」第18條中增訂「分階段考試」的法源，即為附款加碼策略的成功顯例。[104]

策略53 預算案

一、議場實景

立法院第8屆第4會期第18次院會

時間：103年1月9日（星期四）上午10時26分

地點：本院議場

主席：王院長金平　洪副院長秀柱

秘書長：林錫山

副秘書長：周萬來

秘書長：出席委員55人，已足法定人數。

主席：現在開會，進行報告事項（略）。

主席：現在繼續進行討論事項第2案（第1案，略。）。

二、(1)本院財政委員會報告審查行政院函請審議「中華民國103年度中央政府總預算案（含附屬單位預算及綜計表——營業及非營業部分）案」。（含外交及國防委員會、財政委員會審查報告；其餘各委員會審查報告未及列入）

(2)本院財政委員會報告有關103年度中央政府總預算案（交通委員會部分）。

(3)本院財政委員會報告有關103年度中央政府總預算案（經濟委員會部分）。

(4)本院財政委員會報告有關103年度中央政府總預算案（教育及文化委員會部分）。

103 參閱羅傳賢：《國會與立法技術》，308頁。

104 參閱立法院公報，103卷，5（一）期，民國103年1月13日，344及345頁。

（以上4案經提本院第8屆第4會期第17次會議併案討論決議：協商後再行處理。爰於本次會議繼續討論。）

(5)本院財政委員會報告有關103年度中央政府總預算案（內政、司法及法制、社會福利及衛生環境委員會部分）。

主席：請宣讀財政委員會報告（以下僅就歲出部分第2款行政院主管第14項大陸委員會相關預算加以說明）。

第14項　大陸委員會原列10億3,395萬2,000元，減列第1目「一般行政」239萬4,000元（含「基本行政工作維持」項下「諮詢委員海外及遠程機票、住宿及膳雜費等經費」17萬3,000元、「資訊管理」222萬1,000元）、第2目「企劃業務」600萬元（含委辦費300萬元）、第3目「經濟業務」600萬元、第4目「法政業務」800萬元（含「捐助海基會辦理兩岸中介事務」500萬元）、第5目「港澳業務」817萬元〔含「港澳交流事務之協調及執行」中「對國內團體之捐助」167萬元、「臺港澳交流及香港澳門地區服務工作」650萬元（含港澳首長宿舍租金150萬元）〕、第6目「聯絡業務」2,000萬元、第9目「文教業務」320萬元，共計減列5,376萬4,000元，其餘均照列，改列為9億8,018萬8,000元。

本項有委員提修正案3案，保留，送院會處理（略）。

本項通過決議21項：（為節省篇幅，僅列第1、2、20及21項）

(1)大陸委員會103年度預算第1目「一般行政」項下編列諮詢委員出席費54萬元。查本屆諮詢委員任期已於9月30日屆滿，大陸委員會至今未積極辦理新任諮詢委員聘用作業，且過去聘用之諮詢委員政黨立場明顯，甚至乾脆聘用執政黨立法委員出任諮詢委員，顯見諮詢委員會議已失其超然客觀立場，無法提供行政院大陸委員會完整有效的政策諮詢建議。爰此，諮詢委員出席費54萬元，凍結四分之一，俟行政院大陸委員會重新檢討修正諮詢委員聘任選用辦法，送交立法院內政委員會，始得動支。

(2)大陸委員會103年度預算第1目「一般行政——基本行政工作維持」項下，針對因應組織改造機關整併編列「辦公室空間調整及整修經費」660萬3,000元，及「經常性辦公設備採購及因應機關整併所需設備費用」250萬元，共計910萬3,000元。大陸委員會為因應政府組織改造計畫，逐年編列高額辦公室整修費及設備採購費用，至103年已編列高達7,447萬5,000元預算，顯見大陸委員會預算編列過於浮濫。

加上政府組織改造計畫仍在進行中，「大陸委員會組織法」尚未三讀通過，實不應貿然執行相關費用之支應，爲避免不當浪費，故「辦公室空間調整及整修經費」及「經常性辦公設備採購及因應機關整併所需設備費用」910萬3,000元，凍結三分之一。俟行政院大陸委員會將上述二項經費歷年執行狀況向立法院內政委員會提出專案報告並經同意後，始得動支。另，蒙事處、藏事處部分，俟法制化完成向立法院內政委員會報告並獲同意後，始得動支。

(20)要求大陸委員會應將委辦內容透明化並提出細目，至立法院內政委員會提出專案報告。

(21)大陸委員會應將民間團體申請案，經核定補助所辦理非機敏性活動或事項、明細、金額等資料內容，依政府資訊公開法公布於網站，並提送該補助內容明細至立法院內政委員會及全體委員。

本項通過附帶決議2項：

(1)爲免影響監督角色與關係，行政院大陸委員會諮詢委員遴聘辦法應明訂不宜遴聘現任立法委員，請行政院大陸委員會修改辦法並送立法院內政委員會。

(2)請行政院大陸委員會重新檢討委託研究及委辦費之使用情形或規範；如爲兩岸談判事項，受託單位不得曾受中國大陸政府委託辦理同性質之事項者。[105]

（以上均暫行保留）

主席：現在繼續開會（1月14日上午9時1分），先回頭處理討論事項第2案「中華民國103年度中央政府總預算案」公開預算部分。

本案經第4會期第18次會議決議：「協商後提出本次會議處理」。現在已完成協商，請宣讀協商結論。（僅列協商結論決定事項第1、4項）

一、103年度中央政府總預算案（含機密部分）審查總報告所列未送院會處理項目，除確有窒礙難行者再協商，依協商結論通過外，其餘均照各委員會審查會議決議通過。至送院會處理項目，協商有結論者，依協商結論通過；協商未獲結論者，除交付表決外，依各委員會審查會議決議通過；各委員會審查會議未有決議者，依行政院原列數通過。

四、各委員會審查結果（含機密部分）協商結論，均應依通案決議辦理，不再逐一於各機關協商結果敘明。各機關均應切實依通案決

105 參閱立法院公報，103卷，8（一）期，民國103年1月23日，1、74及107-113頁。

議核實分別刪減，惟各委員會審查刪減數如逾通案決議刪減比例，以各委員會審查刪減數爲準；未達通案決議刪減比例，則增加減列不足之數。

（以下僅列大陸委員會增列部分）

新增決議10項（僅列第1項及第10項）：

(1)依大陸委員會組織條例第13條第1項規定大陸委員會至少每個月開會一次，同條第2項規定有關中國政策及重要工作措施需經委員會議議決。另外，依大陸委員會會議規則第9條規定委員會議紀錄應載明會議次數、時間、地點、主席與出席、列席人員姓名、報告事項案由及決定、討論事項案由及決議等。惟大陸委員會官網所公布委員會議紀錄並未依規定詳實載明相關會議內容，使人民無從瞭解政府中國政策的作成。爰大陸委員會103年度預算10億3,395萬2,000元，凍結五分之一，俟大陸委員會依規定公布相關會議內容並經立法院內政委員會同意後，始得動支。

(10)針對大陸委員會主委擬於近期赴中訪問，爰要求大陸委員會主委王郁琦赴中訪問期間，不得與中方簽署任何文件或發表任何形式之共同聲明；且鑑於台灣前途由全體人民決定，大陸委員會主委王郁琦赴中訪問期間，亦不得接受或呼應「一中框架」、「反台獨」等危害我國主權之主張，如有違反上述之情事，大陸委員會主委必須負起政治責任。另，爲避免大陸委員會刻意規避國會監督，特要求大陸委員會主委赴中訪問後，必須至立法院正式立即向立法院提出專案報告。

主席：報告院會，內政部審查部分，除留待表決以外，其餘均照協商結論[106]通過。

二、相關規範

預算法第52條

法定預算附加條件或期限者，從其所定。但該條件或期限爲法律所不許者，不在此限。（第1項）

立法院就預算案所爲之附帶決議，應由各該機關單位參照法令辦理。（第2項）

106 參閱立法院公報，103卷，8（三）期，1、2、235-237及246頁。

三、策略研析

依預算法第52條規定，法定預算附加條件或期限者，除非法律所不許，否則所作的相關決議，行政機關須受其拘束。因此，前述各項決議，除法律所不許者外，相關機關（大陸委員會）自須加以遵守，至於2項附帶決議，因屬參照性質，則由大陸委員會決定是否尊重立法院而定。就實務以觀，由於通案決議或主決議有其法定效力而對行政機關產生拘束力，多數黨往往運用附款加碼的策略，同意少數黨增列通案決議或主決議方式，以期預算案得以如期完成立法程序。

策略54　條約案

一、議場實景

立法院第4屆第6會期第13次院會

時間：91年1月11日（星期五）上午10時53分、1月15日（星期二）上午9時5分、1月16日（星期三）上午10時3分、1月17日（星期四）上午11時20分、1月18日（星期五）上午9時47分

地點：本院議場

主席：王院長金平　饒副院長穎奇

秘書長：林錫山

副秘書長：羅成典

秘書長：出席委員69人，已足法定人數。

主席：現在開會，進行報告事項（略）。

主席：現在進行討論事項。（第1案至第20案，均從略。）

主席：現在進行討論事項第21案。

二十一、本院外交及僑務、司法兩委員會報告審查行政院函請審議「駐美國台北經濟文化代表處與美國在台協會間之刑事司法互助協定草案」案。（原列討論事項第10案）

主席：本案經提本院第4屆第6會期第9次會議報告決定：交外交及僑務、司法兩委員會審查。茲接報告，爰於本次會議提出討論。

現在宣讀審查報告（略）。

主席：審查報告已宣讀完畢，現在請召集委員洪委員讀補充說明。（不在

場）洪委員不在場，無補充說明。

宣讀本案朝野協商結論。

時間：中華民國91年1月9日（星期三）中午12時30分

地點：立法院第5會議室

協商法案：「駐美國台北經濟文化代表處與美國在台協會間之刑事司法互助協定草案」

協商結論：本協定內容依行政院送審條文，准予同意。並作成附帶決議如下：

(1)本案各條文中，項下各「款」英文a、b、c、d、e等符號，均改爲、、、、、。

(2)第3條第3項及第4項，駐美國台北經濟文化「辦事處」，改爲駐美國台北經濟文化「代表處」。

(3)第6條第1項，如由相關機關執行爲適當者，改爲如由相關機關執行「較」爲適當者。增加「較」字。

(4)第7條第2項，如請求之執行明顯地須支出超乎尋常之費用，刪除「地」字，改爲如請求之執行「明顯」須支出超乎尋常之費用。

(5)第8條第2項，其所代表領域內之機關，「領域」改爲「領土」。

(6)第12條第3項，所賦予之安全行爲，改爲所賦予之安全「維護」行爲，增加「維護」2字；另應於請求方之指定代表人通知受請求方之指定代表人該人已毋需應訊7日，在「指定代表人」與「該人」已毋需應訊7日間，加注「，」。

(7)第14條第2項，應訊時間「之」前之合理期間，改爲應訊時間前之合理期間，「之」刪除。

(8)第15條第2項「領域」改爲「領土」。

(9)第16條，請求時所提供之物，改爲請求時所提供之「證」物，增加「證」字。

(10)第20條，西元「二〇〇一」年，改爲「二〇〇二」年。

協商主持人：張旭成

協商代表：關沃暖　林豐喜　秦慧珠　謝啓大　蔡煌瑯　李正宗　羅福助　洪玉欽　周錫瑋　李顯榮　馮滬祥　鄭龍水　張世良

主席：請問院會，對本案朝野協商結論有無異議？（無）無異議，通過。
　　本案現在進行逐條討論。宣讀本案名稱及第1條。（以下二讀會過程，從略。）
主席：本案決議：「駐美國台北經濟文化代表處與美國在台協會間之刑事司法互助協定草案予以同意。」請問院會，有無異議？（無）無異議，通過。
　　現在處理本案10項附帶決議（如上述）。
主席：上述協商結論所作的10項附帶決議，函請行政院參辦。[107]

二、相關規範

立法院議事先例

立法院議決條約案時，二讀會毋庸逐條討論。（在民國104年7月1日條約締結法制定前，立法院議決條約案時，僅有批准權，不得加以修正。）

三、策略研析

本案於委員會審查時，作了10項修正，惟按本院處理條約案前例，僅有批准權，不得對內容加以修正（民國104年7月1日公布施行的條約締結法，依該法第10條規定，立法院審議條約案得予修正或保留）。因此，院會處理本案時，乃運用是項策略，經透過朝野協商，將審查會所作修正部分改為附帶決議，而得以如期完成立法程序。

第十五節　實質修復

所謂第三讀會（Third reading），係將第二讀會逐條通過的議案，經全部整理完竣後，提出於下次會議議決；或由出席人提議，並經參加表決的多數同意，於第二讀會完畢後，繼續進行三讀的審議程序[108]。而依立法院職權行使法第7條及第11條第2項之規定，法律案、預算案應於第二讀會的下次會議進行第三讀會，但如有出席委員提議，15人以上連署或附議，經表決通過，得於二

107 參閱立法院公報，91卷，10（中）期，民國91年2月2日，2及614-682頁。
108 參閱吳堯峰：《民政議事工作辭典》，再版，台北：五南圖書出版公司，民國78年1月，171頁。

讀後繼續進行三讀。在院會三讀議案時，除因內容有互相牴觸，或與憲法、其他法律相牴觸者外，祇能作文字的修正[109]。換言之，倘欲對法律案或預算案等議案內容作實質的修正，除依復議（參閱本章第13節）途徑外，僅能運用議案內容是否有互相牴觸，或與憲法、其他法律是否相互牴觸兩種策略，始竟其功。茲分別加以敘明。

策略55　議案內容互相牴觸

一、議場實景

立法院第4屆第3會期第27次院會

時間：89年6月27日（星期二）上午10時10分至12時19分、下午5時至5時12分

地點：本院議場

主席：王院長金平

秘書長：林錫山

副秘書長：羅成典

秘書長：出席委員89人，已足法定人數。

主席：現在開會，由於朝野欲進行重要協商，現在休息10分鐘。

主席：現在繼續開會，進行報告事項（略）。

主席：現在進行討論事項第1案。

一、(1)本院法制、司法兩委員會報告併案審查謝委員長廷等21人擬具「公職人員利益衝突迴避條例草案」案、趙委員永清等17人擬具「公職人員利益衝突迴避法草案」案及蔡委員同榮等16人擬具「公職人員利益衝突迴避暨不當利益防止條例草案」案。

(2)行政院函請審議「公職人員利益衝突迴避法草案」案。

主席：（第1案）經提本院第2屆第3、4、4會期第4、22、28次會議報告決定：交法制、司法兩委員會審查。茲接報告，爰於本次會議提出討論。

（第2案）經提本院第4屆第3會期第4次會議決定：逕付二讀，與相關議案併案討論。爰於本次會議併案提出討論。

現在宣讀審查報告（略）。

（二讀審議過程，從略。）

109 所謂修正文字，係指不得變更第二讀會的原意。參閱李明恭編著：前書，69頁。

主席：本案全部經過二讀，現在進行三讀。宣讀條文（略）。

主席：三讀條文已宣讀完畢，請問院會，對本案有無文字修正？

賴委員士葆：本席認爲第1條第1項「利益衝突」之後應加上「迴避」2字，才能與本案名稱相對應。

主席：由於本案名稱爲公職人員利益衝突迴避法，因此，第1條之立法宗旨確有必要與名稱相符合，請問院會，對第1條依賴委員的建議增列「迴避」2字有無異議？（無）無異議，修正通過[110]。

請問院會，對本案有無其他文字修正？（無）無其他文字修正。

本案做如下決議：「公職人員利益衝突迴避法草案修正通過。」請問院會，有無異議？（無）無異議，通過。[111]

二、相關規範

（一）立法院職權行使法

1. 第7條

立法院依憲法第63條規定所議決之議案，除法律案、預算案應經三讀會議決外，其餘均經二讀會議決之。

2. 第11條

第三讀會，應於第二讀會之下次會議行之。但如有出席委員提議，15人以上連署或附議，經表決通過，得於二讀後繼續進行三讀。（第1項）

第三讀會，除發現議案內容有互相牴觸，或與憲法、其他法律相牴觸者外，祇得爲文字之修正。（第2項）

第三讀會，應將議案全案付表決。（第3項）

（二）立法院議事規則

1. 第42條

決議案復議之提出，應具備下列各款：

(1)證明動議人確爲原案議決時之出席委員，而未曾發言反對原決議案者；如原案議決時，係依表決器或投票記名表決或點名表決，並應證明爲贊成原決議案者。

---

110 二讀通過的第1條第1項條文爲：「爲促進廉能政治、端正政治風氣，建立公職人員利益衝突之規範，有效遏阻貪污腐化暨不當利益輸送，特制定本法。」

111 參閱立法院公報，89卷，38（上）期，民國89年7月1日，3、27及80頁。

(2)具有與原決議案不同之理由。

(3)20人以上之連署或附議。

2. 第43條

復議動議，應於原案表決後下次院會散會前提出之。但討論之時間，由主席徵得出席委員同意後決定之。

3. 第44條

對於法律案、預算案部分或全案之復議，得於二讀或三讀後，依前兩條之規定行之。

4. 第45條

復議動議經表決後，不得再爲復議之動議。

（三）會議規範第 47 條第 3 項

第三讀會：於第二讀會之下次會議行之，但由出席人提議，並經參加表決之多數同意，得於二讀後，繼續進行三讀。

第三讀會，除發現議案有互相牴觸，或與憲法及其他法令規章相牴觸應修正者外，只得爲文字之修正，不得變更原意。

議案全部處理完竣後，應將全案付表決。

三、策略分析

議案內容如有互相牴觸時，可運用實質修復的方式，使其內容一致。本案因法條與名稱有所牴觸，乃於「公職人員利益衝突」下增列「迴避」2字；此係議案內容互相牴觸而作實質修正的顯例。

策略56　與憲法、其他法律相互牴觸

一、議場實景

立法院第2屆第6會期第15次院會

時間：84年12月21日（星期四）上午10時16分

地點：本院議場

主席：劉院長松藩

秘書長：謝生富

秘書長：出席委員51人，已足法定人數。

主席：現在開會，進行報告事項（略）。

（復議案及討論事項第1案及第2案，均從略。）

主席：現在進行討論事項第3案。

三、本院法制委員會報告審查委員程建人等16人及委員林濁水等16人分別擬具之「公務員服務法部分條文修正草案」案。

主席：本案經提本院第2屆第2會期第30次併案討論決議：交法制委員會審查。茲接報告，爰於本次會議提出討論。

（二讀審議過程，從略。）

主席：本案全部經過二讀，現在進行三讀。宣讀條文（略）。

主席：三讀條文已宣讀完畢，請問院會，對本案有無文字修正？請洪委員冬桂發言。

洪委員冬桂：主席、各位同仁。關於「公務員服務法部分條文修正草案」，本席有一點文字修正。因爲公司法第2條規定公司的種類共計四種，即：無限公司、有限公司、兩合公司及股份有限公司，而第13條第1項中之「股份兩合公司」不屬公司法規範的種類，所以依據公司法第2條意旨，應將第13條第1項「兩合公司」下面的「股份兩合公司」等字樣刪除[112]。

主席：洪委員冬桂對本案有下列文字修正：第13條第1項「兩合公司、股份兩合公司」一句中之「股份兩合公司」等字刪除。請問院會，有無異議？（無）無異議，照列。

本案決議：「公務員服務法增訂第14條之1至第14條之3及第22條之1，並將第13條、第14條條文修正通過。」請問院會，有無異議？（無）無異議，通過。[113]

二、相關規範

（同前策略）

112 二讀通過的第13條第1項條文爲：「公務員不得經營商業或投機事業。但投資於非屬其服務機關監督之農、工、礦、交通或新聞出版事業，爲股份有限公司股東，兩合公司、股份兩合公司之有限責任股東，或非執行業務之有限公司股東，而其所有股份總額未超過其所投資公司股本總額10%者，不在此限。」

113 參閱立法院公報，84卷，64期，民國84年12月27日，3、28及42頁。

三、策略分析

法律與憲法牴觸者無效，乃憲法第171條第1項所明定。因此，法案內容如與憲法相互牴觸時，即可依此策略加以修正。又法案內容與其他法律相互牴觸時，亦須按此策略加以修正，以求一致。本案第13條第1項中列有股份兩合公司，因與公司法第2條相互牴觸，乃將「股份兩合公司」6字予以刪除，即為運用此策略的顯例。

第十六節 準用援引

準用規定係屬引用性法條，指該法條於其構成要件或法律效果的規定中引用其他的法條，而具有(1)避免遺漏或重覆；(2)節省立法者時間；(3)減少論爭範圍，避免政治糾紛；(4)促使法律統一等功能[114]。準用與適用雖同為引用性法條，惟其區別在於適用須完全依其規定而適用，而準用則衹就某種事項所定之法律，於性質不相牴觸之範圍內，適用於其他事項；即準用非完全適用於所援引之法律而僅在應予準用事項之性質所容許的範圍內，始能類推適用[115]。

茲就立法院職權行使法相關規定以觀，修憲案的審議及行政命令的審查，準用法律案的規定，分別加以敘明。

策略57 修憲案程序

一、議場實景

(一) 立法院第5屆第5會期第6次院會

時間：93年3月12日（星期五）上午10時23分、3月16日（星期二）上午9時2分、3月18日（星期四）上午9時5分

地點：本院議場

主席：王院長金平　江副院長丙坤

秘書長：林錫山

副秘書長：羅成典

114 參閱羅傳賢：《立法程序與技術》，161-168頁。

115 參閱羅成典：《立法技術論》，初版，台北：文笙書局，民國72年9月，165頁。

林秘書長錫山：出席委員111人，已足法定人數。
主席：現在開會，進行報告事項。（第1案至第9案，略。）
10.本院委員柯建銘等87人擬具「中華民國憲法增修條文第4條條文修正草案」，請審議案。（程序委員會意見：擬請院會將本案交修憲委員會審查。）
主席：民進黨黨團提議將本案逕付二讀，由於本案業經各黨團協商同意，依照協商結論處理。所以本案待協商結論處理後再行處理[116]。請問院會，有無異議？（無）無異議，通過。[117]

（二）立法院第5屆第5會期第7次院會

時間：93年3月19日（星期五）上午9時56分
地點：本院議場
主席：王院長金平
秘書長：林錫山

秘書長：出席委員176人，已足法定人數。
主席：現在開會，進行報告事項（略）。
主席：現在繼續開會。進行討論事項第1案。
一、本院委員柯建銘等87人擬具「中華民國憲法增修條文第4條條文修正草案」，請審議案。（提案內容，略。）
主席：本案經提本院第5屆第5會期第6次會議報告決定：逕付二讀。爰於本次會議提出討論。現有無黨籍聯盟提議交黨團協商。
無黨籍聯盟提案：
本院無黨聯盟有鑑於近來社會各界對於本院修憲委員會3月10日協商通過憲法增修條文第4條有關「國會減半」之條文內容，紛表質疑，且於大選前強迫通過，亦有時機不當之情事；因而，本聯盟雖然支持「國會減半」之主張，但是對於修憲委員會協商通過之條文內容，認爲其中既主張「單一選區兩票制」，而又有30%的婦女保障名額規定，在無配套設計下兩者實難併存，確有矛盾與窒礙難行之處，且任務型國大相關議題還未定論。因此，本聯盟要求將該條文交付黨團再予協商，

116 民國93年3月12日所作協商結論，對於本案決定同意逕付二讀，並定於3月19日處理。參閱立法院公報，93卷，15（上）期，民國93年3月24日，36及37頁。
117 參閱前注公報，3及4頁。

以期釐訂出確實可行之修憲條文。是否有當，敬請公決。

主席：現在如下決議：「交付黨團協商，並由民進黨黨團、國民黨黨團共同召集。」現在散會（10時39分）。[118]

（三）立法院第5屆第5會期第8次院會

時間：93年3月23日（星期二）上午10時17分

地點：本院議場

主席：江副院長丙坤

副秘書長：羅成典

副秘書長：出席委員76人，已足法定人數。

主席：現在開會，進行報告事項第10案。（第1案至第9案，均從略。）

10.本院委員廖風德等61人擬具「中華民國憲法增修條文部分條文修正草案」，請審議案。（程序委員會意見：擬請院會將本案交修憲委員會審查。）

主席：國民黨黨團提議將本案逕付二讀與相關提案併案討論，請問院會，有無異議？（無）無異議，本案逕付二讀與相關提案併案討論。[119]

（四）立法院第5屆第5會期第1次臨時會第3次院會

時間：93年8月23日（星期一）上午10時22分

地點：本院議場

主席：王院長金平

秘書長：林錫山

秘書長：出席委員163人，已足法定人數。

主席：現在開會，進行報告事項（略）。

主席：現在進行討論事項。

一、(1)本院委員柯建銘等87人擬具「中華民國憲法增修條文第4條條文

118 參閱立法院公報，93卷，16期，民國93年3月27日，3-7頁。

119 本案決定後，台聯黨團提出復議，並於同年5月7日同會期第15次會議撤回復議。參閱立法院公報，93卷，17（上）期，民國93年3月31日，3及4頁；93卷，26（上）期，民國93年5月19日，4頁。

修正草案」，請審議案。

(2)本院委員廖風德等61人擬具「中華民國憲法增修條文部分條文修正草案」，請審議案。

主席：以上二案經提本院第5屆第5會期第18次會議討論決議：繼續協商[120]。爰於本次會議提出討論。

由於本案現正在議場三樓進行協商，俟協商後再繼續開會。現在休息（10時24分）。

主席：現在繼續開會（17時1分），現在處理討論事項第一、二案。依朝野黨團協商，下午5時進行表決。現在進行逐條討論，宣讀第1條。

廖委員風德等61人提案條文：

第1條　中華民國自由地區選舉人於立法院提出憲法修正案、領土變更案，經公告半年，應於3個月內投票複決，不適用憲法第4條、第174條之規定。

憲法第25條至第34條之規定，停止適用。

主席：針對本案，現有5黨團提出修正動議。

第1條　中華民國自由地區選舉人於立法院提出憲法修正案、領土變更案，經公告半年，應於3個月內投票複決，不適用憲法第4條、第174條之規定。

憲法第25條至第34條及第135條之規定，停止適用。

主席：報告院會，修憲條文一定要進行記名表決，現在進行記名表決，現在按鈴7分鐘。

（按鈴）

主席：現在進行表決。本席先向院會報告處理程序，先表決5個黨團一起提案的修正動議案，如果修正動議案沒有通過，再表決提案條文。

贊成第1條按照5黨團共同提案條文通過者請按「贊成」，反對者請按「反對」，棄權者請按「棄權」，計時1分鐘，現在進行記名表決。

（進行表決）

主席：報告表決結果：在場委員200人，贊成者200人，反對者0人，多數，通過。

第1條照5黨團共同提案條文通過。

（以下第2條、第4條、第5條及第8條條文的處理，同第1條過程，均從略。）

120 本案於該次會議提出討論時，無黨聯盟認爲朝野各黨團仍意見紛歧，且協商期限尚未期滿，要求繼續協商，經決議：繼續協商。參閱立法院公報，93卷，30期，民國93年6月9日，1及2頁。

主席：宣讀第12條。

廖委員風德等61人提案條文：

第12條　憲法之修改，須經立法院立法委員1/4之提議，3/4之出席，及出席委員3/4之決議，提出憲法修正案，並於公告半年後，經中華民國自由地區選舉人投票複決，有效同意票過選舉人總額之半數，即通過之，不適用憲法第174條之規定。

主席：針對本條，現有2個修正動議。

台聯黨團所提修正動議：

第12條　憲法全部或一部之修改，應依本條之規定，憲法第174條之規定，停止適用。

立法院提出之憲法修正案，依左列程序之一爲之：

一、憲法全部之修改，應有立法院立法委員1/4之提議，經全體立法委員2/3以上之決議，提出憲法全部修改之提案，並於公告半年後，經全國性公民投票1/2以上同意，即爲通過。

二、憲法一部之修改，應有立法院立法委員1/4之提議，經全體立法委員1/2以上之決議，提出憲法修正案，並於公告半年後，經全國性公民投票1/2以上同意，即爲通過。

人民提出之憲法修正案，應有全國選舉權人1/100以上提案，5/100以上連署，並於公告半年後，經全國性公民投票1/2以上同意，即爲通過。

國民黨黨團、民進黨黨團、親民黨黨團、無黨聯盟等4黨團所提修正動議：

第12條　憲法之修改，須經立法院立法委員1/4之提議，3/4之出席，及出席委員3/4之決議，提出憲法修正案，並於公告半年後，經中華民國自由地區選舉人投票複決，有效同意票過選舉人總額之半數，即通過之，不適用憲法第174條之規定。

主席：第12條有2個修正動議，第1個修正動議是由台聯黨團所提，第2個是由台聯黨團以外的各黨團共同提案。依照程序，現在先處理台聯黨團所提修正動議，如果這個提案未獲在場3/4以上委員通過，則再進行台聯黨團以外各黨團的共同提案。

現在進行表決。贊成第12條條文照台聯黨團所提修正動議通過者請按「贊成」，反對者請按「反對」，棄權者請按「棄權」，計時1分鐘，現在進行記名表決。

（進行表決）

主席：報告表決結果：出席委員人數200人，贊成者92人，反對者106人，棄權者2人，因贊成者不足出席委員3/4人數，所以，本案不予通過。

主席：現在進行修正動議第2案之表決，即台聯黨團以外各黨團共同提案。

贊成第12條照台聯黨團以外各黨團共同提案條文通過者請按「贊成」，反對者請按「反對」，棄權者請按「棄權」，計時1分鐘，現在進行記名表決。

（進行表決）

主席：報告表決結果：出席委員198人，贊成者186人，反對者1人，棄權者11人，本案3/4的人數是149人，所以，本案已超過法定通過人數。

第12條照國民黨黨團、民進黨黨團、親民黨黨團及無黨聯盟共同提案條文通過。

主席：現在繼續開會（18時4分）。報告院會，現在進行三讀，若有文字修正意見即需進行表決；另全案還要進行表決，所以請大家不要離開。

現在宣讀經過二讀之條文（略）。

主席：三讀條文已經宣讀完畢，請問院會，對本案有無文字修正？（無）無文字修正意見。

現在進行全案表決。贊成照經過二讀條文全案通過者請按「贊成」，反對者請按「反對」，棄權者請按「棄權」，計時1分鐘，現在進行記名表決。

（進行表決）

主席：報告表決結果：在場委員198人，贊成者198人，反對者0人，多數，全案依照經過二讀條文通過。

主席：本案決議：「中華民國憲法增修條文增訂第12條條文；並將第1條、第2條、第4條、第5條及第8條條文修正通過。」[121]

二、相關規範

（一）憲法第 174 條第 2 款

憲法之修改，由立法院立法委員1/4之提議，3/4之出席，及出席委員3/4之決議，擬定憲法修正案，提請國民大會複決，此項憲法修正案，應於國民大會開會前半年公告之。

121 參閱立法院公報，93卷，37（上）期，民國93年9月13日，95-125頁。

（二）憲法增修條文

1. 第1條第1項

中華民國自由地區選舉人於立法院提出憲法修正案、領土變更案，經公告半年，應於3個月內投票複決，不適用憲法第4條、第174條之規定。

2. 第12條

憲法之修改，須經立法院立法委員1/4之提議，3/4之出席，及出席委員3/4之決議，提出憲法修正案，並於公告半年後，經中華民國自由地區選舉人投票複決，有效同意票過選舉人總額之半數，即通過之，不適用憲法第174條之規定。

（三）立法院職權行使法

1. 第6條

立法院會議之決議，除法令另有規定外，以出席委員過半數之同意行之；可否同數時，取決於主席。

2. 第14條

立法委員提出之憲法修正案，除依憲法第174條第2款之規定處理外，審議之程序準用法律案之規定。

三、策略研析

立法院審議憲法修正案，依立法院職權行使法及司法院釋字第499號解釋「公開透明原則」的意旨，準用法律案的審議程序。本案透過準用援引的策略，除提案、可決數額及記名表決方式外，均依審議法律案的程序，如逕付二讀、交付黨團協商、舉辦公聽會[122]及三讀會等程序處理。

策略58　行政命令程序

一、議場實景

（一）立法院第 5 屆第 1 會期第 7 次院會

時間：91年4月2日（星期二）上午10時

地點：本院議場

---

122 依第5屆第5會期臨時會第1次會議決定，8月16日至18日由修憲委員會召開修憲公聽會，上、下午各1場共6場，邀請全國各地憲政學者專家參與。參閱立法院公報，93卷，36期，民國93年8月23日，3-9頁。

主席：王院長金平　江副院長丙坤

秘書長：林錫山

副秘書長：羅成典

秘書長：出席委員113人，已足法定人數。

主席：現在開會，進行報告事項第106案。（第1案至第105案，均從略。）

一○六、行政院函，爲修正「核能發電後端營運基金收支保管及運用辦法」第14條條文，請查照案。（程序委員會意見：擬請院會將本案交經濟及能源、預算及決算兩委員會。）[123]

主席：請問院會，對本案照程序委員會意見處理，有無異議？（有）有異議。本案親民黨黨團、國民黨黨團提議改交經濟及能源委員會審查，請問院會，有無異議？（有）有異議。現在就本案休息協商（11時32分）。

主席：現在繼續開會（11時41分），針對報告事項第106案，親民黨黨團與國民黨黨團提議，改交經濟及能源委員會審查，經朝野協商後同意，改交經濟及能源委員會審查。請問院會，有無異議？（無）無異議。本案改交經濟及能源委員會審查。[124]

（二）立法院經濟及能源委員會審查「核能發電後端營運基金收支保管及運用辦法第 14 條條文修正草案」第 1 次會議

時間：91年4月8日（星期一）上午9時15分

地點：本院第8會議室

出席委員：20人

列席委員：72人

列席人員：經濟部部長林義夫　常務次長尹啓銘　國營會副主委呂桔誠

主席：邱委員垂貞

---

123 行政院爲使核能發電後端營運基金尚未動用之資金能有效運用，於民國91年3月14日修正第14條條文，在第1項增訂本基金尚未動用餘額得貸予經該院核定再生、結束或民營化方案之經濟部所屬事業支應執行方案期間資金調度之用，並增訂第2項明定建立還款監督機制。該條文修正總說明，參閱立法院第5屆第1會期第7次會議，議案關係文書，報755-759頁。

124 參閱立法院公報，91卷，21（上）期，民國91年4月10日，3及15頁。

主席：出席委員已足法定人數。現在開會，進行報告事項第1案。

一、本院議事處函送行政院函送修正「核能發電後端營運基金收支保管及運用辦法」第14條條文，經提本院第5屆第1會期第7次會議報告後決定：「交經濟及能源委員會審查」案。

主席：本次會議是審查行政院函送修正「核能發電後端營運基金收支保管及運用辦法第14條條文修正草案」案。

主席：現在繼續進行報告事項第2案。

二、經濟部首長列席說明本案修正要旨並備詢。

主席：請尹次長報告（略）。

主席：謝謝尹次長的報告，現在進行詢答。每位委員發言時間5分鐘，必要時得延長1分鐘。11時40分進行處理。請朱委員鳳芝發言。（以下委員發言內容，僅摘述審查該條文有關內容。）

朱委員鳳芝發言（略）。

周委員錫瑋：此條文若通過，其他基金亦可比照辦理，所有基金均可以行政命令規定，而逃避預算的監督。因此，本席主張應將該決議退回，甚至廢除第14條。

林部長義夫：第2項已特別明定建立還款監督機制，我們會愼重且依審議的機制處理。

許委員舒博：中船與台電、核後端基金有何關係？核後端基金是未來核電廠結束運轉後的善後基金。現在隨便引用1條法條就可以符合規定。因此，本席建議核能發電後端營運基金收支保管及運用辦法第14條條文應予廢止，並將借給中船的90億元，在1年內歸墊基金，送交院會決議，請行政院改正。

林部長義夫：由於原處理程序不夠完整，提出本修正案並請貴會支持。

柯委員建銘：本案原爲查照案，經協商改爲審查案。剛剛部長也承認處理程序上不夠完整，是否如此？

林部長義夫：依照預算法第88條辦理，是有其依據所在。但我們認爲需要更完整，所以才修改核能發電後端營運基金收支保管及運用辦法第14條條文。

邱委員垂貞：個人認爲該辦法第8條、第12條都應該修正，而第14條更應予以廢止。

林部長義夫：只要有瑕疵，我們會做檢討。

柯委員淑敏：依銀行法規定，非金融機構不能進行放款業務，核能發電後端營運基金貸款給中船公司是違法的。

林部長義夫：核能發電後端營運基金是依預算法成立的基金，該基金由經濟部主管，並依程序報請行政院同意才可使用，且由民營化基金償還並加計利息，債權可以確保。

邱委員毅：核能發電後端營運基金是台電的財產，依照其收支保管及運用辦法，不能用在中船員工的年資結算與資遣費用。按該辦法第14條的規定，本基金尚未動用餘額得貸予具有核能發電的電力公司支應核燃料營運或電能開發之用。因此，把台電的財產拿去幫助中船，是違反公司法。

林部長義夫：核能發電後端營運基金不是台電的財產，是由經濟部主管的一個基金，且依據該法第13條規定，著眼於資金的運用，增加基金的收入。另該基金爲非營業基金，並不適用公司法。

李委員顯榮：依修正後第14條規定，所有公司如經營不善，需要再生或資遣員工，即可向台電核能發電後端營運基金申請要錢，本席認爲不妥。因爲該基金有特定用途與目的，且用於貸款給虧損公司，是否能還款亦值得懷疑。

林部長義夫：修正辦法已建立監督審查的機制，我們會非常審慎。

李委員雅景：立法院如不通過修正條文，經濟部掌管的這些基金將如何借給中船90億？本席建議經濟部要儘快編列90億元的預算歸墊，先讓核能發電後端營運基金的運用辦法的手續完備，才能作處理。

林部長義夫：我們係依預算法第88條規定，修改辦法與代墊沒有關係。

章委員仁香：核能發電後端營運基金的財源，是由特定來源所提撥，將來供作核能電廠最終處理核廢料時使用。因此，若是修改辦法，也不能違反預算法第4條，而擴大基金用途至其他國營事業。另第14條既可不修正，那經濟部何必將修正案送到立法院。

楊執行秘書美鈴：修正第14條是爲了未來更具彈性、多元化所作的通盤修正。

高委員金素梅：這筆基金原本運用在核廢料安全檢查或重整工作，經濟部先行挪用後，才以行政命令來合法化。

林部長義夫：現在基金挪用僅是代墊而已，而這作法並未違法，是依據基金保管運用辦法來進行的。

傅委員崐萁：這筆基金挪用至別處，將來能否回收這借出的款項，未來如果沒有經費處理台灣的核廢料，林部長須負所有的責任。

陳委員杰：基金的運用須貸予核能發電之電力公司支應核燃料的營運或電源的開發，始爲合法。如果借給中船，則是違法。

林部長義夫：我們是根據收支保管運用辦法第13條規定辦理。

李委員桐豪：核能發電後端營運基金爲何要借給中船？而修改此條文主要在護航，那有什麼安全性與收益性？

林部長義夫：行政院已同意由營運外基金來墊，其安全性與收益性並無問題。

李委員鎭楠發言（略）。

主席：現在討論事項。

一、審查行政院函送修正「核能發電後端營運基金收支保管及運用辦法第14條條文修正草案」案。

主席：現在進行逐條審查。進行第14條（條文略）。

主席：現在有許委員舒博等提出修正動議：行政院所提「核能發電後端營運基金收支保管及運用辦法第14條條文修正草案」增列文字內容，明顯違反本辦法第11條基金設置目的及第5條基金用途，事關人民權利義務應以法律定之，第14條建議院會通知原訂頒機關應予廢止。（提案人許委員舒博等12人）

主席：對於以上修正提案，請問各位，有無異議？（有）有異議。由於有正反兩方意見，現在休息協商。（休息）

主席：現在繼續開會，因爲時間已屆12時，延長10分鐘。（其中台下及席位上發言，均從略。）

主席：現在進行表決，清點在場人數，並請非本委員會的委員在表決時不表示意見。

委員俊毅：（在席位上）唱名表決。

主席：現在進行唱名表決。（唱名過程，略。）

主席：贊成、反對各9票。

（其中表決爭議，略述。）

許委員舒博：（在席位上）已經有人提案重新表決。

主席：我贊成行政院所提的第14條修正方案，現在散會（12時22分）。[125]

（三）立法院經濟及能源委員會審查「核能發電後端營運基金收支保管及運用辦法第14條條文修正草案」第2次會議

時間：91年5月8日（星期三）上午9時

地點：本院第8會議室

---

[125] 參閱立法院公報，91卷，38（下）期，民國91年6月8日，1-31頁。

出席委員：21人
列席委員：50人
列席人員：經濟部政務次長陳瑞隆
主席：朱委員鳳芝

主席：出席委員已足法定人數。現在開會，進行報告事項（略）。
主席：現在進行討論事項。
繼續審查行政院函送修正「核能發電後端營運基金收支保管及運用辦法」第14條條文案。
主席：針對本案，本席建議依許委員舒博等提案意見，將第14條條文予以廢止，請問各位，有無異議？
周委員錫瑋：（在席位上）還是恢復到原來的條文。
許委員舒博：（在席位上）主席是指修訂的條文？
主席：本席建議採權宜措施，因爲今天的會議是繼續審查「核能發電後端營運基金收支保管及運用辦法」第14條條文的修正案，如果按照上次會議中許委員舒博等提案意見，是要把本條條文廢止，但會議中並未得到結論。我們希望今天就在委員會中作出結論以利遵行，本席建議還是恢復到行政院提送的原條文。
周委員錫瑋：（在席位上）不是行政院提送的條文，而是恢復原來的條文。
許委員舒博：（在席位上）應恢復原來的條文。
李委員顯榮：應該恢復爲現行條文。
主席：本席剛剛一時講錯，對不起。我們就針對「核能發電後端營運基金收支保管及運用辦法第14條」的原條文予以通過，不要管許委員舒博等人及行政院的提案，大家互讓一下。現在將現行條文唸一次。（現行條文內容，略。）
主席：請問各位，對本條條文不予修訂，維持現行條文，有無異議？（無）無異議，維持現行條文。（以下針對附帶決議部分，略述。）[126]

（四）立法院第5屆第1會期第16次院會

時間：91年5月21日（星期二）上午10時4分
地點：本院議場

126 參閱立法院公報，91卷，45（六）期，民國91年7月3日，39-41頁。

主席：江副院長丙坤
秘書長：林錫山

秘書長：出席委員120人，已足法定人數。
主席：現在開會，進行報告事項（略）。
主席：現在繼續開會，進行討論事項第2案。（第1案，略。）
　　二、本院經濟及能源委員會報告審查行政院函送修正「核能發電後端營運基金收支保管及運用辦法」第14條條文乙案，業經審竣。請公決案。（原列本次會議討論事項第7案，經變更議程，改列爲第2案。）
主席：本案經提本院第5屆第1會期第7次會議決定：交經濟及能源委員會審查。茲接報告，爰於本次會議提出討論。
　　現在宣讀審查報告（略）。
主席：審查報告已宣讀完畢，請問院會，對委員會的審查結果有無異議？（無）無異議，通過。本案決議：「核能發電後端營運基金收支保管及運用辦法第14條條文不予修正，請行政院依立法院職權行使法第62條第3項處理。」
　　現在處理附帶決議：「茲因蘭嶼居民與政府代表已於91年5月4日共同簽署蘭嶼核廢料貯存場遷場等議題之『議定書』，有關簽署『議定書』之內容，行政院應確實執行，並於1週內正式函文立法院備查。」
主席：請問院會，對本項附帶決議有無異議？（無）無異議，通過。[127]

二、相關規範

立法院職權行使法

1. 第61條

各委員會審查行政命令，應於院會交付審查後3個月內完成之；逾期未完成者，視爲已經審查。但有特殊情形者，得經院會同意後展延；展延以1次爲限。（第1項）

前項期間，應扣除休會期日。（第2項）

127 參閱立法院公報，91卷，36（上）期，民國91年6月1日，3及50-52頁。

2. 第62條

行政命令經審查後，發現有違反、變更或牴觸法律者，或應以法律規定事項而以命令定之者，應提報院會，經議決後，通知原訂頒之機關更正或廢止之。（第1項）

前條第1項視爲已經審查或經審查無前項情形之行政命令，由委員會報請院會存查。（第2項）

第1項經通知更正或廢止之命令，原訂頒機關應於2個月內更正或廢止；逾期未爲更正或廢止者，該命令失效。（第3項）

3. 第63條

各委員會審查行政命令，本章未規定者，得準用法律案之審查規定。

三、策略研析

立法院職權行使法雖對行政命令付委審查的要件、審查時程及對於行政命令有違反、變更或牴觸法律者的救濟程序均作詳細的規範，惟就審查程序則未明定，改以準用方式，得按法律案的審查規定處理。因此，國會成員如認爲該行政命令有必要更周延的審查，以達監督的目的，自可運用是項策略，以竟其功。本案因涉及基金的監督，如按行政院修正條文通過，將來其他基金亦可比照辦理，即可逃避預算的監督；審查會乃援用審查法律案的程序，於詢答結束後，進行逐條審查及表決。

第十七節　分割禁止

就議事原理而言，委員會乃爲院會的補助機構，議案經院會交付審查後，院會可要求委員會於一定期限內完成審查並提報院會，而院會可不受委員會所提報告的拘束，改變其決定。換言之，院會未交付委員會審查議案，委員會不得主動審查，亦不能於交付範圍外加以審查[128]。惟就立法院職權行使法及議事規則以觀，均未對上述情事加以規定，而僅依議事成例處理，如各委員會僅負責議案的審查，並無法案提案權，非經院會交付審查議案所作的決議，不得

128 參閱林紀東：《中華民國憲法逐條釋義（二）》，再版，台北：三民書局，民國66年2月，369頁。

向院會提出；出席委員如提出「中止委員會審查」的動議，經多數贊成通過後，可將該議案抽回院會討論（參閱本章第10節）。但委員會審查法案時，可否將法案中部分條文逐條審查後即先行提報院會，而將其餘條文仍留該審查會繼續審查的情事，則於院會處理「勞動基準法第3條、第3條之1、第24條、第30條、第32條及第49條條文案」審查報告時，始建立禁止委員會分割審查事例。茲就該案例加以敘明。

策略59　禁止分割審查

一、議場實景

立法院第2屆第6會期第13次院會
時間：84年12月14日（星期四）上午10時
地點：本院議場
主席：王副院長金平
秘書長：謝生富

秘書長：出席委員53人，已足法定人數。
主席：現在開會，進行報告事項（略）。
主席：現在進行討論事項第2案。（第1案，略。）
二、本院內政及邊政、經濟、司法三委員會報告併案審查「勞動基準法第3條、第3條之1、第24條、第30條、第32條及第49條條文案」案。
主席：本案係院會交付併案審查行政院函請審議「勞動基準法修正案」、戴委員振耀等20人擬具「勞動基準法修正案」、李委員進勇等51人擬具「勞動基準法部分條文修正案」、李委員宗正等20人擬具「勞動基準法部分條文修正案」、方委員來進等20人擬具「勞動基準法第30條條文修正案」、李委員友吉等24人擬具「勞動基準法第30條條文修正案」、江委員偉平等16人擬具「勞動基準法第37條條文修正案」、韓委員國瑜等18人擬具「勞動基準法部分條文修正案」、周委員伯倫等16人擬具「勞動基準法第28條條文修正案」，其中第3條、第3條之1、第24條、第30條、第32條及第49條條文業經審查完竣，茲接報告，爰於本次會議提出討論。
報告院會，在未討論本案前，本席鄭重提出報告。院會將本案交付有關委員會審查，如全案未審查完竣，不宜提報院會二讀。而本案交付內政及邊政、經濟、司法三委員會審查，但因只審查其中6個條文，全案未經審查完竣，就提報院會。所以，不符合審查的程序。本案作如下決議：「重付內政及邊政、經濟、司法三委員會審查，俟全案審查完竣後，再提報院會。」

（以下主席及委員相關發言內容，僅就相關部分摘述；另委員劉國昭、顏錦福、李友吉等發言內容，均從略。）

周委員荃：本席反對。為何建築法可以，而本案卻不可以。

主席：建築法沒有如此。建築法係由委員提案，交付審查後再提報院會。由於討論事項第2案根本未完成審查的程序，所以不能在院會中進行審議。

王委員建煊：為什麼不可以。

主席：因為全案未完成審查程序。本案只有其中6個條文審查完竣，其餘的條文均未審查完竣。

王委員建煊：聯席會議有作出決議，先抽出6條條文審議。

主席：聯席會議的決議，是違反審查程序的。

周委員荃：這是經過三黨一派協商的。

劉委員光華：協商不能把議事程序協商掉。

王委員建煊：為何程序委員會將其排在第2案。

主席：這是一個程序問題，未完成審查的法案不得送院會做分割審查。

主席：針對討論事項第2案，本席作如下裁定：「重付內政及邊政、經濟、司法三委員會審查，俟全案審查完竣後再提報院會討論。」請問院會，有無異議？

王委員建煊：反對，議事規則沒有規定委員會已審查完竣的條文不能抽出來提報院會討論，所以主席不能作這樣的處理。主席應在院會徵詢大家意見，如果各位委員認為將審查完竣的6條條文抽出來提報院會審議的方式不可以，那就不討論；如果可以，就進行討論。

主席：如果針對程序問題討論是可以的，但不是針對本案實質討論。

現在針對本席所作裁定進行討論。

劉委員光華：本席反對討論。

主席：本席作一說明。方才本席所作裁定，王委員建煊表示反對。因此，現在要針對本席所作裁定進行討論。

王委員建煊：不對，聯席委員會將審查完竣的6條條文提報院會，並經程序委員會排入議程，議事規則亦規定委員會審查完竣的法案需提報院會討論，你現在反對討論，必須問大家同意不同意你的意見。

主席：這是本席本於職權所作的裁定。

王委員建煊：議事規則並沒有規定不可以將審查完竣的條文抽出來提報院會，程序委員會亦將其排入議程，主席卻說不可以。

主席：排入討論事項是一回事，院會接不接受是另一回事。程序委員會的決定，院會還是可以推翻的。

劉委員光華：主席你要裁定。

主席：本席已作這樣的裁定。

王委員建煊：本席要求大家討論一下。

主席：要討論什麼？

王委員建煊：討論我們這樣做適不適合？不能由你說不適合就不適合，程序委員會就在鑑定這合不合程序，程序委員會說合程序，你說不合程序。

主席：程序委員會可以作他們的安排，但他們安排的程序不見得完全是對的。

王委員建煊：難道你就完全對的嗎？

主席：本席已根據議事規則第43條作過宣告。（該條文爲：出席委員提出程序問題之疑義時，主席應爲決定之宣告。（第1項）；前項宣告，如有出席委員提出異議，經20人以上連署或附議，主席即付表決。該異議未獲出席委員過半數贊成時，仍維持主席之宣告。（第2項）；另本條文業經修正爲現行條文第32條。）

王委員建煊：本席並不是對你的決定提出疑義，我只是希望大家有機會可以討論主席所作的決定對不對。

主席：如果本席宣告之後，委員還有異議，可以徵求連署，然後進行表決。

廖委員福本：本席贊同主席的裁決，階段性審查法案的作法並不妥當。當時協商的結論是6個法案爲一輪的排案方式，新黨負責提第3案，而當初誤以爲此案是以單獨提案的方式提出，而不是從法案中抽出若干條文作階段性審查，且本案是由委員會送出來，乃將其排入議程，確實是委員會職員和程序委員會的疏忽。特代表程序委員會向各位說明，並向王委員致歉。

王委員建煊：勞動基準法的修正非常重要，但由於條文太多，一時無法修正完畢，遂決定將其中的重要條文先行抽出，單獨成爲一案，送至院會審查，如此速度較爲快速。這經過聯席會同意並由程序委員會正式排爲討論事項第2案，要用這樣不合程序與公義的方法翻案，執政黨是丟人現眼。

主席：報告院會，本席擔任主席絕對保持中立，而且維持整個審查程序的正當性。所以，不可能用這樣的程序阻撓法案的審查。

劉委員光華：方才大家爭執的部分，其實尚未涉及勞動基準法的問題，只是會議規則的程序爭議。當初院會將9個版本整本付委，但聯席委員會卻只將審查的6個條文送院會審議。雖經過朝野協商，但無權違反議事規則。因此，本席認爲方才主席的處理是非常正確的。本席建議王委員建煊等新黨委員，若你們認爲這6條條文對勞工朋友的權益有所保障並有急迫性，便應另外重新提案，交委員會審查後，再送院會，否則便違反議事規則及程序。

主席：報告院會，本案依本席的裁定處理。[129]

二、相關規範

（一）立法院議事規則第32條

預備會議時，出席委員提出權宜問題、秩序問題、會議詢問或其他程序之動議時，主席應爲決定之宣告。（第1項）

院會時，出席委員提出權宜問題、秩序問題、會議詢問或其他程序之動議時，應以書面提出，由主席逕爲決定之宣告。（第2項）

前2項宣告，如有出席委員提出異議，經15人以上連署或附議，不經討論，主席即付表決。該異議未獲出席委員過半數贊成時，仍維持主席之宣告。（第3項）

（二）立法院議事先例

委員會審查議案時，須俟全案審查完竣後，始得提報院會討論。

三、策略研析

立法院委員會在審查法案時，可否將法案中部分條文逐條審查後，即先行提報院會，而將其餘條文仍留該審查會繼續審查，因現行法規並未明定。在院會未對本案裁定重付內政及邊政、經濟、司法三委員會，俟全案審查完竣後再提報院會討論，並將上述決定通知各委員會之前，委員審查法律修正

---

129 參閱立法院公報，84卷，62期，民國84年12月20日，3及40-48頁。

時，亦因類似情事發生爭議，如民國84年6月7日第2屆第5會期教育等5委員會審查「廣播電視法修正案」時，僅將第5條抽回院會二讀而引發爭議，即爲顯例[130]。本案經裁定後，內政及邊政、法制、司法三委員會復於民國86年10月24日將「公職人員選舉罷免法修正案」中第42條提報院會公決，亦經院會主席按前述成例處理。嗣後類此情事，均按議事成例處理[131]。因此，委員會在審查法案時，如將法案中部分條文先行提報院會，即採禁止分割的策略，重付相關委員審查。但爲解決該議案的迫切及重要性，一時無法立即修正完畢，除可按前述建築法例，將其中條文由委員提案交付審查後再提報院會或提案逕付院會二讀處理[132]。另亦可採用將急需通過條文立即處理，其餘條文則不予修正（維持現行法）或不予增訂，民國101年5月2日及3日第8屆第1會期社會福利及衛生環境委員會第15次全體委員會議處理食品衛生管理法時，即爲顯例[133]。

---

130 參閱立法院公報，84卷，38期，民國84年6月21日，286-292頁。

131 程序委員會於民國95年5月2日第6屆第3會期第12次會議討論國防、預算及決算兩委員會處理行政院國軍退除役官兵輔導委員會主管95年度預算所提決議事項應至相關委員會提出專案報告並獲同意後始得動支預算案明細表（5項），審查會僅將處理完成之2項先行分離，函請提報院會時，依其違反前述議事成例，並作如下決議：「(1)本案退回國防委員會，俟全案處理完竣後再提報院會，(2)嗣後如委員會未將全案審查完竣，即函請提報院會，均由議事處逕予退回。」因此，無論法案或其他議案，均依此成例處理。參閱周萬來：《議案審議——立法院運作實況》，70及71頁。

132 立法院內政及邊政、司法兩委員會審查建築法修正草案時，委員徐中雄等鑑於近來許多公共場所時有火災發生，人民傷亡及財務損失極爲慘重，相關法令的修正已迫不及待，經協商後將草案中攸關公共安全的條文從草案中先行抽出，儘速修正；乃由徐委員中雄等16人於院會提案並建請院會二讀。嗣經院會決議交付內政及邊政、司法兩委員會審查，於全案審查完竣後提報院會處理。參閱立法院公報，84卷，46（一）期，民國84年7月19日，58-73頁。

133 參閱立法院公報，101卷，33期，民國101年5月23日，323-340頁。

第5章 議案表決

表決係處理議案的最後步驟，即議案在經過提出、討論後，而以表決作最後的決定。依立法院議事規則相關規定，議案經討論終結或停止討論[1]時，出席委員有異議時，主席得提付表決；如當場不能進行舉手、表決器、投票、點名等表決時，主席應即宣告定期表決及表決日期，並於表決前3日通知。又表決時，應就可否兩方依次行之[2]。另依立法院職權行使法第6條規定，除法令另有規定外，以出席委員過半數之同意行之；可否同數時，取決於主席[3]。

依立法院議事規則第11條之規定，修正動議於原案二讀會廣泛討論後或三讀會提出之，並須有10人以上之連署或附議，始得成立；而同一事項如有兩個以上修正動議時，應俟提出完畢並成立後，就其與原案旨趣距離較遠者，依次提付討論，其無距離遠近者，依其提出之先後。有關修正動議的表決，依該規則第37條之規定，於討論終結後應先提付表決；表決得可決時，次序在後的同一事項修正動議，無須再討論及表決。至於「原案」，在二讀會時，係指審查案，而三讀會時，則指經過二讀的議案[4]。但若多數相同法案逕付二讀併案審議時，何者爲原案？則易引發爭議。就立法實務以觀，改採協商方式先行確定[5]。另主席在宣告提付表決後，除與表決有關的程序問題外，出席委員不得

1 依立法院議事規則第33條之規定，主席對於議案之討論，認爲已達可付表決之程度時，經徵得出席委員同意後，得宣告停止討論；出席委員亦得提出停止討論之動議，經15人以上連署或附議，不經討論，由主席逕付表決。

2 兩面俱呈爲表決的重要原則，無論採用何種表決方法，均應兩面俱呈。在議案宣付表決時，應就贊成與反對兩面俱呈後，始由主席宣布結果。依民權初步第69節規定，表決必需兩面俱呈，而主席又宣布結果，乃爲決定，如祇將正面付諸表決即宣布表決結果，或正反兩面皆已表決，但主席未宣布表決結果，則不算完妥，不能生合法效力。立法院議事規則第36條第1項的規定，即爲兩面俱呈。惟就實務以觀，祇將正面付諸表決，即宣布結果，仍生效力。

3 依會議規範第19條規定，主席除於議案表決可否同數時參與表決外，尚可於可否相差1票時，得參加少數方面，使其同數以否決之；或於議案可決，有特別規定之額數者，如相差1票即達規定額數時，得參加1票使其通過，不參加使其否決。

4 參閱周萬來：《議案審議——立法院運作實況》，5版，台北：五南圖書出版公司，民國108年11月，77頁。

5 立法院第5屆第4會期第12次院會處理公民投票法草案時，因有行政院及委員蔡同榮等114人、民進黨黨

提出其他動議，以免變相繼續討論而阻撓議案的表決。上述所指「與表決有關之程序問題」，即爲表決權之限制、表決之方法、兩面俱呈之原則與表決方法之變換、表決之順序、重付表決及清點人數等動議[6]。

各種議事規範對於於表決的方式，所作的分類並不一致。常見的表決方法，大抵包括有(1)口頭表決（用聲表決）[7]；(2)舉手表決；(3)起立表決；(4)分開表決（分立表決）；(5)點名表決（唱名表決）；(6)投票表決；及(7)機械表決[8]。就立法院議事規則相關規定，對於議案的表決方法爲：(1)口頭表決；(2)舉手表決；(3)表決器表決；(4)投票表決；及(5)點名表決[9]；而用口頭方法表決，不能得到結果時，則改用舉手或其他方法表決。即表決方式得予轉換，但重付表決時，則禁止轉換，須以第1次表決方法爲之[10]。

本章乃針對上述表決的方法及程序，抽繹出記名現身、重行再現、全案阻擋及主席定案，分節加以探討其策略。

第一節　記名現身

前述表決方法中，有關機械（表決器）記名表決及記名投票表決及點名表決等記名方式，均屬本節所探討的範圍。惟囿於會議室的設備，目前立法院

團、國民黨黨團、台聯黨團等5個提案併案討論，經朝野黨團協商決定，以行政院版本爲基礎，按修正案內容距離遠近，依序表決。參閱立法院公報，92卷，54（上）期，民國92年12月6日，7頁。

6 參閱蔡政順：《立法院議事規則逐條研究》，初版，台北：大中國圖書公司，民國74年6月，371頁。

7 所謂「口頭表決」，或稱之爲「用聲表決」（Vote by voice）；其表決方式爲：贊成者高呼贊成，反對者高呼反對，然後依聲音強弱而決定議案通過與否。惟國人將其作爲「無異議認可」方式處理，即由主席詢問在場委員有無異議，而決定議案通過與否。立法院亦同；惟查立法院採用口頭表決，其用意在適應原有的表決慣例，以無異議通過議案之方法，即口頭表決與無異議表決同義。參閱蔡政順：前書，331頁。

8 參閱王堡麗：《議事民主的理論與實際》，台北：大航家出版社，民國87年11月，123-132頁；楊振萬：《天聲文存議政叢談》，初版，台北：幼獅文化事業股份有限公司，民國88年，344-348頁。

9 依立法院點名表決辦法之相關規定，點名表決應定期舉行，但會期將了之日或有預定時程最後一次舉行之會議，則不在此限。在點名表決開始之前，須鳴鈴三長聲，並以當次會議出席委員簽到名簿次序唱名。在場委員於唱到姓名時，贊成者起立答曰：「贊成」，反對者起立答曰：「反對」，棄權者起立答曰：「棄權」，未答應者，應予重唱一次（即同會議規範第55條所定不予三唱）；而唱名序及主席姓名時，免予唱名，其表決權之行使，則按立法院職權行使法第6條後段之規定（即可否同數時，取決於主席）。唱名完畢，應即進行計算，宣告結果；而未參加表決委員於表決結果宣告前到會者，得要求參加表決。有關點名表決結果，依參加表決之人數計算；參加表決之人數未足法定人數時，該表決無效。

10 參閱周萬來：《議案審議──立法院運作實況》，78頁；胡濤：《立法學》，初版，台北：漢苑出版社，民國69年11月，249及250頁。

委員會會議室並未備置表決器，大抵採用點名表決的方法。採用記名表決的方式，旨在呈現會員對該議題的態度。由於國會議員具有多面向的角色，且需於此多面向內選擇其行爲依歸。因此，在進行記名表決時，便受到外在民意、黨意及壓力團體多重的檢視、監督[11]。各政黨爲貫徹其黨紀或能朝向對己有利情勢發展，往往運用此種「迫龍現身術」的策略。茲分就院會與委員會，各舉實例加以敘明。

策略60　院會記名

一、議場實景

立法院第8屆第1會期第9次院會

時間：101年4月27日（星期五）上午10時48分

地點：本院議場

主席：王院長金平　洪副院長秀柱

副秘書長：周萬來

副秘書長：出席委員73人，已足法定人數。

主席：現在開會，因程序委員會未審定本次會議議事日程，依例由議事處編製草案提報院會。依本會期歷次會議經朝野黨團協商處理之議事成例，同意親民黨黨團、民進黨黨團、台灣團結聯盟黨團及國民黨黨團分別對本次會議議事日程草案提出異議。先處理報告事項增列部分（略）。

主席：繼續進行討論事項增列的部分，先處理民進黨黨團、親民黨黨團及台灣團結聯盟黨團共同提案。

案由：本院民進黨黨團、親民黨黨團、台聯黨團針對第8屆第1會期第9次會議議程草案討論事項擬請增列：「本院民進黨黨團、親民黨黨團、台聯黨團，有鑑於美國境內再度發生狂牛症（牛海綿狀腦病，BSE）病例，全世界因食用帶有此種感染力的牛組織而罹患新型庫賈氏症（vCJD）致死者已有200多人；根據國家衛生研究院所做健康風險評估報告，有高達98%的台灣人帶有此種易感染基因，相較歐美國家人種帶因比例約40%至50%，台灣人感

11　參閱羅傳賢：《立法程序與技術》，6版，台北：五南圖書出版公司，民國101年7月，397及398頁。

染機率是歐美人種的2倍；為避免國人健康曝露在高風險狀況，政府有義務以嚴格標準來衡量進口牛肉的安全性。世界貿易組織食品檢驗與動植物檢疫協定（SPS）第5條第7款賦予會員國食品安全主權，必要時可採取預防性措施，印尼政府已宣布暫停美國牛肉進口，但反觀馬政府，卻毫無作為。本院基於捍衛國人健康，應即做成要求行政院對本國境內已上架之美國牛肉應下架、已在海關者予以封存，並同時暫停美國牛肉及產製品進口之決議。」乙案，列為討論事項第1案。是否有當，請公決案。

提案人：民主進步黨立法院黨團　柯建銘等
親民黨立法院黨團　李桐豪
台灣團結聯盟立法院黨團　許忠信

主席：請問院會，對以上民進黨等3個黨團之提案有無異議？（有）有異議。既有異議，交付表決。

現在按鈴7分鐘。

（按鈴中）

主席：現在進行表決。

民主進步黨立法院黨團，提案要求本案記名表決。

主席：贊成3個黨團共同提案者請按「贊成」，反對者請按「反對」，棄權者請按「棄權」，計時1分鐘，現在進行記名表決。

（進行表決）

主席：報告表決結果：出席委員83人，贊成者42人，反對者39人，棄權者2人。

表決結果名單：

一、贊成者：42人

許忠信	黃文玲	林世嘉	蔡煌瑯	薛　凌	李俊俋
蕭美琴	黃偉哲	陳亭妃	柯建銘	潘孟安	李桐豪
張曉風	林正二	許智傑	陳其邁	魏明谷	葉宜津
何欣純	吳秉叡	李昆澤	林淑芬	劉櫂豪	林岱樺
陳唐山	蔡其昌	楊　曜	蘇震清	姚文智	陳歐珀
鄭麗君	李應元	邱志偉	段宜康	劉建國	管碧玲
陳明文	尤美女	趙天麟	陳節如	吳宜臻	田秋堇

二、反對者：39人

吳育昇	徐耀昌	林鴻池	曾巨威	蔡正元	林德福

盧嘉辰 廖國棟 王進士 江啓臣 呂學樟 江惠貞
徐欣瑩 李鴻鈞 蔡錦隆 蘇清泉 陳碧涵 徐少萍
李貴敏 楊玉欣 王育敏 林郁方 張慶忠 黃志雄
賴士葆 孔文吉 呂玉玲 蔣乃辛 羅明才 邱文彥
吳育仁 簡東明 陳學聖 鄭天財 陳鎮湘 陳淑慧
潘維剛 紀國棟 詹凱臣

三、棄權者：2人

楊應雄 廖正井

主席：國民黨黨團要求重付表決。

國民黨黨團提案：建議本案重付表決。是否有當？敬請公決。

主席：現在進行重付表決。贊成3個黨團共同提案者請按「贊成」，反對者請按「反對」，棄權者請按「棄權」，計時1分鐘，現在進行記名表決。

（進行表決）

主席：報告表決結果：出席委員88人，贊成者44人，反對者44人，棄權者0人。

表決結果名單：

一、贊成者：44人

許忠信 黃文玲 林世嘉 蔡煌瑯 薛 凌 李俊俋
蕭美琴 黃偉哲 陳亭妃 柯建銘 潘孟安 李桐豪
張曉風 林正二 許智傑 陳其邁 魏明谷 葉宜津
何欣純 高志鵬 吳秉叡 李昆澤 林淑芬 劉櫂豪
林岱樺 陳唐山 蔡其昌 林佳龍 楊 曜 蘇震清
姚文智 陳歐珀 鄭麗君 李應元 邱志偉 段宜康
劉建國 管碧玲 陳明文 尤美女 趙天麟 陳節如
吳宜臻 田秋堇

二、反對者：44人

吳育昇 徐耀昌 林鴻池 曾巨威 蔡正元 黃昭順
林德福 盧嘉辰 廖國棟 王進士 江啓臣 呂學樟
江惠貞 徐欣瑩 李鴻鈞 蔡錦隆 林國正 蘇清泉
陳碧涵 徐少萍 李貴敏 楊玉欣 王育敏 林郁方
費鴻泰 楊應雄 廖正井 張慶忠 黃志雄 賴士葆
孔文吉 呂玉玲 蔣乃辛 邱文彥 謝國樑 吳育仁
簡東明 陳學聖 鄭天財 陳鎮湘 陳淑慧 潘維剛
紀國棟 詹凱臣

三、棄權者：0人

主席：我中立一下，讓大家再表決一次，好不好？

管委員碧玲：（在台下）不可以！沒有3次表決的啦！

主席：我是徵求大家的同意。現在休息（11時21分）。

主席：現在繼續開會（11時27分）。剛才表決結果可否雙方都同數。因此，最後要取之於主席的決定，本席決定投下反對票，所以本案不通過。[12]

二、相關規範

（一）立法院議事規則第35條

本院議案之表決方法如下：

一、口頭表決。

二、舉手表決。

三、表決器表決。

四、投票表決。

五、點名表決。（第1項）

前項第1款至第4款所列方法之採用，由主席決定宣告之。第5款所列方法，經出席委員提議，25人以上之連署或附議，不經討論，由主席逕付表決。但有關人事問題之議案，不適用記名或點名表決方法。（第2項）

採用表決器記名表決，須經出席委員15人以上之連署或附議。（第3項）

（二）會議規範第55條

表決應由主席就左列方式之一行之，但出席人有異議時，應徵求議場多數之意見決定之：

（一）舉手表決（或用機械表決）。

（二）起立表決。

（三）正反兩方分立表決。

（四）唱名表決。唱名表決之方式，如經出席人提議，並得1/5以上之贊同，即應採用。

出席人應名時，應起立答應「贊成」、「反對」或「棄權」。如未

12 參閱立法院公報，101卷，25期，民國101年5月7日，1及4-6頁。

應名，再唱1次，但不得3唱。

（五）投票表決。

前項第5款，除對人之表決應採無記名投票外，對事之表決，以記名投票表示負責爲原則。

三、策略研析

各政黨爲貫徹其黨紀或能朝向對己有利的情勢發展，往往運用此種「迫龍現身術」的策略。此次少數黨在院會提請增列「暫停美國牛肉及產製品進口並下架」爲討論事項議案時，多數黨黨團雖祭出甲級動員，惟其部分成員囿於選區的民意，於少數黨運用此種「迫龍現身術」的策略下，竟未出席或出席拒絕表決，而使首輪表決出現少數黨獲勝結果，重付表決更靠主席在可否雙方同數時投下關鍵的反對票，始封殺該變更議程的提案[13]。

策略61　委員會點名

一、議場實景

立法院第2屆第5會期教育、交通、內政及邊政、司法、國防五委員會審查院會交付併案審查「廣播電視法修正草案」第4次聯席會議

時間：84年5月25日（星期四）上午9時

地點：本院第6會議室

出席委員：60人

列席委員：16人

列席人員：行政院新聞局副局長吳中立等

主席：葉委員憲修

主席：出席委員已足法定人數，進行報告事項（略）。

主席：現在進行討論事項。

一、繼續審查院會交付併案審查行政院函請審議「廣播電視法修正草案」、委員趙少康等擬具增訂「廣播電視法」第10條之1及第10條之2、委員陳水扁等擬具「廣播電視法修正草案」、委員翁金珠等

13　參閱聯合報，民國101年4月28日，A2版。

擬具「廣播電視法修正草案」、委員葉菊蘭等擬具「廣播電視法第20條條文修正草案」及委員葉菊蘭等擬具增訂「廣播電視法」第5條之1至第5條之3條文案。

主席：葉菊蘭委員等33人提案，請提案人葉委員菊蘭說明。（不在場）

主席：現在進行名稱。（名稱及第1章章名，略。）

主席：現在進行第1條。（在進行中，多位委員提議將第5條先行抽出審議；各委員發言內容，均從略。）

主席：現在陳委員光復等委員提議對本案（謝委員長廷、廖委員永來、翁委員金珠、周委員荃、劉委員文慶等5人提議將廣播電視法第5條修正案先行抽出審議，並送院會二讀。）進行點名表決，請問各位，有無異議？（無）無異議，現在進行點名表決。先清點人數。

（清點人數）

主席：在場委員51人，已足法定人數，進行表決。贊成謝委員長廷等5人所提將本法第5條修正案先行抽出審議，並送院會二讀者，請說「贊成」，反對者，請說「反對」，棄權者，請說「棄權」。現在開始進行點名表決。

羅委員傳進（反對）　翁委員金珠（贊成）
顏委員錦福（不在場）　謝委員啓大（贊成）
盧委員修一（贊成）　趙委員永清（反對）
陳委員璽安（反對）　曹委員爾忠（不在場）
丁委員守中（反對）　郭委員石城（反對）
朱委員星羽（不在場）　李委員鳴皋（反對）
劉委員國昭（反對）　陳委員清寶（反對）
洪委員冬桂（反對）　李委員友吉（反對）
陳委員光復（贊成）　江委員鵬堅（贊成）
余委員玲雅（贊成）　洪委員秀柱（反對）
陳委員傑儒（反對）　周委員荃（贊成）
謝委員長廷（贊成）　蔡委員友土（反對）
韓委員國瑜（反對）　黃委員正一（不在場）
王委員天競（反對）　王委員建煊（贊成）
蘇委員嘉全（贊成）　洪委員濬哲（反對）
黃委員煌雄（贊成）　周委員書府（反對）
李委員進勇（贊成）　陳委員健民（反對）
張委員俊宏（贊成）　周委員伯倫（贊成）

張委員俊雄（贊成）　陳委員昭南（贊成）
趙委員綉娃（贊成）　廖委員永來（贊成）
林委員光華（贊成）　徐委員中雄（反對）
劉委員炳華（反對）　洪委員玉欽（反對）
劉委員文慶（贊成）　王委員顯明（反對）
劉委員瑞生（反對）　方委員來進（贊成）
潘委員維剛（反對）　張委員建國（反對）
賴委員英芳（贊成）　沈委員智慧（反對）
李委員宗正（反對）　李委員慶華（反對）
陳委員癸淼（贊成）

主席：表決結果，贊成者24人，反對者27人。委員謝長廷、廖永來、翁金珠、周荃、劉文慶提議將廣播電視法第5條修正案，先行抽出審議，並送院會二讀乙案，表決結果未通過。現在休息[14]。

二、相關規範

（同前策略）

三、策略研析

前已述及，各政黨爲貫徹其黨紀或能朝向對己有利的情勢發展，往往運用此種「迫龍現身術」的策略。就上述兩者案例以觀，雖均爲程序上的處理，但委員會在表決廣播電視法修正案部分，各黨團成員則多依該政黨意志行使其表決行爲。

第二節　重行再現

重行表決，係基於出席會員對表決結果發生疑問而提出。該動議提出的主要原因，乃因主席的宣告造成與會成員的錯覺，致使表決結果的正確性產生疑慮。爲確定表決結果的正確性與程序的正當性，特許出席會員提出權宜問題，

14　參閱立法院公報，84卷，34期，民國84年6月7日，197-204頁。

經主席認可後重行表決[15]。另主席對表決之數發生疑問，亦可逕行請求出席會員重行表決。出席會員提出重行表決，應於表決後立即爲之；而非如復議動議，須有他事相間。即如已有他事相間，就不得提出重行表決。又重行表決僅以1次爲限[16]。由於是項動議，除再度確認表決結果外，更可因同理心的作用，而反敗爲勝[17]。如運用於記名方式，更可作爲配合前項「迫龍現身術」策略的補強功能，而稱之爲「神龍再現術」。但依立法院議事規則第39條第2項之規定，用投票或點名方法表決，非有足以明顯影響表決結果的重大瑕疵者，則不得要求重付表決。

策略62　神龍再現

一、議場實景

（一）立法院第 8 屆第 2 會期第 15 次院會

時間：101年12月28日（星期五）上午11時34分

地點：本院議場

主席：王院長金平　洪副院長秀柱

秘書長：林錫山

秘書長：出席委員83人，已足法定人數。

主席：現在開會，因程序委員會未審定本次會議議事日程，依例由議事處編製草案提報院會。依本屆第1會期歷次會議經朝野黨團協商處理之議事成例，同意民進黨黨團、台灣團結聯盟黨團、親民黨黨團及國民黨黨團分別對本次會議議事日程草案提出異議。現在分別進行處理，先處理報告事項增列部分（略）。

繼續處理討論事項增列部分，先處理親民黨黨團提案，共3案（第1案及第2案部分，從略。）。

15 本節所提重行表決的意涵，係指立法院議事規則第39條規定的重付表決，而非該規則第36條第3項的重行表決。該規則第36條原規定「可否兩方均不過半數時，應重付表決」，以致表決議案時，時有多次表決，仍無法確定結果情事，此非僅延宕議事，更有違議事原理。故民國88年1月朝野黨團協商立法院議事規則時，採納國民黨黨團意見，增列「重行表決時，以多數爲可決」，並提報同年1月12日第3屆第6會期第14次會議，照協商版本通過，而得以解決上述窘境。參閱立法院公報，88卷，5（上）期，民國88年1月16日，34及150頁。

16 參閱王堡麗：前書，156頁；李明恭編著：《會議規範之說明及運用》，初版，台北：正中書局，民國83年3月，99頁。

17 參閱鍾起岱：《議事學理論與實務》，初版，高雄：復文圖書出版社，民國92年6月，167頁。

主席：繼續進行親民黨黨團提案第3案。

三、本院親民黨黨團，針對第8屆第2會期第15次會議議事日程草案增列討論事項並改列第1案如下：本院親民黨黨團，建請決議：「行政院應立即針對縣市改制後，原住民族地區鄉自治喪失公法人地位一事，予以特別制度保障。在原住民族自治法立法尚未完成前，應遵守憲法增修條文，有關國家應保障原住民族政治地位之意旨，回復原住民族地區『鄉』之公法人地位，以避免侵害原住民族的政治權利，俾以符合國際原住民族權利規範、具體落實維護原住民族自治權利。」是否有當？敬請公決。

提案人：親民黨立法院黨團　李桐豪

主席：贊成親民黨黨團提案者請按「贊成」，反對者請按「反對」，棄權者請按「棄權」，計時1分鐘，現在進行記名表決。

（進行表決）

主席：報告表決結果：出席委員93人，贊成者40人，反對者43人，棄權者10人，贊成者少數，本案不通過。

主席：親民黨黨團針對方才表決結果要求重付表決。現在進行重付表決。贊成親民黨黨團提案者請按「贊成」，反對者請按「反對」，棄權者請按「棄權」，計時1分鐘，現在進行記名表決。

（進行表決）

主席：報告院會，因爲這是法律案，剛才也經由朝野協商認定要付諸表決，所以針對這個案子應該愼重其事。

主席：報告表決結果：出席委員98人，贊成者43人，反對者43人，棄權者12人。可否同數，本人投反對票。本案贊成者少數，本案不通過[18]。

（二）立法院第 8 屆第 2 會期第 16 次院會

時間：102年1月4日（星期五）上午10時34分

地點：本院議場

主席：王院長金平　洪副院長秀杜

副秘書長：周萬來

副秘書長：出席委員68人，已足法定人數。

18　參閱立法院公報，102卷，2期，民國102年1月10日，1及6-8頁。

主席：現在開會，進行報告事項（略）。

主席：報告院會，在進行討論事項之前，先處理各黨團所提變更議程之動議。首先處理親民黨黨團提議變更議程，共3案。（第1案，略。）

主席：繼續處理第2案。

二、本院親民黨黨團，建請決議：「行政院應立即針對縣市改制後，原住民族地區鄉自治喪失公法人地位一事，予以特別制度保障。在原住民族自治法立法尚未完成前，應遵守憲法增修條文，有關國家應保障原住民族政治地位之意旨，回復原住民族地區『鄉』之公法人地位，以避免侵害原住民族的政治權利，俾以符合國際原住民族權利規範、具體落實維護原住民族自治權利。」是否有當？敬請公決。

提案人：親民黨立法院黨團　李桐豪

主席：請問院會，對本案有無異議？（有）有異議。既有異議，交付表決。

現在進行表決，按鈴7分鐘，並分發表決卡。（按鈴）

主席：報告院會，現在要進行表決，沒有表決卡的委員同仁請舉手，大家都有的話，就要進行表決。

現在進行表決，贊成本案照案通過者請按「贊成」，反對者請按「反對」，棄權者請按「棄權」，計時1分鐘，現在進行記名表決。

（進行表決）

主席：報告表決結果：出席委員99人，贊成者41人，反對者46人，棄權者12人，贊成者少數，但贊成跟反對雙方都沒有過半數，所以要重行表決。

主席：現在進行重行表決。贊成本案照案通過者請按「贊成」，反對者請按「反對」，棄權者請按「棄權」，計時1分鐘，現在進行記名表決。

（進行表決）

主席：報告表決結果：出席委員96人，贊成者42人，反對者47人，棄權者7人，贊成者少數，本案不通過[19]。

---

19 參閱立法院公報，102卷，4期，民國102年1月23日，1及30-32頁。

二、相關規範

（一）立法院議事規則

1. 第36條

表決時，應就可否兩方依次行之。（第1項）

用口頭方法表決，不能得到結果時，改用舉手或其他方法表決。（第2項）

用舉手或表決器方法表決，可否兩方均不過半數時，應重行表決；重行表決時，以多數爲可決。（第3項）

用投票或點名方法表決，可否兩方均不過半數時，本案不通過。（第4項）

2. 第39條

出席委員對於表決結果提出異議時，經15人以上連署或附議，得要求重付表決。但以1次爲限。（第1項）

用投票或點名方法表決，非有足以明顯影響表決結果之重大瑕疵者，不得要求重付表決。（第2項）

（二）會議規範第 61 條

出席人對表決結果，發生疑問時，得提出權宜問題，經主席認可，重行表決。但以1次爲限。

（三）立法院議事先例

出席委員對表決結果提出疑問，要求重付表決，應於表決後，即時賡續爲之，不得定期表決；且須以同一表決方式行之。重付表決時，經清點不足法定人數，仍以原表決結果爲準。

三、策略研析

重行表決旨在再度確認表決結果，但運用得宜，亦可反敗爲勝。尤其配合前一策略，採行記名方式的「神龍再現術」，更有成效[20]。親民黨黨團兩次

20 依立法院議事成例，重付表決時，須採用第1次的表決方法，即禁止轉換表決方式。因此，運用是項策略，須特別留意原表決方式，以免失去先機。民國82年7月16日第2屆第1會期第50次會議院會討論「中央政府興建重大交通建設計畫第2期工程特別預算案」，在處理委員王建煊等所提「有關興建高速鐵路之預算，建議全數刪除，由民間興建。」的修正動議時，多數黨（由委員李友吉等32人提出）要求重付表決，並改以記名方式，即不爲王委員建煊、陳委員水扁所接受，仍依議事前例，以無記名方

提案將「回復原住民地區『鄉』之公法人地位的決議案」增列為該次會議議程討論事項第1案，雖均未能如願，但從表決結果中的棄權票比以往為高，足以驗證此項策略已造成不少委員的壓力。

第三節　全案阻擋

依立法院職權行使法相關規定，法律案、預算案須經三讀會議決，且應在三讀會將該議案全案提付表決。上述規定，旨在對該議案於討論後，以求總結，並可再次全盤審視，以免討論的結論產生不連貫或矛盾情事，而得以更正補救[21]。自行憲以來，雖無法案於三讀會時遭受否決的情事。但就策略角度而言，會議成員如欲阻擋該議案立即完成立法程序，即可透過是項「全案表決」的策略加以阻擋，以達到換取改變空間的機會。

策略63　全案表決

一、議場實景

立法院第4屆第2會期第7次院會
時間：88年10月29日（星期五）上午10時54分
地點：本院議場
主席：王院長金平　饒副院長穎奇
秘書長：林錫山
副秘書長：羅成典

秘書長：出席委員121人，已足法定人數。
主席：現在開會，進行報告事項（略）；處理朝野協商結論及變更議程部分（均從略）。
主席：現在進行討論事項第1案。
一、本院法制委員會報告併案審查行政院函請審議及林委員濁水等16

式表決，致無法翻案，而通過委員王建煊等所提的修正動議，即為顯例。參閱立法院公報，82卷，49（上）期，民國82年7月24日，45-47頁。

21 參閱羅傳賢：《會議管理與法制》，初版，台北：五南圖書出版有限公司，民國95年9月，197頁。

人、曹委員爾忠等16人、李委員慶雄等18人分別擬具之「檔案法草案」案。

主席：本案經提本院第4屆第2會期第6次會議討論決議：另定期進行三讀。爰於本次會議提出三讀。宣讀條文（略）。

主席：本案三讀條文宣讀完畢，請問院會，對本案有無文字修正？請林委員濁水發言。

林委員濁水（摘述）：世界各國的檔案管理均由檔案館加以管理，但我國偏偏在總統府下有一國史館，其職掌爲管理國家檔案。因此，若檔案法草案通過後，行政院設置檔案館，而國史館組織條例未配合修正，將形成雙頭馬車情形，使檔案管理治絲益棼。本席認爲國史館組織條例不修改，檔案法就不應通過。即讓檔案法和國史館組織條例修正草案一起通過，否則不應單獨通過檔案法。

主席：請林委員政則發言。

林委員政則（摘述）：主席、各位同仁。本席對於阻止檔案法草案通過期期以爲不可，非但不可阻止，反而應該儘速令其通過。若今天三讀通過後，即可健全政府機關檔案的管理，促進檔案之開放與運用。因此，本席希望能儘速通過檔案法草案，以保障人民權益。

主席：請曹委員爾忠發言。

曹委員爾忠（摘述）：主席、各位同仁。關於檔案法三讀條文中的第24條第3項「違法第13條之規定者，亦同」，其中「違法」2字，應改成「違反」；至於其他條文，本席則無文字修正。另本席在此呼籲所有委員同仁，請大家不要做意氣之爭。爲了配合行政院提案及多位委員提案，一讀會審查通過的條文是經由妥協產生，而後在二讀會時，也是經過朝野協商才完成審查工作，其中也採用林委員濁水的提案條文。因此，到目前這個階段，請問我們還要用其他法律仍未通過爲由來阻擋本案的通過？本席希望先讓檔案法三讀通過，未來再審有關國史館的相關法案。

主席：請營委員志宏發言。

營委員志宏（摘述）：主席、各位同仁。基本上，本案並不完美，但本黨支持本案的通過，以便讓人民有所保障，並使行政單位知所警惕。

主席：方才登記文字修正發言的四位委員中，除曹委員爾忠有針對文字修正發言外，其他沒有一位提出文字修正意見。至於登記第2次發言的二位委員亦未提出文字修正意見。（發言內容，略。）

主席：現在請張委員旭成發言。

張委員旭成（摘述）：主席、各位同仁。有關檔案法草案第12條「經檔案中央主管機關核准銷毀之檔案，必要時，應先經電子儲存，始得銷毀。」中之「必要時」3字，本席建議予以刪除。

主席：本案現在是三讀階段，僅能作文字修正，不能作內容的變更[22]。

張委員旭成（摘述）：本席建議刪除「必要時」3字，並未改變該案立法意旨。

主席：對本案文字修正，到現在爲止，除曹委員爾忠提議將第24條第3項「違法」改成「違反」外，未有提出其他文字修正意見。現在休息，進行協調，以決定本案是否三讀通過。（休息，15時44分）

主席：現在繼續開會（15時59分），本案三讀條文及文字修正意見方才均已宣讀過，本案作如下決定：「全案另定期表決。」[23]

二、相關規範

（一）立法院職權行使法第 11 條

第三讀會，應於第二讀會之下次會議行之。但如有出席委員提議，15人以上連署或附議，經表決通過，得於二讀後繼續進行三讀。（第1項）

第三讀會，除發現議案內容有互相牴觸，或與憲法、其他法律相牴觸者外，祇得爲文字之修正。（第2項）

第三讀會，應將議案全案付表決。（第3項）

（二）會議規範第 47 條第 2 項

議案全部處理完竣後，應將全案付表決。

三、策略研析

前已述及，法案於三讀會時尚無遭受否決的情事，但運用「全案表決」的策略而成功阻擋該法案無法於當次會議或當會期立即完成立法程序，則有不少案例。本案即爲採行此策略而無法於當次會議立即完成立法程序的顯例[24]，

22 依立法院職權行使法第11條第2項之規定，僅於議案內容互相牴觸，或與憲法、其他法律相牴觸者，始可作實質修正。相關策略運用，請參閱第4章第15節實質修復部分。

23 參閱立法院公報，88卷，46（上）期，民國88年11月6日，3及75-84頁。

24 檔案法草案直至該會期第10次會議，始完成立法程序，併作一附帶決議：「檔案中央主管機關之組織，自本法公布後2年內修正後制定相關法律。」參閱立法院公報，88卷，52（上）期，民國88年12月4日，113頁。

而政務官退職酬勞金給與條例修正案，則爲當會期無法立即完成立法程序的案例[25]。另本策略須在處理時當場無法進行表決情況下，始得竟其功。如在場已足表決法定人數，則可能無法達到阻擋該法案之目的，319槍擊事件眞相調查特別委員會條例案即爲失敗的實例[26]。

第四節　主席定案

依立法院職權行使法第6條的規定，立法院院會表決議案時，除法令另有規定[27]外，以出席委員過半數之同意行之；可否同數時，取決於主席。即表決可否同數時，由主席加以定案。

立法院院會表決議案時，並未將棄權票扣除。因此，主席僅在表決結果爲同數時，始行使其表決特權。惟主席究應如何定案？就立法實務以觀，係依(1)無人棄權；(2)1人棄權；及(3)超過1人棄權三種情況分別處理。其中無人棄權及超過1人棄權情況，分別於記名現身（第8屆第1會期第9次院會重付表決民進黨等三個在野黨團提議增列「暫停美國牛肉及產製品進口並下架」爲討論事項議案時，出席委員88人，贊成者44人，反對者44人，棄權者0人，由主席投下反對票而不通過）及重行再現（第8屆第2會期第15次院會重付表決親民黨黨團提議將「回復原住民地區『鄉』之公法人地位的決議案」增列爲該次會議議程討論事項第1案時，出席委員98人，贊成者43人，反對者43人，棄權者12人，由主席投反對票而不通過。）兩節已分舉案例說明，本節不再重述。茲僅就1人棄權情況舉例說明。

---

25 該條例修正案於民國86年12月23日第3屆第4會期第26次會議決議：「全案另定期表決」，直至民國88年6月15日第4屆第1會期第16次會議始經由表決通過，完成該條例的立法程序。參閱立法院公報，86卷，56（上）期，民國86年12月27日，49-57頁；88卷，37（一）期，民國88年6月30日，90及91頁。

26 該條例草案於二讀後繼續進行三讀，在文字修正後，即由民進黨黨團及台聯黨團依立法院職權行使法第11條第3項規定提議採全案提付表決，經表決結果，在場委員180人，贊成全案通過者102人，反對者78人，多數通過而完成立法程序。參閱立法院公報，93卷，37（上）期，民國93年9月13日，192-194頁。

27 立法院院會議決之議案，採特定額數者：(1)出席委員3/4者：憲法修正案、領土變更案；(2)全體委員2/3者：彈劾案、罷免案；(3)全體委員1/2以上者：行使同意權案、覆議案、不信任案。參閱周萬來：《立法院職權行使法逐條釋論》，3版，台北：五南圖書出版公司，民國108年12月，63-66頁。

策略64　主席定案

一、議場實景

立法院第5屆第1會期第21次院會

時間：91年6月11日（星期二）上午10時5分、6月14日（星期五）上午9時18分

地點：本院議場

主席：王院長金平　江副院長丙坤

秘書長：林錫山

副秘書長：羅成典

秘書長：出席委員105人，已足法定人數。

主席：現在開會，進行報告事項（略）。

主席：現在進行討論事項第1案。

一、本院預算及決算委員會報告併案審查「中華民國91年度中央政府總預算案附屬單位預算及綜計表（營業與非營業部分）案」暨配合中國石油公司、經濟發展基金（包括能源研究發展基金修正預算及石油基金創業預算）及原住民族綜合發展基金（包括原住民就業基金創業預算）修正預算，隨同修正之「91年度中央政府總預算案附屬單位預算及綜計表（營業與非營業部分）案」及有關親民黨黨團針對菸酒公賣局改制之提議案等案。

主席：本案經提本院第5屆第1會期第20次會議討論決議：另定期處理。爰於本次會議提出處理。然因本案仍待協商。留待協商後再提報本次會議處理。（以下各案處理，均從略。）

主席：現在繼續開會，繼續處理留待處理的第1案，即「中華民國91年度中央政府總預算案附屬單位預算及綜計表（營業與非營業部分）案」等案。（茲僅就「台灣高速鐵路尚未公布工程承包商之相關明細前，郵儲金不得再撥款供台灣高鐵公司之用。」主決議部分說明，其餘部分，從略。）

主席：現在就「台灣高速鐵路尚未公布工程承包商之相關明細前，郵儲金不得再撥款供台灣高鐵公司之用。」一案進行表決。贊成者請按「贊成」，反對者請按「反對」，棄權者請按「棄權」，計時1分鐘，現在進行記名表決。

（進行表決）

主席：報告表決結果：出席委員205人，贊成者102人，反對者102人，棄權者1人，可否雙方均不過半數。因此，本席直接裁決：「本案重付表決。」

現在進行重付表決，贊成本案者請按「贊成」，反對者請按「反對」，棄權者請按「棄權」，計時1分鐘，現在進行記名表決。（進行表決）

主席：報告表決結果：出席委員209人，贊成者105人，反對者103人，棄權者1人，多數，通過[28]。

二、相關規範

（一）立法院職權行使法第6條

立法院會議之決議，除法令另有規定外，以出席委員過半數之同意行之；可否同數時，取決於主席。

（二）會議規範

1. 第19條

主席以不參與表決爲原則。

主席於議案表決可否同數時，得加入可方，使其通過；或不加入，而使其否決。但有特別規定之表決人數者，從其規定。

主席於議案之表決，可否相差1票時，得參加少數方面，使其同數以否決之。

主席於議案可決，有特別規定之額數者，如相差1票，即達規定額數時，得參加1票使其通過，不參加使其否決。

2. 第58條

表決除本規範及各種會議另有規定外，以獲參加表決之多數爲可決，可否同數時，如主席不參與表決，爲否決。

參加表決人數之計算，以表示可否兩種意見爲準。如以投票方式表決，空白及廢票不予計算。

三、策略研析

立法院處理議案表決可否同數時，倘出席委員無人棄權者，則取決於主

28 參閱立法院公報，91卷，42（上）期，民國91年6月22日，3、41、289及315-318頁。

席；若出席委員有人棄權者，雖贊成與反對者同數，主席為維持公正超然的地位，往往不加以表示意見，即依立法院議事規則第36條的規定，宣告該議案重行表決。依立法院組織法第4條及立法院各委員會組織法第4條的規定，院會及委員會主席均為法定主席，分別由院長、召集委員擔任。因此，難免受其所屬政黨影響；惟為使議事進行順暢，除非重大政治性議案，主席多以促進議事穩定為考量前提。就議事實例以觀，院會主席在可否同數由其定案時，大抵依上述方向作為表決的依據。

第6章 議案協商

黨團協商，係指涉一種針對議事程序或立法政策爭議互相讓步與互相妥協的過程[1]。因此，先進民主國家為使國會的議事運作順暢，往往透過國會黨團的協商機制，俾以提高議事效率與立法品質。回顧立法院議事實況，自第4屆黨團協商法制化後，雖經多次政治衝擊及政黨結構有所改變，而影響立法院議事環境，如政黨輪替、行政院片面宣布停建核四、海峽兩岸經濟合作架構協議等，均有賴黨團協商機制的運作。因此，黨團協商的機制，在立法院的議事運作上，實扮演著相當重要的角色。

次就各民主國家國會黨團的運作實況，大抵係擬訂適當議事日程，解決內部議事爭議，而著重於議事規劃或程序上的安排；如德國聯邦眾議院國會黨團，依其議事規則相關規定，享有推派議員參加元老會（Council of Elders）[2]決定議程及院內事務，亦即擔任國會議事程序及內部事項爭議的協商功能。反觀我國立法院黨團的協商，依立法院職權行使法相關規定及運作實例，為協商議案或解決爭議事項[3]，得由院長主動召集或應各黨團的請求，進行黨團協商；各委員會審查議案遇有爭議時，主席得裁決進行協商；而議案交由黨團協商時，由該議案的院會說明人所屬黨團負責召集，並由其擔任協商主席。因此，立法院黨團的協商，已非僅屬程序性問題，而作實質性的協商。

本章針對立法院職權行使法相關規範及實務，抽繹出異議協商、異議表決、協商阻絕、轉換主持及兩院協議，分節加以探討其策略。

---

1 參閱羅傳賢：〈立法院黨團協商制度之研析〉，收錄於《國會與立法技術》，初版，台北：五南圖書出版公司，民國93年11月，210及211頁。

2 依聯邦眾議院議事規則第6條第1項規定，元老會係由議長、副議長及23位眾議員共同組成；上述23位眾議員，依該規則第12條之規定，係按各黨團在院會席次比例推派之。

3 關於解決爭議事項，並無明確的範圍。相關協商實例，參閱周萬來：《立法院職權行使法逐條釋論》，3版，台北：五南圖書出版公司，民國108年12月，296-299頁。

第一節　異議協商

立法院爲簡化議事流程及提升議事效率，特於民國91年1月15日修正立法院職權行使法時，增訂第10條之1，明定各委員會議決不須黨團協商的議案，如經院會同意，則不須討論，逕依審查意見處理。但爲保障非屬該委員會委員就該議案表達意見的權利，該法第68條第2項亦明定立法委員得有條件提出異議；即在院會於審議不須黨團協商的議案時，如有出席委員提出異議，20人以上之連署或附議，該議案即須交黨團協商。民國96年11月30日爲配合立法委員席次減半而修正立法院職權行使法時，復將其中連署或附議人數由「20人」減爲「10人」。另是項所指異議權，包括黨團在內；即黨團如認爲委員會所作不須協商的決議有所不妥時，亦可以黨團名義提出異議，將該議案交付黨團協商[4]。茲分就黨團、出席委員提出異議加以敘明。

策略65　黨團異議

一、議場實景

立法院第8屆第5會期第10次院會
時間：中華民國103年5月16日（星期五）上午11時15分
地點：本院議場
主席：王院長金平
副秘書長：周萬來

副秘書長：出席委員87人，已足法定人數。
主席：現在開會，進行報告事項（略）。
主席：現在進行討論事項第1案。（第1案至第50案，均從略。）
主席：現在進行討論事項第51案。（討論時間爲103年5月20日（星期二））
　　五十一、本院教育及文化委員會報告審查行政院函請審議「國立大學校院校務基金設置條例修正草案」及委員林岱樺等17人擬具「國立大學校院校務基金設置條例第5條之1、第5條之2及第9條條文修正草案」案。（本案經提本院第8屆第5、3會期第1、11次會議報告決定：交教育及文化委員會審查。茲接報告，爰

4　參閱立法院公報，91卷，10（上）期，民國91年2月2日，241及242頁。

於本次會議提出討論。）

主席：現在宣讀審查報告（略）。

主席：審查報告已宣讀完畢，請陳召集委員碧涵補充說明。（不說明）召集委員無補充說明。

本案經審查會決議：「不須交由黨團協商。」請問院會，有無異議？現有民進黨黨團提出異議。（本院民進黨黨團針對第8屆第5會期第10次會議討論事項第51案「國立大學校院校務基金設置條例修正草案」，擬請院會交黨團協商。提案人：民主進步黨立法院黨團　柯建銘）

主席：依立法院職權行使法第68條第2項之規定，本案作如下決議：「交黨團進行協商。」[5]

二、相關規範

（一）立法院各委員會組織法第10條之1

各委員會於議案審查完畢後，應就該議案應否交由黨團協商，予以議決。

（二）立法院職權行使法

1. 第10條之1

第二讀會討論各委員會議決不須黨團協商之議案，得經院會同意，不須討論，逕依審查意見處理。

2. 第68條第2項

立法院院會於審議不須黨團協商之議案時，如有出席委員提出異議，10人以上連署或附議，該議案即交黨團協商。

3. 第75條

符合立法院組織法第33條規定之黨團，除憲法另有規定外，得以黨團名義提案，不受本法有關連署或附議人數之限制。

三、策略研析

依立法院職權行使法相關規定，黨團或出席委員如認為委員會所作不須協商的決議有所不妥時，自可提出異議，將該議案交付黨團協商。由於採取黨團提出異議的策略，因不須連署或附議人數而較為簡易。因此，如對委員會所作

5　參閱立法院公報，103卷，37（一）期，民國103年5月27日，1及91頁；37（三）期，237及260頁。

不須協商的決議有所異議，就實務以觀，大多採用黨團提出異議方式處理。本案即為一例。

策略66　出席委員異議

一、議場實景

立法院第8屆第5會期第12次院會

時間：中華民國103年5月30日（星期五）上午10時1分

地點：本院議場

主席：王院長金平　洪副院長秀柱

秘書長：林錫山

副秘書長：周萬來

秘書長：出席委員52人，已足法定人數。

主席：現在開會，進行報告事項（略）。

主席：現在繼續開會（15時1分），進行討論事項第1案。（第1案至第24案，均從略。）

主席：現在進行討論事項第25案。

二十五、本院經濟委員會報告審查委員潘孟安等18人擬具「漁業法增訂第69條之2條文草案」案。（本案經提本院第8屆第4會期第14次會議報告決定：交經濟委員會審查。茲接報告，爰於本次會議提出討論。）

主席：現在宣讀審查報告（略）。

主席：審查報告已宣讀完畢，請林召集委員岱樺補充說明。（不說明）召集委員無補充說明。

本案經審查會決議：「不須交由黨團協商」，現有林委員淑芬等13人提出異議。（林委員淑芬等13人針對第8屆第5會期第12次會議討論事項第25案「漁業法增訂第69條之2條文草案」案，擬請院會交黨團協商。是否有當？請公決案。）

主席：依立法院職權行使法第68條第2項規定，本案作如下決議：「交黨團進行協商。」[6]

6　參閱立法院公報，103卷，43（一）期，民國103年6月9日，1及101頁；43（三）期，9-13頁。

二、相關規範

（一）立法院各委員會組織法第10條之1

各委員會於議案審查完畢後，應就該議案應否交由黨團協商，予以議決。

（二）立法院職權行使法

1. 第10條之1

第二讀會討論各委員會議決不須黨團協商之議案，得經院會同意，不須討論，逕依審查意見處理。

2. 第68條第2項

立法院院會於審議不須黨團協商之議案時，如有出席委員提出異議，10人以上連署或附議，該議案即交黨團協商。

三、策略研析

前已述及，黨團如認爲委員會所作不須協商的決議有所不妥時，即以黨團名義提出異議，將該議案交付黨團協商；惟基於特殊因素，而未便以黨團名義提出反對時，則可改變議事策略，換由出席委員提出異議。因此，本案提出異議的委員，因與提案委員屬同黨團，礙於同黨情誼，乃改以連署策略方式，經徵求13位委員連署提出異議而交黨團進行協商。

第二節　異議表決

依立法院職權行使法第72條第1項規定，黨團協商結論於院會宣讀後，如有出席委員提議，8人以上的連署或附議，得對其全部或一部提出異議，並由院會就異議部分表決；是項規定旨在規範黨團協商結論的效力。蓋議案既經協商獲致結論，即爲各黨團已獲共識，理宜遵守協商結論；惟爲尊重少數委員意見，仍應保留其表達異議的空間。因此，國會成員如對黨團協商結論的全部或一部有不同意見，即可運用異議策略，由院會就異議部分進行表決，以求翻案的機會。茲敘明如下。

策略67 異議否決

一、議場實景

（一）立法院第5屆第5會期第10次院會

時間：93年4月2日（星期五）上午10時、4月6日（星期二）下午5時
地點：本院議場
主席：王院長金平 江副院長丙坤
秘書長：林錫山
副秘書長：羅成典

秘書長：出席委員74人，已足法定人數。
主席：現在開會，進行報告事項（略）。
主席：現在進行討論事項第9案。（第1案至第8案，均從略。）
九、本院衛生環境及社會福利、司法兩委員會報告併案審查行政院函請審議「醫療法修正草案」、「醫療法第41條、第81條及第81條之1條文修正草案」案及本院委員高明見等35人擬具「醫療法部分條文修正草案」案、委員賴勁麟等34人擬具「醫療法部分條文修正草案」案、委員邱永仁等31人擬具「醫療法增訂第58條之1條文草案」案、委員侯水盛等43人擬具「醫療法增訂第68條條文草案」案、委員鄭三元等36人擬具「醫療法第81條條文修正草案」案、委員楊瓊瓔等32人擬具「醫療法部分條文修正草案」案、委員朱鳳芝等35人擬具「醫療法第79條條文修正草案」案、委員高明見等52人擬具「醫療法第11條條文修正草案」案。
主席：本案經提本院第5屆第1、3、1、1、1、2、2、3、3、4會期第9、3、9、11、20、5、17、1、10、11次會議報告決定：交衛生環境及社會福利、司法兩委員會審查。茲接報告，爰於本次會議提出討論。宣讀審查報告（略）。
主席：審查報告已宣讀完畢，現在請蔡召集委員鈴蘭補充說明。（不在場）蔡委員不在場。
報告院會，本案業經黨團協商完畢，現在宣讀協商結論（略）。
主席：協商結論已宣讀完畢，請問院會，有無異議？現在無黨聯盟提出異議。（本院無黨聯盟針對第10次會議討論事項第9案提出異議。提案人：立法院無黨聯盟 朱星羽）

主席：本案作如下決議：「另定期表決。」[7]

（二）立法院第5屆第5會期第11次院會

時間：93年4月9日（星期五）上午10時2分、4月13日（星期二）上午9時20分

地點：本院議場

主席：王院長金平　江副院長丙坤

秘書長：林錫山

副秘書長：羅成典

林秘書長錫山：出席委員101人，已足法定人數。

主席：現在開會，進行報告事項（略）。

主席：現在進行討論事項第7案。（第1案至第6案，均從略。）

七、本院衛生環境及社會福利、司法兩委員會報告併案審查行政院函請審議「醫療法修正草案」、「醫療法第41條、第81條及第81條之1條文修正草案」案及本院委員高明見等35人擬具「醫療法部分條文修正草案」案、委員賴勁麟等34人擬具「醫療法部分條文修正草案」案、委員邱永仁等31人擬具「醫療法增訂第58條之1條文草案」案、委員侯水盛等43人擬具「醫療法增訂第68條條文草案」案、委員鄭三元等36人擬具「醫療法第81條條文修正草案」案、委員楊瓊瓔等32人擬具「醫療法部分條文修正草案」案、委員朱鳳芝等35人擬具「醫療法第79條條文修正草案」案、委員高明見等52人擬具「醫療法第11條條文修正草案」案。

主席：本案經提第5屆第5會期第10次會議討論決議：另定期表決。爰於本次會議繼續討論。

現在因在場委員不足表決法定人數，本案作如下決議：「另定期表決。」

湯委員金全：（在台下），本案可以表決處理。（針對第8案提出）

朱委員星羽：（在台下），我們無黨聯盟有異議，除第8案之外，還有第7案，請一切要依規定處理。

主席：現在按鈴7分鐘。

（按鈴）

7　參閱立法院公報，93卷，19（上）期，民國93年4月14日，3、128及306-309頁。

主席：報告院會，討論事項第7案醫療法修正草案在上次會議決議：另定期表決。現在無黨聯盟對協商結論全案提出異議。所以清點在場人數。

（清點人數）

主席：現在進行表決。無黨聯盟針對醫療法修正案協商結論提出異議，贊成無黨聯盟所提異議者請按「贊成」，反對者請按「反對」，棄權者請按「棄權」，現在開始無記名表決，計時1分鐘。

（進行表決）

主席：報告表決結果，反對者74人，贊成者1人，贊成無黨聯盟所提對協商結論異議者少數，照協商結論通過。

本案現在進行逐條討論（略）。

主席：報告院會，現在休息10分鐘，之後本案繼續進行三讀。

主席：現在繼續開會（16時1分），繼續進行三讀。宣讀條文（略）。

主席：三讀條文已宣讀完畢，請問院會，對本案有無文字修正？（無）無文字修正意見。

本案決議：「醫療法修正通過。」請問院會，有無異議？（無）無異議，通過。[8]

二、相關規範

立法院職權行使法

1. 第72條

黨團協商結論於院會宣讀後，如有出席委員提議，8人以上之連署或附議，得對其全部或一部提出異議，並由院會就異議部分表決。（第1項）

黨團協商結論經院會宣讀通過，或依前項異議議決結果，出席委員不得再提出異議；逐條宣讀時，亦不得反對。（第2項）

2. 第75條

符合立法院組織法第33條規定之黨團，除憲法另有規定外，得以黨團名義提案，不受本法有關連署或附議人數之限制。

三、策略研析

本策略的運用，係國會成員（含黨團）就黨團所作協商結論的全部或一部

---

8 參閱立法院公報，93卷，20（上）期，民國93年4月21日，3、44、45及62頁。

有所異議，由院會就異議部分進行表決，以求翻案的機會。就本案審議過程以觀，黨團既已簽署協商結論，除非有特別重大情事改變，大抵仍按原簽協商結論處理。因此，贊成無黨聯盟所提對協商結論有所異議者，乃為少數而不予通過。另黨團協商結論既經院會宣讀通過，或依前述異議加以議決的結果，即已確定該議案的全部內容，出席委員理應不得再提異議，而於該法第72條第2項予以明定出席委員不得再提出異議；逐條宣讀時，亦不得反對，併予敘明。[9]

第三節　協商阻絕

先進民主國家為使國會的議事運作順暢，往往透過國會黨團的協商機制，俾以提高議事效率與立法品質；惟為避免延宕，對於協商期限亦有必要加以適度的限制。因此，立法院於民國91年1月15日特增訂立法院職權行使法第71條之1，明定議案經交黨團協商逾4個月（97年4月25日再修正為1個月）而無法達成共識者，由院會定期處理，即逾協商期限的議案，由院會定期依正常程序（按立法院職權行使法第9條及第10條規定）處理。就實務以觀，除非出席委員或黨團提議立即處理（若議案尚未逾協商期限時，雖經提議立即處理，但如在場委員有異議，則仍須交付協商，參閱第4章第16節準用援引中策略57——修憲案程序案例）外，類由院會決議：「協商後再行處理」，使議事流程順暢[10]。嗣後議案的處理，可能依前述正常程序進行，亦有可能按協商結論處理。茲就兩種不同的策略，分別加以敘明。

策略68　阻絕協商後依正常程序處理

一、議場實景

（一）319槍擊事件真相調查特別委員會條例制定案

(1)立法院第5屆第5會期第11次院會

時間：中華民國93年4月9日（星期五）上午10時2分、4月13日（星期二）上午9時20分

9　參閱周萬來：《立法院職權行使法逐條釋論》，306頁。

10　參閱周萬來：《立法院職權行使法逐條釋論》，305頁。

地點：本院議場
主席：王院長金平　江副院長丙坤
秘書長：林錫山
副秘書長：羅成典

林秘書長錫山：出席委員101人，已足法定人數。
主席：現在開會，進行報告事項。（僅列第5案，其餘均從略。）
五、本院國民黨黨團擬具「319槍擊事件眞相調查特別委員會條例草案」，請審議案。（程序委員會意見：擬請院會將本案交法制、司法兩委員會審查。）
主席：本案有國民黨及親民黨黨團提議逕付二讀，並列爲本次會議討論事項第3案。（提案內容，略。）
主席：請問院會，對國民黨及親民黨黨團提案有無異議。（有）有異議，現在進行表決。按鈴7分鐘。
（按鈴）
主席：現在進行表決。
國民黨黨團提案要求進行記名表決。
主席：針對報告事項第5案，國親兩黨提議逕付二讀，並列爲本次會議討論事項第3案，贊成者請按「贊成」，反對者請按「反對」，棄權者請按「棄權」，計時1分鐘，現在進行記名表決。
（進行表決）
主席：報告表決結果：在場委員人數200人，贊成者109人，反對者91人，多數，通過。
主席：本案作如下決議：「本案逕付二讀，並列爲本次會議討論事項第3案。」
主席：現在繼續進行討論事項第3案。（第1案及第2案，從略。）
三、本院國民黨黨團擬具「319槍擊事件眞相調查特別委員會條例草案」，請審議案。
主席：本案經本次會議決定逕付二讀，宣讀提案案由（略）。
主席：報告院會，民進黨黨團要求交付黨團協商。（本院民進黨黨團爰依立法院職權行使法規定，建請將本次會議議程討論事項第3案，國民黨黨團擬具「319槍擊事件眞相調查特別委員會條例草案」，交付黨團協商。提案人：民主進步黨立法院黨團：柯建銘　蔡煌瑯　李俊毅）

主席：本案決議：「交付黨團協商，並由國民黨黨團負責召集協商。」[11]

(2)立法院第5屆第5會期第21次院會

時間：中華民國93年6月10日（星期四）上午10時5分、6月11日（星期五）上午9時42分

地點：本院議場

主席：王院長金平　江副院長丙坤

秘書長：林錫山

秘書長：出席委員78人，已足法定人數。

主席：現在開會，進行報告事項（略）。

主席：現在進行討論事項第23案。（第1案至第22案，均從略。）

二十三、本院國民黨黨團擬具「319槍擊事件眞相調查特別委員會條例草案」，請審議案。

主席：本案經提本院第5屆第5會期第11次會議討論決議：逕付二讀，交付黨團協商，並由國民黨黨團負責召集協商。爰於本次會議繼續討論。（提案內容，略。）

主席：本案有民進黨黨團提議尚須繼續協商。（本院民主進步黨立法院黨團提案，本案第5屆第5會期第21次會議議事日程所列討論事項第23案「本院國民黨黨團擬具『319槍擊事件眞相調查特別委員會條例草案』，因尚未達立法院職權行使法第71條之1所定期限，擬請本案繼續協商。」提案人：民主進步黨立法院黨團　柯建銘　蔡煌瑯）

主席：請問院會，對民進黨黨團提議，有無異議？（無）無異議，本案作如下決議：「協商後再行處理。」[12]

(3)立法院第5屆第5會期第1次臨時會第2次院會

時間：中華民國93年8月19日（星期四）上午9時37分、8月20日（星期五）上午9時6分

地點：本院議場

主席：王院長金平　江副院長丙坤

11　參閱立法院公報，93卷，20（上）期，民國93年4月21日，3-5、38-43頁。

12　參閱立法院公報，93卷，34（一）期，民國93年6月30日，3、415-420頁。

秘書長：林錫山

秘書長：出席委員81人，已足法定人數。
主席：現在開會，進行報告事項（略）。
主席：現在進行討論事項第3案。（第1案及第2案，從略。）
　　三、本院國民黨黨團擬具「319槍擊事件眞相調查特別委員會條例草案」，請審議案。
主席：本案經提本院第5屆第5會期第21次會議討論決議：協商後再行處理。爰於本次會議繼續討論。
　　本案因尚待協商，作如下決議：「協商後提出本次會議處理。」[13]

(4)立法院第5屆第5會期第1次臨時會第4次院會
時間：中華民國93年8月24日（星期二）上午9時13分
地點：本院議場
主席：王院長金平　江副院長丙坤
秘書長：林錫山

秘書長：出席委員98人，已足法定人數。
主席：現在開會，進行報告事項（略）。
主席：現在進行討論事項第2案。（第1案，略。）
　　二、本院國民黨黨團擬具「319槍擊事件眞相調查特別委員會條例草案」，請審議案。
主席：本案經提本院第5屆第5會期第1次臨時會第2次會議討論決議：協商後再行處理。爰於本次會議繼續討論。現在就依協商結論，依照各黨團所提相關修正動議及國民黨黨團所提草案逐條進行表決。請各位委員參照條文對照表資料，先就名稱進行處理。（以下名稱及條文處理過程，均從略。）
主席：本案繼續進行三讀，宣讀二讀通過條文（略）。
主席：三讀條文已宣讀完畢，現在國民黨黨團對第1條、第2條、第8條、第10條及第16條提出修正意見（修正內容，略。）。
主席：請問院會，對上述文字修正意見，有無異議？（無）無異議，修正通

13 參閱立法院公報，93卷，37（上）期，民國93年9月13日，3及7頁。

過。

在本案三讀條文均已處理完後，現有民進黨黨團及台聯黨團依照本院職權行使法第11條第3項規定要求全案提付表決。（本院民主進步黨立法院黨團、台灣團結聯盟立法院黨團提案，依職權行使法第11條第3項規定，提請院會將本案全案付表決。提案人：民主進步黨立法院黨團　柯建銘　蔡煌瑯　李俊毅　台灣團結聯盟立法院黨團　陳建銘）

主席：現在按鈴7分鐘。

（按鈴）

主席：中國國民黨立法院黨團要求本案採記名表決方式處理。

主席：報告院會，現在進行表決。贊成全案通過者請按「贊成」，反對者請按「反對」，棄權者請按「棄權」，計時1分鐘，現在進行記名表決。

（進行表決）

主席：報告表決結果，在場委員人數180人，贊成全案通過者102人，反對者78人，多數通過。

主席：本案作如下決議：「319槍擊事件眞相調查特別委員會條例草案修正通過。」[14]

（二）319槍擊事件真相調查特別委員會條例部分條文修正案

(1)立法院第6屆第1會期第4次院會

時間：中華民國94年3月18日（星期五）上午10時7分、3月22日（星期二）上午9時5分

地點：本院議場

主席：王院長金平　鍾副院長榮吉

副秘書長：羅成典

副秘書長：出席委員97人，已足法定人數。

主席：現在開會，進行報告事項第26案。（其餘各案，均從略。）

二十六、本院國民黨黨團、親民黨黨團擬具「319槍擊事件眞相調查特別委員會條例部分條文修正草案」，請審議案。（程序委員會意見：擬請院會將本案交法制、司法兩委員會審查。）

主席：親民黨黨團提議本案逕付二讀，請問院會，有無異議？（有）有異

14　參閱前注公報，127、145-194頁。

議。請問院會，對本案照程序委員會意見處理，有無異議？（無）無異議，照程序委員會意見處理。[15]

(2)立法院第6屆第2會期第3次院會

時間：中華民國94年9月23日（星期五）上午10時6分、9月27日（星期二）上午9時1分

地點：本院議場

主席：王院長金平　鍾副院長榮吉

秘書長：林錫山

副秘書長：羅成典

秘書長：出席委員87人，已足法定人數。

主席：現在開會，進行報告事項（略）。

主席：現在處理變更議程議案（僅列第4案）。

四、請本（3）次會議將國民黨黨團、親民黨黨團所擬具「319槍擊事件眞相調查特別委員會條例部分條文修正草案」，自法制委員會抽出逕付二讀，改列討論事項第16案，並交國民黨黨團及親民黨黨團負責協商。是否有當？敬請公決。

主席：請問院會，對以上變更議程提案有無異議？（有）有異議。既有異議，交付表決。

現有國民黨黨團提案建議本案採記名表決。

主席：現在進行表決。贊成國民黨黨團提議將「319槍擊事件眞相調查特別委員會條例部分條文修正草案」從法制委員會抽出，並列爲討論事項第16案者請按「贊成」，反對者請按「反對」，棄權者請按「棄權」，計時1分鐘，現在進行記名表決。

（進行表決）

主席：報告表決結果，在場委員人數207人，贊成國民黨黨團提議將「319槍擊事件眞相調查特別委員會條例部分條文修正草案」從法制委員會抽出，並列爲討論事項第16案者112人，反對者95人，多數，通過。本案逕付二讀並列爲討論事項第16案。（表決結果名單，略。）

主席：民進黨黨團要求本案重付表決。

15 參閱立法院公報，94卷，12期，民國94年3月28日，1及3頁。

主席：現在進行重付表決。贊成國民黨黨團提議將「319槍擊事件眞相調查特別委員會條例部分條文修正草案」從法制委員會抽出，並列爲討論事項第16案者請按「贊成」，反對者請按「反對」，棄權者請按「棄權」，計時1分鐘，現在進行記名表決。
（進行表決）

主席：報告表決結果，在場委員人數205人，贊成國民黨黨團提議將「319槍擊事件眞相調查特別委員會條例部分條文修正草案」從法制委員會抽出，並列爲討論事項第16案者111人，反對者94人，多數，通過。本案逕付二讀並列爲討論事項第16案。（表決結果名單，略。）[16]

(3)立法院第6屆第2會期第9次院會

時間：中華民國94年11月4日（星期五）上午10時3分、11月8日（星期二）上午9時1分

地點：本院議場

主席：王院長金平　鍾副院長榮吉

秘書長：林錫山

副秘書長：羅成典

秘書長：出席委員79人，已足法定人數。

主席：現在開會，進行報告事項（略）。

主席：現在進行討論事項第18案。（第1案至第17案，均從略。）
十八、本院國民黨黨團、親民黨黨團擬具「319槍擊事件眞相調查特別委員會條例部分條文修正草案」，請審議案。

主席：本案經本院第6屆第2次會期第3次會議討論決議：由法制、司法兩委員會抽出逕付二讀。爰於本次會議提出討論。
針對本案，國民黨黨團有一提案。（建請本次會議討論事項第18案國民黨黨團及親民黨黨團所擬具「319槍擊事件眞相調查特別委員會條例部分條文修正草案」交國民黨黨團及親民黨黨團負責協商。是否有當？敬請公決。提案人：中國國民黨立法院黨團　潘維剛）

主席：本案因國民黨黨團提請協商，現作如下決議：「本案交黨團協商，並由國民黨黨團及親民黨黨團共同負責召集協商。」[17]

16　參閱立法院公報，94卷，45期，民國94年10月3日，1及126-128頁。

17　參閱立法院公報，94卷，63期，民國94年11月18日，1及210頁。

(4)立法院第6屆第3會期第8次院會

時間：中華民國95年4月7日（星期五）上午10時2分

地點：本院議場

主席：王院長金平

副秘書長：余騰芳

副秘書長：出席委員88人，已足法定人數。

主席：現在開會，進行報告事項（略）。

主席：現在進行討論事項第1案。

一、本院國民黨黨團、親民黨黨團擬具「319槍擊事件眞相調查特別委員會條例部分條文修正草案」，請審議案。

主席：本案經本院第6屆第2次會期第9次會議討論決議：交黨團協商，因業經協商4個月未達成共識，特提出本次會議繼續討論。現在進行廣泛討論，請黃委員德福發言，發言時間3分鐘。

黃委員德福：主席，各位同仁，針對319槍擊事件眞相調查特別委員會條例部分條文修正草案，事實上，國民黨和親民黨已經針對原來被大法官第585號解釋案認爲可能有違憲之嫌的部分作了必要修正，而且最近我們也和朝野各黨團進行過協商，相信大家也可以看到，昨天民進黨也提出了修正動議，而國、親也尊重他們的意見，根據這項修正動議提出了再修正版本。本席認爲319槍擊事件眞相調查特別委員會應該儘早成立，而民進黨和台聯黨團從基層到高層人士也都認爲應該儘速還原眞相，這同時也是所有台灣人民的期待。在朝野協商已有相當基礎的情況下，本席認爲我們不需要再進行冗長的發言和討論，而應儘早作出決定才對，倘若有爭議的話，乾脆就進行表決。

主席：現在停止廣泛討論，進行逐條討論。（民進黨黨團及國民黨和親民黨所提修正動議，逐條討論並提付表決的過程，均從略。）

主席：報告院會，全案已全部經過二讀，現在國民黨黨團提議繼續進行三讀。請問院會，有無異議？（無）無異議，通過。現在繼續進行三讀（經過二讀內容，略。）。

主席：三讀條文已經宣讀完畢，請問院會，對本案有無文字修正？（無）無文字修正意見。

本案決議：「319槍擊事件眞相調查特別委員會條例增訂第8條之1至第8條之3；刪除第16條；並將第2條至第4條、第8條、第11條至第13條、第

15條及第17條條文修正通過。」請問院會，有無異議？（無）無異議，通過。[18]

二、相關規範

立法院職權行使法

1. 第9條

第二讀會，於討論各委員會審查之議案，或經院會議決不經審查逕付二讀之議案時行之。（第1項）

第二讀會，應將議案朗讀，依次或逐條提付討論。（第2項）

第二讀會，得就審查意見或原案要旨，先作廣泛討論。廣泛討論後，如有出席委員提議，15人以上連署或附議，經表決通過，得重付審查或撤銷之。（第3項）

2. 第10條

法律案在第二讀會逐條討論，有一部分已經通過，其餘仍在進行中時，如對本案立法之原旨有異議，由出席委員提議，25人以上連署或附議，經表決通過，得將全案重付審查。但以1次爲限。

3. 第11條

第三讀會，應於第二讀會之下次會議行之。但如有出席委員提議，15人以上連署或附議，經表決通過，得於二讀後繼續進行三讀。（第1項）

第三讀會，除發現議案內容有互相牴觸，或與憲法、其他法律相牴觸者外，祇得爲文字之修正。（第2項）

第三讀會，應將議案全案付表決。（第3項）

4. 第71條之1

議案自交黨團協商逾1個月無法達成共識者，由院會定期處理。

三、策略研析

本案係因民國93年總統大選前夕，發生319槍擊執政黨正副總統候選人陳水扁和呂秀蓮事件，嚴重影響選舉公正性與正當性，並且導致選情一夕之間發生鉅變，其影響民主政治發展與國家前途至深且鉅；又由於此一槍擊事件案情

18　參閱立法院公報，95卷，15（一）期，民國95年4月14日，1、108及141頁。

撲朔迷離，疑雲重重，行政及司法單位偵辦動作緩慢，案發2週後，仍然未能提出令人信服的交代，已嚴重傷害政府的公信力，爲免時日拖延，以致形成懸案，有必要組成超然獨立、客觀公正的臨時「眞相調查特別委員會」，以協助政府早日破案而由國民黨黨團提出，實屬爭議性的法案。就該案處理經過以觀，立法院於完成制定案咨請總統公布時，先由行政院移請覆議，在立法院維持原決議，經總統公布後，即由立法委員柯建銘等93人聲請釋憲，嗣經大法官議決釋字第585號解釋部分條文有違憲政意旨而失效；再由國民黨黨團、親民黨黨團提出部分修正案。因此，類此具有爭議性的議案，實難以透過協商處理，乃於協商期限屆滿後，交由院會按正常程序（依立法院職權行使法第9條及第10條規定）處理。

策略69　阻絕協商後依協商結論處理

一、議場實景

（一）公職人員選舉罷免法第42條條文修正案

(1)立法院第6屆第1會期第14次院會

時間：94年5月27日（星期五）上午10時4分、5月31日（星期二）上午9時4分

地點：本院議場

主席：王院長金平　鍾副院長榮吉

副秘書長：羅成典

副秘書長：出席委員121人，已足法定人數。

主席：現在開會，進行報告事項第7案。（第1案至第6案，均從略。）

七、本院親民黨黨團、委員張顯耀擬具「公職人員選舉罷免法第42條條文修正草案」，請審議案。（程序委員會意見：擬請院會將本案交內政及民族委員會審查。）

主席：親民黨黨團提議本案逕付二讀，請問院會，有無異議？（無）無異議，本案逕付二讀，由親民黨黨團負責召集協商。[19]

19 參閱立法院公報，94卷，40（一）期，民國94年6月24日，1及2頁。

(2)立法院第6屆第2會期第15次院會
時間：94年12月16日（星期五）上午10時23分
地點：本院議場
主席：王院長金平　鍾副院長榮吉
秘書長：林錫山
副秘書長：羅成典

秘書長：出席委員84人，已足法定人數。
主席：現在開會，進行報告事項（略）。
主席：現在進行討論事項第23案。（第1案至第22案，均從略。）
二十三、本院親民黨黨團、委員張顯耀擬具「公職人員選舉罷免法第42條條文修正草案」，請審議案。
主席：本案經第6屆第1會期第14次會議報告決定：逕付二讀，並由親民黨黨團負責召集協商。爰於本次會議提出討論。
本案因尚待協商，現作如下決議：「協商後再行處理。」[20]

(3)立法院第6屆第2會期第18次院會
時間：95年1月6日（星期五）上午10時1分、1月10日（星期二）上午9時1分
地點：本院議場
主席：鍾副院長榮吉
秘書長：林錫山
副秘書長：羅成典

秘書長：出席委員90人，已足法定人數。
主席：現在開會，進行報告事項（略）。
主席：現在繼續開會（11時10分），在進行討論事項之前，先處理國民黨黨團所提變更議程案。（本次會議討論事項第28案「公職人員選舉罷免法第42條條文修正草案」建請變更議程，改列爲本次會議討論事項第1案，請公決案。中國國民黨黨團　曾永權）
主席：請問院會，對國民黨黨團所提變更議程提案，有無異議？（無）無異

20　參閱立法院公報，94卷，77（三）期，民國94年12月23日，2及1030頁。

議，通過。現作如下決定：「公職人員選舉罷免法第42條條文修正案」改列爲本次會議討論事項第1案。

主席：現在進行討論事項第1案。

一、本院親民黨黨團、委員張顯耀擬具「公職人員選舉罷免法第42條條文修正草案」，請審議案。

主席：本案經第6屆第2會期第15次會議決議：協商後再行處理。爰於本次會議繼續討論。

因本案尚待協商，現作如下決定：「本案協商後，再提出本次會議處理。」請問院會，有無異議？（無）無異議，通過。[21]

(4)立法院第6屆第2會期第19次院會

時間：95年1月11日（星期三）上午10時3分

地點：本院議場

主席：王院長金平　鍾副院長榮吉

秘書長：林錫山

秘書長：出席委員75人，已足法定人數。

主席：現在開會，進行報告事項（略）。

主席（鍾副院長榮吉）：現在繼續開會，進行討論事項第7案。（民國95年1月13日上午11時42分；討論事項第1案至第6案，均從略。）

主席：現在進行討論事項第9案。（第7案及第8案，均從略。）

九、本院親民黨黨團、委員張顯耀擬具「公職人員選舉罷免法第42條條文修正草案」，請審議案。

主席：本案經第6屆第2會期第18次會議決議：協商後再行處理。爰於本次會議繼續討論。

本案業已協商完畢，請宣讀協商結論。

立法院朝野黨團協商會議

開會日期：95年1月6日（星期五）上午8時30分

開會地點：議場二樓休息室

協商主題：繼續討論「公職人員選舉罷免法第42條條文」修法事宜

決議：第42條修正爲：「第39條第1款至第3款、第41條第1款、第2款之

21 參閱立法院公報，95卷，4期，民國95年1月17日，1及37頁。

省（市）議員選舉區，由中央選舉委員會劃分之；第39條第4款及第41條2款之縣（市）議員選舉區，由省選舉委員會劃分之；第39條第4款及第41條第2款之鄉（鎮、市）民代表選舉區，由縣選舉委員會劃分之；並應於發布選舉公告時公告。但選舉區有變更時，應於公職人員任期或規定之日期屆滿1年前發布之。（第1項）；前項選舉區，應斟酌行政區域、人口分布、地理環境、交通狀況、歷史淵源及應選出名額劃分之。（第2項）；第1項立法委員選舉區之變更，中央選舉委員會應於立法委員任期屆滿1年8個月前，將選舉區變更案送經立法院同意後發布。（第3項）；立法院對於前項選舉區變更案，應以直轄市、縣（市）爲單位行使同意或否決。如經否決，中央選舉委員會應就否決之直轄市、縣（市），參照立法院各黨團意見，修正選舉區變更案，並於否決之日起30日內，重行提出。（第4項）；立法院應於立法委員任期屆滿1年1個月前，對選舉區變更案完成同意，未能於期限內完成同意部分，由行政、立法兩院院長協商解決之。（第5項）」

協商主持人：王金平

協商代表：潘維剛　賴清德　何敏豪　曾永權　黃義交　趙永清
邱創進　蔡家福　張顯耀　柯建銘　林鴻池　何智輝
郭林勇　顏清標　林炳坤　黃適卓

主席：請問院會，協商結論已宣讀完畢，請問院會有無異議？（無）無異議，通過。現在即依協商結論處理，進行逐條討論。宣讀條文（條文如上）。

主席：第42條照協商條文通過。

本案全部經過二讀，現在繼續進行三讀。（經過二讀內容，略。）

主席：三讀條文已經宣讀完畢，請問院會，對本案有無文字修正？（無）無文字修正意見。

本案決議：「公職人員選舉罷免法第42條條文修正通過。」請問院會，有無異議？（無）無異議，通過。[22]

（二）國家通訊傳播委員會組織法草案

(1)立法院第6屆第1會期第3次院會

---

22 參閱立法院公報，95卷，5（一）期，民國95年1月20日，1及270-272頁。

時間：94年3月11日（星期五）上午10時5分、3月15日（星期二）上午9時7分
地點：本院議場
主席：王院長金平　鍾副院長榮吉
副秘書長：羅成典

副秘書長：出席委員86人，已足法定人數。
主席：現在開會，進行報告事項第12案。（第1案至第11案，均從略。）
十二、本院國民黨黨團擬具「國家通訊傳播委員會組織法草案」，請審議案。（程序委員會意見：擬請院會將本案交法制、科技及資訊、教育及文化、交通四委員會審查。）
主席：國民黨黨團提議本案逕付二讀，請問院會，有無異議？（有）有異議。請問院會，對本案照程序委員會意見辦理，有無異議？（無）無異議，本案交法制、科技及資訊、教育及文化、交通四委員會審查。
十三、本院親民黨黨團擬具「國家通訊傳播委員會組織法草案」，請審議案。（程序委員會意見：擬請院會將本案交法制、科技及資訊、教育及文化、交通四委員會審查。）
主席：親民黨黨團提議本案逕付二讀，請問院會，有無異議？（有）有異議。請問院會，對本案照程序委員會意見辦理，有無異議？（無）無異議，本案交法制、科技及資訊、教育及文化、交通四委員會審查。[23]

(2)立法院第6屆第1會期第6次院會
時間：94年4月1日（星期五）上午10時2分
地點：本院議場
主席：王院長金平　鍾副院長榮吉
副秘書長：羅成典

副秘書長：出席委員85人，已足法定人數。
主席：現在開會，進行報告事項第66案。（第1案至第65案，均從略。）
六十六、行政院函請審議「通訊傳播委員會組織法草案」案。（程序委員會意見：擬請院會將本案交法制、科技及資訊、教育及文化、交通四委員會審查。）

23 參閱立法院公報，94卷，11期，民國94年3月21日，1及2頁。

主席：國民黨黨團提議將本案交法制、科技及資訊、教育及文化、交通四委員會併案審查。請問院會，有無異議？（無）無異議，本案交法制、科技及資訊、教育及文化、交通四委員會併案審查。[24]

(3)立法院第6屆第2會期第3次院會

時間：94年9月23日（星期五）上午10時6分、9月27日（星期二）上午9時1分

地點：本院議場

主席：王院長金平　鍾副院長榮吉

秘書長：林錫山

副秘書長：羅成典

秘書長：出席委員87人，已足法定人數。

主席：現在開會，進行報告事項（略）。

主席：現在進行討論事項第7案。（第1案至第6案，均從略。）

七、本院法制、科技及資訊、教育及文化、交通四委員會報告併案審查本院國民黨黨團擬具「國家通訊傳播委員會組織法草案」案、本院親民黨黨團擬具「國家通訊傳播委員會組織法草案」案及行政院函請審議「通訊傳播委員會組織法草案」案。

主席：本案提經第6屆第1會期第6、3、3次會議報告決定：交法制、科技及資訊、教育及文化、交通四委員會審查。茲接報告，爰於本次會議提出討論。現在宣讀審查報告。

主席：審查報告已宣讀完畢，現在請林委員濁水補充說明。（不在場）林委員不在場。

本案進行廣泛討論，每位委員發言3分鐘。

請洪委員秀柱發言。（發言內容，略。）

主席：請李委員永萍發言。（發言內容，略。）

（由於民進黨籍委員佔據主席台及發言台，使該次會議議事無法進行。）

主席（17時39分）：散會。[25]

(4)立法院第6屆第2會期第5次院會

24　參閱立法院公報，94卷，17期，民國94年4月15日，1及9頁。

25　參閱立法院公報，94卷，45期，民國94年10月3日，1及165-212頁。

時間：94年10月7日（星期五）上午10時13分、10月11日（星期二）上午9時
地點：本院議場
主席：王院長金平　鍾副院長榮吉
秘書長：林錫山
副秘書長：羅成典

秘書長：出席委員102人，已足法定人數。
主席：現在開會，進行報告事項（略）。
主席：現在進行討論事項第1案。（94年10月11日上午11時1分）
一、本院法制、科技及資訊、教育及文化、交通四委員會報告併案審查本院國民黨黨團擬具「國家通訊傳播委員會組織法草案」案、本院親民黨黨團擬具「國家通訊傳播委員會組織法草案」案及行政院函請審議「通訊傳播委員會組織法草案」案。
主席：本案經第6屆第2會期第3次會議進行廣泛討論中。爰於本次會議繼續討論。現在進行廣泛討論。
請李委員永萍發言，發言時間3分鐘。
李委員永萍（11時2分）：主席、各位同仁。本席在這裡正式提停止討論動議，敬請公決。
主席：現在國民黨黨團及親民黨黨團提出停止討論及記名表決動議。
主席：現在開始發表決卡，並按鈴7分鐘。
（按鈴）
主席：現在進行表決，贊成停止廣泛討論者請按「贊成」，反對者請按「反對」，棄權者請按「棄權」，計時1分鐘，現在進行記名表決。
（進行表決）
主席：報告表決結果：在場委員人數88人，贊成者79人，反對者7人，棄權者2人，多數通過。本案停止廣泛討論。
主席：現在休息，繼續進行協商。
主席：現在繼續開會，進行逐條討論，宣讀名稱及第1條。
（因發生肢體衝突而休息協商）[26]
主席：現在繼續開會（下午4時12分），現在處理國家通訊傳播委員會組織法草案之名稱及第1條條文，本案處理到第4條再繼續進行協商。
請丁守中委員發言，發言時間3分鐘（發言內容，略。）。

26 參閱聯合報，民國94年10月12日，A1及A3版。

請雷委員倩發言，發言時間3分鐘（發言時，提議停止討論，其餘內容，從略。）。

主席：現在中國國民黨黨團提議停止討論及記名表決動議。

停止討論動議部分　中國國民黨黨團　洪秀柱　雷倩

記名表決動議部分　中國國民黨黨團　卓伯源

主席：現在按鈴7分鐘，同時發表決卡。

（按鈴）

主席：現在處理本案名稱及第1條條文之停止討論動議。請問院會，對本案名稱及第1條條文，現在停止討論，有無異議？（有）有異議。既有異議，逕付表決。贊成本案名稱及第1條條文停止討論者請按「贊成」，反對者請按「反對」，棄權者請按「棄權」，計時1分鐘，現在進行記名表決。

（進行表決）

主席：報告表決結果：在場委員人數112人，贊成者112人，反對者0人，多數通過。現在停止討論。

主席：報告院會，本案名稱照審查會意見通過。

國民黨黨團及親民黨黨團對第1條提出修正動議，請問院會，有無異議？（有）有異議。本條交付表決。

主席：贊成第1條條文依照國民黨黨團及親民黨黨團所提修正動議條文通過者請按「贊成」，反對者請按「反對」，棄權者請按「棄權」，計時1分鐘，現在進行記名表決。

（進行表決）

主席：報告表決結果：在場委員人數113人，贊成者111人，反對者2人，多數，通過。

主席：現在休息。[27]

(5)立法院第6屆第2會期第7次院會

時間：94年10月21日（星期五）上午10時7分

地點：本院議場

主席：王院長金平　鍾副院長榮吉

秘書長：林錫山

副秘書長：羅成典

27　參閱立法院公報，94卷，49期，民國94年10月18日，1及106-120頁。

秘書長：出席委員84人，已足法定人數。
主席：現在開會，進行報告事項（略）。
主席：現在進行討論事項第1案。（94年10月25日上午9時1分）
一、本院法制、科技及資訊、教育及文化、交通四委員會報告併案審查本院國民黨黨團擬具「國家通訊傳播委員會組織法草案」案、本院親民黨黨團擬具「國家通訊傳播委員會組織法草案」案及行政院函請審議「通訊傳播委員會組織法草案」案。
主席：本案經提第6屆第2會期第5次會議通過名稱及第1條條文。爰於本次會議繼續逐條討論。本案尚待協商，現在休息（9時1分）。
主席：現在繼續開會（15時51分）。進行討論事項第1案「國家通訊傳播委員會組織法草案」，本案經第5次會議通過名稱及第1條條文，現在繼續討論第2條條文。在進行第2條討論之前，先宣讀朝野黨團協商結論。
立法院朝野黨團協商結論：
時間：94年10月25日下午2時30分
地點：議場3樓會議室
決定事項：
一、本（第7）次會議處理「國家通訊傳播委員會組織法草案」時，除草案第4條條文表決外，其餘條文均照協商結論通過。
二、草案第4條條文進行表決前，由各黨團推派代表1人發言，每人發言時間3分鐘。
協商代表：柯建銘　趙永清　曾永權　卓伯源　賴清德　潘維剛
林惠官　黃義交　何敏豪　黃適卓　張麗善
主席：朝野黨團協商結論已宣讀完畢，請問院會，有無異議？（無）無異議，通過。現在就依照協商結論處理。（第2條條以下條文於二讀時處理經過，均從略。）
主席：本案全部經過二讀，現在繼續進行三讀。（經過二讀內容，略。）
主席：三讀條文已經宣讀完畢，請問院會，對本案有無文字修正？（無）無文字修正意見。條文中條次及文字有不一致的部分，授權議事處調整。
本案決議：「國家通訊傳播委員會組織法草案修正通過。」請問院會，有無異議？（無）無異議，通過。[28]

---

28 參閱立法院公報，94卷，55期，民國94年11月2日，1及111-129頁。

二、相關規範

立法院職權行使法

1. 第71條之1

議案自交黨團協商逾1個月無法達成共識者，由院會定期處理。

2. 第73條

經協商之議案於廣泛討論時，除經黨團要求依政黨比例派員發言外，其他委員不得請求發言。（第1項）

經協商留待院會表決之條文，得依政黨比例派員發言後，逕行處理。（第2項）

前2項議案在逐條討論時，出席委員不得請求發言。（第3項）

三、策略研析

依立法院職權行使法第71條之1的規定，法案經交黨團協商逾4個月（現行法已修正爲1個月）無法達成共識，則由院會定期處理。「公職人員選舉罷免法第42條條文修正案」，經院會決定逕付二讀，於逾協商期限後，嗣經院會決議協商後再行處理；乃透過轉換主持的策略（第4節再予論述），經王院長協商後按協商條文通過。至於「國家通訊傳播委員會組織法制定案」，因屬爭議性的議案，乃於協商期限屆滿後，先按前述策略進行廣泛討論、逐條討論；惟在討論過程中，發生肢體衝突及干擾議場情事，乃透過轉換主持的策略，由王院長邀請媒體負責人及相關人員座談後，依協商結論處理。因此，類此阻絕協商的議案，大多具有爭議性，實有併同運用轉換主持的策略，凝聚共識，以獲致協商結論，而得以突破困境。

第四節　轉換主持

前已述及，議案交由黨團協商時，由該議案的院會說明人所屬黨團負責召集，並由其擔任協商主席。就實務以觀，除歷年度總預算案及特別預算案例經院會決議交由院長主持協商外，其他議案若有其迫切性或囿於各黨團無法順利召集的現實，亦可改由院長召集；其中具有迫切性的相關議案（大抵爲協商期限內），可由院長主動協商，亦可經院會決議交由其協商。茲分就議案迫切性、黨團請求召集相關策略加以敘明。

策略70　議案迫切性（院長主動協商）

一、議場實景

立法院第8屆第5會期第9次院會
時間：中華民國103年5月13日（星期二）下午15時21分
地點：本院議場
主席：王院長金平　洪副院長秀杜
副秘書長：周萬來

主席：現在繼續開會，處理朝野黨團協商結論。
　　立法院朝野黨團協商結論
　　時間：103年5月13日（星期二）下午3時
　　地點：議場主席辦公室
　　決定事項：
　　一、各黨團同意本次會議討論事項第7案改列爲第1案，該案處理完畢後即行休息，下午5時起處理臨時提案。
　　主持人：王金平
　　協商代表：林鴻池　費鴻泰　鄭天財　王廷升　孔文吉　高志鵬
　　　　　　　柯建銘　吳秉叡　賴振昌　葉津鈴　周倪安
主席：請問院會，對以上朝野黨團協商結論有無異議？（無）無異議，通過。
主席：現在作以下宣告：103年5月13日朝野黨團協商經決定如下：「一、各黨團同意本次會議討論事項第7案改列爲第1案，該案處理完畢後即行休息，下午5時起處理臨時提案。」[29]
　　現在進行討論事項第1案。
　　一、本院內政委員會報告審查行政院函請審議「公職人員選舉罷免法部分條文修正草案」案。
主席：現在宣讀審查報告（略）。
主席：審查報告已宣讀完畢，請邱召集委員文彥補充說明。（不在場）邱委

---
29 參閱立法院公報，103卷，34期，民國103年5月19日，155頁。

員不在場。

本案經審查會決議須交由黨團協商，現已完成協商，宣讀協商結論。

立法院朝野黨團協商結論：

協商主題：審查行政院函請審議「公職人員選舉罷免法部分條文修正草案」案。

協商日期：103年4月11日11時18分至11時55分

協商地點：立法院紅樓202會議室

協商結論：照審查會審查結果通過。

協商主持人：王金平　洪秀柱　邱文彥

協商代表：廖國棟　簡東明　鄭天財　孔文吉　高金素梅　林鴻池　費鴻泰　王廷升　賴振昌　周倪安　柯建銘　葉津鈴　吳秉叡　高志鵬

主席：請問院會，對以上朝野黨團協商結論有無異議？（無）無異議，通過。本案進行逐條討論時，逕依協商結論處理。

現在進行逐條討論（僅列第37條之1），請宣讀第37條之1。

第37條之1　縣（市）改制或與其他直轄市、縣（市）合併改制爲直轄市，改制後第1屆直轄市議員、直轄市長及里長之選舉，應依核定後改制計畫所定之行政區域爲選舉區，於改制日10日前完成選舉投票。

原住民區以改制前之區或鄉爲其行政區域，其第1屆區民代表、區長之選舉以改制前區或鄉之行政區域爲選舉區，於改制日10日前完成選舉投票。

前2項之直轄市議員、原住民區民代表選舉區之劃分，應於改制日6個月前公告，不受前條第1項但書規定之限制。

主席：第37條之1照審查條文通過。

主席：本案已全部經過二讀，現在繼續進行三讀，請問院會，有無異議。（無）無異議，現在繼續進行三讀。宣讀條文（略）。

主席：三讀條文已宣讀完畢，請問院會，對本案有無文字修正？（無）無文字修正意見。

本案決議：「公職人員選舉罷免法增訂第37條之1條文；並將第2條、第7條、第13條、第24條、第34條、第36條、第37條、第38條、第40條、第41條、第46條、第68條、第70條、第71條、第80條、第83條及第100

條條文修正通過。」請問院會，有無異議？（無）無異議，通過。[30]

二、相關規範

立法院職權行使法第70條第1項

議案交由黨團協商時，由該議案之院會說明人所屬黨團負責召集，通知各黨團書面簽名指派代表2人參加，該院會說明人爲當然代表，並由其擔任協商主席。但院會說明人更換黨團時，則由原所屬黨團另指派協商主席。

三、策略分析

上述「公職人員選舉罷免法部分條文修正案」，係依據地方制度法第83條之4規定第1屆原住民區民代表選舉區的劃分，應於改制日6個月前公告，亦即應於103年6月25日前公告。又103年地方公職人員的選舉，中央選舉委員會業訂於103年8月21日發布選舉公告，將於103年11月29日舉行投票。按立法院職權行使法第70條第1項的規定，該法經委員會審查完竣並決議交付黨團協商，原應由院會說明人邱文彥委員主持協商會議，惟該法因有其迫切性[31]，乃改由王院長主持協商而得以如期完成立法程序。

策略71　議案迫切性（院會決議交由院長協商）

一、議場實景

（一）立法院第6屆第1會期第10次院會

時間：中華民國94年4月29日（星期五）上午10時5分、5月3日（星期二）上午9時16分

地點：本院議場

主席：王院長金平　鍾副院長榮吉

秘書長：林錫山

副秘書長：羅成典

30　參閱前注公報，180-188頁。

31　內政部部長陳威仁對該法說明，參閱前注公報，157及158頁。

秘書長：出席委員92人，已足法定人數。
主席：現在開會，進行報告事項（略）。
主席：現在進行討論事項第14案。（第1案至第13案，均從略。）
十四、本院法制委員會報告併案審查呂委員學樟等39人、委員陳杰等45人、本院親民黨黨團、本院無黨團結聯盟黨團、本院民進黨黨團、委員陳金德等32人及本院台聯黨團分別擬具「國民大會職權行使法草案」案等7案。
主席：本案經提本院第6屆第1會期第4、5、7次會議決定：交法制委員會併案審查。茲接報告，爰於本次會議提出討論。
現在宣讀審查報告（略）。
主席：審查報告已宣讀完畢，請林召集委員岱樺補充說明。（不在場）林委員不在場。
本案經審查會決議須交由黨團協商，現正由各黨團協商中。民進黨黨團提議建請王院長召集協商。（本院民進黨黨團針對本次會議討論事項第14案「國民大會職權行使法草案」，因攸關6月修憲，具時效性，本案擬建請王院長召開黨團協商會議處理。 提案人：民主進步黨立法院黨團 賴清德）
主席：請問院會，對民進黨黨團之提案，有無異議？（無）無異議，通過。
本案決議：「本案由王院長召集各黨團協商。」[32]

（二）立法院第6屆第1會期第13次院會

時間：中華民國94年5月20日（星期五）上午10時10分、5月24日（星期二）上午9時5分
地點：本院議場
主席：王院長金平
秘書長：林錫山

秘書長：出席委員98人，已足法定人數。
主席：現在開會，進行報告事項（略）。
主席：現在進行討論事項第12案。（第1案至第11案，均從略。）
十二、本院法制委員會報告併案審查呂委員學樟等39人、委員陳杰等45

32 參閱立法院公報，94卷，28（一）期，民國94年5月25日，1及272-319頁。

人、本院親民黨黨團、本院無黨團結聯盟黨團、本院民進黨黨團、委員陳金德等32人及本院台聯黨團分別擬具「國民大會職權行使法草案」案等7案。

主席：本案經提第6屆第1會期第12次會議討論決議：協商後再行處理。爰於本次會議繼續討論。

本案業已協商完畢，請宣讀協商結論（略）。

主席：協商結論已宣讀完畢。請問院會，對協商結論有無異議？（無）無異議，通過。現在即依協商結論所列條次，依序進行逐條討論（逐條討論過程，均從略。）。

主席：本案全部經過二讀，有委員提議現在繼續進行三讀，請問院會有無異議？（無）無異議，現在繼續進行三讀（略）。

主席：三讀條文已宣讀完畢，請問院會，對本案有無文字修正？（其中趙委員永清並未對文字發言）

主席：方才趙委員並無提文字修正意見。因此，本案決議：「國民大會職權行使法草案修正通過。」請問院會有無異議？（無）無異議，通過。[33]

二、相關規範

（同前策略）

三、策略分析

本案係爲民國94年6月國民大會處理立法院所通過的憲法修正案的職權行使規範，頗具時效性。因此，經民國94年4月29日立法院院會決議由王院長召集各黨團協商，適時於同年5月20日完成立法程序並經總統於5月27日公布施行。因此，國會成員或黨團對於具時效性的相關議案，可透過轉換主持的策略，改由院長召集各黨團協商，而達到適時立法的目的。

策略72　黨團無法順利召集協商

一、議場實景

立法院第8屆第3會期第1次臨時會第2次院會

時間：中華民國102年6月21日（星期五）上午12時38分

33 參閱立法院公報，94卷，37期，民國94年6月17日，1及188-192頁。

地點：本院議場
主席：王院長金平
副秘書長：周萬來

主席：現在開會，進行報告事項（略）。

主席：報告院會，因本次會議討論事項尚待協商，休息協商，6月25日（星期二）上午9時繼續開會，進行討論事項。現在休息（12時40分）。

主席：報告院會，現在繼續開會（6月25日上午12時46分），處理朝野黨團協商結論。請宣讀。

立法院朝野黨團協商結論

時間：102年6月25日（星期二）上午11時30分

地點：議場主席辦公室

決定事項：

一、海峽兩岸服務貿易協議本文應經立法院逐條審查、逐條表決，服務貿易協議特定承諾表應逐項審查、逐項表決，不得予以全案包裹表決，非經立法院實質審查通過，不得啓動生效條款。

二、討論事項第23案及第24案高級中等教育法草案、專科學校法部分條文修正草案，請王院長召集協商，於本次會議積極協商完竣後始得處理。

三、教育及文化委員會報告審查行政院函請審議教師法第14條條文修正草案列爲討論事項第4案，其餘議案依序排列。

四、6月26日（星期三）及6月27日（星期四）加開院會，並與6月21日（星期五）及6月25日（星期二）視爲一次院會。6月27日（星期四）會議時間至下午12時。

五、本次會議處理所得稅法部分條文修正草案、公共債務法修正草案、教師法第14條條文修正草案、高級中等教育法草案、專科學校法部分條文修正草案後，即行結束。

主持人：王金平　洪秀柱

協商代表：柯建銘　許忠信　林鴻池　賴士葆　黃文玲　邱議瑩
　　　　　李桐豪　林德福　潘孟安

主席：請問院會，對以上朝野黨團協商結論有無異議？（無）無異議，通過。

102年6月25日朝野黨團協商，經決定如下：

一、海峽兩岸服務貿易協議本文應經立法院逐條審查、逐條表決，服務貿易協議特定承諾表應逐項審查、逐項表決，不得予以全案包裹表決，非經立法院實質審查通過，不得啓動生效條款。

二、討論事項第23案及第24案高級中等教育法草案、專科學校法部分條文修正草案，請王院長召集協商，於本次會議積極協商完竣後始得處理。

三、教育及文化委員會報告審查行政院函請審議教師法第14條條文修正草案列爲討論事項第4案，其餘議案依序排列。

四、6月26日（星期三）及6月27日（星期四）加開院會，並與6月21日（星期五）及6月25日（星期二）視爲一次院會。6月27日（星期四）會議時間至下午12時。

五、本次會議處理所得稅法部分條文修正草案、公共債務法修正草案、教師法第14條條文修正草案、高級中等教育法草案、專科學校法部分條文修正草案後，即行結束。

報告院會，下午3時繼續開會。現在休息（12時49分）。

主席：現在繼續開會（6月27日下午3時29分），進行討論事項第24案。（第1案至第23案，均從略。另第24案即爲協商結論中所指第23案——高級中等教育法草案）。

二十四、本院教育及文化委員會報告併案審查行政院函請審議及委員陳淑慧等41人擬具「高級中等教育法草案」案。（本案經提本院第8屆第1會期第8、9次會議報告決定：交教育及文化委員會審查。茲接報告，爰於本次會議提出討論。）

主席：現在宣讀審查報告（略）。

主席：審查報告已宣讀完畢，請召集委員黃委員志雄補充說明。（不說明）黃委員不說明。

本案經審查會決議：須交由黨團協商。因協商已逾1個月，無法達成共識，依立法院職權行使法第71條之1規定，由院會定期處理。爰於本次會議提出討論。

主席：茲經協商二讀討論時，以密集協商整理的條文爲基礎，由院會就異議條文進行表決處理，每一表決條文於表決前，先由各黨團推派1人發言，每人發言時間3分鐘。（逐條討論處理過程，均從略。）

主席：本案全部經過二讀，現在繼續進行三讀，請問院會有無異議？（無）無異議，現在繼續進行三讀（略）。

主席：三讀條文已宣讀完畢，請問院會，對本案有無文字修正？（無）無文字修正意見。本案作如下決議：「高級中等教育法草案修正通過。」請問院會有無異議？（無）無異議，通過。[34]

二、相關規範

立法院職權行使法

1. 第70條第1項

議案交由黨團協商時，由該議案之院會說明人所屬黨團負責召集，通知各黨團書面簽名指派代表2人參加，該院會說明人為當然代表，並由其擔任協商主席。但院會說明人更換黨團時，則由原所屬黨團另指派協商主席。

2. 第71條之1

議案自交黨團協商逾1個月無法達成共識者，由院會定期處理。

三、策略分析

本案經教育及文化委員會併案審查完竣，並決議須經黨團協商後，而於民國101年5月29日函送議事處；惟因無法須利召集協商，乃在民國102年6月25日協商各項法案時，決定請求王院長召集協商（相關法案——專科學校法部分條文修正草案亦同）。嗣經協商於二讀討論時得以密集協商整理條文進行處理，始得完成該法案的立法程序，而使12年國教早日施行。類似相關議案，大多為前節所述協商阻絕的法案，僅能透過轉換主持的策略來加以突破。

第五節　兩院協議

本節所述兩院協議，並非兩院制國會間的協議，而係指行政、立法兩院院長的協議。在公職人員選舉罷免法中明定兩院院長協商解決立法委員直轄市縣市選舉區劃分變更案前，並無法制規範（該法修正經過，請參閱本章第3節策略69。）。就實務以觀，核四停建復工及91年度中央政府總預算案有關歲出減列685億元的決議，均透過兩院院長協議方式而得以解決[35]。茲舉第7屆立法委

34 參閱立法院公報，102卷，46期，民國102年7月1日，403、404、450及538-571頁。

35 參閱沈中元、周萬來：《兩岸立法制度》，初版，台北：國立空中大學，民國100年8月，210-215頁。

員直轄市縣市選舉區劃分變更案為例加以說明。

策略73 兩院協議

一、議場實景

（一）立法院第6屆第3會期第1次臨時會第1次院會

時間：中華民國95年6月13日（星期二）上午9時38分

地點：本院議場

主席：王院長金平　鍾副院長榮吉

秘書長：林錫山

副秘書長：余騰芳

林秘書長錫山：出席委員202人，已足法定人數。

主席：現在開會，進行報告事項第6案。（第1案至第5案，均從略。）

六、中央選舉委員會函送「第7屆立法委員直轄市縣市選舉區劃分變更案」，請同意案。（程序委員會意見：擬請院會將本案交內政及民族委員會審查。）

主席：本案照程序委員會意見通過。請問院會，有無異議？（無）無異議，通過。[36]

（二）立法院第6屆第3會期第1次臨時會第4次院會

時間：中華民國95年6月30日（星期五）上午9時31分

地點：本院議場

主席：王院長金平　鍾副院長榮吉

秘書長：林錫山

秘書長：出席委員77人，已足法定人數。

主席：現在開會，進行報告事項（略）。

主席：現在進行討論事項第8案。（第1案至第7案，均從略。）

八、本院內政及民族委員會報告審查中央選舉委員會函請同意「第7屆立法委員直轄市縣市選舉區劃分變更案」案。

36 參閱立法院公報，95卷，35期，民國95年7月3日，1及4頁。

主席：本案提經第6屆第3會期第1次臨時會第1次會議報告決定：交內政及民族委員會審查。茲接報告，爰於本次會議提出討論。現在宣讀審查報告。

主席：審查報告已宣讀完畢，現在請張召集委員顯耀補充說明。（不在場）張委員不在場。

報告院會，本案因尚待協商，現在作如下決議：「協商後另定期處理。」[37]

（三）立法院第6屆第4會期第11次院會

時間：中華民國95年12月12日（星期二）上午10時5分

地點：本院議場

主席：王院長金平　鍾副院長榮吉

秘書長：林錫山

副秘書長：余騰芳

秘書長：出席委員139人，已足法定人數。

主席：現在開會，進行報告事項（略）。

主席：現在進行討論事項第2案。（第1案，略。）

二、本院內政及民族委員會報告審查中央選舉委員會函請同意「第7屆立法委員直轄市縣市選舉區劃分變更案」案。

主席：本案提經第6屆第3會期第1次臨時會第4次會議討論決議：協商後另定期處理。爰於本次會議繼續討論。

本案因尚待協商，現作如下決議：「協商後再行處理。」[38]

（四）立法院第6屆第4會期第12次院會

時間：中華民國95年12月15日（星期五）上午10時3分

地點：本院議場

主席：王院長金平　鍾副院長榮吉

秘書長：林錫山

37　參閱立法院公報，95卷，36期，民國95年7月10日，13及160-246頁。

38　參閱立法院公報，95卷，59期，民國95年12月22日，1、38及39頁。

副秘書長：余騰芳

秘書長：出席委員75人，已足法定人數。
主席：現在開會，進行報告事項（略）。
主席：現在進行討論事項第2案。（第1案，略。）
二、本院內政及民族委員會報告審查中央選舉委員會函請同意「第7屆立法委員直轄市縣市選舉區劃分變更案」案。
主席：本案提經第6屆第4會期第11次會議討論決議：協商後再行處理。爰於本次會議繼續討論。
主席：本案業已協商完畢。請宣讀黨團協商結論。
黨團協商結論
法案名稱：「第7屆立法委員直轄市縣市選舉區劃分變更案」
協商時間：95年12月15日（星期五）上午11時40分
協商地點：本院議場院長休息室
協商結論：一、未達共識保留之六縣市（台北市、高雄市、台北縣、台中縣、台中市、台南縣），送請王院長召集協商。
二、不同意中選會案之四縣市（桃園縣、彰化縣、屏東縣、苗栗縣）請中選會參照各黨團提案意見重行修正。
三、其餘高雄縣、台南市、雲林縣、嘉義縣、南投縣、新竹縣、宜蘭縣、新竹市、基隆市、嘉義市、花蓮縣、台東縣、澎湖縣、金門縣、連江縣等15縣市均照審查會審查結果通過。
主持人代表：蔡　豪　柯建銘　蔡錦隆　鄭金鈴　黃義交　廖本煙　黃宗源
主席：報告院會，協商結論已宣讀完畢，請問院會有無異議？（無）無異議，通過。就照協商結論及公職人員選舉罷免法第42條相關規定處理。[39]

（五）立法院第6屆第4會期第15次院會

時間：中華民國96年1月5日（星期五）上午10時22分
地點：本院議場
主席：王院長金平　鍾副院長榮吉

39 參閱立法院公報，95卷，61（一）期，民國95年12月27日，1、28及29頁。

副秘書長：余騰芳

秘書長：出席委員96人，已足法定人數。

主席：現在開會，進行報告事項（略）。

主席：現在繼續開會（民國96年1月9日（星期二）），進行討論事項第19案。

（第1案至第18案，略。）

十九、本院民進黨黨團，針對本院第6屆第4會期第12次會議討論事項第3案內政及民族委員會報告審查中央選舉委員會函請同意「第7屆立法委員直轄市縣市選舉區劃分變更案」之決議，提出復議，請公決案。

主席：本案提經第6屆第4會期第13次會議決議：另定期處理[40]。爰於本次會議提出處理。現在進行處理。按鈴7分鐘。

（按鈴）

主席：現在進行表決。贊成民進黨黨團所提復議動議通過者請按「贊成」，反對者請按「反對」，棄權者請按「棄權」，計時1分鐘，現在進行記名表決。

（進行表決）

主席：報告表決結果：出席委員193人，贊成者81人，反對者111人，棄權者1人，贊成者少數，復議案不通過。照原第12次會議所作決議處理。[41]

（六）兩院院長協議

中央選舉委員會依規定於民國95年5月30日函請立法院同意「第7屆立法委員直轄市縣市選舉區劃分變更案」，其中台北市、高雄市、台北縣、桃園縣、苗栗縣、台中縣、台中市、彰化縣、台南縣、屏東縣等10縣市選舉區變更，立法院未能於期限內完成同意，中央選舉委員會特於民國96年1月11日再函請立法院，請依規定由立法院王院長與行政院蘇院長依上述規定協商解決。行政、立法兩院院長乃於台北賓館進行協商，經多次協商而於同年1月31日同意如下結論：「一、選舉區劃分案兩院院長協商結果，由立法院函請中央選舉委員會辦理。二、基隆市、宜蘭縣、花蓮縣、台東縣、新竹縣、新竹市、金門縣、連江縣、澎湖縣、嘉義市、南投縣、雲林縣、嘉義縣、台南市、高雄

40　民進黨黨團所提復議案，參閱立法院公報，96卷，4期，民國96年1月8日，125頁。

41　參閱立法院公報，96卷，10（二）期，民國96年1月22日，1、393、533及534頁。

縣、台中縣、台南縣、台北市、彰化縣、苗栗縣、台中市等21縣市照中央選舉委員會方案通過。三、其餘台北縣、桃園縣、高雄市、屏東縣等4縣市照協商結果通過。四、除基隆市、宜蘭縣、花蓮縣、台東縣、新竹縣、新竹市、金門縣、連江縣、澎湖縣、嘉義市等10縣市為單一選舉區不附圖外，併附台北市、台北縣、桃園縣、苗栗縣、台中縣、台中市、彰化縣、南投縣、雲林縣、嘉義縣、台南縣、台南市、高雄縣、高雄市、屏東縣等15縣市選舉區劃分簡圖各一份。」

二、相關規範

（一）憲法第44條

總統對於院與院間之爭執，除本憲法有規定者外，得召集有關各院院長會商解決之。

（二）公職人員選舉罷免法第37條第5項

立法院應於立法委員任期屆滿1年1個月前，對選舉區變更案完成同意，未能於期限內完成同意部分，由行政、立法兩院院長協商解決之。

三、策略研析

依憲法第44條之規定所賦予總統的「院際調解權」，固可於行政、立法等院際發生爭議時，透過此項調解權力加以解決；惟就制度本身及實務以觀，其實效性並不彰顯[42]。本案的處理，因係屬法制規範，對選舉區變更案如未能於期限內完成同意部分，由行政、立法兩院院長協商加以解決，自可運用是項策略。至於行政、立法因重大事項發生爭議，如欲引用兩院院長協議的策略，其基本的前提，則須立法院各黨團同意授權院長代表立法院，始能順利完成。[43]

---

42 參閱陳新民：《憲法學釋論》，修正7版，台北：三民書局，民國100年9月，550-553頁。

43 參閱《立法權之維護與堅持——核四電廠釋憲案相關文獻彙編》，立法院編印，民國90年10月，241-250頁。

任何一個議案，從提出、審議至公布的整個過程中，倘因某種情事的發生，致無法按正常的議事流程進行，均屬議案延緩。本章抽繹其中議程阻絕、異議退回、復議阻撓、撤回結案、屆期失效、公布延緩及覆議否決七項策略分節加以論述。

第一節　議程阻絕

議程阻絕（Agenda obstruction）的基本概念，旨在使議題無法進入決策的環節當中；即議案審議過程中任何阻止議案進入下一個議程階段繼續審議的方式，均屬之。因此，論者有主張將議程所涉及阻絕的各個階段，舉凡提案、程序委員會、一讀會、委員會、政黨協商、二讀會及三讀會均包括在內[1]。本節僅就編列議程相關階段予以敘明。

策略74　程序委員會阻絕

一、議場實景

（一）立法院程序委員會第5屆第3會期第10次會議

時間：92年4月29日下午12時24分至12時55分

地點：第9會議室

出席委員：羅志明等32人

主席：劉委員政鴻

列席：議事處周處長萬來

1　參閱李怡達：《議程拒絕與法案審議──以第4屆立法院運作爲例》，台大政治學研究所碩士論文，民國93年1月，10頁；吳東欽：《一致政府與分立政府對國會立法之影響──議程阻絕觀點之分析》，政大行政管理碩士論文，民國96年6月，6頁。

記錄：鄭秘書光三
報告事項（略）。
決定事項：

一、審定本院第5屆第3會期第10次會議議事日程。（議程草案報告事項第6項委員郭榮宗等擬具「總統副總統選舉罷免法第20條及第27條條文修正草案」及第21項行政院、考試院函請審議「行政法人法草案」等2項暫緩編列，其餘各項均照草案通過。）[2]

（二）立法院程序委員會第6屆第2會期第1次會議

時間：94年9月6日上午10時8分至10時58分
地點：紅樓201室
出席委員：帥化民等32人
主席：賴委員清德
列席：議事處周處長萬來
記錄：張編審家興
報告事項（略）。
決定事項：

一、審定本院第6屆第2會期第1次會議議事日程。（議程草案報告事項第16項委員趙永清等擬具「環境教育法草案」經提案委員撤回，第48項行政院函請審議「漢翔航空工業股份有限公司設置條例修正草案」改交科技及資訊、經濟及能源兩委員會審查，第46項行政院函請審議「國土復育條例草案」、第50項行政院函請審議「數位無線電視發展條例草案」、第56項行政院函請審議「公民投票法修正草案」、第66項行政院、考試院函請審議「行政法人法草案」及第69項行政院函請審議「入出國及移民法修正草案」等5項暫緩編列，其餘均照草案所擬意見通過。）[3]

---

2 參閱立法院程序委員會第5屆第3會期第10次會議紀錄。
3 參閱立法院程序委員會第6屆第2會期第1次會議紀錄。

二、相關規範

（一）立法院組織法第 7 條

立法院設程序委員會，其組織規程，另定之。

（二）立法院職權行使法第 8 條第 2 項

政府機關提出之議案或立法委員提出之法律案，應先送程序委員會，提報院會朗讀標題後，即應交付有關委員會審查。但有出席委員提議，20人以上連署或附議，經表決通過，得逕付二讀。

（三）立法院議事規則第 16 條

議事日程由秘書長編擬，經程序委員會審定後付印；除有特殊情形外，至遲於開會前2日送達。

三、策略研析

依立法院議事規則第16條之規定，院會議事日程須經程序委員會審定。因此，程序委員會對院會議程具有主導地位。倘某項議案不為該會成員所接受，即採行此策略，使該議案無法排入院會議程（包括報告事項及討論事項），阻絕於程序委員會。如行政院、考試院分別於民國92年4月22日及94年8月8日函請立法院審議「行政法人法草案」，均經程序委員會決議暫緩編列議程，而未能提報院會處理，即採行此策略的顯例[4]。

策略75　委員會阻絕

一、議場實景

（一）立法院第 5 屆第 2 會期第 16 次院會

時間：92年1月3日（星期五）上午10時6分

地點：本院議場

主席：王院長金平　江副院長丙坤

秘書長：林錫山

副秘書長：羅成典

4　第5屆及第6屆行政院、考試院所提行政法人法草案，均因屆期失效而無法於立法院審議，直至民國98年5月11日再行提出，而編列於第7屆第3會期第14次會議報告事項，交付司法及法制委員會審查，並在民國100年4月8日同屆第7會期第8次會議完成立法程序。

秘書長：出席委員92人，已足法定人數。

主席：現在開會，進行報告事項第41案。（第1案至第40案，均從略。）

四十一、行政院函請審議「中正文化中心設置條例草案」案。（程序委員會意見：擬請院會將本案交法制、教育及文化兩委員會審查。）

主席：請問院會，對本案照程序委員會意見處理，有無異議？（無）無異議，照程序委員會意見辦理[5]。

（二）立法院第5屆第3會期法制、教育及文化兩委員會第1次聯席會議

時間：92年3月31日（星期一）上午9時40分、下午2時30分

地點：本院第3會議室

出席委員：28人

主席：湯委員金全

主席：出席委員已足法定人數，現在開會，進行討論事項。

一、審查行政院函請審議「中正文化中心設置條例草案」案。

主席：現在請教育部范次長報告（略）。

主席：繼續請銓敘部顏次長報告（略）。

主席：現在進行詢答，每位委員發言時間爲12分鐘，不再延長，並於10時30分截止發言登記。首先請林委員濁水發言。（所有委員的發言，請參閱第4章第5節策略38。）[6]

主席：報告聯席會，詢答結束。是否繼續進行大體討論。

黃委員德福：請主席處理提案。

主席：現在休息，進行協商。（休息）

主席：現在繼續開會。現在有一臨時提案：「因中正文化中心設置條例草案之母法——行政法人設置基準法，行政院尚未送立法院審議，爲免發生子法與母法部分條文相衝突，影響立法品質情況，建請就行政法人設置基準法舉行公聽會並完成立法程序後再審議。是否有當？敬請公決。提案人　李嘉進等10人」

主席：請問各位，對本案有無異議？（無）無異議，通過。[7]

5 參閱立法院公報，92卷，5（一）期，民國92年1月15日，8頁。
6 參閱立法院公報，92卷，20（上）期，民國92年4月26日，225-253頁。
7 參閱前注公報，253頁。

二、相關規範

立法院各委員會組織法

1. 第4條之1

各委員會之議程，應由輪值召集委員決定之。

2. 第5條第2項

各委員會1/3以上之委員，得以書面記名討論之議案及理由，提請召開委員會議，召集委員應於收到書面後15日內定期召集會議。

三、策略研析

就立法院各委員會組織法第4條之1及第5條第2項規定以觀，召集委員對各該委員會之議程設定上，實有相當大的權力。倘某項法案不爲其所接受，即採委員會阻絕策略，使其無法排入議程審查而予擱置。另委員會亦可決議暫不處理該議案，本議案雖由召集委員排入審查，但經出席委員提議通過「俟行政法人設置基準法完成立法程序後再審議」，而被阻絕於委員會；直至民國92年11月26日經朝野協商同意抽回院會逕付二讀，並於民國93年1月9日完成立法程序[8]。綜合上述，委員會召集委員或該審查會成員如對某項法案不予接受，即可運用此項阻絕策略，使其無法排入議程審查而予擱置。

第二節　異議退回

依立法院職權行使法第8條第2項之規定，政府機關提出之議案或立法委員提出之法律案，應先送程序委員會，提報院會朗讀標題後，即應交付有關委員會審查。復依立法院議事規則第23條第2項及第3項之規定，院會決定該項議案時，如出席委員對程序委員會擬具處理辦法並無異議，即照程序委員會意見；倘有異議，經8人以上連署或附議，不經討論，逕付表決；但在場委員不足表決法定人數時，則交程序委員會重新提出。茲將此策略分述如下。

---

8 由於行政法人法草案遭程序委員會決議暫緩編列議程，而無法排入院會付委，乃經朝野協商同意本案抽回院會逕付二讀。參閱立法院公報，92卷，54（上）期，民國92年12月6日，7頁。

策略76　退回重排

一、議場實場

立法院第8屆第2會期第6次院會

時間：101年10月26日（星期五）上午10時

地點：本院議場

主席：王院長金平　洪副院長秀杜

秘書長：林錫山

副秘書長：周萬來

秘書長：出席委員46人，已足法定人數。

主席：現在開會，進行報告事項第20案。（第1案至第19案，均從略。）

二十、本院委員丁守中等17人擬具「立法委員行爲法第7條條文修正草案」，請審議案。（程序委員會意見：擬請院會將本案交司法及法制委員會審查。）

主席：民進黨黨團對本案有異議，建議退回程序委員會重新提出，請問院會，有無異議？（無）無異議，本案退回程序委員會重新提出。[9]

二、相關規範

（一）立法院職權行使法第 8 條第 2 項

政府機關提出之議案或立法委員提出之法律案，應先送程序委員會，提報院會朗讀標題後，即應交付有關委員會審查。但有出席委員提議，20人以上連署或附議，經表決通過，得逕付二讀。

（二）立法院議事規則第 23 條

議事日程所列報告事項，按次序報告之。（第1項）

報告事項內程序委員會所擬處理辦法，如有出席委員提議，8人以上連署或附議，得提出異議，不經討論，逕付表決。如在場委員不足表決法定人數時，交程序委員會重新提出。（第2項）

前項出席委員提出異議時，不足連署或附議人數，依程序委員會所擬處理辦法通過。（第3項）

9　參閱立法院公報，101卷，63（上）期，民國101年11月6日，3頁。

三、策略研析

會議成員為使議程報告事項所列議案暫緩交付委員會審查，除可採下述第3節復議阻撓策略外，亦可依立法院議事規則第23條第2項及第3項的規定，運用此策略提出異議而將該議案退回程序委員會重新提出。但是項策略成功的基本前提，須在場委員不足表決法定人數或提出異議委員未能獲得8人以上的連署或附議。

第三節　復議阻撓

前於第4章第13節提及復議是議會機關因情勢變遷或有新資料發現而欲廢棄原決議，重行討論，再行表決的作為；該節所運用的策略，乃議會機關因情勢變遷或有新資料發現而採取議事補救措施，以達「起死回生」的功效。本節所探討的策略，則為復議動議運用的另一策略。

由於復議動議一經提出後，在未討論及表決之前，該決議案當即暫停執行。倘有立法委員提出復議，報告事項所列議案雖經決定，亦須俟復議動議處理有結果後，始能確定其效力與否[10]；而法律案或預算案經過二讀後，如有立法委員對於部分或全案提出復議，應俟該復議動議討論得有結果後，再行三讀；經過三讀後，如有立法委員提出復議，在未討論議決前，亦不得咨請總統公布[11]。因此，會議成員為使所作決議暫停執行，便可運用此策略而予以阻撓（相關流程圖，參閱圖4）。復因復議動議的提出，祇有得勝方面的人；亦即原案議決時的出席人並贊成者，始有資格提請復議；至於原案議決時的缺席人（包括棄權者）及反對者，不得提出復議案，以維公平[12]。在場少數成員為求嗣後再行翻案機會，乃先行贊成該議案後再行提出復議動議，此策略乃稱之

10　復議案之範圍，固包括報告事項的決定案件；但議事錄係對會議經過及議案決議所為之記載，議事錄本身及議事錄的確定並非立法院議事規則第42條所定復議的客體。因此，在立法院第7屆第5會期第2次會議（民國99年3月2日）民進黨針對上次會議報告事項第1案議事錄所作決定提請復議，即由主席裁定不予處理。參閱立法院公報，99卷，10期，民國99年3月8日，224頁。

11　參閱周萬來：《立法院職權行使法逐條釋論》，3版，台北：五南圖書出版公司，民國108年12月，131頁。

12　參閱周萬來：《議案審議——立法院運作實況》，5版，台北：五南圖書出版公司，民國108年11月，186頁。

爲「披著羊皮狼的戰術」。茲分就暫緩付委、暫緩三讀及暫緩咨請總統公布等阻撓策略加以論述。

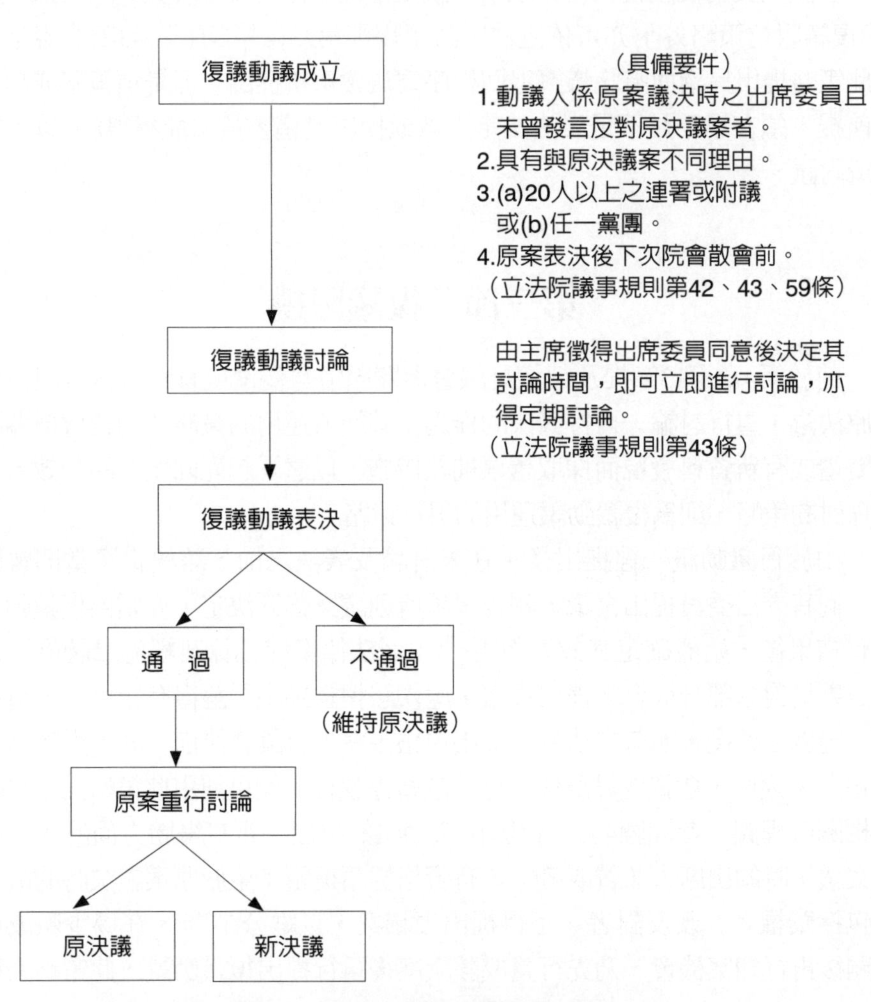

圖4　立法院處理復議動議流程圖

備註：一、依本院議事成例，復議案之範圍，包括報告事項之決定案件，即議程報告事項處理後，出席委員得提出復議動議。

二、依本院議事成例，復議動議之提案人與連署人的資格一致，原案議決時之缺席委員及反對原決議案委員均不得連署復議案。

三、依本院議事成例，法律案或預算案經過二讀後，如有立法委員對於部分提出復議，應俟該復議動議討論得有結果後，再行三讀，不受立法院職權行使法第11條（原立法院議事規則第34條）規定之限制；經過三讀後，如有立法委員提出復議，在未討論議決前，亦不得咨請總統公布。

四、復議動議經表決後，不得再為復議之動議。（立法院議事規則第45條）

策略77　暫緩付委

一、議場實景

（一）立法院第7屆第3會期第5次院會

時間：98年3月20日（星期五）上午10時

地點：本院議場

主席：王院長金平

秘書長：林錫山

副秘書長：周萬來

秘書長：出席委員54人，已足法定人數。

主席：現在開會，進行報告事項第29案。（第1案至第28案，均從略。）

二十九、本院委員周守訓等38人擬具「總統副總統選舉罷免法第12條條文修正草案」，請審議案。

（本案經提本院第7屆第3會期第1、2、3、4次會議決定：退回程序委員會重新提出。爰於本次會議提出。程序委員會原擬意見：擬請院會將本案交內政委員會審查。）

主席：民進黨黨團對本案有異議，建議退回程序委員會重新提出，請問院會有無異議？（有）國民黨黨團有異議。既有異議，交付表決。

國民黨黨團提議本案採記名表決方式。（建議本案採記名表決處理。是否有當？敬請公決。提案人：中國國民黨立法院黨團　楊瓊瓔）

主席：現在進行表決。贊成報告事項第29案照程序委員會原擬意見處理者請按「贊成」，反對者請按「反對」，棄權者請按「棄權」，計時1分鐘，現在進行記名表決。

（進行表決）

主席：報告表決結果：在場委員60人，贊成者36人，反對者24人，多數，通過。第29案照程序委員會原擬意見辦理。

主席：報告院會，蔡委員同榮聲明報告事項第19案之表決係按「贊成」，特此更正，補列入紀錄。

針對方才表決的結果，民進黨黨團提議要求重付表決。（建請本案重付表決。 提案人：民主進步黨立法院黨團　柯建銘）

主席：現在進行重付表決。贊成報告事項第29案照程序委員會原擬意見處理者請按「贊成」，反對者請按「反對」，棄權者請按「棄權」，計時1分鐘，現在進行記名表決。

（進行表決）

主席：報告表決結果：在場委員62人，贊成者62人，多數，通過。第29案照程序委員會原擬意見辦理[13]。

（以下第30案、31案、32案、33案、34案、35案、36案、41案、44案、45案、46案、47案及48案均經記名表決方式處理。[14]）

（二）立法院第7屆第3會期第6次院會

時間：98年3月31日（星期二）下午5時10分

地點：本院議場

主席：曾副院長永權

副秘書長：周萬來

主席：討論事項處理到此爲止，現在繼續處理委員提出之復議案。

本院委員柯建銘等24人，針對第7屆第3會期第5次會議議程所列報告事項第29案、第31案、第32案、第33案、第34案、第35案、第36案、第41案、第44案、第45案、第46案、第47案、第48案院會所做之決定提請復議。是否有當，敬請　公決。　提案人：柯建銘（連署人略）

主席：本院委員柯建銘等24人，針對第5次會議報告事項第29案、第31案、第32案、第33案、第34案、第35案、第36案、第41案、第44案、第45案、第46案、第47案及第48案之決定，提出復議。本案作如下決定：「另定期處理。」[15]

二、相關規範

（一）立法院議事規則

1. 第42條

決議案復議之提出，應具備下列各款：

(1)證明動議人確爲原案議決時之出席委員，而未曾發言反對原決議案

13 參閱立法院公報，98卷，12期，民國98年4月1日，5及6頁。

14 同前注公報，6-23頁。

15 參閱立法院公報，98卷，14期，民國98年4月7日，528頁。

者；如原案議決時，係依表決器或投票記名表決或點名表決，並應證明爲贊成原決議案者。

(2)具有與原決議案不同之理由。

(3)20人以上之連署或附議。

2. 第43條

復議動議，應於原案表決後下次院會散會前提出之。但討論之時間，由主席徵得出席委員同意後決定之。

3. 第44條

對於法律案、預算案部分或全案之復議，得於二讀或三讀後，依前兩條之規定行之。

4. 第45條

復議動議經表決後，不得再爲復議之動議。

（二）會議規範第 78 條

1. 第78條

議案經表決通過或否決後，如因情勢變遷或有新資料發現而認爲原決議案確有重加研討之必要時，得依第79條之規定提請復議。

2. 第79條

決議案之復議，應具備左列條件：

(1)原決議案尚未著手執行者。

(2)具有與原決議案不同之理由者。

(3)須提出於同次會或同一會期之下一次會，提出於同次會，須有他事相間，提出於下次會，須證明提出人係屬於原決議案之得勝方面者，如不能證明，應得議決該案之會次出席人1/10以上之附議，並列入再下次會議議事日程。

前款附議人數，如另有規定者，從其規定。

3. 第80條

復議動議之討論，僅須對原決議案有無復議之必要發言，其正反兩方之發言，各不得超過兩人。

4. 第81條

復議動議經否決後，對同一決議案，不得再爲復議之動議。

（三）立法院議事先例

1. 復議案之範圍，包括報告事項的決定案件，即議程報告事項處理後，出席委員得提出復議動議。
2. 復議動議之提案人與連署人的資格一致，原案議決時之缺席委員及反對原決議案委員均不得連署復議案。
3. 法律案或預算案經過二讀後，如有立法委員對於部分提出復議，應俟該復議動議討論得有結果後，再行三讀，不受立法院職權行使法第11條（原立法院議事規則第34條）規定的限制；經過三讀後，如有立法委員提出復議，在未討論議決前，亦不得咨請總統公布。
4. 復議動議之討論時間，由主席徵得出席委員同意後決定之。但施政質詢的各次院會，除經黨團協商同意立即處理外，均另定期處理。[16]

三、策略研析

議程報告事項所列議案，會議成員除可依前一策略將其退回重排外，亦可運用本策略，提出復議而使該議案暫緩付委，達到阻撓的目的。

策略78　暫緩三讀

一、議場實景

立法院第3屆第2會期第19次院會
時間：85年11月22日（星期五）上午10時
地點：本院議場
主席：劉院長松藩
代秘書長：羅成典

代秘書長：出席委員69人，已足法定人數。
主席：現在開會，進行報告事項（略）。
主席：現在進行討論事項。
　　一、本院司法、內政及邊政兩委員會報告行政院函請審議「組織犯罪防制條例草案」暨委員高惠宇等21人、委員姚立明等21人、委員劉

16 參閱周萬來：《議案審議——立法院運作實況》，79-82頁。

進興等19人及委員林郁方等20人擬具「組織犯罪防制條例草案」案。

（本案經提本院第3屆第2會期第18次會議討論決議：第4條等18條保留條文另定期處理。爰於本次會議提出處理。）——因有程序爭議，於中午12時10分宣布休息後，復於下午2時30分繼續開會[17]。

主席：現在繼續開會，針對第4條進行表決。（第4條、第6條之1至第6條之10、第8條、第11條、第12條、第14條、第16條及第20條共17條條文部分的處理過程均從略。[18]）

主席：繼續處理保留條文第15條：「本條例施行後辦理之各類公職人員選舉，政黨所推薦之候選人，經法院判決確定爲犯罪組織之成員者，每有1名，處該政黨新台幣1,000萬元以上5,000萬元以下之罰鍰。（第1項）；前項情形，如該類選舉應選名額中有政黨比例代表名額者，該屆其缺額不予遞補；次屆同類選舉並應扣除該政黨同額之政黨比例代表。（第2項）；前2項處分，由辦理該類選舉之選務主管機關爲之。（第3項）」

由於本案另有陳委員瓊讚、劉委員進興、盧委員修一、李委員進勇等分別提出修正動議，現在即依此順序進行表決。（其中劉委員進興所提修正動議撤回，不予處理。）

主席：首先處理陳委員瓊讚等18人所提修正動議，請宣讀。

本院委員陳瓊讚等18人建請刪除組織犯罪防制條例草案第15條之規定，是否有當，敬請公決案。

主席：現在有曾委員永權等31人提議本案採記名表決。

主席：現在進行表決，贊成陳委員瓊讚等人所提第15條刪除者請按贊成，反對者請按反對，棄權者請按棄權，計時1分鐘，現在開始記名表決。

（記名表決）

主席：報告表決結果，在場委員127人，贊成者56人，反對者66人，棄權者5人，少數不通過。

曾委員永權：本席要求重付表決。

主席：現在爲曾委員永權提議重付表決之動議徵求附議，附議者，請舉手。

（進行附議）

主席：附議者34人，重付表決案成立。現在進行重付表決。

贊成陳委員瓊讚等18人所提修正動議第15條刪除者，請按贊成，反對者

17　參閱立法院公報，85卷，61期，民國85年11月27日，54-57頁。

18　上述條文處理過程，參閱前注公報，58-74及82-87頁。

請按反對，棄權者請按棄權，計時1分鐘，現在進行記名表決。
（進行表決）

主席：報告重付表決結果，在場委員130人，贊成者57人，反對者68人，棄權者5人，少數不通過。

主席：現在處理盧委員修一等11人所提修正動議，請宣讀。
盧委員修一等11人所提第15條之修正動議：「本條例施行後辦理之各類公職人員選舉，政黨所推薦之候選人，於最近1次推薦登記日起5年內，經法院判決確定爲犯罪組織之成員者，每有1名，處該政黨新台幣1,000萬元以上5,000萬元以下之罰鍰。（第1項）；前項情形，如該類選舉應選名額中有政黨比例代表名額者，該屆其缺額不予遞補；判決確定後，該類選舉之下屆選舉並應扣除該政黨同額之政黨比例代表。（第2項）；前2項處分，由辦理該類選舉之選務主管機關爲之。（第3項）」

主席：曾委員永權等31人提議記名表決。

主席：現在進行表決，贊成盧委員修一等11人所提修正動議者請按贊成，反對者請按反對，棄權者請按棄權，計時1分鐘，開始進行記名表決。（進行表決）

主席：報告表決結果，在場委員128人，贊成者3人，反對者121人，棄權者4人，少數不通過。

主席：現在處理李委員進勇等50人所提修正動議，請宣讀。
李委員進勇等50人對第15條所提修正動議：「本條例施行後辦理之各類公職人員選舉，政黨所推薦之候選人，於登記爲候選人之日起5年內，經法院判決犯本條例之罪確定者，每有1名，處該政黨新台幣1,000萬元以上5,000萬元以下之罰鍰。（第1項）；前項情形，如該類選舉應選名額中有政黨比例代表名額者，該屆其缺額不予遞補；判決確定後之同類次屆選舉，並應扣除該政黨同額之政黨比例代表。（第2項）；前2項處分，由辦理該類選舉之選務主管機關爲之。（第3項）」

主席：現在進行表決，贊成李委員進勇等50人所提修正動議者請按贊成，反對者請按反對，棄權者請按棄權，計時1分鐘，開始進行記名表決。
（進行表決）

主席：報告表決結果，在場委員129人，贊成李委員進勇等對第15條所提修正動議者者68人，反對者60人，棄權者1人，多數通過。第15條照李委員進勇等所提修正動議通過。

曾委員永權：本席要求重付表決。

主席：現在爲曾委員永權提議重付表決之動議徵求附議，附議者，請舉手。
（進行附議）
主席：附議者33人，重付表決案成立。
現在進行重付表決。贊成李委員進勇等對第15條所提之修正動議通過者請按贊成，反對者請按反對，棄權者請按棄權，計時1分鐘，開始進行記名表決。
（進行表決）
主席：報告重付表決結果，在場委員130人，贊成李委員進勇等對第15條所提修正動議者者126人，反對者2人，棄權者2人，多數，通過。
（第16條及第20條條文部分，均從略。）
主席：本案到此條文已全部處理完畢，現在休息10分鐘。請議事人員整理本案三讀的條文。[19]
主席：現在繼續開會（16時53分）。報告院會，因協商未成功，現有曾委員永權等35人提出復議動議，現在作如下決定：「曾委員永權等所提復議動議，俟下次會議（即下星期二）提出處理，處理後，繼續進行組織犯罪防制條例草案三讀。」[20]

二、相關規範

（同前策略）

三、策略研析

依前所述，憲法第63條所定議案，除法律案及預算案須經三讀會議決外，其他議案僅須二讀會議決。亦即法律案及預算案以外之其他議案，經二讀會後即完成法定程序。倘有立法委員提出復議，則該議案須俟復議動議處理有結果後，始能確定其效力與否；而法律案及預算案於二讀會後，如有委員對其部分或全案提出復議，則須俟該復議動議討論得有結果後，再進行三讀。本案如無在場委員提出復議，即繼續進行三讀。因此，委員曾永權等35人爲使該法案第15條得以重新處理，先運用「披著羊皮狼的戰術」，在表決時贊成該法案，於二讀後隨即提請復議第15條，由主席裁定：「復議案處理後，繼續進行組織犯

19　參閱注17公報，75-81及87頁。
20　參閱注17公報，87及88頁。

罪防制條例草案三讀。」，嗣經協商，通過復議案後始繼續進行三讀。

策略79　暫緩咨請公布

一、議場實景

（一）立法院第5屆第4會期第18次院會

時間：93年1月2日（星期五）上午10時6分、1月6日（星期二）上午9時6分
地點：本院議場
主席：江副院長丙坤
秘書長：林錫山
副秘書長：羅成典

秘書長：出席委員79人，已足法定人數。
主席：現在開會，進行報告事項（略）。
主席：現在進行討論事項第14案。（第1案至第13案，均從略。）
十四、本院經濟及能源委員會報告審查行政院函請審議「地質法草案」案。
（本案經提本院第5屆第4會期第17次會議討論決議：協商後再行處理。爰於本次會議繼續討論。）
主席：本案業經協商完畢，現在宣讀協商結論（略）。
主席：請問院會，對本案朝野黨團協商結論有無異議？（無）無異議，照朝野黨團協商結論處理。本案現在進行逐條討論。（二讀及三讀處理內容，均從略。）
主席：三讀條文已宣讀完畢，請問院會，對本案有無文字修正？（無）無文字修正意見。本案作如下決議：「地質法草案修正通過。」請問院會，有無異議？（無）無異議，通過。[21]

（二）立法院第5屆第4會期第19次院會

時間：93年1月9日（星期五）上午10時23分、1月12日（星期一）上午9時3分、1月13日（星期二）上午9時2分
地點：本院議場

21 參閱立法院公報，93卷，4（下）期，民國93年1月14日，176-182頁。

主席：王院長金平　江副院長丙坤
秘書長：林錫山
副秘書長：羅成典

秘書長：出席委員118人，已足法定人數。

主席：現在開會，進行報告事項。（本次會議報告事項及討論事項，均從略。）

主席：現在繼續處理委員及黨團所提5件復議案。現在進行第1案。

一、本院委員卓伯源等42人，鑒於甫通過「地質法」中部分條文與現行其他相關法令有競合之處，擬依立委職權行使法提出復議，敬請公決。

說明：

（一）本院爲建立國土基本地質資料，防治地質災害，加強地質保育，已於民國93年1月6日第5屆第4會期第18次會議三讀通過「地質法」。

（二）本法規定土地開發應提出基地地質調查及地質安全評估報告（第7條）；並規定應辦理審查且經審查認定不應開發者，不得爲該土地開發計畫之許可等相關條文，規範、限制已劃定爲可建築土地之開發行爲，影響民眾權益至鉅。

（三）本法宗旨既爲提供國土資訊、地質調查之程序、方法等規定，俾妥善運用地質調查專業以建立、提供國土資訊，促進國土有效之規劃利用，再由業管機關針對土地建築開發行爲進行把關；若以地質法涉入其他業管機關執掌範圍執行之，恐陷信賴政府土地使用計畫之土地開發人於基地申請建築開發時面對驟然「不應開發」之虞。

（四）本法規定進行土地開發行爲者，土地開發申請人應於申請時提出基地地質調查及地質安全評估，而實施都市計畫地區已完成細部計畫者，甚至含括農業用地所有人興建農舍，貿然實施將造成擾民，違背立法便民之宗旨。

（五）綜上所述，爰依本院議事規則第42條第3款、第44條提出「地質法」復議案。

提案人：卓伯源（連署人：陳根德等41人，名單從略。）

主席：本案決議：「另定期處理。」[22]

二、相關規範

（同前策略）

三、策略研析

前已述及，法律案及預算案於三讀會全案表決後，如未於下次會議散會前提出復議，則該議案即完成法定程序。亦即如有委員提出復議，則在復議動議未討論議決前，該議案不得咨請總統公布[23]。因此，為防止三讀通過的「地質法草案」立即送請總統公布，委員卓伯源等42人乃運用是項策略，於下次會議提請復議。又因復議動議未在第5屆屆期結束前處理，而依立法院職權行使法第13條屆期失效的規定，致該法案無法咨請總統公布（屆期失效部分，請參閱本章第5節）。此法案後經行政院重新提案，直至第7屆第6會期第8次會議民國99年11月16日始由立法院通過，並送請總統於同年12月8日公布。

第四節　撤回結案

前於第3章第8節論述撤回重提時，業已提及提案主體大抵因另提新案而將舊案撤回、須重行研議或檢討或修正而撤回、或另提案廢止該法而撤回等原因而將提案撤回。其中除因須重行研議或檢討或修正而撤回重提外，其餘均為本節所探討撤回結案等情事。茲敘明如下。

---

22 參閱立法院公報，93卷，6（一）期，民國93年1月31日，354及355頁。

23 立法院院會通過的議案，大抵於下次會議未提出復議後，始咨請總統公布；惟就立法實務以觀，各會期最後一次院會所通過的議案，則於休會期間整理後即咨請公布。但在未送出前如有委員或黨團提出復議，亦不得咨請總統公布。如民國90年1月4日第4屆第4會期第28次會議通過「有線電視廣播法部分條文修正案」，在未咨請總統公布前，因國民黨黨團及親民黨黨團提出復議，該修正案乃未咨請公布，而提報於下（第5）會期第1次會議處理（處理經過，參閱策略50），即為顯例。參閱立法院公報，90卷，7（一）期，民國90年2月28日，134頁。

策略80　撤回結案

一、議場實景

（一）立法院第 6 屆第 4 會期第 1 次院會

時間：95年9月19日（星期二）上午10時5分

地點：本院議場

主席：王院長金平　鍾副院長榮吉

秘書長：林錫山

副秘書長：余騰芳

秘書長：出席委員110人，已足法定人數。

主席：現在開會，進行報告事項第34案。（第1案至第33案，均從略。）

三十四、行政院函請審議「國家台灣文學館設置條例草案」案。（程序委員會意見：擬請院會將本案交法制、教育及文化兩委員會審查。）

主席：請問院會，對本案照程序委員會意見處理，有無異議？（無）無異議，照程序委員會意見辦理。[24]

（二）立法院第 6 屆第 6 會期第 4 次院會

時間：96年9月28日（星期五）上午10時27分

地點：本院議場

主席：王院長金平　鍾副院長榮吉

秘書長：林錫山

副秘書長：余騰芳

秘書長：出席委員72人，已足法定人數。

主席：現在開會，進行報告事項第29案。（第1案至第28案，均從略。）

二十九、行政院函請撤回前送請審議「國家台灣文學館設置條例草案」案。（程序委員會意見：擬請院會同意撤回。）

主席：請問院會，對本案照程序委員會意見處理，有無異議？（無）無異

24　參閱立法院公報，95卷，37期，民國95年10月2日，1及5頁。

議，照程序委員會意見辦理。[25]

二、相關規範

(一) 立法院職權行使法第 12 條第 1 項

議案於完成二讀前，原提案者得經院會同意後撤回原案。

(二) 會議規範第 43 條

提案在未經主席宣付討論前，得由提案人徵求附署人同意撤回之。

提案經主席宣付討論後，原提案人如欲撤回，除須徵得附署人同意外，並須由主席徵詢全體無異議後行之。

提案經修正者，不得撤回。

三、策略研析

立法院處理提案主體所提撤回案，類多尊重其意見而同意其撤回。本案原爲行政院爲推動台灣文學的研究及振興文學發展，而採行政法人型態，設置國家台灣文學館，嗣以該館業務已依四級機構成立「國立台灣文學館」而來函撤回提案，經院會同意撤回[26]。但出席委員亦可能因策略考量而不同意提案主體撤回其提案，如委員蔡同榮等114人所提「公民投票法草案」，於民國92年11月27日第5屆第4會期第12次會議處理時，委員蔡同榮基於(1)民進黨黨團及行政院所提版本對公投適用範圍已經納入本人版本，(2)相關人士認爲國旗、國歌、國號等字太刺眼，會增加台海緊張和國際壓力等由，乃同意照黨團指示撤回提案；即未爲院會接受；當日表決時，在場委員209人，贊成者95人，反對者113人，該提案因不同意撤回而與其他提案併同處理[27]。因此，提案委員運用是項策略撤回所提議案，自須考量出席委員的支持與否。

---

25 參閱立法院公報，96卷，63期，民國96年10月8日，107及110頁。

26 提案內容分見立法院第6屆第4會期第1次會議及第6會期第2次會議，議案關係文書，政73-82及225頁。

27 參閱周萬來：《立法院職權行使法逐條釋論》，134及135頁。

第五節　屆期失效

各國國會對於議案審議原則，有採會期繼續原則、會期不繼續原則及屆期不繼續原則。立法院職權行使法於民國88年1月25日公布施行以前（亦即第3屆以前），我國立法院長期來審議議案，係採會期繼續原則，即歷次會期未能審畢的議案均未廢棄，可隨時抽出審議。此項原則的採行，造成立法院議案長久累積，更有因時勢變遷而難以審議的窘境，乃於民國88年1月12日制定立法院職權行使法時，有關議案審議的原則，明定於第13條條文。依此規定，每屆立法委員任期屆滿時，委員會審查通過的議案，下屆仍得繼續審議；而委員會尚未完成審查者，則依屆期不繼續審議議案原則，予以廢棄。倘該議案仍需審議時，則需重新提出[28]。

上述有條件屆期不繼續審議原則以來，若干委員會爲迴避此原則的適用，更將未經實質審查的法案逕行提報院會討論，實不利於委員會專業化的功能。特採行美國、德國的屆期不繼續審議議案原則[29]，於民國90年10月30日第4屆第6會期第6次會議修正該條文，除預（決）算案及人民請願案外，每屆立法委員任期屆滿時，尚未議決的議案，下屆均不予繼續審議。

國會成員除可採行前述各項阻絕策略外，更可配合本節屆期失效的策略，而使在審議中或完成二讀的議案，以及業已完成三讀的法律案均無法施行。茲分就法律案、條約案及人事同意權案實例加以探討。

---

28 民國88年1月12日立法院制定立法院職權行使法時，未能全然採行美制屆期不繼續審議議案原則，旨因多位委員及行政部門認爲每屆立法委員任期屆滿，所有議案即予廢棄，將導致提案程序費時，最後會期將不再提案，以免浪費其立法資源情事。上述理由似屬牽強，提案主體除可藉此檢討原案是否因立法環境改變而需修正外，倘認爲毋庸修正，則只照原案再提請立法院審議即可，其提案程序甚爲簡易，至於最終會期將不再提案，以免資源浪費，則可透過立法計畫而予以解決。倘該議案確須適時立法，則可透過協商，列爲優先審議議案。因此，最終會期所提議案，自能依立法計畫而適時通過，未連任委員所提議案，如未能適時通過，而確有制定或修正之必要，衡酌實況，當爲委員提案的重要參考依據；至於所謂立法計畫，係指爲達成立法政策或目的之一種特定方法與步驟。參閱David R. Miers & Alan C. Page, Legislation (London: Sweet & Maxwell, 2nd ed., 1990), p. 32。

29 美國國會採用屆期不繼續審議議案的原則，係任何在國會提出的議案，皆得面臨兩年任期的期限；如法案須在2年期限內，以完全相同的內容分別於參議院與眾議院通過，始能成爲法律；倘未能於2年內走完必要程序的法案，便自動死亡；若需審議，則在新國會重新提出。而德國所採屆期不繼續審議議案的原則，則除人民請願案及不需聯邦眾議院決議之議案外，聯邦眾議院任期屆滿時，所有議案均視同結案。分別參閱湯德宗譯：《國會程序與政策過程》，台北：正中書局，民國81年3月，24頁；引自Walter J. Oleszek, Congressional Procedures and the Policy Process (Washington D. C.: Congressional Quarterly Inc., 2nd ed., 1984), p. 16；呂坤煌：〈德國聯邦眾議院屆期不連續原則之探討〉，立法院法制局專題報告（506號），民國96年5月，6及7頁。

策略81　法律案失效

一、議場實景

(一) 立法院第 6 屆第 4 會期第 15 次院會

時間：96年1月15日（星期五）上午10時22分
地點：本院議場
主席：王院長金平　鍾副院長榮吉
副秘書長：余騰芳

副秘書長：出席委員96人，已足法定人數。
主席：現在開會，進行報告事項（略）。
主席：現在進行討論事項第4案。（討論事項第1案至第3案，均從略。）
四、本院外交及僑務委員會報告審查行政院函請審議「條約締結法草案」案。
主席：本案經提本院第6屆2會期第18次會議報告決定：交外交及僑務委員會審查。茲接報告，爰於本次會議提出討論。
現在宣讀審查報告（略）。
主席：審查報告宣讀完畢。請劉召集委員盛良補充說明。（不在場）劉委員不在場。報告院會，本案經審查會決議無須交由黨團協商。現有國民黨黨團提出異議。
針對本（第15）次院會討論事項第4案行政院函請「條約締結法草案」案，依本院議事規則相關規定，建請交付黨團協商，並由國民黨黨團召集協商。提案人：中國國民黨立法院黨團　蔡錦隆
主席：依立法院職權行使法第68條第2項之規定，本案作如下決議：「交黨團進行協商。」[30]

(二) 立法院第 7 屆第 8 會期第 8 次院會

時間：100年11月4日（星期五）上午10時4分
地點：本院議場
主席：王院長金平　曾副院長永權
副秘書長：周萬來

30 參閱立法院公報，96卷，10期，民國96年1月22日，1、121-131頁。

副秘書長：出席委員39人，已足法定人數。
主席：現在開會，進行報告事項（略）。
主席：現在進行討論事項第6案。（第1案至第5案，均從略。）
六、本院外交及國防委員會報告審查行政院函請審議「條約締結法草案」案。
主席：本案經提本院第7屆7會期第11次會議報告決定：交外交及國防委員會審查。茲接報告，爰於本次會議提出討論。
現在宣讀審查報告（略）。
主席：審查報告宣讀完畢。請李召集委員明星補充説明。（不説明）召集委員無補充説明。
本案經審查會決議：「不須交由黨團協商。」現有民進黨黨團提出異議。
本院民進黨黨團針對第7屆第8會期第8次會討論事項第6案「條約締結法草案」擬請院會交付黨團協商。是否有當？請公決案。提案人：民主進步黨立法院黨團　柯建銘　蔡煌瑯
主席：依立法院職權行使法第68條第2項之規定，本案作如下決議：「交黨團進行協商。」[31]

二、相關規範

立法院職權行使法

1. 第13條

每屆立法委員任期屆滿時，除預（決）算案及人民請願案外，尚未議決之議案，下屆不予繼續審議。

2. 第68條第2項

立法院院會於審議不須黨團協商之議案時，如有出席委員提出異議，10人以上連署或附議，該議案即交黨團協商。

三、策略研析

本案經行政院多次函請立法院審議，均無法於當屆完成立法程序，加諸屆期失效的策略，使行政院於次屆須再重提審議，而達到法案受阻的目的。

31 參閱立法院公報，100卷，70期，民國100年11月16日，1、47-61頁。

另如前述行政院、考試院分別於民國92年4月22日及94年8月8日函請立法院審議「行政法人法草案」，因程序委員會暫緩編列議程而未能於當屆提報院會處理，經配合屆期失效的策略，得以達到阻絕法案的目的。又如民國93年1月6日第5屆第4期第18次會議通過「地質法草案」，因委員卓伯源等42人提請復議而決議另定期處理；亦因復議動議未在第5屆屆期結束前處理，致該法案於屆期結束後，仍無法咨請總統公布。此均運用屆期失效策略的顯例。合上所述，屆期失效策略運用的成敗因素，主要在於該法案得否於列入當屆院會處理並完成立法程序爲前題。倘能有效阻止該法案於屆期結束前處理，即爲是項策略運用成功。

策略82　條約案失效

一、議場實景

(一) 立法院第6屆第2會期第1次院會

時間：94年9月13日（星期二）上午10時18分

地點：本院議場

主席：王院長金平　鍾副院長榮吉

秘書長：林錫山

副秘書長：羅成典

秘書長：出席委員130人，已足法定人數。

主席：現在開會，進行報告事項第53案。（第1案至第52案，均從略。）

五十三、行政院函請審議「公民與政治權利國際公約」及「經濟社會文化權利國際公約」案。（程序委員會意見：擬請院會將本案交外交及僑務委員會審查。）

主席：請問院會，對本案照程序委員會意見處理，有無異議？（無）無異議，照程序委員會意見辦理。[32]

(二) 立法院第6屆第2會期第2次院會

時間：94年9月16日（星期五）上午10時4分、9月20日（星期二）上午9時

32 參閱立法院公報，94卷，44（一）期，民國94年9月26日，1、19及20頁。

地點：本院議場
主席：王院長金平
秘書長：林錫山

秘書長：出席委員114人，已足法定人數。
主席：現在開會，進行報告事項（略）。
主席：現在繼續開會（9月20日上午10時26分），進行行政院院長施政報告，並備質詢。（質詢過程，略。）
主席：本次會議排定質詢委員均已質詢完畢，謝謝謝院長及相關部會首長列席備詢。現在作如下決定：「下次會議繼續質詢。」
繼續處理黨團協商結論（略）。
主席：接續處理復議案。
一、本院國民黨黨團，對第1次會議議事日程所列報告事項第53案行政院函請審議「公民與政治權利國際公約」及「經濟社會文化權利國際公約」案之決定，提出復議。請公決案。
針對本院第6屆第2會期第1次會議議事日程所列報告事項第53案行政院函請審議「公民與政治權利國際公約」及「經濟社會文化權利國際公約」案之決定，提出復議。敬請公決。　提案人：中國國民黨立法院黨團　卓伯源
主席：本案決議：「另定期處理。」[33]

二、相關規範

（同前策略）

三、策略研析

本案因復議動議未在第6屆屆期結束前處理，致該法案於當屆屆期結束後，亦因屆期失效而達到法案受阻的目的。該兩公約復於次（第7）屆再行提出，經該屆第2會期第15次會議決定逕付二讀，並於協商後提報第3會期第6次會議決議照案通過（參閱第4章第4節），嗣因翻譯因素致中、英文約本略有出入，再由行政院於民國98年11月23日來函請予補正，經提該屆第4會期第12次

33　參閱立法院公報，94卷，44（三）期，民國94年9月26日，1、339及340頁。

院會決議同意補正（參閱第3章第9節）。屆期失效策略的成敗，亦同法律案失效的理由，須能有效阻止該法案於屆期結束前處理。

策略83　人事同意權案失效

一、相關規範

（同前策略）

二、策略研析

立法院所處理的議案，包括憲法修正案、領土變更案、法律案、預（決）算案、戒（解）嚴案、大赦案、宣戰案、媾和案、條約案、行使同意權案、覆議案、不信任案、彈劾案、罷免案、補選案、緊急命令追認案及其他重要決議案。上述議案若另定有專章處理時，如行使同意權案、覆議案、不信任案、彈劾案、罷免案等，則先適用該專章之規定；而未規定者，則依立法院職權行使法第2章「議案審議」所定的共通適用原則。

第3屆監察委員任期於民國94年1月31日屆滿，陳水扁總統依規定於民國93年12月20日咨請立法院同意第4屆監察委員；惟直至第5屆立法委員任期屆滿前，立法院均未行使是項同意權。第6屆立法委員就任後，立法院以該法條屆期不繼續審議議案原則，函請總統府秘書長轉陳總統重新提名監察委員人選，但總統雖重新發函咨請立法院行使同意權，卻未變更原人選並發布新聞表明上開咨函僅係意見說明，致引發爭議；在經由司法院於民國96年8月15日作出釋字632號解釋，要求總統及立法院依其解釋意旨爲適當處理，惟仍無法對該人事同意權案予以解套[34]。

第六節　公布延緩

依憲法第72條：「立法院法律案通過後，移送總統及行政院，總統應於收到後10日內公布之。但總統得依照本憲法第57條之規定辦理。」之規定，法律案經立法院通過後，應即移送總統及行政院；而總統除已核可行政院移請立法

34 參閱郭明政：〈爲監察院人事同意權案解套——釋字632號評析與省思〉，國會月刊，36卷，4期，民國97年4月，94-118頁；總統府公報，台北，第6764號，民國96年10月3日，10-14頁。

院覆議該決議案外，應於收到立法院移送議決通過的法律案10日內予以公布。但法律案通過後，立法院應於何時移送總統及行政院部分，因屬行政事務而未加以規定。惟立法權的行使乃爲主體，而行政事務則爲屬體。因此，行政事務不得影響立法權的效力，惟爲配合相關法律案一併公布，依立法院議事先例，得延緩咨請總統公布[35]。大抵而言，約有下列三種形態：(1)提案機關函請延緩咨送總統公布；(2)院會決議延緩咨送總統公布；(3)審查會召集委員函請延緩咨送總統公布[36]。其中第1項及第3項因逕由提案機關及審查會召集委員函請延緩，非於院會議場處理，議場實景部分僅就第2項敘明。茲將各項運作策略分別加以探討。

策略84　提案機關函請延緩咨送總統公布

一、相關規範

(一) 憲法第 72 條

立法院法律案通過後，移送總統及行政院，總統應於收到後10日內公布之。但總統得依照本憲法第57條之規定辦理。

(二) 立法院議事先例

立法院三讀通過之法律案，爲配合相關法律案一併公布，或應行政機關或審查會召集委員之要求，得延緩咨請總統公布。

二、策略研析

前已述及法案一經通過，應即咨請總統公布；倘因施行日期必須配合行政事務，而實有延期公布的必要時，提案機關自可採取是項策略，請求延緩送請公布。而立法院得應其要求，將該通過的法案延緩咨請總統公布。民國92年1月14日第5屆第2會期第17次會議通過廢止之「民事訴訟費用法」，因司法院認爲非訴事件法準用該法之規定部分，尚未經立法院審議通過，倘立即公布廢止民事訴訟費用法，則有部分非訟事件徵收費用的規定將失其依據，該院乃於民國92年1月27日函請立法院請延緩咨請總統公布，立法院乃援引議事先例，暫緩咨請總統公布。嗣經司法院於同年8月27日函以：現新修正民事訴訟法已於

35　參閱周萬來：《議案審議——立法院運作實況》，82及83頁。
36　參閱沈中元、周萬來：《兩岸立法制度》，初版，台北：國立空中大學，民國100年8月，106-108頁。

本年9月1日施行，請貴院將民事訴訟費用法廢止案送請總統公布；立法院始依司法院來函所請，將該廢止案咨請總統公布，並由總統於同年9月10日公布廢止，即為此策略運作的顯例[37]。

策略85　院會決議延緩咨送總統公布

一、議場實景

（一）立法院第 4 屆第 1 會期第 14 次院會

時間：88年6月1日（星期二）上午10時1分、6月4日（星期五）上午9時

地點：本院議場

主席：王院長金平　饒副院長穎奇

副秘書長：羅成典

副秘書長：出席委員89人，已足法定人數。

主席：現在開會，進行報告事項（略）。

主席：現在開會（6月4日上午9時2分），進行討論事項第6案。（第1案至第5案，均從略。）

六、本院財政、司法兩委員會報告審查行政院函請審議「菸酒管理法草案」、委員林忠正等19人擬具「菸酒稅暨管理法草案」、委員蕭萬長等17人擬具「菸酒管理法草案」、委員傅崑成等21人擬具「菸酒管理法草案」、委員吳克清等17人擬具「菸酒管理法草案」、委員郁慕明等42人擬具「菸酒管理法草案第27條」、委員吳克清等32人擬具「菸酒管理法部分條文草案」及委員蔡正揚等17人擬具「菸酒管理法草案」案。

主席：本案經提本院第3屆2、3、3、3、4、5、5、5會期第30、7、16、25、12、2、6、19次會議報告決定：交財政、司法兩委員會審查。茲接報告，爰於本次會議提出討論。

現在宣讀審查報告（略）。

主席：審查報告宣讀完畢。目前新黨及民進黨委員皆表示本案應暫予保留再行協商。（委員范巽綠及李柱烽發言，略。）

主席：報告院會，由於「菸酒稅法」及「國庫署組織條例」和本案是配套的法案，須一併考量，但是現在「菸酒稅法」及「國庫署組織條例」尚需

37 參閱沈中元、周萬來：《兩岸立法制度》，107頁。

再作修正。因此，大家希望本案能與以上兩案通盤考量，確定三個法案之間皆無扞格之處，再進行二讀。請相關委員就菸酒管理法、菸酒稅法、國庫署組織條例在下午開會時進行二讀。因此，留待討論[38]。

主席：現在繼續討論菸酒管理法草案。（協商結論、二讀、三讀過程，均從略。）

主席：現在作如下決議：「菸酒管理法草案修正通過。」，處理附帶決議。附帶決議：「菸酒管理法草案」三讀通過之條文，俟「菸酒稅法草案」及「財政部國庫署組織條例修正草案」三讀通過後，再一併咨請總統公布；三法並同時生效。

主席：請問各位，對本項所列附帶決議，有無異議？（無）無異議，通過[39]。

（二）立法院第 6 屆第 4 會期第 15 次院會

時間：96年1月15日（星期五）上午10時22分

地點：本院議場

主席：王院長金平　鍾副院長榮吉

副秘書長：余騰芳

副秘書長：出席委員96人，已足法定人數。

主席：現在開會，進行報告事項（略）。

主席：現在進行討論事項第18案。（第1案至第17案，均從略。）

十八、本院司法委員會報告審查司法院、行政院函請「智慧財產案件審理法草案」案。

主席：本案經提本院第6屆3會期第12次會議報告決定：交司法委員會審查。茲接報告，爰於本次會議提出討論。

現在宣讀審查報告。（審查報告及二讀經過，均從略。）

主席：本案經過二讀，現在進行三讀，請問院會，有無異議？（無）無異議，現在進行三讀。宣讀二讀通過之條文（略）。

主席：三讀條文宣讀完畢，請問院會，有無文字修正？（無）無文字修正意見。

---

38 參閱立法院公報，88卷，31（一）期，民國88年6月9日，3、70及220-345頁。

39 參閱立法院公報，88卷，31（二）期，民國88年6月9日，768-786頁。

本案決議：「智慧財產案件審理法草案修正通過。」請問院會有無異議？（無）無異議，通過。

本法通過後，我們就先擺著，等到相關條文[40]通過，我們再一併咨請總統公布[41]。

二、相關規範

（同前策略）

三、策略研析

立法院爲配合相關法律案一併同時公布，自可於院會通過該法案時，併同決議，俟其他相關法案通過後再一併咨請總統公布。而院會決議延緩送請公布的方式，可依第1案例依協商結論或依委員會所提附帶決議處理，亦可依第2案例逕由主席宣告延緩。因此，立法委員可在委員會審查法案時提出附帶決議，亦可在協商時提出附帶決議，報請院會決議該法案俟其他相關法案通過後再一併咨請總統公布。倘院會處理該法案時，並無上述附帶決議，出席委員仍可請求主席或由主席逕行宣告延緩。

策略86　審查會召集委員函請延緩咨送總統公布

一、相關規範

（同前策略）

二、策略研析

法律案經立法院通過後，應即移送總統及行政院。如爲配合相關法律案一併公布，行政機關自可來函請求延緩咨請總統公布。但因有其他考量而不便來函請求。就立法實務以觀，亦可轉請主審該法的委員會召集委員，代爲函請延緩。如民國86年10月30日第3屆第4會期第14次會議通過之「毒品危害防制條例」，在咨請總統公布之前，主審該法的委員會召集委員應行政部門請求，函

---

40 此處所謂相關條文，係指「智慧財產法院組織法草案」，因此，「智慧財產案件審理法」於同年3月5日同屆第5會期第2次會議「智慧財產法院組織法」完成立法程序後，始併同咨請總統於同年3月28日公布。參閱立法院第6屆第4會期第15次會議，議事錄，55頁。

41 參閱注30公報，1、488-533頁。

請延緩咨請總統公布，以便配合「法務部戒治所組織通則」、「觀察勒戒處分執行條例」及「戒治處分執行條例」等相關法案完成立法程序後一併公布；經援引議事先例，將該條例延緩至上述三法通過三讀後，始併同咨請總統於民國87年5月20日公布施行，即為1例[42]。

第七節　覆議否決

所謂覆議權，係指行政機關對於立法機關所通過的議案不表同意，而賦予元首或行政機關，將原案移請立法機關再加考慮的作為，以對抗議會的專斷立法權。論者乃將覆議權作為憲法賦予總統的一種攻擊武器（offensive weapon）；惟立法機關亦可經考慮後再作維持原決議的議決，而否決行政機關的覆議權[43]。依我國憲法增修條文第3條第2項第2款之規定，行政院對於立法院決議之法律案、預算案、條約案，如認為有窒礙難行時，得經總統的核可，於該決議案送達行政院10日內，移請立法院覆議。立法院對於行政院移請覆議案，應於送達15日內作成決議；如為休會期間，立法院應於7日內自行集會，並於開議15日內作成決議。覆議案逾期未議決者，原決議失效。覆議時，如經全體立法委員1/2以上決議維持原案，行政院院長應即接受該決議。

行政院移請立法院的14件覆議案，其中13件為法律案，1件為不贊同行政院核能政策要求廢止所有核能電廠興建案，尚無預算案及條約案的覆議前例；其中否決行政機關的覆議案者，有(1)公民投票法部分條文；(2)319槍擊事件真相調查特別委員會條例；(3)農會法第46條之1條文；及(4)漁會法第49條之1條文等4案[44]。茲舉公民投票法部分條文的覆議案例，敘明立法院所運用的策略。

42 參閱沈中元、周萬來：《兩岸立法制度》，108頁。

43 參閱洪應灶：《中華民國憲法新論》，6版，台北：自刊本，民國59年8月，156頁；David J. Muchow: The Vanishing Congress, Washington D.C.: North American International, 1976, p. 132。

44 參閱周萬來：《議案審議——立法院運作實況》，211頁。

策略87　否決覆議

一、議場實景

(一) 立法院第 5 屆第 4 會期第 16 次院會

時間：92年12月19日（星期五）上午10時1分、12月23日（星期二）上午9時2分

地點：本院議場

主席：王院長金平　江副院長丙坤

秘書長：林錫山

副秘書長：羅成典

秘書長：出席委員88人，已足法定人數。

主席：現在開會，進行報告事項第2案及第3案。（第1案，略。）

二、行政院函，爲貴院通過「公民投票法」，經研議確有部分條文窒礙難行，依憲法增修條文第3條第2項第2款規定，移請貴院覆議案。

三、總統府秘書長函，爲貴院通過制定「公民投票法」，咨請總統公布乙案，經行政院研議，以該案確有部分條文窒礙難行，已依憲法增修條文第3條第2項第2款規定，呈奉總統核可，移請貴院覆議，請查照案。

（程序委員會意見：擬請院會將以上2案交全院委員會審查，審查時邀請行政院院長列席說明。並於報告事項結束後，立即改開全院委員會進行審查。）

主席：針對報告事項第2案、第3案，親民黨黨團提出建請院會決定第2案、第3案交全院委員會審查，審查時邀請行政院院長列席說明，並於報告事項結束後，立即改開全院委員會進行審查，審查後隨即改開院會，進行表決。

主席：請問院會，對親民黨黨團提案有無異議？

柯委員建銘：（在台下）反對。

主席：既有委員反對，就進行表決，現在開始按鈴7分鐘，按鈴期間並請各朝野黨團黨鞭繼續在院會主席休息室進行協商。

（按鈴）

主席：報告院會，現在進行表決，親民黨黨團提議本案採記名表決。

建請本案採記名表決方式。（親民黨立法院黨團　周錫瑋）

主席：現在進行表決，贊成親民黨黨團提案，於報告事項第2、3案結束後，立即改開全院委員會進行審查，審查後隨即改開院會進行表決者，請按「贊成」，反對者請按「反對」，棄權者請按「棄權」，計時1分鐘，現在進行記名表決。

（進行表決）

主席：報告表決結果：在場委員人數187人，贊成者98人，反對者86人，棄權者3人，多數，通過。

主席：針對方才表決結果，民進黨黨團要求重付表決。（民主進步黨立法院黨團，依本院議事規則第39條，提案要求本案重付表決。民主進步黨立法院黨團　陳其邁　邱垂貞）

主席：現在進行重付表決。贊成親民黨黨團所提報告事項第2、3案交全院委員會審查，審查時邀請行政院院長列席說明，並於報告事項處理完畢後，立即改開全院委員會進行審查，審查後隨即改開院會進行表決者請按「贊成」，反對者請按「反對」，棄權者請按「棄權」，計時1分鐘，現在進行記名表決。

（進行表決）

主席：報告表決結果：在場委員人數187人，贊成者98人，反對者86人，棄權者3人，本案多數，通過。

本案作如下決議：「第2、3案交全院委員會審查，審查時邀請行政院院長列席說明，並於報告事項結束後，立即改開全院委員會進行審查，審查後隨即改開院會，進行表決。」[45]

（二）立法院第5屆第4會期第2次全院委員會

時間：92年12月19日（星期五）上午11時51分

地點：本院議場

主席：王院長金平

主席：出席委員已足法定人數，開會。進行討論事項。

一、行政院函，爲貴院通過「公民投票法」，經研議確有部分條文窒礙難行，依憲法增修條文第3條第2項第2款規定，移請貴院覆議

45　參閱立法院公報，92卷，60（一）期，民國92年12月31日，3-6頁。

案。

二、總統府秘書長函，爲貴院通過制定「公民投票法」，咨請總統公布乙案，經行政院研議，以該案確有部分條文窒礙難行，已依憲法增修條文第3條第2項第2款規定，呈奉總統核可，移請貴院覆議，請查照案。

主席：以上2案經提本院第5屆第4會期第16次會議報告決定：交全院委員會審查。審查時邀請行政院院長列席說明，爰於本次會議提出處理。

現在請行政院游院長說明。

游院長錫堃（略述）：主席、各位委員。在歲末之際，也是貴院本會期接近尾聲的時候，錫堃應邀列席　貴院全院委員會報告「公民投票法」部分條文覆議案，首先對於各位委員過去一年來對行政院施政的支持與指教，表示由衷感謝之意。謹就公民投票法部分條文違反憲法原理及窒礙難行之處，擇要向大家報告如下：(1)立法院得就重大政策交付公投，顯然違反權力分立原理；(2)公民投票審議委員會組織疊床架屋、權責不明；(3)由政黨壟斷全國性公民投票審議委員會的組成，違反直接民主的精神及權力分立原理；(4)有關公民投票審議委員會部分條文內容彼此矛盾、扞格。本院經審慎評估結果，貴院所通過的公民投票法部分條文，違反主權在民理念及權力分立原理，確有窒礙難行之處，影響人民基本權利甚鉅，爰依據憲法賦予本院職權移請貴院覆議。請支持本院所提覆議案，使這一部「公民投票法」更趨完備，更符合人民的要求，進而達成以公民投票來深化台灣民主的歷史使命。

主席：現在開始進行詢答。請蘇委員盈貴質詢，詢答時間爲10分鐘。

（全院委員會審查時，並依朝野黨團協商結論所作決定[46]，由各黨團按比例推派委員進行詢答，共有委員蘇盈貴等23人詢答。茲僅就委員對全案覆議或部分條文覆議部分的發言加以摘述，其餘均從略。）

蘇委員盈貴（略述）：本席贊同公投覆議的部分，但是應該要全面覆議。修正法如果覆議成功，還有一現行條文可循，但是制定法如果覆議成功，則條文何在？本法是制定法，行政院覆議的部分如果通過，那麼本法就會變成殘缺不全。

廖委員風德：主席、各位列席官員、各位同仁。本席在此代表中國國民黨黨

---

46 各黨團於民國92年12月15日協商，並將結論提報同月16日第4會期第15次會議決定：「公民投票法之覆議案列入第16次院會報告事項處理，於12月19日（星期五）院會交付及立即改開全院委員會進行審查，審查時邀請行政院院長列席說明。詢答時依8、6、4、2、2比例發言，每位委員詢答10分鐘。未參加黨團委員依例先發言。」參閱立法院公報，92卷，59（上）期，民國92年12月24日，101頁。

團表達反對公投法的5項重要理由，(1)如果覆議案成立以後，會破壞公投法的完整性，因爲公投法是一個新的法律，一旦提出覆議，則會變成殘缺不全，剝奪人民公投的權利。（其餘4項理由，均從略。）

陳委員學聖：主席、各位列席官員、各位同仁。有關公投法，行政院不循修法途徑，而提出覆議案，甚至採取部分條、項覆議的方式，實爲便宜行事、見樹不見林的作法。覆議案到底是要全部覆議，還是可以部分覆議，適用情形如何等，確實有很多討論的空間。

主席：現在全院委員會已經審查完畢，謝謝游院長以及相關部會首長列席說明。現作以下決議：「本案提報院會，依立法院職權行使法第34條之規定，以記名投票表決。」

現在散會。（18時2分）[47]

（三）立法院第5屆第4會期第16次院會

主席：現在繼續開會。進行覆議案之處理事項。

一、全院委員會報告審查行政院函，爲貴院通過「公民投票法」，經研議確有部分條文窒礙難行，依憲法增修條文第3條第2項第2款規定，移請貴院覆議案。

主席：本案經本屆第4會期第16次會議決定：定於12月19日（星期五）改開全院委員會審查，審查時邀請行政院院長到會說明；全院委員會審查後，隨即改開院會以記名投票表決。爰於本次會議提出投票。

現在宣讀第2次全院委員會審查報告。

院會交付審查行政院函，爲「公民投票法」經研議確有部分條文窒礙難行，依憲法增修條文第3條第2項第2款規定移請覆議案，於92年12月19日（星期五），舉行全院委員會進行審查，上午由王院長金平擔任主席，下午由江副院長丙坤擔任主席。審查時，邀請行政院游院長錫堃列席說明。與會委員於聽取說明後，旋依朝野黨團協商結論，由各黨團按比例推派委員進行詢答，經蘇委員盈貴等23人詢問完畢，爰決議：「提報院會，依立法院職權行使法第34條之規定，以記名投票表決。」

主席：在投票之前，有兩點報告：「一、投開票監察員，由各黨團推派楊委員瓊瓔、曹委員啓鴻、龐委員建國、陳委員進丁、何委員敏豪擔任。二、投票截止時間爲下午7時15分。如果全體委員在下午7時15分之前已

47　參閱立法院公報，92卷，60（三）期，民國92年12月31日，587-636頁。

投票完畢，則提前開票。」

現在請工作人員佈置投票所，並請投開票監察員就位，執行監察職務。

（佈置投票所）

主席：（18時15分）國民黨投開票監察員改由劉委員政鴻擔任。

現在請各位委員依序領票及投票。領票時請各位委員分區領票，編號第1號至第110號的委員，請到南區領票；編號第111號至第223號的委員，請到北區領票。

現在開始領票及投票。

（進行投票）

主席：（19時15分）台聯黨團改推許委員登宮爲投、開票監察員。

報告院會，投票截止時間已到，請工作人員佈置開票所。

（佈置開票所）

主席：（19時29分）現在進行開票。

主席：（19時55分）報告院會，現在宣告公民投票法覆議案投票表決結果。

公民投票法覆議案投票表決結果如下：

出席投票委員214人

發出票數214張

開出票數214張

有效票數213張

無效票數1張

贊成維持本院原決議即反對覆議案118票

反對維持本院原決議即贊成覆議案95票

本院作如下決議：贊成維持本院原決議者118人，超過憲法增修條文第3條第2項第2款所定全體立法委員1/2之人數，原決議予以維持。

曹啓鴻　龐建國　劉政鴻　許登宮　中華民國92年12月19日

主席：12月23日（星期二）上午9時繼續開會，現在休息[48]。

48 參閱注45公報，49-52頁。

二、相關規範

（一）憲法增修條文第 3 條第 2 項第 2 款

行政院對於立法院決議之法律案、預算案、條約案，如認爲有窒礙難行時，得經總統之核可，於該決議案送達行政院10日內，移請立法院覆議。立法院對於行政院移請覆議案，應於送達15日內作成決議。如爲休會期間，立法院應於7日內自行集會，並於開議15日內作成決議。覆議案逾期未議決者，原決議失效。覆議時，如經全體立法委員1/2以上決議維持原案，行政院院長應即接受該決議。

（二）立法院職權行使法

1. 第32條

行政院得就立法院決議之法律案、預算案、條約案之全部或一部，經總統核可後，移請立法院覆議。

2. 第33條

覆議案不經討論，即交全院委員會，就是否維持原決議予以審查。（第1項）

全院委員會審查時，得由立法院邀請行政院院長列席說明。（第2項）

3. 第34條

覆議案審查後，應於行政院送達15日內提出院會以記名投票表決。如贊成維持原決議者，超過全體立法委員1/2，即維持原決議；如未達全體立法委員1/2，即不維持原決議；逾期未作成決議者，原決議失效。

4. 第35條

立法院休會期間，行政院移請覆議案，應於送達7日內舉行臨時會，並於開議15日內，依前2條規定處理之。

三、策略研析

立法院否決行政院所提的覆議案，須有全體委員1/2以上的支持。爲達到否決該覆議案之目的，即須運用策略，掌握有利時機，以免行政院或其所屬政黨策劃原贊成者改支持行政院或不出席院會投票[49]。另依現行相關規範及覆

---

49 委員周錫瑋在全院委員會發言時，即指出行政院秘書長劉世芳不斷拉在野黨的票，包括無黨籍、國民黨、甚至其他立委，並認爲此拉票的方式是不合法且違反民主精神。其發言內容，參閱注47公報，601頁。

議先例，行政院移請的法律覆議案，如係制定案，須以全案移請立法院覆議；若為修正案，則得以部分條文移請覆議[50]。此次行政院所提公民投票法部分條文的覆議案，顯已牴觸一條一文主義的法制原理，法案提出、討論與表決須以整條條文處理的法制規範及前述覆議先例。因此，論者乃有主張國會基於維護立法權完整性原則，行政院雖提部分覆議，立法院應可全案議決。但在野黨團基於上述政治考量，並未作法理論辯，提請院會於當日審查後隨即改開院會進行表決，以便壓縮行政院的運作空間，而得以維持原決議[51]。

50 參閱周萬來：《立法院職權行使法逐條釋論》，201頁。

51 參閱周萬來：《立法院職權行使法逐條釋論》，216頁；蘇永欽：〈政院提部分覆議，立法院應全案議決〉，聯合報，民國92年12月10日，15版；羅傳賢：〈法律制定案覆議之憲政法理分析——以公民投票法乙案為例〉，收錄於《國會與立法技術》，初版，台北：五南圖書出版公司，民國93年11月，325及326頁。

第8章 議會監督

議會監督的意涵固有廣狹之分。就廣義的概念而言，議會的監督視爲控制同義，係指涉爲企圖影響公共政策一些主要層面活動的檢視，包括：(1)政策草創；(2)機關政策的內容；(3)執行機構的人事；(4)執行單位的結構；(5)機關決策過程；及(6)執行經費的使用等。至於常見的監督技術，大抵有預算財政的審查、立法否決（Legislative Veto）[1]、調查聽證、授權立法、人事控制、報告要求、個案處理、非正式接觸、審計、日落立法（Sunset Legislation）[2]及行政法規審查[3]。另在內閣制國家，質詢及不信任制度亦均爲國會監督政府運作方式的重要手段之一。茲抽繹出立法院目前常用的監督技術——人事控制、調查聽證、質詢論辯及命令審查四部分加以敘明。

1 美國自1932年採行「立法否決權」以來，已迅速地運用於各種法律之中。國會對於行政命令的監督，類多運用是項權力，於授權行政機關訂定行政命令時，附加立法否決權作爲監督手段。所謂立法否決權，係規定行政機關的行爲，須於法定期間內送請國會決議，始能生效的程序條款；亦即在立法授權時，保留給國會（包括參議院或眾議院）單獨或聯合批准或否決行政機關根據該授權所爲行動的權力。因此，就功能而言，立法否決權具有以下三種要素：(1)法律將某項權力之行使授予某個行政機關；(2)行政機關行使上述授權；(3)國會保留使該項授權行使之結果歸於無效的權力。參閱Walter J. Oleszek: Congressional Procedures and the Policy Process, 2nd ed., Washington D. C.: Congressional Quarterly Inc., 1984, p. 228；引自湯德宗譯：《國會程序與政策過程》，台北：正中書局，民國81年3月，321頁。

2 日落立法係指附有一定有效期限的法律，期限一到就如落日一般，須重新檢討其存廢，否則該法即自動失效。參閱羅傳賢：《立法學實用辭典》，3版，台北：五南圖書出版公司，民國103年9月，710-713頁。

3 參閱施能傑：《國會監督與政策執行——美國經驗之研究並兼論我國的發展》，初版，台北：台灣商務印書館，民國76年3月，38-40及45-50頁；Walter J. Oleszek, op.cit., pp. 227-235，引自湯德宗譯：《國會程序與政策過程》，320-333頁。

第一節　人事控制

依憲法及增修條文相關規定，立法院目前所能行使同意權的對象，包括司法院院長、副院長、大法官，考試院院長、副院長、考試委員，監察院院長、副院長、監察委員及審計長[4]。另依中央行政機關組織基準法第21條第1項的規定，立法院對獨立機關合議制成員中屬專任者，可行使其人事同意權，其中包括中央選舉委員會、公平交易委員會及國家通訊傳播委員會等機關人員；次依法院組織法第66條第7項的規定，立法院對最高法院檢察署檢察總長，亦得行使人事同意權。此外，依促進轉型正義條例第8條之規定，促進轉型正義委員會主任委員、副主任委員及委員，立法院亦得行使人事同意權。

復就憲法增修條文相關規定，除前述人事同意權外，立法院更可對總統、副總統提出彈劾與罷免權，以及對行政院院長提出不信任案。

另按國會監督角度以觀，在「一致政府」（Unified government）與「分立政府」（Divided government）下，實有不同的運作策略[5]。茲分就憲法、組織法所規範的人事同意權、總統副總統的彈劾與罷免案，以及對行政院院長提出不信任案加以論述。

策略88　憲法規範對象

一、議場實景

（一）立法院第 8 屆第 4 會期第 2 次院會

時間：中華民國102年9月24日（星期二）上午12時

---

4 依憲法第55條之規定，行政院院長由總統提名，經立法院同意任命之；但依民國86年7月21日公布之憲法增修條文第3條第1項的規定，行政院院長改逕由總統任命，而毋庸立法院同意。

5 學者以行政首長與國會的多數席次所屬政黨作爲分類標準，將政府型態區分爲「一致政府」與「分立政府」；所謂一致政府，意指在政府體制中，行政與立法部門皆由同一政黨所控制，而分立政府則指在政府體制中，行政與立法部門分屬不同政黨控制。就政府的運作而言，一致政府的架構下，執政黨因可擔任行政與立法部門間的橋梁，具有政策協調、意見折衝等多項功能；惟在分立政府的架構下，將可能造成下列的影響：(1)行政首長與國會分屬不同的政黨時，國會即扮演監督行政部門的關鍵角色，經常在其掌握的委員會阻撓行政首長所推行的政務，降低行政體系的效率；(2)行政首長與國會多數黨各有立場，易造成兩者關係不協調，導致重要政策的法律制定往往遭致擱置延宕的命運，降低法案的生產力；(3)分立政府在政策的制定或執行過程中，有可能會比一致政府出現較顯著的更迭，而形成政策之間缺乏連續性；(4)執政黨與在野黨的界限不易區分，造成彼此政策混淆、爭功諉過的現象，而使政策的制定與執行的疏失責任無法釐清，導致民主政治所強調政治責任與回應性的特質無從體現；(5)就國家政治經濟情況而言，在一致政府時期國家總體經濟表現較佳，而分立政府則造成政策偏失與預算赤字竄升。參閱吳重禮、陳慧玟譯（David R. Mayhew著）：《分立政府：1946~1990年期間之政黨控制、立法與調查》，初版，台北：五南圖書出版公司，民國90年9月，2及9-11頁。

地點：本院議場
主席：王院長金平　洪副院長秀柱
副秘書長：周萬來

周副秘書長萬來：報告院會，出席委員100人，已足法定人數。
主席：現在開會。針對本次會議議程繼續休息協商，下午2時30分繼續開會。本次會議不處理臨時提案。現在休息。
主席：現在繼續開會（14時50分），進行報告事項第2案。（第1案，略。）
二、總統咨，爲審計部審計長林慶隆任期於本（102）年10月1日屆滿，依據憲法第104條規定，提名林慶隆續任審計部審計長，咨請同意案。（程序委員會意見：擬請院會將本案交全院委員會審查。）
主席：請問院會，對本案照程序委員會意見處理，有無異議？（無）無異議，照程序委員會意見辦理。[6]

（二）立法院第8屆第4會期第3次院會

時間：102年9月27日（星期五）上午10時17分、下午3時56分
地點：本院議場
主席：王院長金平
秘書長：林錫山
副秘書長：周萬來

周副秘書長萬來：報告院會，出席委員99人，已足法定人數。
主席：現在開會，處理議程草案（略），進行報告事項（略）。
主席：現在宣讀審查報告。
審計部審計長同意權案全院委員會審查報告
總統依據憲法第104條規定，提名林慶隆續任審計部審計長咨請同意案，經提本院第8屆第4會期第2次會議報告後，決定：交全院委員會審查。
依102年9月18日（星期三）朝野黨團協商結論並提報院會決定於9月26日（星期四）舉行全院委員會，審查審計部審計長被提名人資格及

6　參閱立法院公報，102卷，48（二）期，民國102年10月2日，1頁。

是否適任之相關事項，會議由院長王金平、副院長洪秀柱分別擔任主席。被提名人林慶隆先生應邀列席說明20分鐘後，隨即由各黨團推派之委員代表進行詢答，未參加黨團之委員依例優先發言，每位委員發言時間15分鐘，計有委員李桐豪等16人詢問，均由被提名人林慶隆先生答復。

全案審查完竣，爰決議：「提報院會，以無記名投票表決。」[7]

主席：審查報告已宣讀完畢，現在進行對總統提名審計部審計長同意權的行使，進行投票表決。

在投票表決之前作2項宣告：一、投、開票監察員，由國民黨黨團推派陳委員鎮湘、曾委員巨威，民進黨黨團推派邱委員志偉，台聯黨團不推派。現在請大家就位。二、投票時間為1小時。投票截止時間為中午12時50分，如全體委員在中午12時50分前均已投票完畢，則提前開票。現在請工作人員佈置投票所，並請投、開票監察員執行監察職務。

（佈置投票所）

為便於領票及投票，領票時請各位委員分區領票。編號第1號到第60號的委員請到南區領票處領票，第61號到第112號的委員請到北區領票處領票。

現在請各位委員開始分區領票及投票。

（進行投票）

主席：報告院會，投票截止時間已到，現在按鈴並請工作人員佈置開票所。

（佈置開票所）

主席：現在宣布發票報告書。

立法院行使審計部審計長同意權發票報告書：

發出票數109張

用餘票數3張

合計112張

邱志偉　曾巨威　陳鎮湘

中華民國102年9月27日

主席：現在開始開票、唱票。

（進行開票、唱票）

主席：報告院會，立法院行使審計部審計長同意權投票表決結果：同意票109張，不同意票0張，無效票0張。

7　全院委員會審查過程，參閱前注公報，97-140頁。

決議：「林慶隆先生獲得超過全體立法委員1/2以上之同意票，依法同意爲審計部審計長。」

主席：報告院會，下午3時繼續開會。現在休息（13時2分）[8]。

二、相關規範

（一）憲法第 104 條

監察院設審計長，由總統提名，經立法院同意任命之。

（二）審計部組織法第 2 條

審計長應具有左列資格之一：

一、曾任審計長，成績卓著者。

二、曾任副審計長5年以上，或審計官9年以上，成績優良者。

三、曾任專科以上學校會計、審計課程教授10年以上，聲譽卓著，或具有會計、審計學科之權威著作者。

四、曾任高級簡任官6年以上，聲譽卓著，並富有會計、審計學識經驗者。

五、曾任監察委員6年以上，富有會計、審計學識經驗，聲譽卓著者。

（三）立法院職權行使法

1. 第29條

立法院依憲法第104條或憲法增修條文第5條第1項、第6條第2項、第7條第2項行使同意權時，不經討論，交付全院委員會審查，審查後提出院會以無記名投票表決，經超過全體立法委員1/2以上之同意爲通過。

2. 第30條

全院委員會就被提名人之資格及是否適任之相關事項進行審查與詢問，由立法院咨請總統通知被提名人列席說明與答詢。（第1項）

全院委員會於必要時，得就司法院院長副院長、考試院院長副院長及監察院院長副院長與其他被提名人分開審查。（第2項）

3. 第31條

同意權行使之結果，由立法院咨復總統。如被提名人未獲同意，總統應另

8 參閱立法院公報，102卷，49期，民國102年10月9日，1、43及44頁。

提他人咨請立法院同意。

三、策略研析

審計長首重其專業學養，較無政治意涵，且就實務以觀，總統所提名人選，大抵為主計長轉任、現任審計長續任或副審計長升任。因此，立法院行使同意權時，均予通過。本案被提名人選為現任審計長，且具專業，乃獲投票委員全數通過。倘國會成員認為該被提名人選不具專業或有其政治考量，自可不同意而投反對票，以達人事監督的目的。

策略89　憲法增修條文規範對象

一、議場實景

（一）立法院第 8 屆第 5 會期第 11 次院會

時間：中華民國103年5月23日（星期五）上午10時42分

地點：本院議場

主席：王院長金平　洪副院長秀柱

秘書長：林錫山

副秘書長：周萬來

秘書長：報告院會，出席委員71人，已足法定人數。

主席：現在開會（因程序委員會未能審定本次會議議事日程，草案處理過程，略。），進行報告事項第3案。（第1案及第2案，略。）

3.總統咨，為監察院第四屆院長、副院長及監察委員任期於本（103）年7月31日屆滿，依據憲法增修條文第7條第2項規定，提名張博雅、孫大川、江綺雯、章仁香、高鳳仙、江明蒼、方萬富、林雅鋒、楊美鈴、余騰芳、李月德、劉德勳、陳慶財、薛春明、程仁宏、李炳南、陳小紅、施鴻志、蔡培村、王惠珀、包宗和、康照洲、尹祚芊、沈美真、許國文、許文彬、范良銹、仉桂美、王美玉29人為監察院第五屆監察委員；並以張博雅為院長、孫大川為副院長，咨請同意案。（議事處意見：擬請院會將本案交全院委員會審查。）

主席：請問院會，對本案照議事處意見處理，有無異議？（無）無異議，照議事處意見處理。[9]

9　參閱立法院公報，103卷，41期，民國103年6月4日，1及37頁。

（二）立法院第 8 屆第 5 會期第 1 次臨時會第 1 次會議

時間：中華民國103年6月13日（星期五）下午3時5分

地點：本院議場

主席：王院長金平

副秘書長：周萬來

副秘書長：出席委員59人，已足法定人數。

主席：現在開會，進行討論事項第2案。（第1案，略）

二、（一）本院民進黨黨團，針對第8屆第5會期第11次會議程報告事項第3案總統咨，爲監察院第四屆院長、副院長及監察委員任期於本（103）年7月31日屆滿，依據憲法增修條文第7條第2項規定，提名張博雅、孫大川、江綺雯、章仁香、高鳳仙、江明蒼、方萬富、林雅鋒、楊美鈴、余騰芳、李月德、劉德勳、陳慶財、薛春明、程仁宏、李炳南、陳小紅、施鴻志、蔡培村、王惠珀、包宗和、康照洲、尹祚芊、沈美眞、許國文、許文彬、范良銹、仉桂美、王美玉29人爲監察院第五屆監察委員；並以張博雅爲院長、孫大川爲副院長，咨請同意案之決定，提出復議，請公決案。（本案經提本院第8屆第5會期第12次會議決定：另定期處理。爰於本次會議提出處理。）

（二）本院台灣團結聯盟黨團，針對第8屆第5會期第11次議程報告事項第3案總統咨，爲監察院第四屆院長、副院長及監察委員任期於本（103）年7月31日屆滿，依據憲法增修條文第7條第2項規定，提名張博雅、孫大川、江綺雯、章仁香、高鳳仙、江明蒼、方萬富、林雅鋒、楊美鈴、余騰芳、李月德、劉德勳、陳慶財、薛春明、程仁宏、李炳南、陳小紅、施鴻志、蔡培村、王惠珀、包宗和、康照洲、尹祚芊、沈美眞、許國文、許文彬、范良銹、仉桂美、王美玉29人爲監察院第五屆監察委員；並以張博雅爲院長、孫大川爲副院長，咨請同意案之決定，提出復議，請公決案。（本案經提本院第8屆第5會期第12次會議決定：另定期處理。爰於本次會議提出處理。）

主席：宣讀案由。

民進黨黨團提案：本院民進黨黨團，針對第8屆第5會期第11次會議程報告事項第3案院會所作之決定提請復議。（提案人：民主進步黨立法院黨團　柯建銘　高志鵬　吳秉叡）

台聯黨團提案：本院台灣團結聯盟黨團，針對第8屆第5會期第11次議程報告事項第2案及第3案等2案，依法提出復議，是否有當，敬請公決。（提案人：台灣團結聯盟立法院黨團　賴振昌）[10]

主席：請問院會，對民進黨黨團及台聯黨團所提復議案照案通過有無異議？（有）有異議。既有異議，交付表決。

現在進行表決，贊成民進黨黨團及台聯黨團所提復議案者請按「贊成」，反對者請按「反對」，棄權者請按「棄權」，計時1分鐘，現在進行記名表決。

（進行表決）

主席：報告表決結果：出席委員人數103人，贊成者42人，反對者61人，棄權者0人，贊成者少數，本案不通過。（表決結果名單，略。）

主席：本案作如下決議：「民進黨黨團及台聯黨團所提復議案不予通過，本案報告事項照第5會期第11次會議原作決定處理。」[11]

報告院會，現在繼續針對考試院、監察院人事同意權行使審查時程進行處理，首先處理考試院人事同意權行使部分，現有國民黨黨團提案，請宣讀提案內容（略）。

繼續處理監察院人事同意權的行使部分。現有國民黨黨團提案，請宣讀提案內容。

國民黨黨團提案：本院國民黨黨團建請監察院人事同意權案審查時程如下：

一、定於6月23日（星期一）舉行監察院院長、副院長及監察委員被提名人同意權案公聽會，由各黨團推薦學者專家代表7人參加，依政黨比例由國民黨黨團推薦4人、民進黨黨團推薦2人、台灣團結聯盟黨團推薦1人；各黨團審查小組委員亦依上述比例推派委員組成；未參加黨團之委員得列席公聽會發言。學者專家及審查小組委員名單，請於6月18日（星期三）中午12時前送交議事處彙整，逾時視同放棄。

二、6月24日（星期二）改開全院委員會，並與6月25日（星期三）及6

10 民進黨黨團與台聯黨團所提復議案的處理，參閱立法院公報，103卷，43期，民國103年6月9日，255及256頁。

11 參閱立法院公報，103卷，48期，民國103年7月1日，1及3-5頁。

月26日（星期四）視爲一次全院委員會。6月24日（星期二）審查監察院院長及副院長被提名人同意權案；6月25日（星期三）及6月26日（星期四）審查監察委員被提名人同意權案，每日各由15位委員進行詢答，依政黨比例由國民黨黨團推派9人、民進黨黨團推派5人、台灣團結聯盟黨團推派1人代表進行；未參加黨團之委員得優先發言。各黨團推派名單，請於6月23日（星期一）中午12時前送交議事處彙整，逾時視同放棄。詢答採即問即答方式進行，每位委員詢答時間爲15分鐘，並得採聯合詢問，但其人數不得超過3人；詢答順序依例授權議事處辦理。審查完畢後，於6月27日（星期五）院會進行同意權案投票表決（相關審查時程及事務如附件）。

提案人：中國國民黨立法院黨團　王廷升

主席：請問院會，對國民黨黨團提案有無異議？（無）無異議，照案通過。

現作如下宣告：「一、定於6月23日（星期一）舉行監察院院長、副院長及監察委員被提名人同意權案公聽會，由各黨團推薦學者專家代表7人參加，依政黨比例由國民黨黨團推薦4人、民進黨黨團推薦2人、台灣團結聯盟黨團推薦1人；各黨團審查小組委員亦依上述比例推派委員組成；未參加黨團之委員得列席公聽會發言。學者專家及審查小組委員名單，請於6月18日（星期三）中午12時前送交議事處彙整，逾時視同放棄。二、6月24日（星期二）改開全院委員會，並與6月25日（星期三）及6月26日（星期四）視爲一次全院委員會。6月24日（星期二）審查監察院院長及副院長被提名人同意權案；6月25日（星期三）及6月26日（星期四）審查監察委員被提名人同意權案，每日各由15位委員進行詢答，依政黨比例由國民黨黨團推派9人、民進黨黨團推派5人、台灣團結聯盟黨團推派1人代表進行；未參加黨團之委員得優先發言。各黨團推派名單，請於6月23日（星期一）中午12時前送交議事處彙整，逾時視同放棄。詢答採即問即答方式進行，每位委員詢答時間爲15分鐘，並得採聯合詢問，但其人數不得超過3人；詢答順序依例授權議事處辦理。審查完畢後，於6月27日（星期五）院會進行同意權案投票表決。」

本次會議議程均已處理完畢，現在散會（15時24分）[12]。

12　參閱前注公報，7-9頁。

（三）立法院第8屆第5會期第1次臨時會第4次會議

時間：中華民國103年6月27日（星期五）上午10時52分

地點：本院議場

主席：王院長金平

副秘書長：周萬來

副秘書長：出席委員93人，已足法定人數。

主席：現在開會，進行報告事項（略）。

主席：現在進行討論事項第1案。

一、本院民進黨黨團，針對第8屆第5會期第1次臨時會第1次會議「監察院人事同意權案」審查時程之決定，提出復議，請公決案。（本案經提本院第8屆第5會期第1次臨時會第2次會議決定：另定期處理。爰於本次會議提出處理。）

民進黨黨團提案：本院民進黨黨團，針對第8屆第5會期第1次臨時會第1次會議「監察院人事同意權案審查時程」之決定，提出復議（提案人：民主進步黨立法院黨團　柯建銘　蔡其昌　蕭美琴）[13]。

主席：現在進行處理。請問院會，對民進黨黨團所提復議案照案通過有無異議？（無）無異議，通過。現在作以下宣告：「監察院人事同意權案審查時程另行決定。」

現有國民黨黨團針對監察院人事同意權之行使提出動議。

國民黨黨團提案：本院國民黨黨團針對第8屆第5會期第1次臨時會第4次會議有關「監察院人事同意權案」審查時程提出修正動議如下：一、定於6月30日（星期一）舉行監察院院長、副院長及監察委員被提名人同意權案公聽會，由各黨團推薦學者專家代表7人參加，依政黨比例由國民黨黨團推薦4人、民進黨黨團推薦2人、台灣團結聯盟黨團推薦1人；各黨團審查小組委員亦依上述比例推派委員組成；未參加黨團之委員得列席公聽會發言。學者專家及審查小組委員名單，請於6月27日（星期五）下午5時前送交議事處彙整，逾期視同放棄。二、7月1日（星期二）改開全院委員會，並與7月2日（星期三）及7月3日（星期四）視爲一次全院委員會。7月1日（星期二）審查監察院院長及副院長被提名人同意權案；7月2日（星期三）及7月3日（星期四）審查監察

13　參閱前注公報，31頁。

委員被提名人同意權案，每日各由15位委員進行詢答，依政黨比例由國民黨黨團推派7人、民進黨黨團推派7人、台灣團結聯盟黨團推派1人代表進行；未參加黨團之委員得優先發言。各黨團推派名單，請於6月30日（星期一）中午12時前送交議事處彙整，逾時視同放棄。詢答採即問即答方式進行，每位委員詢答時間爲20分鐘，並得採聯合詢問，但其人數不得超過3人；詢答順序依例授權議事處辦理。審查完畢後，於7月4日（星期五）院會進行同意權案投票表決（相關審查時程及事務如附件），是否有當？敬請公決。（提案人：中國國民黨立法院黨團　王廷升）

主席：請問院會，對上述提案有無異議？（有）有異議，既有異議，交付表決。現在按鈴7分鐘。

（按鈴）

主席：現在進行表決。贊成國民黨黨團所提修正動議者請按「贊成」，反對者請按「反對」，棄權者請按「棄權」，計時1分鐘，現在進行記名表決。

（進行表決）

主席：報告表決結果：出席委員102人，贊成者59人，反對者43人，棄權者0人，贊成者多數，本案通過。（表決結果名單，略。）

主席：現在作如下決定：一、定於6月30日（星期一）舉行監察院院長、副院長及監察委員被提名人同意權案公聽會，由各黨團推薦學者專家代表7人參加，依政黨比例由國民黨黨團推薦4人、民進黨黨團推薦2人、台灣團結聯盟黨團推薦1人；各黨團審查小組委員亦依上述比例推派委員組成；未參加黨團之委員得列席公聽會發言。學者專家及審查小組委員名單，請於6月27日（星期五）下午5時前送交議事處彙整，逾期視同放棄。二、7月1日（星期二）改開全院委員會，並與7月2日（星期三）及7月3日（星期四）視爲一次全院委員會。7月1日（星期二）審查監察院院長及副院長被提名人同意權案；7月2日（星期三）及7月3日（星期四）審查監察委員被提名人同意權案，每日各由15位委員進行詢答，依政黨比例由國民黨黨團推派7人、民進黨黨團推派7人、台灣團結聯盟黨團推派1人代表進行；未參加黨團之委員得優先發言。各黨團推派名單，請於6月30日（星期一）中午12時前送交議事處彙整，逾時視同放棄。詢答採即問即答方式進行，每位委員詢答時間爲20分鐘，並得採聯合詢問，但其人數不得超過3人；詢答順序依例授權議事處辦理。審查完畢後，於7月4日（星期五）院會進行同意權案投票表決（相關審查時程及事務如附件）。[14]

（四）立法院第8屆第5會期第1次臨時會第5次會議

時間：中華民國103年7月4日（星期五）上午9時1分

地點：本院議場

主席：王院長金平

副秘書長：周萬來

副秘書長：出席委員69人，已足法定人數。

主席：現在開會，進行報告事項（略）。

主席：現在進行同意權之行使事項。

一、本院全院委員會報告審查總統咨，爲監察院第四屆院長、副院長及監察委員任期於本（103）年7月31日屆滿，依據憲法增修條文第7條第2項規定，提名張博雅、孫大川、江綺雯、章仁香、高鳳仙、江明蒼、方萬富、林雅鋒、楊美鈴、余騰芳、李月德、劉德勳、陳慶財、薛春明、程仁宏、李炳南、陳小紅、施鴻志、蔡培村、王惠珀、包宗和、康照洲、尹祚芊、沈美眞、許國文、許文彬、范良銹、仉桂美、王美玉29人爲監察院第五屆監察委員；並以張博雅爲院長、孫大川爲副院長，咨請同意案。（本案經提本院第8屆第5會期第1次臨時會第1次會議討論決議：交全院委員會審查。茲接報告，爰於本次會議提出投票表決。）

主席：現在宣讀全院委員會審查報告。

監察院第五屆院長、副院長暨監察委員行使同意權案全院委員會審查報告總統咨，爲監察院第四屆院長、副院長及監察委員任期於本（103）年7月31日屆滿，依據憲法增修條文第7條第2項規定，提名張博雅、孫大川、江綺雯、章仁香、高鳳仙、江明蒼、方萬富、林雅鋒、楊美鈴、余騰芳、李月德、劉德勳、陳慶財、薛春明、程仁宏、李炳南、陳小紅、施鴻志、蔡培村、王惠珀、包宗和、康照洲、尹祚芊、沈美眞、許國文、許文彬、范良銹、仉桂美、王美玉29人爲監察院第五屆監察委員；並以張博雅爲院長、孫大川爲副院長，咨請同意案，經提本院第8屆第5會期第11次會議報告後，決定：交全院委員會審查。

---

14 參閱立法院公報，103卷，49期，民國103年7月15日，3-6頁。

嗣因民進黨黨團及台灣團結聯盟黨團於第8屆第5會期第12次會議散會前，對上開院會決定提出復議，並決議另定期處理。復於103年6月13日下午召開第8屆第5會期第1次臨時會第1次會議對上開復議進行表決處理，俟該復議動議被否決後，院會即決議依原（第11次）決定交全院委員會審查，國民黨黨團隨即將本案同意權之行使審查時程提報第1次臨時會第1次院會通過。惟民進黨黨團復於第1次臨時會第2次院會散會前對本案同意權之審查時程提出復議；於第1次臨時會第4次會議對上開復議進行處理，嗣同意該復議動議後，國民黨黨團隨即提出修正動議，並經表決通過確定本案之同意權相關審查時程。
依上述第1次臨時會第4次院會通過之同意權審查時程，本院於103年6月30日（星期一）上午舉行全院委員會公聽會，邀請各黨團推薦之學者專家張瓊玲等6人發表意見，再由本院各黨團所組成之審查小組委員呂學樟等6人發言詢問，並由學者專家綜合答覆。另將公聽會發言紀錄彙印成冊，供全體委員審查時參考。
再依該（第4）次院會所通過之審查時程決定7月1日（星期二）、7月2日（星期三）及7月3日（星期四）舉行全院委員會，並將此3日視爲一次會，會議由院長王金平、副院長洪秀柱分別擔任主席，採即問即答方式進行，每位委員詢答時間20分鐘，未參加黨團之委員依例優先發言。
7月1日（星期二）審查監察委員並爲院長、副院長被提名人之資格及是否適任之相關事項，由院長被提名人張博雅女士及副院長被提名人孫大川先生應邀列席並分別說明與報告20分鐘後，即由各黨團推派之委員代表進行詢答，計有委員陳怡潔等16人詢問，均由院長被提名人張博雅女士及副院長被提名人孫大川先生口頭答復。7月2日（星期三）審查監察委員被提名人江綺雯、章仁香、高鳳仙、江明蒼、方萬富、林雅鋒、楊美鈴、余騰芳、李月德、劉德勳、陳慶財、薛春明、程仁宏等13人之資格及是否適任之相關事項，先由被提名人江綺雯等13人依序說明與報告5分鐘後，即由各黨團推派之委員代表進行詢答，計有委員廖正井等14人詢問，均由被提名人江綺雯等13人口頭答復。7月3日（星期四）審查監察委員被提名人李炳南、陳小紅、施鴻志、蔡培村、王惠珀、包宗和、康照洲、尹祚芊、沈美眞、許國文、許文彬、范良銹、仉桂美、王美玉等14人之資格及是否適任之相關事項，先由被提名人李炳南等14人依序說明與報告5分鐘後，即由各黨團推派之委員代表進行詢答，計有委員段宜康等14人詢問，均由被提名人李炳南等14人口頭答復。

全院委員會於7月3日下午6時01分將全案審查完竣，爰決議：「提報院會，以無記名投票表決。」

主席：審查報告已宣讀完畢。現在進行投票（本次會議進行投票過程，因有委員妨害其他委員投票，致無法順利完成投票程序，乃經主席宣告另定期處理。）[15]。

（五）立法院第8屆第5會期第2次臨時會第1次會議

時間：中華民國103年7月29日（星期二）上午11時24分

地點：本院議場

主席：王院長金平　洪副院長秀柱

副秘書長：周萬來

副秘書長：出席委員96人，已足法定人數。

主席：現在開會，進行報告事項（略）。

主席：現在繼續處理黨團協商結論。請宣讀。

立法院朝野黨團協商結論

時間：103年7月29日（星期二）上午11時10分

地點：議場主席辦公室

決定事項：一、7月29日（星期二）院會於行使監察院人事同意權後，討論事項僅處理第9案，處理完畢後即行散會。

主持人：王金平　洪秀柱

協商代表：柯建銘　蔡其昌　費鴻泰　蕭美琴　周倪安
王廷升（林代）　賴振昌　林鴻池

主席：請問院會，對以上朝野黨團協商結論有無異議？（無）無異議，通過。

103年7月29日朝野黨團協商結論經決定如下：一、7月29日（星期二）院會於行使監察院人事同意權後，討論事項僅處理第9案，處理完畢後即行散會。

主席：現在進行同意權之行使事項。

一、本院全院委員會報告審查總統咨，為監察院第四屆院長、副院長

15 本次會議相關過程，參閱前注公報，269-274頁。

及監察委員任期於本（103）年7月31日屆滿，依據憲法增修條文第7條第2項規定，提名張博雅、孫大川、江綺雯、章仁香、高鳳仙、江明蒼、方萬富、林雅鋒、楊美鈴、余騰芳、李月德、劉德勳、陳慶財、薛春明、程仁宏、李炳南、陳小紅、施鴻志、蔡培村、王惠珀、包宗和、康照洲、尹祚芊、沈美眞、許國文、許文彬、范良銹、仉桂美、王美玉29人爲監察院第五屆監察委員；並以張博雅爲院長、孫大川爲副院長，咨請同意案。（本案經提本院第8屆第5會期第1次臨時會第5次會議決議：另定期處理。爰於本次會議提出投票表決。）

主席：今天上午對總統提名監察院第五屆監察委員並爲院長、副院長同意權之行使，現在進行投票表決，在投票表決之前作下列兩項宣告：一、投、開票監察員，由國民黨黨團推派陳委員淑慧、王委員育敏擔任；民進黨黨團推派蔡委員煌瑯擔任；台灣團結聯盟黨團推派周委員倪安擔任。二、投票截止時間爲下午1時30分，如全體委員於下午1時30分前均已投票完畢，則提前開票。

現在請工作人員佈置投票所，並請投、開票監察員執行監察職務。

（佈置會場）

主席：（11時31分）報告院會，爲便於領票及投票，領票時請各位委員分區領票，編號第1號至第60號委員請到南區領票處領票，編號第61號至第112號委員請到北區領票處領票。

投票時依兩張同意權票分別設有監察院院長及副院長兩種票匭，請大家儘量不要投錯，請監察員先點票。

報告院會，民進黨黨團所推派的監票員改爲蘇委員震清擔任。

現在請各位委員開始分區領票及投票。

（進行投票）

主席：（13時30分）報告院會，投票截止時間已到，請按鈴，並請工作人員佈置開票所。另民進黨黨團投、開票監察員改推邱委員議瑩擔任。

（佈置會場）

主席：（13時33分）報告院會，現在報告發票報告書。

立法院行使監察院監察委員並爲院長、副院長同意權投票表決發票報告書：

發出票數107張

用餘票數5張

合計112張

陳淑慧　王育敏　周倪安　邱議瑩

中華民國103年7月29日

主席：（13時33分）現在開始開票，開票時先進行監察院院長同意權票之唱票，再進行監察院副院長同意權票之唱票，俟兩種同意權票開票完畢以後，再一併宣告投票表決結果。

現在進行開票、唱票。

（進行開票、唱票）

主席：（13時52分）現在報告投票表決結果。

立法院行使監察院監察委員並爲院長、副院長同意權投票表決結果：

張博雅　同意票57張，不同意票36張，無效票14張。

孫大川　同意票60張，不同意票33張，無效票14張。

決議：一、張博雅女士獲得超過全體立法委員1/2之同意票，依法同意爲監察院第五屆監察委員並爲院長。

二、孫大川先生獲得超過全體立法委員1/2之同意票，依法同意爲監察院第五屆監察委員並爲副院長。

王育敏　陳淑慧　周倪安　邱議瑩

中華民國103年7月29日

主席：報告院會，下午2時30分繼續開會，進行對總統提名監察院第五屆監察委員同意權之投票表決，現在休息（13時53分）。

主席：現在繼續開會。今天下午對總統提名監察院第五屆監察委員同意權之行使，現在進行投票表決，在投票表決之前作下列兩項宣告：一、投、開票監察員，由國民黨黨團推派陳委員淑慧、王委員育敏、民進黨黨團推派李委員應元、臺灣團結聯盟黨團推派周委員倪安擔任。二、投票截止時間爲下午4時30分，如全體委員於下午4時30分前均已投票完畢，則提前開票。

現在請工作人員佈置投票所，並請投、開票監察員執行監察職務。

（佈置會場）

主席：（14時32分）報告院會，爲便於領票及投票，領票時請各位委員分區領票，編號第1號至第60號之委員請至南區領票處領票；編號第61號至第112號之委員請至北區領票處領票。投票時，監察委員被提名人27人列爲一張選票。

現在請各位委員開始分區領票及投票。

（進行投票）

主席：（15時14分）報告院會，民進黨黨團投開票監察員改推派尤美女委員擔任。

（進行投票）

主席：（15時23分）報告院會，民進黨黨團投開票監察員改推派黃偉哲委員擔任。

（進行投票）

主席：（16時30分）報告院會，投票截止時間已到，請按鈴，並請工作人員佈置開票所。

（佈置會場）

主席：（16時33分）報告院會，現在報告發票報告書。

立法院行使監察院監察委員同意權投票表決發票報告書：

發出票數109張

用餘票數3張

合計112張

王育敏　　陳淑慧　　周倪安　　黃偉哲

中華民國103年7月29日

主席：（16時37分）報告院會，現在開始開票，進行監察院監察委員同意權選票之唱票。現在進行唱票。

（進行開票、唱票）

主席：（19時36分）現在報告投票表決結果。

立法院行使監察院監察委員同意權投票表決結果：

江綺雯　同意票59張，不同意票39張，無效票11張。

章仁香　同意票61張，不同意票38張，無效票10張。

高鳳仙　同意票63張，不同意票36張，無效票10張。

江明蒼　同意票65張，不同意票35張，無效票9張。

方萬富　同意票64張，不同意票34張，無效票11張。

林雅鋒　同意票63張，不同意票34張，無效票12張。

楊美鈴　同意票60張，不同意票36張，無效票13張。

余騰芳　同意票49張，不同意票44張，無效票16張。

李月德　同意票62張，不同意票35張，無效票12張。

劉德勳　同意票57張，不同意票39張，無效票13張。

陳慶財　同意票63張，不同意票34張，無效票12張。

薛春明　同意票43張，不同意票50張，無效票16張。

程仁宏　同意票37張，不同意票54張，無效票18張。

李炳南　同意票44張，不同意票45張，無效票20張。

陳小紅　同意票64張，不同意票32張，無效票13張。
施鴻志　同意票49張，不同意票42張，無效票18張。
蔡培村　同意票65張，不同意票32張，無效票12張。
王惠珀　同意票50張，不同意票41張，無效票18張。
包宗和　同意票61張，不同意票34張，無效票14張。
康照洲　同意票42張，不同意票49張，無效票18張。
尹祚芊　同意票58張，不同意票34張，無效票17張。
沈美眞　同意票47張，不同意票42張，無效票20張。
許國文　同意票14張，不同意票41張，無效票54張。
許文彬　同意票43張，不同意票48張，無效票18張。
范良銹　同意票49張，不同意票49張，無效票11張。
仉桂美　同意票58張，不同意票35張，無效票16張。
王美玉　同意票62張，不同意票33張，無效票14張。

決議：一、江綺雯、章仁香、高鳳仙、江明蒼、方萬富、林雅鋒、楊美鈴、李月德、劉德勳、陳慶財、陳小紅、蔡培村、包宗和、尹祚芊、仉桂美、王美玉等16人均獲得超過全體立法委員1/2之同意票，依法同意爲監察院第五屆監察委員。

二、余騰芳、薛春明、程仁宏、李炳南、施鴻志、王惠珀、康照洲、沈美眞、許國文、許文彬、范良銹等11人均未獲得超過全體立法委員1/2之同意票，依法不同意爲監察院第五屆監察委員。

周倪安　王育敏　陳淑慧　黃偉哲

中華民國103年7月29日[16]

二、相關規範

（一）憲法增修條文

1. 第5條第1項

司法院設大法官15人，並以其中1人爲院長、1人爲副院長，由總統提名，經立法院同意任命之，自中華民國92年起實施，不適用憲法第79條之規定。司法院大法官除法官轉任者外，不適用憲法第81條及有關法官終身職待遇之規定。

16 參閱立法院公報，103卷，50期，民國103年8月13日，1-5頁。

2. 第6條第2項

考試院設院長、副院長各1人，考試委員若干人，由總統提名，經立法院同意任命之，不適用憲法第84條之規定。

3. 第7條第2項

監察院設監察委員29人，並以其中1人爲院長、1人爲副院長，任期6年，由總統提名，經立法院同意任命之。憲法第91條至第93條之規定停止適用。

（二）司法院組織法第 4 條

大法官應具有下列資格之一：

一、曾任實任法官15年以上而成績卓著者。

二、曾任實任檢察官15年以上而成績卓著者。

三、曾實際執行律師業務25年以上而聲譽卓著者。

四、曾任教育部審定合格之大學或獨立學院專任教授12年以上，講授法官法第5條第4項[17]所定主要法律科目8年以上，有專門著作者。

五、曾任國際法庭法官或在學術機關從事公法學或比較法學之研究而有權威著作者。

六、研究法學，富有政治經驗，聲譽卓著者。（第1項）

具有前項任何1款資格之大法官，其人數不得超過總名額1/3。（第2項）

第1項資格之認定，以提名之日爲準。（第3項）

（三）考試院組織法第 4 條

考試委員應具有下列各款資格之一：

一、曾任大學教授10年以上，聲譽卓著，有專門著作者。

二、高等考試及格20年以上，曾任簡任職滿10年，成績卓著，而有專門著作者。

三、學識豐富，有特殊著作或發明者。（第1項）

前項資格之認定，以提名之日爲準。（第2項）

（四）監察院組織法第 3 條之 1

監察院監察委員，須年滿35歲，並具有下列資格之一：

---

17 第5條第4項文字爲：「第1項第6款、第7款及第3項第6款、第7款所稱主要法律科目，指憲法、民法、刑法、國際私法、商事法、行政法、民事訴訟法、刑事訴訟法、行政訴訟法、強制執行法、破產法及其他經考試院指定爲主要法律科目者而言。」

一、曾任立法委員1任以上或直轄市議員2任以上，聲譽卓著者。

二、任本俸12級以上之法官、檢察官10年以上，並曾任高等法院、高等行政法院以上法官或高等檢察署以上檢察官，成績優異者。

三、曾任簡任職公務員10年以上，成績優異者。

四、曾任大學教授10年以上，聲譽卓著者。

五、國內專門職業及技術人員高等考試及格，執行業務15年以上，聲譽卓著者。

六、清廉正直，富有政治經驗或主持新聞文化事業，聲譽卓著者。

七、對人權議題及保護有專門研究或貢獻，聲譽卓著者；或具與促進及保障人權有關之公民團體實務經驗，著有聲望者。（第1項）

具前項第七款資格之委員，應為7人，不得從缺，並應具多元性，由不同族群、專業領域等代表出任，且任一性別比例不得低於1/3，提名前並應公開徵求公民團體推薦人選。（第2項）

第1項所稱之服務或執業年限，均計算至次屆監察委員就職前1日止。（第3項）

（五）立法院職權行使法

（同前策略）

三、策略研析

依憲法增修條文相關規定，立法院可對司法院大法官（其中各一人併為院長、副院長）、監察委員（其中各一人併為院長、副院長）及考試院院長、副院長、考試委員行使同意權，以達人事控制的目的。在分立政府下，視被提名人對象的政治意涵高低（依序為監察委員、大法官、考試委員），國會成員對其監督強度有所不同；但無論在分立政府或一致政府，針對個別被提名人對象，仍以其專業能力及品德操守為主要的考量條件。就實務檢視，在陳水扁總統主政期間，因屬分立政府狀態，兩度提出的監察委員（補提名李進勇、林筠、郭吉仁、趙揚清為第三屆委員及提名張建邦等29人為第四屆委員，均未獲立法院支持，其中第四屆委員更經司法院解釋後仍不予處理——參閱第7章第5

節策略83[18]，而司法院大法官部分，除原補提名第6屆大法官林菊枝女士及大法官被提名人葉賽鶯女士、劉幸義、許志雄及葉俊榮等先生未獲同意外，其餘各次提名同意權人選均予同意[19]，至於考試院，則僅第10屆考試院副院長被提名人張博雅女士未獲同意外，其餘均予同意[20]。本案雖於一致政府時期，同第四屆監察委員，因被提名人對象的政治意涵較高，致部分被提名人受外在環境、專業能力或品德操守等相關考量而未獲同意，至於大法官及考試委員部分則均獲同意。[21]

策略90　中央行政機關組織基準法（促進轉型正義條例）規範對象

一、議場實景

（一）立法院第 8 屆第 2 會期第 15 次院會

時間：中華民國101年12月28日（星期五）上午11時34分

地點：本院議場

主席：王院長金平　洪副院長秀杜

秘書長：林錫山

副秘書長：周萬來

秘書長：報告院會，出席委員83人，已足法定人數。

主席：現在開會（本次處理議程草案部分，從略。），進行報告事項國民黨黨團增列第5案。（除本案外，原草案所列事項及各黨團增列事項，從略。）

5.行政院函送提名國家通訊傳播委員會委員名單，其中汪用和女士任期至103年7月31日止、江幽芬女士任期至105年7月31日止，請同意案。（本案經提本院第8屆第2會期第13、14次會議決定：退回程序委員會重新提出。爰於本次會議提出。）

18　被提名人李進勇、林筠、郭吉仁、趙揚清爲第3屆委員未獲同意，見立法院公報，91卷，45（一）期，民國91年7月3日，162頁。

19　被提名人林菊枝女士及葉賽鶯女士、劉幸義、許志雄及葉俊榮等先生未獲同意部分，分見立法院公報，91卷，45（一）期，民國91年7月3日，161頁；96卷，63期，民國96年10月8日，27及28頁。

20　被提名人張博雅女士未獲同意，見立法院公報，91卷，45（二）期，民國91年7月3日，615頁。

21　第4屆被提名人沈富雄等4人及第5屆被提名人余騰芳等11人未獲同意部分，分見立法院公報，97卷，45期，民國97年7月14日，73-75頁；103卷，50期，民國103年8月13日，4及5頁。

議事處意見：擬請院會將本案交交通、教育及文化兩委員會審查。

主席：請問院會，對本案照議事處意見處理，有無異議？（無）無異議，照議事處意見處理[22]。

(二) 立法院第8屆第2會期第17次院會

時間：中華民國102年1月11日（星期五）上午11時9分

地點：本院議場

主席：王院長金平　洪副院長秀柱

秘書長：林錫山

副秘書長：周萬來

副秘書長：報告院會，出席委員77人，已足法定人數。

主席：現在開會（本次處理議程草案部分、報告事項及討論事項，均從略。）[23]。

主席：報告院會，現在繼續開會（102年1月14日上午9時），進行行政院函送提名公平交易委員會委員7人及國家通訊傳播委員會委員2人同意權之行使事項（公平交易委員會部分，從略。）[24]。

一、本院交通、教育及文化兩委員會報告審查行政院函送提名國家通訊傳播委員會委員名單，其中汪用和女士任期至103年7月31日止、江幽芬女士任期至105年7月31日止，請同意案。（本案經提本院第8屆第2會期第15次會議報告後決定：交交通、教育及文化兩委員會審查。茲接報告，爰於本次會議提出投票表決。）

主席：現在宣讀審查報告。

一、立法院交通、教育及文化委員會函

受文者：本院議事處

發文日期：中華民國102年1月10日

發文字號：台立交字第1022400024號

主旨：院會交付本委員會等審查行政院函送提名國家通訊傳播委員會委員名單，其中汪用和女士任期至103年7月31日止、江

22 參閱立法院公報，102卷，2期，民國102年1月10日，1及28頁。

23 參閱立法院公報，102卷，5期，民國102年1月24日，1頁。

24 參閱前注公報，676-678及681頁。

幽芬女士任期至105年7月31日止，請同意案，業經舉行聯席會審查完竣，復請查照，提報院會討論。

說明：一、復貴處102年01月08日台立議字第1020700167號函。

二、附審查報告乙份。

行政院函送提名「國家通訊傳播委員會委員名單」審查報告

一、本院議事處102年1月8日台立議字第1020700167號函，爲請本會會同教育及文化委員會審查行政院函送提名國家通訊傳播委員會委員名單，其中汪用和女士任期至103年7月31日止、江幽芬女士任期至105年7月31日止，請同意案，經提本院第8屆第2會期第15次會議報告後決定：「交交通、教育及文化兩委員會審查。」

二、交通、教育及文化委員會於102年1月10日（星期四）舉行第1次聯席會議進行審查。由交通委員會召集委員林明溱擔任主席，會中邀請行政院秘書長陳士魁、國家通訊傳播委員會主任委員石世豪以及汪用和、江幽芬等2位國家通訊傳播委員會委員被提名人列席備詢。

三、行政院秘書長陳士魁說明如次：

今天貴委員會舉行本會期第1次聯席會議，審查本院提名汪用和、江幽芬等2人爲國家通訊傳播委員會（以下簡稱通傳會）委員同意案，本院應邀列席報告，深感榮幸。

（一）法令依據

依通傳會組織法第4條規定：「（第1項）本會置委員7人，均爲專任，任期4年，任滿得連任，由行政院院長提名經立法院同意後任命之，行政院院長爲提名時，應指定1人爲主任委員，1人爲副主任委員……。（第3項）本會委員應具電信、資訊、傳播、法律或財經等專業學識或實務經驗。委員中同一黨籍者不得超過委員總數1/2。（第4項）……委員任滿3個月前，應依第1項程序提名任命新任委員。如因立法院不同意或出缺致委員人數未達足額時，亦同。」

（二）遞補2位委員辭職後遺缺

通傳會張前委員時中、陳前委員元玲業分別於101年8月1日、同年10月31日辭職；張前委員原任期至103年7月31日止，遺缺提名汪用和女士繼任，陳前委員原任期至105年7月31日止，遺缺提名江幽芬女士繼任。

（三）本次通傳會新任委員提名原則

本院對於新任委員之提名原則，係依通傳會組織法第4條之規定辦理，茲說明如下：

1.具豐富之專業學識或實務經驗：依通傳會組織法第4條第3項有關委員應進用具電信等相關領域之「專業學識或實務經驗」者之立法意旨，係爲使通訊傳播領域具有相當學識及嫻熟經驗之人員，得以對通訊傳播業務之管理貢獻所長，俾使該會委員之學經歷涵蓋面更爲周全，兼具理論與實務。因此，本次通傳會委員之提名，經本院考量該會專業需求及任期交錯等因素，就相關領域遴選優秀人才，符合該會組織法第4條第3項之規定。

2.同一黨籍不超過委員總數1/2：依通傳會組織法第4條第3項規定，委員中同一黨籍者不得超過委員總數1/2。因此，本院審慎提名汪用和、江幽芬2位委員中，汪員爲中國國民黨籍、江員爲無黨籍，任命後通傳會委員計有中國國民黨籍2人（另1人爲現任委員劉崇堅）、無黨籍5人，合計7人，符合上開通傳會組織法有關同一黨籍者不得超過委員總數1/2之規定。

（四）本次通傳會新任委員被提名人主要經歷

本院依上開提名原則，經審慎提名汪用和、江幽芬等2人。上述被提名人之主要經歷（專長）重點說明如下：

1.汪用和：

現任永達社福基金會執行長、豆瓜網股份有限公司董事長、玉山娛樂事業股份有限公司董事長、台北市體育總會幼兒體育協會理事長、世界女記者與作家協會中華民國分會理事；曾擔任台視新聞部記者、主播、製作人及節目主持人、中天電視台主播暨資訊台總監、年代電視台等電視台及廣播電台節目主持人等職務。

2.江幽芬：

現任通傳會技監；曾任法務部編審、行政院法規委員會編審、科長、原交通部電信總局法制室主任、通傳會法律事務處副處長、參事等職務。

（五）結論

本次通傳會新任委員之提名，經本院就實務界領域遴選優秀人才，提名汪用和、江幽芬等2人，渠等具傳播、電信及法律等領域豐富之專業學識或實務經驗，學經歷俱優。敬請貴院支持同意。

四、與會委員於聽取行政院秘書長陳士魁說明後，進行詢答。計有委員盧嘉辰、葉宜津、李昆澤、羅淑蕾、李鴻鈞、楊麗環、蔡其昌、邱志偉、劉櫂豪、盧秀燕、許智傑、何欣純、魏明谷、王進士、孔文吉、林佳龍、鄭麗君、林淑芬、管碧玲、詹凱臣、薛凌、黃文玲、李俊俋、尤美女、鄭天財、王育敏、陳其邁、許添財等28人提出詢答後，進行本案之審查。

五、經聯席會委員就有關國家通訊傳播委員會委員名單審查討論後，決議如下：

（一）通過協商結論1案：今日（1月10日）交通委員會審查NCC兩位委員，經審查結果，對汪用和女士之部分尚有疑義，經朝野協商同意今日僅送出江幽芬女士，汪用和部分退回院會暫不審查。

協商代表：管碧玲　葉宜津　鄭麗君　陳根德
蔡其昌　林明溱　魏明谷　陳淑慧
王進士　劉櫂豪　李昆澤　羅淑蕾
楊麗環　林鴻池　黃文玲　吳育昇
吳宜臻　尤美女　李俊俋

（二）院會交付審查「行政院函送提名國家通訊傳播委員會委員名單，其中汪用和女士任期至103年7月31日止、江幽芬女士任期至105年7月31日止」案，審查完竣，擬具審查報告，提報院會公決。院會行使同意權前，毋須交由黨團協商；院會討論本案時，由本會召集委員林明溱補充說明。

主席：審查報告已宣讀完畢，請交通委員會林召集委員明溱補充說明。（不在場）召集委員不在場。

報告院會，對國家通訊傳播委員會委員被提名人部分，進行被提名人江幽芬之投票表決。被提名人汪用和同意權之行使部分，另定期處理。

在投票表決之前作下列2項宣告：一、投、開票監察員，由國民黨黨團推派陳委員淑慧，民進黨黨團推派李委員俊俋擔任，台灣團結聯盟黨團及親民黨黨團不推派。二、投票截止時間爲上午11時30分，如全體委員於上午11時30分前均已投票完畢，則提前開票。

現在請工作人員佈置投票所，並請投、開票監察員執行監察職務。

（佈置會場）

主席：（9時5分）爲便於領票及投票，領票時請各位委員分區領票，編號第1號到第60號的委員請到南區領票；編號第61號到第112號的委員請到北區領票。現在請各位委員開始分區領票及投票。

（進行投票）

主席：（11時30分）報告院會，投票截止時間已到，請按鈴，並請工作人員佈置開票所，隨即進行開票。

（佈置會場）

主席：（11時32分）報告院會，現在宣布發票報告書。

立法院行使國家通訊傳播委員會委員同意權投票表決發票報告書：

發出票數106張

用餘票數6張

合計112張

陳淑慧　　李俊俋

中華民國102年1月14日

主席：（11時36分）報告院會，現在開始開票，進行國家通訊傳播委員會委員同意權票之唱票。

（進行開票、唱票）

主席：（12時36分）現在報告投票表決結果。

立法院行使國家通訊傳播委員會委員同意權投票表決結果：

江幽芬同意票63張，不同意票41張，無效票2張。

決議：江幽芬女士獲得出席委員過半數之同意票，同意爲國家通訊傳播委員會委員，任期至105年7月31日止。

陳淑慧　李俊俋

中華民國102年1月14日

二、相關規範

（一）行政院組織法第 9 條

行政院設下列相當中央二級獨立機關：

一、中央選舉委員會。

二、公平交易委員會。

三、國家通訊傳播委員會。

（二）中央行政機關組織基準法第 21 條第 1 項

獨立機關合議制之成員，均應明定其任職期限、任命程序、停職、免職之規定及程序。但相當二級機關之獨立機關，其合議制成員中屬專任者，應先經立法院同意後任命之；其他獨立機關合議制成員由一級機關首長任命之。

（三）國家通訊傳播委員會組織法第 4 條

本會置委員7人，均爲專任，任期4年，任滿得連任，由行政院院長提名經立法院同意後任命之，行政院院長爲提名時，應指定1人爲主任委員，1人爲副主任委員。但本法第1次修正後，第1次任命之委員，其中3人之任期爲2年。（第1項）

本會主任委員，特任，對外代表本會；副主任委員，職務比照簡任第14職等；其餘委員，職務比照簡任第13職等。（第2項）

本會委員應具電信、資訊、傳播、法律或財經等專業學識或實務經驗。委員中同一黨籍者不得超過委員總數1/2。（第3項）

本會委員自本法第1次修正後不分屆次，委員任滿3個月前，應依第1項程序提名任命新任委員。如因立法院不同意或出缺致委員人數未達足額時，亦同。（第4項）

本會委員任期屆滿未能依前項規定提任時，原任委員之任期得延至新任委員就職前1日止，不受第1項任期之限制。（第5項）

第1項規定之行使同意權程序，自立法院第7屆立法委員就職日起施行。（第6項）

（四）中央選舉委員會組織法第 3 條

本會置委員9人至11人，其中1人爲主任委員，特任，對外代表本會；1人爲副主任委員，職務比照簡任第14職等；其餘委員7人至9人。（第1項）

主任委員、副主任委員及委員均由行政院院長提名經立法院同意後任命。委員任期爲4年，任滿得連任1次。但本法施行後，第1次任命之委員，其中5人之任期爲2年。（第2項）

行政院院長應於委員任滿3個月前，依前項程序提名任命新任委員。委員出缺時，行政院院長應於3個月內，依前項程序補提人選，其繼任委員之任期至原任期屆滿之日爲止。但出缺委員所遺任期不足1年，且未逾3人者，不再補提人選。（第3項）

本會委員應遴選具有法政相關學識、經驗之公正人士擔任。委員中同一黨籍者，不得超過委員總數1/3。（第4項）

本會委員除主任委員、副主任委員外，餘爲無給職。（第5項）

本會主任委員、副主任委員及委員有下列情形之一者，得由行政院院長予以免職：

一、因罹病致無法執行職務。

二、違法、廢弛職務或其他失職行爲。

三、因案受羈押或經起訴。（第6項）

（五）公平交易委員會組織法第 4 條

本會置委員7人，均爲專任，任期4年，任滿得連任，由行政院院長提名經立法院同意後任命之，行政院院長任命時，應指定1人爲主任委員，1人爲副主任委員。（第1項）

本會主任委員，特任，對外代表本會；副主任委員，職務比照簡任第14職等；其餘委員職務比照簡任第13職等。（第2項）

本法施行時，如現任委員任期尚未屆滿，由現任委員擔任至其任期屆滿爲止，不受前項任期及任命方式之限制。（第3項）

行政院院長應於委員任滿3個月前，依第1項程序提名新任委員。委員出缺時，其繼任委員之任期至原任期屆滿之日爲止。（第4項）

本會委員任期屆滿未能依前項規定提任時，原任委員之任期得延至新任委員就職前1日止，不受第1項任期之限制。（第5項）

本法施行後初次提名之委員，除主任委員、副主任委員外，其中3位委員任期2年，不受第1項任期之限制。（第6項）

本會委員具有同一黨籍者，不得超過委員總數1/2。（第7項）

（六）促進轉型正義條例

1. 第2條

本條例主管機關爲促進轉型正義委員會（以下簡稱促轉會），不受中央行政機關組織基準法第5條第3項、第32條、第36條及行政院組織法第9條規定之限制。（第1項）

促轉會隸屬於行政院，爲二級獨立機關，除政黨及其附隨組織不當取得財產處理條例另有規定外，依本條例第4條至第7條規定，規劃、推動下列事項：

一、開放政治檔案。

二、清除威權象徵、保存不義遺址。

三、平復司法不法、還原歷史眞相，並促進社會和解。

四、不當黨產之處理及運用。

五、其他轉型正義事項。（第2項）

2. 第8條

促轉會置委員9人，由行政院長提名經立法院同意後任命之。行政院長爲提名時，應指定1人爲主任委員，1人爲副主任委員。主任委員、副主任委員及其他委員3人爲專任；其餘4人爲兼任。但全體委員中，同一政黨之人數不得逾3人；同一性別之人數不得少於3人。（第1項）

立法委員及監察委員不得兼任促轉會委員。（第2項）

促轉會主任委員，特任，對外代表促轉會；副主任委員，職務比照簡任第14職等；其餘專任委員職務比照簡任第13職等。（第3項）

委員任期至促轉會依第11條第2項解散爲止。但行政院長依第11條第1項規定延長促轉會任務期間時，得依第1項程序更換主任委員、副主任委員或其他專、兼任委員。（第4項）

委員有下列情形之一者，得由行政院院長予以免除或解除其職務：

一、死亡或因罹患疾病致不能執行職務。

二、辭職。

三、受監護或輔助宣告，尚未撤銷。

四、違法、廢弛職務或其他失職行爲。

五、因刑事案件受羈押或經起訴。（第5項）

委員因故出缺者，依第1項程序補齊。（第6項）

（七）立法院議事先例

立法院依憲法行使同意權時，按立法院職權行使法相關規定，交全院委員會審查，審查後提報院會以無記名投票表決，經超過全體立法委員1/2之同意爲通過；依相關法律規定所行使之同意權時，則交相關委員會審查[25]，審查後提報院會以無記名投票表決，並經出席立法委員過半數之同意爲通過。

三、策略研析

依中央行政機關組織基準法第21條的規定，立法院對獨立機關合議制成員可行使其人事同意權，而按行政院組織法第9條規定，行政院共設相當中央二級的獨立機關爲中央選舉委員會、公平交易委員會及國家通訊傳播委員會。立法院在行使同意權時，大抵考量其專業學識或實務經驗及品德操守。就實務以觀，行政院所提中央選舉委員會及公平交易委員會委員，無論在分立政府或一致政府下，均獲同意。至於國家通訊傳播委員會委員，除本案汪用和委員因審查會對其尚有疑義而退回院會暫不審查及第6屆第2會期不同意呂忠津爲該會委員[26]外，餘均獲立法院同意。而促進轉型正義委員會委員因在一致政府下，亦均獲同意。因此，國會成員認爲該被提名人的專業學識、實務經驗、品德操守有所不足或其他因素[27]，自可投下反對票而不予同意。

策略91　法院組織法規範對象

一、議場實景

（一）立法院第 8 屆第 5 會期第 5 次院會

時間：中華民國103年4月11日（星期五）上午10時

地點：本院議場

主席：王院長金平

秘書長：林錫山

---

25 國家通訊傳播委員會委員交付交通、教育及文化委員會審查，中央選舉委員會委員交付內政委員會審查，公平交易委員會委員則交付經濟、司法及法制委員會審查。

26 參閱立法院公報，95卷，5期，民國95年1月20日，146-152頁。

27 呂忠津教授嗣後聲明拒絕被提名，參閱前注公報，150頁。

林秘書長錫山：報告院會，出席委員83人，已足法定人數。

主席：現在開會。因程序委員會未開會審定，本次會議議事日程由議事處編製草案提報院會，請問院會，對議程編列順序有無異議？（無）無異議，通過，議程確定。本次會議即照議程排列順序處理。現在進行報告事項第2案及第3案。（第1案，略。）

2.總統咨，爲最高法院檢察署檢察總長黃世銘任期於本（103）年4月18日屆滿，依據法院組織法第66條第8項[28]之規定，提名顏大和爲最高法院檢察署檢察總長，咨請同意案。

3.總統咨，爲本（103）年3月13日華總一禮字第10310002504號咨諒達。茲因原最高法院檢察署檢察總長黃世銘請辭獲准，並於4月3日令免，請依前咨儘速行使同意權後見復。

議事處意見：擬請院會將以上二案均交司法及法制、內政兩委員會審查。

主席：報告院會，以上二案照議事處意見通過。[29]

（二）立法院第 8 屆第 5 會期第 7 次院會

時間：中華民國103年4月25日（星期五）上午11時31分

地點：本院議場

主席：王院長金平

秘書長：林錫山

秘書長：出席委員97人，已足法定人數。

主席：現在開會，因爲朝野黨團有相關意見，現在休息協商（11時31分）

主席：報告院會，現在繼續開會（16時50分）。因各黨團對本次會議報告事項及施政總質詢議程尚無共識，繼續休息協商；4月29日（星期二）上午9時進行同意權之行使事項。

主席：現在繼續開會（103年4月29日上午9時），進行同意權之行使事項。

一、本院司法及法制、內政兩委員會報告審查「總統咨請本院同意顏大和爲最高法院檢察署檢察總長案」案。（本案經提本院第8屆第5會期第5次會議報告決定：交司法及法制、內政兩委員會審查。

---

28 該項規定，總統須於1個月內向立法院提出最高法院檢察署檢察總長人選。

29 參閱立法院公報，103卷，22期，民國103年4月18日，1頁。

茲接報告，爰於本次會議進行投票表決。）

主席：現在宣讀審查報告。

立法院司法及法制、內政委員會函

受文者：議事處

發文日期：中華民國103年4月17日

發文字號：台立司字第1034300230號

主旨：院會交付審查總統咨請本院同意顏大和爲最高法院檢察署檢察總長案，業經審查完竣，復請查照，提報院會公決。

說明：一、復貴處103年4月11日台立議字第1030701178號函。

二、檢附審查報告乙份並檢還被提名人顏大和相關資料。

審查「總統咨請本院同意顏大和爲最高法院檢察署檢察總長」案審查報告

壹、總統103年3月13日華總一禮字第10310002504號咨請同意案及103年4月8日華總一禮字第10310002505號咨爲原最高法院檢察署檢察總長黃世銘請辭獲准，並於4月3日令免，請本院儘速行使同意權後見復，經提本院第8屆第5會期第5次會議報告後併案決定：「交司法及法制、內政兩委員會審查。」

貳、司法及法制、內政兩委員會於103年4月16日（星期三）召開第8屆第5會期第1次聯席會議，對上開案進行審查；由司法及法制委員會召集委員廖正井擔任主席，邀請最高法院檢察署檢察總長被提名人顏大和先生提出報告並備質詢。

參、被提名人顏大和先生報告

貴委員會今天就總統咨請大院同意最高法院檢察署檢察總長（以下稱檢察總長）被提名人一案進行審查，個人奉邀前來列席報告並備詢，深感榮幸，謹報告如下：

一、個人這次能被總統提名爲檢察總長人選，不但是一項殊榮，更是責任的承擔。在此接受代表人民的大院委員審查及詢問，更深感責任重大。因此，如幸獲大院同意，未來能就任此一新職，個人當抱持臨深履薄的心情，要求自己承先啓後，開創檢察新紀元，以不負人民的期待。

二、個人擔任檢察總長之工作理念

依據法官法第93條第1項、法院組織法第63條第1項及第64條之規定，檢察總長依法指揮監督全國各級檢察署的檢察官，並得親自處理其所指揮監督之檢察官的事務，並得將該事務移轉給其他其所指揮監督之其他檢察官。因此，檢察總長具有統領檢察體系、實現法律職權、落實刑事政策、追訴處罰犯罪、導引社會和諧諸多職責。個人必將凝聚檢察體系「專業、熱忱、負責」的核心價值，以身作則並要求受指揮監督之各級檢察官應擔負「法治國的守護者」的角色。做到：

（一）忠於人民、獨立超然：檢察官爲代表國家追訴犯罪，並具有公益代表人角色，檢察總長之任命須經大院同意，故個人效忠對象爲全體人民，必當嚴守中立屬性及獨立超然辦案立場。

（二）不畏權勢、伸張公理：不法官僚、權貴與黑金勢力等，往往觸犯刑章，遮掩犯行，或造成偵辦犯罪的阻力，個人必當秉持公義之所在，展現不懼強權惡勢力的魄力，展現打擊犯罪的決心。

（三）嚴守程序正義及證據法則：檢察官的職責固然是在打擊犯罪，但在蒐集、調查、追訴犯罪的過程中，個人必當要求自己及檢察同仁嚴守程序正義，並依循證據法則，以證據能力的維護爲先，也就是辦案的目的固然要達成，但是過程務必要合法、圓滿。個人深切體會，一個人涉訟或案件纏訟，可能造成當事人身敗名裂、身心痛苦頹廢，甚至累及家人親友。因此，個人將會要求自己及檢察官，絕不濫權起訴或上訴，防杜不公不義的情事發生。

（四）保障人權、維護公理正義：保障人權，爲當今普世價值，檢察官身爲法律正義的維護者，因此，檢察總長尤須以保障人權爲念。在追訴犯罪過程中，除了依法行政之外，更必須深切顧及人權保障，使得在追訴犯罪中能做到「眞實發現」，絕不做有害人權的事務，如此才能彰顯及實現公理正義。

（五）人文關懷、保護弱勢：在現今社會中，仍有一定比例的人數，是處於政、經、社會中弱勢，有待社會各界扶助。檢察官既具有公益代表人角色，個人也必要求自己及檢察官偵查犯罪過程中，應有同理心，以熱忱、謙抑、慈悲、存厚、關懷、用心的態度，去塑造法律「刑期無刑」的功能及符合人民期待的法律感情。除妥適照顧被害人的權益，協助被害人獲得補償外，也要關懷犯罪者的犯罪動機與背景，提供適當的矯治與觀護措施。

（六）謹守檢察行政分際：檢察總長在具體個案上，固有前述對各級檢察官之指揮監督權，惟依法官法第94條第1項第1款、法院組織法第111條第1款規定，「法務部部長監督各級法院及分院檢察署」，也就是行政監督權。個人在檢察個案之指揮監督，必當維護辦案獨立性，不受任何干涉；但在依法所爲之上級（部長）行政監督面，也當嚴守分際，絕不會有「越權」、「濫權」情事發生，以免造成外界誤解而有害檢察獨立性。

三、擔任檢察總長之重要工作重點

檢察官依據刑事訴訟法等法令規定，對外獨立行使職權，對內仍應依法接受指揮監督之義務。檢察總長依據檢察一體原則，透過有系統之架構，妥適行使檢察權。除了各檢察機關原有工作重點外，個人認爲近期中仍應有如下工作重點：

（一）審愼發動強制處分權：強制處分權之發動，固然有利於及時保全刑事證據，確保偵查及追訴犯罪，惟對於人民之自由及權益，影響至鉅。個人必要求所屬檢察官於行使強制處分權時，除符合法定要件及程序外，務必特別注意就個案實施執行或強制處分權之妥當性、必要性及合目的性，審愼爲之。

（二）落實偵查不公開原則：刑事訴訟法第245條第1項已揭示偵查不公開原則，檢、警、調機關自應確實依照「檢察、警察暨調查機關偵查刑事案件新聞處理注意要點」、「偵查不公開作業辦法」等規定發布新聞或適度公開，各機關如有違反規定，自應查究責任。

（三）積極查察賄選、杜絕黑金政治：賄選與貪腐密不可分，查察賄選是檢察機關重要任務。賄選一天不杜絕，查賄行動就一天不中止。個人必當持續督導檢察官嚴查賄選，端正選風，杜絕黑金政治。

（四）執行「正己專案」，整頓司法風紀：司法官的角色、地位及責任較爲特殊及重大，必須具有較高之道德及廉潔標準。且司法又被稱爲正義的最後一道防線，對於不符司法期待或不適任之司法人員，自應本於「正人正己」嚴正態度，加以查處。

（五）督導執行「查緝槍毒」及「反詐騙」專案：國內重大犯罪的發生，有相當部分與槍毒氾濫有關。又電話詐騙恐嚇案件，對眾多民眾生命、財產造成威脅。雖然近年來，由於政府機關通力合作，案件發生數量已有下降趨勢，仍然不可輕忽。相關專案之執行，不但應予持續，且應該增加密度。

（六）積極查緝違反國土保育、食品安全之刑案：我們深愛臺灣這塊土地，但由於近年來天然災害造成地質變動，加以有些不法人士濫採、濫墾、排廢污染物等，已嚴重害及我們這塊土地。在食品安全方面，不肖廠商的不法行爲，已嚴重造成民眾對「食的安全」之重大疑慮。個人將在既存體制下，強化並監督檢察機關及相關機關（單位），嚴予查緝追訴刑事責任，讓民眾安心，維護國家及社會福祉。

（七）尊重特偵組存廢或變革之決定，恪守依法行政：最高法院檢察署設置特別偵查組（以下簡稱特偵組）以後，舉凡在處理部會首長或上將階級軍職人員之貪瀆案件；選務機關、政黨或候選人於總統、副總統或立法委員選舉時，涉嫌全國性舞弊事件或妨害選舉之案件；特殊重大貪瀆、經濟犯罪、危害社會秩序之案件等，固然有一定程度的貢獻。但是不容諱言，在社會各界仍然有不少批評，有待特別偵查組痛定思痛加以檢討改進。在法務部及大院檢討特偵組存廢或改至其他審級檢察機關，目前雖未臻定論。然個人秉諸依法行政立場，絕對尊重特偵組存廢或變革之最終決定，在未修法完成前，個人如獲大院同意任命，對現有特偵組人選，將會多方徵詢意見，除須有優良的品德操守、卓越的辦案能力、團隊的合作精神外，更須有不畏權勢、保護弱勢、維護人權、專業效能及人文關懷等價值情操，消弭外界之疑慮。

四、結語

中華民國的檢察制度建立已逾一百年，在最近十餘年來，對檢察官職權的變化特別重大。個人將秉持法律所賦予的權責，全力捍衛檢察權的中立、客觀、公正，堅守正義的最後一道防線，帶領全體檢察官共同努力建立檢察體系的新形象，以贏得全國人民的信賴與支持。

以上簡要報告，敬請主席、各位委員不吝指教，謝謝各位。

肆、與會委員於聽取被提名人顏大和先生報告後，旋即進行質詢與審查，質詢委員計有廖正井、吳宜臻、李貴敏、柯建銘、葉津鈴、呂學樟、吳秉叡、李俊俋、鄭天財、王惠美、紀國棟、周倪安、高志鵬、陳歐珀、許添財、尤美女及陳唐山等17人；另委員吳育昇、李桐豪2人提出書面質詢。委員所提各項詢問，均經被提名人顏大和先生即席答覆。

伍、爰經決議：一、本案審查完竣，擬具審查報告，提請院會公決。

二、本案不須交由黨團協商。

三、院會進行同意權之行使時，由廖召集委員正井出席說明。

陸、檢還被提名人顏大和先生相關資料。

主席：審查報告已宣讀完畢，請廖召集委員正井補充說明。

廖委員正井：（9時1分）主席、各位同仁。司法及法制、內政兩委員會於今年4月16日舉行聯席會議，針對檢察總長被提名人顏大和先生進行審查，由本席擔任主席。聯席會特別邀請最高法院檢察署檢察總長被提名人顏大和先生提出報告，並備質詢。

被提名人顏大和先生目前是最高法院檢察署主任檢察官，除短暫時間擔任法官職務外，30多年來均在檢察機關及法務部任職，熟悉各項法規變遷過程，也深知檢察行政重點事項。其在報告時提出擔任檢察總長之工作理念，必須凝聚檢察體系「專業、熱忱、負責」的核心價值，以身作則，並要求受指揮監督之各級檢察官應擔負「法治國的守護者」角色。做到：(1)忠於人民、獨立超然；(2)不畏權勢、伸張公理；(3)嚴守程序正義及證據法則；(4)保障人權、維護公理正義；(5)人文關懷、保護弱勢；(6)謹守檢察行政分際。

他也指出未來的重要工作重點：(1)審愼發動強制處分權；(2)落實偵查不公開原則；(3)積極查察賄選、杜絕黑金政治；(4)執行「正己專案」，整頓司法風紀；(5)督導執行「查緝槍毒」及「反詐騙」專案；(6)積極查緝違反國土保育、食品安全之刑案；(7)尊重特偵組存廢或變革之決定，恪守依法行政。

此次審查，我們認爲被提名人顏大和先生的品德操守都沒有問題，但是對於相關法理部分，譬如檢察官濫權起訴、濫權上訴及特偵組定位問題多所詢問，顏大和先生也一一答復。有關特偵組的部分，他表示尊重立法院的決議，但是他有個人的意見，希望特偵組將來改設到高等檢察署，這樣可以有一個救濟的程序。對於學運的部分，他也有做一些說明。最後我們要求檢察總長被提名人顏大和先生，將來務必堅守偵查不公開原則，審愼發動強制處分權，不得濫權起訴，更不能濫權上訴，他也表示同意。

此次審查程序相當順利，在詢答過程中，委員對於被提名人多表達肯定的聲音，顯示馬總統此次提名的檢察總長應該是非常適當的人選。在經過審查後，審查會認爲，檢察總長被提名人顏大和先生適才適所，敬請各位委員全力支持。

以上補充說明，敬請各位同仁指教！謝謝。

主席：現在進行對總統提名最高法院檢察署檢察總長同意權之行使。

在投票表決之前先作以下二項宣告：一、投、開票監察員由國民黨黨團推派詹委員凱臣、李委員貴敏擔任；民進黨黨團及台灣團結聯盟黨團不推派。二、投票截止時間爲上午10時40分；如全體委員上午10時40分前均已投票完畢，則提前開票。

現在請工作人員佈置投票所，並請投、開票監察員執行監察職務。

（佈置會場）

主席：（9時8分）報告院會，爲便於領票及投票，領票時請各位委員分區領票，編號第1號至第60號的委員請到南區領票處領票；編號第61號至第112號的委員請到北區領票處領票。

現在請各位委員開始分區領票及投票。

（進行投票）

主席：（10時40分）報告院會，投票截止時間已到，請按鈴，並請工作人員佈置開票所。

（佈置會場）

主席：（10時42分）報告院會，現在報告發票報告書。

立法院行使最高法院檢察署檢察總長同意權投票表決發票報告書：

發出票數62張

用餘票數50張

合計112張

李貴敏　詹凱臣
中華民國103年4月29日

主席：（10時42分）報告院會，現在進行檢察總長同意權的開票。開始唱票。
（進行開票、唱票）

主席：（10時48分）報告院會，現在宣布投票表決結果。
立法院行使最高法院檢察署檢察總長同意權投票表決結果：顏大和同意票62張，不同意票0張，無效票0張。
決議：顏大和先生獲得出席委員過半數之同意票，同意爲最高法院檢察署檢察總長。
李貴敏　詹凱臣
中華民國103年4月29日[30]

二、相關規範

（一）法院組織法第66條第7項

最高法院檢察署檢察總長由總統提名，經立法院同意任命之，任期4年，不得連任。

（二）立法院議事先例

立法院依憲法行使同意權時，按立法院職權行使法相關規定，交全院委員會審查，審查後提報院會以無記名投票表決，經超過全體立法委員1/2之同意爲通過；依相關法律規定所行使之同意權時，則交相關委員會審查，審查後提報院會以無記名投票表決，並經出席立法委員過半數之同意爲通過。

三、策略研析

依法院組織法第66條第7項之規定，立法院對最高法院檢察署檢察總長得行使同意權。就實務以觀，立法院對其行使同意權，受一致政府與分立政府影響。謝文定先生當時未受在野黨團支持而未獲同意，但陳聰明則受在野黨團內親民黨黨團支持而獲同意[31]。因此，國會成員在行使同意權時，倘未獲出席委員過半的同意，則難以通過。本案在一致政府下，經出席委員過半的同意，而

30 參閱立法院公報，103卷，29期，民國103年5月8日，1-6頁。

31 謝文定先生在出席委員208人中101票同意，而陳聰明先生在出席委員215人中126票同意。分見立法院公報，95卷，15期，民國95年4月14日，106頁；96卷，16期，民國96年2月5日，70頁。

爲最高法院檢察署檢察總長。

策略92　彈劾權

一、議場實景

（無案例）

二、相關規範

（一）憲法增修條文

1. 第2條第10項

立法院提出總統、副總統彈劾案，聲請司法院大法官審理，經憲法法庭判決成立時，被彈劾人應即解職。

2. 第4條第7項

立法院對於總統或副總統之彈劾案，須經全體立法委員1/2以上之提議，全體立法委員2/3以上之決議，聲請司法院大法官審理，不適用憲法第90條、第100條及增修條文第7條第1項有關規定。

（二）立法院職權行使法

1. 第42條

立法院依憲法增修條文第4條第7項之規定，對總統、副總統得提出彈劾案。

2. 第43條

依前條規定彈劾總統或副總統，須經全體立法委員1/2以上提議，以書面詳列彈劾事由，交由程序委員會編列議程提報院會，並不經討論，交付全院委員會審查。（第1項）

全院委員會審查時，得由立法院邀請被彈劾人列席說明。（第2項）

3. 第44條

全院委員會審查後，提出院會以無記名投票表決，如經全體立法委員2/3以上贊成，向司法院大法官提出彈劾案。

三、策略研析

彈劾（Impeachment）是監察權之一種，係監察機關或其他機關對違法或失職之人員所行使的一種監察權或監督權[32]。依民國86年7月21日公布之憲法增修條文第4條第5項的規定，有關總統、副總統的彈劾案改由立法院行使，並將其彈劾要件限縮於犯內亂或外患罪。但經民國89年4月25日及93年8月23日兩次修憲後，復將彈劾要件予以刪除，並改由司法院大法官審理。由於彈劾案的提議爲全體立法委員的1/2，比罷免案（容於策略93再予敘明）的提出額數高。因此，爲追究總統、副總統的法律責任，就策略運用上而言，實難以成事。截至目前爲止，立法院亦無對總統、副總統提出彈劾案的案例。

策略93　罷免權

一、議場實景

（一）立法院第6屆第4會期第7次院會

時間：95年11月10日（星期五）上午10時1分、 11月14日（星期二）上午9時1分

地點：本院議場

主席：王院長金平　鍾副院長榮吉

秘書長：林錫山

副秘書長：余騰芳

秘書長：出席委員79人，已足法定人數。

主席：現在開會，進行報告事項第2案及第3案。（第1案，略。）

2.本院委員蔡錦隆、鄭金玲等92人，有鑑於本（95）年6月以及10月本院二次推動總統罷免案後，陳水扁總統至今未有對其本人、家屬及部屬所涉國務機要費等貪腐弊案表達歉悔之意；以及在915自發性「反貪腐」倒扁遊行活動以來，各地民眾紛紛要求陳水扁總統主動辭職下台之際，陳水扁總統非但未能自我反省及檢討，反而任其政黨動員群眾採取分化族群、暴力反制之方式作爲對抗，以致社會情勢激化，國務難以運作，實令國人咸感深惡痛絕；本（11）月3日高檢署查緝黑金中心協同台北地檢署偵辦國務機要費案結果，正式將陳總統夫婦及親信，以共同貪污、僞造文書及僞證等罪嫌提起公訴（陳總統本人因受憲法第52條之保障，俟罷免或解職後再行訴究），直接證實陳總統

32 洪應灶：《中華民國憲法新論》，6版，台北，自刊本，民國59年8月，225頁。

本人已涉及貪瀆罪嫌。因此爲避免國政的空轉與停擺，並解決當前政治困境與憲政僵局，以保障中華民國2,300萬同胞的整體福祉，決定第3次推動罷免陳水扁總統，以期將陳水扁總統之去留依憲法規定交由全體國民決定，來解決當前政治亂象，請公決案。

3.本院委員鄭金玲、黃義交等61人，針對中華民國總統陳水扁先生與其夫人及家庭成員利用職務之便，貪墨原係專供其處理特定政務之國務機要費，並以其權勢勾串證人於檢察機關調查時爲虛僞不實之證詞，妨礙司法調查與公正性，以行政傲慢嚴重戕害司法權之崇高性，並重創我國際形象。案發至今，仍不改其飾詞卸責、撒謊成性之態度，視國法於無物，行獨裁之統治。此輩與其共犯集團，已不符社會之期待、人民之託付。吾等爲維護國體、維持憲政秩序、挽救國際形象、落實主權在民之本意，依憲法增修條文第2條第9項及立法院職權行使法第44條之1之規定，提出對陳水扁總統罷免案，是否有當，敬請公決。（程序委員會意見：擬請院會將以上二案交全院委員會併案審查。）

主席：第2案及第3案併案處理，國民黨黨團及親民黨黨團建議本案於11月22日（星期三）、11月23日（星期四）召開全院委員會進行審查，11月24日（星期五）提報院會，記名投票表決。請問院會，有無異議？（有）有異議。既有異議，交付表決。
現在按鈴7分鐘。
（按鈴）

主席：國民黨黨團提議，本案採記名表決方式。（中國國民黨黨團：曾永權 蔡錦隆）

主席：現在進行表決。贊成報告事項第2案、第3案依國民黨黨團、親民黨黨團建議，在11月22日、23日召開全院委員會審查，11月24日提報院會記名投票表決者請按「贊成」，反對者請按「反對」，棄權者請按「棄權」，計時1分鐘，現在進行記名表決。
（進行表決）

主席：報告表決結果：在場委員104人，贊成者102人，反對者2人，多數通過。（表決結果名單，略。）

主席：針對方才表決結果，民進黨黨團要求重付表決。
民進黨黨團提案：本案重付表決。（民主進步黨立法院黨團）

主席：現在進行重付表決。贊成報告事項第2案、第3案依國民黨黨團、親民黨黨團建議，在11月22日、23日召開全院委員會審查，11月24日提報院會記名投票表決者請按「贊成」，反對者請按「反對」，棄權者請按「棄權」，計時1分鐘，現在進行記名表決。

（進行表決）

主席：報告表決結果：在場委員107人，贊成者105人，反對者2人，多數通過。（表決結果名單，略。）

主席：本案作如下決定：11月22日（星期三）、11月23日（星期四）召開全院委員會併案審查，提報11月24日（星期五）院會記名投票表決[33]。

（二）立法院第6屆第4會期第9次院會

時間：95年11月24日（星期五）上午10時9分、11月28日（星期二）上午9時10分

地點：本院議場

主席：王院長金平　鍾副院長榮吉

秘書長：林錫山

副秘書長：余騰芳

秘書長：出席委員85人，已足法定人數。

主席：現在開會，進行報告事項（略）。

主席：現在進行罷免總統案事項。

一、全院委員會報告併案審查委員蔡錦隆等92人及委員鄭金玲等61人「對陳水扁總統提出罷免案」案。

主席：以上二案經提本院第6屆第4會期第7次會議報告併案決定：11月22日、23日召開全院委員會併案審查，提報11月24日院會記名投票表決。爰於本次會議提出記名投票表決。

現在宣讀審查報告。

本院委員蔡錦隆等92人及委員鄭金玲等61人分別提出對陳水扁總統罷免案，經提95年11月10日第6屆第4會期第7次會議報告後決定：11月22日（星期三）、11月23日（星期四）召開全院委員會併案審查，提報11月24日（星期五）院會記名投票表決。

本院於95年11月22日上午9時舉行第6屆第4會期第2次全院委員會，由院長王金平任主席，通過11月22日（星期三）及11月23日（星期四）之

33　參閱立法院公報，95卷，48期，民國95年11月21日，1-3頁。

全院委員會視為一次會；並通過國民黨黨團、親民黨黨團共同擬具之「全院委員會審查總統罷免案程序」及議程配當表。

11月22日下午2時30分繼續開會，由副院長鍾榮吉任主席，即依議程配當表進行，先由提案委員蔡錦隆、鄭金玲分別說明罷免總統案提案要旨，接續進行審查；主題為「以公民投票檢驗總統政治責任（誠信問題、國務機要費的違法使用）」，發言委員計有：周守訓、黃義交、徐少萍、馮定國及吳英毅等，並由蔡錦隆、黃義交進行結辯。應邀列席社會有關人員計有：彭錦鵬（台灣大學副教授）、郁慕明（新黨主席）、陸以正（前駐南非大使）、楊泰順（文化大學教授）及呂亞力（文化大學教授）等。

11月23日上午9時繼續召開全院委員會，由副院長鍾榮吉任主席，審查主題為「政治責任VS.法律責任」，發言委員計有：吳清池、賴士葆、趙良燕、曹壽民及紀國棟等，並由吳清池及紀國棟進行結辯。應邀列席社會有關人員計有：蔡瑋（國關中心研究員）、曾穩達（前民進黨台中市黨部主委）及林騰鷂（東海大學教授）等。

11月23日下午2時30分繼續開會，由副院長鍾榮吉任主席，審查主題為「透過全民投票化解政治紛爭，解決憲政僵局」，發言委員計有：林德福、劉文雄、林正二及謝國樑等，並由林滄敏、劉文雄進行結辯。應邀列席社會有關人員計有：葉耀鵬（前監察委員）、楊憲宏（媒體工作者）、高振鵬（演藝工會總幹事）及黃光國（台灣大學教授）等。

全案於11月23日下午審查完竣，並決議：擬具審查報告，提報院會以記名投票表決[34]。

主席：報告院會，審查報告已全部宣讀完畢，依「全院委員會審查總統罷免案程序」第5點規定，請提案代表及答辯人各推派代表向院會作最後說明。

現在先請提案代表蔡委員錦隆說明，發言時間為5分鐘。

蔡委員錦隆（摘述）：自95年6月及10月，在立法院2次推動總統罷免案以來，陳水扁總統不僅未能深切反省改弦更張，而且變本加厲、謊話連篇，其貪污違法的事證，一一呈現在眼前，民眾之怒火持續在全台發燒，促使百萬人民凱道靜坐，全國各地滾滾紅潮，顯見民眾已無法再忍受貪污政權的存在。11月3日高檢署查黑中心偵辦國務機要費，結果將

34 全院委員會審查過程，參閱立法院公報，95卷，51（二）期，民國95年12月1日，323-382頁。

陳水扁夫婦及其親信，分別以共同貪污、僞造文書及僞證罪先提起公訴，直接證實陳總統本人所犯之罪行，更因而促使國內各黨派以及主流民意，要求陳水扁總統下台的呼聲高漲。因此，本院各黨派委員爲回應人民強烈的怒吼，依循憲政體制，第3次提案推動總統罷免案，希望立法院一舉通過，以終結貪腐的政權。在此呼籲各黨派所有立法委員諸公，秉持憲法賦予人民的權利，讓第3次的罷免案能夠走出立法院，讓人民行使複決權，以決定陳水扁總統的去留，讓社會的成本降至最低，以保衛台灣未來長遠的發展。

主席：請鄭委員金玲發言。

鄭委員金玲（摘述）：本席現在代表親民黨推動第3次陳水扁總統罷免案作提案說明，陳水扁就任總統以來，執政態度蠻橫武斷；施政能力顢頇怠惰，造成政局持續空轉，甚至以政治力強力介入經濟發展與民間事業，拖累國家建設與發展，6年下來台灣的國家競爭力排名不斷下降，其中又以政府的貪污腐敗與錯誤的兩岸政策爲主要因素。在此本席呼籲所有民進黨的委員們，你們現在正處在歷史的關鍵時刻，選擇清廉還是貪污、選擇向上提昇還是向下沉淪，全都在你們的一念之間，請你們好好的思考一下，爲台灣的未來思考、爲台灣的下一代思考，今天你的選擇，將會決定下一代的命運，請民進黨及各黨派的委員趕快回到議場來，投下這神聖的一票。

主席：報告院會，因答辯人未委派代表說明，所以答辯人不作說明。

在進行表決前，依朝野黨團協商結論作如下宣告：

一、投開票監察員由各黨團推派1人擔任，現在國民黨黨團、親民黨黨團及台聯黨黨團各推派郭委員素春、徐委員耀昌、郭委員林勇擔任，其餘黨團不推派。

二、投票截止時間爲上午12時，如全體委員在上午12時之前都已經投票完畢，則提前開票。

三、爲便於開票作業，請各位委員分別在南、北兩區領票及投票，編號第1號至第110號的委員請至南區領票及投票，編號第111號至第218號的委員請至北區領票及投票。

現在請工作人員佈置投票所，並請監察員就位，執行監察職務。

現在開始領票及投票。

（進行投票）

主席：報告院會，投票截止時間已到，現在按鈴，同時，請工作人員佈置開票所。

（按鈴）

主席：報告院會，現在報告發票報告書。

罷免總統案記名投票表決發票報告書：

發出票數131張

用餘票數87張

合計218張

郭林勇　徐耀昌　郭素春

主席：現在進行唱票（略）。

主席：報告院會，罷免總統案記名投票表決結果：出席投票委員131人，同意罷免案118票，不同意罷免案1票，無效票12票。

主席：本案決議：「罷免總統案未獲得全體立法委員2/3之同意，罷免總統案不成立。」

報告院會，11月28日（星期二）上午9時繼續開會，進行施政質詢。現在休息（12時26分）。[35]

二、相關規範

（一）憲法增修條文第2條第9項

總統、副總統之罷免案，須經全體立法委員1/4之提議，全體立法委員2/3之同意後提出，並經中華民國自由地區選舉人總額過半數之投票，有效票過半數同意罷免時，即為通過。

（二）立法院職權行使法第44條之1

立法院依憲法增修條文第2條第9項規定提出罷免總統或副總統案，經全體立法委員1/4之提議，附具罷免理由，交由程序委員會編列議程提報院會，並不經討論，交付全院委員會於15日內完成審查。（第1項）

全院委員會審查前，立法院應通知被提議罷免人於審查前7日內提出答辯書。（第2項）

前項答辯書，立法院於收到後，應即分送全體立法委員。（第3項）

被提議罷免人不提出答辯書時，全院委員會仍得逕行審查。（第4項）

全院委員會審查後，即提出院會以記名投票表決，經全體立法委員2/3同意，罷免案成立，當即宣告並咨復被提議罷免人。（第5項）

35　參閱立法院公報，95卷，52（一）期，民國95年12月5日，1及22-28頁。

三、策略研析

罷免因係選舉的反面行為，較具政治考量，其與彈劾具有追究一定違失行為的情形不同[36]。依民國83年8月1日憲法增修條文第2條第9項之規定，總統、副總統之罷免案，須經國民大會代表總額1/4之提議，2/3之同意後提出，並經中華民國自由地區選舉人總額過半數之投票，有效票過半數同意罷免時，始為通過。民國89年4月25日修憲後，有關總統、副總統的罷免案，則改由立法院行使；即經全體立法委員1/4之提議，全體立法委員2/3之同意後提出，並經中華民國自由地區選舉人總額過半數之投票，有效票過半數同意罷免時，即為通過。因此，就罷免與彈劾案提議額數相較，罷免案顯為簡易，且因具有政治意涵，國會成員如為達到總統、副總統的去職或政治宣傳的效果，自可採用罷免的策略。就實務以觀，針對陳水扁總統共提出3次罷免案[37]。

策略94　不信任案

一、議場實景

（一）立法院第 8 屆第 4 會期第 5 次院會

時間：102年10月11日（星期五）上午11時13分

地點：本院議場

主席：王院長金平

副秘書長：周萬來

副秘書長：出席委員90人，已足法定人數。

主席：因本次會議議事日程尚待決定，現在有國民黨黨團提議，依序進行處理（各黨團提案，均從略。）。

主席：報告院會，進行今日議程之前，有柯委員建銘等43人對行政院江宜樺院長提出不信任案。

提案：本院委員柯建銘、高志鵬、吳秉叡等43人，鑒於行政院院長江宜樺於任職期間，與總統馬英九、檢察總長黃世銘等密謀發動政治鬥爭整肅政敵，違反憲政分際，公然干涉屬國會自律範疇之

36 參閱陳新民：《憲法學釋論》，修正7版，台北：三民書局，民國100年9月，624頁。

37 參閱周萬來：《立法院職權行使法逐條釋論》，3版，台北：五南圖書出版公司，民國108年12月，237-239頁。

國會運作與人事，顛倒權力制衡關係，嚴重危害自由民主憲政秩序；違法濫權監聽國會，侵害憲法第12條對人民秘密通訊自由之保障，爲台灣民主發展史上最大恥辱；未遵守自由民主國家涉外談判先由國會授權之憲政常理，在無國會授權、參與，也未進行社會影響評估之下，恣意進行黑箱談判並簽訂「兩岸服務貿易協議」，背離國民主權之憲政原則，而不對等的協議條文與承諾開放內容，更置憲法基本國策中對中小型經濟事業保障於不顧；行政院院長江宜樺罔顧停建核四之廣大民意，反而恫嚇國人並透過反命題、鳥籠公投門檻，違法操弄核四公投案，詐術治國行徑，違反責任政治之憲政規範；國人洪仲丘依憲法服兵役反遭受黑幫化私刑致死，對於眞相調查消極以對，視人民生存權益如無物；放任行政權恣意濫權，不當封鎖管制、濫權逮捕國民，侵害憲法保障人身自由、表意自由與集會遊行之權。行政院院長江宜樺自任職以來，面對經濟敗壞，物價高漲，實質薪資倒退，青年就業情勢更加嚴峻之情事，既無能擘劃國家願景、又無心治理政務，反沉溺於政治權鬥中，未能恪守憲法義務維護人民基本權益及自由民主憲政體制，成爲憲政秩序毀壞者；爰依憲法增修條文第3條第2項第3款之規定及立法院職權行使法第36條之規定，對行政院院長江宜樺提出不信任案。是否有當，請公決案。（提案說明，略。）

主席：報告院會，這是本院第3次，也是本屆第2次依立法院職權行使法規定處理不信任案[38]。爲確定相關處理程序，現在休息協商，請各黨團負責人到議場主席辦公室進行協商，現在休息（11時27分）。

主席：報告院會，現在繼續開會（11時58分）。針對不信任案處理程序，朝野黨團協商未獲共識，本席現在就依據立法院職權行使法第6章規定，並參照本院本屆處理例宣告如下：柯委員建銘等43人所提對行政院江宜樺院長不信任案，交全院委員會審查，於10月14日（星期一）上午11時30分舉行全院委員會進行審查，並於10月15日（星期二）院會上午9時，以記名投票表決。

現在進行報告事項（略）[39]。

38 立法院對行政院院長提出不信任案，除本次外，另爲(1)民國88年2月26日第4屆第1會期第1次會議對蕭萬長院長提出不信任案，(2)民國101年9月18日第8屆第2會期第1次會議對陳沖院長提出不信任案。相關處理過程，分見立法院公報，88卷，9（上）期，民國88年3月6日，1-5及52-56頁；101卷，51（一）期，民國101年9月27日，1-7及98-102頁。

39 參閱立法院公報，102卷，52期，民國102年10月21日，1及28-31頁。

（二）立法院第 8 屆第 4 會期第 5 次院會

時間：102年10月15日（星期二）上午9時

地點：本院議場

主席：王院長金平　洪副院長秀柱

秘書長：林錫山

副秘書長：周萬來

秘書長：出席委員90人，已足法定人數。

主席：報告院會，現在繼續開會。先處理朝野黨團協商結論，請議事人員宣讀。

立法院朝野黨團協商結論

時間：中華民國102年10月14日（星期一）下午4時30分

地點：議場主席辦公室

決定事項：

一、定於10月15日（星期二）上午9時進行不信任案投票表決，投票時間2小時30分鐘，請國民黨黨團推派2人、民進黨黨團及台灣團結聯盟黨團各推派1人擔任投開票監察員。

主持人：王金平　洪秀柱

協商代表：柯建銘　吳秉叡（柯代）　高志鵬（柯代）　許忠信
葉津鈴　林鴻池　林德福（代）　王廷升

主席：請問院會，對以上朝野黨團協商結論有無異議？（無）無異議，通過。

現作以下宣告：102年10月14日朝野黨團協商結論經決定如下：一、定於10月15日（星期二）上午9時進行不信任案投票表決，投票時間2小時30分鐘，請國民黨黨團推派2人、民進黨黨團及台灣團結聯盟黨團各推派1人擔任投開票監察員。

現在就柯委員建銘等43人對行政院江院長提出之不信任案進行記名投票表決，請宣讀全院委員會審查報告。

行政院院長不信任案全院委員會審查報告

委員柯建銘等43人依據憲法增修條文第3條第2項第3款之規定，於102年10月11日（星期五）本院第8屆第4會期第5次會議進行報告事項前，對行政院院長江宜樺提出不信任案，經向院會報告後，決定：交全院委員會審查。

爲使不信任案得以順利進行，王院長於10月11日（星期五）該案提出後，即召集朝野黨團進行協商，惟並未達成協商結論，嗣由主席於院會宣告決定於10月14日（星期一）上午11時30分召開全院委員會進行審查，會議由院長王金平、副院長洪秀柱分任主席。提案人柯委員建銘說明提案要旨5分鐘後，隨即由本院委員對不信任之相關理由進行辯論，每位委員發言5分鐘，計有委員高志鵬等71人發言。

全案審查完竣，爰決議：「提報院會，以記名投票表決。」[40]

主席：審查報告已宣讀完畢，現在就柯委員建銘等43人對行政院江院長提出之不信任案進行記名投票表決。

在投票表決之前作以下兩項宣告：一、投開票監察員由國民黨黨團推派陳委員淑慧、陳委員碧涵擔任，民進黨黨團推派姚委員文智擔任，台灣團結聯盟黨團不推派。二、投票截止時間爲上午11時30分，如全體委員於上午11時30分前均已投票完畢，則提前開票。現在請工作人員佈置投票所，並請投、開票監察員執行監察職務。

（佈置投票所）

主席：報告院會，本次不信任案投票因爲是採記名投票，所以每一張票分別印有委員之編號、姓名、投票內容，根據其意義分爲兩格，右邊爲贊成不信任案的票格，左邊爲反對不信任案的票格，爲便於領票及投票，領票時請各位委員分區領票，編號第1號至第60號的委員請到南區領票，編號第61號至第112號的委員請到北區領票。

現在請各位委員開始分區領票及投票。

（進行投票）

主席：報告院會，全體委員均已投票完畢，現在按鈴，同時請工作人員佈置開票所。

（佈置開票所）

主席：現在報告立法院行使對行政院院長不信任案發票報告書。

立法院行使對行政院院長不信任案發票報告書：

發出票數112張

用餘票數0張

合計112張

陳淑慧　　陳碧涵　　姚文智

中華民國102年10月15日

40　全院委員會審查過程，參閱前注公報，245-308頁。

主席：報告院會，現在進行不信任案投票之開票。
（進行開票）
主席：報告院會，現在開始唱票。（表決結果名單，略。）
主席：報告院會，現在宣告表決結果。
立法院行使對行政院院長不信任案投票表決結果：
贊成不信任案者45票。
反對不信任案者67票。
無效票0票。
姚文智　　陳淑慧　　陳碧涵
決議：贊成不信任案者45人，未達憲法增修條文第3條第2項第3款所定全體立法委員1/2以上人數，不信任案不通過。
中華民國102年10月15日
主席：報告院會，本次會議進行到此爲止，現在散會[41]。

二、相關規範

（一）憲法增修條文

1. 第2條第5項

總統於立法院通過對行政院院長之不信任案後10日內，經諮詢立法院院長後，得宣告解散立法院。但總統於戒嚴或緊急命令生效期間，不得解散立法院。立法院解散後，應於60日內舉行立法委員選舉，並於選舉結果確認後10日內自行集會，其任期重新起算。

2. 第3條第2項第3款

立法院得經全體立法委員1/3以上連署，對行政院院長提出不信任案。不信任案提出72小時後，應於48小時內以記名投票表決之。如經全體立法委員1/2以上贊成，行政院院長應於10日內提出辭職，並得同時呈請總統解散立法院；不信任案如未獲通過，1年內不得對同一行政院院長再提不信任案。

（二）立法院職權行使法

1. 第36條

立法院依憲法增修條文第3條第2項第3款之規定，得經全體立法委員1/3以

41 參閱前注公報，32-38頁。

上連署，對行政院院長提出不信任案。

2. 第37條

不信任案應於院會報告事項進行前提出，主席收受後應即報告院會，並不經討論，交付全院委員會審查。（第1項）

全院委員會應自不信任案提報院會72小時後，立即召開審查，審查後提報院會表決。（第2項）

前項全院委員會審查及提報院會表決時間，應於48小時內完成，未於時限完成者，視爲不通過。（第3項）

3. 第38條

不信任案於審查前，連署人得撤回連署，未連署人亦得參加連署；提案人撤回原提案須經連署人同意。（第1項）

前項不信任案經主席宣告審查後，提案人及連署人均不得撤回提案或連署。（第2項）

審查時如不足全體立法委員1/3以上連署者，該不信任案視爲撤回。（第3項）

4. 第39條

不信任案之表決，以記名投票表決之。如經全體立法委員1/2以上贊成，方爲通過。

5. 第40條

立法院處理不信任案之結果，應咨送總統。

6. 第41條

不信任案未獲通過，1年內不得對同一行政院院長再提不信任案。

三、策略研析

不信任制度爲內閣制國家國會監督政府的運作方式之一。關於國會對於政府表示不信任的方法，約有二種，一爲暗示的不信任，二爲明示的不信任，其中明示的不信任，乃舉行不信任投票[42]。是項制度設計，具有權力平衡及武器對等的性質，一旦國會通過不信任投票，內閣即應辭職，但國會亦將面臨被解散的命運[43]。但依我國憲法增修條文相關規定，雖也採不信任投票制度，

---

42 參閱薩孟武、劉慶瑞：《各國憲法及其政府》，增訂版，台北：自刊本，民國67年10月，64及65頁。

43 參閱林水波：〈第一次不信任案的政治分析〉，收錄於《憲法政治學》，初版，台北：元照出版公

惟總統解散立法院，須於立法院通過行政院院長的不信任案，經行政院院長呈請，並諮詢立法院院長後，始得宣告解散立法院。換言之，總統僅有被動解散立法院的權力。另因不信任制度爲憲法的威脅生存條款，一旦提出恐會威脅行政院與立法院雙亡，在當前立法委員選舉所需競選經費，於勝選不安的恐懼下，無論一致政府或分立政府，大都不以此項制度作爲監督的手段，而僅以此作爲政治效應的目的[44]。衡酌3次實例（包括本案），大多由少數黨團提出，以回應外界選民而已。

第二節　調查聽證

本節所述爲調查性或監督性聽證，至於諮詢性聽證，請參閱第4章第9節聽證求全（策略44、45）。基於立法機關行使立法權，如缺乏相關資料，實難以明智而有效執行其職權。當其缺乏必要資料時，實有賴資料持有人提供。倘請其自由提供而無法獲取完整資料時，調查權的運作，則爲適當且必要的手段。因此，調查權的行使，乃在體現從行政機關取得立法資料而有效發動立法程序的技術作用[45]。換言之，立法院調查權乃立法院行使其憲法職權所必要的輔助性權力，其作用包括鞏固國會在權力分立中的地位、確保國會決議的正確性與完整性及有效發揮國會監督行政。其中有效發揮國會監督行政的作用，即指調查權係國會監督行政機關的武器，對於公務員的執法情況隨時展開調查，促使行政部門對其作爲須自我要求[46]。依司法院釋字第585號所作解釋，該權力的行使方式，並不以要求有關機關就立法院行使職權所涉及事項提供參考資料或向有關機關調閱文件原本的文件調閱權爲限，必要時並得經院會決議，要求與調查事項相關的人民或政府人員，陳述證言或表示意見，並得對違反協助調查義務者，於科處罰鍰之範圍內，施以合理的強制手段；惟其程序，則應以法律爲適當規範。在立法院尚未修正其職權行使法之前，現仍按該法第8章行使

司，民國91年8月，5-9頁。

44 參閱前注，9-14頁；周育仁：《政治學新論》，再版，台北：翰蘆圖書出版公司，民國92年8月，142及143頁。

45 參閱陳淞山：《國會制度解讀》，1版，台北：月旦出版社，民國83年4月，205頁。

46 參閱陳清雲：《立法院調查權法制化之研究》，國立中正大學法律研究所博士論文，民國103年1月，366-369頁。

文件調閱權。茲分就院會所設調閱委員會及委員會所設調閱專案小組行使其職權加以敘明。

策略95　調閱委員會

一、議場實景

（一）立法院第5屆第1會期第17次院會

時間：91年5月24日（星期五）上午10時5分
地點：本院議場
主席：王院長金平　江副院長丙坤
秘書長：林錫山
副秘書長：羅成典

秘書長：出席委員90人，已足法定人數。
主席：現在開會，進行報告事項（略）。
主席：現在宣讀朝野協商結論（略）。
主席：朝野協商結論已經宣讀完畢，協商結論第3項5月28日當日議程之報告事項除列議事錄之外，尚須加列總統咨請同意權行使事項。請問院會，有無異議？（無）無異議，通過。

91年5月23日黨團協商結論，經決定如下：

一、經發會共識之法案，請各委員會儘速審查，審查完竣，須經協商部分，請負責召集協商之黨團，儘速召集協商。
二、本會期延長會期至6月21日（星期五）止。
三、5月28日行政院院長報告「挑戰2008國家發展重點計畫」，當日議程報告事項除議事錄及總統咨請同意權行使事項外，其餘均不予排列；亦不處理臨時提案。
四、5月28日行政院院長報告之質詢時間及人數分配如下：
(1)每位委員質詢及答復合計15分鐘。
(2)各黨團質詢人數如下：民進黨黨團5人、國民黨黨團10人、親民黨黨團7人、台灣團結聯盟3人、未參加黨團委員1人。
(3)質詢順序，由未參加黨團委員先行質詢，再依國民黨、親民黨、民進黨、台聯順序進行。並得採聯合質詢，但以3人爲限。
五、91年度總預算案營業部分之協商，自5月28日（星期二）起，由院長召集協商。

六、議程報告事項之決定，經各黨團提出復議之相關法案，請各黨團重新審視，如無異議，可予撤回復議部分，請於5月29日（星期三）前，將清單送議事處彙整。

七、「海軍光華二號（拉法葉艦採購案）調閱委員會」，尚未推派代表之黨團，請於1週內，儘速將推派代表名單民進黨6人、國民黨6人、親民黨4人、台聯2人送議事處。

八、本院成立「通訊監聽執行情形調閱委員會」，成員比照拉法葉艦採購案調閱委員會各黨團之比例組成；名單於1週內送議事處。

九、立法院兩岸事務因應對策小組，由院長儘速召集會議。

十、對考試院院長、副院長、考試委員、大法官、監察委員行使同意權事項先行決定如下（略）。[47]

(二) 立法院第5屆第2會期第12次院會

時間：91年11月29日（星期五）上午10時3分、12月10日（星期二）上午9時1分

地點：本院議場

主席：王院長金平　江副院長丙坤

秘書長：林錫山

副秘書長：羅成典

秘書長：出席委員86人，已足法定人數。

主席：現在開會，進行報告事項第66案。（第1案至第65案，均從略。）

66.本院通訊監聽執行情形調閱委員會函，爲建請院會將本委員會名稱修正爲「立法院通訊監察執行情形調閱委員會」，請查照案。（程序委員會意見：擬請院會同意該委員會名稱修正爲「立法院通訊監察執行情形調閱委員會」。）

主席：請問院會，對本案照程序委員會意見處理，有無異議？（無）無異議，照程序委員會意見辦理。[48]

---

47 參閱立法院公報，91卷，37（上）期，民國91年6月5日，3、32及33頁。

48 參閱立法院公報，91卷，75（一）期，民國91年12月18日，1及8頁。

（三）立法院第5屆第6會期第15次院會

時間：94年1月14日（星期五）上午10時8分、1月18日（星期二）上午9時18分

地點：本院議場

主席：王院長金平　江副院長丙坤

秘書長：林錫山

副秘書長：羅成典

秘書長：出席委員73人，已足法定人數。

主席：現在開會，進行報告事項（略）。

主席（江副院長丙坤）：現在繼續開會（1月18日），進行討論事項第18案。

（第1案至第17案，均從略。）

十八、本院「通訊監察執行情形調閱委員會」函送調閱報告及處理意見案。

主席：宣讀調閱報告及處理意見（略）。

主席：報告院會，本案決議：「本調閱報告書函送司法院、國家安全局、法務部、國防部、法務部調查局及內政部警政署參考。」[49]

二、相關規範

（一）立法院職權行使法

1. 第45條

立法院經院會決議，得設調閱委員會，或經委員會之決議，得設調閱專案小組，要求有關機關就特定議案涉及事項提供參考資料。（第1項）

調閱委員會或調閱專案小組於必要時，得經院會之決議，向有關機關調閱前項議案涉及事項之文件原本。（第2項）

2. 第46條

調閱委員會或調閱專案小組之設立，均應於立法院會期中為之。但調閱文件之時間不在此限。

3. 第47條

受要求調閱文件之機關，除依法律或其他正當理由得拒絕外，應於5日內

49 參閱立法院公報，94卷，6（一）期，民國94年1月24日，1頁；6（二）期，638及669-805頁。

提供之。但相關資料或文件原本業經司法機關或監察機關先為調取時，應敘明理由，並提供複本。如有正當理由，無法提供複本者，應提出已被他機關調取之證明。（第1項）

被調閱文件之機關在調閱期間，應指派專人將調閱之文件送達立法院指定場所，以供查閱，並負保管責任。（第2項）

4. 第48條

政府機關或公務人員違反本法規定，於立法院調閱文件時拒絕、拖延或隱匿不提供者，得經立法院院會之決議，將其移送監察院依法提出糾正、糾舉或彈劾。

5. 第49條

調閱委員會所需之工作人員，由秘書長指派之。（第1項）

調閱專案小組所需之工作人員，由立法院各委員會或主辦委員會就各該委員會人員中指派之。（第2項）

調閱委員會及調閱專案小組於必要時，得請求院長指派專業人員協助之[50]。（第3項）

6. 第50條

立法院所調取之文件，限由各該調閱委員會、調閱專案小組之委員或院長指派之專業人員親自查閱之。（第1項）

前項查閱人員，對機密文件不得抄錄、攝影、影印、誦讀、錄音或為其他複製行為，亦不得將文件攜離查閱場所。（第2項）

7. 第51條

調閱委員會或調閱專案小組應於文件調閱處理終結後20日內，分向院會或委員會提出調閱報告書及處理意見，作為處理該特定議案之依據。

50 有關院長指派專業人員，就實務以觀，類多指派該院法制局及預算中心人員協助。嗣因黨團或委員會召集委員向院長請求推派院外專業人士，事經黨團協商而同意推派者，在調閱委員會部分，如立法院90年度補助台灣省各縣市政府科目預算調閱時，除院內專業人士外，併由各黨團推派院外專業人員調閱資料；至於委員會調閱專案小組部分，則直至民國101年5月25日始經黨團協商，同意「台灣電力公司燃煤採購及購入電力合約調閱專案小組」、「禽流感防治之相關行政、實驗、試驗、檢驗等相關作為及文件調閱專案小組」、「台灣中油公司原油採購合約調閱專案小組」及「核能四廠資料調閱專案小組」，由各黨團推派專業人員1人並敘明負責工作，涉及機密部分各由其負責，其報酬由各推派黨團負責。立法院90年度補助台灣省各縣市政府科目預算調閱部分，參閱立法院公報，90卷，38期，民國90年6月30日，267-326頁。

8. 第52條

文件調閱之調閱報告書及處理意見未提出前，其工作人員、專業人員、保管人員或查閱人員負有保密之義務，不得對文件內容或處理情形予以揭露。但涉及外交、國防或其他依法令應秘密事項者，於調閱報告及處理意見提出後，仍應依相關法令規定保密，並依秘密會議處理之。

9. 第53條

調閱委員會或調閱專案小組未提出調閱報告書及處理意見前，院會或委員會對該特定議案不得爲最後之決議。但已逾院會或各該委員會議決之時限者，不在此限。（第1項）

前項調閱專案小組之調閱報告書及處理意見，應經該委員會議決後提報院會處理。（第2項）

（二）司法院釋字第 325 號解釋

本院釋字第76號解釋認監察院與其他中央民意機構共同相當於民主國家之國會，於憲法增修條文第15條規定施行後，監察院已非中央民意機構，其地位及職權亦有所變更，上開解釋自不再適用於監察院。惟憲法之五院體制並未改變，原屬於監察院職權中之彈劾、糾舉、糾正權及爲行使此等職權，依憲法第95條、第96條具有之調查權，憲法增修條文亦未修改，此項調查權仍應專由監察院行使。立法院爲行使憲法所賦予之職權，除依憲法第57條第1款及第67條第2項辦理外，得經院會或委員會之決議，要求有關機關就議案涉及事項，提供參考資料，必要時並得經院會決議調閱文件原本，受要求之機關非依法律規定或其他正當理由不得拒絕。但國家機關獨立行使職權受憲法之保障者，如司法機關審理案件所表示之法律見解、考試機關對於應考人成績之評定、監察委員爲糾彈或糾正與否之判斷，以及訴訟案件在裁判確定前就偵查、審判所爲之處置及其卷證等，監察院對之行使調查權，本受有限制，基於同一理由，立法院之調閱文件，亦同受限制。

（三）司法院釋字第 585 號解釋

立法院爲有效行使憲法所賦予之立法職權，本其固有之權能自得享有一定之調查權，主動獲取行使職權所需之相關資訊，俾能充分思辯，審愼決定，以善盡民意機關之職責，發揮權力分立與制衡之機能。立法院調查權乃立法院行使其憲法職權所必要之輔助性權力，基於權力分立與制衡原則，立法院調查權所得調查之對象或事項，並非毫無限制。除所欲調查之事項必須與其行使憲法所賦予之職權有重大關聯者外，凡國家機關獨立行使職權受憲法之保障者，即非立法院所得調查之事物範圍。又如行政首長依其行政權固有之權能，對於可能影響或干預行政部門有效運作之資訊，均有決定不予公開之權力，乃屬行政權本質所具有之行政特權。立法院行使調查權如涉及此類事項，即應予以適當之尊重。如於具體案件，就所調查事項是否屬於國家機關獨立行使職權或行政特權之範疇，或就屬於行政特權之資訊應否接受調查或公開而有爭執時，立法院與其他國家機關宜循合理之途徑協商解決，或以法律明定相關要件與程序，由司法機關審理解決之。

立法院調查權行使之方式，並不以要求有關機關就立法院行使職權所涉及事項提供參考資料或向有關機關調閱文件原本之文件調閱權爲限，必要時並得經院會決議，要求與調查事項相關之人民或政府人員，陳述證言或表示意見，並得對違反協助調查義務者，於科處罰鍰之範圍內，施以合理之強制手段，本院釋字第325號解釋應予補充。惟其程序，如調查權之發動及行使調查權之組織、個案調查事項之範圍、各項調查方法所應遵守之程序與司法救濟程序等，應以法律爲適當之規範。於特殊例外情形，就特定事項之調查有委任非立法委員之人士協助調查之必要時，則須制定特別法，就委任之目的、委任調查之範圍、受委任人之資格、選任、任期等人事組織事項、特別調查權限、方法與程序等妥爲詳細之規定，並藉以爲監督之基礎。各該法律規定之組織及議事程序，必須符合民主原則。其個案調查事項之範圍，不能違反權力分立與制衡原則，亦不得侵害其他憲法機關之權力核心範圍，或對其他憲法機關權力之行使造成實質妨礙。如就各項調查方法所規定之程序，有涉及限制人民權利者，必須符合憲法上比例原則、法律明確性原則及正當法律程序之要求。[51]

(四) 司法院釋字第 729 號解釋

檢察機關代表國家進行犯罪之偵查與追訴，基於權力分立與制衡原則，且

51 該號解釋文，參閱總統府公報，第6618號，民國94年2月16日，9及10頁；至於行政特權的意涵，於其理由書中敘明爲行政首長依其行政權固有之權能，對於可能影響或干預行政部門有效運作的資訊，包括涉及國家安全、國防或外交之國家機密事項、有關政策形成過程之內部討論資訊、有關正在進行中之犯罪偵查之相關資訊，基於行政特權（executive privilege），均有決定不予公開之權力，參閱19頁。

爲保障檢察機關獨立行使職權，對於偵查中之案件，立法院自不得向其調閱相關卷證。立法院向檢察機關調閱已偵查終結而不起訴處分確定或未經起訴而以其他方式結案之案件卷證，須基於目的與範圍均屬明確之特定議案，並與其行使憲法上職權有重大關聯，且非屬法律所禁止者爲限。如因調閱而有妨害另案偵查之虞，檢察機關得延至該另案偵查終結後，再行提供調閱之卷證資料，其調閱偵查卷證之文件原本與原本內容相同之影本者，應經立法院院會決議；要求提供參考資料者，由院會或其委員會決議爲之。因調閱卷證而知悉之資訊，其使用應限於行使憲法上職權所必要，並注意維護關係人之權益（如名譽、隱私、營業秘密等）。本院釋字第325號解釋應予補充。

三、策略研析

該調閱委員會所提報告書，經提報院會決議：「本調閱報告書函送司法院、國家安全局、法務部、國防部、法務部調查局及內政部警政署參考。」，其中處理意見共有6項，包括通訊保障及監察法應儘速修正，將通訊監察書的核發權，均改由法官核發，以及通訊監察結束後應通知受監察人。前述兩項意見業在民國96年6月15日立法院第6屆第5會期第18次會議通過該法的部分修正條文時，明定於第5條及第15條中[52]。足見立法院行使文件調閱權，仍具有發揮監督行政的一定功能。

次查立法調查權係國會監督行政機關的武器，目前所行使的文件調閱權，雖有一定的監督功能。但就監督功能而言，調查權較能有效發揮。司法院釋字第585號解釋，既已確認立法院擁有調查權，立法院實應儘速將調查權予以法制化[53]。

策略96　調閱專案小組

一、議場實景

（一）立法院第 6 屆第 2 會期國防委員會第 13 次全體委員會議

時間：中華民國94年12月5日（星期一）上午9時18分

地點：紅樓301室

---

52 上述修正，分別規定於該法修正條文第5條及第15條。參閱立法院公報，第96卷，56期，民國96年7月10日，432-440頁。

53 參閱陳清雲：《立法院調查權法制化之研究》，388及389頁。

主席：廖委員婉汝

主席：出席委員已足法定人數。開會，進行報告事項第2案。（第1案，略。）

2.邀請國防部就「海軍光華六號專案」及「建國專案」執行狀況作專案報告，並備質詢。（其中建國專案部分，從略。）

主席：現在請海軍總部李參謀長報告「海軍光華六號專案」（略）。

主席：現在進行詢答，本會委員的質詢時間爲10分鐘，必要時得延長2分鐘，非本會委員的質詢時間減半。請林委員郁方質詢。（以下委員詢答，僅就海軍光華六號專案相關部分予以重點摘述。）

林委員郁方：本席知道李參謀長對「光六案」是頭痛萬分，目前整個案子進行至何階段？軍備局表示評鑑委員會重新開會後仍維持原判，即交給中船來做，其他廠商是否提起訴訟？如其他廠商提起訴訟，對本案衝擊如何？

李參謀長：據採購中心表示，中信公司可在2週內提出申訴，目前該公司已提出申訴，採購中心將對後續結果說明。

林委員郁方：如果此案有可能進入法律訴訟程序，本席就不宜再發言。

主席：請何委員敏豪質詢。

何委員敏豪：我們討論「光六案」，雖有許多人提出質疑，但國防部的作業仍持續進行，只是讓廠商提出申訴機會，根本無法找出眞相。

霍副部長守業：評審委員會是獨立執行評審任務，關於他們評審結果，很多委員的評審，中船並非第1名，但他的序位是第一。

何委員敏豪：本來兩家公司在角力而相持不下，才找中船出來並分配資源。但分配時卻出現不公現象。

霍副部長守業：不是分配資源，評選委員會是就三家廠商做評選，中船雖有很多項目是第二名，但最後分數是第一名。

何委員敏豪：本席希望檢調能查明本案。

霍副部長守業：關於本案，國防部已於10月25日主動移送法務部調查局調查。

何委員敏豪：調查局會受到指導。

霍副部長守業：如果有任何違法的事情，國防部會站在嚴辦的立場處理。

何委員敏豪：會不會像拉法葉一樣，有軍人涉案。

霍副部長守業：如果調查出有人涉案，那就法辦。

何委員敏豪：請參謀長答復。

李參謀長：如果有任何人涉入的話，我們就法辦。如果沒有涉入的話，我們就還他清白。

廖委員婉汝：光華六號用序位法來處理，結果卻是出狀況。以各項的序位加總結果來排名次，讓人完全無法比較出各家廠商在各種項目上的優劣。

霍副部長守業：序位法就是這樣規範。

廖委員婉汝：你們的規範很離譜，既然是以有利標來決標，就要將各項序位先排出來，否則爲什麼要列出那麼多項目？只要直接排出名次即可。

霍副部長守業：我們評審的方式和程序，均按相關採購法及其子法來辦理。我們會向有關單位來反映，視其需要來修訂程序。

廖委員婉汝：我不是要你修訂程序，而是要你查察到完全沒有問題才能執行。

霍副部長守業：現在調查局在查。

李參謀長：已經送調查局了。

廖委員婉汝：請你把移送調查局的資料給我。

主席：請顧委員崇廉質詢。

顧委員崇廉：請問負責光華六號採購、開標的責任是國防部還是海總？

霍副部長守業：海軍要負責，國防部也要負責。

顧委員崇廉：請問假定有問題，到底由誰負責？

霍副部長守業：現在已交給法務部調查局處理，將來如果有違法事項，一定會依法嚴辦。

顧委員崇廉：本席對本案雖未深入瞭解，但一個建案拖了十幾年，是何等心痛的事情。

霍副部長守業：相關評分標準都是由評選委員會決定。

顧委員崇廉：評選委員會也要依法來定。但是你們並沒有依法處理，你們是自己決定。

霍副部長守業：我們有依法處理。

顧委員崇廉：副部長，國防部要加把勁。

霍副部長守業：我們會改進。

主席：請帥委員化民質詢。

帥委員化民：請問日後我們的軍購系統是由採購中心居間管理，由民間的國防工業來解決所有的軍備問題？還是將聯勤、中科院與相關船舶製造中心構建成製造、生產、研發單位？副部長的構想如何？

霍副部長守業：依據國防二法，我們已成立軍備局，未來軍備局的願景是成爲國軍軍備發展的主導者，並整合國內相關產業……。

帥委員化民：今天會發生這麼多個案問題，主因是人才不足；並未建立軍備體系。

霍副部長守業：軍備局在國防二法執行時即將該單位的模式勾勒出來，現在還在強化其功能。

帥委員化民：只有看到一個採購中心，其他沒有看到任何行動。至於法院只能審核程序是否合法或不合法，無法爲你們背書？

霍副部長守業：我們一切都按照規格去做，廠商只要合乎規格……。

帥委員化民：你們軍備體系如不拿出具體的願景與改革方案，不從根本解決，恐怕光應付這些事情就應付不完。

霍副部長守業：我們會強化，謝謝委員指導。

主席：請羅委員世雄質詢。

羅委員世雄：本案主因是評分兩極化且有明顯綁標，你們有沒有調查此事？

霍副部長守業：國防部無法查清楚是否有綁標，因爲我們不具公信力，現在已經於10月25日移送法務部調查局，請他們以客觀公正的立場來調查此事。

羅委員世雄：如果經調查確實有違法或不合程序的事項，究應如何處理？

霍副部長守業：調查結果若有任何涉及不當，我們將這個評選委員會廢除，另外再召集一個評選委員會重新評選。

羅委員世雄：本席相信只要調查結果出來，有可能重新辦理，不要再受外界的壓力，要眞正爲海軍尋找優良船廠，造出我們好的作戰船艦。

霍副部長守業：謝謝委員的指導，我們後續將依此辦理。

主席：請柯委員俊雄質詢。

柯委員俊雄：請問光華六號，中船何時交艦？

霍副部長守業：11月19日委員會重新議決由中船履約。第一艘預定簽約後20個月，按照原先計畫是96年3月24日。

柯委員俊雄：光華六號的主機是何型號？馬力要求第幾節？

霍副部長守業：我不太清楚型號，我們並未限定廠牌，只要合乎規格和馬力需求即可。至於馬力規格定在33節以上。

柯委員俊雄：現在流行45到55節，你們怎麼才33節。

霍副部長守業：所定規格合乎海軍作戰需求。

柯委員俊雄：本案外界質疑總統府有所指示，別人馬力需求已經55節了，你們至少也要45節以上。

霍副部長守業：若有涉及任何問題，我願意接受法辦，有關至少也要45節以上部分，我們再研究檢討。

主席：請黃委員昭順質詢。

黃委員昭順：光華六號招標、開標過程引發很大爭議，主因是你們早有內定名單，並爲他們改變招標方式。

霍副部長守業：沒有這回事。

黃委員昭順：你們將履約保證金由5%提高爲10%，並聘請6位學者專家爲評選委員，其中1位學者於評選會開會時請假。

霍副部長守業：該學者因出國而請假，且依規定外聘委員只要有1/3出席即可。

黃委員昭順：這個評選委員會的結構有問題，評選委員會應以學者專家爲主，現在產生很多爭議；且公共工程委員會亦認爲本案的招標過程有問題，現在更已進入申訴程序。平心而論，任何採購案不應在開標過程中變更規則，否則，就不對。

霍副部長守業：公開閱覽時雖訂爲5%，但招標文件上已訂爲10%，並沒有改規則。且國防部已經移送調查局調查中。

黃委員昭順：當然要移送，在這個案子未查清楚之前，光華六號就不要做。

主席：請李委員文忠質詢。

李委員文忠：5個月前，本席要求國防部拆閱資料調查5位軍方代表、5位學者專家是否各站一邊，但你們卻置之不理。現在公共工程委員會採購申訴審議判斷書的報告回答了本席疑問。本席不敢說一定是弊案，但可能是弊案。請問你們爲何完全沒有回答公共工程委員會報告中的疑點？你們的答復是什麼？

霍副部長守業：我們又召集評選委員，依照採購法的規定再做一次議決。

李委員文忠：你們有無約談5位軍職評選委員，爲何評選結果均相同？

霍副部長守業：調查結果並無違法情事。

李委員文忠：目前本席僅高度懷疑，但你們處理的態度是在包庇，我已經告訴你們，本席會查明，追查到底。

霍副部長守業：若查出來有問題就法辦。

李委員文忠：發生這麼大、可能涉及弊端的案子，軍方竟是這樣的態度。主席，我們自己來組調閱小組調查給他們看。

霍副部長守業：現在沒有任何徵候足以顯示它是弊案。

李委員文忠：主席，我們就成立調閱小組，我們來查給你們看，我是一定查到底的。

主席（李委員文忠代）：請廖委員婉汝質詢。

廖委員婉汝：我們相信光華案國防委員會若沒有成立調閱小組的話，一樣找不到問題，爲什麼？因爲你們都合理化解釋。即使公共工程委員會認定你們有瑕疵，你們也不會認爲自己有瑕疵，不如由我們來調查，就知道有沒有瑕疵。對於這個案子，我們會成立調閱小組重新調查，我們不希望看到這樣惡質化的招標方式，希望國防部以國防自主、釋商的方式，提昇產業發展，但我們不希望看到另一個弊端的開始……。

霍副部長守業：謝謝。

主席（廖委員婉汝）：所有登記發言委員均已發言完畢。現在處理兩項提案。（第1項針對建國案，略述。）

二、（一）海軍光華六號招標過程重大瑕疵應深入查察，最有利標評選辦法中「保密規定」非護身符。

（二）無論預算法、決算法對政府機關之經費運用之資料應送達立法院審議，本院職權行使法規定可成立「調閱小組」，國防部依法必須提供相關資料，供立法委員查閱。

（三）國防部應成立調查小組查閱相關資料，配合國防委員會的「調閱小組」調閱，若招標過程確有瑕疵，應另尋評選委員會重新招標，以示公正。

（四）爲深入瞭解本案有無重大瑕疵，故擬成立「調閱小組」。

提案人　廖婉汝

連署人　何敏豪　蘇起　李文忠　許榮淑　帥化民　林郁方

主席：請問各位，對上述兩項提案有無異議？（無）無異議，通過。我們成立調閱小組[54]。

（二）立法院第6屆第2會期國防委員會第15次全體委員會議

時間：中華民國94年12月19日（星期一）上午9時4分

地點：紅樓301室

主席：李委員文忠

主席：出席委員已足法定人數。開會，進行報告事項（略）。

主席：現在進行討論事項第1案。

一、討論有關本會成立「海軍光華六號採購調閱專案小組」事宜。

主席：請宣讀運作要點（略）。

主席：以上運作要點，請各位同仁參閱。有關第3點「本小組委員由立法院

---

54 參閱立法院公報，第94卷，76期，民國94年12月20日，485-512頁。

國防委員會有意願參加之委員組成之。每會期需重新徵詢委員參加意願。」本席不贊成，應該明定爲5人或幾人。其次，也不應該是每會期需要重新徵詢委員參加意願。因此，本席建議人數爲7人，且不必每會期需重新徵詢委員參加意願。請問各位，有無異議？（主席與湯委員火聖發言內容，僅就重點摘述。）

湯委員火聖：（在席位上）如何產生？

主席：本席的建議是按政黨比例產生，民進黨2席、國民黨2席、親民黨1席、台聯黨1席、無黨籍1席，共7席。

湯委員火聖：（在席位上）理由爲何？

主席：本席認爲人數不要太多才能運作，但又要包含委員會各黨團。因此，建議人數爲7人。請問各位，有無異議？（無）無異議，通過。我們會行文給各黨團於3天內即本週四下班前提出名單，萬一各黨團沒有提出名單，民進黨、國民黨、親民黨就分別由該黨的召集委員負責協調，台聯黨由民進黨籍召委、無黨籍由親民黨籍召委負責協調。請問各位，有無異議？（無）無異議通過。

主席：請湯委員火聖發言。

湯委員火聖：關於第11點，本小組必要時，得以現場訪查方式辦理，並訪談相關人士。本席擔心調閱小組只有調閱權，並無調查權，如果此處沒有寫清楚，將來訪談相關人士時，可能逾越了立法委員職權行使法中規定的文件調閱權。我認爲這一點應該再討論。

主席：第11點在現行調閱委員會及調閱專案小組所無，此處所用「訪談」，即非憲法及相關法規規定的調查權，相關人士有拒絕的權利。但如不賦予調閱小組訪談機會，運作上實無效果。因此，建議本條文照案通過。

湯委員火聖：就算是爲了調查，也不可逾越職權。

主席：我們爲了查明眞相而去訪談相關人士，並未逾越立委職權。

湯委員火聖：我不反對調查眞相，但應該要小心。

主席：可否在本條最後加上「但本條所訂訪談並非憲法規定之調查權」。請問各位，有無異議？（無）無異議通過。如果湯委員認爲這樣的處理有異議，可按照議事程序要求表決。

湯委員火聖：何謂相關人士？

主席：所有涉及本案的人士均爲相關人士。

湯委員火聖：立法委員沒有調查權，既然可以調閱文件……。

主席：兩者的差別是調查權具強制性，而訪談並無強制性。

湯委員火聖：本席認爲訪談逾越立委職權，不能表決立委是否行使調查權。

主席：本席已作裁示，並無逾越立委職權。湯委員是否要求進行表決？

湯委員火聖：本席要求進行表決。

主席：現在處理第11點：「本小組必要時，得以現場訪查方式辦理，並訪談相關人士」，並於條文之後加具「此條文所謂訪談，並非憲法或法律所規定之調查權」。現在交付表決，清點人數。

（清點人數）

主席：進行表決。

主席：報告表決結果，贊成者4票，反對者2票，多數通過。

主席：本席作此裁示：(1)名額7人，包含民進黨2席、國民黨2席、親民黨1席、台聯黨1席、無黨籍1席。(2)由委員會發文各黨團3天內（星期四下班前）將名單提出；各黨團若未提出，民進黨由民進黨籍召委協調，國民黨由國民黨籍召委協調，親民黨由親民黨籍召委協調，台聯黨由民進黨籍召委協調，無黨籍由親民黨籍召委協調。(3)下星期一中午召開預備會議，以推選本小組召集人並討論運作程序，請海軍總部參謀長、軍備局副局長、總政戰部副主任率同相關人員列席，預備會議由本席召集。請問各位，有無異議？（無）無異議，通過[55]。

（三）立法院第6屆第3會期國防委員會第13次全體委員會議

時間：中華民國95年4月19日（星期一）上午9時9分至11時50分

地點：紅樓301室

主席：湯委員火聖

（本次會議因屬秘密會議，議事相關過程無法敘明；該次會議僅對該會「海軍光華六號採購調閱專案小組」所作調閱報告，決定如下：本案俟國防部對本案重新調查報告4月底完成後，併同委員書面補充意見，送國防委員會再併案處理。）[56]

（四）立法院第6屆第4會期國防委員會第2次全體委員會議

時間：中華民國95年10月2日（星期一）上午9時1分

地點：紅樓301室

---

55 參閱立法院公報，95卷，1期，民國95年1月6日，277-281頁。

56 參閱立法院第6屆第4會期第5次會議，議案關係文書，報739頁。

主席：湯委員火聖

主席：出席委員已足法定人數，現在開會，進行報告事項第9案。（第1案至第8案，略。）

9.本委員會「海軍光華六號採購調閱專案小組」已完成調閱報告，擬報院會同意備查案。

主席：請問各位，對第9案報告事項有無異議？（無）無異議，通過[57]。

（五）立法院第6屆第4會期第5次院會

時間：95年10月27日（星期五）上午10時10分

地點：本院議場

主席：王院長金平　鍾副院長榮吉

秘書長：林錫山

副秘書長：余騰芳

秘書長：出席委員118人，已足法定人數。

主席：現在開會，進行報告事項第102案。（其餘各案，均從略。）

102.本院國防委員會函送該委員會「海軍光華六號採購調閱專案小組」調閱報告，請查照案。

主席：本案予以備查[58]。

二、相關規範

（同前策略）

三、策略研析

依現行法相關規定，調閱專案小組的設立與運作流程，與調閱委員會稍有不同，如該小組係經由委員會的決議而成立、所需工作人員係就該委員會人

57 該次會議結束前，主席再次宣告：本委員會「海軍光華六號採購調閱專案小組」之調閱報告已無疑義，同意備查，並依本院職權行使法第53條提報院會處理。參閱立法院公報，95卷，39期，民國95年10月18日，285及354頁。

58 參閱立法院公報，95卷，44期，民國95年11月7日，1、18及25頁。

員指派之。但從行政機關取得資料而有效發揮國會監督行政的功能而言，其本質上並無不同。各委員會委員如認爲有必要成立調閱小組，以便查閱相關資料時，即可提議並經該委員會決議而予以成立。本案雖經調閱小組調閱相關資料及訪談相關人士後，同意予以備查並提報院會。但就立法院行使調閱權職能以觀，實已達到一定監督行政的作用。

第三節　質詢論辯

質詢是議員對於政府所負責之事，用書面或口頭提出詢問，並要求其書面或口頭答復。個別議員透過質詢以瞭解政府施政的內容與方針，亦可藉以批評政府的政策，並督促政府糾正政府官員的違法或失職行爲[59]。該制度創始於英國，是內閣制國家國會用來監督政府的重要手段之一；惟各國國會對於質詢權的運用，並未盡相同，有以質詢僅係個別議員要求政府首長說明問題的眞相，不得作爲議會討論的議題，如英國、日本，另有將質詢作爲議會討論的議題，從而造成倒閣，如德國、西班牙[60]。我國依立法院職權行使法第27條規定，質詢不得作爲討論的議題，即非倒閣性質詢。復依我國憲法、預算法、決算法及立法院職權行使法等相關規定，立法委員行使質詢權的範圍，並不以行政院的施政方針及施政報告爲限，包括聽取行政院院長或各部會首長施政方針、施政報告及其他事項的報告，聽取行政院院長、主計長及財政部部長報告預算案的編製經過，以及聽取審計長總決算審核報告，並就上述報告提出質（諮）詢。此外，依立法院各委員會組織法第2條規定，各委員會亦得於每會期邀請相關部會作業務報告並備詢；立法院議事規則第9條第2項更明定出席委員於院會提出臨時提案的旨趣，如屬邀請機關首長報告案者，亦由主席裁決交相關委員會處理。茲分就院會與委員會質詢事項加以敘明。

---

59 參閱劉慶瑞：《比較憲法》，再版，台北：大中國圖書出版公司，民國71年8月，251頁。

60 周陽山教授依國際國會聯盟（Inter-Parliamentary Union）資料，比較26個國家質詢制度，其中可進行倒閣性質詢者14個，不可進行倒閣性質詢者12個。參閱周陽山：〈質詢權與質詢制度：一項國際經驗的分析〉，台北：理論與政策，4卷，3期，民國79年4月，101-106頁。

策略97　院會

一、議場實景

（一）立法院第8屆第6會期第3次院會

時間：中華民國103年9月26日（星期五）上午10時

地點：本院議場

主席：王院長金平　洪副院長秀杜

秘書長：林錫山

副秘書長：王全忠

秘書長：出席委員47人，已足法定人數。

主席：現在開會，進行報告事項（略）。

主席：現在繼續開會，對行政院院長施政報告繼續進行質詢（略）。

主席：現在繼續開會（9月29日上午9時），進行「104年度中央政府總預算案」編製經過及質詢。（行政院院長、主計長、財政部部長報告內容，均從略。）

主席：請賴委員士葆質詢，詢答時間爲15分鐘。（賴委員詢答部分，僅摘述彈性放假內容，至於其他委員的詢答，均從略。）

賴委員士葆：明年元旦1月1日放假，1月3日是星期六，1月4日是星期日，中間的星期五可不可以彈性放假？

江院長宜樺：對於明年的假期，人事行政總處應該已經公布，我可以請人事長向委員報告那個連續假日是不是……。

賴委員士葆：確定了？這個好像沒有……。

黃人事長富源：跟委員報告，這個沒有包括在裡面。

賴委員士葆：我知道沒有，所以才提出來。

黃人事長富源：明年有6次的連假……。

賴委員士葆：我知道，但這也是休閒經濟。

黃人事長富源：有關連續放假乙事，除了人事總處必須對公務人員公布外，還涉及到內政部的規定。針對這個部分，我們與內政部有密切的討論。

賴委員士葆：院長，究竟可不可以？這是呼應你的「小確幸」。

江院長宜樺：我知道委員的用意。關於星期二或星期四碰到放假日，星期一或星期五要不要彈性放假……。

賴委員士葆：你們有處理，但剛好這個沒有處理。
江院長宜樺：這件事情的基本原則是區分成民俗節日與一般的國家紀念日。
賴委員士葆：我知道，但這個沒有處理到。這只是彈性調度，換一天而已，也沒有占你便宜。
陳部長威仁：有關怎麼放假，各界一直都有很多意見，今年4、5月時亦召集各個相關的單位、團體……。
賴委員士葆：大家沒有注意到這一天，人民是有期待的。我呼應院長的「小確幸」。
江院長宜樺：是，謝謝委員。
賴委員士葆：你要不要承諾會回去研究一下。
黃人事長富源：報告委員，明年已經有6個連假了。
賴委員士葆：我知道，但是……。
黃人事長富源：6個很多耶！
陳部長威仁：其實在討論的過程中，有人提出來過，但是大家覺得還是要有一個原則……。
賴委員士葆：所以確定死棋了嗎？還是院長要不要回去再研究看看？可以嗎？
江院長宜樺：感謝委員再三地提醒，我們可以回去再請兩個單位瞭解一下……。
賴委員士葆：回去再研究一下，好不好？不要這麼快就打死了，好不好？
江院長宜樺：但一方面已經公布假日了，另一方面，現在距離1月1日的時間是滿接近的，我一定會請兩個單位審慎地……。
賴委員士葆：這是好的，人家會跟你鼓掌的[61]。

（二）立法院第8屆第6會期第6次院會

時間：中華民國103年10月17日（星期五）上午10時1分
地點：本院議場
主席：王院長金平　洪副院長秀杜
秘書長：林錫山
副秘書長：王全忠

61 參閱立法院公報，103卷，53期，民國103年10月6日，1及168-170頁。

秘書長：出席委員40人，已足法定人數。
主席：現在開會，進行報告事項（略）。
主席：現在繼續開會，對行政院院長施政報告繼續質詢。（以下僅列陳委員歐珀及王委員廷升就實施彈性放假的詢問，其餘均從略。）
陳委員歐珀：請問明年元旦假期準備放幾天假？
江院長宜樺：關於此事，我已經交給人事行政總處邀請相關部會進行審愼研議，相信很快就會有結果。
陳委員歐珀：我認爲這個不宜倉促宣布，造成民怨。
江院長宜樺：不會。
陳委員歐珀：因爲你要讓交通單位可以有因應的運輸計畫。
江院長宜樺：現在是10月中旬，距離元旦還有兩個月的時間，我們不會拖太久。
陳委員歐珀：因爲明年的春節只有放6天假……。
江院長宜樺：委員是說春節還是元旦。
陳委員歐珀：就是農曆過年放6天假，如果元旦能夠有4天的假，就可以給民眾一個小確幸，建議你做這樣的思考。
江院長宜樺：對於委員的建議，我們也會納入考量。
主席：現在繼續開會（10月21日上午9時2分），對行政院院長施政報告繼續質詢。請王委員廷升質詢，詢答時間爲15分鐘。
王委員廷升：本席先請教院長有關民間習俗及促進觀光時機的問題，也就是放假的問題，明年的元旦假期是不連假的狀況，是否有可能調整假期？
江院長宜樺：對於剛才委員詢問到明年元旦這種本來不是連假的情況是否應該考慮彈性放假而形成4天連假，另外再找時間補課、補班，在二、三星期前也有委員提起，我責成人事行政總處邀集經濟部等相關機關，請他們分別徵詢各相關公會及協會。他們對於明年元旦實施彈性放假是樂觀其成，但希望總放假及總上班天數不變，因爲我們並不是要多放1天假，而是彈性放假。同時，行政院也請國發會針對這個進行民調，顯示高達7成2民眾贊成明年元旦應該彈性放假，另外再補班，我與相關部會討論後決定明年元旦將實施彈性放假，也就是元旦是星期四、星期五彈性放假一天，這樣就能與星期六、日形成4天的連假。當然我也希望這是制度化的決定，而不只是針對明年的元旦。
王委員廷升：過去都是民俗節日才有彈性放假。
江院長宜樺：對，過去將假日分爲國定假日及民俗節日，國定假日如遇到星期四或星期二，隔日並沒有實施彈性放假。但民俗節日則會實施彈性放假。經過這一次討論後，決定全部制度化，以後只要放假日是星期二、星期四，前一天或隔天（星期一或星期五）就實施彈性放假，一律在前一週的星期六補上班、上課。對於委員所提促進觀光及相關產業應該會有幫助。

王委員廷升：確實會有效益。

江院長宜樺：各相關團體都表示樂觀其成，行政院已經決定明年元旦會實施彈性放假，而且未來一律比照辦理。

王委員廷升：非常謝謝院長，這就是人民有感的政策。行政院很努力的在做，也希望這項政策將來能夠制度化[62]。

二、相關規範

（一）憲法增修條文第 3 條第 2 項第 1 款

行政院有向立法院提出施政方針及施政報告之責。立法委員在開會時，有向行政院院長及行政院各部會首長質詢之權。

（二）立法院職權行使法

1. 第16條

行政院依憲法增修條文第3條第2項第1款向立法院提出施政方針及施政報告，依下列之規定：

一、行政院應於每年2月1日以前，將該年施政方針及上年7月至12月之施政報告印送全體立法委員，並由行政院院長於2月底前提出報告。

二、行政院應於每年9月1日以前，將該年1月至6月之施政報告印送全體立法委員，並由行政院院長於9月底前提出報告。

三、新任行政院院長應於就職後兩週內，向立法院提出施政方針之報告，並於報告日前3日將書面報告印送全體立法委員。（第1項）

立法院依前項規定向行政院院長及行政院各部會首長提出口頭質詢之會議次數，由程序委員會定之。（第2項）

2. 第17條

行政院遇有重要事項發生，或施政方針變更時，行政院院長或有關部會首

62 參閱立法院公報，103卷，62期，民國103年10月27日，1、77、113及114頁。

長應向立法院院會提出報告，並備質詢。（第1項）

前項情事發生時，如有立法委員提議，15人以上連署或附議，經院會議決，亦得邀請行政院院長或有關部會首長向立法院院會報告，並備質詢。（第2項）

3. 第18條

立法委員對於行政院院長及各部會首長之施政方針、施政報告及其他事項，得提出口頭或書面質詢。（第1項）

前項口頭質詢分為政黨質詢及立法委員個人質詢，均以即問即答方式為之，並得採用聯合質詢。但其人數不得超過3人。（第2項）

政黨質詢先於個人質詢進行。（第3項）

4. 第19條

每一政黨詢答時間，以各政黨黨團提出人數乘以30分鐘行之。但其人數不得逾該黨團人數1/2。（第1項）

前項參加政黨質詢之委員名單，由各政黨於行政院院長施政報告前1日向秘書長提出。（第2項）

代表政黨質詢之立法委員，不得提出個人質詢。（第3項）

政黨質詢時，行政院院長及各部會首長皆應列席備詢。（第4項）

5. 第20條

立法委員個人質詢應依各委員會之種類，以議題分組方式進行，行政院院長及與議題相關之部會首長應列席備詢。（第1項）

議題分組進行質詢，依立法院組織法第10條第1項各款順序。但有委員15人連署，經議決後得變更議題順序。（第2項）

立法委員個人質詢，以2議題為限，詢答時間合計不得逾30分鐘。如以2議題進行時，各議題不得逾15分鐘。（第3項）

6. 第21條

施政方針及施政報告之質詢，於每會期集會委員報到日起至開議後7日內登記之。（第1項）

立法委員為前項之質詢時，得將其質詢要旨以書面於質詢日前2日送交議事處，轉知行政院。但遇有重大突發事件，得於質詢前2小時提出。委員如採用聯合質詢，應併附親自簽名之同意書面。（第2項）

已質詢委員，不得再登記口頭質詢。（第3項）

7. 第22條

依第17條及第18條提出之口頭質詢，應由行政院院長或質詢委員指定之有關部會首長答復；未及答復部分，應於20日內以書面答復。但質詢事項牽涉過廣者，得延長5日。

8. 第23條

立法委員行使憲法增修條文第3條第2項第1款之質詢權，除依第16條至第21條規定處理外，應列入議事日程質詢事項，並由立法院送交行政院。（第1項）

行政院應於收到前項質詢後20日內，將書面答復送由立法院轉知質詢委員，並列入議事日程質詢事項。但如質詢內容牽涉過廣者，答復時間得延長5日。（第2項）

9. 第24條

質詢之提出，以說明其所質詢之主旨爲限。（第1項）

質詢委員違反前項規定者，主席得予制止。（第2項）

10. 第25條

質詢之答復，不得超過質詢範圍之外。（第1項）

被質詢人除爲避免國防、外交明顯立即之危害或依法應秘密之事項者外，不得拒絕答復。（第2項）

被質詢人違反第1項規定者，主席得予制止。（第3項）

11. 第26條

行政院院長、副院長及各部會首長應親自出席立法院院會，並備質詢。因故不能出席者，應於開會前檢送必須請假之理由及行政院院長批准之請假書。

12. 第27條

質詢事項，不得作爲討論之議題。

13. 第28條

行政院向立法院提出預算案編製經過報告之質詢，應於報告首日登記，詢答時間不得逾15分鐘。（第1項）

前項質詢以即問即答方式爲之。但經質詢委員同意，得採綜合答復。（第2項）

審計長所提總決算審核報告之諮詢，應於報告日中午前登記；其詢答時間

及答復方式，依前2項規定處理。（第3項）

行政院或審計部對於質詢或諮詢未及答復部分，應於20日內以書面答復。但內容牽涉過廣者，得延長5日。（第4項）

14. 第28條之1

立法院對於行政院或審計長向立法院提出預算案編製經過報告及總決算審核報告，其涉及國家機密者，以秘密會議行之。

15. 第28條之2

追加預算案及特別預算案，其審查程序與總預算案同。但必要時，經院會聽取編製經過報告並質詢後，逕交財政委員會會同有關委員會審查，並提報院會處理。（第1項）

前項審查會議由財政委員會召集委員擔任主席。（第2項）

（三）預算法第 48 條

立法院審議總預算案時，由行政院長、主計長及財政部長列席，分別報告施政計畫及歲入、歲出預算編製之經過。

（四）決算法第 27 條

立法院對於審核報告中有關預算之執行、政策之實施及特別事件之審核、救濟等事項，予以審議。（第1項）

立法院審議時，審計長應答覆質詢，並提供資料，對原編造決算之機關，於必要時，亦得通知其列席備詢，或提供資料。（第2項）

（五）中央政府總預算案審查程序第 2 條

總預算案函送本院後，定期由行政院院長、主計長及財政部部長列席院會，分別報告施政計畫及歲入、歲出預算編製之經過。（第1項）

立法委員對於前項各首長報告，得就施政計畫及關於預算上一般重要事項提出質詢；有關外交、國防機密部分之質詢及答復，以秘密會議行之。（第2項）

（六）中央政府總決算審核報告案審查程序第 2 條

總決算審核報告案函送本院後，定期由審計長列席院會報告審核經過並備諮詢。

（七）立法院議事先例

行政院院長、副院長及各部會首長應親自出席立法院院會，以備質詢；如因故不能出席者，須向立法院請假，於開會前檢送必須請假之理由及行政院院長批准之請假書。但各部會首長因故不能出席請假時，非政務官之部會副首長不得上發言台備詢，必要時，得提供資料，由行政院院長答復。另各部會首長除非出國或有特別重要且迫切的公務需要其親自處理，不宜請假而委由副首長代表出席本院院會，以示對憲法之尊重，並重視本院委員之質詢權利[63]。

三、策略研析

依「英國國會」（The British Parliament）所載，英國國會的質詢，約有：(1)瞭解政府施政情形；(2)反映選區民眾疾苦，以期獲得解救；(3)促進政府政策的改進；及(4)提出授意質詢（inspired Question）等功能[64]。就實務以觀，我國立法院行使質詢權，大抵有上述功能。本案先經委員於行政院院長報告中央政府總預算案編製經過時提出質詢，經院長答復研議，嗣由委員再於施政報告提出詢問，而獲行政院同意元旦實施彈性放假，並將此實施彈性放假政策予以制度化[65]。因此，國會成員倘欲瞭解政府政策及監督政府施政，自可透過質詢策略，以達成監督的目的。

策略98　委員會

一、議場實景

（一）立法院第 8 屆第 4 會期財政委員會第 2 次全體委員會議

時間：中華民國102年9月30日（星期一）上午9時至14時20分

地點：本院群賢樓9樓大禮堂

主席：盧委員秀燕

主席：出席委員已足法定人數。現在開會，進行報告事項（略）。

主席：現在繼續開會（102年10月2日），邀請中央銀行總裁率所屬單位主管列

63 參閱周萬來：《立法院職權行使法逐條釋論》，33及34頁。

64 參閱郭登敖：《議事制度之比較》，增訂版，台北：自刊本，民國76年2月，19頁。

65 民國101年10月15日管碧玲委員針對軍公教年終慰問金發放事宜，曾採類似策略，而使行政院正視並修改發放對象及金額。管碧玲委員及蔡錦隆委員質詢，分見立法院公報，101卷，57期，民國101年10月24日，168-173頁；101卷，60期，民國101年10月31日，137-139頁。

席業務報告，並備質詢（略）。

現在進行討論事項，討論中華民國103年度中央政府總預算案（含附屬單位預算及綜計表——營業及非營業部分）審查日程暨審查分配表草案（略）。

主席：現在處理臨時提案

一、有鑑於財政部關務署7月底擬修正「免稅商店設置管理辦法」，免稅店販售商品得和海關直接電腦連線，旅客也要登錄護照號碼並且簽名確認，引發社會爭議以及違反隱私的疑慮。關務署9月初宣布將研議其他方法來查核，重擬修正草案。

由於目前關務署仍在研議中，有關觀光客購物登錄等問題仍引起社會疑慮，爰提案財政部關務署在財委會安排專案報告前，暫勿逕行發布「免稅商店設置管理辦法」。

提案人　盧秀燕　孫大千　吳秉叡　羅明才　薛凌

主席：請問各位，對本案有無異議？（無）無異議，通過。[66]

（二）立法院第8屆第4會期財政委員會第6次全體委員會議

時間：中華民國102年10月31日（星期四）上午9時4分至13時33分

地點：本院群賢樓9樓大禮堂

主席：盧委員秀燕

主席：現在繼續開會，進行討論事項。

一、審查中華民國103年度中央政府總預算案有關關務署及所屬、國有財產署及所屬歲出預算部分、融資財源調度部分。

主席：請財政部張部長報告（略）。

主席：請楊委員瓊櫻發言。（其他委員發言部分，均從略；楊委員部分，僅就免稅商店設置管理辦法相關內容予以摘述。）

楊委員瓊櫻：有關免稅商店設置管理辦法，其中部分修正條文很繁複，尤其免稅商店的部分，免稅店家都認爲隨即上傳會有將商業機密曝光之虞，何況還要顧及個資法的規定。請問你們現在對即時傳輸的政策爲

66　本案並未於102年9月30日財政部業務報告時提出，爲恐外界質疑，主席（財政委員會召集委員）特於散會前說明，該次會議係9月30日、10月2日及10月3日作爲1次會議，分別邀請財政部、中央銀行及金融監督管理委員會列席報告並備詢。今天處理該提案是合法的。參閱立法院公報，102卷，52期，民國102年10月21日，309、377、419、424及425頁。

何？

主席：請財政部關務署王署長說明。

王署長亮：我們現在已成立連線小組，並請業者參加，屆時是要即時傳輸、批次傳輸或是多少時間傳一次，這些都可以商量，傳的內容是什麼可以討論。

楊委員瓊櫻：就是不讓他們的商業機密、商業客户和商業項目曝光？

王署長亮：我們連線小組都有請業者參加。

楊委員瓊櫻：現在定出方案了嗎？

王署長亮：還沒有，還在開會。

楊委員瓊櫻：本席提出這個問題，是因爲免稅商店業者很憂心，希望我們提出的議案能眞正的簡政便民。所以，你們一定要跟免稅商店業者談清楚，要在不暴露商業機密、商業客户和商業項目的機密情況下才執行。

王署長亮：我們會參採業者意見，並顧及執行面。

楊委員瓊櫻：不要執行後，卻使商品機密和客户名單都曝光了。

王署長亮：我們只要我們需要的資料。

楊委員瓊櫻：本席所要強調簡政便民及不能隨意暴露商業機密。[67]

（三）立法院第8屆第4會期財政委員會第11次全體委員會議

時間：中華民國102年12月4日（星期三）上午9時3分至13時18分

地點：本院群賢樓9樓大禮堂

主席：薛委員凌

主席：現在繼續開會，進行今日議程。

一、邀請財政部張部長、金融監督管理委員曾主任委員及中央銀行彭總裁就「健全房市租稅措施、不動產授信風險控管之成效及精進作爲」專題報告，並備質詢。

二、邀請財政部部長率公股銀行負責人及金融監督管理委員曾主任委員就「綜合績效探討金融業如何合併以達亞洲指標性銀行之目標」專題報告，並備質詢。

主席：現在請財政部張部長報告（略），金融監督管理委員曾主任委員報告

67 參閱立法院公報，102卷，64期，民國102年11月18日，439、482及483頁。

（略），中央銀行彭總裁報告（略）。

主席：請段委員宜康質詢。（僅重點加以摘述，其他委員質詢部分，均從略。）

段委員宜康：10月2日本院財政委員會通過了一項臨時提案，要求財政部在修正免稅商店設置管理辦法之前，須先至財政委員做專案報告，才能發布修正該管理辦法。直到現在，對於免稅商店設置管理辦法部分條文的修正，財政部的態度是什麼？

張部長盛和：我們聽了各方意見後，認爲免稅商店銷售貨物時不必即時傳輸，也不必登記觀光客的護照或登機證。目前由張政務委員協調這項作業中。

段委員宜康：依現行辦法第24條，本來要求登錄護照的號碼或登機證的號碼。

張部長盛和：現在都不需要了。

段委員宜康：但本席手上版本還有要登記護照的號碼，這個條文是怎麼回事？

張部長盛和：因爲已沒有了，我請王署長回答好了。

王署長亮：這個版本是預告的版本，我們會整個再做整理。

段委員宜康：你們請人家來開會，將預告版本給人家，而至現場後又討論另一個版本。請問要如何回應？

張部長盛和：沒關係，開會的時候，那些要修，那些不要做的……。

段委員宜康：既然12月5日開會時才把新草案提出，人家無法事前做準備。可否將明天會議延後，或僅作説明，再擇期開會？

張部長盛和：兩項提議都很好，請王署長看看要延期或者……。

段委員宜康：王署長能不能做得到？下次開會不要再這樣，要把資料準備齊全，因爲業者向我們陳情，我們很頭痛。

張部長盛和：我請他們改進，謝謝。[68]

（四）立法院第 8 屆第 6 會期財政委員會第 17 次全體委員會議

時間：中華民國103年12月17日（星期三）上午9時4分至13時20分

地點：本院群賢樓9樓大禮堂

主席：林委員德福

68　參閱立法院公報，102卷，82期，民國102年12月25日，173及230-232頁。

主席：出席委員已足法定人數，開會，進行報告上次會議議事錄（略）。

主席：繼續報告，邀請財政部張部長就「免稅商店設置管理辦法」專題報告，並備質詢。（其中併同報告所得稅法第14條之2條文修正案部分，從略。）請張部長進行專案報告。

張部長盛和（摘述）：鑑於102年7月31日預告修正「免稅商店設置管理辦法」，規定免稅商店販售商品應與海關電腦連線，旅客亦應登錄護照號碼並簽名確認，引發社會爭議及違反隱私的疑慮，依102年10月2日貴委員會第2次全體委員會議通過臨時提案，在本部關務署於貴委員會安排專案報告前，暫勿逕行發布新修正管理辦法，經本部關務署參據各方意見，重新擬具「免稅商店設置管理辦法」修正草案，向貴委員會進行專案報告。有關再修正草案內容重點爲：（一）售貨單得免載明旅客資料及簽名；（二）銷售保稅貨物之資料應逐筆加封分批傳輸；（三）毋須於不同監管海關分別設置自用保稅倉庫；（四）修正條文自發布後1年施行。因此，該修正草案已廣納各方意見，經本部關務署多次與業者共同協商討論並獲致共識，已無相關疑慮。貴委員會同意後，本部關務署將儘速辦理後續預告及發布事宜，以兼顧簡政便民及海關行政管理之需要。[69]

二、相關規範

（一）同前策略規範（一）至（六）。

（二）立法院各委員會組織法第2條

各委員會審查本院會議交付審查之議案及人民請願書，並得於每會期開始時，邀請相關部會作業務報告，並備質詢。

（三）立法院議事規則第9條第2項

臨時提案之旨趣，如屬邀請機關首長報告案者，由主席裁決交相關委員會。其涉及各機關職權行使者，交相關機關研處。

三、策略研析

立法委員在各委員會提出質詢，依前述相關規定，主要爲相關部會的業務

---

69 張部長專案報告後，除委員蔡正元、許添財就本案發言，但未作修正建議。參閱立法院公報，104卷，3期，民國104年1月9日，217、225-227、235及249-251頁。

報告及專案報告；其中專案報告，原應按該院議事規則規定，由院會決議交付處理。但從實務以觀，類由各該委員會召集委員逕行排定。本案係由委員於業務報告時提出臨時提案，要求財政部關務署在財委會未安排專案報告前，暫勿逕行發布「免稅商店設置管理辦法」。嗣經多位委員於總預算案及其他專案報告時再提出質詢。財政部關務署即依該委員會所作決議及參據發言委員意見，重擬該管理辦法修正案並向該委員會專案報告。足見委員在委員會提出質詢，除可反映選區民眾疾苦，以期獲得解救外，更能促進政府政策的改進，而發揮監督的功能。

第四節　命令審查

我國立法院對行政命令的監督，在立法院職權行使法制定之前，係依中央法規標準法第7條及原立法院議事規則第8條規定處理。就中央法規標準法第7條：「各機關依其法定職權或基於法律授權訂定之命令，應視其性質分別下達或發布，並即送立法院。」及原立法院議事規則第8條：「各機關送本院與法律有關之行政命令，應提報本院會議。但有出席委員提議，20人以上連署或附議，經表決通過，得交付有關委員會審查。審查結果提報本院會議，如認爲有違反、變更或牴觸法律者，或應以法律規定之事項而以命令規定之者，經議決後，通知原機關更正或廢止之。」以觀，僅屬備查性質，類似德國課予各機關單純送置立法院義務[70]。但民國88年1月12日制定立法院職權行使法，專章明定行政命令的審查；依前述中央法規標準法第7條與該法第60條第1項：「各機關依其法定職權或基於法律授權訂定之命令送達立法院後，應提報立法院會議。」及第62條：「行政命令經審查後，發現有違反、變更或牴觸法律者，或應以法律規定事項而以命令定之者，應提報院會，經議決後，通知原訂頒之機關更正或廢止之。（第1項）；前條第1項視爲已經審查或經審查無前項情形之

70 德國國會對行政命令採行4種監督方式：(1)同意權之保留——行政機關所訂定之行政命令應先送置國會，俟國會同意後始得公布或生效；(2)廢棄請求權之保留——行政機關所訂定之行政命令，應於公布後送置國會審查，國會保留嗣後請求行政機關廢棄命令之權；(3)國會聽證權之保留——行政機關所訂定之行政命令，非先經國會聽證之程序不得公布；(4)課予單純送置義務——行政機關須將所訂定之行政命令送置國會。參閱許宗力：〈論國會對行政命令之監督〉，收錄於《法與國家權力》，2版，台北：元照出版公司，民國87年8月，275-281頁。

行政命令，由委員會報請院會存查。（第2項）；第1項經通知更正或廢止之命令，原訂頒機關應於2個月內更正或廢止；逾期未爲更正或廢止者，該命令失效。（第3項）」的相關規定，已採用類似德國廢棄請求權保留的監督方式，即有事後否決的監督方式。

另就我國立法實務以觀，立法院對行政命令的監督，除上述監督方式外，尚有國會同意權的保留及其他類似於母法中授權法條的適用或恢復適用與否需再送立法院追認的立法例。茲分就立法追認、同意權保留及更正或廢止加以論述。

策略99　立法追認

關於立法追認，包括緊急命令的追認及普通行政命令的追認。其中緊急命令的追認，依憲法增修條文第2條第3項及立法院職權行使法第15條相關規定處理[71]；而此處所指立法追認，僅指普通行政命令的追認。關於普通行政命令的追認，須有法律明文規定該行政命令的決定須經立法院追認時，始有採行此種監督方式，如貿易法第5條：「基於國家安全之目的，主管機關得會同有關機關報請行政院核定禁止或管制與特定國家或地區之貿易。但應於發布之日起1個月內送請立法院追認」。是項應經立法院追認的普通命令，如經同意追認，始能繼續維持其生效狀況；若不予同意，該行政命令即失其效力。亦即向後失其效力，而非溯即既往的失其效力，以維法律秩序的安定性[72]。茲舉例加以敘明。

一、議場實景

立法院第5屆第4會期第3次院會

時間：中華民國92年9月26日（星期五）上午10時36分

地點：本院議場

主席：王院長金平　江副院長丙坤

副秘書長：羅成典

71　關於緊急命令，依照通說，係指國家於非常時期，由國家元首公布，其效力超過法律，甚且可停止憲法若干條款效力的命令；至於立法院對其追認的程序，立法院職權行使法第15條則有明確的規定，相關內容及論述，參閱周萬來：《立法院職權行使法逐條釋論》，142-152頁。

72　參閱陳清雲：《從立法權行使論行政命令之審查》，國立中正大學法律研究所碩士論文，民國91年7月，210-212頁。

副秘書長：出席委員79人，已足法定人數。

主席：現在開會，進行報告事項第57案。（第1案至第56案，均從略。）

57.行政院函，爲有關經濟部公告體溫計自本（92）年5月28日至6月10日暫停輸出，以及解除口罩暫停輸出措施一案，請予以追認，請查照案。（程序委員會意見：擬請院會將本案交經濟及能源委員會。）

主席：請問院會，對本案照程序委員會意見處理，有無異議？（無）無異議，照程序委員會意見處理[73]。

二、相關規範

貿易法第５條

基於國家安全之目的，主管機關得會同有關機關報請行政院核定禁止或管制與特定國家或地區之貿易。但應於發布之日起1個月內送請立法院追認。

三、策略研析

前述命令的監督，須有法律明文規定應經立法院追認。因此，行政機關將應追認的命令函送立法院，即由立法院程序委員會編入議程提報院會，國會成員同意即予追認。本案提報院會時，出席委員並無異議而予備查。倘國會成員不予同意，自可交付相關委員會審查，並於審查後再提報院會。如經同意追認，始能繼續維持其生效狀況；若不予同意，該行政命令即失其效力。

策略100　同意權保留

關於國會同意權的保留，因法律規範用語不同而有「應經立法院同意」、「應經立法院決議」、「應經立法院審查」及「應經立法院審議」4種類別，其中應經立法院同意者，如公益彩券發行條例第20條：「公益彩券發行後，若有影響社會安寧或善良風俗之重大情事者，經主管機關函送立法院同意後，得停止其繼續發行。」；應經立法院決議者，如台灣地區與大陸地區人民關係條例第9條第7項：「遇有重大突發事件，影響台灣地區重大利益或於兩岸互動有重大危害情形者，得經立法院議決由行政院公告於一定期間內，對台灣地區

73　參閱立法院公報，92卷，40（上）期，民國92年10月8日，1及7頁。

人民進入大陸地區，採行禁止、限制或其他必要之處置，立法院如於會期內1個月未爲決議，視爲同意；但情況急迫者，得於事後追認之。」及第95條：「主管機關於實施台灣地區與大陸地區直接通商、通航及大陸地區人民進入台灣地區工作前，應經立法院決議；立法院如於會期內1個月未爲決議，視爲同意。」；應經立法院審查者，如菸酒稅法第22條第4項：「前項健康福利捐之分配及運作辦法，由中央主管機關於本法通過後1年內訂定，並送立法院審查。」；應經立法院審議者，如政府採購法第104條第2項：「前項採購（依該條第1項規定係指軍事機關的採購）之適用範圍及其處理辦法，由主管機關會同國防部定之，並送立法院審議。」[74]

上述行政命令訂定後，因須經立法院議決通過或同意，始能發布；倘未獲立法院議決通過或同意，則自始不生效力。但按德國同意權的保留，通常在授權母法中併同規定國會應於一定期限內表明是否同意，如期限屆至後，國會仍未就同意與否有所決議，即視爲同意[75]。立法院審查上述國會同意權保留的相關法規命令，除兩岸協議（依台灣地區與大陸地區人民關係條例第5條規定簽署部分，另於第9章第3節再予論述。）於立法院會期內1個月未爲決議，視爲同意外，其他議案，就立法實務以觀，行政機關大抵依中央法規標準法第7條、第13條及第14條方式函送立法院，而立法院亦按該院立法院職權行使法第10章行政命令審查程序處理。茲舉菸品健康福利捐分配及運作辦法、海峽兩岸空運協議及海峽兩岸海運協議兩案例分別加以敘述。

一、議場實景

（一）菸品健康福利捐分配及運作辦法

1. 立法院第6屆第3會期第5次院會

時間：中華民國95年3月17日（星期五）上午10時4分

地點：本院議場

主席：王院長金平　鍾副院長榮吉

副秘書長：余騰芳

---

74 參閱陳清雲：《從立法權行使論行政命令之審查》，210-220頁。

75 參閱許宗力：〈論國會對行政命令之監督〉，276頁。

副秘書長：出席委員88人，已足法定人數。

主席：現在開會，進行報告事項第82案。（第1案至第81案，均從略。）

82.財政部函送「菸品健康福利捐分配及運作辦法」，請查照案。（程序委員會意見：擬請院會將本案交財政、衛生環境及社會福利委員會。）

主席：國民黨黨團提議本案改爲交財政、衛生環境及社會福利委員會審查，請問院會，有無異議？（無）無異議，本案改爲交財政、衛生環境及社會福利委員會審查[76]。

2. 立法院第6屆第4會期第7次院會

時間：中華民國95年11月10日（星期五）上午10時1分、11月14日（星期二）上午9時1分

地點：本院議場

主席：王院長金平　鍾副院長榮吉

秘書長：林錫山

秘書長：出席委員79人，已足法定人數。

主席：現在開會，進行報告事項第102案。（第1案至第101案，第103案至第106案，均從略。）

102.本院財政委員會函，爲院會交付審查行政院金融監督管理委員會函送修正「行政院金融監督管理委員會監理年費檢查費計繳標準及規費收取辦法」第9條條文等行政命令計5件（其中包括菸品健康福利捐分配及運作辦法），已逾立法院職權行使法第61條所定審查期限，茲依規定函請提報院會存查，請查照案。

主席：以上各案均予以備查[77]。

（二）海峽兩岸空運協議及海峽兩岸海運協議

1. 立法院第7屆第2會期第10次院會

時間：中華民國97年11月21日（星期五）上午10時1分

地點：本院議場

76　參閱立法院公報，95卷，10期，民國95年3月27日，1及12頁。

77　參閱立法院公報，95卷，48期，民國95年11月21日，1及17頁。

主席：王院長金平　曾副院長永權
秘書長：林錫山
副秘書長：周萬來

秘書長：出席委員59人，已足法定人數。
主席：現在開會，進行報告事項第80案。（第1案至第79案，略。）
80.行政院函送大陸委員會授權財團法人海峽交流基金會與大陸海峽兩岸關係協會簽署之「海峽兩岸空運協議」及「海峽兩岸海運協議」一案，請決議案。
本案經提本院第7屆第2會期第9次會議決定：退回程序委員會重新提出。爰於本次會議提出。（程序委員會原擬意見：擬請院會將本案交內政、交通兩委員會審查。）
主席：針對報告事項第80案，民進黨黨團提議建請改交內政、交通、外交及國防、財政四委員會審查，審查會應待行政院將台灣地區與大陸地區人民關係條例、商港法、加值及非加值型營業稅法及所得稅法等相關修正案函請本院審議後始得審查。請問院會，有無異議？（有）有異議，既有異議，本案交付表決。（國民黨黨團提議本案採記名表決）
主席：現在針對民進黨黨團提案進行表決。贊成本案照民進黨黨團提議處理者請按贊成，反對者請按反對，棄權者請按棄權，計時1分鐘，現在進行記名表決。
（進行表決）
主席：報告表決結果，在場委員66人，贊成者20人，反對者46人，少數，不通過，民進黨黨團提議不通過，本案依照程序委員會原擬意見處理，即交內政、交通兩委員會審查（表決結果名單，略。）[78]。

2. 立法院第7屆第2會期第13次院會
時間：中華民國97年12月12日（星期五）上午10時
地點：本院議場
主席：王院長金平　曾副院長永權
副秘書長：周萬來

78 參閱立法院公報，97卷，67期，民國97年12月5日，1及52頁。

副秘書長：出席委員53人，已足法定人數。
主席：現在開會，進行報告事項（略），處理朝野協商結論（略）。
主席：現在進行討論事項第1案。
一、本院內政、交通兩委員會報告審查行政院函送大陸委員會授權財團法人海峽交流基金會與大陸海峽兩岸關係協會簽署之「海峽兩岸空運協議」及「海峽兩岸海運協議」案。
主席：本案經提本院第7屆第2會期第10次會議報告決定：交內政、交通兩委員會審查。茲接報告，爰於本次會議提出討論。現在宣讀審查報告（略）。
主席：審查報告已宣讀完畢，現在請李召集委員嘉進補充說明（不說明）。召集委員無補充說明。
報告院會，本案經審查會決議無須交黨團協商。現有民進黨黨團提出異議（本院民進黨黨團針對本次會議討論事項第1案行政院函請審議之「海峽兩岸空運協議」及「海峽兩岸海運協議」，因涉及法律修正，擬請院會交由黨團協商。提案人　民主進步黨立法院黨團　柯建銘）。
主席：依立法院職權行使法第68條第2項之規定，本案作如下決議：「交黨團進行協商」[79]。

3. 立法院第7屆第2會期第17次院會

時間：中華民國98年1月17日（星期五）上午10時
地點：本院議場
主席：曾副院長永權
秘書長：林錫山
副秘書長：周萬來

秘書長：出席委員65人，已足法定人數。
主席：現在開會，進行報告事項（略），處理變更議程動議（略）。
主席：現在繼續開會，進行討論事項第1案（略），進行討論事項第2案。
二、本院內政、交通兩委員會報告審查行政院函送大陸委員會授權財團法人海峽交流基金會與大陸海峽兩岸關係協會簽署之「海峽兩

79 參閱立法院公報，97卷，73期，民國97年12月25日，1及32-44頁。

岸空運協議」及「海峽兩岸海運協議」案。

主席：本案經提本院第7屆第2會期第16次會議討論決議：協商後再行處理。爰於本次會議繼續討論。

主席：本案因尚待協商，作如下決議：協商後再提出本次會議處理[80]。

二、相關規範

（一）中央法規標準法

1. 第7條

各機關依其法定職權或基於法律授權訂定之命令，應視其性質分別下達或發布，並即送立法院。

2. 第13條

法規明定自公布或發布日施行者，自公布或發布之日起算至第3日起發生效力。

3. 第14條

法規特定有施行日期，或以命令特定施行日期者，自該特定日起發生效力。

（二）立法院職權行使法第 61 條

各委員會審查行政命令，應於院會交付審查後3個月內完成之；逾期未完成者，視爲已經審查。但有特殊情形者，得經院會同意後展延；展延以1次爲限。（第1項）

前項期間，應扣除休會期日。（第2項）

三、策略研析

立法院審查前述命令，前已述及除兩岸協議外，大抵依立法院職權行使法第10章行政命令的審查程序處理。有關菸品健康福利捐分配及運作辦法，即按該法第61條所定已逾審查期限而予以存查；而「海峽兩岸空運協議」及「海峽兩岸海運協議」則按法案審議程序處理，依台灣地區與大陸地區人民關係條例第95條規定，定有1個月審查期限，在野黨黨團雖提出交付協商策略，使院會未能處理上述協議，但因已逾該條所定期限而視爲同意。因此，爲落實立法監

80 參閱立法院公報，98卷，5期，民國98年2月2日，1及67頁。

督，在審查是項命令，除對其違法性加以審查外，並可就內容的妥當性加以審查；若認爲該命令有違法或不妥當時，可將具體的意見或建議作成決議，請訂定命令的行政機關加以修改，但不得逕行修改該命令[81]。

策略101　更正或廢止

一、議場實景

（一）更正——核能發電後端營運基金收支保管及運用辦法第14條修正條文

本案業於第4章第16節準用援引中加以論述，惟該節所探究的主題爲審查程序相關策略，而本節所論述的策略爲命令監督。僅就命令改交審查及院會決議內容再予敘明，至於委員會審查部分，請參閱該節策略58，不再贅述。

1. 立法院第5屆第1會期第7次院會

時間：91年4月2日（星期二）上午10時

地點：本院議場

主席：王院長金平　江副院長丙坤

秘書長：林錫山

副秘書長：羅成典

秘書長：出席委員113人，已足法定人數。

主席：現在開會，進行報告事項第106案。（第1案至第105案，均從略。）

106.行政院函，爲修正「核能發電後端營運基金收支保管及運用辦法」第14條條文，請查照案。（程序委員會意見：擬請院會將本案交經濟及能源、預算及決算兩委員會。）[82]

主席：請問院會，對本案照程序委員會意見處理，有無異議？（有）有異議。本案親民黨黨團、國民黨黨團提議改交經濟及能源委員會審查，請問院會，有無異議？（有）有異議。現在就本案休息協商（11時32分）。

主席：現在繼續開會（11時41分），針對報告事項第106案，親民黨黨團與國

81　參閱陳清雲：《從立法權行使論行政命令之審查》，214及215頁。

82　行政院爲使核能發電後端營運基金尚未動用之資金能有效運用，於民國91年3月14日修正第14條條文，在第1項增訂本基金尚未動用餘額得貸予經該院核定再生、結束或民營化方案之經濟部所屬事業支應執行方案期間資金調度之用，並增訂第2項明定建立還款監督機制。該條文修正總說明，參閱立法院第5屆第1會期第7次會議，議案關係文書，報755-759頁。

民黨黨團提議，改交經濟及能源委員會審查，經朝野協商後同意，改交經濟及能源委員會審查。請問院會，有無異議？（無）無異議。本案改交經濟及能源委員會審查[83]。

2.立法院第5屆第1會期第16次院會

時間：中華民國91年5月21日（星期二）上午10時4分

地點：本院議場

主席：江副院長丙坤

秘書長：林錫山

秘書長：報告院會，出席委員120人，已足法定人數。

主席：現在開會，進行報告事項（略）。

主席：現在繼續開會，進行討論事項第2案。（第1案，略。）

二、本院經濟及能源委員會報告審查行政院函送修正「核能發電後端營運基金收支保管及運用辦法」第14條條文乙案，業經審竣。請公決案。（原列本次會議討論事項第7案，經變更議程，改列爲第2案。）

主席：本案經提本院第5屆第1會期第7次會議報告決定：交經濟及能源委員會審查。茲接報告，爰於本次會議提出討論。

現在宣讀審查報告（略）。

主席：審查報告已宣讀完畢，請問院會，對委員會的審查結果有無異議？（無）無異議，通過。本案決議：「核能發電後端營運基金收支保管及運用辦法第14條條文不予修正，請行政院依立法院職權行使法第62條第3項處理。」

現在處理附帶決議：「茲因蘭嶼居民與政府代表已於91年5月4日共同簽署蘭嶼核廢料貯存場遷場等議題之『議定書』，有關簽署『議定書』之內容，行政院應確實執行，並於1週內正式函文立法院備查。」

主席：請問院會，對本項附帶決議有無異議？（無）無異議，通過[84]。

83 參閱立法院公報，91卷，21（上）期，民國91年4月10日，3及15頁。

84 參閱立法院公報，91卷，36（上）期，民國91年6月1日，3及50-52頁。

（二）廢止——行政院函送「國家人權紀念館籌備處暫行組織規程暨編制表」

1. 立法院第5屆第3會期第7次院會

時間：中華民國92年4月11日（星期五）上午10時5分、4月15日（星期二）上午9時5分

地點：本院議場

主席：王院長金平　江副院長丙坤

秘書長：林錫山

副秘書長：羅成典

秘書長：出席委員94人，已足法定人數。

主席：現在開會，進行報告事項第68案。（第1案至第67案，均從略。）

68.行政院檢送「國家人權紀念館籌備處暫行組織規程暨編制表」、「增訂國家人權紀念館籌備處暫行組織規程第2條之1及修正第2條條文」及「修正國家人權紀念館籌備處暫行組織規程第3條至第6條及其編制表」，請查照案。（程序委員會意見：擬請院會將本案交法制委員會。）

主席：國民黨黨團及親民黨黨團提議本案改交法制委員會審查，請問院會有無異議？（無）無異議，本案改交法制委員會審查[85]。

2. 立法院第5屆第3會期法制委員會第14次全體委員會議

時間：中華民國92年5月19日（星期一）上午9時27分下午2時42分

地點：本院第3會議室

主席：黃委員昭順

主席：出席委員已足法定人數，開會。進行報告事項（略）。

主席：現在進行討論事項——併案審查行政院函請查照「國家人權紀念館籌備處暫行組織規程暨編制表」、「增訂國家人權紀念館籌備處暫行組織規程第2條之1及修正第2條條文」及「修正國家人權紀念館籌備處暫行組織規程第3條至第6條條文及其編制表」案。

主席：請總統府陳副秘書長報告（略）。

主席：現在進行詢答，每位委員發言時間以12分鐘爲原則，不再延長，不在場

85　參閱立法院公報，92卷，19（一）期，民國92年4月23日，3及10頁。

委員以棄權論，10時30分截止發言登記。首先請關委員沃暖發言（以下發言及答復內容，僅簡要摘述與該組織規程有關部分。）。

關委員沃暖：在行政院力圖精簡行政組織時，總統府卻擬編列6、7千萬元成立國家人權紀念館，是否符合政府再造的原則？因此，建議暫緩成立。

陳副秘書長：人權是國家政策的重要一環，世界民主先進國家對人權紀念館多所建立，敬請支持。

呂委員學樟：法制委員會對官制官規應該重視也必須重視，暫行組織規程既未通過，人權紀念館就成爲黑機關中的黑機關。中央法規標準法第7條規定，行政命令發布後應即送立法院。此一組織規程於民國91年5月19日就已施行，但直到民國92年1月22日才行文行政院，行政院則拖到3月20日才送立法院。總統府此種作法已明顯違反中央法規標準法第7條的規定。（預算詢答部分，從略。）

湯委員金全：總統曾經表示要以人權立國，其目的在於與國際接軌。因此，國家人權紀念館實有必要成立。請問在國家人權紀念館成立之前，籌備處在法律上的要件如何？籌備處的組織規程有沒有送考試院核備？國家人權紀念館是不是需要籌備處來運作？

陳副秘書長：在成立一個新機關之前，先設立籌備處，可以說是一種必要過程。行政院各局處在成立新單位之前，都比照這樣的方式處理。

湯委員金全：依中央法規標準法的規定，機關之組織應以法律定之。國家人權紀念館暫行組織規程暨編制表已經送至本院審議。今天國家人權紀念館籌備處之組織是以組織規程加以規範。類似情形，如中央選舉委員會之組織，亦以組織規程加以規範。因此，在法律上並非完全站不住腳。另請教銓敘部吳次長，總統府把國家人權紀念館籌備處暫行組織規程暨編制表送考試院核備，如經考試院同意，這樣的機關是不是黑機關？總統府有無權力成立類似行政機關的組織？

吳次長聰成：機關的成立及其員額是行政院方面的職權，考試院僅就該機關的組織規程或組織法的官制官規部分表示意見。

行政院研考會蔡副主任委員丁貴：只要依法提出設置，總統府應該可以依據職掌及需求成立其所需要的機關。（人員編制及館址詢答部分，從略。）

主席：方才湯委員所提中央選舉委員會組織規程，因爲有選罷法爲依據，所以是作用法，而國家人權紀念館是在總統府組織法中明定的，所以是組織法。作用法與組織法的位階不一樣。

吳委員東昇：台灣需要推動國家人權紀念館，透過此一機構來展現人權的價值，教育人權的理念。請全力支持國家人權紀念館籌備處的推動，並且要給予充足經費。

陳副秘書長：非常佩服吳委員對人權的高見。

高委員育仁：人權委員會與國家人權紀念館有隸屬關係嗎？

陳副秘書長：沒有，是不相隸屬的單位，國家人權紀念館以展覽與教育爲主，國家人權委員會則是調查、解決人權的問題。兩個法案均已送立法院，但都還在程序委員會。

高委員育仁：成立國家人權紀念館及國家人權委員會這種重要的機關組織，對於這種崇高、普世所追求的目標，怎麼會反對？今天的問題點在於程序正義。如果立法院通過國家人權委員會的組織法，該委員會就是正式的組織，如果也順利完成國家人權紀念館組織條例，國家人權紀念館也是正式的國家機關。爲何要先成立籌備處，並要訂定國家人權紀念館籌備處暫行組織規程？依中央法規標準法規定，國家機關組織必須以法律定之，且法律規定的事項，不得以命令定之。如果國家人權紀念館組織條例有急迫需要，我們就必須用盡辦法加以通過，就像通過SARS暫行條例一樣。可見你們並不積極推動立法。

蔡委員中涵：不重視法制程序，就是不重視人權。如果你們急於成立人權紀念館，也不會在今年3月才將案子送來立法院，而且本席也非常質疑隸屬的問題，不宜置於總統府之下，應該成立一個獨立的單位。

陳副秘書長：如果不隸屬任何單位，在預算編列及協調上可能……。

黃委員德福：從籌備處暫行組織規程來看，你們去年已訂定組織規程，依行政程序法規定，你們應該馬上送立法院查照，不可事隔9個月後併同兩次修正案一起送來，此乃違反行政程序法的。所以本席建議退回「國家人權紀念館籌備處暫行組織規程暨編制表」、「國家人權紀念館籌備處暫行組織規程修正第2條條文及增訂第2條之1條文」及「修正國家人權紀念館籌備處暫行組織規程第3條至第6條條文及其編制表」等3案，不予備查。

呂委員學樟：本席在此建議行政院函送的「國家人權紀念館籌備處暫行組織規程暨編制表」、「國家人權紀念館籌備處暫行組織規程修正第2條條文及增訂第2條之1條文」及「修正國家人權紀念館籌備處暫行組織規程第3條至第6條條文及其編制表」等3查照案，違反行政程序法及中央法規標準法相關規定，應予廢止。

主席：現在詢答完畢，不進行廣泛討論，現在3案一併審查，請議事人員宣讀法案名稱（略）。

主席：現在有提案，提案內容如下：

行政院函送「國家人權紀念館籌備處暫行組織規程暨編制表」、「國家人權紀念館籌備處暫行組織規程修正第2條條文及增訂第2條之1條文」及「修正國家人權紀念館籌備處暫行組織規程第3條至第6條條文及其編制表」等3查照案，違反行政程序法及中央法規標準法相關規定，應予即刻廢止。是否有當？敬請公決。（提案人　黃德福等7人）

主席：請問各位，有無異議？湯委員金全反對。有人反對，就得表決。

主席：現在清點人數。

蔡委員啓芳：（在台下）先協商。

主席：休息5分鐘。

主席：現在繼續開會，方才有委員向本席提及，究竟要將此修正案退回或廢止的問題，依據立法院職權行使法第62條規定，應該是廢止。現在請議事人員清點人數。

（清點人數）

主席：在場委員13人，已足法定人數，現在進行表決，贊成黃委員德福等提案者，請舉手。

（進行表決）

主席：報告表決結果，在場委員13人，贊成者7人，多數，通過。本案作如下決議：「一、行政院函送『國家人權紀念館籌備處暫行組織規程暨編制表』等3案違反中央法規標準法第5條第3款『關於國家各機關之組織，應以法律定之』之規定，不予備查；依立法院職權行使法第62條規定，提報院會議決後，通知行政院廢止該暫行組織規程。二、本案審查完竣，擬具審查報告，提請院會公決；院會討論本案時，由法制委員會召集委員黃昭順補充說明。三、本案於院會進行二讀審議前，毋須交由黨團協商處理。」請問各位，有無異議？

蔡委員啓芳：（在台下）有異議。

主席：蔡委員啓芳、羅委員文嘉、吳委員東昇當場聲明有異議，保留院會發言權。另外，本席提出書面意見，列入紀錄，並刊登公報。現在休息，下午2時30分繼續開會（上午11時32分）[86]。

3. 立法院第5屆第3會期第15次院會

時間：中華民國92年6月5日（星期四）上午10時7分、6月6日（星期五）上午9

86 參閱立法院公報，92卷，32（下）期，民國92年6月7日，3-20頁。

時2分
地點：本院議場
主席：王院長金平　江副院長丙坤
秘書長：林錫山
副秘書長：羅成典

秘書長：出席委員92人，已足法定人數。
主席：現在開會，進行報告事項（略）。
主席：現在進行討論事項第6案。（第1案至第5案，略。）
六、本院法制委員會報告併案審查行政院函送「國家人權紀念館籌備處暫行組織規程暨編制表」、「國家人權紀念館籌備處暫行組織規程修正第2條條文及增訂第2條之1條文」及「修正國家人權紀念館籌備處暫行組織規程第3條至第6條條文及其編制表」等3案。
主席：本案經提本院第5屆第3會期第7次會議報告決定：交法制委員會審查。茲接報告，爰於本次會議提出討論。請宣讀審查報告（略）。
主席：審查報告已宣讀完畢，請黃召集委員昭順補充說明。（不在場）黃委員不在場。
本案經審查會決議，不須再交黨團協商。現有台聯黨團、民進黨黨團提出異議，依立法院職權行使法第68條第2項規定，本案作如下決議：「交黨團進行協商。」[87]

4. 立法院第5屆第4會期第14次院會

時間：中華民國92年12月4日（星期四）上午10時4分、12月5日（星期五）上午9時2分、12月9日（星期二）上午9時15分
地點：本院議場
主席：王院長金平　江副院長丙坤
秘書長：林錫山
副秘書長：羅成典

秘書長：出席委員83人，已足法定人數。

87 參閱立法院公報，92卷，34（一）期，民國92年6月18日，1及232頁。

主席：現在開會，進行報告事項（略）。

主席：現在進行討論事項第5案。（第1案至第4案，略。）

五、本院法制委員會報告併案審查行政院函送「國家人權紀念館籌備處暫行組織規程暨編制表」、「國家人權紀念館籌備處暫行組織規程修正第2條條文及增訂第2條之1條文」及「修正國家人權紀念館籌備處暫行組織規程第3條至第6條條文及其編制表」等3案。

主席：本案經提本院第5屆第3會期第15次會議討論決議：交黨團進行協商。爰於本次會議繼續討論。

主席：請問院會，對本案照審查會意見通過，有無異議？（無）無異議，通過。本案作如下決議：「『國家人權紀念館籌備處暫行組織規程暨編制表』、『國家人權紀念館籌備處暫行組織規程修正第2條條文及增訂第2條之1條文』及『修正國家人權紀念館籌備處暫行組織規程第3條至第6條條文及其編制表』等3案均不予備查，並通知行政院廢止國家人權紀念館籌備處暫行組織規程暨編制表。」現在休息，下午3時繼續開會。

柯委員建銘：（在台下）我們反對。

主席：剛才本席已經慎重地宣告2次，並沒有人反對，所以本案通過。現在既然委員有異議就進行表決。不過，以後我們不能允許這樣的情形再次發生。因爲本席已經正式宣告過2次，當時並沒有人反對。現在進行表決。贊成本案照審查會意見通過者請按「贊成」，反對者請按「反對」，棄權者請按「棄權」，計時1分鐘，進行記名表決。

（進行表決）

主席：報告表決結果，在場委員人數183人，贊成者99人，反對者84人，多數通過。（表決結果名單，略。）

主席：民進黨黨團提議本案重付表決。

主席：贊成本案照審查會意見通過者請按「贊成」，反對者請按「反對」，棄權者請按「棄權」，計時1分鐘，進行記名表決。

（進行表決）

主席：報告表決結果，在場委員人數182人，贊成者97人，反對者85人，多數通過。本案依照審查會意見通過（表決結果名單，略。）[88]。

88 參閱立法院公報，92卷，57（一）期，民國92年12月17日，3及89-91頁。

二、相關規範

（一）中央法規標準法第 7 條

各機關依其法定職權或基於法律授權訂定之命令，應視其性質分別下達或發布，並即送立法院。

（二）立法院職權行使法

1. 第60條

各機關依其法定職權或基於法律授權訂定之命令送達立法院後，應提報立法院會議。（第1項）

出席委員對於前項命令，認為有違反、變更或牴觸法律者，或應以法律規定事項而以命令定之者，如有15人以上連署或附議，即交付有關委員會審查。（第2項）

2. 第61條

各委員會審查行政命令，應於院會交付審查後3個月內完成之；逾期未完成者，視為已經審查。但有特殊情形者，得經院會同意後展延；展延以1次為限。（第1項）

前項期間，應扣除休會期日。（第2項）

3. 第62條

行政命令經審查後，發現有違反、變更或牴觸法律者，或應以法律規定事項而以命令定之者，應提報院會，經議決後，通知原訂頒之機關更正或廢止之。（第1項）

前條第1項視為已經審查或經審查無前項情形之行政命令，由委員會報請院會存查。（第2項）

第1項經通知更正或廢止之命令，原訂頒機關應於2個月內更正或廢止；逾期未為更正或廢止者，該命令失效。（第3項）

4. 第63條

各委員會審查行政命令，本章未規定者，得準用法律案之審查規定。

三、策略研析

立法院審查行政命令，如逾期未完成審查或經審查而無違反、變更或牴觸法律者，或應以法律規定事項而以命令定之者，即予以備查。倘發現有前述情形，則可議決更正或廢止，以達監督命令的目的。因此，立法院審查核能發電後端營運基金收支保管及運用辦法第14條修正條文，認爲不宜修正而請予更正，而國家人權紀念館籌備處暫行組織規程暨編制表部分，則認爲違反中央法規標準法第5條第3款所定：「關於國家各機關之組織，應以法律定之」的規定而決議通知行政院予以廢止[89]。另依立法院職權行使法第62條第3項的規定，經通知更正或廢止的命令，原訂頒機關應於2個月內更正或廢止；逾期未爲更正或廢止者，該命令失效。足見立法院對於命令的監督，仍有某種程度的作用。

89 立法院於民國92年12月11日將上述決議通知行政院處理，行政院乃於民國93年1月5日就立法院決議函請總統府秘書長查照轉呈。總統府秘書長亦於同年2月24日就上述決議，函請考試院查照，並於說明2中指出國家人權紀念館籌備處暫行組織規程暨編制表等3案，依立法院職權行使法第62條第3項的規定，業已自民國93年2月13日失效。參閱周萬來：《立法院職權行使法逐條釋論》，283頁。

第9章 結論

影響策略運用成敗的因素，固不只一端，甚且有諸多因素相互連結，始能竟其功。國會成員角色多元，其立法行為往往深受外在環境、黨團紀律及本身場域中各種規範所影響。本章爰就上述面向加以分析其影響策略的成敗，並作為本書的結論。

第一節　外在環境

任何一個組織，大多受到外在環境的影響，尤其是特定的環境因素。另因環境與組織之間有其界限存在，但在開放系統理論下，組織的界限是具有滲透性[1]。一般而言，國會成員多由該國人民選舉產生，往往須回應其選區選民的需求與支持，並與其發生互動關係，自然深受其影響。此外，國會成員角色多元，其立法行為經常受立法機關以外的行政機關、利益團體或所屬政黨的影響[2]。尤其在當前媒介環境下，傳播媒介已是政治新聞與意見塑造過程中訊息的主要來源，對國會議員本身與國會整體運作亦有相當影響[3]。

國會成員的立法行為，因常受外在主客觀環境的影響，則須審時度勢。申而言之，掌握時勢乃為策略運用成敗的主要關鍵，有如孫子始計篇：「勢者，因利而制權也。」及勢編：「善戰者，求之於勢，……，善戰人之勢，如轉圓石於千仞之山者，勢也。」的致勝戰略。經檢視立法實例，國會成員的立法行

1 就環境系統理論而言，環境系統分為一般環境及特定環境；其中特定環境，係指對其決策與運作有特別關係的因素，包括顧客的因素、供應者的因素、競爭者的因素、社會政治的因素及技術的因素。參閱吳定、張潤書、陳德禹、賴維堯、許立一：《行政學（上）》，修訂再版，台北：國立空中大學，民國98年8月，70-72頁。

2 參閱曾濟群：《中外立法制度之比較》，初版，台北：中央文物供應社，民國77年6月，1及2頁。

3 參閱廖峰香、葉明德：《政治學》，初版，台北：國立空中大學，民國89年1月，271頁；彭懷恩：《政治傳播：理論與實踐》，初版，台北：風雲論壇有限公司，民國96年11月，193-195頁。

爲，主要受外在環境影響，且與後述黨團紀律或規範運用相互連結，而決定其策略的成敗。在外在環境中，爲回應其選區選民而影響其立法行爲者，如民國101年4月27日院會處理暫停美國牛肉及其產製品進口相關議案，農業縣選出的執政黨委員因須承受選區選民的壓力，乃不顧其政黨要求，未出席或出席但拒絕表決；而受行政機關影響者，如民國90年1月4日立法院院會三讀通過的有線廣播電視法第19條、第51條及第63條等條文修正案，立即引發北高市政府的抗議，爲兼顧各界權益與立法周延性而由立法委員提出復議加以補救。至於國會成員的立法行爲受利益團體影響者，如民國84年1月5日院會通過土地法第37條之1條文修正案，明定無照土地代書得繼續執業至中華民國84年12月31日（即延長繼續執業1年），而受公民團體影響者，如民國102年8月6日立法院三讀通過的軍事審判法第1條、第34條及第237條條文修正案，均爲顯例；另受政黨影響者，則以民國84年2月23日立法院院會二讀通過農民健康保險條例第12條條文爲顯例。此外，因受傳播媒體影響者，如民國78年12月29日立法院所通過政務官退職酬勞金給與條例增列第2條之1「立法委員、監察委員比照實施」，更因媒體報導立法委員自肥而引發外界反彈，致由原贊成委員提出復議補救策略而無法達成原修法目的。

爲進一步瞭解策略運用成敗案例實況，依選民、行政機關、利益團體、政黨及傳播媒體等影響成敗，就前舉案例分別再加以敘明。

一、選民影響——暫停美國牛肉及其產製品進口相關議案

前已述及國會議員具有多面向角色，需於此多面向內選擇其行爲依歸。因此，其立法行爲受到外在民意、黨意及壓力團體等多重的檢視與監督。其中受外在民意的影響更爲重大。民國101年4月27日立法院第8屆第1會期第9次院會處理本院民進黨黨團、親民黨黨團、台聯黨團針對本次會議議程草案討論事項擬請增列：「本院民進黨黨團、親民黨黨團、台聯黨團，有鑑於美國境內再度發生狂牛症（牛海綿狀腦病，BSE）病例，全世界因食用帶有此種感染力的牛組織而罹患新型庫賈氏症（vCJD）致死者已有200多人；根據國家衛生研究院所做健康風險評估報告，有高達98%的台灣人帶有此種易感染基因，相較歐美國家人種帶因比例約40%至50%，台灣人感染機率是歐美人種的2倍；爲避免國人健康曝露在高風險狀況，政府有義務以嚴格標準來衡量進口牛肉的安全性。

世界貿易組織食品檢驗與動植物檢疫協定（SPS）第5條第7款賦予會員國食品安全主權，必要時可採取預防性措施，印尼政府已宣布暫停美國牛肉進口，但反觀馬政府，卻毫無作爲。本院基於捍衛國人健康，應即做成要求行政院對本國境內已上架之美國牛肉應下架、已在海關者予以封存，並同時暫停美國牛肉及產製品進口之決議。」乙案，列爲討論事項第1案時，農業縣選出的執政黨委員因須承受選區選民的壓力，在少數黨運用記名表決（迫龍現身術）的策略下，黨團雖祭出甲級動員，惟其部分成員竟未出席或出席拒絕表決，而使首輪表決出現少數黨獲勝結果（贊成增列者42人，反對者39人），重付表決結果可否雙方同數（贊成與反對者均爲44人）而由主席投下關鍵的反對票，始封殺該變更議程的提案[4]。另在同年5月7日第8屆第1會期社會福利及衛生環境委員會第16次全體委員會議處理食品衛生管理法部分條文修正案（有關解除美牛瘦肉精（乙型受體素）禁令，允許美牛進口等相關修正條文），亦因農業縣選出的執政黨委員，因考量選區選民的壓力而缺席[5]，致該法第11條及第17條之1分依民進黨黨團及陳委員歐珀等所提條文通過（贊成者7人，反對者6人）[6]。足見國會成員的立法行爲，深受選區選民的影響。

二、行政機關影響——有線廣播電視法第19條、第51條及第63條條文修正案

無論總統制或內閣制的國家，行政與立法機關間的互動相當頻繁，行政機關常爲其法案及預算案，而與國會成員溝通及商議，以尋求支持。因此，國會成員的立法行爲時受行政機關的影響。民國90年1月4日立法院第4屆第4會期第28次院會三讀通過有線廣播電視法第19條、第51條及第63條條文修正案，因涉及系統經營業者收費標準的核准權及廣告管理的主管機關，均由地方政府轉移至中央主管機關，乃立即引發北高市政府的抗議[7]。經查當時係屬分立政府時期，除了中央政府與地方政府相互指責、地方政府因政黨因素而對事後補救的方式各有不同的主張及立法院朝野黨團由誰提出復議亦不同調[8]。爲兼顧各界

4　參閱立法院公報，101卷，25期，民國101年5月7日，4-6頁；聯合報，民國101年4月28日，A2版。

5　參閱中國時報，民國101年5月8日，A7版；聯合晚報，民國101年5月7日，A7版。

6　參閱立法院公報，101卷，33期，民國101年5月23日，329-340頁。

7　參閱聯合報，民國90年1月6日，3版。

8　台北市政府新聞處長指責行政院新聞局廣電處長與業者勾結，行政院新聞局局長請其提出證據，另台北市政府請行政院提請覆議，但行政院張院長則反對提覆議，高雄市長亦批評台北市政府模糊焦點，

權益與立法周延性起見，國民黨黨團始在黨主席連戰指示下由黨團提出復議，親民黨黨團嗣後亦提出復議而加以補救[9]。綜觀本案立法過程，國會成員的立法行為，除受政黨影響外，尚受行政院等行政機關影響，其中包括北高市政府在內。

三、利益團體影響——軍事審判法第1條、第34條及第237條條文修正案

所謂利益團體，係指一群人基於共同利益而結合成的自願團體，無論其是否有正式組織，企圖透過團體來影響政府及決策者，以確保或實現其所擁有或追求的利益[10]。在立法院審議法案過程中，利益團體影響國會成員的立法行為不勝枚舉，該院於民國84年1月5日第2屆第4會期第33次院會通過土地法第37條之1條文修正案，明定無照土地代書得繼續執業至中華民國84年12月31日（即延長繼續執業1年），但作一附帶決議，建請考試院簡化考試科目及舉辦多次考試，使有照、無照雙方土地代書各有斬獲下落幕，足以應證利益團體對國會成員確具影響力[11]。而近來盛行的公民團體，係指一群關心同一議題的人們，本於相同的理念所組成的團體，希望可以共同合作，對公領域的事務發揮影響力[12]。就其意涵，似可類比為利益團體，民國102年8月6日立法院迅速三讀通過軍事審判法第1條、第34條及第237條條文修正案，即受當時公民1985行動聯盟發起25萬白衫軍上凱道的公民運動所影響。茲再就該案在審議過程時，國會成員所受影響的實況加以敘明。

表示應由立法院負起責任。此外，立法院究應由何者提出復議，朝野各黨團相互角力而不同調。分見聯合報，民國90年1月7日，6版；民國90年1月8日，6版；台灣日報，民國90年1月10日，5版；中央日報，民國90年1月10日，4版、1月11日，2版。

9 立法院國民黨黨團及親民黨黨團所提復議案，經該院第4屆第5會期第1次會議決議：另定期處理。嗣於同會期第14次會議依協商條文通過，其中第19條維持原修正條文，第51條第1項中「中央主管機關」均修正為「直轄市、縣（市）政府」，增訂第2項，文字為：「直轄市及縣（市）政府得設費率委員會，核准前項收視費用。直轄市及縣（市）政府未設費率委員會時，應由中央主管機關行使之。」，第63條增訂後段，文字為：「違反節目管理、廣告管理、費用及權利保護各章規定者，由直轄市或縣（市）政府為之，直轄市或縣（市）政府未能行使職權時，得由中央主管機關為之。」。參閱立法院公報，90卷，28（上）期，民國90年5月26日，84-86頁。

10 參閱廖峰香、葉明德：《政治學》，243及244頁；周育仁：《政治學》，再版，台北：翰蘆圖書出版有限公司，民國92年8月，306頁。

11 有關利益團體影響土地法第37條之1的立法過程，參閱古登美、沈中元、周萬來：《立法理論與實務》，修訂4版，台北：國立空中大學，民國94年1月，526-535頁。

12 參閱葉俊榮：〈環境法的發展脈絡與挑戰——一個從台灣看天下的觀點〉，司法新聲，105期，國102年1月，9頁。

本案緣於民國102年6月底發生義務役士官洪仲丘因違紀遭虐待而於同年7月4日死亡，經媒體報導而引發社會輿論高度關注。在同月15日國防部公布行政調查確有嚴重違失下，公民1985行動聯盟於同月20日發起「公民教召——還仲丘公道」爲訴求，號召民眾至國防部遊行等一連串活動，致影響在野黨黨團修法動機，並決議於臨時會提出「軍事審判法部分條文修正案」，國民黨黨團嗣後亦經黨團同意修改相關法案。因此，在立法院第8屆第3會期第2次臨時會第1次會議時，共有國民黨黨團、民進黨黨團及委員林佳龍等分別提出「軍事審判法第1條及第34條條文修正案」、「軍事審判法第1條、第34條及第237條條文修正案」及「軍事審判法第1條及第237條條文修正案」，均交付司法及法制、外交及國防兩委員會審查；另有民進黨黨團及委員林佳龍等提出「國家安全法第8條條文修正案」，均交付內政、外交及國防、司法及法制三委員會審查，民進黨黨團所提「刑事訴訟法第1條條文修正案」交付司法及法制、外交及國防兩委員會審查[13]。公民1985行動聯盟復於同年8月3日發起在凱道舉辦「萬人送仲丘晚會」，共有25萬人參加遊行，除行政院有所回應外，立法院朝野黨團更於8月5日協商同意8月6日（星期二）變更議程（下述法案，自委員會抽出，逕付二讀），處理「軍事審判法部分條文修正案」、「國家安全法第8條條文修正案」及「刑事訴訟法第1條條文修正案」[14]。

經檢視「軍事審判法部分條文修正案」的立法過程，立法院得以迅速修法，將現役軍人平時犯罪行爲，回歸一般司法機關審理，主要受公民1985行動聯盟的影響，促使在野黨黨團得以運用此外在的公民團體力量，並經各黨團協商而將此法案抽回院會逕付二讀並完成修法目標。

四、政黨影響——農民健康保險條例第12條條文修正案

民國84年2月23日立法院第2屆第5會期第2次院會二讀通過農民健康保險條例第12條條文，增訂第3項使65歲以上未請領其他老年生活津貼的農民被保險人得請領每個月3,000元的老農津貼[15]，但行政院認爲社會保險與社會福利性

13 參閱立法院公報，102卷，47期，民國102年8月15日，1及2頁；蔣念祖：《立法其實很專業》，初版，台北：米樂文化國際有限公司，民國104年5月，184-192頁。

14 參閱前注公報，8頁；蔣念祖：《立法其實很專業》，193-202頁。

15 參閱立法院公報，84卷，9期，民國84年3月1日，61-64頁。

質不同，不宜將上述內容訂定於該保險條例[16]，經透過黨政平台協調而由執政黨黨團提請暫緩審議農民健康保險條例部分條文修正案，將該案予以保留擱置，並改由行政院提出「老年農民福利金暫行條例草案」[17]。經查本案並非行政院所提法案，立法院審議通過條文更不被行政院所接受。適值一致政府時期，透過政黨內的協調而暫緩審議該法案，足見國會成員的立法行爲亦受其所屬政黨的影響。

五、傳播媒體影響——政務官退職酬勞金給與條例增列第2條之1

民意代表退職酬勞金給與條例應否制定，衡酌各國相關制度，容有思辯空間，惟於民國78年12月29日立法院第1屆第84會期第26次會議處理委員牟宗燦、溫錦蘭等47人所提修正「政務官退職酬勞金給與條例」增列第2條之1「立法委員、監察委員比照實施」，並請逕付二讀完成立法程序的臨時提案[18]時，在不到30分鐘內通過該法案，事經媒體批露而引發輿論指責爲圖利自己，並稱是項法案爲「肉桶法案」，而由委員賴晚鐘等84人於民國79年1月5日下（27）次會議提請復議，擬將增列條文予以刪除，恢復現行法規定[19]。經檢視未能達成修法目的，實受傳播媒體的影響所致。嗣後立法院審議同法案（名稱修正爲政務人員退職酬勞金給與條例）時，部分委員亦擬提出修正動議，將立法委員納入該條例的適用範圍，仍因媒體報導立法委員自肥而引發外界反彈，以致無法增列是項條款[20]。因此，國會成員的立法行爲，常受傳播媒體的影響。

---

16 參閱行政院農業委員會主任委員孫明賢在立法院內政及邊政等委員會聯席會議對行政院所提「老年農民福利金暫行條例草案」（名稱後經修正爲老年農民福利津貼暫行條例）審查會中補充說明，立法院公報，84卷，30期，民國84年5月20日，41頁。

17 參閱立法院公報，84卷，13期，民國84年3月15日，34-36頁。

18 在民國88年1月12日修正立法院議事規則第9條增列第3項：「法律案不得以臨時提案提出。」之前，立法委員得以臨時提案方式提出法律案。是項臨時提案處理過程，參閱立法院公報，78卷，104期，民國78年12月30日，172-176頁。

19 所謂「肉桶立法」（pork-barrel legislation），係指國會成員各自提出有利於獲取選票的方案，附加於大型的方案中，在各選區議員的相互支持下獲得通過；而「滾木立法」（logrolling legislation），則指國會成員彼此間各自提出有利於己的議案，經相互支持而均獲通過。參閱吳定、張潤書、陳德禹、賴維堯、許立一：《行政學（下）》，民國101年11月，82頁；至於委員賴晚鐘等84人所提復議案處理過程，參閱立法院公報，79卷，2期，民國79年1月6日，15-32頁。

20 參閱陳杉榮：〈國民黨立院黨團推動「自肥條款」引發強烈爭議〉，中國時報，民國85年1月18日，2版；李季光：〈自肥荷包還是自毀形象〉，中國時報，民國85年12月14日，4版。

第二節　黨團紀律

國會黨團具有整合同黨籍國會議員意見及協調不同黨籍國會議員主張的功能。因此，國會黨團扮演著「政黨在國會的代理人」（或稱「政黨在國會的發言人」）及「國會運作的政治橋梁」（或稱「國會政治的統合機器」）雙重角色[21]。各黨團爲處理上述職能，大抵設有黨鞭。一般而言，黨鞭的主要職能爲(1)擔任政府與黨籍議員間的橋梁，將政府政策立場告知黨籍議員，亦把黨籍議員對立法政策的看法傳遞給政府。(2)凝聚同黨議員的共識與力量，俾在國會中貫徹黨的政策立場[22]。其中凝聚同黨議員的共識與力量，則涉及黨團紀律問題。

所謂黨團紀律，意指國會各政黨成員在立法過程中黨內協和的程度，即國會黨團成員對其所屬政黨的政策凝聚力的高低，而最主要的測量方法，則視其投票行爲而定[23]。依立法院職權行使法及議事規則所定表決方法，有口頭表決、舉手表決、表決器表決、投票表決及點名表決，其中表決器表決、投票表決部分，可再區分爲記名及無記名兩種類別。因此，立法院黨團爲貫徹其黨紀或朝向對己有利的情勢發展，往往對其所屬成員在表決相關議案時加以動員並以記名方式行之。前述暫停美國牛肉及其產製品進口相關議案，農業縣選出的執政黨委員因受選區選民的壓力，而不顧其政黨要求，未予出席或出席但拒絕表決，若從黨團紀律角度以觀，顯見其政策凝聚力的不足。相對而言，在野黨團運用此記名方式的追龍現身術，促使多數黨黨團部分成員有所顧忌而未表決，其策略顯有成效。類似案例，有如民國101年12月28日院會處理親民黨黨團提請將「回復原住民族地區『鄉』之公法人地位，以避免侵害原住民族的政治權利，俾以符合國際原住民族權利規範、具體落實維護原住民族自治權利。」案列爲議程討論事項第1案，原住民的執政黨委員因考量民意而多採贊成或棄權方式處理，足以顯示該黨團的黨紀較爲鬆散。另從無記名方式的表決結果，雖不如記名明確，但亦可略窺各黨團對其所屬政黨的政策凝聚力的高低，如102年12月13日民進黨黨團於院會提請變更議程，增列法院組織法刪除

21　參閱陳淞山：《國會制度解讀》，1版，台北：月旦出版公司，民國83年4月，126頁。

22　參閱朱志宏：《立法論》，初版，台北：三民書局，民國84年3月，264頁。

23　參閱何思因：《美英日提名制度與黨紀》，初版，台北：理論與政策雜誌社，民國82年1月，29-31頁。

第63條之1條文案列為討論事項第1案，竟能通過而進行討論，幸賴國民黨黨團於逐條討論後立即提出散會動議而使特偵組免於廢除，另監察院第5屆監察委員同意權行使結果，在一致政府的情況下，卻有11位未獲同意為監察院第5屆監察委員，均可見該黨團成員的政策凝聚力不足。茲就「原民區自治公職人員選舉」及「法院組織法刪除第63條之1條文案」兩案例再加以說明。

一、原民區自治公職人員選舉

民國101年12月28日第8屆第2會期第15次院會及102年1月4日同會期第16次院會兩次處理親民黨黨團提請決議：「行政院應立即針對縣市改制後，原住民族地區鄉自治喪失公法人地位一事，予以特別制度保障。在原住民族自治法立法尚未完成前，應遵守憲法增修條文，有關國家應保障原住民族政治地位之意旨，回復原住民族地區『鄉』之公法人地位，以避免侵害原住民族的政治權利，俾以符合國際原住民族權利規範、具體落實維護原住民族自治權利。」乙案列為議程討論事項，原住民的執政黨委員在政策不明[24]下，因考量民意而多採贊成或棄權方式處理[25]。從黨團紀律角度而言，執政黨籍原住民委員對政策凝聚力顯有不足，從而表現出該黨團的黨紀較為鬆散。

二、法院組織法刪除第63條之1條文案

民國102年12月13日立法院第8屆第4會期第14次院會處理民進黨黨團提請變更議程，增列討論事項「併案審查委員李俊俋、吳秉睿及台聯黨團分別擬具之『法院組織法刪除第63條之1條文草案』」，並請列為討論事項第1案時，由於國民黨團當時並未提出記名表決，經在場委員103人，贊成增列者51人，反

---

24 有關山地原住民的自治，在民國103年1月14日立法院第8屆第4會期第18次會議修正地方制度法，增訂第4章之1「直轄市山地原住民區」之前，直轄市之區由山地鄉改制部分並無相關規範。特摘述修正後第83條之2及第83條之4條文，第83條之2規定：「直轄市之區由山地鄉改制者，稱直轄市山地原住民區（以下簡稱山地原住民區），為地方自治團體，設區民代表會及區公所，分別為山地原住民區之立法機關及行政機關，依本法辦理自治事項，並執行上級政府委辦事項。（第1項）；山地原住民區之自治，除法律另有規定外，準用本法關於鄉（鎮、市）之規定；其與直轄市之關係，準用本法關於縣與鄉（鎮、市）關係之規定。（第2項）」，第83條之4規定：「山地原住民區以當屆直轄市長任期屆滿之日為改制日，並以改制前之區或鄉為其行政區域；其第1屆區民代表、區長之選舉以改制前區或鄉之行政區域為選舉區，於改制日10日前完成選舉投票，並準用第87條之1第3項選舉區劃分公告及第4項改制日就職之規定。」（上述規定之施行日期，依第88條規定，由行政院定之。）。

25 參閱立法院公報，102卷，2期，民國102年1月10日，6-8頁；102卷，4期，民國102年1月23日，30-32頁。

對者47人，棄權者5人，而通過民進黨黨團所請變更議程，進行討論該法案。從上述表決結果，雖不如記名明確，經查該屆在野黨黨團及無黨籍委員人數總計並未超過51人，足可略窺執政黨黨團委員對其所屬政黨的政策凝聚力不足。本案於進行廣泛討論及逐條討論後，國民黨黨團爲恐其部分成員支持刪除法院組織法第63條之1條文，將特偵組廢除，乃立即提出散會動議，以57票多數通過，而終了該次會議[26]。

第三節　規範運用

任何決策機關爲了運作順暢，莫不遵守其議事規範，而議事規範的內涵，包括成文規則與不成文例規。因此，立法機關在行使職權過程中，內部成員的立法行爲，必受上述議事規範所拘束。相對而言，倘國會成員得以運用前述規範，並轉化成有效策略，自能掌控整個議事流程，而達成其所欲的目標。因此，是項策略運用的成敗，除因前述黨紀或外在環境因素外，大抵取決於國會成員對規範的嫻熟程度。

綜觀本書各項立法實例，均與議事規範有所關連，自受其影響，其中因規範的熟悉程度不足而在運用策略有所失漏，致造成後續的政經情勢不利發展者，如海峽兩岸服務貿易協議在民國102年6月25日黨團協商時，執政黨黨鞭有所輕忽，因僅考量12年國教相關法案（高級中等教育法草案、專科學校法部分條文修正草案）是否能如期完成立法程序，而落入在野黨黨團的圈套，致目前仍無法於立法院順利處理該協議。又如民國82年7月16日第2屆第1會期第50次院會討論「中央政府興建重大交通建設計畫第2期工程特別預算案」，在處理委員王建煊等所提「有關興建高速鐵路之預算，建議全數刪除，由民間興建。」的修正動議時，由於立法院不成文例規，在重付表決時，須以同一表決方式行之[27]。該修正動議於首次表決時，執政黨黨團並未採用記名表決方式處理，致使院會通過此修正動議，嗣經要求重付表決（由委員李友吉等32人提出），並改以記名方式，但依議事前例，無法依記名方式進行表決，致無法翻

26　參閱立法院公報，102卷，80期，民國102年12月20日，48、49及74-76頁。

27　參閱周萬來：《議案審議——立法院運作實況》，5版，台北：五南圖書出版公司，民國108年11月，78頁。

案而喪失先機。爰再就前述案例分別加以論述。

一、海峽兩岸服務貿易協議

行政院爲處理台灣地區與大陸地區人民往來有關事務，得由該院大陸委員會委託財團法人海峽交流基金會等機構或團體代爲簽署相關協議[28]。經檢視財團法人海峽交流基金會與大陸海峽兩岸關係協會所簽署的協議，除「海峽兩岸空運協議」及「海峽兩岸海運協議」依台灣地區與大陸地區人民關係條例第95條規定函請立法院審議（參閱第8章第4節策略100），以及「海峽兩岸經濟合作架構協議（ECFA）」及「海峽兩岸智慧財產權保護合作協議（IPR）」依前述條例第5條第2項前段規定，於協議簽署後30日內報請行政院核轉立法院審議[29]外，其餘協議則按該條例第5條第2項後段規定，於協議簽署後30日內報請行政院核定，並送立法院備查。

經查立法院處理前述備查的各項協議，有退回程序委員會重新提出而未再處理者，如「海峽兩岸關於大陸居民赴台灣旅遊協議」，或交付相關委員會審查而未處理者，如「海峽兩岸共同打擊犯罪及司法互助協議」、「海峽兩岸金融合作協議」、「海峽兩岸醫藥衛生合作協議」、「海峽兩岸投資保障和促進協議」及「海峽兩岸海關合作協議」等，更有經相關委員會審查後提報院會處理時，而經決議協商後再行處理者，如「海峽兩岸食品安全協議」及「海峽兩岸郵政協議」。但行政院均依台灣地區與大陸地區人民關係條例第5條第2項規定，按協議內容通知對方後於次日生效。惟「海峽兩岸服務貿易協議」在民國102年6月27日函送立法院備查並經提報同年7月30日第8屆第3會期第2次

---

28 依台灣地區與大陸地區人民關係條例第4條之2第3項規定，本條例所稱協議，係指台灣地區與大陸地區間就涉及行使公權力或政治議題事項所簽署之文書；協議之附加議定書、附加條款、簽字議定書、同意紀錄、附錄及其他附加文件，均屬構成協議之一部分。

29 由於台灣地區與大陸地區間所訂定的各項協議，依司法院釋字第329號解釋理由書所述：「台灣地區與大陸地區間所訂定之協議，非本解釋所稱之國際書面協定」，可否比照條約案處理方式，於二讀時毋庸逐條討論？立法院在民國99年8月處理行政院函請審議的「海峽兩岸經濟合作架構協議」及「海峽兩岸智慧財產權保護合作協議」時，則發生爭議。嗣經各黨團協商，同意「海峽兩岸經濟合作架構協議」部分，全部條文均發言完畢後，依序處理，再全案進行表決；「海峽兩岸智慧財產權保護合作協議」部分，則於發言完畢後，即全案進行表決。惟各黨團針對協商文字「依序處理」意涵各自解讀，民進黨黨團對每一條文提出修正動議，國民黨團提議該協議具準條約及自由貿易協定性質，建議依議事慣例，全案一次表決方式處理，不得逐條修正，以符法制。因此，立法院處理台灣地區與大陸地區間所訂定的協議，可否比照條約案處理方式，於二讀時毋庸逐條討論逕行全案表決，在兩岸協議處理及監督條例制定之前，仍有待各黨團形成共識。上述協議處理過程，參閱立法院公報，99卷，50期，民國99年8月30日，2及185-205頁。

臨時會第1次會議交付內政等8委員會審查[30]前，即於同年6月25日經黨團協商同意「海峽兩岸服務貿易協議本文應經立法院逐條審查、逐條表決，服務貿易協議特定承諾表應逐項審查、逐項表決，不得予以全案包裹表決，非經立法院實質審查通過，不得啓動生效條款。」[31]。次查該協議第24條第1款規定：「雙方應各自完成相關程序並以書面通知另一方。本協議自雙方均收到對方通知後次日起生效。」與前述「海峽兩岸投資保障和促進協議」第18條生效條款[32]一致，理宜為相同的處理程序。但當時黨團協商時，執政黨黨鞭有所輕忽，因僅考量12年國教相關法案（高級中等教育法草案、專科學校法部分條文修正草案）是否能如期完成立法程序，而落入在野黨黨團的圈套，且不察立法院各委員會組織法第4條之1明定：「各委員會之議程，應由輪值召集委員決定之。」，竟於同年8月5日協商時同意在野黨黨團所提「海峽兩岸服務貿易協議由內政委員會再召開16場公聽會（每場4個服貿協議附件項目），並邀集各產業公會及工會代表參加後，方可進行實質審查」（前於7月31日及8月1日上下午業已各召開1場公聽會，共計4場）[33]，致使在野黨黨團有拖延的空間[34]。直至進入審查後，更因朝野黨團對審查程序有所歧異而造成諸多波折，截至目前該協議仍無法於立法院順利處理。就是項協議處理過程以觀，在在顯示在野黨黨鞭對規範運用較為嫻熟，而達成其所欲阻擋該協議的目標。

二、中央政府興建重大交通建設計畫第2期工程特別預算案有關興建高速鐵路預算部分

民國82年7月16日第2屆第1會期第50次院會討論「中央政府興建重大交通建設計畫第2期工程特別預算案」，因多數委員對高速鐵路的興建並不反對，但認為應以鼓勵民間參與交通建設為宜，應退回交通部重新規劃評估。因此，在處理委員王建煊等所提「有關興建高速鐵路之預算，建議全數刪除，由民間興建。」的修正動議時，由於執政黨黨團並未提出記名表決方式處理，致使院

30 參閱注13公報。

31 參閱立法院公報，102卷，46期，民國102年7月1日，403及404頁。

32 《台灣地區與大陸地區人民關係條例暨兩岸歷次協議（含香港澳門關係條例）》，台北：行政院大陸委員會編印，民國101年9月，274頁。

33 參閱注13公報，8頁。

34 參閱蔣念祖：《立法其實很專業》，44及45頁；〈解開服貿協議死結系列二荒唐的朝野和諧至上論〉，中國時報，民國102年12月14日，A15版。

會通過此修正動議（表決結果，在場委員97人，贊成刪除由民間興建者49人，反對者48人。）[35]，嗣經重付表決時，始要求改以記名方式，惟查立法院不成文例規，在重付表決時，須以同一表決方式行之。執政黨黨團是項提議，不為王委員建煊、陳委員水扁、謝委員長廷所接受，仍依議事前例，以無記名方式進行表決，致無法翻案而通過委員王建煊等所提的修正動議（表決結果，在場委員107人，贊成刪除由民間興建者58人，反對者49人。）[36]。就本案立法過程以觀，執政黨黨團除對其成員動態未能掌控外，更對規範運用的嫻熟程度不夠，致無法立即採用記名現身策略而喪失先機。至於興建高速鐵路的重大交通建設，則直至通過獎勵民間參與交通建設條例並公布施行後，始改以民間興建及營運[37]。足見國會成員對規範運用的嫻熟度，將影響其策略運用的成敗。

35 參閱立法院公報，82卷，49（上）期，民國82年7月24日，45頁。

36 參閱前注公報，45-47頁。

37 關於獎勵民間參與交通建設條例院會審議過程，參閱立法院公報，83卷，75（上）期，民國83年11月23日，37-203頁。

參考書目

壹、中文書目

一、年鑑、公報、法規

1. 國民大會會議實錄
2. 中華民國立法院大事記
3. 總統府公報
4. 立法院公報
5. 立法統計年報
6. 立法院院會速記錄
7. 立法院會議議事錄、議事日程及其議案關係文書
8. 立法專刊
9. 立法委員手冊
10. 司法院大法官會議解釋彙編

二、書籍（以姓氏筆劃為序，尊稱恕略）

1. （民82），《立法院議事先例集》，台北：立法院秘書處。
2. （民85），《會議規範》，台北：中央文物供應社。
3. （民86），《我國採用「綜合立法」可行性之研究》，台北：行政院研究發展考核委員會編印。
4. （民90），《立法權之維護與堅持——核四電廠釋憲案相關文獻彙編》，台北：立法院。
5. （民93），《立法原理與制度》，台北：立法院法制局。
6. （民95），《包裹立法——行政院95年度法制研討會》，台北：行政院研究發展考核委員會編印。
7. （民101），《台灣地區與大陸地區人民關係條例暨兩岸歷次協議（含香港澳門關係條例）》，台北：行政院大陸委員會編印。

8. 王冠青（民73），《民權初步與現代議學》，台北：中央文物供應社。
9. 王德順（民94），《企業管理》，台北：五南圖書出版公司。
10. 王堡麗（民87），《議事民主的理論與實際》，台北：大航家出版社。
11. 古登美、沈中元、周萬來編著（民94），《立法理論與實務》，台北：國立空中大學。
12. 朱志宏（民84），《立法論》，台北：三民書局。
13. 何思因（民82），《美英日提名制度與黨紀》，台北：理論與政策雜誌社。
14. 吳定、張潤書、陳德禹、賴維堯、許立一（民98）：《行政學（上）》，台北：國立空中大學。
15. 吳定、張潤書、陳德禹、賴維堯、許立一（民101）：《行政學（下）》，台北：國立空中大學。
16. 吳重禮、陳慧玟譯（David R. Mayhew著）（民90）：《分立政府：1946~1990年期間之政黨控制、立法與調查》，台北：五南圖書出版公司。
17. 吳堯峰（民78），《民政議事工作辭典》，台北：五南圖書出版公司。
18. 吳東欽（民96），《一致政府與分立政府對國會立法之影響——議程阻絕觀點之分析》，台北：國立政治大學社會科學院碩士論文。
19. 吳萬得（民74），《立法院人民請願案之研究》，台北：經世書局。
20. 李怡達（民93），《議程拒絕與法案審議——以第四屆立法院運作爲例》，台北：國立台灣大學政治學研究所碩士論文。
21. 李明恭編著（民83），《會議規範之說明及運用》，台北：正中書局。
22. 林紀東（民64），《中華民國憲法逐條釋義（一）》，台北：三民書局。
23. 林紀東（民66），《中華民國憲法逐條釋義（二）》，台北：三民書局。
24. 段重民（民94），《法學緒論》，台北：國立空中大學。
25. 林水波（民88），《制度設計》，台北：智勝文化事業有限公司。
26. 林水波（民91），《憲法政治學》，台北：元照出版公司。
27. 沈中元、周萬來（民100），《兩岸立法制度》，台北：國立空中大學。
28. 周萬來（民74），《行憲以來我國法律廢止之研究》，台北：馬陵出版社。
29. 周萬來（民108），《議案審議——立法院運作實況》，台北：五南圖書出版公司。
30. 周萬來（民108），《立法院職權行使法逐條釋論》，台北：五南圖書出版公司。
31. 周育仁（民92），《政治學》，台北：翰蘆圖書出版有限公司。
32. 袁天鵬等譯（民97），《羅伯特議事規則（第10版）》，上海：格致出版社。
33. 施能傑（民76），《國會監督與政策執行——美國經驗之研究並兼論我國的發展》，台北：台灣商務印書館。

34. 胡濤（民69），《立法學》，台北：漢苑出版社。
35. 洪應灶（民59），《中華民國憲法新論》，台北：自刊本。
36. 孫文（民78），《民權初步》，台北：中央文物供應社。
37. 陳滄海（民91），《憲政改革與政治權力》，台北：五南圖書出版公司。
38. 陳新民（民100），《憲法學釋論》，台北：三民書局。
39. 陳淞山（民83），《國會制度解讀》，台北：月旦出版社。
40. 陳清雲（民91），《從立法權行使論行政命令之審查》，嘉義：國立中正大學法律學研究所碩士論文。
41. 陳清雲（民103），《立法院調查權法制化之研究》，嘉義：國立中正大學法律學研究所博士論文。
42. 彭懷恩（民96），《政治傳播：理論與實踐》，台北：風雲論壇有限公司。
43. 郭登敖（民72），《近代議事學》，台北：自刊本。
44. 郭登敖（民76），《議事制度之比較》，台北：自刊本。
45. 許劍英（民95），《立法審查理論與實務》，台北：五南圖書出版公司。
46. 許慶雄（民81），《憲法入門》，台北：月旦出版社。
47. 許宗力（民87），《法與國家權力》，台北：元照出版公司。
48. 莊振輝（民100），《預算法逐條釋論及案例解析》，台北：自刊本。
49. 張逸民（民97），《策略管理——分析架構與實例》，台北：華泰文化事業有限公司。
50. 曾濟群（民77），《中外立法制度之比較》，台北：中央文物供應社。
51. 湯德宗譯（民81），《國會程序與政策過程》，台北：正中書局。
52. 楊振萬（民88），《天聲文存議政叢談》，台北：幼獅文化事業股份有限公司。
53. 楊南芳等譯（克勞塞維茨著）（民102），《戰爭論（卷一）》，台北：左岸文化事業有限公司。
54. 廖峰香、葉明德（民89），《政治學》，台北：國立空中大學。
55. 劉省作（民94），《決勝廟堂——行政在國會合與戰的眞相》，台北：揚智文化事業股份有限公司。
56. 劉慶瑞（民71），《比較憲法》，台北：大中國圖書出版公司。
57. 蔣念祖（民104），《立法其實很專業》，台北：米樂文化國際有限公司。
58. 蔡政順（民74），《立法院議事規則逐條研究》，台北：大中國圖書出版公司。
59. 鍾起岱（民92），《議事學理論與實務》，高雄：復文圖書出版社。
60. 薩孟武、劉慶瑞（民67），《各國憲法及其政府》，台北：自刊本。
61. 羅志淵（民67），《立法程序論》，台北：正中書局。
62. 羅傳賢（民93），《國會與立法技術》，台北：五南圖書出版公司。

63. 羅傳賢（民95），《會議管理與法制》，台北：五南圖書出版公司。
64. 羅傳賢（民101），《立法程序與技術》，台北：五南圖書出版公司。
65. 羅傳賢（民103），《立法學實用辭典》，台北：五南圖書出版公司。
66. 羅傳賢（民106），《行政程序法論——兼論聽證與公聽會制度》，台北：五南圖書出版公司。
67. 羅成典（民72），《立法技術論》，台北：文笙書局。
68. 蘇永欽（民77），《憲法與社會》，台北：自刊本。

三、期刊

1. 中國時報，〈陳杉榮：國民黨立院黨團推動「自肥條款」引發強烈爭議〉，民國85年1月18日，2版。
2. 中國時報，〈李季光：自肥荷包還是自毀形象〉，民國85年12月14日，4版。
3. 中國時報，〈社論：解開服貿協議死結系列二荒唐的朝野和諧至上論〉，民國102年12月14日，A15版。
4. 聯合報，〈社論：總統不宜強令立院變更大法官同意權議事程序〉，民國92年6月2日，2版。
5. 聯合報，〈蘇永欽：否決國會決議？還好總統動口未動手〉，民國92年6月4日，15版。
6. 聯合報，〈蘇永欽：政院提部分覆議，立法院應全案議決〉，民國92年12月10日，15版。
7. 聯合報，〈何明國：法院組織法照三藬修〉，民國94年11月16日，A11版。
8. 周陽山，〈質詢權與質詢制度：一項國際經驗的分析〉，《理論與政策》，4卷，3期，民國79年，98-106頁。
9. 呂坤煌，〈德國聯邦眾議院屆期不連續原則之探討〉，立法院法制局專題報告（506號），民國96年5月。
10. 施正鋒，〈戰略研究的過去與現在〉，《台灣國際研究季刊》，6卷，3期，民國99年8月，31-64頁。
11. 張劍寒，〈民主國家之法規聽證制度〉，《憲政思潮》，23期，民國62年7月，1-9頁。
12. 張景舜譯，〈法蘭西共和國憲法〉，《國會月刊》，40卷，4期，民國101年4月，57-77頁。
13. 翁明安，〈我國立法院長角色中立化可能性之分析〉，《立法院院聞》，34卷，4期，民國95年4月，81-105頁。
14. 郭明政，〈為監察院人事同意權案解套——釋字632號評析與省思〉，《國會月刊》，36卷，4期，民國97年4月，94-118頁。
15. 葉俊榮，〈環境法的發展脈絡與挑戰——一個從台灣看天下的觀點〉，《司法新聲》，105期，國102年1月，7-15頁。

貳、外文書目

1. Arenberg, Richard A., and Dove, Robert b., 2012, Defending the Filibuster, Indiana Univ. Press.
2. Gold, Martin B., 2004, Senate Procedure and Practice, Maryland: Rowman & Littlefield Inc.
3. Oleszek, Walter J., 1984, Congressional Procedures and the Policy Process, 2nd ed., Washington D. C.: Congressional Quarterly Inc.
4. Robert, Henry M., 1949, Parliamentary Practice: An Introduction to Parliamentary Law, New York: Appleton—Century—Crofts Inc.
5. Keefe, W. J., and Ogul, M.S., 1997, The American Legislative Process, Upper Saddle River, NY: Prentice—Hall.
6. Miers, David R., and Page, Alan C., 1990, Legislation, 2nd ed., London: Sweet and Maxwell.
7. Muchow, David j., 1976, The Vanishing Congress, Washington D. C.: North American International.

附錄一　中華民國憲法及增修條文

（一）中華民國憲法

民國35年12月25日國民大會制定通過全文175條；36年1月1日公布；同年12月25日施行

前　言

中華民國國民大會受全體國民之付託，依據孫中山先生創立中華民國之遺教，為鞏固國權、保障民權、奠定社會安寧、增進人民福利，制定本憲法，頒行全國，永矢咸遵。

第一章　總綱

第 1 條　中華民國基於三民主義，為民有、民治、民享之民主共和國。

第 2 條　中華民國之主權，屬於國民全體。

第 3 條　具有中華民國國籍者，為中華民國國民。

第 4 條　中華民國領土，依其固有之疆域，非經國民大會之決議，不得變更之。

第 5 條　中華民國各民族一律平等。

第 6 條　中華民國國旗定為紅地，左上角青天白日。

第二章　人民之權利義務

第 7 條　中華民國人民，無分男女、宗教、種族、階級、黨派，在法律上一律平等。

第 8 條　人民身體之自由應予保障。除現行犯之逮捕由法律另定外，非經司法或警察機關依法定程序，不得逮捕拘禁。非由法院依法定程序，不得審問處罰。非依法定程序之逮捕、拘禁、審問、處罰，得拒絕之。

人民因犯罪嫌疑被逮捕拘禁時，其逮捕拘禁機關應將逮捕拘禁原因，以書面告知本人及其本人指定之親友，並至遲於二十四小時內移送該管法院審問。本人或他人亦得聲請該管法院，於二十四小時內，向逮捕之機關提審。

法院對於前項聲請不得拒絕，並不得先令逮捕拘禁之機關查覆。逮捕拘禁之機關對於法院之提審，不得拒絕或遲延。

人民遭受任何機關非法逮捕拘禁時，其本人或他人得向法院聲請追究，法院不得拒絕，並應於二十四小內向逮捕拘禁之機關追究，依法處理。

第 9 條　人民除現役軍人外，不受軍事審判。

第 10 條　人民有居住及遷徙之自由。

第 11 條　人民有言論、講學、著作及出版之自由。

第 12 條　人民有秘密通訊之自由。

第 13 條　人民有信仰宗教之自由。

第 14 條　人民有集會及結社之自由。

第 15 條　人民之生存權、工作權及財產權，應予保障。

第 16 條　人民有請願、訴願及訴訟之權。

第 17 條　人民有選舉、罷免、創制及複決之權。

第 18 條　人民有應考試服公職之權。

第 19 條　人民有依法律納稅之義務。

第 20 條　人民有依法律服兵役之義務。

第 21 條　人民有受國民教育之權利與義務。

第 22 條　凡人民之其他自由及權利，不妨害社會秩序、公共利益者，均受憲法之保障。

第 23 條　以上各條列舉之自由權利，除爲防止妨礙他人自由、避免緊急危難、維持社會秩序或增進公共利益所必要者外，不得以法律限制之。

第 24 條　凡公務員違法侵害人民之自由或權利者，除依法律受懲戒外，應負刑事及民事責任。被害人民就其所受損害，並得依法律向國家請求賠償。

第三章　國民大會

第 25 條　國民大會依本憲法之規定，代表全國國民行使政權。

第 26 條　國民大會以左列代表組織之：

一、每縣、市及其同等區域各選出代表一人。但其人口逾五十萬人者，每增加五十萬人，增選代表一人。縣、市同等區域，以法律定之。

二、蒙古選出代表，每盟四人，每特別旗一人。

三、西藏選出代表，其名額以法律定之。

四、各民族在邊疆地區選出代表，其名額以法律定之。

五、僑居國外之國民選出代表，其名額以法律定之。

六、職業團體選出代表，其名額以法律定之。

七、婦女團體選出代表，其名額以法律定之。

第 27 條　國民大會之職權如左：
一、選舉總統、副總統。
二、罷免總統、副總統。
三、修改憲法。
四、複決立法院所提之憲法修正案。
關於創制、複決兩權，除前項第三、第四兩款規定外，俟全國有半數之縣、市曾經行使創制、複決兩項政權時，由國民大會制定辦法並行使之。

第 28 條　國民大會代表，每六年改選一次。
每屆國民大會代表之任期，至次屆國民大會開會之日爲止。
現任官吏不得於其任所所在地之選舉區當選爲國民大會代表。

第 29 條　國民大會於每屆總統任滿前九十日集會，由總統召集之。

第 30 條　國民大會遇有左列情形之一時，召集臨時會：
一、依本憲法第四十九條之規定，應補選總統、副總統時。
二、依監察院之決議，對於總統、副總統提出彈劾案時。
三、依立法院之決議，提出憲法修正案時。
四、國民大會代表五分之二以上請求召集時。
國民大會臨時會，如依前項第一款或第二款應召集時，由立法院院長通告集會；依第三款或第四款應召集時，由總統召集之。

第 31 條　國民大會之開會地點，在中央政府所在地。

第 32 條　國民大會代表在會議時所爲之言論及表決，對會外不負責任。

第 33 條　國民大會代表，除現行犯外，在會期中，非經國民大會許可，不得逮捕或拘禁。

第 34 條　國民大會之組織，國民大會代表之選舉、罷免，及國民大會行使職權之程序，以法律定之。

第四章　總統

第 35 條　總統爲國家元首，對外代表中華民國。

第 36 條　總統統率全國陸海空軍。

第 37 條　總統依法公布法律，發布命令，須經行政院院長之副署，或行政院院長及有關部、會首長之副署。

第 38 條　總統依本憲法之規定，行使締結條約及宣戰、媾和之權。

第 39 條　總統依法宣布戒嚴。但須經立法院之通過或追認，立法院認爲必要時，得決議移請總統解嚴。

第 40 條　總統依法行使大赦、特赦、減刑及復權之權。

第 41 條　總統依法任免文武官員。

第 42 條　總統依法授與榮典。

第 43 條　國家遇有天然災害、癘疫，或國家財政、經濟上有重大變故，須為急速處分時，總統於立法院休會期間，得經行政院會議之決議，依緊急命令法，發布緊急命令，為必要之處置。但須於發布命令後一個月內提交立法院追認，如立法院不同意時，該緊急命令立即失效。

第 44 條　總統對於院與院間之爭執，除本憲法有規定者外，得召集有關各院院長會商解決之。

第 45 條　中華民國國民年滿四十歲者，得被選為總統、副總統。

第 46 條　總統、副總統之選舉，以法律定之。

第 47 條　總統、副總統之任期為六年，連選得連任一次。

第 48 條　總統應於就職時宣誓，誓詞如左：

「余謹以至誠，向全國人民宣誓。余必遵守憲法，盡忠職務，增進人民福利，保衛國家，無負國民付託，如違誓言，願受國家嚴厲之制裁。謹誓。」

第 49 條　總統缺位時，由副總統繼任，至總統任期屆滿為止。總統、副總統均缺位時，由行政院院長代行其職權，並依本憲法第三十條之規定，召集國民大會臨時會，補選總統、副總統，其任期以補足原任總統未滿之任期為止。總統因故不能視事時，由副總統代行其職權。總統、副總統均不能視事時，由行政院院長代行其職權。

第 50 條　總統於任滿之日解職，如屆期次任總統尚未選出，或選出後總統、副總統均未就職時，由行政院院長代行總統職權。

第 51 條　行政院院長代行總統職權時，其期限不得逾三個月。

第 52 條　總統除犯內亂或外患罪外，非經罷免或解職，不受刑事上之訴究。

第五章　行政

第 53 條　行政院為國家最高行政機關。

第 54 條　行政院設院長、副院長各一人，各部會首長若干人，及不管部會之政務委員若干人。

第 55 條　行政院院長，由總統提名，經立法院同意任命之。

立法院休會期間，行政院院長辭職或出缺時，由行政院副院長代理其職務。但總統須於四十日內咨請立法院召集會議，提出行政院院長人選，徵求同意。行政院院長職務，在總統所提行政院院長人選未經立法院同意前，由行政院副院長暫行代理。

第 56 條　行政院副院長，各部會首長及不管部會之政務委員，由行政院院長提請總統任命之。

第 57 條　行政院依左列規定，對立法院負責：

一、行政院有向立法院提出施政方針及施政報告之責。立法委員在開會時，有向行政院院長及行政院各部會首長質詢之權。

二、立法院對於行政院之重要政策不贊同時，得以決議移請行政院變更之。行政院對於立法院之決議，得經總統之核可，移請立法院覆議。覆議時，如經出席立法委員三分之二維持原決議，行政院院長應即接受該決議或辭職。

三、行政院對於立法院決議之法律案、預算案、條約案，如認爲有窒礙難行時，得經總統之核可，於該決議案送達行政院十日內，移請立法院覆議。覆議時，如經出席立法委員三分之二維持原案，行政院院長應即接受該決議或辭職。

第 58 條　行政院設行政院會議，由行政院院長、副院長，各部會首長及不管部會之政務委員組織之，以院長爲主席。

行政院院長、各部會首長，須將應行提出於立法院之法律案、預算案、戒嚴案、大赦案、宣戰案、媾和案、條約案及其他重要事項，或涉及各部會共同關係之事項，提出於行政院會議議決之。

第 59 條　行政院於會計年度開始三個月前，應將下年度預算案提出於立法院。

第 60 條　行政院於會計年度結束後四個月內，應提出決算於監察院。

第 61 條　行政院之組織，以法律定之。

第六章　立法

第 62 條　立法院爲國家最高立法機關，由人民選舉之立法委員組織之，代表人民行使立法權。

第 63 條　立法院有議決法律案、預算案、戒嚴案、大赦案、宣戰案、媾和案、條約案及國家其他重要事項之權。

第 64 條　立法院立法委員，依左列規定選出之：

一、各省、各直轄市選出者，其人口在三百萬以下者五人，其人口超過三百萬者，每滿一百萬人增選一人。

二、蒙古各盟、旗選出者。

三、西藏選出者。

四、各民族在邊疆地區選出者。

五、僑居國外之國民選出者。

六、職業團體選出者。

立法委員之選舉及前項第二款至第六款立法委員名額之分配，以法律定之。婦女在第一項各款之名額，以法律定之。

第 65 條　立法委員之任期爲三年，連選得連任，其選舉於每屆任滿前三個月內完成之。

第 66 條　立法院設院長、副院長各一人，由立法委員互選之。

第 67 條　立法院得設各種委員會。

各種委員會得邀請政府人員及社會上有關係人員到會備詢。

第 68 條　立法院會期，每年兩次，自行集會，第一次自二月至五月底，第二次自九月至十二月底，必要時得延長之。

第 69 條　立法院遇有左列情事之一時，得開臨時會：

一、總統之咨請。

二、立法委員四分之一以上之請求。

第 70 條　立法院對於行政院所提預算案，不得爲增加支出之提議。

第 71 條　立法院開會時，關係院院長及各部會首長得列席陳述意見。

第 72 條　立法院法律案通過後，移送總統及行政院，總統應於收到後十日內公布之。但總統得依照本憲法第五十七條之規定辦理。

第 73 條　立法委員在院內所爲之言論及表決，對院外不負責任。

第 74 條　立法委員，除現行犯外，非經立法院許可，不得逮捕或拘禁。

第 75 條　立法委員不得兼任官吏。

第 76 條　立法院之組織，以法律定之。

第七章　司法

第 77 條　司法院爲國家最高司法機關，掌理民事、刑事、行政訴訟之審判及公務員之懲戒。

第 78 條　司法院解釋憲法，並有統一解釋法律及命令之權。

第 79 條　司法院設院長、副院長各一人，由總統提名，經監察院同意任命之。

司法院設大法官若干人，掌理本憲法第七十八條規定事項，由總統提名，經監察院同意任命之。

第 80 條　法官須超出黨派以外，依據法律獨立審判，不受任何干涉。

第 81 條　法官爲終身職，非受刑事或懲戒處分或禁治產之宣告，不得免職。非依法律，不得停職、轉任或減俸。

第 82 條　司法院及各級法院之組織，以法律定之。

第八章　考試

第 83 條　考試院爲國家最高考試機關，掌理考試、任用、銓敘、考績、級俸、陞遷、保障、褒獎、撫卹、退休、養老等事項。

第 84 條　考試院設院長、副院長各一人，考試委員若干人，由總統提名，經監察院同意任命之。

第 85 條　公務人員之選拔，應實行公開競爭之考試制度，並應按省區分別規定名額，分區舉行考試。非經考試及格者，不得任用。

第 86 條　左列資格，應經考試院依法考選銓定之：

一、公務人員任用資格。

二、專門職業及技術人員執業資格。

第 87 條　考試院關於所掌事項，得向立法院提出法律案。

第 88 條　考試委員須超出黨派以外，依據法律獨立行使職權。

第 89 條　考試院之組織，以法律定之。

第九章　監察

第 90 條　監察院爲國家最高監察機關，行使同意、彈劾、糾舉及審計權。

第 91 條　監察院設監察委員，由各省、市議會，蒙古、西藏地方議會及華僑團體選舉之。其名額分配，依左列之規定：

一、每省五人。

二、每直轄市二人。

三、蒙古各盟、旗共八人。

四、西藏八人。

五、僑居國外之國民八人。

第 92 條　監察院設院長、副院長各一人，由監察委員互選之。

第 93 條　監察委員之任期爲六年，連選得連任。

第 94 條　監察院依本憲法行使同意權時，由出席委員過半數之議決行之。

第 95 條　監察院爲行使監察權，得向行政院及其各部會調閱其所發布之命令及各種有關文件。

第 96 條　監察院得按行政院及其各部會之工作，分設若干委員會，調查一切設施，注意其是否違法或失職。

第 97 條　監察院經各該委員會之審查及決議，得提出糾正案，移送行政院及其有關部、會，促其注意改善。

監察院對於中央及地方公務人員，認為有失職或違法情事，得提出糾舉案或彈劾案，如涉及刑事，應移送法院辦理。

第 98 條　監察院對中央及地方公務人員之彈劾案，須經監察委員一人以上之提議，九人以上之審查及決定，始得提出。

第 99 條　監察院對於司法院或考試院人員失職或違法之彈劾，適用本憲法第九十五條、第九十七條及第九十八條之規定。

第 100 條　監察院對於總統、副總統之彈劾案，須有全體監察委員四分之一以上之提議，全體監察委員過半數之審查及決議，向國民大會提出之。

第 101 條　監察委員在院內所為之言論及表決，對院外不負責任。

第 102 條　監察委員，除現行犯外，非經監察院許可，不得逮捕或拘禁。

第 103 條　監察委員不得兼任其他公職或執行業務。

第 104 條　監察院設審計長，由總統提名，經立法院同意任命之。

第 105 條　審計長應於行政院提出決算後三個月內，依法完成其審核，並提出審核報告於立法院。

第 106 條　監察院之組織，以法律定之。

第十章　中央與地方之權限

第 107 條　左列事項，由中央立法並執行之：

一、外交。

二、國防與國防軍事。

三、國籍法及刑事、民事、商事之法律。

四、司法制度。

五、航空、國道、國有鐵路、航政、郵政及電政。

六、中央財政與國稅。

七、國稅與省稅、縣稅之劃分。

八、國營經濟事業。

九、幣制及國家銀行。

十、度量衡。

十一、國際貿易政策。

十二、涉外之財政、經濟事項。

十三、其他依本憲法所定關於中央之事項。

第 108 條　左列事項，由中央立法並執行之，或交由省、縣執行之：

一、省、縣自治通則。

二、行政區劃。

三、森林、工礦及商業。

四、教育制度。

五、銀行及交易所制度。

六、航業及海洋漁業。

七、公用事業。

八、合作事業。

九、二省以上之水陸交通運輸。

十、二省以上之水利、河道及農牧事業。

十一、中央及地方官吏之銓敘、任用、糾察及保障。

十二、土地法。

十三、勞動法及其他社會立法。

十四、公用徵收。

十五、全國戶口調查及統計。

十六、移民及墾殖。

十七、警察制度。

十八、公共衛生。

十九、振濟、撫卹及失業救濟。

二十、有關文化之古籍、古物及古蹟之保存。

前項各款，省於不牴觸國家法律內，得制定單行法規。

第 109 條　左列事項，由省立法並執行之，或交由縣執行之：

一、省教育、衛生、實業及交通。

二、省財產之經營及處分。

三、省、市政。

四、省公營事業。

五、省合作事業。

六、省農林、水利、漁牧及工程。

七、省財政及省稅。

八、省債。

九、省銀行。

十、省警政之實施。

十一、省慈善及公益事項。

十二、其他依國家法律賦予之事項。

前項各款，有涉及二省以上者，除法律別有規定外，得由有關各省共同辦理。

各省辦理第一項各款事務，其經費不足時，經立法院議決，由國庫補助之。

第 110 條　左列事項，由縣立法並執行之：

一、縣教育、衛生、實業及交通。

二、縣財產之經營及處分。

三、縣公營事業。

四、縣合作事業。

五、縣農林、水利、漁牧及工程。

六、縣財政及縣稅。

七、縣債。

八、縣銀行。

九、縣警衛之實施。

十、縣慈善及公益事項。

十一、其他依國家法律及省自治法賦予之事項。

前項各款，有涉及二縣以上者，除法律別有規定外，得由有關各縣共同辦理。

第 111 條　除第一百零七條、第一百零八條、第一百零九條及第一百十條列舉事項外，如有未列舉事項發生時，其事務有全國一致之性質者屬於中央，有全省一致之性質者屬於省，有一縣之性質者屬於縣，遇有爭議時，由立法院解決之。

第十一章　地方制度

第一節　省

第 112 條　省得召集省民代表大會，依據省縣自治通則制定省自治法。但不得與憲法牴觸。

省民代表大會之組織及選舉，以法律定之。

第 113 條　省自治法，應包含左列各款：

一、省設省議會，省議會議員由省民選舉之。

二、省設省政府，置省長一人。省長由省民選舉之。

三、省與縣之關係。

屬於省之立法權，由省議會行之。

第 114 條　省自治法制定後，須即送司法院。司法院如認爲有違憲之處，應將違憲條文宣布無效。

第 115 條　省自治法施行中，如因其中某條發生重大障礙，經司法院召集有關方面陳述意見後，由行政院院長、立法院院長、司法院院長、考試院院長與監察院院長組織委員會，以司法院院長爲主席，提出方案解決之。

第 116 條　省法規與國家法律牴觸者無效。

第 117 條　省法規與國家法律有無牴觸發生疑義時，由司法院解釋之。

第 118 條　直轄市之自治，以法律定之。

第 119 條　蒙古各盟、旗地方自治制度，以法律定之。

第 120 條　西藏自治制度，應予以保障。

第二節　縣

第 121 條　縣實行縣自治。

第 122 條　縣得召集縣民代表大會，依據省縣自治通則，制定縣自治法。但不得與憲法及省自治法牴觸。

第 123 條　縣民關於縣自治事項，依法律行使創制、複決之權，對於縣長及其他縣自治人員，依法律行使選舉、罷免之權。

第 124 條　縣設縣議會，縣議會議員由縣民選舉之。

屬於縣之立法權，由縣議會行之。

第 125 條　縣單行規章，與國家法律或省法規牴觸者無效。

第 126 條　縣設縣政府，置縣長一人。縣長由縣民選舉之。

第 127 條　縣長辦理縣自治，並執行中央及省委辦事項。

第 128 條　市準用縣之規定。

第十二章　選舉罷免創制複決

第 129 條　本憲法所規定之各種選舉，除本憲法別有規定外，以普通、平等、直接及無記名投票之方法行之。

第 130 條　中華民國國民年滿二十歲者，有依法選舉之權，除本憲法及法律別有規定者外，年滿二十三歲者，有依法被選舉之權。

第 131 條　本憲法所規定各種選舉之候選人，一律公開競選。

第 132 條　選舉應嚴禁威脅、利誘。選舉訴訟，由法院審判之。
第 133 條　被選舉人得由原選舉區依法罷免之。
第 134 條　各種選舉，應規定婦女當選名額，其辦法以法律定之。
第 135 條　內地生活習慣特殊之國民代表名額及選舉，其辦法以法律定之。
第 136 條　創制、複決兩權之行使，以法律定之。

第十三章　基本國策

第一節　國防

第 137 條　中華民國之國防，以保衛國家安全，維護世界和平為目的。
國防之組織，以法律定之。
第 138 條　全國陸、海、空軍，須超出個人、地域及黨派關係以外，效忠國家，愛護人民。
第 139 條　任何黨派及個人，不得以武裝力量為政爭之工具。
第 140 條　現役軍人不得兼任文官。

第二節　外交

第 141 條　中華民國之外交，應本獨立自主之精神，平等互惠之原則，敦睦邦交，尊重條約及聯合國憲章，以保護僑民權益，促進國際合作，提倡國際正義，確保世界和平。

第三節　國民經濟

第 142 條　國民經濟，應以民生主義為基本原則，實施平均地權，節制資本，以謀國計民生之均足。
第 143 條　中華民國領土內之土地，屬於國民全體。人民依法取得之土地所有權，應受法律之保障與限制。私有土地應照價納稅，政府並得照價收買。
附著於土地之礦及經濟上可供公眾利用之天然力，屬於國家所有，不因人民取得土地所有權而受影響。
土地價值非因施以勞力、資本而增加者，應由國家徵收土地增值稅，歸人民共享之。
國家對於土地之分配與整理，應以扶植自耕農及自行使用土地人為原則，並規定其適當經營之面積。
第 144 條　公用事業及其他有獨佔性之企業，以公營為原則，其經法律許可者，得由國民經營之。
第 145 條　國家對於私人財富及私營事業，認為有妨害國計民生之平衡發展者，應以法律限制之。

合作事業應受國家之獎勵與扶助。

國民生產事業及對外貿易，應受國家之獎勵、指導及保護。

第 146 條　國家應運用科學技術，以興修水利，增進地力，改善農業環境，規劃土地利用，開發農業資源，促成農業之工業化。

第 147 條　中央爲謀省與省間之經濟平衡發展，對於貧瘠之省，應酌予補助。

省爲謀縣與縣間之經濟平衡發展，對於貧瘠之縣，應酌予補助。

第 148 條　中華民國領域內，一切貨物應許自由流通。

第 149 條　金融機構，應依法受國家之管理。

第 150 條　國家應普設平民金融機構，以救濟失業。

第 151 條　國家對於僑居國外之國民，應扶助並保護其經濟事業之發展。

第四節　社會安全

第 152 條　人民具有工作能力者，國家應予以適當之工作機會。

第 153 條　國家爲改良勞工及農民之生活，增進其生產技能，應制定保護勞工及農民之法律，實施保護勞工及農民之政策。

婦女、兒童從事勞動者，應按其年齡及身體狀態，予以特別之保護。

第 154 條　勞資雙方應本協調合作原則，發展生產事業。勞資糾紛之調解與仲裁，以法律定之。

第 155 條　國家爲謀社會福利，應實施社會保險制度。人民之老弱殘廢，無力生活，及受非常災害者，國家應予以適當之扶助與救濟。

第 156 條　國家爲奠定民族生存發展之基礎，應保護母性，並實施婦女、兒童福利政策。

第 157 條　國家爲增進民族健康，應普遍推行衛生保健事業及公醫制度。

第五節　教育文化

第 158 條　教育、文化，應發展國民之民族精神、自治精神、國民道德、健全體格、科學及生活智能。

第 159 條　國民受教育之機會，一律平等。

第 160 條　六歲至十二歲之學齡兒童，一律受基本教育，免納學費。其貧苦者，由政府供給書籍。

已逾學齡未受基本教育之國民，一律受補習教育，免納學費，其書籍亦由政府供給。

第 161 條　各級政府應廣設獎學金名額，以扶助學行俱優無力升學之學生。

第 162 條　全國公私立之教育、文化機關，依法律受國家之監督。

第 163 條　國家應注意各地區教育之均衡發展，並推行社會教育，以提高一般國民之文化水準。邊遠及貧瘠地區之教育、文化經費，由國庫補助之。其重要之教育、文化事業，得由中央辦理或補助之。

第 164 條　教育、科學、文化之經費，在中央不得少於其預算總額百分之十五，在省不得少於其預算總額百分之二十五，在市縣不得少於其預算總額百分之三十五。其依法設置之教育、文化基金及產業，應予以保障。

第 165 條　國家應保障教育、科學、藝術工作者之生活，並依國民經濟之進展，隨時提高其待遇。

第 166 條　國家應獎勵科學之發明與創造，並保護有關歷史、文化、藝術之古蹟、古物。

第 167 條　國家對於左列事業或個人，予以獎勵或補助：

一、國內私人經營之教育事業成績優良者。

二、僑居國外國民之教育事業成績優良者。

三、於學術或技術有發明者。

四、從事教育久於其職而成績優良者。

第六節　邊疆地區

第 168 條　國家對於邊疆地區各民族之地位，應予以合法之保障，並於其地方自治事業，特別予以扶植。

第 169 條　國家對於邊疆地區各民族之教育、文化、交通、水利、衛生及其他經濟、社會事業，應積極舉辦，並扶助其發展，對於土地使用，應依其氣候、土壤性質及人民生活習慣之所宜，予以保障及發展。

第十四章　憲法之施行及修改

第 170 條　本憲法所稱之法律，謂經立法院通過，總統公布之法律。

第 171 條　法律與憲法牴觸者無效。

法律與憲法有無牴觸發生疑義時，由司法院解釋之。

第 172 條　命令與憲法或法律牴觸者無效。

第 173 條　憲法之解釋，由司法院爲之。

第 174 條　憲法之修改，應依左列程序之一爲之：

一、由國民大會代表總額五分之一之提議，三分之二之出席，及出席代表四分之三之決議，得修改之。

二、由立法院立法委員四分之一之提議，四分之三之出席，及出席委員四分之三之決議，擬定憲法修正案，提請國民大會複決，此項憲法修正案，應於國民大會開會前半年公告之。

第 175 條　本憲法規定事項，有另定實施程序之必要者，以法律定之。

本憲法施行之準備程序，由制定憲法之國民大會議定之。

（二）中華民國憲法增修條文

1. 民國80年5月1日總統令制定公布全文10條
2. 民國81年5月28日總統令增訂公布第11～18條條文
3. 民國83年8月1日總統令修正公布全文10條
4. 民國86年7月21日總統令修正公布全文11條
5. 民國88年9月15日總統令修正公布第1、4、9、10條條文（民國89年3月24日大法官解釋字第499號解釋該次修正條文因違背修憲正當程序，故應自本解釋公布之日起失其效力，原86年7月21日之增修條文繼續適用）
6. 民國89年4月25日總統令修正公布全文11條
7. 民國94年6月10日總統令修正公布第1、2、4、5、8條條文；並增訂第12條條文

前　言

爲因應國家統一前之需要，依照憲法第二十七條第一項第三款及第一百七十四條第一款之規定，增修本憲法條文如左：

第 1 條　中華民國自由地區選舉人於立法院提出憲法修正案、領土變更案，經公告半年，應於三個月內投票複決，不適用憲法第四條、第一百七十四條之規定。

憲法第二十五條至第三十四條及第一百三十五條之規定，停止適用。

第 2 條　總統、副總統由中華民國自由地區全體人民直接選舉之，自中華民國八十五年第九任總統、副總統選舉實施。總統、副總統候選人應聯名登記，在選票上同列一組圈選，以得票最多之一組爲當選。在國外之中華民國自由地區人民返國行使選舉權，以法律定之。

總統發布行政院院長與依憲法經立法院同意任命人員之任免命令及解散立法院之命令，無須行政院院長之副署，不適用憲法第三十七條之規定。

總統爲避免國家或人民遭遇緊急危難或應付財政經濟上重大變故，得經行政院會議之決議發布緊急命令，爲必要之處置，不受憲法第四十三條

之限制。但須於發布命令後十日內提交立法院追認，如立法院不同意時，該緊急命令立即失效。

總統爲決定國家安全有關大政方針，得設國家安全會議及所屬國家安全局，其組織以法律定之。

總統於立法院通過對行政院院長之不信任案後十日內，經諮詢立法院院長後，得宣告解散立法院。但總統於戒嚴或緊急命令生效期間，不得解散立法院。立法院解散後，應於六十日內舉行立法委員選舉，並於選舉結果確認後十日內自行集會，其任期重新起算。

總統、副總統之任期爲四年，連選得連任一次，不適用憲法第四十七條之規定。

副總統缺位時，總統應於三個月內提名候選人，由立法院補選，繼任至原任期屆滿爲止。

總統、副總統均缺位時，由行政院院長代行其職權，並依本條第一項規定補選總統、副總統，繼任至原任期屆滿爲止，不適用憲法第四十九條之有關規定。

總統、副總統之罷免案，須經全體立法委員四分之一之提議，全體立法委員三分之二之同意後提出，並經中華民國自由地區選舉人總額過半數之投票，有效票過半數同意罷免時，即爲通過。

立法院提出總統、副總統彈劾案，聲請司法院大法官審理，經憲法法庭判決成立時，被彈劾人應即解職。

第 3 條　行政院院長由總統任命之。行政院院長辭職或出缺時，在總統未任命行政院院長前，由行政院副院長暫行代理。憲法第五十五條之規定，停止適用。

行政院依左列規定，對立法院負責，憲法第五十七條之規定，停止適用：

一、行政院有向立法院提出施政方針及施政報告之責。立法委員在開會時，有向行政院院長及行政院各部會首長質詢之權。

二、行政院對於立法院決議之法律案、預算案、條約案，如認爲有窒礙難行時，得經總統之核可，於該決議案送達行政院十日內，移請立法院覆議。立法院對於行政院移請覆議案，應於送達十五日內作成決議。如爲休會期間，立法院應於七日內自行集會，並於開議十五日內作成決議。覆議案逾期未議決者，原決議失效。覆議時，如經全體立法委員二分之一以上決議維持原案，行政院院長應即接受該決議。

三、立法院得經全體立法委員三分之一以上連署，對行政院院長提出不信任案。不信任案提出七十二小時後，應於四十八小時內以記名投票表決之。如經全體立法委員二分之一以上贊成，行政院院長應於十日內提出辭職，並得同時呈請總統解散立法院；不信任案如未獲通過，一年內不得對同一行政院院長再提不信任案。

國家機關之職權、設立程序及總員額，得以法律為準則性之規定。

各機關之組織、編制及員額，應依前項法律，基於政策或業務需要決定之。

第 4 條　立法院立法委員自第七屆起一百一十三人，任期四年，連選得連任，於每屆任滿前三個月內，依左列規定選出之，不受憲法第六十四條及第六十五條之限制：

一、自由地區直轄市、縣市七十三人。每縣市至少一人。

二、自由地區平地原住民及山地原住民各三人。

三、全國不分區及僑居國外國民共三十四人。

前項第一款依各直轄市、縣市人口比例分配，並按應選名額劃分同額選舉區選出之。第三款依政黨名單投票選舉之，由獲得百分之五以上政黨選舉票之政黨依得票比率選出之，各政黨當選名單中，婦女不得低於二分之一。

立法院於每年集會時，得聽取總統國情報告。

立法院經總統解散後，在新選出之立法委員就職前，視同休會。

中華民國領土，依其固有疆域，非經全體立法委員四分之一之提議，全體立法委員四分之三之出席，及出席委員四分之三之決議，提出領土變更案，並於公告半年後，經中華民國自由地區選舉人投票複決，有效同意票過選舉人總額之半數，不得變更之。

總統於立法院解散後發布緊急命令，立法院應於三日內自行集會，並於開議七日內追認之。但於新任立法委員選舉投票日後發布者，應由新任立法委員於就職後追認之。如立法院不同意時，該緊急命令立即失效。

立法院對於總統、副總統之彈劾案，須經全體立法委員二分之一以上之提議，全體立法委員三分之二以上之決議，聲請司法院大法官審理，不適用憲法第九十條、第一百條及增修條文第七條第一項有關規定。

立法委員除現行犯外，在會期中，非經立法院許可，不得逮捕或拘禁。憲法第七十四條之規定，停止適用。

第 5 條 司法院設大法官十五人，並以其中一人為院長、一人為副院長，由總統提名，經立法院同意任命之，自中華民國九十二年起實施，不適用憲法第七十九條之規定。司法院大法官除法官轉任者外，不適用憲法第八十一條及有關法官終身職待遇之規定。

司法院大法官任期八年，不分屆次，個別計算，並不得連任。但並為院長、副院長之大法官，不受任期之保障。

中華民國九十二年總統提名之大法官，其中八位大法官，含院長、副院長，任期四年，其餘大法官任期為八年，不適用前項任期之規定。

司法院大法官，除依憲法第七十八條之規定外，並組成憲法法庭審理總統、副總統之彈劾及政黨違憲之解散事項。

政黨之目的或其行為，危害中華民國之存在或自由民主之憲政秩序者為違憲。

司法院所提出之年度司法概算，行政院不得刪減，但得加註意見，編入中央政府總預算案，送立法院審議。

第 6 條 考試院為國家最高考試機關，掌理左列事項，不適用憲法第八十三條之規定：

一、考試。

二、公務人員之銓敘、保障、撫卹、退休。

三、公務人員任免、考績、級俸、陞遷、褒獎之法制事項。

考試院設院長、副院長各一人，考試委員若干人，由總統提名，經立法院同意任命之，不適用憲法第八十四條之規定。

憲法第八十五條有關按省區分別規定名額，分區舉行考試之規定，停止適用。

第 7 條 監察院為國家最高監察機關，行使彈劾、糾舉及審計權，不適用憲法第九十條及第九十四條有關同意權之規定。

監察院設監察委員二十九人，並以其中一人為院長、一人為副院長，任期六年，由總統提名，經立法院同意任命之。憲法第九十一條至第九十三條之規定停止適用。

監察院對於中央、地方公務人員及司法院、考試院人員之彈劾案，須經監察委員二人以上之提議，九人以上之審查及決定，始得提出，不受憲法第九十八條之限制。

監察院對於監察院人員失職或違法之彈劾，適用憲法第九十五條、第九十七條第二項及前項之規定。

監察委員須超出黨派以外，依據法律獨立行使職權。

憲法第一百零一條及第一百零二條之規定，停止適用。

第 8 條　立法委員之報酬或待遇，應以法律定之。除年度通案調整者外，單獨增加報酬或待遇之規定，應自次屆起實施。

第 9 條　省、縣地方制度，應包括左列各款，以法律定之，不受憲法第一百零八條第一項第一款、第一百零九條、第一百十二條至第一百十五條及第一百二十二條之限制：

一、省設省政府，置委員九人，其中一人為主席，均由行政院院長提請總統任命之。

二、省設省諮議會，置省諮議會議員若干人，由行政院院長提請總統任命之。

三、縣設縣議會，縣議會議員由縣民選舉之。

四、屬於縣之立法權，由縣議會行之。

五、縣設縣政府，置縣長一人，由縣民選舉之。

六、中央與省、縣之關係。

七、省承行政院之命，監督縣自治事項。

台灣省政府之功能、業務與組織之調整，得以法律為特別之規定。

第 10 條　國家應獎勵科學技術發展及投資，促進產業升級，推動農漁業現代化，重視水資源之開發利用，加強國際經濟合作。

經濟及科學技術發展，應與環境及生態保護兼籌並顧。

國家對於人民興辦之中小型經濟事業，應扶助並保護其生存與發展。

國家對於公營金融機構之管理，應本企業化經營之原則；其管理、人事、預算、決算及審計，得以法律為特別之規定。

國家應推行全民健康保險，並促進現代和傳統醫藥之研究發展。

國家應維護婦女之人格尊嚴，保障婦女之人身安全，消除性別歧視，促進兩性地位之實質平等。

國家對於身心障礙者之保險與就醫、無障礙環境之建構、教育訓練與就業輔導及生活維護與救助，應予保障，並扶助其自立與發展。

國家應重視社會救助、福利服務、國民就業、社會保險及醫療保健等社會福利工作，對於社會救助和國民就業等救濟性支出應優先編列。

國家應尊重軍人對社會之貢獻，並對其退役後之就學、就業、就醫、就養予以保障。

教育、科學、文化之經費，尤其國民教育之經費應優先編列，不受憲法

第一百六十四條規定之限制。

國家肯定多元文化，並積極維護發展原住民族語言及文化。

國家應依民族意願，保障原住民族之地位及政治參與，並對其教育文化、交通水利、衛生醫療、經濟土地及社會福利事業予以保障扶助並促其發展，其辦法另以法律定之。對於澎湖、金門及馬祖地區人民亦同。

國家對於僑居國外國民之政治參與，應予保障。

第 11 條　自由地區與大陸地區間人民權利義務關係及其他事務之處理，得以法律爲特別之規定。

第 12 條　憲法之修改，須經立法院立法委員四分之一之提議，四分之三之出席，及出席委員四分之三之決議，提出憲法修正案，並於公告半年後，經中華民國自由地區選舉人投票複決，有效同意票過選舉人總額之半數，即通過之，不適用憲法第一百七十四條之規定。

附錄二　立法院組織法

1. 民國36年3月31日國民政府令制定公布全文27條條文
2. 民國36年12月25日國民政府令修正公布全文27條條文
3. 民國37年4月3日國民政府令修正公布第5、19條條文
4. 民國37年6月10日總統令修正公布第3、4、5條條文
5. 民國37年6月26日總統令修正公布第19條條文
6. 民國39年3月18日總統令修正公布全文25條條文
7. 民國41年12月27日總統令修正公布全文28條條文
8. 民國42年3月6日總統令修正公布第19、20條條文
9. 民國45年11月19日總統令修正公布第25、26條條文
10. 民國47年7月26日總統令修正公布第18條條文
11. 民國60年8月31日總統令修正公布第20條條文
12. 民國70年5月2日總統令修正公布第22條條文
13. 民國71年1月20日總統令修正公布第5條條文
14. 民國75年1月17日總統令修正公布第20條條文
15. 民國75年5月14日總統令修正公布第25條條文
16. 民國77年6月8日總統令增訂公布第26-1條條文
17. 民國78年7月28日總統令修正公布第5條條文
18. 民國80年12月31日總統令修正公布第5條條文
19. 民國81年1月29日總統令修正公布第19、20條條文；增訂第25-1、26-2及第27-1條條文；並刪除第4條條文
20. 民國82年2月20日總統令修正公布第19條條文
21. 民國82年10月20日總統令修正公布第18條條文
22. 民國82年12月24日總統令修正公布第15條條文
23. 民國83年11月23日總統令修正公布第7條條文
24. 民國84年1月20日總統令修正公布第7條條文
25. 民國88年1月25日總統令修正公布全文35條條文
26. 民國88年6月30日總統令修正公布第11、15、22、24～28條條文；並增訂第19-1條條

文

27. 民國90年11月14日總統令修正公布第33、35條條文
28. 民國91年1月25日總統令修正公布第33條條文；並刪除第11條條文
29. 民國94年1月12日總統令修正公布第15、23條條文；並增訂第22-1、22-2、27-1、27-2、33-1條條文
30. 民國94年2月2日總統令修正公布第33、35條條文
31. 民國96年12月19日總統令修正公布第10、32、35條條文
32. 民國96年12月26日總統令修正公布第9、23、33、35條條文；增訂第33-2條條文
33. 民國98年1月21日總統令修正公布第10條條文
34. 民國100年1月26日總統令修正公布第33條條文
35. 民國101年11月14日總統令修正公布第32條條文
36. 民國104年6月24日總統令修正公布第18條條文
37. 民國105年12月7日總統令修正公布第3、5條條文

第 1 條　本法依憲法第七十六條制定之。

第 2 條　立法院行使憲法所賦予之職權。

前項職權之行使及委員行為之規範，另以法律定之。

第 3 條　立法院設院長、副院長各一人，由立法委員互選產生；其選舉辦法，另定之。

立法院院長、副院長不得擔任政黨職務，應本公平中立原則行使職權，維持立法院秩序，處理議事。

第 4 條　立法院會議，以院長為主席。全院委員會亦同。

院長因事故不能出席時，以副院長為主席；院長、副院長均因事故不能出席時，由出席委員互推一人為主席。

第 5 條　立法院會議，公開舉行，必要時得開秘密會議。

行政院院長或各部、會首長，得請開秘密會議。

除秘密會議外，立法院應透過電視、網路等媒體通路，全程轉播本院會議、委員會會議及黨團協商實況，並應全程錄影、錄音。

秘密會議應予速記、錄音，不得公開。但經院會同意公開者，不在此限。

有關透過電視轉播事項，編列預算交由財團法人公共電視文化事業基金會辦理，不受電波頻率不得租賃、借貸或轉讓之限制。

議事轉播應逐步提供同步聽打或手語翻譯等無障礙資訊服務，以保障身心障礙者平等參與政治與公共生活之權利。

第 6 條　立法院臨時會，依憲法第六十九條規定行之，並以決議召集臨時會之特定事項為限。

停開院會期間，遇重大事項發生時，經立法委員四分之一以上之請求，得恢復開會。

第 7 條　立法院設程序委員會，其組織規程，另定之。

第 8 條　立法院設紀律委員會，其組織規程，另定之。

第 9 條　立法院依憲法增修條文第十二條之規定，得設修憲委員會，其組織規程，另定之。

第 10 條　立法院依憲法第六十七條之規定，設下列委員會：

一、內政委員會。

二、外交及國防委員會。

三、經濟委員會。

四、財政委員會。

五、教育及文化委員會。

六、交通委員會。

七、司法及法制委員會。

八、社會福利及衛生環境委員會。

立法院於必要時，得增設特種委員會。

第 11 條　（刪除）

第 12 條　立法院各委員會之組織，另以法律定之。

第 13 條　立法院院長、副院長之任期至該屆立法委員任期屆滿之日為止。

立法院院長綜理院務。

立法院院長因事故不能視事時，由副院長代理其職務。

第 14 條　立法院置秘書長一人，特任；副秘書長一人，職務列簡任第十四職等，均由院長遴選報告院會後，提請任命之。

秘書長承院長之命，處理本院事務，並指揮監督所屬職員。副秘書長承院長之命，襄助秘書長處理本院事務。

第 15 條　立法院設下列各處、局、館、中心：

一、秘書處。

二、議事處。

三、公報處。

四、總務處。

五、資訊處。

六、法制局。

七、預算中心。

八、國會圖書館。

九、中南部服務中心。

十、議政博物館。

第 16 條　秘書處掌理下列事項：

一、關於文書收發、分配、繕校及檔案管理事項。

二、關於文稿之撰擬、審核及文電處理事項。

三、關於印信典守事項。

四、關於研究發展及管制考核事項。

五、關於國會外交事務事項。

六、關於公共關係事項。

七、關於新聞之編輯、發布及聯絡事項。

八、關於新聞資料之蒐集、分析、整理及保管事項。

九、關於本院視聽媒體之規劃、設計及運用事項。

十、關於新聞媒體之聯繫及委員活動之報導事項。

十一、其他有關秘書業務事項。

十二、不屬其他處、局、中心、館之事項。

第 17 條　議事處掌理下列事項：

一、關於議程編擬事項。

二、關於議案條文之整理及議案文件之撰擬事項。

三、關於本院會議紀錄事項。

四、關於會議文件之分發及議場事務之管理事項。

五、關於議案文件之準備、登記、分類及保管事項。

六、其他有關議事事項。

第 18 條　公報處掌理下列事項：

一、關於本院會議及委員會會議之錄影錄音及轉播事項。

二、關於本院會議及委員會會議之速記事項。

三、關於公報編印及發行事項。

四、關於各類文件之印刷事項。

五、關於錄影錄音之複製及發行事項。

六、其他有關公報事項。

第 19 條　總務處掌理下列事項：
一、關於事務管理事項。
二、關於款項出納事項。
三、關於公產、公物之保管事項。
四、關於委員會館管理事項。
五、關於醫療服務事項。
六、關於營繕、採購事項。
七、關於車輛管理事項。
八、關於警衛隊之管理事項。
九、關於民眾服務事項。
十、其他有關一般服務事項。

第 19-1 條　資訊處掌理下列事項：
一、關於立法資訊系統之整體規劃、系統分析、設計、建置及維護事項。
二、關於委員服務資訊系統之整體規劃、系統分析、設計、建置及維護事項。
三、關於行政資訊系統之整體規劃、系統分析、設計、建置及維護事項。
四、關於網路、網站之整體規劃、設計、建置及維護事項。
五、關於資訊訓練之規劃與執行事項。
六、其他有關資訊服務事項。

第 20 條　法制局掌理下列事項：
一、關於立法政策之研究、分析、評估及諮詢事項。
二、關於法律案之研究、分析、評估及諮詢事項。
三、關於外國立法例及制度之研究、編譯及整理事項。
四、關於法學之研究事項。
五、其他有關法制諮詢事項。

第 21 條　預算中心掌理下列事項：
一、關於中央政府預算之研究、分析、評估及諮詢事項。
二、關於中央政府決算之研究、分析、評估及諮詢事項。
三、關於預算相關法案之研究、分析、評估及諮詢事項。
四、其他有關預、決算諮詢事項。

第 22 條 國會圖書館掌理下列事項：

一、關於立法書刊光碟資料之蒐集、管理及運用事項。

二、關於立法報章資料之蒐集、管理及運用事項。

三、關於立法資料之分析、研究、檢索及參考事項。

四、關於立法出版品之編纂及交換事項。

五、關於國會圖書館館際合作事項。

六、其他有關圖書館研究、發展及服務事項。

第 22-1 條 中南部服務中心掌理下列事項：

一、關於本院與行政院暨其所屬機關中南部單位及辦公室間業務聯繫事項。

二、關於本院受理及協調中南部民眾陳情請願事項。

三、關於本院中南部委員服務及聯繫事項。

四、關於中南部服務中心秘書及庶務等事項。

五、關於中南部服務中心員工訓練進修事宜。

六、其他有關中南部民眾服務事項。

第 22-2 條 議政博物館掌理下列事項：

一、關於議政史料之蒐集、整理、典藏及展覽事項。

二、關於議政史料之分析、研究及運用事項。

三、關於議政史料數位化及服務事項。

四、其他有關議政資料之聯繫服務事項。

第 23 條 立法院置顧問一人至二人，職務列簡任第十三職等至第十四職等，掌理議事、法規之諮詢、撰擬及審核事項；參事十二人至十四人，職務列簡任第十二職等至第十三職等，掌理關於法規之撰擬、審核及院長指派之事項。

前項員額中，參事七人出缺不補。

第 24 條 立法院置處長五人，職務列簡任第十二職等至第十三職等；副處長五人，職務列簡任第十一職等至第十二職等；秘書十人，職務列簡任第十職等至第十二職等；編審十人、高級分析師二人至三人、主任一人，職務列簡任第十職等至第十一職等；科長三十一人至三十四人，職務列薦任第九職等；專員二十八人至三十三人、技正二人至三人、編譯三人至五人、分析師三人，職務均列薦任第七職等至第九職等；編輯六人至八人、設計師五人至六人、管理師七人至八人、藥師一人，職務均列薦任第六職等至第八職等；護士長一人、技士四人至六人、科員五十二人至六十三人、速記員四十人至六十人，職務均列委任第五職等或薦任第六職等至第七職等；助理管理師九人、操作員七人至八人、護士二人至四人、藥劑生二人、檢驗員一人、病歷管理員一人、校對員十二人至十六人、技佐六人至八人，職務均列委任第四職等至第五職等，其中助理管理師五人、操作員四人、護士二人、藥劑生一人、檢驗員一人、校對員八人、技佐四人，職務得列薦任第六職等；辦事員二十二人至二十八人，職務列委任第三職等至第五職等；書記三十五人至三十九人，職務列委任第一職等至第三職等。

本法修正施行前依雇員管理規則進用之現職書記，其未具公務人員任用資格者，得占用前項書記職缺繼續僱用至離職爲止。

第 25 條　法制局置局長一人，職務列簡任第十二職等至第十三職等；副局長一人，職務列簡任第十一職等至第十二職等；組長五人，由研究員兼任；研究員十一人至十七人，職務均列簡任第十職等至第十二職等；副研究員十三人至十九人，職務列簡任第十職等至第十一職等；助理研究員十三人至十九人，職務列薦任第八職等至第九職等；科員一人，職務列委任第五職等或薦任第六職等至第七職等；辦事員一人，職務列委任第三職等至第五職等；書記一人，職務列委任第一職等至第三職等。

第 26 條　預算中心置主任一人，職務列簡任第十二職等至第十三職等；副主任一人，職務列簡任第十一職等至第十二職等；組長五人，由研究員兼任；研究員十一人至十七人，職務列簡任第十職等至第十二職等；副研究員十三人至十九人，職務列簡任第十職等至第十一職等；助理研究員十三人至十九人，職務列薦任第八職等至第九職等；科員一人，職務列委任第五職等或薦任第六職等至第七職等；操作員一人，職務列委任第三職等至第五職等；辦事員一人，職務列委任第三職等至第五職等。

第 27 條　國會圖書館置館長一人，職務列簡任第十二職等至第十三職等；副館長一人，職務列簡任第十一職等至第十二職等；秘書一人、編纂二人至四人，職務均列簡任第十職等至第十二職等；編審三人至四人，職務列簡任第十職等至第十一職等；科長三人，職務列薦任第九職等；專員五人，職務列薦任第七職等至第九職等；編輯八人至九人，職務列薦任第六職等至第八職等；科員九人至十二人，職務列委任第五職等或薦任第六職等至第七職等；辦事員九人至十二人，職務列委任第三職等至第五職等；書記三人至七人，職務列委任第一職等至第三職等。

第 27-1 條　中南部服務中心置主任一人，職務列簡任第十二職等至第十三職等；副主任一人，職務列簡任第十一職等至第十二職等；秘書一人，職務列簡任第十職等至第十二職等；編審二人，職務列簡任第十職等至第十一職等；科長三人，職務列薦任第九職等；專員五人，分析師一人，職務均列薦任第七職等至第九職等；管理師一人，職務列薦任第六職等至第八職等；科員十人，技士一人，職務均列委任第五職等或薦任第六職等至第七職等；辦事員三人，職務列委任第三職等至第五職等；書記二人，職務列委任第一職等至第三職等。

第 27-2 條　議政博物館置館長一人，職務列簡任第十二職等至第十三職等；副館長一人，職務列簡任第十一職等至第十二職等；秘書一人，編纂一人，職務均列簡任第十職等至第十二職等；科長二人，職務列薦任第九職等；專員二人，職務列薦任第七職等至第九職等；編輯三人，職務列薦任第六職等至第八職等；科員三人，職務列委任第五職等或薦任第六職等至第七職等；辦事員二人，職務列委任第三職等至第五職等；書記二人，職務列委任第一職等至第三職等。

第 28 條　第二十五條及第二十六條所列之研究員、副研究員、助理研究員，必要時得依聘用人員聘用條例之規定聘用之。

前項聘用人員之待遇，除依相關規定外，得由立法院另定之。

第 29 條　立法院設人事處，置處長一人，職務列簡任第十二職等至第十三職等；副處長一人，職務列簡任第十一職等至第十二職等，依法辦理人事管理事項；其餘所需工作人員，就本法所定員額內派充之。

第 30 條　立法院設會計處，置會計長一人，職務列簡任第十二職等至第十三職等；副會計長一人，職務列簡任第十一職等至第十二職等，依法辦理歲計、會計並兼辦統計事項；其餘所需工作人員，就本法所定員額內派充之。

第 31 條　總務處警衛隊，置隊長一人、副隊長二人、督察員一人、警務員一人、分隊長四人、小隊長十二人至十四人、警務佐一人、隊員一百二十人至一百五十人，掌理本院安全維護與警衛事宜。

前項警衛隊員警，由內政部警政署派充之。

本法修正施行前僱用之駐衛警，得繼續僱用至離職時止。

本院安全維護遇有特殊情況時，得商請內政部警政署增派人員。

第 32 條　立法委員每人得置公費助理八人至十四人，由委員聘用；立法院應每年編列每一立法委員一定數額之助理費及其辦公事務預算。公費助理與委員同進退；其依勞動基準法所規定之相關費用，均由立法院編列預算支應之。

前項立法委員辦公事務等必要費用之項目及標準如附表，自中華民國一百零二年一月一日施行。

第 33 條　每屆立法委員選舉當選席次達三席且席次較多之五個政黨得各組成黨團；席次相同時，以抽籤決定組成之。立法委員依其所屬政黨參加黨團。每一政黨以組成一黨團爲限；每一黨團至少須維持三人以上。

未能依前項規定組成黨團之政黨或無黨籍之委員，得加入其他黨團。黨團未達五個時，得合組四人以上之政團；依第四項將名單送交人事處之政團，以席次較多者優先組成，黨（政）團總數合計以五個爲限。

前項政團準用有關黨團之規定。

各黨團應於每年首次會期開議日前一日，將各黨團所屬委員名單經黨團負責人簽名後，送交人事處，以供認定委員所參加之黨團。

黨團辦公室由立法院提供之。

各黨團置公費助理十人至十六人，由各黨團遴選，並由其推派之委員聘用之；相關費用依前條之規定。

前項現職公費助理於中華民國八十七年三月一日至九十四年六月三十日間，由各黨團遴選並由其推派之委員或各該政黨聘用，並實際服務於黨團之助理年資，得辦理勞動基準法工作年資結清事宜。

第 33-1 條　本法第二十七條之一、第二十七條之二所需人員，優先自臺灣省諮議會移撥，其中原依雇員管理規則僱用之現職雇員，其未具公務人員任用資格者，得占用第二十七條之一、第二十七條之二書記職缺，繼續僱用至離職時爲止。

第 33-2 條　爲配合第七屆立法院委員會組織調整及人員精簡，立法院任職滿二十年，年滿五十歲任用、派用之人員，得准其自願退休，擇領或兼領月退休金或支領一次退休金，不受公務人員退休法第四條第一項第二款規定之限制。

前項自願退休人員之職稱及數額，依下列各款規定，並依申請順序核准之：

一、參事以上或同陞遷序列職稱者共七人。

二、秘書或同陞遷序列職稱者或單位副主管共四人。

三、編審或同陞遷序列職稱者共四人。

四、科長或同陞遷序列職稱者共四人。

五、專員或同陞遷序列職稱者共四人。

六、編輯、科員、校對員、書記或同陞遷序列職稱者共四人。

前項第一款至第五款之人員自願退休，不得再行遞補或進用之職缺，爲參事、委員會秘書、編審、科長、專員。

自中華民國九十七年二月一日起，依第一項辦理自願退休者，最高得一次加發七個月之慰助金，每延後一個月退休者，減發一個月之慰助金，實施日期至中華民國九十七年八月三十一日止。但於實施期間屆齡退休者，依提前退休之月數發給慰助金。

前項慰助金指俸額、技術或專業加給及主管職務加給。

支領慰助金人員，於退休生效之日起七個月內再任有給公職者，應由再任機關追繳扣除退休月數之慰助金。

依第一項辦理自願退休之人員，除符合規定得請領公教人員保險養老給付或勞工保險老年給付者外，其損失之公教人員保險或勞工保險已投保年資，準用公教人員保險法第十四條或勞工保險條例第五十九條規定之給付基準，發給補償金。所領之補償金，於其將來再參加各該保險領取養老或老年給付時，應繳回立法院；其所領之養老或老年給付金額較原補償金額低時，僅繳回與所領之養老或老年給付同金額之補償金。

第 34 條　立法院處務規程，由立法院秘書長擬訂，經院長核定，報告院會後施行。

第 35 條　本法自公布日施行。

本法中華民國九十六年十一月三十日及十二月七日修正之條文，自立法院第七屆立法委員就職日起施行。

第32條附表

標準 項目	每人月支金額（新臺幣／元）	合計年支金額（新臺幣／元）	其他
1. 行動及自動電話費	12,000	144,000	
2. 文具郵票費	15,000	180,000	
3. 油料費			每人每月600公升
4. 國會交流事務經費		200,000	每人每年2次
5. 服務處租金補助費	20,000	240,000	
6. 委員健康檢查費			每人每屆新臺幣5萬6千元
7. 辦公事務費	14,672	176,064	

附錄三　立法院各委員會組織法

1. 民國36年12月25日總統令制定公布全文17條條文
2. 民國39年3月18日總統令修正公布全文16條條文
3. 民國41年12月27日總統令修正公布全文21條條文
4. 民國42年3月6日總統令修正公布第4、5條條文
5. 民國45年11月19日總統令修正公布第19條條文
6. 民國52年4月23日總統令修正公布第4條條文
7. 民國62年11月27日總統令修正公布第14條條文
8. 民國81年2月22日總統令修正公布第4條條文
9. 民國88年1月25日總統令修正公布全文22條條文
10. 民國88年6月30日總統令修正公布第3、20條條文
11. 民國91年1月25日總統令修正公布第3、5、10條條文；並增訂第3-1～3-4、4-1、6-1、10-1、10-2條條文
12. 民國96年12月19日總統令修正公布第3～3-4、4-1、9、22條條文
13. 民國96年12月26日總統令修正公布第20、22條條文；刪除第17條條文
14. 民國98年1月23日總統令修正公布第3-4、22條條文

第 1 條　本法依立法院組織法第十二條制定之。

第 2 條　各委員會審查本院會議交付審查之議案及人民請願書，並得於每會期開始時，邀請相關部會作業務報告，並備質詢。

第 3 條　立法院各委員會席次至少爲十三席，最高不得超過十五席。

第 3-1 條　每一委員以參加一委員會爲限。

各委員會於每年首次會期重新組成。

第 3-2 條　未參加黨團或所參加黨團之院會席次比例於各委員會不足分配一席次之委員，應抽籤平均參加各委員會；其抽籤辦法另定之。

前項院會席次，以每屆宣誓就職之委員數計之；如有異動，於每年首次會期開議日重計之。

第 3-3 條　各黨團在各委員會席次，依政黨比例分配。分配算式如下：

（各黨團人數／院會席次－第三條之二委員總數）×（13－依第三條之二抽籤分配至各委員會委員席次）

依前項算式分配席次如有餘數，且所屬委員尚未分配完竣之黨團，由餘數總和較大者，依序於未達最低額之委員會選擇增加一席次；各委員會席次均達最低額時，得於未達最高額之委員會中選擇之，至所分配總席次等於各黨團人數止。

各黨團應於前條委員抽籤日後二日內，提出所屬委員參加各委員會之名單。逾期未提出名單或僅提出部分名單者，就未決定參加委員會之委員，於各該黨團分配席次抽籤決定之。

前項抽籤辦法另定之。

第一項院會席次之計算，依第三條之二第二項規定。

第 3-4 條　立法院各委員會置召集委員二人，由各委員會委員於每會期互選產生；其選舉辦法另定之。

第 4 條　各委員會會議，以召集委員一人為主席，由各召集委員輪流擔任。但同一議案，得由一人連續擔任主席。

第 4-1 條　各委員會之議程，應由輪值召集委員決定之。

第 5 條　各委員會會議，於院會日期之外，由召集委員隨時召集之。

各委員會三分之一以上之委員，得以書面記明討論之議案及理由，提請召開委員會議。召集委員應於收到書面後十五日內定期召集會議。

第 6 條　各委員會會議須有各該委員會委員三分之一出席，方得開會。

第 6-1 條　各委員會召集委員，應於每會期共同邀請各該委員會委員擬定該會期之立法計畫。必要時，得邀請相關院、部、會人員列席說明。

第 7 條　各委員會審議案件，須經初步審查者，由委員若干人輪流審查，必要時得由召集委員推定委員若干人審查。

第 8 條　各委員會開會時，應邀列席人員，得就所詢事項說明事實或發表意見。

第 9 條　各委員會會議，公開舉行。但經院會或召集委員會議決定，得開秘密會議。

在會議進行中，經主席或各該委員會委員五分之一以上提議，得改開秘密會議。

應委員會之請而列席之政府人員，得請開秘密會議。

第 10 條　各委員會之議事，以出席委員過半數之同意決之；可否同數時，取決於主席。但在場出席委員不足三人者，不得議決。

第 10-1 條　各委員會於議案審查完畢後，應就該議案應否交由黨團協商，予以議決。

第 10-2 條　出席委員對於委員會之決議當場聲明不同意者，得於院會依立法院職權行使法第六十八條第二項提出異議。但缺席委員及出席而未當場聲明不同意者，不得異議，亦不得參與異議之連署或附議。

第 11 條　各委員會審查議案之經過及決議，應以書面提報院會討論，並由決議時之主席或推定委員一人向院會說明。

第 12 條　各委員會會議結果，應製成議事錄，經主席簽名後印發各委員。

第 13 條　各委員會所議事項，有與其他委員會相關聯者，除由院會決定交付聯席審查者外，得由召集委員報請院會決定與其他有關委員會開聯席會議。

第 14 條　聯席會議，由主辦之委員會召集之。

第 15 條　聯席會議之主席，由主辦之委員會召集委員擔任之。

第 16 條　聯席會議之紀錄與其他事務，由主席於各該委員會職員中指定若干人擔任之。

第 17 條　（刪除）

第 18 條　各委員會各置專門委員一人，職務列簡任第十二職等至第十三職等，擔任議案及人民請願書之研究編撰及草擬事項。

第 19 條　各委員會各置主任秘書一人，職務列簡任第十二職等至第十三職等，處理各委員會事務。

第 20 條　各委員會置秘書十二人，職務列簡任第十職等至第十二職等；編審十二人，職務列簡任第十職等至第十一職等；科長十二人，職務列薦任第九職等；專員十二人，職務列薦任第七職等至第九職等；科員二十四人至三十二人，職務列委任第五職等或薦任第六職等至第七職等；辦事員八人，職務列委任第三職等至第五職等；書記八人，職務列委任第一職等至第三職等。

前項員額中秘書四人、編審四人、科長四人、專員四人出缺不補。

本法修正施行前依雇員管理規則進用之現職書記，其未具公務人員任用資格者，得占用第一項書記職缺繼續僱用至離職時止。

第一項人員，由院長視各委員會事務之繁簡配用之。

第 21 條　各委員會會議，除本法規定者外，得準用立法院組織法、立法院職權行使法、立法委員行為法及立法院議事規則有關條文之規定。

第 22 條　本法自公布日施行。

本法中華民國九十六年十一月三十日及十二月七日修正之條文，自立法院第七屆立法委員就職日起施行。

本法中華民國九十八年一月十三日修正之條文，自中華民國九十八年二月一日起施行。

附錄四　立法院職權行使法

1. 民國88年1月25日總統令制定公布全文77條條文
2. 民國88年6月30日總統令修正公布第19條條文
3. 民國89年5月24日總統令修正公布第18～24、28、75條條文
4. 民國89年11月22日總統令增訂公布第七章之一章名及第44-1條條文
5. 民國90年6月20日總統令修正公布第29、30條條文
6. 民國90年11月14日總統令修正公布第13條條文
7. 民國91年1月25日總統令修正公布第11、68、70、72、74條條文；並增訂第10-1、71-1條條文
8. 民國96年12月19日總統令修正公布第5、8～10、11、17、20、29、60、67、68、72、77條條文
9. 民國97年5月14日總統令修正公布第70、71-1條條文
10. 民國97年5月28日總統令增訂公布第二章之一章名及第15-1～15-5條條文
11. 民國99年6月15日總統令修正公布第42、44、70條條文
12. 民國107年11月21日總統令增訂公布第28-1、28-2條條文

第一章　總則

第 1 條　本法依立法院組織法第二條第二項制定之。
本法未規定者，適用其他法令之規定。

第 2 條　立法委員應分別於每年二月一日及九月一日起報到，開議日由各黨團協商決定之。但經總統解散時，由新任委員於選舉結果公告後第三日起報到，第十日開議。
前項報到及出席會議，應由委員親自爲之。

第 3 條　立法院每屆第一會期報到首日舉行預備會議，進行委員就職宣誓及院長、副院長之選舉。

第 4 條　立法院會議，須有立法委員總額三分之一出席，始得開會。
前項立法委員總額，以每會期實際報到人數爲計算標準。但會期中辭

職、去職或亡故者，應減除之。

第 5 條　立法院每次會期屆至，必要時，得由院長或立法委員提議或行政院之請求延長會期，經院會議決行之；立法委員之提議，並應有二十人以上之連署或附議。

第 6 條　立法院會議之決議，除法令另有規定外，以出席委員過半數之同意行之；可否同數時，取決於主席。

第二章　議案審議

第 7 條　立法院依憲法第六十三條規定所議決之議案，除法律案、預算案應經三讀會議決外，其餘均經二讀會議決之。

第 8 條　第一讀會，由主席將議案宣付朗讀行之。

政府機關提出之議案或立法委員提出之法律案，應先送程序委員會，提報院會朗讀標題後，即應交付有關委員會審查。但有出席委員提議，二十人以上連署或附議，經表決通過，得逕付二讀。

立法委員提出之其他議案，於朗讀標題後，得由提案人說明其旨趣，經大體討論，議決交付審查或逕付二讀，或不予審議。

第 9 條　第二讀會，於討論各委員會審查之議案，或經院會議決不經審查逕付二讀之議案時行之。

第二讀會，應將議案朗讀，依次或逐條提付討論。

第二讀會，得就審查意見或原案要旨，先作廣泛討論。廣泛討論後，如有出席委員提議，十五人以上連署或附議，經表決通過，得重付審查或撤銷之。

第 10 條　法律案在第二讀會逐條討論，有一部分已經通過，其餘仍在進行中時，如對本案立法之原旨有異議，由出席委員提議，二十五人以上連署或附議，經表決通過，得將全案重付審查。但以一次爲限。

第 10-1 條　第二讀會討論各委員會議決不須黨團協商之議案，得經院會同意，不須討論，逕依審查意見處理。

第 11 條　第三讀會，應於第二讀會之下次會議行之。但如有出席委員提議，十五人以上連署或附議，經表決通過，得於二讀後繼續進行三讀。

第三讀會，除發現議案內容有互相牴觸，或與憲法、其他法律相牴觸者外，祇得爲文字之修正。

第三讀會，應將議案全案付表決。

第 12 條　議案於完成二讀前，原提案者得經院會同意後撤回原案。

法律案交付審查後，性質相同者，得爲併案審查。

法律案付委經逐條討論後，院會再爲併案審查之交付時，審查會對已通過之條文，不再討論。

第 13 條　每屆立法委員任期屆滿時，除預（決）算案及人民請願案外，尚未議決之議案，下屆不予繼續審議。

第 14 條　立法委員提出之憲法修正案，除依憲法第一百七十四條第二款之規定處理外，審議之程序準用法律案之規定。

第 15 條　總統依憲法增修條文第二條第三項之規定發布緊急命令，提交立法院追認時，不經討論，交全院委員會審查；審查後提出院會以無記名投票表決。未獲同意者，該緊急命令立即失效。

總統於立法院休會期間發布緊急命令提交追認時，立法院應即召開臨時會，依前項規定處理。

總統於立法院解散後發布緊急命令，提交立法院追認時，立法院應於三日內召開臨時會，並於開議七日內議決，如未獲同意，該緊急命令立即失效。但於新任立法委員選舉投票日後發布者，由新任立法委員於就職後依第一項規定處理。

第二章之一　聽取總統國情報告

第 15-1 條　依中華民國憲法增修條文第四條第三項規定，立法院得於每年集會時，聽取總統國情報告。

第 15-2 條　立法院得經全體立法委員四分之一以上提議，院會決議後，由程序委員會排定議程，就國家安全大政方針，聽取總統國情報告。

總統就其職權相關之國家大政方針，得咨請立法院同意後，至立法院進行國情報告。

第 15-3 條　總統應於立法院聽取國情報告日前三日，將書面報告印送全體委員。

第 15-4 條　立法委員於總統國情報告完畢後，得就報告不明瞭處，提出問題；其發言時間、人數、順序、政黨比例等事項，由黨團協商決定。

就前項委員發言，經總統同意時，得綜合再做補充報告。

第 15-5 條　立法委員對國情報告所提問題之發言紀錄，於彙整後送請總統參考。

第三章　聽取報告與質詢

第 16 條　行政院依憲法增修條文第三條第二項第一款向立法院提出施政方針及施

政報告，依下列之規定：

一、行政院應於每年二月一日以前，將該年施政方針及上年七月至十二月之施政報告印送全體立法委員，並由行政院院長於二月底前提出報告。

二、行政院應於每年九月一日以前，將該年一月至六月之施政報告印送全體立法委員，並由行政院院長於九月底前提出報告。

三、新任行政院院長應於就職後兩週內，向立法院提出施政方針之報告，並於報告日前三日將書面報告印送全體立法委員。

立法院依前項規定向行政院院長及行政院各部會首長提出口頭質詢之會議次數，由程序委員會定之。

第 17 條　行政院遇有重要事項發生，或施政方針變更時，行政院院長或有關部會首長應向立法院院會提出報告，並備質詢。

前項情事發生時，如有立法委員提議，十五人以上連署或附議，經院會議決，亦得邀請行政院院長或有關部會首長向立法院院會報告，並備質詢。

第 18 條　立法委員對於行政院院長及各部會首長之施政方針、施政報告及其他事項，得提出口頭或書面質詢。

前項口頭質詢分爲政黨質詢及立法委員個人質詢，均以即問即答方式爲之，並得採用聯合質詢。但其人數不得超過三人。

政黨質詢先於個人質詢進行。

第 19 條　每一政黨詢答時間，以各政黨黨團提出人數乘以三十分鐘行之。但其人數不得逾該黨團人數二分之一。

前項參加政黨質詢之委員名單，由各政黨於行政院院長施政報告前一日向秘書長提出。

代表政黨質詢之立法委員，不得提出個人質詢。

政黨質詢時，行政院院長及各部會首長皆應列席備詢。

第 20 條　立法委員個人質詢應依各委員會之種類，以議題分組方式進行，行政院院長及與議題相關之部會首長應列席備詢。

議題分組進行質詢，依立法院組織法第十條第一項各款順序。但有委員十五人連署，經議決後得變更議題順序。

立法委員個人質詢，以二議題爲限，詢答時間合計不得逾三十分鐘。如以二議題進行時，各議題不得逾十五分鐘。

第 21 條　施政方針及施政報告之質詢，於每會期集會委員報到日起至開議後七日內登記之。

立法委員爲前項之質詢時，得將其質詢要旨以書面於質詢日前二日送交議事處，轉知行政院。但遇有重大突發事件，得於質詢前二小時提出。

委員如採用聯合質詢，應併附親自簽名之同意書面。

已質詢委員，不得再登記口頭質詢。

第 22 條　依第十七條及第十八條提出之口頭質詢，應由行政院院長或質詢委員指定之有關部會首長答復；未及答復部分，應於二十日內以書面答復。但質詢事項牽涉過廣者，得延長五日。

第 23 條　立法委員行使憲法增修條文第三條第二項第一款之質詢權，除依第十六條至第二十一條規定處理外，應列入議事日程質詢事項，並由立法院送交行政院。

行政院應於收到前項質詢後二十日內，將書面答復送由立法院轉知質詢委員，並列入議事日程質詢事項。但如質詢內容牽涉過廣者，答復時間得延長五日。

第 24 條　質詢之提出，以說明其所質詢之主旨爲限。

質詢委員違反前項規定者，主席得予制止。

第 25 條　質詢之答復，不得超過質詢範圍之外。

被質詢人除爲避免國防、外交明顯立即之危害或依法應秘密之事項者外，不得拒絕答復。

被質詢人違反第一項規定者，主席得予制止。

第 26 條　行政院院長、副院長及各部會首長應親自出席立法院院會，並備質詢。因故不能出席者，應於開會前檢送必須請假之理由及行政院院長批准之請假書。

第 27 條　質詢事項，不得作爲討論之議題。

第 28 條　行政院向立法院提出預算案編製經過報告之質詢，應於報告首日登記，詢答時間不得逾十五分鐘。

前項質詢以即問即答方式爲之。但經質詢委員同意，得採綜合答復。

審計長所提總決算審核報告之諮詢，應於報告日中午前登記；其詢答時間及答復方式，依前二項規定處理。

行政院或審計部對於質詢或諮詢未及答復部分，應於二十日內以書面答復。但內容牽涉過廣者，得延長五日。

第 28-1 條　立法院對於行政院或審計長向立法院提出預算案編製經過報告及總決算審核報告，其涉及國家機密者，以秘密會議行之。

第 28-2 條　追加預算案及特別預算案，其審查程序與總預算案同。但必要時，經院會聽取編製經過報告並質詢後，逕交財政委員會會同有關委員會審查，並提報院會處理。

前項審查會議由財政委員會召集委員擔任主席。

第四章　同意權之行使

第 29 條　立法院依憲法第一百零四條或憲法增修條文第五條第一項、第六條第二項、第七條第二項行使同意權時，不經討論，交付全院委員會審查，審查後提出院會以無記名投票表決，經超過全體立法委員二分之一之同意爲通過。

第 30 條　全院委員會就被提名人之資格及是否適任之相關事項進行審查與詢問，由立法院咨請總統通知被提名人列席說明與答詢。

全院委員會於必要時，得就司法院院長副院長、考試院院長副院長及監察院院長副院長與其他被提名人分開審查。

第 31 條　同意權行使之結果，由立法院咨復總統。如被提名人未獲同意，總統應另提他人咨請立法院同意。

第五章　覆議案之處理

第 32 條　行政院得就立法院決議之法律案、預算案、條約案之全部或一部，經總統核可後，移請立法院覆議。

第 33 條　覆議案不經討論，即交全院委員會，就是否維持原決議予以審查。

全院委員會審查時，得由立法院邀請行政院院長列席說明。

第 34 條　覆議案審查後，應於行政院送達十五日內提出院會以記名投票表決。如贊成維持原決議者，超過全體立法委員二分之一，即維持原決議；如未達全體立法委員二分之一，即不維持原決議；逾期未作成決議者，原決議失效。

第 35 條　立法院休會期間，行政院移請覆議案，應於送達七日內舉行臨時會，並於開議十五日內，依前二條規定處理之。

第六章　不信任案之處理

第 36 條　立法院依憲法增修條文第三條第二項第三款之規定，得經全體立法委員三分之一以上連署，對行政院院長提出不信任案。

第 37 條　不信任案應於院會報告事項進行前提出，主席收受後應即報告院會，並不經討論，交付全院委員會審查。

全院委員會應自不信任案提報院會七十二小時後，立即召開審查，審查後提報院會表決。

前項全院委員會審查及提報院會表決時間，應於四十八小時內完成，未於時限完成者，視爲不通過。

第 38 條　不信任案於審查前，連署人得撤回連署，未連署人亦得參加連署；提案人撤回原提案須經連署人同意。

前項不信任案經主席宣告審查後，提案人及連署人均不得撤回提案或連署。

審查時如不足全體立法委員三分之一以上連署者，該不信任案視爲撤回。

第 39 條　不信任案之表決，以記名投票表決之。如經全體立法委員二分之一以上贊成，方爲通過。

第 40 條　立法院處理不信任案之結果，應咨送總統。

第 41 條　不信任案未獲通過，一年內不得對同一行政院院長再提不信任案。

第七章　彈劾案之提出

第 42 條　立法院依憲法增修條文第四條第七項之規定，對總統、副總統得提出彈劾案。

第 43 條　依前條規定彈劾總統或副總統，須經全體立法委員二分之一以上提議，以書面詳列彈劾事由，交由程序委員會編列議程提報院會，並不經討論，交付全院委員會審查。

全院委員會審查時，得由立法院邀請被彈劾人列席說明。

第 44 條　全院委員會審查後，提出院會以無記名投票表決，如經全體立法委員三分之二以上贊成，向司法院大法官提出彈劾案。

第七章之一　罷免案之提出及審議

第 44-1 條　立法院依憲法增修條文第二條第九項規定提出罷免總統或副總統案，經全體立法委員四分之一之提議，附具罷免理由，交由程序委員會編列議程提報院會，並不經討論，交付全院委員會於十五日內完成審查。

全院委員會審查前，立法院應通知被提議罷免人於審查前七日內提出答辯書。

前項答辯書，立法院於收到後，應即分送全體立法委員。

被提議罷免人不提出答辯書時，全院委員會仍得逕行審查。

全院委員會審查後，即提出院會以記名投票表決，經全體立法委員三分之二同意，罷免案成立，當即宣告並咨復被提議罷免人。

第八章　文件調閱之處理

第 45 條　立法院經院會決議，得設調閱委員會，或經委員會之決議，得設調閱專案小組，要求有關機關就特定議案涉及事項提供參考資料。

調閱委員會或調閱專案小組於必要時，得經院會之決議，向有關機關調閱前項議案涉及事項之文件原本。

第 46 條　調閱委員會或調閱專案小組之設立，均應於立法院會期中為之。但調閱文件之時間不在此限。

第 47 條　受要求調閱文件之機關，除依法律或其他正當理由得拒絕外，應於五日內提供之。但相關資料或文件原本業經司法機關或監察機關先為調取時，應敘明理由，並提供複本。如有正當理由，無法提供複本者，應提出已被他機關調取之證明。

被調閱文件之機關在調閱期間，應指派專人將調閱文件送達立法院指定場所，以供查閱，並負保管責任。

第 48 條　政府機關或公務人員違反本法規定，於立法院調閱文件時拒絕、拖延或隱匿不提供者，得經立法院院會之決議，將其移送監察院依法提出糾正、糾舉或彈劾。

第 49 條　調閱委員會所需之工作人員，由秘書長指派之。

調閱專案小組所需之工作人員，由立法院各委員會或主辦委員會就各該委員會人員中指派之。

調閱委員會及調閱專案小組於必要時，得請求院長指派專業人員協助之。

第 50 條　立法院所調取之文件，限由各該調閱委員會、調閱專案小組之委員或院長指派之專業人員親自查閱之。

前項查閱人員，對機密文件不得抄錄、攝影、影印、誦讀、錄音或為其他複製行為，亦不得將文件攜離查閱場所。

第 51 條　調閱委員會或調閱專案小組應於文件調閱處理終結後二十日內，分向院會或委員會提出調閱報告書及處理意見，作為處理該特定議案之依據。

第 52 條　文件調閱之調閱報告書及處理意見未提出前，其工作人員、專業人員、保管人員或查閱人員負有保密之義務，不得對文件內容或處理情形予以揭露。但涉及外交、國防或其他依法令應秘密事項者，於調閱報告及處理意見提出後，仍應依相關法令規定保密，並依秘密會議處理之。

第 53 條　調閱委員會或調閱專案小組未提出調閱報告書及處理意見前，院會或委員會對該特定議案不得為最後之決議。但已逾院會或各該委員會議決之時限者，不在此限。

前項調閱專案小組之調閱報告書及處理意見，應經該委員會議決後提報院會處理。

第九章　委員會公聽會之舉行

第 54 條　各委員會為審查院會交付之議案，得依憲法第六十七條第二項之規定舉行公聽會。如涉及外交、國防或其他依法令應秘密事項者，以秘密會議行之。

第 55 條　公聽會須經各委員會輪值之召集委員同意，或經各委員會全體委員三分之一以上之連署或附議，並經議決，方得舉行。

第 56 條　公聽會以各委員會召集委員為主席，並得邀請政府人員及社會上有關係人員出席表達意見。

前項出席人員，應依正反意見之相當比例邀請，並以不超過十五人為原則；其人選由各委員會決定之。

應邀出席人員非有正當理由，不得拒絕出席。

第 57 條　舉行公聽會之委員會，應於開會日五日前，將開會通知、議程等相關資料，以書面送達出席人員，並請其提供口頭或書面意見。

同一議案舉行多次公聽會時，得由公聽會主席於會中宣告下次舉行日期，不受五日之限制，但仍應發出書面通知。

立法院對應邀出席人員，得酌發出席費。

第 58 條　委員會應於公聽會終結後十日內，依出席者所提供之正、反意見提出公聽會報告，送交本院全體委員及出席者。

第 59 條　公聽會報告作為審查該特定議案之參考。

第十章　行政命令之審查

第 60 條　各機關依其法定職權或基於法律授權訂定之命令送達立法院後，應提報立法院會議。

出席委員對於前項命令，認為有違反、變更或牴觸法律者，或應以法律規定事項而以命令定之者，如有十五人以上連署或附議，即交付有關委員會審查。

第 61 條　各委員會審查行政命令，應於院會交付審查後三個月內完成之；逾期未完成者，視為已經審查。但有特殊情形者，得經院會同意後展延；展延以一次為限。

前項期間，應扣除休會期日。

第 62 條　行政命令經審查後，發現有違反、變更或牴觸法律者，或應以法律規定事項而以命令定之者，應提報院會，經議決後，通知原訂頒之機關更正或廢止之。

前條第一項視為已經審查或經審查無前項情形之行政命令，由委員會報請院會存查。

第一項經通知更正或廢止之命令，原訂頒機關應於二個月內更正或廢止；逾期未為更正或廢止者，該命令失效。

第 63 條　各委員會審查行政命令，本章未規定者，得準用法律案之審查規定。

第十一章　請願文書之審查

第 64 條　立法院於收受請願文書，應依下列規定辦理：

一、秘書處收受請願文書後，應即送程序委員會。

二、各委員會收受請願文書後，應即送秘書處收文。

三、立法院會議時，請願人面遞請願文書，由有關委員會召集委員代表接受，並於接見後，交秘書處收文。

四、請願人向立法院集體請願，面遞請願文書有所陳述時，由院長指定之人員接見其代表。

前項請願人，包括經我國認許之外國法人。

第 65 條　立法院收受請願文書後，應先由程序委員會審核其形式是否符合請願法規定，其有不符或文字意思表示無法瞭解者，通知其補正。

請願文書之內容明顯非屬立法職權事項，程序委員會應逕行移送權責機關處理；其屬單純之行政事項，得不交審查而逕行函復，或委託相關委員會函復。如顯有請願法第三條、第四條規定情事，依法不得請願者，由程序委員會通知請願人。

第 66 條　請願文書應否成為議案，由有關委員會審查；審查時得先函請相關部會於一個月內查復。必要時得派員先行瞭解，或通知請願人到會說明，說明後應即退席。

請願文書在審查未有結果前，請願人得撤回之。

第 67 條　請願文書經審查結果成爲議案者，由程序委員會列入討論事項，經大體討論後，議決交付審查或逕付二讀或不予審議。

請願文書經審查結果不成爲議案者，應敘明理由及處理經過，送由程序委員會報請院會存查，並通知請願人。但有出席委員提議，十五人以上連署或附議，經表決通過，仍得成爲議案。

第十二章　黨團協商

第 68 條　爲協商議案或解決爭議事項，得由院長或各黨團向院長請求進行黨團協商。

立法院院會於審議不須黨團協商之議案時，如有出席委員提出異議，十人以上連署或附議，該議案即交黨團協商。

各委員會審查議案遇有爭議時，主席得裁決進行協商。

第 69 條　黨團協商會議，由院長、副院長及各黨團負責人或黨鞭出席參加；並由院長主持，院長因故不能主持時，由副院長主持。

前項會議原則上於每週星期三舉行，在休會或停會期間，如有必要時，亦得舉行，其協商日期由主席通知。

第 70 條　議案交由黨團協商時，由該議案之院會說明人所屬黨團負責召集，通知各黨團書面簽名指派代表二人參加，該院會說明人爲當然代表，並由其擔任協商主席。但院會說明人更換黨團時，則由原所屬黨團另指派協商主席。

各黨團指派之代表，其中一人應爲審查會委員。但黨團所屬委員均非審查會委員時，不在此限。

依第六十八條第二項提出異議之委員，得向負責召集之黨團，以書面簽名推派二人列席協商說明。

議案進行協商時，由秘書長派員支援，全程錄影、錄音、記錄，併同協商結論，刊登公報。

協商結論如與審查會之決議或原提案條文有明顯差異時，應由提出修正之黨團或提案委員，以書面附具條文及立法理由，併同協商結論，刊登公報。

第 71 條　黨團協商經各黨團代表達成共識後，應即簽名，作成協商結論，並經各黨團負責人簽名，於院會宣讀後，列入紀錄，刊登公報。

第 71-1 條　議案自交黨團協商逾一個月無法達成共識者，由院會定期處理。

第 72 條　黨團協商結論於院會宣讀後，如有出席委員提議，八人以上之連署或附議，得對其全部或一部提出異議，並由院會就異議部分表決。

黨團協商結論經院會宣讀通過，或依前項異議議決結果，出席委員不得再提出異議；逐條宣讀時，亦不得反對。

第 73 條　經協商之議案於廣泛討論時，除經黨團要求依政黨比例派員發言外，其他委員不得請求發言。

經協商留待院會表決之條文，得依政黨比例派員發言後，逕行處理。

前二項議案在逐條討論時，出席委員不得請求發言。

第 74 條　程序委員會應依各委員會提出審查報告及經院會議決交由黨團協商之順序，依序將議案交由黨團協商。

議案有時效性者，負責召集之黨團及該議案之院會說明人應優先處理。

第十三章　附則

第 75 條　符合立法院組織法第三十三條規定之黨團，除憲法另有規定外，得以黨團名義提案，不受本法有關連署或附議人數之限制。

第 76 條　立法院議事規則另定之。

第 77 條　本法自公布日施行。

本法中華民國九十六年十一月三十日修正之條文，自立法院第七屆立法委員就職日起施行。

附錄五　立法院議事規則

1. 民國88年1月12日立法院第三屆第六次會期第十四次會議通過修正全文63條條文
2. 民國89年5月12日立法院第四屆第三會期第十五次會議通過修正第59條條文
3. 民國91年1月15日立法院第四屆第六會期第十三次會議通過修正第22、23、39條條文
4. 民國91年11月29日立法院第五屆第二會期第十二次會議通過修正第22條條文
5. 民國96年6月14日立法院第六屆第五會期第十七次會議通過修正第22條條文
6. 民國96年11月30日立法院第六屆第六會期第十三次會議通過修正第8、9、11、14、17、23、26、32、33、35、39、42、46、57、63條條文
7. 民國97年12月26日立法院第七屆第二會期第十五次會議通過修正第57條條文
8. 民國105年11月11日立法院第九屆第二會期第十次會議通過修正第61條條文

第一章　總則

第 1 條　本規則依立法院職權行使法第七十六條規定訂定之。

第 2 條　本院會議，除憲法、立法院組織法、立法院各委員會組織法、立法院職權行使法及立法委員行爲法另有規定外，依本規則行之。

第 3 條　立法委員席次於每屆第一會期開議三日前，由院長召集各黨團會商定之。席次如有變更時亦同。

前項席次於開議前一日仍未商定者，由委員親自抽籤定之。

第 4 條　立法委員因事故不能出席本院會議時，應通知議事處請假，未請假者列爲缺席。

第 5 條　本院會議，秘書長應列席，秘書長因事故不能列席時，由副秘書長列席，並配置職員辦理會議事項。

第 6 條　本院會議出席者及列席者，均應署名於簽到簿。

第二章　委員提案

第 7 條　議案之提出，以書面行之，如係法律案，應附具條文及立法理由。

第 8 條　立法委員提出之法律案，應有十五人以上之連署；其他提案，除另有規

定外，應有十人以上之連署。

連署人不得發表反對原提案之意見；提案人撤回提案時，應先徵得連署人之同意。

第 9 條　出席委員提出臨時提案，以亟待解決事項爲限，應於當次會議上午十時前，以書面提出，並應有十人以上之連署。每人每次院會臨時提案以一案爲限，於下午五時至六時處理之，提案人之說明，每案以一分鐘爲限。

臨時提案之旨趣，如屬邀請機關首長報告案者，由主席裁決交相關委員會。其涉及各機關職權行使者，交相關機關研處。

法律案不得以臨時提案提出。

臨時提案如具有時效性之重大事項，得由會議主席召開黨團協商會議，協商同意者，應即以書面提交院會處理。

第 10 條　經否決之議案，除復議外，不得再行提出。

第 11 條　修正動議，於原案二讀會廣泛討論後或三讀會中提出之，並須經十人以上之連署或附議，始得成立。

修正動議應連同原案未提出修正部分，先付討論。

修正動議之修正動議，其處理程序，比照前二項之規定。

對同一事項有兩個以上修正動議時，應俟提出完畢並成立後，就其與原案旨趣距離較遠者，依次提付討論；其無距離遠近者，依其提出之先後。

第 12 條　修正動議在未經議決前，原動議人徵得連署或附議人之同意，得撤回之。

第三章　議事日程

第 13 條　議事日程應按每會期開會次數，依次分別編製。

第 14 條　議事日程應記載開會年、月、日、時，分列報告事項、質詢事項、討論事項或選舉等其他事項，並附具各議案之提案全文、審查報告暨關係文書。

由政府提出之議案及委員所提法律案，於付審查前，應先列入報告事項。

經委員會審查報請院會不予審議之議案，應列入報告事項。但有出席委員提議，十五人以上連署或附議，經表決通過，應交付程序委員會改列討論事項。

第 15 條　本院會議審議政府提案與委員提案，性質相同者，得合併討論。

前項議案之排列，由程序委員會定之。

第 16 條　議事日程由秘書長編擬，經程序委員會審定後付印；除有特殊情形外，至遲於開會前二日送達。

第 17 條　遇應先處理事項未列入議事日程，或已列入而順序在後者，主席或出席委員得提議變更議事日程；出席委員之提議，並應經十五人以上之連署或附議。

前項提議，不經討論，逕付表決。

第 18 條　議事日程所定議案未能開議，或議而未能完結者，由程序委員會編入下次議事日程。

第四章　開會

第 19 條　本院每屆第一會期首日舉行預備會議，依下列程序進行之：

一、委員報到。

二、就職宣誓。

三、推選會議主席。

四、院長選舉：

(一) 投票。

(二) 開票。

(三) 宣布選舉結果。

五、副院長選舉：

(一) 投票。

(二) 開票。

(三) 宣布選舉結果。

前項第四款及第五款之選舉，如第一次投票未能選出時，依序繼續進行第二次投票。

第一項會議之時程，由秘書長定之。

第 20 條　本院會議於每星期二、星期五開會，必要時經院會議決，得增減會次。

本院會議超過一日者，經黨團協商之同意，得合併若干日爲一次會議。

第 21 條　本院舉行會議時，出席委員不得提出更正議事錄、臨時提案、會議詢問、權宜問題、秩序問題或其他程序之動議，但得以書面爲之。

第 22 條　本院會議開會時間爲上午九時至下午六時。但舉行質詢時，延長至排定委員質詢結束爲止。

出席委員得於每次院會時間上午九時起，就國是問題發表意見，時間不得逾一小時；依其抽籤順序，每人發言三分鐘，並應遵守立法委員行爲法第七條第一項之規定。發言時間屆至，應即停止發言，離開發言台。

前項委員發言之順序，應於每次院會上午七時至八時四十分登記，並於上午八時四十分抽籤定之。

已屆上午十時，不足法定人數，主席得延長之，延長兩次，仍不足法定人數時，主席即宣告延會。

第 23 條　議事日程所列報告事項，按次序報告之。

報告事項內程序委員會所擬處理辦法，如有出席委員提議，八人以上連署或附議，得提出異議，不經討論，逕付表決。如在場委員不足表決法定人數時，交程序委員會重新提出。

前項出席委員提出異議時，不足連署或附議人數，依程序委員會所擬處理辦法通過。

第 24 條　報告事項畢，除有變更議程之動議外，主席即宣告進行討論事項。

第 25 條　院會進行中，主席得酌定時間，宣告休息。

第 26 條　議事日程所列之議案議畢，或散會時間已屆，主席即宣告散會。

會議進行中，出席委員得提出散會之動議，經十五人以上連署或附議，不經討論，由主席逕付表決。

第 27 條　散會時間已屆而議事未畢，主席得徵詢出席委員同意，酌定延長時間。

第五章　討論

第 28 條　主席於宣告進行討論事項後，即照議事日程所列議案次序逐案提付討論。

第 29 條　出席委員請求發言，應親自向主席台議事處簽名登記，並依登記順序發言，如經雙方同意者，得互調發言順序。

登記發言之委員，經主席唱名三次仍不在場者，視爲棄權。

主席得於討論適當時間，宣告截止發言之登記。

第 30 條　委員發言之時間，由主席於發言前宣告之。

超過前項時間者，主席得中止其發言。

第 31 條　除下列情形外，每一委員就同一議題之發言，以一次爲限：

一、說明提案之要旨。

二、說明審查報告之要旨。

三、質疑或答辯。

第 32 條　預備會議時，出席委員提出權宜問題、秩序問題、會議詢問或其他程序之動議時，主席應爲決定之宣告。

院會時，出席委員提出權宜問題、秩序問題、會議詢問或其他程序之動議時，應以書面提出，由主席逕爲決定之宣告。

前二項宣告，如有出席委員提出異議，經十五人以上連署或附議，不經討論，主席即付表決。該異議未獲出席委員過半數贊成時，仍維持主席之宣告。

第 33 條　主席對於議案之討論，認爲已達可付表決之程度時，經徵得出席委員同意後，得宣告停止討論。

出席委員亦得提出停止討論之動議，經十五人以上連署或附議，不經討論，由主席逕付表決。

第六章　表決

第 34 條　討論終結或停止討論之議案，出席委員有異議時，主席得提付表決。如當場不能進行第三十五條第一項第二款至第五款之表決時，主席應即宣告定期表決及表決日期，並於表決前三日通知之。

第 35 條　本院議案之表決方法如下：

一、口頭表決。

二、舉手表決。

三、表決器表決。

四、投票表決。

五、點名表決。

前項第一款至第四款所列方法之採用，由主席決定宣告之。第五款所列方法，經出席委員提議，二十五人以上之連署或附議，不經討論，由主席逕付表決。但有關人事問題之議案，不適用記名或點名表決方法。

採用表決器記名表決，須經出席委員十五人以上之連署或附議。

第 36 條　表決，應就可否兩方依次行之。

用口頭方法表決，不能得到結果時，改用舉手或其他方法表決。

用舉手或表決器方法表決，可否兩方均不過半數時，應重行表決；重行表決時，以多數爲可決。

用投票或點名方法表決，可否兩方均不過半數時，本案不通過。

第 37 條　修正動議討論終結，應先提付表決；表決得可決時，次序在後之同一事項修正動議，無須再討論及表決。

修正動議提付表決時，應連同未修正部分合併宣讀。

第 38 條　主席宣告提付表決後，出席委員不得提出其他動議。但與表決有關之程序問題，不在此限。

第 39 條　出席委員對於表決結果提出異議時，經十五人以上連署或附議，得要求重付表決。但以一次為限。

用投票或點名方法表決，非有足以明顯影響表決結果之重大瑕疵者，不得要求重付表決。

第 40 條　表決之結果，應當場報告，並記錄之。

第 41 條　院會進行中，出席委員對於在場人數提出疑問，經清點不足法定人數時，不得進行表決。

第七章　復議

第 42 條　決議案復議之提出，應具備下列各款：

一、證明動議人確為原案議決時之出席委員，而未曾發言反對原決議案者；如原案議決時，係依表決器或投票記名表決或點名表決，並應證明為贊成原決議案者。

二、具有與原決議案不同之理由。

三、二十人以上之連署或附議。

第 43 條　復議動議，應於原案表決後下次院會散會前提出之。但討論之時間，由主席徵得出席委員同意後決定之。

第 44 條　對於法律案、預算案部分或全案之復議，得於二讀或三讀後，依前兩條之規定行之。

第 45 條　復議動議經表決後，不得再為復議之動議。

第八章　秘密會議

第 46 條　本院秘密會議，除討論憲法第六十三條所定各案，或經行政院院長、各部會首長請開者外，應於本院定期院會以外之日期舉行。但有時間性者，不在此限。

在公開會議進行中，有改開秘密會議之必要時，除法律另有規定外，得由主席或出席委員提議改開秘密會議，不經討論，逕付表決；出席委員之提議，並應經十五人以上之連署或附議。

第 47 條　本院舉行秘密會議時，除立法委員及由主席指定之列席人員暨會場員工外，其他人員均不得入場。

立法委員憑出席證入場。列席人員及會場員工憑特別通行證入場。

秘密會議開始前，秘書長應將列席人員及會場員工人數、姓名、職別，一併報告。

第 48 條　秘密會議中之秘密文件，由秘書處指定專人蓋印、固封、編定號數，分送各委員簽收；其有收回必要者，當場分發，當場收回，不得攜出會場。

關於繕印、保管、分發秘密文件之手續，及指定負責辦理此等事項員工之管理，由秘書處另定辦法，嚴格執行。

第 49 條　秘密會議議事日程中，政府首長報告案，必要時得列入報告事項第一案。

第 50 條　秘密會議之紀錄及決議，立法委員、列席人員及本院員工，不得以任何方式，對外宣洩。

關於秘密會議，如須發表新聞時，其稿件應經院長核定之。

第 51 條　秘密會議文件，除法令另有規定者外，於全案通過，總統公布後，得予公開。但有關國防、外交及其他機密文件已失秘密時效者，得由院長於每會期終了前，報告院會解密之。

第 52 條　立法委員違反本規則第五十條規定者，應付紀律委員會議處；本院員工違反者，由院長依法處分之；列席人員違反者，由本院函各該主管機關依法辦理。

第九章　議事錄

第 53 條　議事錄應記載下列事項：

一、屆別、會次及其年、月、日、時。

二、會議地點。

三、出席者之姓名、人數。

四、請假者之姓名、人數。

五、缺席者之姓名、人數。

六、列席者之姓名、職別。

七、主席。

八、記錄者姓名。

九、報告及報告者姓名、職別，暨報告後決定事項。

十、議案及決議。

十一、表決方法及可否之數。

十二、其他事項。

第 54 條　每次院會之議事錄，於下次院會時，由秘書長宣讀，每屆最後一次院會之議事錄，於散會前宣讀。

前項議事錄，出席委員如認爲有錯誤、遺漏時，應以書面提出，由主席逕行處理。

第 55 條　議事錄應印送全體委員，經宣讀後，除認爲秘密事項外，並登載本院公報。

第 56 條　院會中出席委員及列席人員之發言，應由速記人員詳爲記錄，並將速記錄印送全體委員。

第十章　附則

第 57 條　各種委員會會議關於連署或附議人數，應依本規則所定人數五分之一比例行之。

各種委員會會議得不適用本規則第三十一條之規定。

第 58 條　各種委員會會議列席委員得就議案發表意見或詢問。但不得提出程序問題及修正動議。

第 59 條　符合立法院組織法第三十三條規定之黨團，除法律另有規定外，得以黨團名義提案，不受本規則有關連署或附議人數之限制。

第 60 條　各種委員會委員發言之登記，由委員於開會前一小時起，親自登記於該委員會登記簿；該委員會委員在開會前登記者，得優先發言。

第 61 條　各種委員會開會時，除出、列席、會務工作人員及持本院核發採訪證人員外，其餘人員經會議主席同意後，始得進入旁聽。

第 62 條　本院會議旁聽規則、採訪規則，由院長訂定，報告院會後施行。

第 63 條　本規則由本院會議通過後施行。

本規則中華民國九十六年十一月三十日院會通過之條文，自立法院第七屆立法委員就職日起施行。

國家圖書館出版品預行編目資料

國會議事策略101／周萬來著. — 二版.
— 臺北市：五南，2020.05
面； 公分
參考書目：面
ISBN 978-957-763-948-6（平裝）

1.議事規則

572.67 109003384

1Q83

國會議事策略101

作 者 — 周萬來(113.2)
發 行 人 — 楊榮川
總 經 理 — 楊士清
總 編 輯 — 楊秀麗
副總編輯 — 劉靜芬
責任編輯 — 黃郁婷
封面設計 — 王麗娟
出 版 者 — 五南圖書出版股份有限公司
地 址：106台北市大安區和平東路二段339號4樓
電 話：(02)2705-5066 傳 真：(02)2706-6100
網 址：http://www.wunan.com.tw
電子郵件：wunan@wunan.com.tw
劃撥帳號：01068953
戶 名：五南圖書出版股份有限公司

法律顧問 林勝安律師事務所 林勝安律師

出版日期 2015年12月初版一刷
2016年1月初版二刷
2020年5月二版一刷

定 價 新臺幣620元

經典永恆·名著常在

五十週年的獻禮——經典名著文庫

五南，五十年了，半個世紀，人生旅程的一大半，走過來了。
思索著，邁向百年的未來歷程，能為知識界、文化學術界作些什麼？
在速食文化的生態下，有什麼值得讓人雋永品味的？

歷代經典·當今名著，經過時間的洗禮，千錘百鍊，流傳至今，光芒耀人；
不僅使我們能領悟前人的智慧，同時也增深加廣我們思考的深度與視野。
我們決心投入巨資，有計畫的系統梳選，成立「經典名著文庫」，
希望收入古今中外思想性的、充滿睿智與獨見的經典、名著。
這是一項理想性的、永續性的巨大出版工程。
不在意讀者的眾寡，只考慮它的學術價值，力求完整展現先哲思想的軌跡；
為知識界開啟一片智慧之窗，營造一座百花綻放的世界文明公園，
任君遨遊、取菁吸蜜、嘉惠學子！